College of
Civil Engineering and Architecture
Zhejiang University

浙江大学
建筑工程学院院志

（1927 — 2017）

浙江大学建筑工程学院　编

ZHEJIANG UNIVERSITY PRESS
浙江大学出版社

编写委员会

今朝奋发学习潜心钻研

明天美了祖国益了人民

恭祝浙大建工学院九十周年华诞

全院师生共勉之

董石麟 敬贺 丁酉年 春日

贺浙大建工学院九十华诞

九秩育人桃李芳菲

百尺竿头再创辉煌

丁酉年 吴硕贤

几代人奋斗，桃李满
天下。再努力，祝浙大
土木更辉煌。

贺浙江大学土木工程学科九十华诞

龚晓南

二〇一七、三、十二

庆贺浙江大学建工学院成立九十四年

感谢母校的培养，对建工学院的建设和成就感到由衷的高兴并引以为荣。

祝愿建工学院在新征程中不断攀登，再铸辉煌！

孟兆祯
2017

憶九十載耕耘九十載磨練

彰顯求是學風

聚建工人開拓進工人進取

再鑄創新輝煌

敬賀浙大建工學院
九十周年慶 沈濟黄

风雨九十载

难忘求是情

唐恒春
二〇一七年三月

祝福浙江大学120周年华诞

秉承"求是"精神
发扬立德树人

马旭祥敬贺
2017年3月植树节

继续发扬我院优良办学传统，做好以后一切工作，多出人材，多出成果

96岁 於同年四月 夏商文志州 贺

千教万教教人求真

千学万学学做真人

建之学院九十周年

舒士森

二〇一七年三月

建工九十根深叶茂

开拓进取成就辉煌

钱在兹

二○一七年三月

虽然离开学校三十多年，但是从未敢疏忽、关注母校和学院的蓬勃发展，常常为着学院传来的令人振奋的消息而欢喜和自豪。值此学院九十华诞之际，我寄上自己最诚挚的感恩和祝福：祝我们的学院逐梦分纷，哺育和培养出更多的后辈精英；祝我们的老师一如既往，做大研究，出大作品，成大学问。

八四届校友　郁银泉

2017年3月18日

工学院大门（1934年）

工学院学生宿舍（1934年）

工学院宿舍一角（1934年）

遵义河滨工厂大门及工学院实验室远景（1939年）

工学院（1946年）

国立浙江大学1931年土字第一号（土木工程学系第一届第一号吴光汉）毕业证书

土木工程学系1941级学生合影（1941年12月）

工学院实验室奠基纪念（1947年）

土木工程学系学生参加治淮
工程获得的锦旗（1951年）

第一学生宿舍（玉泉校区）——土木工程
学系教学、行政办公、宿舍用房（1954—
1957年）

第五教学大楼（玉泉校区）——土木工程
学系教学、实验、行政办公用房（1958—
2007年）

安中大楼（紫金港校区）——建筑工程学院行政办公、科研、教学大楼（2008年）

月牙楼（紫金港校区）——建筑学系教学、科研大楼（2004年）

西四教学楼（紫金港校区）——建筑工程学院教学实验用房（2002年）

建工试验大厅（紫金港校区）——建筑工程学院教学、科研实验用房（2008年）

钱令希

中国科学院院士

汪胡桢

中国科学院院士

徐芝纶

中国科学院院士

刘恢先

中国科学院院士

潘家铮

中国科学院院士
中国工程院院士

胡海昌

中国科学院院士

鲍亦兴

美国国家工程院院士

董石麟

中国工程院院士

洪伯潜

中国工程院院士

金庆焕

中国工程院院士

吴硕贤

中国科学院院士

王　浩

中国工程院院士

龚晓南

中国工程院院士

陈云敏

中国科学院院士

益德清

全国工程勘察设计大师

沈济黄

全国工程勘察设计大师

徐庆廷

全国工程勘察设计大师

郁银泉

全国工程勘察设计大师

吴建平

"长江学者奖励计划"特聘教授

徐世烺

"长江学者奖励计划"特聘教授

郑　耀

"长江学者奖励计划"特聘教授

刘汉龙

"长江学者奖励计划"特聘教授

高玉峰

"长江学者奖励计划"特聘教授

郑俊杰

"长江学者奖励计划"特聘教授

王立忠

"长江学者奖励计划"特聘教授

陈伟球

"长江学者奖励计划"特聘教授

朱志伟

国家“千人计划”入选者

白　勇

国家“千人计划”入选者

黄茂松

国家杰出青年科学
基金获得者

蔡袁强

国家杰出青年科学
基金获得者

罗尧治

国家杰出青年科学
基金获得者

陈仁朋

国家杰出青年科学
基金获得者

詹良通

国家杰出青年科学
基金获得者

前　言

2017 年 5 月，浙江大学喜迎建校一百二十周年，百廿载波澜壮阔，双甲子勇立潮头。值此共庆母校华诞之际，发端于 1927 年土木学科基础上的建筑工程学院，也将迎来九十华诞。

回顾九十年风雨历程，学院历经初创之磨折艰辛，西迁之砥砺奋进，院系调整之纷争变革，新时代之飞声腾实。现在，我院基础坚实，实力雄厚，特色鲜明，已形成在国内外有较大影响力的新格局。

九十年的峥嵘岁月，铸就了建筑工程学院的办学精神——崇尚科学、探索真理、尊师重教、追求卓越，形成了兢兢业业教学、踏踏实实研究的工作态度，以及把握时机、高屋建瓴、服务社会的发展理念。

九十年的继往开来，造就了建筑工程学院雄厚的学科积淀。现在，我院已发展土木工程学系、建筑学系、区域与城市规划系、水利工程学系，拥有十七个研究所（中心）以及多个交叉研究机构，得到了国家"985 工程""211 工程"以及高峰学科建设支持计划的重点建设。目前，土木工程为国家重点一级学科，结构工程、岩土工程为国家重点二级学科，土木工程、建筑学均为国家级特色专业建设点。

九十年的殚精竭虑，孕育了建筑工程学院人才辈出、精英荟萃之盛况。我院有钱令希、汪胡桢、徐芝纶、刘恢先、潘家铮、胡海昌、鲍亦兴、董石麟、洪伯潜、金庆焕、吴硕贤、王浩、龚晓南、陈云敏、Delwyn G. Fredlund 等 15 位中国科学院、中国工程院和外籍工程院院士在此学习、工作。至今，我院已培养本科生 16000 余人、研究生 5400 余人，学子遍布海内外。无论是国之栋梁、行业翘楚，还是平凡而认真工作生活的普通校友，都是我院的骄傲。"尚亨于野，无吝于宗，树我邦国，天下来同！"

我院引以为傲的不仅有中国科学院院士、中国工程院院士、"长江学者奖励计划"特聘教授、国家"千人计划"入选者、国家杰出青年科学基金获得者等高层次人才队伍，还有 301 名全体在职教职员工，以及为教育奉献了青春的前辈们。正是一代又一代教职员工的同心协力，铸就了我院今日的辉煌。

值此华诞盛典，我们编撰《浙江大学建筑工程学院院志（1927—2017）》。本志纂集资料着重反映我院创办以来的发展历程及办学全貌，分为历史篇、教育篇、科研篇、风采篇、大事记以及附录。

本志的纂修出版，不仅有助于我们了解学院的发展历史，见证学院的发展盛况，更可以此为契机，反思过去、审视现在、展望未来，为建筑工程学院再攀高峰、建设国际一流学科树立信心。

本志得以纂修，要衷心感谢各位校友的鼎力支持，专家学者的悉心指导，以及全院师生的大力协助。本志所收录的内容有限，或有遗珠之憾，容后续修订，更待来者补成完璧。

浙江大学建筑工程学院院长

2017 年 3 月

目　录

历史篇

沿 革

一、 概述

浙江大学工学院土木工程科是浙江大学建筑工程学院的前身，创建于 1927 年，至今已有 90 年的办学历史。 学院现设有土木工程学系、建筑学系、区域与城市规划系和水利工程学系。 1930 年，土木工程科按《大学组织法》改为土木工程学系，是浙江大学最早成立的工学学科之一，也是国内最早的土木工程学科之一。

水利工程学系的发展始于浙江大学土木工程学系。 20 世纪 30 年代初，浙江大学已设有专门的水力学实验室。 1956 年设立河川枢纽工程专业，后改名为水利水电工程专业（水工结构工程专业）。 2001 年，土木工程学系的水工结构与水环境研究所、环境与资源学院的港口海岸与近海工程研究所和水文资源研究所合并组建水利与海洋工程学系，设水资源与海洋工程专业，该专业于 2010 年更名为水利工程学系。

1958 年土木工程学系设立建筑学专业，"文革"期间停办，1978 年恢复招收本科生，学制为四年。 1986 年学制改为五年，是继清华大学后全国第二所设立五年制建筑学专业的高校。 1987 年成立建筑学系。

区域与城市规划系的前身是原杭州大学经济地理（城市规划）专业，后者始建于 1978 年。 1989 年成立区域与城市科学系。 1998 年 12 月，随着新浙江大学的成立，区域与城市科学系并入建筑工程学院，更名为区域与城市规划系。

二、 历史沿革

◇ 1927—1936 年

浙江大学前身为求是书院，创建于 1897 年。 1927 年 7 月 15 日，在蔡元培等人的建议下，采用法国大学院制度，试行大学区制，在浙江成立第三中山大学，以原浙江公立工业专门学校和农业专门学校为基础，建立工学院和劳农学院。 工学院由电机工程、化学工程、土木工程三个学科组成。 1928 年 4 月，第三中山大学改名为浙江大学，同年 7 月，冠称国立浙江大学。 1930

年，土木工程科按《大学组织法》改为土木工程学系。 同年，浙江省民政厅为测量土地、划定地界需要，委托浙江大学工学院增设测量学系。 因经费不足，1933 年测量学系并入土木工程学系。 同年，浙江省教育厅为解决实业教育不发达的问题，委托浙江大学代办省立杭州高级工业学校，设电机、机械、土木、染织四科，直至抗日战争全面爆发前夕停办。

土木工程学系首任系主任为吴钟伟教授，至 1949 年卸任。 吴钟伟教授为筹建和发展土木工程学系艰苦创业，辛勤努力，贡献了毕生精力，令人深深怀念。 至抗日战争全面爆发前，土木工程学系已拥有建筑材料室、水力实验室和测量仪器室，在当时，无论是仪器设备还是试验水平均居上乘。

◇ 1937—1944 年

1937 年底，杭州沦陷，土木工程学系于 11 月随校西迁，历经浙江建德、江西吉安、江西泰和、广西宜山等地，1939 年 11 月终迁到贵州遵义。 1939 年，为解决浙江及周边等地青年学生因交通、经济关系不能去贵州升学、学习的问题，浙江大学在浙江龙泉成立浙东分校（后改名为龙泉分校），招收文、理、工（含土木工程学系）、农四院一年级新生，并设置大学先修班。 学生在一年级学习结束后去贵州总校升入二年级。 土木工程学系在西迁过程中及遵义时期，仍然十分重视教学，建筑材料试验和测量仪器室的设备都随校搬迁，保证教学需要。 迁校过程中每到一地，稍事安顿即开始上课，弥补迁徙中损失的时间。 在遵义，当时印刷和纸张十分困难，土木工程学系还是出版了不定期刊物《土木工程》。 在勤奋教学的同时，科学研究工作并未间断，钱令希教授的悬索桥理论和余能定理的应用取得了高水平的成果。

◇ 1945—1948 年

1945 年，抗日战争胜利。 1946 年 9 月，土木工程学系随校迁回杭州大学路。 由于时局动荡，师生生活日益困苦。 竺可桢校长殚精竭虑，四处奔波，浙江大学得以有一定发展，教学质量有所提高。 在教学管理方面，1948 年校务会议通过《国立浙江大学学则》，对原有的学分制进行修正、补充、规范。 在竺可桢校长的办学方针和倡导的"求是"学风的熏陶下，浙江大学的毕业学生都有较好的理论基础，教学质量逐年提高。 在实施学分制时期，土木工程学系的专业课程包括结构工程、水利工程、铁道工程、公路工程、给排水工程、房屋建筑工程等，每个学生需必修一至两门各个领域的专业课，因此专业知识面较广，毕业后能适应各个领域的工作。

1949 年前，浙江大学采用美国办学体制，学生修满规定的学分数后毕业，并授予学士学位。所有课程（除国文、体育等少数课程）均采用英文原版教材，学生作业、实验报告、考试试卷均用英文书写。 经此训练，学生外文阅读、写作能力一般较强。 任职教师采用聘任制，每学年末由校长发聘书，未受聘教师自动离校。

◇ **1949—1959 年**

1949 年第一次全国教育工作会议提出"教育为工农服务，教育为生产建设服务"的中心任务，教育实行"维持现状，逐步改善"的方针。 1950 年 8 月中央发布《关于实施高等学校课程改革的决定》和《高等学校暂行规程》。 学校按照中央方针开展各项工作，土木工程学系着手改革课程内容，制订教学大纲与教学计划，逐步开始了教学改革活动，并设立了工程画、路工、水利、结构、测量教学小组。 1951 年为浙江省工业厅代办二年制专修科。

1952 年全国高等学校进行了较大规模的院系调整。 此前，1949 年原在浙江金华的英士大学停办，其土木系学生并入浙江大学土木工程学系。 1952 年 2 月，杭州之江大学的土木系师生并入浙江大学土木工程学系，8 月土木工程学系的水利组调至南京的华东水利学院（现河海大学）。 调整后浙江大学开始学习苏联教学模式，设置专业，培养专门人才。 土木工程学系设立工业与民用建筑、铁路建筑两个四年制本科专业，建筑、测量、铁路三个两年制专修科，改学分制为学年制。 1953 年，铁路建筑本科专业停办，铁路和测量两个专修科调入同济大学。 同时，厦门大学工业与民用建筑专业曾国熙先生等师生调入浙江大学土木工程学系。 至此，院系调整告一段落。

1952 年底，浙江大学在玉泉规划新校址，学校开始筹备建立"校舍建设委员会"和"建筑设计室"，新校的规划以及教学楼、辅助用房、学生宿舍的设计主要由土木工程学系教师参与完成。 1954 年春，土木工程学系最先从大学路老校区迁到玉泉新校址。

1953 年院系调整完成后，全国高校进行教学大改革。 以苏联高等教育为样板，学习苏联经验，改革内容涉及教学各个方面，例如成立教研室，开展教学研究活动，加强实践性教学环节，建立实验室和资料室等。 教学基础建设取得了较大进展，教学质量有了新的提高。 1955 年入学新生改为五年制，专修科停办，土木工程学系仅设置工业与民用建筑本科专业。 1956 年，为适应水利建设需要，土木工程学系增设河川枢纽与水电站建筑、土壤改良两个本科专业（土壤改良专业于 1957 年停办）。

1953 年，浙江大学建筑设计研究院的前身建筑设计室正式成立。

1956 年初，高等教育部要将浙江大学土木工程学系迁往西安，加入筹建中的西安建筑工程学院。 后浙江省委为了浙江省建设的需要，向中央申请，仍将土木工程学系保留在浙江大学。 同年 7 月，高等教育部批准了浙江省委申请，土木工程学系仍留在浙江大学。 土木工程学系的力学实验室划至力学系管理。

1958 年，中央提出"教育为无产阶级政治服务，教育与生产劳动相结合"的教育方针，开展教育革命。 在大办专业热潮下，土木工程学系增设了农村建设、建筑材料与制品、农田水利三个专业。 1959 年，农村建设专业停办，农田水利专业转入河川枢纽及水电站建筑专业，建筑材料及制品专业并入化工系硅酸盐专业。 1958 年，在时任学校党委书记周荣鑫的倡议下成立建筑学专业，并从在读的 1956 级、1957 级和 1958 级工民建专业三个年级中抽调部分学生转为建筑学专业，专业负责人为蒋协中先生。 此三届学生毕业后，因执行经济方针调整，建筑学专业停办。

1958 年，浙江大学由中央高等教育部下放为浙江省人民政府管理。

20 世纪 50 年代土木工程学系教师开展科学研究的项目有软土地基的加固、石灰凝灰岩水泥、预应力钢筋混凝土构件、建筑热工等。

◇ 1960—1969 年

1960 年 6 月，浙江大学土木、冶金和地质三个系及机械系水力机械专业调至浙江省新建的杭州工学院。 1961 年 5 月，杭州工学院无力续办，再与浙江大学合并，土木工程学系又回至浙江大学。

1961 年，土木工程学系开始招收钢筋混凝土结构、土力学与地基基础两学科的研究生，修业年限为三年，招收了四届，毕业生六名，最后一届因"文革"而终止学业。

1961 年 9 月，《教育部直属高等学校暂行工作条例》（高教 60 条）实施，纠正高等教育中"左"的错误，整顿教学秩序。

1963 年，浙江大学被列为全国重点学校，改为中央教育部直属学校。

1966 年"文革"开始，学校停止招生和一切教学工作。 同年 6 月，土木工程学系教师主导承担了空军后勤部委托的核爆炸模拟器的研制（代号 400 号）。

1968 年工宣队进驻学校，1969 年土木工程学系开办了工民建试点班，由全浙江省建筑企业推荐工人学员入学。 由于学员文化程度参差不齐，难以按大学教学规律组织教学，其实效仅起到培训班的作用。

◇ 1970—1979 年

1970 年开始招收工农兵大学生，学习期限为三年，共招收六届（1971 年中断一年招生）。培养的学生在相关行业中发挥骨干作用，获得社会好评。

"文革"后期，土木工程学系教师开展了部分科研工作，有杜湖水库坝基砂井处理（1980 年获全国科学大会奖），钢结构和钢筋混凝土结构设计规范的试验、研究、编制，以及冷拔低碳钢丝预应力混凝土结构和砌体结构设计规程的研制。

1977 年，恢复通过高考招收本科生，专业调整为工业与民用建筑和水利水电工程，学制为四年。 1978 年，招收建筑结构、海洋建筑（后改为水工结构）和建筑学。

1978 年，经国务院学位委员会批准，正式招收硕士学位研究生，学科方向为岩土工程、结构工程、水工结构工程。 建筑学专业恢复招生，学制四年。

1978 年，浙江大学被划为中国科学院直属管理，到 1982 年又回归国家教委管理。

◇ **1980—1989 年**

1981 年，国务院学位委员会批准岩土工程学科为全国首批博士学位授予点、建筑技术科学学科为国家首批二级学科硕士学位授予点。 同年，经国家教委批准，原属土木工程学系的建筑设计室发展成为浙江大学建筑设计研究院，为学校直属的独立单位，也是国家重点高校中最早成立的甲级设计院之一。

1983 年，核工业部委托土木工程学系开办工民建专业大专班，培养部属企业中高中毕业青年职工的专业业务知识，为期十年。 该班为该部培养了一批土建专业人员。

1986 年，建筑学专业学制改为五年。

1987 年 4 月，在土木工程学系建筑学专业的基础上成立了建筑学系，主持工作的副系主任为王德汉先生。

1987 年，土木工程学系本科专业改为工业与民用建筑、水利水电建筑工程、城镇建设三个专业。 同年，土木工程学系先后在萧山、上虞等地面向建筑行业的职工开办工民建专业证书班，使未受到学历教育的职工接受专业知识教学，适应本职工作，成为当地建筑行业的骨干力量。

1988 年，沈济黄先生调入建筑学系任系主任。

1989 年 10 月，为加强科研与教学工作相结合，对土木工程学系的教研室进行整合，在土工学教研室的基础上成立岩土工程研究所，结构研究室和 400 号及其他教研室组建结构工程研究所（下设结构工程研究室、空间结构研究室、工程振动研究室、结构计算机分析研究室、现代设计技术与软件研究室、结构实验室），在水工结构教研室的基础上成立水工结构与水环境研究室，保留建筑制图、测量、建筑材料、施工、城建等五个教研室。

◇ **1990—1998 年**

1990 年，为加强土木工程学系、建筑学系和建筑设计研究院在教学、科研、设计和技术开发等方面的合作，三单位联合成立建筑工程学院。 土木工程学系本科生招生工作进行试点改革，实行按系招生，入学两年后再分专业培养。 城镇建设专业停办。 同年，成立浙江大学桩基研究与测试中心。

1992 年，国务院学位委员会批准结构工程学科为博士学位授予点。

同年成立浙江大学西维尔建筑新技术开发公司、浙江大学地基基础工程公司等学科性公司，以及建筑设计室（浙江大学建筑设计研究院第四、第五设计室）。

1993 年，工业与民用建筑专业改名为建筑工程专业。 开始招收工民建自费大专班，学制三年，两届毕业后停办。 国务院学位委员会批准建筑学建筑设计及其理论二级学科为硕士学位授予点。 水工结构与水环境研究室发展为水工结构与水环境研究所，下设四个室： 水工结构与市政工程研究室、流体力学与给排水工程研究室、系统分析与优化研究室、水利工程实验室。

同年，成立浙江大学建设监理公司，为浙江省首批具有法人资格的全民所有制社会监理单位。

1994 年，土木工程学系建筑工程专业被列入我国第一批专业教育评估的十所院校之一。同年成立土木工程继续教育中心。

1995 年 4 月，为促进和繁荣浙江大学土木工程教育、科研事业，奖励优秀的本科学生、研究生以及在本科教学、研究生培养、科学研究等方面做出优秀成绩的教师和干部，加强学科建设，争取海内外团体、校友和同行的支持和赞助，土木工程学系联合社会各界成立了浙江大学土木工程教育基金会。

1995 年 6 月，土木工程学系建筑工程专业首批通过全国高等学校建筑工程专业教育评估。

同年，成立道路与桥梁工程研究室、土木软件开发中心、浙江大学建筑设计研究院工程勘察设计室。为增强系和校友之间联系，取得校友对土木工程学系更多的关心和支持，编辑、出版了《浙江大学土木校友通讯》。

1996 年，为拓宽专业覆盖面，向大土木教学计划发展，完善学分制，根据教育部专业目录，将建筑工程专业改名为土木工程专业，下设专业方向：建筑结构工程、市政工程、水工结构工程、岩土工程、道路与桥梁工程、建筑经济与管理。实施新的教学计划，前三年统一安排教学，后一年按专业方向分流教学。

同年，岩土工程学科被纳入国家"九五""211 工程"重点建设学科；土木工程学系与力学系联合共建的工科基础课程力学教学基地获批国家级教学基地；设立市政工程和建筑经济与管理两个硕士点。建筑学专业首次通过了建设部的专业教育评估，有效期为四年。国务院学位委员会批准建筑学城市规划与设计二级学科为硕士学位授予点。

5 月，建筑学本科和建筑设计及其理论二级学科硕士点首次双双通过全国高等学校建筑学专业教育评估，有效期为四年。本科毕业授予建筑学学士学位，硕士研究生毕业授予建筑学硕士学位。

土木工程学系为改善办学条件，缓解教学、科研用房紧张状况，决定组织学科性公司力量，争取社会各界的支持，自筹资金建设土木科技馆，建筑面积 3500 平方米，于 1996 年奠基。

1997 年，浙江大学建校 100 周年，土木工程学系建系 70 周年。为献礼校庆、系庆，出版了《土木工程论文集》，其中收集了教师、校友的 76 篇论文，反映了校友对土木工程学科发展的贡献；此外，编辑了校友通讯录，增强校友间联系。百年校庆期间，土木工程学系校友捐建费公亭（玉泉校区）。

同年 10 月，英国联合评估协调委员会（The Joint Board of Moderators, JBM）主席 D. A. Nethercot 率专家组五人对建筑工程专业进行了全面评估检查。当时英国联合协调委员会成立已有 21 年，曾对世界上 200 多所大学的土木类专业进行过评估。 在国内，除浙江大学外，其还对清华大学、天津大学、同济大学三所高校的建筑工程专业进行了评估。 通过评估，中英双方对相互承认评估体系和学位达成了协议。

同年 11 月，土木工程学系董石麟教授当选为中国工程院院士。

1998 年 9 月，经国务院批准，浙江大学、杭州大学、浙江农业大学、浙江医科大学四校合并组建为新的浙江大学，新的浙江大学包括玉泉、西溪、华家池、湖滨、之江五个校区；在校学生有本科生 24278 人、专科生 4294 人、成人教育学生（函授、夜大、脱产班）21544 人、留学生 283 人、硕士生 3628 人、博士生 1792 人，教授 759 人、副教授 1581 人、讲师 1258 人，博士生导师 381 人、硕士生导师 1584 人。

同年，土木工程学科成为我国首批四个土木工程一级学科博士点之一，并获批博士后流动站。 9 月，土木科技馆建成并启用。

同年，根据学校总体人事管理体系改革方案，实施教师岗位聘任制度，激发学科带头人和学术骨干工作热情和创造能力。

◇ **1999—2008 年**

1999 年 9 月，新的建筑工程学院成立，由土木工程学系、建筑学系、区域与城市规划系、建筑设计研究院、城乡规划设计研究院组成。 学院在学科上覆盖了国家基本建设所涉及的建筑、市政、交通、水利、铁道、港口与海洋工程等主要行业领域，形成了包括区域与城市规划、建筑学、土木工程和水利工程等多学科交叉，产学研协调发展的格局。 学院设党政办公室、组织与人事科、本科与成人教育科、研究生教育科、科研开发与管理科、团委等机关职能管理部门，学院按实运行模式管理。

同年，调整和组建的研究所和中心有结构工程研究所、岩土工程研究所、防灾工程研究所、交通工程研究所、市政工程研究所、水工结构与水环境研究所、建筑经济与管理研究所、空间结构研究中心、建筑设计及其理论研究所、城市规划与设计研究所。 学院科技产业和对外技术服务窗口有建设监理公司，桩基测试与研究中心，土木工程测试中心，城乡规划设计院，浙江大学建筑设计研究院第四设计室、第五设计室和工程勘察室，地基基础公司，西维尔新技术开发公司等。 为加强工程设计教育，提高学生创新设计能力，建成了土木工程设计教学实验室（"211 工程"建设项目）。

同年 12 月，岩土工程和结构工程学科被批准为浙江省重点学科。 岩土工程学科入围教育部"长江学者奖励计划"，批准设置特聘教授岗位。

2000 年 5 月，建筑学本科和建筑设计及其理论二级学科硕士点第二次通过全国高等学校建筑学专业教育评估，有效期为四年。

6 月，全国高等学校土木工程专业教育评估视察组对土木工程学系土木工程专业进行了教育质量评估实地视察。 这是继 1995 年建筑工程专业首次通过评估合格后的第二次评估，有效期为五年。

国家工科基础课程力学教学基地中期检查专家组对力学教学基地进行检查，专家组对基地建设给予肯定，特别对水力学和工程流体力学在实验室建设与实验教学改革方面给予高度评价。 工程结构设计实践基地列入教育部"振兴行动计划"项目。 为培养学生的创新思维和实际动手能力，培养团队精神，增强大学生的工程结构设计与实践能力，组织校内首届大学生结构设计大赛。

2001 年，学校为促进实质性融合，发挥多学科综合优势，弥补五个校区之间空间布局分散等功能上的不足，决定在杭州市西湖区三墩镇塘北建设新校区，命名为紫金港校区。 一期工程占地超过 20 万平方米，建筑面积 90 万平方米，紫金港校区当时被定位为浙江大学基础教育校区。

9 月，土木工程学系的水工结构与水环境研究所、环境与资源学院的港口海岸与近海工程研究所和水文水资源研究所合并组建建筑工程学院水利与海洋工程学系，设置水资源与海洋工程专业。

2002 年，岩土工程被教育部批准为国家重点学科。

9 月，教育部组织专家组评议，批复同意"复杂环境下岩土工程与空间结构关键技术"等 20 个重点学科建设项目列入浙江大学"十五""211 工程"。

学院代表团访问香港大学、香港科技大学、香港理工大学、香港城市大学，加强和促进学院与香港特区各高校之间的交流与合作。

土木工程教育基金规模扩大，基金会更名为浙江大学土木建筑规划教育基金会。《浙江大学土木校友通讯》更名为《浙江大学建筑工程学院校友通讯》。

2003 年，建筑设计及其理论和水工结构工程两个二级学科获博士学位授予权；新增博士学位授予权的自主设置学科、专业——海洋建筑物与环境；建筑设计及其理论和城市规划与设计两个学科被增列为浙江省高校重点扶植学科；市政工程学科被增列为浙江大学重点学科；新增三个二级学科硕士点： 道路与铁道工程、水文学及水资源、船舶与海洋结构物设计制造（与机械与能源学院联合申报，挂靠建筑工程学院）。

水资源与海洋工程新专业第一次招生，首届招生 51 人。 6 月，组建直属学院的土木水利工程实验中心，统筹原土木水利学科各实验室的管理和建设。

龚晓南教授荣获茅以升科技教育基金会"土力学及基础工程大奖"。 毛根海研究员荣获 2003 年度浙江省高等学校名师奖。

2004 年 5 月，建筑学本科和建筑设计及其理论二级学科硕士点第三次通过全国高等学校建筑学专业教育评估，并获得最高等级，有效期为七年。

浙江大学紫金港校区一期工程竣工，建成学生公寓、餐饮中心、风雨操场、东（西）教学楼群、生化和金工实验楼群、学生活动中心和小剧场以及操场、球场等。 建筑学系从玉泉校区外经贸楼整体搬迁至紫金港校区月牙楼。 区域与城市规划系从西溪校区整体搬迁至玉泉校区。

学校开始实行每学年四学期制，将原来的两个学期分为春、夏、秋、冬四个学期，每学期八周上课时间，第九周为考试周，另外在暑假安排三至四周用于教学实践或科研训练。 为适应四学期制的变化，学院对四个本科专业进行了培养方案的修订工作。 硕士研究生学制由两年半调整为两年。

4月，沈济黄教授获"全国工程勘察设计大师"称号。 9月，陈云敏教授获批国家杰出青年科学基金。

2005年5月，土木工程专业以优秀成绩通过了建设部高等教育专业教育评估委员会专家组评估，有效期为八年。 6月，由浙江大学倡议，联合清华大学、同济大学等九所国内著名高校，共同举办全国大学生结构设计竞赛。 首届全国大学生结构设计竞赛由教育部高教司和中国土木工程学会教育工作委员会主办，浙江大学承办。

启动国家"985工程"二期科技创新平台建设项目"岩土工程与大型结构"。

学校为促进海洋工程学科发展，成立海洋研究中心，聘请美籍华人学者、台湾成功大学原校长吴京教授为光彪讲座教授。

陈云敏教授被聘为浙江省特级专家。

2006年，由企业家赵安中捐资，紫金港校区建筑工程学院安中大楼开工，办公大楼建筑面积3万平方米，实验大楼建筑面积1.5万平方米。

浙江大学开始实行大类招生，学生进校一年后开始确认主修专业。 因学科特殊性，学院四个本科专业暂未实行大类招生。 区域与城市规划系整体搬迁至紫金港月牙楼。 城市规划专业本科专业教育首次评估顺利通过，有效期为四年。 土木工程学系与力学系合建的力学实验教学中心，经过网评和专家评审，成绩优异，被教育部批准为第二批国家级实验教学示范中心。

成立城市规划工程与信息技术研究所和建筑技术研究所。 软弱土与环境土工教育部重点实验室获得教育部批准立项建设。 该实验室是高校科技创新体系的重要组成部分，是组织高水平基础研究和应用基础研究、聚集和培养优秀人才、开展学术交流的重要基地。 主要研究方向有软弱土多场相互作用与环境土工、软黏土特性与地基处理、软弱土动力特性与土工抗震、海洋土特性与近海岩土工程。

为促进产学研合作，提升社会服务水平，学院与浙江省电力设计研究院联合成立首个校级产学研研发中心。

陈云敏教授获批教育部"长江学者奖励计划"特聘教授。 中国联合工程公司的程泰宁院士和华南理工大学的吴硕贤院士被聘为浙江大学求是讲座教授。

2007 年，学校确定紫金港校区为主校区。 经过学院和学校相关部门的密切配合与通力合作，紫金港校区安中大楼一期工程（办公）顺利竣工，并于 10 月举行了落成典礼。

土木工程创新设计实验班获批成为教育部 2007 年度创新人才培养模式实验区。 毛根海教授主编的《应用流体力学》被评为国家级 2007 年度普通高等教育精品教材。 土木工程一级学科被认定为国家一级重点学科（全国共六所大学），结构工程二级学科被评为国家二级重点学科。 根据学校实行硕士研究生 2～3 年的弹性学制，学院将硕士研究生学制重新调整为两年半。

陈云敏教授负责的软弱土与环境土工实验室获批教育部重点实验室。

陈伟球教授获批国家杰出青年科学基金。

2008 年 8 月，学院整体搬迁到紫金港校区安中大楼。 该大楼的建成和使用，极大地改善了学院的办公条件，为学院进一步发展提供了良好的硬件支撑。

土木工程专业和水资源与海洋工程专业按照土木工程类打通，统一招生，学生进校一年后确认专业。 培养方案进行了相应调整，前期按土木工程类培养，确认专业后再修读专业课程。 学院与航空航天学院共建的"工科力学教学团队"被评为浙江省首届高等学校省级教学团队。

◇ **2009—2013 年**

2009 年，浙江大学在海洋研究中心基础上整合校内相关学科专业和人才资源，于 5 月成立了浙江大学海洋科学与工程学系（简称海洋系），学院的港口航道与海岸工程研究所整体调整至海洋系，次年，原水利与海洋工程学系更名为水利工程学系。

毛根海教授主编的《应用流体力学》获批普通高等教育"十一五"国家级规划教材。 为开拓国家工科学位与研究生教育发展方向，提高企业技术创新能力，服务国家经济建设和社会发展，教育部于 2009 年起开始实行专业学位硕士全日制培养，学院当年首次招收全日制建筑与土木工程专业学位硕士研究生。 土木工程专业和水资源与海洋工程专业纳入学校工科试验班，统一招生，学生进校一年后确认主修专业。 建筑学和城市规划专业仍按专业招生。

建筑材料学科从防灾建材工程研究所中独立出来，组建为建筑材料研究所。 张土乔教授团队承担国家重大专项——水体污染控制与治理科技重大专项饮用水安全保障技术综合示范项目，项目总经费 1.8 亿元。 陈云敏教授团队"结构性软弱土地基灾变控制关键技术与工程应用"获得国家科学技术进步奖二等奖。

浙江大学通过全球招聘，当年年底从大连理工大学引进"长江学者奖励计划"特聘教授徐世烺担任建筑工程学院院长。 同年，通过浙江省海外高层次创新人才"百人计划"引进白勇教授。

同年，浙江大学校友总会建筑工程学院分会成立。

2010 年，建筑学和城市规划专业与计算机学院的工业设计和数字媒体专业统一纳入科技与创意设计类招生，学生进校一年后确认专业。 土木工程专业获批成为国家级特色专业建设点。 城市规划专业本科专业教育顺利通过了由住建部组织的专家组实地视察和复评，被评为优秀，有效期为六年。

全院科研经费首次突破 2 亿元。 成立浙江大学高性能建筑结构与材料研究所。 罗尧治教授负责的空间结构实验室获批浙江省重点实验室。

通过中组部海外高层次人才引进计划（"千人计划"），引进朱志伟教授；白勇教授入选"千人计划"。 董石麟教授荣获浙江大学教职工最高个人荣誉称号——竺可桢奖。 为支持海洋学科的发展，水文水资源研究所部分人员调整至海洋系。

根据学校创建一流研究型大学的需要，按照"人尽其才，才尽其用"的原则，实施教学科研人员分类管理。 学院有 151 位教师被聘为教学科研并重岗，2 位教师被聘为教学为主岗，43 位教师被聘为应用推广岗，10 位教师被聘为团队教学（科研）岗。

学院与英国贝尔法斯特女王大学（Queen's University Belfast）、加拿大阿尔伯塔大学（University of Alberta）签订正式合作协议。

2011 年 5 月，建筑学本科和建筑设计及其理论二级学科硕士点第四次通过全国高等学校建筑学专业教育评估，并获得最高等级，有效期为七年。

建筑学、水利工程、城乡规划学被增列为一级学科博士学位授予点，交通运输工程被增列为一级学科硕士学位授予点，道路与交通工程被增列为二级学科博士学位授予点。 土木工程专业入选教育部首批实施的"卓越工程师培养计划"。

张土乔教授负责的村镇饮用水安全保障技术研究中心，获批住建部村镇建设司研究中心。陈云敏教授获批"城市固体废弃物填埋孕育环境灾害与可持续防控的基础研究"973 计划首席科学家。 董石麟院士"国家游泳中心水立方关键技术创新与实践"成果荣获国家科学技术进步奖一等奖（合作）。

龚晓南教授当选为中国工程院院士。

引进世界著名建筑设计大师保罗·安德鲁担任学院名誉院长。 杨贞军教授获批国家首批"青年千人计划"。 浙江大学为重点培养和支持 1000 名左右支撑学校未来发展的青年骨干人才，从 2011 年开始授予青年骨干人才"求是青年学者"（Distinguished Young Scholar）称号。李育超、朱斌、边学成、陈驹、张磊、吕朝锋、周燕国等成为首批"求是青年学者"。

2012 年，获批普通高等教育"十二五"规划教材三部。 开始招收全日制交通运输工程专业学位硕士研究生。 获批两个国家级工程实践教育中心、两个国家级大学生校外实践基地（与广厦建设集团、浙江大学建筑设计研究院共建）。 卓越工程师培养与学生实践基地被评为浙江省优秀实践基地。 城市规划与设计专业硕士学位研究生教育首次通过评估，有效期为四年。

10 月，成立浙江大学滨海与城市岩土工程研究中心。 陈云敏教授"城市固体废弃物填埋场环境土力学机理与灾害防控关键技术及应用"成果荣获国家科学技术进步奖二等奖。

陈仁朋教授获批国家杰出青年科学基金；边学成、吴建营副教授获首批优秀青年科学基金；周燕国副教授入选国家拔尖青年人才。 学院为加强青年教师的培养，支持急需发展学科的优秀青年教师尽快适应过渡期的教师岗位要求和发展目标，鼓励青年教师积极参加国际学术交流，制定了《浙江大学建筑工程学院青年教师特别资助计划实施细则》和《浙江大学建筑工程学院国际（海外）交流合作专项资助实施办法》。

创办"建工之家"，设立"建工有约"午餐沙龙交流平台，定期举行内容丰富、形式多样的主题交流活动。

2013 年,水资源与海洋工程专业更名为水利水电工程专业，城市规划专业更名为城乡规划专业。 土木工程专业顺利通过第四次专业评估并取得优秀成绩。 全日制水利工程专业学位硕士研究生开始招生。 学院与浙江大学建筑设计研究院建立了联合培养专业学位硕士研究生的机制，聘请 50 位设计院高级技术人员担任专业学位硕士研究生企业导师，浙江大学建筑设计研究院作为专业学位硕士研究生校内实习基地，开设"工程实践"课程和系列讲座。

4 月，青年教师吕朝锋参与的注射式 LED 的研究成果在美国《科学》（Science）杂志在线发表，参与的仿生复眼照相机的研究成果在英国《自然》（Nature）杂志在线发表。 同年，吕朝锋获优秀青年科学基金。

蔡袁强教授团队"长期循环动载下饱和软弱土地基灾变控制技术及应用"获国家科学技术进步奖二等奖。 张土乔教授负责的饮用水安全与输配技术实验室，获批浙江省重点实验室。

为进一步服务国家人才强国战略和创新驱动发展战略，提高浙江高等教育水平和国际影响力，加快浙江大学建设世界一流大学进程，浙江大学于 2013 年 2 月启动筹建浙江大学国际联合学院（海宁国际校区）。

◇ 2014—2016 年

2014 年，浙江大学与伊利诺伊大学香槟分校（University of Illinois at Urbana-Champaign,UIUC）签署合作办学协议，在海宁国际校区合办土木工程专业。

建筑学专业获批国家级"本科教学工程专业综合改革试点"项目。 学院 4 个本科专业首次按照工科试验班（建筑与土木类）进行大类招生，相应的培养方案也进行了调整，设建筑与土木类培养方案，学生确认专业后，再按照专业进行培养。"工程管理硕士"专业学位点获批。 2014 年起将建筑学一级学科硕士点下属所有二级学科全部纳入专业学位招生。 首次按照建筑学一级学科招收博士研究生。

王立忠教授负责的海洋土木工程国际联合研究中心，获批浙江省国际科技合作基地。 王立忠教授负责的海洋岩土工程与材料实验室，获批浙江省重点实验室。 罗尧治教授负责的先进结构设计与建造工程研究中心，获批浙江省工程实验室。 学院与建筑设计研究院共建协同创新研究中心。

学院制定《浙江大学建筑工程学院学科博士后奖励基金实施办法》，以奖励在学院做出突出成绩的学科博士后。张土乔、蔡袁强两位教授当选浙江省特级专家。学院引进吴越为求是特聘教授，并任命其为建筑学系系主任。

2015年7月，为推进国家和区域经济社会发展和产业转型升级，培养造就更多高层次工程科技人才，浙江大学开始筹建浙江大学工程师学院（浙江工程师学院）。当年，工程师学院招收建筑与土木工程专业、工程管理专业首届研究生。

交通工程新专业获教育部批准，首次纳入工科试验班（建筑与土木类）进行招生。土木工程专业和水利水电工程专业首次进入三位一体招生计划。

1月，成立浙江大学建筑与城市发展国际研究中心。3月，学院根据学校要求，结合学院学科发展需求，对17个研究所、中心进行了换届考核工作。浙江大学城市规划工程与信息技术研究所更名为浙江大学城乡规划理论与技术研究所。

土建类虚拟仿真实验教学中心获批国家级虚拟仿真实验教学中心。

徐世烺教授"混凝土结构裂缝扩展过程双K断裂理论及控裂性能提升基础研究"成果荣获国家自然科学奖二等奖；关富玲教授参与的由浙江大学自主研制的"皮卫星二号"2颗卫星搭乘长征六号运载火箭成功进入太空；华晨教授获浙江大学永平教学贡献奖。

陈云敏教授当选为中国科学院院士。

聘任王浩院士为求是讲座教授（双聘院士）；王立忠教授入选"长江学者奖励计划"特聘教授；边学成教授入选"长江学者奖励计划"青年学者；郑飞飞博士入选国家"青年千人计划"；闫东明、段元锋获批优秀青年科学基金。学院获浙江大学人才工作"组织突出贡献奖"。

2016年，启动实施高峰学科和一流学科建设的支持计划，整合优化学科布局，统筹做好土木工程学科、建筑学学科全国一级学科评估，以及学位点自我评估工作。撤销水利工程一级学科博士及硕士学术学位授予点，增设水工结构与港口工程、水资源与水环境工程、河流与滨海工程三个自主设置二级学科。撤销交通运输工程一级学科硕士学位授予点，增加道路与交通工程自主设置二级学科硕士学位点。

2月，浙江大学—伊利诺伊大学香槟分校联合学院（简称ZJU-UIUC联合学院）获教育部批复设立，9月，土木工程专业开始招生。城市规划学科本科教育和硕士教育顺利通过全国高等学校专业教育复评，被评为优秀，有效期均为六年。

6月，浙江大学建筑规划设计学科产学研联盟正式启动。

浙江大学建议的国家重大科技基础设施项目"超重力离心模拟与实验装置"被国家发改委等九部委列入《国家重大科技基础设施建设"十三五"规划》十个优先项目之一。

龚晓南院士和吴越教授分别负责的教学改革成果项目双双获得浙江省教学成果奖一等奖。

建筑学基层教学组织获校级特优。 美国土木工程师学会浙江大学国际学生分会正式成为美国土木工程师学会国际学生分会组织，并获得美国土木工程师学会组织的挡土墙比赛第一名。 学院学生团队获全国第十届大学生结构设计竞赛一等奖，浙江大学获全国第十届大学生结构设计竞赛优秀组织奖。

王立忠教授负责的海洋土木工程国际联合研究中心获批国家国际科技合作基地（国家级国际联合研究中心类）。 学院交通所承担的港珠澳大桥标段于4月顺利合龙。

学院荣获浙江大学服务保障 G20 杭州峰会先进集体。

组织机构与人员

一、行政机构

(一) 行政历任主要负责人

时间	归属	行政职务及负责人
1927—1949 年	土木工程学系	系主任：吴钟伟
1949—1950 年	土木工程学系	系主任：张树森
1950—1952 年	土木工程学系	系主任：钱令希
1952—1956 年	土木工程学系	系主任：陈崇礼
1956—1979 年	土木工程学系	系主任：李恩良（"文革"期间有间断） 副系主任：夏志斌
1961—1979 年	土木工程学系	系负责人：夏志斌（1961 年主持系务工作，1976 年—1979 年 7 月为系负责人）
1979—1984 年	土木工程学系	系主任：曾国熙 副系主任：舒士霖
1984—1987 年	土木工程学系	系主任：舒士霖 副系主任：顾尧章、宋伯铨
1987—1989 年	土木工程学系	系主任：唐锦春 副系主任：严家禧、郭鼎康（1988 年—1994 年 6 月）
1989—1990 年	土木工程学系	副系主任：龚晓南（主持工作）、姚祖恩
1986—1988 年	建筑学系	副系主任：王德汉（主持工作）、杜琳生、周培希 系主任助理：徐雷
1988 年 10 月—1999 年 6 月	建筑学系	系主任：沈济黄 副系主任：卜菁华（1991—1999 年）、徐雷（1995—1999 年） 系主任助理：徐雷（1990—1995 年）
1990 年，建筑工程学院成立		
1990 年 5 月—1992 年 11 月	建筑工程学院	院长：唐锦春（兼） 副院长：钱在兹（1990 年 5 月—1995 年 6 月）、沈济黄（1990 年 5 月—1996 年 10 月）、王海泉

时间	归属	行政职务及负责人
1992 年 12 月—1999 年 6 月	建筑工程学院	院长：吴世明（兼） 副院长：龚晓南（1995—1999 年）
1989 年 7 月—1990 年 2 月	土木工程学系	副系主任：龚晓南（主持工作）、姚祖恩（1989 年 10 月—1990 年 2 月）
1990 年 3 月—1994 年 4 月	土木工程学系	系主任：钱在兹 副系主任：龚晓南、姚祖恩（1990 年 3 月—1993 年 10 月）
1994 年 5 月—1999 年 8 月	土木工程学系	系主任：龚晓南 副系主任：关富玲（1994 年 5 月—1996 年 10 月）、张土乔（1994 年 5 月—1997 年 11 月）、陈云敏（1996 年 10 月—1999 年 8 月）、金伟良（1998 年 1 月—1999 年 7 月）
1999 年四校合并，新的建筑工程学院成立		
1999 年 7 月—2005 年 9 月	建筑工程学院	院长：董石麟 常务副院长：陈云敏 副院长：金伟良、王士兰（2002 年 7 月—2005 年 9 月）、徐雷（2002 年 7 月—2005 年 9 月） 院长助理：王士兰（1999 年 7 月—2002 年 6 月）、徐雷（1999 年 7 月—2002 年 6 月）
2005 年 10 月—2009 年 6 月	建筑工程学院	院长：董石麟 常务副院长：陈云敏（2005 年 10 月—2008 年 11 月） 副院长：金伟良（2008 年 12 月—2009 年 5 月主持工作）、华晨、王竹
2009 年 7 月—2013 年 6 月	建筑工程学院	院长：徐世烺（2009 年 12 月—2013 年 12 月） 副院长：王立忠（2009 年 6 月—2009 年 12 月主持工作）、王竹、罗尧治、陈雪芳（兼）、董丹申（兼）
2013 年 7 月—2016 年 6 月	建筑工程学院	常务副院长、院长：王立忠（2014 年 1 月—2016 年 6 月） 副院长：罗尧治、陈雪芳（兼）、葛坚、董丹申（兼）
2016 年 7 月至今	建筑工程学院	院长：罗尧治 副院长：陈雪芳（兼）、葛坚、吕朝锋（2016 年 10 月至今）、朱斌（2016 年 10 月至今）、董丹申（兼）

（二）四校合并后学院下设各系负责人

浙江大学四校合并成立新的建筑工程学院，下设各专业学系，各系负责人如下表所示。

时间	归属	行政职务及负责人
1999 年 8 月—2002 年 9 月	土木工程学系	系主任：陈云敏（兼） 副系主任：俞亚南
2002 年 10 月—2009 年 10 月	土木工程学系	系主任：俞亚南 副系主任：姚谏（2002 年 10 月—2006 年 1 月） 系主任助理：陈仁朋（2006 年 3 月—2009 年 10 月）

时间	归属	行政职务及负责人
2009 年 11 月—2013 年 12 月	土木工程学系	系主任：钱晓倩 副系主任：陈仁朋 系主任助理：段元锋
2013 年 12 月至今	土木工程学系	系主任：钱晓倩 副系主任：陈仁朋（2013 年 12 月—2014 年）、段元锋（2014 年 7 月至今）、陈水福（2014 年 7 月至今）、边学成（2015 年 6 月至今） 系主任助理：边学成（2014 年 7 月—2015 年 6 月）
2001 年 12 月—2005 年 12 月	水利工程系	系主任：金伟良（兼） 副系主任：楼章华、刘国华
2006 年 1 月—2009 年 10 月	水利工程系	系主任：孙志林 系主任助理：胡云进（2006 年 3 月—2009 年 10 月）
2009 年 11 月—2014 年 6 月	水利工程系	系主任：刘国华 副系主任：冉启华、王振宇（2011 年 11 月至今）
2014 年 7 月至今	水利工程系	系主任：冉启华 副系主任：万五一
1999 年 8 月—2005 年 12 月	建筑学系	系主任：卜菁华 副系主任：胡晓鸣、王竹（2000 年 11 月—2015 年 12 月）
2006 年 1 月—2009 年 10 月	建筑学系	系主任：王竹 系主任助理：朱宇恒（2006 年 3 月—2009 年 5 月）
2009 年 11 月—2013 年 12 月	建筑学系	系主任：罗卿平 副系主任：葛坚
2014 年 7 月至今	建筑学系	系主任：吴越 执行系主任：罗卿平 副系主任：王晖 系主任助理：林涛
1999 年 8 月—2005 年 12 月	区域与城市规划系	副系主任：杨建军（主持工作）、李王鸣
2006 年 1 月—2009 年 10 月	区域与城市规划系	系主任：杨建军 系主任助理：魏薇（2006 年 3 月—2007 年 3 月）、饶传坤（2007 年 3 月—2009 年 10 月）
2009 年 11 月—2014 年 6 月	区域与城市规划系	副系主任：李王鸣（主持工作）、陈秋晓
2014 年 7 月至今	区域与城市规划系	副系主任：陈秋晓（主持工作）、王纪武
1989—1993 年	区域与城市科学系	系主任：宋小棣 副系主任：周复多
1993—1994 年	区域与城市科学系	副系主任：周起舞（主持工作）、韩波、李王鸣
1994—1996 年	区域与城市科学系	系主任：张介一 副系主任：韩波、李王鸣

时间	归属	行政职务及负责人
1996—1998 年	区域与城市科学系	系主任：张介一 副系主任：李王鸣、杨建军
1998—1999 年	区域与城市科学系	副系主任：王士兰（主持工作）、李王鸣、杨建军

注：区域与城市科学系属原杭州大学。

（三）其他机构任命情况

其他机构任命情况详见附录1—3。

二、 党群团组织历任主要负责人

（一）土木建筑党总支主要负责人（1956—1989 年）

1956 年前，党员教师跨系组成教师支部。

1956 年成立党总支委员会，历届党总支书记（负责人）如下。

1956—1958 年，负责人为杨干良。

1958—1960 年，负责人为赵大中。

1960—1979 年，方舟、李岱友、王欣、齐敏先后担任总支书记（副书记）。

1978 年 2 月，土木工程学系党总支委员会负责人为齐敏、魏益华、史凤才，委员有李托夫、舒士霖、陈复兴、李身刚、何显高、张国英、丁武宝、苏锡祺。

1978 年 12 月，土木工程学系党总支委员会负责人为魏益华，委员有舒士霖、李身刚、顾静强、杜琳生、张国英、苏锡祺。

1981 年 8 月，土木工程学系党总支委员会负责人为魏益华，副书记为张乃大，委员有舒士霖、李身刚、顾静强、苏锡祺、杜琳生、张国英、张黄福。

1984 年 5 月，土木工程学系党总支委员会副书记为李身刚、张乃大，委员有舒士霖、潘维贤、张国英、杜琳生、苏锡祺。

1985 年 11 月，土木工程学系党总支纪检委员为潘维贤。

1986 年 8 月，土木工程学系党总支委员会书记为李身刚，副书记为张乃大，委员有李身刚、张乃大、舒士霖、潘维贤、宋伯铨、张国英、苏锡祺。

1987 年 7 月 3 日，学校党委决定成立中共土木、建筑系总支委员会，同时中共土木系总支委员会撤销。原土木系总支委员为土木、建筑系总支委员，增补王海泉为委员。李身刚任书记，王海泉、张乃大任副书记。

1988 年 12 月，由于工作需要，学校党委研究决定组建中共土木系、建筑系总支委员会。 土木、建筑系总支下属的土木系和设计院各党支部组建成土木系总支，建筑系各支部组建成建筑系总支。 以上两个总支的组建工作分别由李身刚、王海泉负责进行。 1989 年，增补娄建民、阮连法为中共土木系总支委员会委员。

（二）建筑工程学院党委（总支）主要负责人（1990—2016 年）

任职时间	组织名称	主要负责人	委员
1990 年 5 月—1991 年 1 月	中共浙江大学建筑工程学院总支部委员会	书记：李身刚 副书记：李越坚	王海泉、阮连法、杜高杰、李身刚、李越坚、何晔平、陈鸣、娄建民、潘维贤
1991 年 2 月—1993 年 11 月	中共浙江大学建筑工程学院总支部委员会	书记：李身刚 副书记：李越坚、娄建民	王海泉、阮连法、沈济黄、何晔平、钱在兹、潘维贤、卢勉（1992 年 4 月—1993 年 11 月）、张宏建（1993 年 3 月—1993 年 11 月）、赵永倩（1993 年 3 月—1993 年 11 月）
1993 年 12 月—1996 年 11 月	中共浙江大学建筑工程学院总支部委员会	书记：李身刚（1993 年 12 月—1996 年 2 月） 副书记：娄建民、阮连法（1995 年 1 月—1996 年 11 月，其中 1996 年 3 月—1996 年 11 月主持工作）	卢勉志、李身刚、沈济黄、张宏建、赵永倩、娄建民、钱在兹、龚晓南、潘维贤
1996 年 12 月—1999 年 6 月	中共浙江大学建筑工程学院总支部委员会	书记：阮连法 副书记：娄建民、赵永倩	毛根海、卢勉志、阮连法、沈济黄、赵永倩、娄建民、秦筑君、龚晓南、潘维贤
1999 年 7 月—2005 年 7 月	中共浙江大学建筑工程学院委员会	书记：阮连法 副书记：金卫华、娄建民、潘维贤（兼）	委员：王宁、毛根海、卢勉志、阮连法、陈云敏、赵永倩、金卫华、娄建民、潘维贤、张众伟（2000 年 9 月—2005 年 10 月）
2005 年 7 月—2009 年 5 月	中共浙江大学建筑工程学院委员会	书记：阮连法 副书记：金卫华、娄建民、潘维贤（兼）	王宁、阮连法、张众伟、陈鸣、陈云敏、金卫华、娄建民、楼文娟、潘维贤、郭文刚（2006 年 10 月—2009 年 2 月）
2009 年 6 月—2013 年 6 月	中共浙江大学建筑工程学院委员会	书记：娄建民、陈雪芳 副书记：郭文刚（2009 年 6 月—2013 年 5 月）	陈雪芳、郭文刚、娄建民、华晨、吴伟丰、徐世烺、董丹申、楼文娟、金卫勇
2013 年 6 月至今	中共浙江大学建筑工程学院委员会	书记：陈雪芳 副书记：黄任群（2013 年 7 月至今）、傅慧俊（2013 年 8 月至今）	王立忠（2013 年 6 月—2016 年 5 月）、陈雪芳、罗尧治、金卫勇、钱晓倩、黄任群、葛坚、傅慧俊、楼文娟、朱斌（2016 年 10 月至今）、吕朝峰（2016 年 10 月至今）

注： 2013 年 7 月，建筑设计研究院成立院级党委。 之前，其党群团工作隶属于建筑工程学院党委（总支）。

（三）党支部

党支部任命情况详见附录4。

（四）共青团委

20世纪五六十年代，沙惠文、邹荣波先后担任分团委书记。

1979年1月，张乃大任分团委书记。

1981年4月，张乃大任土木工程学系分团委书记（兼），王亚杰任副书记。

1984年11月，马纯杰任土木工程学系分团委书记，包铁民任副书记。

1987年9月，赵永倩任土木、建筑学系分团委书记。

1992年4月，黄昊明任建筑工程学院分团委书记。

1993年5月，王大力任建筑工程学院分团委书记。

1999年9月，王春波任建筑工程学院团委书记。

2004年6月，王春波任建筑工程学院团委书记。

2011年6月，徐洁任建筑工程学院团委书记。

三、工会

1977—1984年，吴美淮、郭鼎康先后担任土木工程学系工会主席。

1986年12月，裘进荪任土木工程学系工会主席，夏明丽、董浩然任副主席。

1990年9月，李鸿远任建筑工程学院工会主席，刘正官、邵建华、金爱仙任副主席。

1992年4月，李鸿远任建筑工程学院工会主席，刘正官、王靖华任副主席。

1994年6月，新的部门工会成立，郑金中任建筑工程学院工会主席，罗卿平、潘健任副主席。

1997年，姚谏任建筑工程学院工会主席。

2000年3月，朱向荣任建筑工程学院工会主席，陈晓平、沈杰、杨毅任副主席。

2004年6月，陈鸣任建筑工程学院工会主席，陈晓平、杨毅任副主席。

2006年8月，姚炎明任建筑工程学院工会主席，陈晓平、杨毅任副主席。

2010年9月，赵阳任建筑工程学院工会主席，陆强、胡云进、杨毅任副主席。

2014年6月，赵阳任建筑工程学院工会主席，邬亚芳、蔡金标、曹震宇任副主席。

四、 教职工名册、在职教职工名单、青年教师挂职锻炼简况、人才梯队以及博士后培养

教职工名册、在职教职工名单、青年教师挂职锻炼简况、人才梯队以及博士后培养详见附录5—9。

教育篇

本科生教育

一、专业建设与发展

浙江大学土木工程学系是由创建于 1927 年的土木工程科一步步发展壮大起来的。 1930 年，科改为系。 同时增设测量学系，后因经费补贴停止，测量学系并入土木工程学系。

1949 年前，浙江大学采用美国办学体制：学分制和选课制，只设系，不分专业，学生修满规定学分数后毕业，授予学士学位，各门课程除国文、体育少数课程外均采用英文原版教材。 对学生进行重基础、宽口径的"通材教育"。

1949 年后，第一次全国教育工作会议提出"教育为工农服务，教育为生产建设服务"，实行"维持现状，逐步改善"的方针。 学校按照中央方针开展各项工作，并继承发扬浙江大学传统的求是学风。 为适应国民经济恢复与发展需要，受浙江省委托，代办土木专修科。 1950 年 4 月，浙江大学召开首届师生员工代表大会，提出改革学制、精简课程、改进教学方法等有关问题。 土木工程学系着手改革课程内容、制订教学大纲与教学计划，开始教学改革活动，设立工程画、路工、水利、结构、测量教学小组。 同时加强了师资队伍建设，选派一批教师去国内外进修。1951 年 8 月，土木工程学系青年教师任雨吉、蔡乃森被选派到苏联留学，1957 年选派舒士霖到苏联留学。

1951 年，为满足经济建设对人才的迫切需求，增设土木专修科，学制两年。 1952 年分建筑、铁路建筑、工程测量三个专修科，学制两年。 1953 年仅设工业与民用建筑专修科。 1955 年起专修科停止招生。

1952 年，全国院系调整，采用苏联模式，设置专业，实施按专业计划培养人才。 土木工程学系的水利组调至南京的华东水利学院，土木工程学系设工业与民用建筑、铁路建筑两个本科专业。

1953 年，铁路建筑专业和测量专修科调入同济大学。 厦门大学工民建本科专业转入土木工程学系。 土木工程学系设有工业与民用建筑本科。

1954—1955 年，土木工程学系设工业与民用建筑一个专业，开始执行高教部颁发的全国统一的专业教学计划，教学计划必须严格执行，若有特殊情况需要变动，须报经学校主管领导批准。

自 1955 年开始，入学新生的学制改为五年制。

1956 年增设河川枢纽与水电站建筑专业。

1958 年，中央提出"教育为无产阶级政治服务、教育与生产劳动相结合"的教育方针，在全国范围内开展了教育大革命。 主要内容有： 大办专业；制订新的教学计划；编写教材和教学大纲；试行半工半读制度；改革各个教学环节；科学研究；大办工厂。 土木工程学系先后增设了农村建筑、建筑材料与制品、农田水利专业。 到 1959 年，建筑材料与制品专业并入化工系硅酸盐专业，农村建筑专业停办，农田水利转入河川枢纽及水电站建筑专业。

各专业的教学计划以"一、三、八"安排，即全年放假一个月，劳动三个月，学习八个月。在学时分配上，政治理论课占 17.9%，外语占 7.3%，基础理论占 20%，基础技术课占 28.9%，专业课占 23.2%。

1960 年，增设建筑学专业，生源由工民建专业抽调部分学生转入。 1960 年 3 月，以原浙江大学的土木、冶金、地质三个系和机械系的水力机械专业为骨干，集合杭州原机械、电力、纺织三所专科学校，成立杭州工学院。 1961 年 5 月，浙江省委决定杭州工学院与浙江大学合并，相同专业做了调整，浙江大学共设 13 个系、44 个专业。

1961 年学校贯彻中央"调整、巩固、充实、提高"八字方针，对学校规模、方向、人员编制、专业设置、教学计划、教学大纲、教材做了调整。 土木工程学系改为建筑工程系，设有建筑结构、河川枢纽与水电站建筑、建筑学（1963 年停招）三个专业。 1961 年 9 月教育部制定《教育部直属高等学校暂行工作条例（草案）》（简称高教 40 条），在教学方面的主要内容有： 修订教学计划，整顿教学秩序；加强教材的整顿和建设；加强实验教学；贯彻"少而精、学到手"原则。

1962 年土木工程学系各专业停止招生一年。

1966—1976 年，停止本科招生。 其中 1969 年开办工民建试点班，从全省建筑企业推荐招收30 名学生，学制三年。 1970 年招收工民建、水利水电专业工农兵学员，学制三年，至 1976 年停办（1971 年停招一年）。

1977 年，恢复高考，土木工程学系设立建筑结构工程、水工结构两个本科专业，学制四年。1978 年，建筑学专业恢复招生，学制四年。 1981 年，建筑学专业改为五年制。

1987 年，建筑学专业从土木工程学系分出，成立建筑学系。 土木工程学系本科专业改为工业与民用建筑、水利水电建筑工程与城镇建设。

1990 年，土木工程学系本科生招生工作进行试点改革，实行按系招生，入学两年后再分专业进行培养，水利水电建筑工程与城镇建设专业停办。

1991 年，土木工程学系专业调整为工业与民用建筑、土建结构工程、城镇建设。

1993 年，土木工程学系专业调整为工业与民用建筑、水利水电工程建筑、市政工程。

1994 年，引入大土木的办学思想，专业统一调整为建筑工程，下设三个专业方向：工业与民用建筑、房地产开发与管理、市政工程。

1995 年 6 月，土木工程学系的建筑工程专业首次通过了建设部的专业教育评估。根据《全国高等学校建筑工程专业本科专业教育评估标准》，为了保证专业教育不断适应社会发展的需求，土木工程学系聘请了浙江省建筑集团总公司蔡泽芳总工程师和浙江工业大学史如平教授作为教学质量督察员。每年督察员通过与院系领导会晤、师生座谈等形式，对土木工程学系的教学质量写出评价意见。

1996 年，土木工程学系专业设置仍为建筑工程，但对专业方向做了新的调整，调整后有建筑结构工程、市政工程、建筑经济与管理、道路与桥梁工程、岩土工程五个方向。建筑学专业首次通过了建设部的专业教育评估，有效期四年。

1997 年，英国联合协调委员会（JBM）主席率专家组五人对土木工程学系建筑工程专业进行全面评估检查（在国内还对清华、天大和同济三校的建筑工程专业进行了评估）。通过评估，中英双方就相互承认评估体系和学位达成了协议。土木工程在已有五个专业方向基础上，又新增设了水工结构工程专业方向。

1998 年，根据教育部颁布的《普通高等学校本科专业目录》和《工科本科引导性专业目录》，将建筑工程专业调整为土木工程专业，专业方向仍为六个，即建筑结构工程、市政工程、建筑经济与管理、道路与桥梁工程、岩土工程、水工结构工程。大土木的办学思想逐步趋于成熟，并得到国内外教育界和工程界的认同，浙江大学土木工程学系在国内率先实现了大土木招生和大土木培养，大土木培养已成为国内工科类专业设置的一种总趋势。

2000 年，依然按大土木专业招生，建筑结构工程专业方向改为结构工程专业方向，其他同前。土木工程专业、建筑学专业申请参加专业教育评估复评，经过专家审阅自评报告和实地视察，两个专业顺利通过了复评。

2001 年，土木工程学系的水工结构与水环境研究所、环境与资源学院的港口海岸与近海工程研究所和水文资源研究所合并组建水利与海洋工程学系，归属建筑工程学院。

2002 年，土木工程专业不再设置专业方向，取而代之的是六个模块课程组。从 2002 年开始，实行真正意义上的学分制，学生可以自由选择修读课程，成绩优秀的学生可以自由选择专业，亦可以申请提前毕业，或者推迟毕业，但学制最长不超过六年。

2003 年，将水文与水资源工程、港口航道与海岸工程专业和土木工程专业的水工结构模块课程组整合为新的水资源与海洋工程专业，获教育部批准，2003 年开始招生。首届招生 51 人。

2004 年，建筑学专业进行第三次专业评估，成绩优异，有效期为七年。

从 2004 年开始，实行四学期制，每学年分为春、夏、秋、冬四个学期，每学期八周上课时间，第九周为考试周，另外在暑假安排三至四周用于教学实践或科研训练。为了适应四学期制的变化，学院修订了四个本科专业的培养方案。

2005 年，土木工程专业进行第三次专业评估，成绩优秀，有效期为八年。

2006 年，浙江大学开始实行按大类招生，学生进校一年后确认主修专业。因学科特殊性，学院四个本科专业暂未进入大类招生。但是根据学校的改革思想，课程设置也做了大幅度的调整。课程总体分为通识课程、大类课程和专业课程三大类。通识课程着重于学生素质的全面提高，特别是为学生了解历史、理解社会，提供多种思维方式和全面的教育，有利于学生形成均衡的知识结构；大类课程着重于建立宽厚的学科知识基础，拓宽知识面，奠定学生今后就业发展的基石；专业课程着重培养学生扎实的学科专业知识以及动手实践能力和创新精神。土木工程专业学生毕业最低学分为 160 学分，通识类课程 48 学分，大类课程 47 学分，专业课程 55 学分，个性课程 10 学分，第二课堂 4 学分，特殊课程 5 学分（非收费课程）。

2006 年，城市规划专业首次通过了专业评估。5 月 22—24 日，全国高等教育城市规划专业评估委员会委派同济大学赵民教授、广州城市规划管理局史小予高级工程师、北京城市规划设计研究院施卫良高级工程师、天津大学夏青教授和南京大学顾朝林教授一行五人对浙江大学建筑工程学院区域与城市规划专业进行了为期三天的实地视察工作。2006 年 8 月，建设部高等教育城市规划专业评估委员会全体会议讨论，经过无记名投票，一致同意浙江大学城市规划专业本科专业教育评估顺利通过，合格有效期为四年。

2008 年，建筑工程学院的土木工程专业和水资源与海洋工程专业打通，在学院内按照土木工程类进行统一招生，学生进校一年后确认专业。培养方案进行了相应的调整，前期学生按土木工程类培养，确认专业后再修读专业课程。

2009 年，土木工程专业和水资源与海洋工程专业纳入学校工科试验班统一招生，进校一年后进行主修专业确认。

为了创建符合国际一流的研究型大学本科教育教学体系，培养和造就高素质创新人才，根据学校教务处要求，对 2009—2012 级本科专业培养方案和指导性教学计划进行了修订。新的教学计划课程按通识课程、大类课程、专业课程和个性课程几部分进行设置，毕业最低学分为 160 学分（五年制 200 学分）。同时组织教师编写了教学大纲和中英文课程简介。

2010 年，建筑工程学院的四个本科专业全部纳入大类招生，其中建筑学专业与城市规划专业纳入科技与创意设计类，土木工程专业与水资源与海洋工程专业纳入工科试验班。为此建筑学专业与城市规划专业进行了 2010—2012 级人才培养方案的修订。新的培养方案针对一年级进行大类培养，二年级以后进入专业学习的特点，课程进行了较大幅度的调整，但毕业最低学分未变，仍然是 200 学分。

2010 年 5 月，城市规划专业进行第二次专业评估，通过住建部评估专家组的实地视察，顺利通过第一次复评。

2011 年 5 月，建筑学专业以"优秀"成绩全票通过第四次评估，获得从 2011 年 5 月至 2018 年 5 月的七年有效期。

2013 年，水资源与海洋工程专业更名为水利水电工程专业，城市规划专业更名为城乡规划专业。 2013 年，土木工程专业第四次专业教育评估工作顺利完成，并取得有效期延长八年（至 2021 年）的优异成绩。

2014 年，建筑工程学院的四个本科专业首次按照工科试验班（建筑与土木类）进行招生，生源素质有了显著提高，相应的培养方案也进行了调整，设建筑与土木类培养方案，学生确认专业后，再分专业进行培养。

2015 年，交通工程新专业获教育部批准，首次纳入工科试验班（建筑与土木类）进行招生。土木工程专业和水利水电工程专业首次进入三位一体招生计划，土木工程专业首次招生 5 名，水利水电工程专业首次招生 8 名。

2016 年，继土木工程和水利水电工程专业参加三位一体招生后，城乡规划和交通工程专业也加入了三位一体招生计划，首次各专业招生 5 名，水利水电工程专业招生增加到 10 名。 2016 年 5 月，城乡规划专业第三次接受住建部专业教育评估，获得有效期延长六年的优秀成绩。

二、 教学改革及成果

1949 年前，主要参考美国高等教育模式，实行学分制组织教学。

1952—1957 年，学习苏联经验，以苏联高等教育为样板，改学分制为学年制，按专业培养人才，实施计划教学。 教改的特色是开展教学研究和加强实践性教学环节，一直以来，这些工作对工科人才的培养起着积极有效的作用。

1977 年恢复高考招生后，高等教育进入改革开放新时期。 出国考察国外高等教育，派遣访问学者和留学生，邀请国外学者、教授讲学，加强与先进的国外高等学校的密切交流、联系。 由此，开阔了视野，转变了培养人才的理念，比较、鉴别我国高等教育与国外高等教育的差别，调动了教师的积极性，教学改革和建设走上正轨。

1990—1995 年，土木工程学系教师出版了《应用流体力学》《钢筋混凝土结构习题与解答》《钢结构习题与解答》《网架结构设计与施工》《建筑工程技术经济》《基本建设法概论》等教材，在总结教学经验的基础上编写了《计算机在建筑工程中应用》《画法几何及建筑制图》《建筑经济与企业管理》《新型建筑材料》等讲义。

1993 年，"水力学"与"工程流体力学"教学实验综合改革（毛根海、吴寿荣等）获国家级优秀教学成果奖一等奖。

1996—2000 年，土木工程学系出版的教材和专著有《应用流体力学》《钢筋混凝土结构》《钢筋混凝土结构设计》《钢结构》《钢结构设计例题集》《网架结构与施工》《建筑工程技术经济》《基本建设法概论》《计算机在建筑工程中的应用》《画法几何》《环境管理规划学》《简明建筑基础计算与设计手册》《水电站建筑物》《岩石力学》《工程弹塑性力学》《计算机辅助设计》《地基处理新技术》《高等土力学》《土介质中的波》《横观各向同行弹性力学》《现代土工测试技术》《大型基础工程技术》等。

1996—1997 年，土木工程学系教师获批两项校级课程建设基金。

1997 年，水力学与流体力学实验 CAI 系列课件（张土乔等）获第二届全国普通高等学校优秀计算机辅助教学软件二等奖。经国家教委批准，土木工程学系和力学系联合共建"国家工科力学教学基地"。

1999 年，依托学校"211 工程"，土木工程学系建立了土木工程设计教学实验室，为培养具有现代工程设计能力和创新能力的高层次、高素质的土木工程专业技术人才提供了良好的场所。工程设计教学实验室建成后，新开设了土木工程结构设计、AutoCAD 在土木工程中的应用等与工程实际紧密结合的课程。

为了稳定本科教学师资队伍，鼓励教师积极投入本科教学，多年来，土木工程学系自筹资金给教师发放课时津贴，从 1995 年每份教学工作量 4000 元，逐渐提高到 1999 年的 6000 元。同时设立土木工程教育基金，对从事教学工作的优秀教师和成绩优秀的学生进行奖励。

从 1999 年开始，土木工程学系自筹资金，资助五门课程进行课程建设，首批资助的课程有土力学、建筑制图、建筑施工、钢筋混凝土结构和钢结构。

2000—2005 年，土木工程学系教师共出版教材和专著 80 多部，其中教材 27 部：《钢筋混凝土结构》《钢筋混凝土结构设计》《水力学与桥涵水文自学指导》《工程地质及土力学》《建筑工程测量》《建筑工程经济》《桥梁工程自学指导》《建筑材料》《环境规划、管理与控制》《土木工程测量》《弹性力学及有限单元法》《系统分析》《测量实验与实习教材》《土木工程材料》《弹性力学及有限元（英文版）》《钢筋混凝土结构》《工程网络计划的理论与实践》《工程流体力学网络课件》《水力计算可视化》《钢筋混凝土结构设计》《空间结构》《钢结构——原理与设计》《建筑企业管理学》《岩土工程勘察》《建筑工程英语》《地基处理》《钢结构设计》等。

2002 年，学校立项批准了流体力学、土力学与基础工程、钢筋混凝土结构三门课程为校级精品课程。2003 年，土木工程学系又投入 30 多万元经费，资助课程建设与改革。

2004 年，国家工科力学教学基地正式挂牌。基地在课程建设和改革方面取得了可喜的成果。水力学课程建设小组历经十多年，研制开发了国内首创、达国际先进水平的教学实验仪器，先后获国家专利 13 项、国家优秀教学成果奖 2 项、国家教学改革项目 1 项、国家级精品课程 1 门。

2005 年，由毛根海教授主持的项目"工程流体力学课程建设及成果辐射"获国家教学改革成果奖二等奖，毛根海老师被评为浙江省教学名师，教材《流体力学》被列为普通高等教育"十一五"国家级规划教材，结构力学被批准为校精品课程。

2006 年，与力学系共建的实验中心被评为国家级力学实验教学示范中心。 获批教育部高等教育教学改革项目 1 项、浙江省新世纪教改项目 1 项、浙江省专项教改 1 项、浙江大学实验系列教学改革项目 3 项；校级实践基地"工程结构设计实践基地"获得批准建立，为培养学生的创新设计能力创造了条件。 土木工程学系邵卫云老师获 2006 年浙江大学第四届青年教师教学技能竞赛二等奖。

2007 年，土木工程创新设计实验班获批成为教育部 2007 年度创新人才培养模式实验区；毛根海教授主编的《应用流体力学》被评为国家级 2007 年度普通高等教育精品教材；建筑学专业被评为国家级特色专业建设点。 大学生结构设计竞赛获教育部、财政部联合批准，成为全国大学生九大学科竞赛资助项目之一，结构设计竞赛秘书处设在浙江大学。

2008 年，"专题化"（王竹）课程获批浙江省精品课程，该课程获校级教学改革成果一等奖 8 项、二等奖 10 项。 建筑工程学院与航空航天学院共建的"工科力学教学团队"被评为浙江省首届高等学校省级教学团队。

2009 年，《应用流体力学》被列为普通高等教育"十一五"国家级规划教材；金伟良教授主持的项目"构建土木工程实践教育平台，培养大学生创新与实践能力"获浙江省教学改革成果奖一等奖；"钢筋混凝土结构"（金伟良）获批浙江省精品课程建设项目；陈仁朋教授负责的"土木工程创新设计人才培养的改革与实践"获批浙江省新世纪教改项目。

2010 年，土木工程专业获批成为国家级特色专业建设点；建筑学系华晨教授获批浙江省新世纪教改项目 1 项。 2010 年 2 月，学院启动建筑工程学院重点课程建设工作，共有 20 余门课程申报，经院教学委员会评审，最终"弹性力学"等 8 门课程列入首批建设计划。 每门课程建设经费 2 万元，被评为精品课程的再给予 1 万元的建设经费。

为了鼓励先进，经过学院教学委员会推荐、讨论，评选出建筑工程学院 2009 年教学成就奖和教学新秀奖各 1 人。 教学成就奖获得者毛根海教授获土木建筑规划教育基金奖励 3 万元，教学新秀奖获得者赵羽习教授获 0.5 万元奖金。

2010 年，土木水利实验中心获批省级实验教学示范中心建设点，获得 50 万元的建设经费。

2011 年，土木工程专业入选教育部首批"卓越工程师培养计划"，组建了首届"土木工程卓越工程师班"；由陈仁朋教授负责的"基础工程"被评为省级精品课程建设项目。

为了更好地实施土木工程专业卓越工程师计划，2011 年 7 月，土木工程学系从教学计划中筛选出了 11 门课程，每门课程给予 2 万元的建设经费，用于课程建设。

为了充分调动广大教师深化本科教学改革的积极性和创造性，切实做好国家级、省级教学成果奖的培育，2011 年 1 月学校启动浙江大学教学成果奖培育项目的申报工作，经过专家评审，建筑工程学院有 3 个项目获得批准立项，其中重点培育项目 1 项。

为引导广大教师找到教学方法改革的途径，寻求教学方法改革的突破点，进一步提高本科教学质量，学校在 2011 年 1 月启动了浙江大学本科教育教学方法改革项目申报工作，经过专家评审，建筑工程学院有两个项目获得批准立项。

为了表彰和鼓励热心本科教育及在本科教学上取得一定成绩的教师，经过学院推荐，教学委员评议，最终评选出陈仁朋、吴璟老师为 2010 年度教学先进。

2012 年，建筑工程学院获批普通高等教育"十二五"规划教材 3 部；与广厦集团共建的实践基地以及与浙江大学建筑设计研究院共建的实践基地获批成为国家级工程实践教育中心和国家级大学生校外实践基地；校内卓越工程师培养与学生创新实践基地被评为浙江省优秀实践基地；姜秀英被评为浙江省学科竞赛先进个人。

同年，学校启动教学成果奖评选，建筑工程学院共申报 10 个项目，经过专家评审，最终获得校级教改成果奖一等奖 2 项、二等奖 3 项。

2013 年，住建部高等学校土木工程学科专业指导委员会组织土建类高等教育教学改革项目"土木工程卓越计划专项"的申报，共申报 173 个项目，最终有 46 个项目获批立项。建筑工程学院罗尧治教授和蒋建群教授负责的项目获批立项。

为进一步加强建筑工程学院本科专业教材建设，结合土木工程卓越工程师培养计划，学院研究决定，于 2013 年 3 月启动建筑工程学院重点教材、著作出版资助计划。资助范围包括近三年内教学效果较好的专业基础课、专业课、卓越工程师培养计划系列课程，每本教材给予 5 万元的经费资助，如获得国家级规划教材，再给予 3 万元奖励。在学院获得资助的首批教材中，有 11 本教材被列入中国建筑工业出版社"高等院校卓越计划系列丛书"，6 本教材被列入浙江大学出版社"高等院校工程管理系列教材"。为了营造良好的学术氛围，为广大任课教师教材选用提供参考，在安中大楼 B 楼土木工程学系资料室开辟出专门的空间，用以展示近年来出版的专业图书，目前已有 1000 余册图书上架。

同年，学校启动了大类核心课程、专业核心课程建设工作，学院有 11 门课程获批大类课程建设立项，7 门专业课获批专业核心课程建设立项，每门课程分获 1～3 万元不等的建设经费。

2014 年，金方老师主编的《建筑制图》和《建筑制图习题集》获批普通高等教育"十二五"规划教材。华晨教授喜获浙江大学"三育人"标兵，唐立新被评为教学名师。龚晓南教授编著的《地基处理》获浙江大学 2014 年度十大教材。2014 年 3 月土木工程专业 5 位学生（张婉越、张郑超、许振东、王申昊、刘磊）赴台湾大学，进行为期 3 个月的联合毕业设计，5 月末顺利结束。建筑学专业获批国家级"本科教学工程专业综合改革试点"项目。

2014 年 3 月，由学校推荐，经过网络评审、专家会议评审和评审委员会审议，浙江省教育厅审定，由罗尧治教授主持的"面向重大工程建设需求的土木工程卓越人才培养体系与实践"获浙江省第七届教学改革成果奖一等奖。

2014年6月，为了推动学院优质课程教学资源共建共享，提升学院国际化教学水平，学院启动精品资源共享课、精品视频公开课程、慕课课程、双语课程及双语教材建设工作，得到了广大教师的积极响应，最终经过学院教学委员会评审，有6门双语课程、3门精品资源共享课、3门慕课课程、4部全英文教材获批立项。

2014年4月28日，浙江大学桩基创新实训基地落成仪式在紫金港校区隆重举行。桩基创新实训基地是浙江大学卓越工程师培养与学生创新实践基地的组成机构之一，由浙江省地质矿产工程公司出资，与浙江大学建筑工程学院共同建设。"桩基工程""岩土工程勘察与测试""土木工程测试"等课程的实践教学环节可以依托基地完成。利用桩基实训基地，学生还可广泛开展大学生科研工作。该实训基地的投入使用，为培养学生的动手实践能力、提高学生科研水平提供了良好的条件。

2015年，土建类虚拟仿真实验教学中心获批成为国家级虚拟仿真实验教学中心，华晨教授获浙江大学永平教学贡献奖，"专题化"等3门课程获批校级全英文课程建设项目，3个项目获批浙江省教改项目。

2016年，学院获浙江省教学改革成果奖一等奖2项、浙江省教改项目1项，建筑学基层教学组织被评为浙江大学优秀基层教学组织。

三、 学科竞赛

（一）大学生结构设计竞赛

2000年，为了在课堂之外寻找一种能培养学生创新实践能力的有效途径，建筑工程学院发起并组织了浙江大学首届大学生结构设计竞赛活动。此项竞赛活动旨在培养学生独立思维与创新协作精神，弘扬"求是创新"，达到"创新设计、实践协作"的目的。首届参赛学生有200多人，来自土木、建筑、城规，力学、机械、能源、化工等专业的66组作品参加了比赛。竞赛的命题是某运河桥梁结构模型设计。

2001年，建筑工程学院组织了浙江大学第二届"交通杯"大学生结构设计竞赛活动。全校有700多名学生报名参加，涉及浙江大学五校区和浙江大学城市学院、浙江工业大学、杭州应用工程技术学院等，最终共有43人次分别获得最佳结构设计奖、最佳结构造型奖、最佳结构分析奖和兴趣奖。大赛得到了浙江省交通规划设计研究院的大力支持。

2002年，建筑工程学院又成功举办了浙江大学生结构设计竞赛活动，全校共有600多名学生报名参加，涉及浙江大学五校区和浙江大学城市学院的十几个院系，最终共有30人次获得最佳结构设计奖、最佳结构造型奖、最佳结构分析奖和兴趣奖。

2002 年，浙江省首届大学生结构设计竞赛在浙江大学举行，本届竞赛的内容是体育馆结构模型设计，全省共有 11 所高校的 36 支参赛队进入了决赛。 同济大学、上海交通大学、河海大学、厦门大学等 9 所高校应邀来浙江大学观摩。 建筑工程学院选派的 6 支参赛队分别获得了 3 个一等奖、1 个二等奖、2 个三等奖以及组织奖的好成绩。

2004 年，由浙江大学倡议，联合清华大学、同济大学等国内 9 所著名高校共同发起组织全国大学生结构设计竞赛活动。 2005 年 6 月，首届全国大学生结构设计竞赛在浙江大学举办，来自全国 26 所高校的 50 多支代表队参加了比赛。 浙江大学选派 2 支代表队分别获得了特等奖和二等奖的优异成绩。

截至 2016 年底，校级大学生结构设计竞赛已连续举办了 17 届，组织参加浙江省级大学生结构设计竞赛 15 届，承办全国首届大学生结构设计竞赛，组织参加全国大学生结构设计竞赛 10 届。 2007 年，教育部和财政部联合发文，全国大学生结构设计竞赛获得资助，成为首批获得教育部资助的九大大学生学科竞赛之一。 目前，全国大学生结构设计竞赛秘书处设在浙江大学。

（二）全国大学生建筑设计作业观摩与评选

全国大学生建筑设计作业观摩与评选是由全国高等学校建筑学专业指导委员会主办，面向全国高等学校建筑学及其相关专业的在校学生的竞赛，在建筑学领域具有权威性，是在校建筑学专业大学生级别最高的作业评优竞赛，每年度组织一次。 全国大学生建筑设计作业观摩与评选活动每年吸引全国（包括港澳台地区）的众多建筑学院系参加，是国内建筑学教育规格最高的教学和评选活动。 建筑工程学院建筑学专业每年选拔一定数量优秀学生设计作业参加观摩与评选，累计获得优秀奖励 30 余项。

（三）全国高等学校城市规划设计作业评选

全国高等学校城乡规划专业指导委员会主办的全国高等学校城市规划设计作业评选是国内城乡规划教育界的最高赛事，充分反映各个学校城乡规划专业的教学水平。 建筑工程学院城乡规划专业每年选送优秀学生设计作业和社会调查报告参评，均取得了优良的成绩，累计获得奖励 20 余项。

（四）全国土木工程本科生创新实践成果奖

为了奖励取得土木工程专业本科生创新实践成果的单位和个人，促进人才培养模式和教学方法的改革与创新，培养大学生的创新能力和实践能力，探索以项目为载体的研究性学习和个性化培养方式，激发学生学习的主动性、积极性和创造性，住建部高等学校土木工程学科专业指导委员会从 2009 年开始在全国高校土木工程专业本科生范围内，组织创新实践成果奖评审，建筑工程学院土木工程专业学生已累计获得特等奖等各项奖励 17 项。

（五）其他学科竞赛

1. 全国大学生基础力学实验竞赛

在首届全国大学生基础力学实验竞赛中，建筑工程学院土木工程专业 2008 级张泽宇、杨忆南和机械系大三学生沈海辉组成的决赛团队经过激烈的角逐，脱颖而出，取得了优异成绩，获得了团体一等奖。

该竞赛由中国力学学会教育工作委员会、教育部高等学校力学教学指导委员会力学基础课程教学指导分委员会、高等学校国家级实验教学示范中心工作委员会力学学科组联合主办，江苏省力学学会、中国力学学会教育工作委员会实验教学分委员会与东南大学共同承办。

2. 全国大学生混凝土设计大赛

2010 年，建筑工程学院组织学生参加首届全国大学生混凝土设计大赛，土木工程专业 2007 级张姣龙、陈卫伟、陆梦婕、马一祎组成的浙江大学一队和江帆、程晨、袁新哲组成的浙江大学二队分别获得一等奖和优秀奖，浙江大学获得优秀组织奖，孟涛老师获得优秀指导教师荣誉称号。

首届 U30 全国大学生混凝土设计大赛由中国混凝土与水泥制品协会教育与人力资源委员会以及全国高等学校建筑材料学科研究会主办，大连理工大学承办，清华大学、浙江大学、重庆大学、哈尔滨工业大学、东南大学等 30 多所高校协办。

2011 年，学院参加第二届全国大学生混凝土设计大赛，黄博韬等同学获团体一等奖。 之后因为多种原因，学生未再参加比赛。

3. 首届金地大学生建筑设计大赛

建筑学专业 2000 级学生刘鹏参加首届金地大学生建筑设计大赛，获优秀奖。

4. CAA 国际大学生设计竞赛

2013 年，建筑学系 2009 级学生徐天钧和 2008 级学生杜丽婷，参加由英联邦建筑师协会举办的 CAA 国际大学生设计竞赛，分获国际大学生设计竞赛一、二等奖，并被邀请参加 2013 年 2 月 19—24 日在孟加拉国举办的主题为"建筑，响应和责任"的国际学术年会和颁奖仪式，同时获奖作品在国际建筑重要刊物 *Architecture Review* 上刊出。

5. 日内瓦国际发明展览会

2014 年，第 42 届瑞士日内瓦国际发明展览会在日内瓦 Palexpo 展览馆举行，土木工程学系 2010 级学生徐松杰等本科生作为团队成员的"应变梁式动态土压力无线实时监测系统"项目组在王奎华教授、王立忠教授的指导下，获得了评委们的一致好评，喜获该国际发明展览会参展项目银奖。

2016年5月举办的第44届瑞士日内瓦国际发明展览会共吸引了来自40多个国家和地区的近千项新发明参展。桥梁与隧道工程专业2013级研究生董传智、刘坦凭借项目"桥梁健康检查系统：一种快速、远距离、非接触的解决方案"获得铜奖。该项目的指导老师为叶肖伟副教授。董传智同学赴日内瓦参加了展览会。

6. 美国土木工程邀请赛

土木工程专业学生参加美国土木工程邀请赛挡土墙比赛，2015年获第三名，2016年获第一名。

四、 大学生科研训练计划（SRTP）

大学生科研训练计划（Student Research Training Program，SRTP），是为在校本科生设计的科研项目资助计划。SRTP为学有余力的大学生提供直接参与科学研究的机会，引导学生进入科学前沿，了解社会发展动态。同学们通过发现问题、激发创新思维、独立完成课题等过程，积极主动地探索新的知识领域，从而体验到一种全新的研究性学习的乐趣。浙江大学从1999年开始实施SRTP，目前已有国家级、省级、校级和院级四个层次的大学生科研训练计划项目，建筑工程学院累计已立项1000余项，参与学生3000多人，取得了良好的教学效果。

五、 教学成果奖、获批教材与精品课程、学科竞赛获奖、国家级大学生创新实验项目以及本科生培养方案

教学成果奖、获批教材与精品课程、学科竞赛获奖、国家级大学生创新实验项目以及本科生培养方案详见附录10—14。

六、 本科生校友名册

本科生校友名册详见附录21。

研究生教育

浙江大学建筑工程学院研究生教育最早可溯源到 1961 年，当时，土木工程学系开始招收钢筋混凝土结构、土力学与地基基础两个学科的研究生，修业年限为三年，招收了四届，毕业生 6 名，最后一届因"文革"而终止学业。

1978 年开始正式招收硕士学位研究生，经过几十年的发展，截至 2016 年底，学院拥有土木工程一级学科国家重点学科，岩土工程和结构工程两个二级学科国家重点学科，以及建筑设计及其理论一个浙江省重点学科；土木工程、建筑学、水利工程和城乡规划学四个一级学科博士学位授予点以及 10 个二级学科博士学位授予点，四个一级学科硕士学位授予点、15 个二级学科硕士学位授予点以及六个硕士专业学位授予点。

一、 研究生培养

1978 年，经国务院学位委员会批准，土木工程学系正式招收硕士学位研究生，学制三年，学科方向为钢结构、钢筋混凝土、软土地基、拱坝应力和 400 号。 共招收硕士研究生 10 名。

1980 年，招收建筑结构工程专业硕士研究生，方向为计算结构力学。

1981 年，硕士招生专业调整为岩土工程、结构工程、水工结构工程。 国务院学位委员会批准岩土工程为全国首批博士学位授予点。 曾国熙教授为首批岩土工程博士点指导教师。 同年招收一名博士生龚晓南，其于 1984 年毕业，成为我国培养的岩土工程学科博士，也是浙江大学的第一个博士。

2004 年，1998 级岩土工程专业柯瀚的博士学位论文《城市固体废弃物填埋场的沉降、静力和动力稳定研究》被评为全国优秀博士学位论文提名论文（指导教师： 陈云敏教授）。

2006 年，2002 级结构工程专业张磊的博士学位论文《考虑横向正应力影响的薄壁构件稳定理论及其应用》被评为全国百篇优秀博士论文提名论文（指导教师： 童根树教授）。 2006 年研究生共发表论文 402 篇，其中博士生发表 SCI 论文 20 篇、EI 论文 123 篇、ISTP 论文 5 篇、A 类论文 94 篇，硕士生发表 SCI 论文 2 篇、EI 论文 27 篇、ISTP 论文 2 篇、A 类论文 34 篇、B 类论文 41 篇。

2007 年，围绕研究生招生、培养、毕业等环节工作，起草制定《建筑工程学院研究生培养机制改革实施方案》；修订了现有二级学科的博士和硕士研究生培养方案，并根据新修订的培养方案排定 2007 年秋冬学期课程共 133 门；完成学院博士质量调查报告。结合学校研究生培养机制改革精神，改革原有研究生招生指标的分配办法，出台《建筑工程学院研究生招生改革办法》，按照新办法招收硕士研究生 212 人，较 2006 年增加 11.5％，其中推荐免试研究生 59 人，招收博士研究生 63 人，与 2006 年基本持平，其中提前攻博 14 人，直接攻博 17 人，考试录取 32 人。2007 年研究生就业率达到 100％，去重点单位的比例达到 60％，学院就业工作获得浙江大学就业优胜奖。2007 年研究生发表文章 267 篇，其中博士生发表 SCI 论文 36 篇、EI 论文 108 篇、ISTP 论文 5 篇、A 类论文 38 篇、B 类论文 15 篇，SCI 论文较 2006 年增加 80％；硕士生发表 EI 论文 31 篇、A 类论文 14 篇、B 类论文 20 篇。另有专利 6 项、著作 1 本，获省部级奖 2 项。2004 级结构工程专业严蔚的博士学位论文《EMI 结构健康监测技术与定量化分析》被评为浙江省优秀博士论文（指导教师：陈伟球教授）。

2008 年，执行学校研究生培养机制改革精神，按照学院制定的研究生招生指标的分配办法，招生指标分配与学科的科研贡献和实际需求相结合，促进了学院小学科科研和研究生教育的提高，小学科的研究生招生人数较没有改革前提高了 76％。2008 年共招收硕士研究生 212 人，与 2007 年持平，其中推荐免试研究生共 73 人，较 2007 年增加 23％；招收博士研究生 75 人，较 2007 年增加 20％，其中提前攻博 8 人，直接攻博 51 人，考试录取 26 人。2008 年学院共有 47 名博士研究生、165 名硕士研究生就业，一次性就业率达到 94.4％，去重点单位的比例达到 60％。

2009 年，建筑工程学院共有在校全日制博士研究生 314 人、硕士研究生 636 人，其中新招收建筑与土木工程专业学位硕士 16 名，全日制研究生总体规模达 950 人。

2010 年，2007 届岩土工程专业周燕国的博士学位论文《土结构性的剪切波速表征及对动力特性的影响》被列入全国百篇优秀博士学位论文（指导教师：陈云敏教授、丁皓江教授），实现学院零的突破。2010 年招收硕士研究生 233 名、博士研究生 60 名。学院共有在校硕士研究生 673 人、博士研究生 351 人，其中新招收建筑与土木工程专业学位硕士 38 名，留学生 2 名。2007 级岩土工程专业张勋的硕士学位论文《复杂应力路径下原状软黏土剪切破坏标准研究》被评为浙江省优秀硕士论文（指导教师：温晓贵副教授）；2008 级岩土工程专业唐强的硕士学位论文《黏土矿物和活化梧桐树叶对重金属离子吸附特性的研究》被评为浙江省优秀硕士论文（指导教师：唐晓武教授）。

2011 年，建筑学、土木工程、水利工程被列入"能源与环保"领域工程博士招生计划。专业学位硕士研究生扩大招生领域，新增建筑学、水利工程、交通运输工程专业，全日制专业学位硕士研究生招生培养覆盖到学院所有学科，并据此修订了 2012 年硕士招生目录。博士研究生招生向免试推荐直博过渡，同类学科进一步减少、合并考试科目，据此修订 2012 年博士研究生招生目录。 免试推荐硕士研究生招生人数占硕士生招生总人数的 52%，直博生招生比例占博士生招生总人数的 65%，两项指标就上一年度分别提高 13% 和 15%。 硕士研究生中有 2/3 的学生来自 "211 工程" 高校，1/2 的学生来自 "985 工程" 高校。 2011 年共有 238 名研究生毕业，其中博士研究生 38 人。 2007 级结构工程专业张春利的博士学位论文《多铁性结构简化分析体系及其应用》被评为浙江省优秀博士论文（指导教师： 陈伟球教授）；2008 级岩土工程专业孔德琼的硕士学位论文《粉土中近海风机吸力式桶形基础单调加载模型试验研究》被评为浙江省优秀硕士论文（指导教师： 朱斌教授）。

2012 年，免试推荐硕士研究生招生人数占招生总数的 58%，直博生招生比例占博士生招生总人数的 68%，分别较上年度提高了 6% 和 3%。 硕士研究生生源中 2/3 的学生来自 "211 工程" 高校，1/2 来自 "985 工程" 高校。 2012 年硕士毕业生 200 人、博士毕业生 38 人。

2013 年，完成 2014 年博士、硕士招生目录的修订和编制工作，进一步突出一级学科的共性。 全年共招收全日制硕士生 209 人、博士生 73 人，其中免试推荐硕士生占招生总数的 50%，直博生占招生总数的 79%；硕士生中 2/3 的学生来自 "211 工程" 高校，1/2 来自 "985 工程" 高校。 2008 级结构工程专业刘东滢的博士学位论文《多铁性结构简化分析体系及其应用》被评为浙江大学优秀博士论文提名论文（指导教师： 陈伟球教授、王惠明教授、吕朝锋教授）；

2014 年，国家免试推荐研究生招生改革，通过宣讲会、网络广为宣传免试推荐研究生政策和校院及学科优势，申请总人数达 930 名，是往年的 4 倍，申请总量位于全校第二，最终录取 194 名，其中直博生 55 名、硕士生 141 名，录取学生中 "985 工程" 高校生源比例达 86%，招生质量较往年明显提高。 2014 年共招收全日制硕士生 208 名、博士生 73 名，其中录取学生中 "985 工程" 高校生源占 53.8%，"211 工程" 高校生源占 70.7%。 2009 级岩土工程专业贺瑞的博士学位论文《海底基础动力特性研究》被评为浙江大学优秀博士论文提名论文（指导教师： 王立忠教授）。

2015 年，学院共招收全日制硕士生 215 人、博士生 75 人，首次在浙江大学工程师学院招收建筑与土木工程领域、工程管理硕士专业学位硕士研究生。

2016 年，学院有在校全日制博士研究生 394 人、硕士研究生 657 人，共计 1051 人。 2016 年共招收全日制硕士生 221 人、博士生 69 人。 录取的博士生中 "985 工程" 高校生源比例近 2/3，录取的硕士生中 "985 工程" 高校生源比例近 1/2。

二、 学科建设

1983 年，教育部批准浙江大学试办研究生院，研究生培养有较大发展。 增加招收建筑技术科学专业硕士生。

1988 年，硕士研究生学制由三年调整为两年半。

1992 年，国务院学位委员会批准结构工程学科为博士学位授予点。

1997 年，增加招收市政工程专业硕士研究生。

1998 年，土木工程学科成为我国首批四个土木工程一级学科博士点之一，申请博士后流动站被批准。 12 月，岩土工程和结构工程学科被批准为浙江省重点学科。 岩土工程学科入围教育部"长江学者奖励计划"，批准设置特聘教授岗位。

2000 年，增加招收桥梁与隧道工程专业、防灾减灾工程及防护工程专业博士和硕士研究生。

2001 年，增加招收水力学及河流动力学专业硕士研究生，招收港口、海岸及近海工程专业博士和硕士研究生。

2002 年 4 月，岩土工程被教育部批准为国家重点学科。 9 月，经教育部组织专家组评议，批复同意"复杂环境下岩土工程与空间结构关键技术"等 20 个重点学科建设项目列入浙江大学"十五""211 工程"。

2004 年，全日制硕士研究生在校学习年限改为两年。 同年，启动建设"岩土工程与大型结构"国家"985 工程"二期科技创新平台建设项目。

2007 年，土木工程一级学科被认定为国家一级重点学科（全国共六所大学），结构工程二级学科被评为国家二级重点学科，建筑设计及其理论被评为浙江省重点学科，市政工程被评为浙江大学重点学科。 先前批准的岩土工程国家重点学科在经过预评估、正式评估和确认工作后被认定为优秀的国家重点学科。 新申请博士研究生导师 6 人，新申请并获批准硕士研究生导师 13 人，工程硕士导师（非全日制）3 人。

2008 年，组织浙江大学"211 工程"三期研究生培养创新项目申请以及研究生核心课程、示范性课程建设申报工作，其中研究生培养创新项目 2 项、研究生核心课程 2 门、示范性课程 7 门。"985 工程"二期国家科技创新平台建设项目"岩土工程与大型结构"建设进展顺利，在创新管理模式与运行机制等方面进行了有效探索。 新增博士研究生导师 5 人、硕士研究生导师 17 人、工程硕士导师（非全日制）3 人。 修订了工学二部博硕导及工程硕导量化指标。 组织在岗研究生导师参加"求是导师学校"培训学习，第一期学习班学员 27 人，第二期 15 人，第三期 5 人。

2009 年，"985 工程"三期项目"城市系统与重大工程安全及可持续发展"项目立项建设；全年新申请并获批博士研究生导师 8 人，申请并获批硕士研究生导师 5 人。 徐荣桥教授的"结构分析的有限元法与 MATLAB 程序设计"，徐雷、王竹、华晨、朱宇恒、葛坚教授的"建筑学研究生国际化教学创新模式实践"获浙江大学研究生教学成果奖一等奖；孙志林、刘国华等教授的"产学研结合的高层次水利人才培养模式"获浙江大学研究生教学成果奖二等奖。"高等基础工程学"（陈云敏教授）、"工程弹塑性力学"（楼文娟教授）、"弹性力学变分原理及其应用"（陈伟球教授）三门课程获浙江大学研究生核心课程建设项目立项，"现代建筑评论"（罗卿平教授）、"高等工程流体力学"（张土乔教授）、"桥梁健康监测与控制"（项贻强教授）三门课程获浙江大学研究生示范性课程立项。

2010 年，建筑学、水利工程被增列为一级学科博士学位授予点，交通运输工程被增列为一级学科硕士学位授权点。 土木工程专业获批成为国家级特色专业建设点。"建筑与土木工程领域/建筑学硕士"成为学校"985 工程"三期专业学位研究生教育综合改革试点项目。 启动学院重点课程建设工作，"弹性力学"等八门课程获得首批建设，每门课程投入建设经费 2 万元。 组织完成浙江大学"211 工程"三期研究生核心课程、示范性课程建设申报工作，"弹性力学与变分原理"新增建设为研究生核心课程，"现代建筑引论""计算结构力学"新增建设为研究生示范性课程。 积极落实深化《建筑工程学院研究生培养机制改革实施细则》，修订了 2011 年博士研究生和硕士研究生招生目录，满足建筑、土木工程学科与其他学科融合交叉的需要，鼓励考生跨学科报考。 学校投入建设经费 50 万元，拟建卓越工程师培养与学生创新实践基地，使工程结构设计实践基地得到进一步深化和扩展。 积极推进校外实践基地建设，与上海中船九院签署校企合作协议，与中国建筑西南设计研究院、华东勘测设计研究院达成初步合作意向。 积极培育优秀博士学位论文。 新增博士生导师 5 人、副博士生导师 4 人、硕士生导师 8 人。 目前，学院共有博士生导师 58 人，硕士生导师 119 人。

2011 年，建筑学、水利工程、城乡规划学被增列为一级学科博士学位授予点，交通运输工程被增列为一级学科硕士学位授予点，道路与交通工程被增列为二级学科博士学位授予点。 全面梳理了土木工程学科专业学位和科学学位以及工学博士的培养方案，增加了学科前沿新理论和新技术方面的课程，取消了部分内容陈旧、效果欠佳的课程。"'建筑与土木工程'工程博士培养方案的研究与实践"获浙江大学学位与研究生教育课题立项资助。 完善了研究生招生资格实施细则、研究生招生指标分配实施细则、招收研究生资助经费实施细则等制度，加强研究生导师队伍建设。 全年新增博士生招生指导教师资格 13 人，硕士生招生指导教师资格 8 人。

2012 年，建筑学硕士专业学位培养方案获批学校全英文课程建设项目；"高等基础工程学""工程弹塑性力学""弹性力学变分原理及应用"三项研究生核心课程建设项目通过学校终期考核。 完成土木、水利、交通、建筑学科硕士专业学位培养方案以及水利、建筑、城规学科、道路与交通学科博士培养方案制定工作。 成立学院土木工程专业评估领导工作小组，召开评估启动和迎评工作会议，启动土木工程专业教育第四次评估工作。

2013 年，土木工程专业顺利通过第四次专业评估并取得优秀成绩。 卓越工程师培养与学生创新实践基地建设取得成效，已有 5 门课程在基地进行实践教学，并为学生科研提供支撑。

2014 年，深化研究生培养机制改革。 与浙江大学建筑设计研究院建立联合培养专业学位硕士研究生机制；与伊利诺伊大学香槟分校（UIUC）签署协议在海宁国际校区合办土木工程专业。 获批"工程管理硕士"专业学位点，当前专业学位研究生招生数占 40%，已覆盖学院所有学科。 调研国内兄弟高校土木、水利、建筑、规划学科研究生改革、培养方案特色、研究生毕业答辩授予学位标准等，为学院科学修订研究生培养方案做基础性准备。

2015 年，开展教育教学大讨论，聚焦研究生教育质量提升，突出问题导向，广泛发动全院师生参与教育教学研讨。 进一步厘清人才培养的重大问题，明确教育教学改革的思路和举措。 积极配合工程师学院建设，制定建工分院规划建设方案。 开展研究生学位点自评估工作。 认真梳理研究生培养方案，积极调研国内外研究生学位授予标准，制定了各学位点的学术学位和专业学位研究生学位授予标准。

2016 年启动实施高峰学科、一流学科建设支持计划，整合优化学科布局，统筹做好土木工程学科、建筑学学科的全国一级学科评估、学位点自我评估工作。 为使研究生教育更好地适应经济社会发展需要，提高人才培养质量，主动撤销水利工程一级学科博士及硕士学位授予点，增设水工结构与港口工程、水资源与水环境工程、河流与滨海工程三个自主设置二级学科。 主动撤销交通运输工程一级学科硕士学位授予点，增加了道路与交通工程自主设置二级学科硕士学位点。 停止城乡规划学硕士学位招生，改为招收城市规划硕士（专业学位）。 停止城乡规划学博士学位招生，建筑学博士招生在原有的"建筑历史与理论""建筑设计及其理论""建筑技术科学"三个方向外新增"城市规划设计与理论"方向。

积极探索专业学位研究生教育改革，修订现有各专业不同类别博士生、硕士生培养方案，制定首届工程师学院研究生培养方案。

三、 对外合作与交流

2007 年，组织召开了第四届海峡两岸结构与岩土工程学术研讨会和香港—杭州可持续发展建筑技术专业咨询研讨会；7 月，学院教授访问团回访台湾大学，双方就土木工程学科领域进行了广泛而深入的交流与对话，对争取光华教育基金会的支持起到了积极的推动作用。 为了进一步扩大学生的国际化视野，培养其国际交往能力，建筑工程学院积极推进学生出国出境继续深造、交流访问工作。 有 9 位博士生申请国家留学基金委项目"国家公派研究生项目"，获得资助赴国外大学联合培养深造。 9 月，日本佐贺大学理工学部外尾一则教授带领的城市规划和建筑学专业的 8 名硕士生来学院进行为期 9 天的交流活动。 这是学院与日本佐贺大学理工学部自 2002 年签署合作科研和硕士生教育的交流计划以来，第五次举行的师生互访交流活动。

2008 年，有 5 位博士生申请国家留学基金委项目"国家公派研究生项目"，获得资助赴国外著名大学接受联合培养，3 位硕士生获得资助赴国外著名大学攻读博士学位，派出总人数占学校派出总人数的 5.3%，连续两年超出学校各学院派出平均比例。 此外，2008 年共有 13 人次赴境外参加国际学术交流活动，并宣读论文。 有 8 名学生获得浙江大学"国家建设高水平公派研究生项目"资助,出国深造。

2009 年,有 5 位博士生获得国家留学基金委"国家公派研究生项目"资助,赴英国、加拿大等国家的大学接受联合培养,1 位硕士生获得国家留学基金委"国家公派研究生项目"资助赴美国攻读博士学位。 有 3 位博士生和 10 位硕士生获研究生院资助,赴境外参加国际学术会议并在大会上宣读论文。

2010 年,有 4 名博士生获得国家基金委"国家公派研究生项目"资助,赴日本、美国等国家的大学接受联合培养,1 名硕士生获得国家留学基金委"国家公派研究生项目"资助赴英国攻读博士学位。 有 19 位博士生、37 位硕士赴国外短期交流学习、合作研究,参加国际学术会议、宣读论文等。

2011 年,有 3 位博士生获国家留学基金委"国家公派研究生项目"资助赴国外大学接受联合培养,5 位研究生获资助赴国外著名大学攻读博士学位(其中 1 位获全额资助赴英国牛津大学攻读博士学位)。 有研究生 44 人次赴境外参加国际学术交流活动,并宣读论文。

2012 年,有 5 名博士生获国家留学基金委"国家公派研究生项目"资助赴国外大学接受联合培养,5 名硕士生获资助赴国外著名大学攻读博士学位(其中 1 名获全额资助赴英国牛津大学攻读博士学位)。 40 余人次赴境外参加国际学术交流活动,并宣读论文。 同时,学院还招收了来自德国、波兰、巴基斯坦等国的国际留学生攻读博士、硕士学位,另有来自西班牙等国家的短期交换研究生。

2013 年,有 6 名博士生和 6 名硕士生分别获得国家留学基金委"国家公派研究生项目"资助赴国外大学接受联合培养和攻读博士学位,其中攻读博士学位总人数列全校第一,联合培养人数列全校第三。 50 余人次赴境外参加国际学术交流活动,并宣读论文。 土木工程学科首招国外攻读博士学位留学生,并接收了来自捷克、西班牙等国家的短期交换研究生。

2014 年,共有研究生 50 人次获得学校派出国(境外)交流学习资格。 5 名博士生获得国家留学基金委"国家公派研究生项目"资助赴国外著名大学接受联合培养,2 名研究生获得资助赴国外著名大学攻读博士学位。

2015 年,获批参加联合培养博士研究生有 16 名,历年派出总人数和年度派出人数均列学校前茅。 国际学生申请攻读博士、硕士研究生形势喜人,全年录取攻读学位国际留学生 18 名。 6 名博士研究生获得国家留学基金委"国家公派研究生项目"资助,3 名博士研究生获得学校资助赴国外大学接受联合培养,1 名硕士研究生获学校资助赴国外大学攻读博士学位。

2016 年,推进"海外一流学科伙伴提升计划",启动实施 UIUC-ZJU 联合学院土木工程专业的建设,争取与英国帝国理工大学等若干所世界一流大学或学术机构建立紧密的院际交流与合作关系。 大力拓展师生到海外名校学习交流的渠道,加强全英文课程和海外师资队伍建设,推进国际联合人才培养,提高留学生教育层次和水平。

四、 历年硕士点与博士点设立时间表、历年各专业博士生指导教师名单、历年博士学位论文以及研究生培养方案

历年硕士点与博士点设立时间表、历年各专业博士生指导教师名单、博士学位论文以及研究生培养方案详见附录15—18。

五、 研究生校友名册

研究生校友名册详见附录21。

成人与继续教育

浙江大学建筑工程学院继续教育中心于 1994 年成立，面向建设领域的非全日制研究生培养、政府与企业培训、地方合作等开展办学工作。 浙江大学建筑工程学院继续教育中心依托建筑工程学院雄厚的师资与丰富的教学资源，培养造就符合国家和区域经济发展和产业转型升级急需的高层次工程技术和工程管理人才。 学院按照"高层次、高素质、国际化"的人才培养理念，探索应用型、复合型、创新性的工程科技人才培养体系。

2007—2016 年，浙江大学建筑工程学院继续教育中心培养非全日制工程硕士 1338 人，培养方向涵盖建筑土木工程、水利工程、项目管理（建设方向）、交通运输工程等四大领域的七个方向。

浙江大学建筑工程学院继续教育中心受政府或企业委托，举办各类专题研修班 72 班次，培训学员近 5000 人次。 中心依托建筑工程学院的专业背景，结合学校多学科融合的优势，积极服务社会，努力做好工程建设领域管理人员和技术人员的教育与培训工作。

一、 学历教育

建筑工程学院成人学历教育的历史最早可以追溯到 20 世纪 50 年代，当时土木工程学系就已开设工业与民用建筑本科专业。 20 世纪 90 年代后期，随着国民经济的发展，全社会对建设类人才的需求日益旺盛，人们对提高文化水平和专业技能的热情日益高涨，成人学历教育迎来了蓬勃发展。 建筑工程学院无论是在办学规模方面，还是在办学层次和社会影响力方面，都做出了积极贡献。 建筑工程学院的成人学历教育主要包括以下专业类型。

1. 本科层次

（1） 土木工程专升本，形式包括函授、夜大，学制三年，从 20 世纪 50 年代开办。 专业名称由开始的工业与民用建筑到后来的建筑工程，1999 年专业名称改为土木工程。

（2） 水利水电工程专升本，形式为函授，学制三年，从 2000 年开始招生，已招生三届。

（3） 土木工程（工程管理）专升本，形式为函授，学制三年，从 2002 年开始招生。 该专业是浙江省范围内开办的第一个成人高等教育土木工程（工程管理）专业。

（4）建筑学专升本，形式为函授，学制三年，从 2000 年开始招生。 该专业是浙江省范围内开班的第一个成人高等教育建筑学专业。

（5）城市规划专升本，形式位函授，学制三年，从 2000 年开始招生。 该专业是浙江省范围内开班的第一个成人高等教育城市规划专业。

2. 专科层次

（1）工业与民用建筑，形式为函授，学制四年，从 20 世纪 80 年代末期开始招生。

（2）室内艺术设计，形式为全脱产，学制两年。

二、 非学历教育（包括专业证书班和自学考试）

随着社会对专业人才层次和教育培训形式需求的日益多样化，继续教育中心为满足社会需要，开办诸如专业证书班和自学考试等多种类型的培训班。 其主要专业和类型有以下几种。

（1）建筑工程独立本科段。 其自学考试自 20 世纪 90 年代中期开始，从那时起，浙江大学就成为该专业的主考院校。

（2）道路与桥梁工程独立本科段。 浙江大学从 2002 年开始成为该专业的主考院校。

（3）房屋建筑工程专科。 其自学考试自 20 世纪 90 年代中期开始，从那时起，浙江大学就成为该专业的主考院校。 并于 1998 年开设了该专业的自考助学班。

（4）道路与桥梁工程专科。 浙江大学从 20 世纪 90 年代中期成为该专业的主考院校，并于 1998 年开设了该专业的自考助学班。

（5）工业与民用建筑大专专业证书班。 1987 年开办，为地方政府和企业培养了数千名本行业急需的专业人才。

此外，还开展了以上四个自学考试专业的实践性环节的培训和毕业论文、毕业设计的指导。

三、 各类培训（短期培训）

近年来，浙江大学建筑工程学院继续教育中心不仅扩大了在职研究生的办学规模，在继续教育领域，不断研发推出新的培训项目。 中心以求是创新的办学态度和高质量的教学水平，赢得了良好的社会声誉，成为众多企业管理高层促进学业、结交良友、发展事业的优秀平台。

（1）全国监理工程师培训（上岗班）。 从 1994 年底至 2000 年大约共培训 6000 人次。 其生源来自全国各地。

（2）全国房屋安全鉴定培训。 2004—2007 年共培训 270 人次。 其生源来自全国各地。

（3）全国建筑业与房地产企业工商管理培训。 1998 年首次开办，培训 50 人次。

（4）全国注册监理工程师考前培训。1996—2007年培训约6500人次。

近十年来，浙江大学建筑工程学院继续教育中心举办的培训班情况如下。

近十年浙江大学建筑工程学院继续教育中心培训情况一览表

年份	培训班名称	培训人数	合计
2007	嘉善县规划局班	40	40
2008	德清县规划局班	50	50
2010	天台县规划局班	57	225
	杭钢集团房地产班	40	
	玉林县规划局短期班	38	
	玉林县规划局脱产班	10	
	遵义市住建局两期班	80	
2011	义乌市住建局班	60	90
	建设集团技术班	30	
2012	重庆市博众房地产班培训	23	947
	江山市住建局班培训	105	
	临安市住建局班培训	60	
	青岛市城发集团班培训	150	
	青岛市开发区高端班培训	46	
	山西省财政评审班培训	60	
	台州市建设企业管理班培训	59	
	义乌市勘察设计院班培训	49	
	义乌市房管局园林局班培训	61	
	中德合作·浙江大学绿色建筑德国被动节能房技术高级研修班	120	
	浙江大学·贵州省习水县领导干部能力提升高级研修班	57	
	临海市建设国土系统管理人员高级研修班	28	
	宁波市加快构筑现代都市建设管理人才高级研修班	38	
	深圳市规划土地管理共同责任法制机制体制高级研修班	41	
	深圳市规划土地监察执法人员高级研修班	50	
2013	杭州市拱墅区建设企业班	89	879
	三门县黄岩区建设企业班	62	
	临安市房管局培训班	30	
	青岛市城市发展培训班	160	
	临沂市规划培训班	61	
	云南世博旅游班（两期）	113	
	金昌市住建局班	46	
	台州市水环境班两期	87	

年份	培训班名称	培训人数	合计
2013	鄞州市智慧城市班	55	
	深圳市城市规划土地管理干部综合素质提升高级研修班	50	
	西湖区工程项目管理专题研修班	56	
	贵州省习水县城乡建设干部能力提升高级研修班	50	
	杭州市中青年干部"518"工程——浙江大学建筑学院培训项目	20	
2014	注册监理工程师培训班两期	80	1435
	遵义县新农村建设和城乡统筹研修班，培训人数	50	
	镇海区实施全域城市化战略专题培训班	55	
	镇海区城乡规划综合素质提升班	50	
	衢江市城乡规划与管理高级研修班（共两期）	79	
	新疆生产建设兵团第一师阿拉尔市城镇建设与管理人才素质提升研修班	96	
	拱墅区建筑企业人力资源管理高级研修班	91	
	即墨市城市建设与管理进修班第一期	201	
	南宁市建安劳保办培训班	50	
	深圳市生态保护与建筑的地方主义专题研修班	84	
	青岛市市政公用局领导干部高级研修班	150	
	浙江环宇建设集团战略管理研修班	109	
	温岭市建筑业转型升级培训班	54	
	徐州市丰县人才工作干部培训班	54	
	青岛市城发投资集团工程管理专题研修班	130	
	广饶县建筑企业领军人才班	42	
	青岛市政公用局班	60	
2015	即墨市城市建设与管理第二期进修班	205	645
	三门县建筑工程专题班	100	
	青岛市城发金融创新班	100	
	南宁市新型城镇化班	45	
	惠安县建筑企业高管班	58	
	深圳市规土委城市规划班	51	
	全国注册监理工程师考前培训班	50	
	日照市规划院城乡统筹规划与建设研修班第一期	36	
2016	日照市规划院城乡统筹规划与建设研修班第二期	45	748
	即墨市城建局班三期	201	
	青岛市瑞源工程集团企业管理班	150	
	台州市交通院班	58	

年份	培训班名称	培训人数	合计
2016	曲靖市规划局班	59	
	汕头市规划委员班	51	
	浙江省地勘局建设企业班	99	
	杭州市交通投资集团建设与房地产工程管理研修班	45	
	安吉县新型城镇化建设专题研讨班	40	

四、 各类继续教育教学计划

各类继续教育教学计划详见附录19。

五、 成人与继续教育校友名册

成人与继续教育校友名册详见附录21。

学生工作

一、 学生管理体制及人员

1954 年前，学生工作没有完整的管理体系。 1953 年，学院开展学习苏联的教学大改革，参照苏联经验在 1955 年按学生专业、年级，以 30 人左右为单位组成一小班，每个小班设班长 1 人（由系指定）、班会主席 1 人（由小班学生选举产生）、团支部书记 1 人（由小班团员选举产生），三人组成小班的领导核心，共同领导小班的学习、生活和思想工作。

1956 年，学校实行班主任制，由校、系领导和教师担任班主任的任务： ①协助行政，改善学生的学习条件； ②指导学生制订学习计划，推动有关教师一同指导学生改进学习方法； ③关心学生的全面发展，经常了解和研究学生学习中存在的问题，协同有关方面加以解决。

20 世纪 50 年代，各系设分团委，分团委书记负责学生的思想政治工作。 1958 年，学校建立政治辅导员制度，每 3~4 个小班设一专职政治辅导员，在学生中进行具体的政治思想工作。

1977 年恢复高考后，土木工程学系党总支由专职副书记负责学生思想工作，并设专职年级政治辅导员开展工作。

1996 年在研究生培养规模扩大的情况下，增设研究生德育导师。

1999 年 7 月，新建筑工程学院成立，土木工程学系的学生工作转移到学院分管，学院设党委，党委分管副书记负责本科生工作和研究生工作，同时设学院团委。 下设专职本科生思政人员若干名，归属团委；专职研究生思政工作人员 1 名，归属研究生科。 本科生实行班主任制和导师制，研究生实行兼职德育导师制。

2002 年，浙江大学紫金港校区启用，学生采取属地化管理，思政关系归属所居住学园的党总支。 当时，紫金港校区分白沙、青溪、丹阳、紫云和碧峰五大学园，建筑工程学院学生主要集中在白沙学园居住和管理。 白沙学园共有 4 幢学生宿舍楼，每幢学生宿舍楼配备一名专职思想政治辅导员。 党团关系按楼层设立，一幢楼设一个团总支，团支部按楼层设立，一层设立一个团支部，居住在同一幢楼同一层的同学同属一个团支部。 本科一二年级学生在紫金港按属地化管理，进入三年级搬至玉泉校区，思政关系同时转入学院。

2008 年，浙江大学开始实施大类招生，即学生进校 1~2 年后可根据学习成绩、综合表现、兴趣特长确认其主修专业，允许部分学生跨大类确认主修专业，并鼓励学生跨大类选读双修专业或辅修专业。 建筑工程学院所属专业被纳入工科大类招生体系，学生在本科一二年级的思政关系归属蓝田学园。

2010 年，学校新增科技与创意设计大类，建筑学和城市规划与设计专业从工科大类被转入科创大类招生，确认主修专业之前，学生的思政关系归属云峰学园。

2014 年 4 月，学院研究生党员规模超过 600 人。 为进一步加强研究生党建工作，学院设立中共浙江大学建筑工程学院研究生总支部委员会，牵头负责研究生党建工作。 党总支设书记 1 名、副书记 1 名、委员 3 名，由党委分管副书记兼任党总支书记，研究生思政工作相关人员任副书记和委员。

2015 年 10 月，成立浙江大学建筑工程学院学生工作办公室，主要负责学院研究生和本科生的思政管理工作。

二、 学生管理及思政工作

（一）党建工作

1. 本科生党建工作

1990 年 4 月，我国召开首次全国高校党建工作会议，强调了党对高校领导的重要性。 会后，中央下发了《关于加强高等学校党的建设的通知》，颁布了《中国共产党普通高等学校基层组织工作条例》等一系列重要文件，对高校的领导体制、党组织的设置和职责、党员的教育和管理等方面做了进一步明确规定。 1991 年，第二次全国高校党建工作会议召开，中组部部长在报告中提出，"高校党建必须'加强党支部建设，充分发挥党支部的战斗堡垒作用'"。 1992 年，第三次高校党建工作会议提出，"要把党支部建设摆到高校党的建设的重要位置上"。 1999 年，随着学校招生规模快速扩张，学生党员人数也快速增长，学校党组织的建设成为学校学生政治思想工作的重点。 目前，高校党员队伍成为党的队伍的重要方面军，高校每年发展党员数量超过全国每年发展党员总数的三分之一。 党员是党的细胞，是党的战斗力的源泉，党员队伍质量的高低直接关系到党的生存和发展、前途和命运，加强高校党的建设特别要在壮大党员队伍、提高党员质量上下功夫。 学院在此期间为国家和社会输送了一批优秀的共产主义接班人和社会建设者。

经国务院批准，1998 年 9 月 15 日，浙江大学、杭州大学、浙江农业大学、浙江医科大学合并组建为新的浙江大学，这是我国高等教育管理体制改革和布局结构调整的一项重大举措，对于面向 21 世纪在我国组建若干所规模大、层次高、学科门类齐全的综合性大学具有重要示范意义。

这一举措对于学院党建设也有着举足轻重的影响。 为了配合四校合并，学院对于合并后的党员建设进行了大量的工作，主要集中在统一党员发展流程与培养方略方面，统一要求合并后的各支部按照要求完成党员资料管理与建设，使得党员的培养更加规范化和成熟化，制度落实得更到位。

（1）学生党员的发展和培养工作

为了进一步统筹本科生的党建工作，2004 年学院成立了本科生党总支，制定了《本科生党务工作指导手册》，聘请学院教师党员骨干担任组织员，规范党员发展的各项工作。 在党员培养上，先后开设积极分子培训班、预备党员培训班和党建骨干培训班，形成了入党前和入党后体系化的培养教育工作。 2012 年，学院成立浙江大学建筑工程学院分党校，为党员的发展和培养工作提供了组织上的保障。

（2）学生党员的教育工作

学院党委重视对学生党员的再教育，积极构建各种教育载体，有效开展教育工作。 2003 年学院作为"保持共产党员先进性教育活动"的试点先行单位，组织社会实践、演讲比赛、军民共建等活动，收到了较好的效果。 2005 年 9 月至 2006 年 1 月，根据学校的安排，学院党委开展一二年级学生党员保持共产党员先进性教育活动，进一步提高了学生党员的理论素养和党性修养。2006 年上半年，又在高年级学生中开展先进性教育活动。 针对高年级学生党员特点，开展就业指导、考研经验交流会等，加强了学生党员的党性修养。 在学习贯彻《中共中央国务院关于进一步加强和改进大学生思想政治教育的意见》的过程中，通过开展主题征文比赛活动、党建专题知识讲座、观看革命影片、与老红军座谈等系列活动，加强了学生党员对《中共中央国务院关于进一步加强和改进大学生思想政治教育的意见》精神的认识，坚定了理想信念，增强了学院各学生党支部的创造力、凝聚力和战斗力。 从 2010 年开始，每年毕业季在毕业生党员中开展廉政教育，参观浙江省法纪教育基地。 通过"十佳党员"、先进基层党支部和优秀党务工作者评选等活动，在党员教育中树立典型，充分发挥标杆作用。 在党建品牌建设上，"头雁领飞""助人先锋社"和"信念课堂"都是体现学院党建工作特色、在全校具有一定影响力的活动项目。

2. 研究生党建工作

（1）研究生党员的发展和培养工作

研究生群体较本科生而言，学习更分散，思想更独立，行为更自主。 因此，同学间很难经常聚在一起，这样往往对入党积极分子的了解和考察较难达到全面，而新党员的发展工作一直都是研究生党支部工作的重点内容。 因此，学院高度重视把培养和发展一个合格的研究生党员深入到他们的业务学习中去，同时充分发挥研究生导师队伍功能，进一步提升导师对研究生党员培养的责任感，特别是一些知名教授和党员导师的积极性，做到全员育人。 1998 年四校合并之前，总支分管研究生工作的副书记负责土木工程学系的研究生思想政治教育和研究生党支部工作，下设兼职的研究生德育导师 1~2 名，兼职的德育导师由政治素质和工作能力强的业务教师担任，并兼任研究生党支部和博士生党支部的支部书记。 1998 年四校合并之后，研究生的思想政治工作由建筑工程学院党委分管研究生工作的副书记负责，下设专职研究生思想政治工作人员 1 名，并根据每年招生人数和分班情况为每个班级配备兼职德育导师 1 名，具体工作职能部门为学院研究生教育科。

2008 年 10 月，学院专门制定了《建筑工程学院研究生入党申请、考察、发展基本程序》，进一步规范研究生入党培养、考察和发展工作。 每学期都坚持开展入党积极分子培训班，教育学生不仅要在思想上入党，更要在行动上入党。 在发展党员时严格把关，坚持"成熟一个、发展一个"的原则，并严格执行公示制度，执行相应的政审（函调）、群众意见调查、发展大会以及党组织谈话等程序。 认真组织开展新任研究生党支部书记上岗培训和党建实务培训工作，规范并落实党建工作程序。 全面了解与掌握党员和发展对象的基本信息，在新生入学复查期间，学院组织各支部负责人认真查阅所有党员同学的档案材料，对每位党员同学的入党时间、转正时间、入党介绍人等重要信息进行逐一核查与登记。 各支部建立详细而完善的党员和入党积极分子信息库，及时记录培养考察情况，从信息层面推动工作规范化。

2016 年 3 月，为了打破传统的按班级建立横向党支部工作的局限性，并进一步加强和规范研究生党支部的管理工作，经学院深入调查研究，广泛征求和听取德育导师、党员干部的意见，学院党委决定按照研究生专业方向、研究生类别和研究生党员人数分布等实际情况，重新组建研究生党支部。 按照上述原则，学院共设立研究生党支部 22 个，支部按统一标准命名，不随老生毕业和新生入学变化；学生支部由相关专业的同学组成，更加便于日常交流和工作开展；支部委员原则上实行一年一届的换届选举，最长不超过两年，同时，选聘相关专业的老师和高年级党员同学负责牵头做好支部党建工作。

（2）研究生党员的教育工作

在研究生党员教育上，学院党委充分考虑和尊重研究生年龄结构和思想较成熟的主体特点，发挥党员主体作用，贴近需要、贴近专业、贴近生活、贴近实际地开展党员教育工作。 因此，研究生党员教育在继承传统党员教育科学内涵之外，应更加主动重视和担当起对党员全面发展教育和综合素质的工作培养，将党员形象教育、党员专业素质教育、党员创新意识教育等和党性教育结合起来，不断提高党员的综合素质和综合能力。

根据学校和学院党委的统一部署和要求，深入结合实际，认真开展研究生党员创先争优和"五好支部"创建活动。 截至 2013 年底，所有研究生党支部均顺利通过学校"五好党支部"的验收。 学院还紧紧围绕"两学一做"、学习习近平总书记的系列重要讲话、学习党的十八届六中全会精神等主题，在研究生支部和党员中广泛开展学习教育活动，引导广大党员同学不断提高自身素质和政治理论知识水平，争做合格党员和四有青年，努力在科研学习和社会工作各方面发挥先锋模范带头作用。 2016 年，在研究生支部和党员中开展了"微党课"比赛等活动，推动全面从严治党向基层延伸、巩固和拓展党的群众路线、教育实践活动和"三严三实"专题教育成果。

（二）团建工作

共青团是先进青年的群众组织，培养社会主义四有新人是共青团的根本任务和基本职能。1990—2000年期间，在深化教育改革、全面推进素质教育的形势下，高校团建在思想建设方面，主要着手把育人的职能具体化，使团的工作成为素质教育的有机组成部分。在此期间，学院团委的工作开展得丰富多彩，已经形成长期发展的机制，并纳入学校学生思想教育的总体工作中。学院在组织建设方面，依照《高等教育法》，将办学自主权进一步扩大，以增强活力。这是改革的一个趋势，因此，所以学校从整体上精简机构、减员增效。此后，随着学校招生规模的快速扩张和学校管理模式的变革，出现了一些高校团组织被合并、合署等现象。在这样的趋势下，过去的班级建制已经产生了新变化。因此，高校加强了学生后勤服务方面的建设，特别是在学生公寓建设方面有了长足的进展。这些改革使团组织建设产生了明显的变化，即从学校到院、系、班级、宿舍建制的变化。"一体两翼"大团建的概念得到充分显现。一体是指团组织，是主体，两翼是指学生会组织、学生社团。通过这些方式，更好地满足了学生日趋增长的参与多种实践的愿望和提高综合素质的需求，从而扩大团建工作的覆盖面，增强工作的包容性和有效性。

学院团委一直紧紧围绕人才培养的根本任务，以重大活动为契机，充分发挥共青团组织青年、引导青年、服务青年和维护青年合法权益的四项职能，扎实推进团的基层组织建设与基层工作，深化院级团干部培养体系，深化青年学生社会实践和志愿者工作，深化对学生组织的指导，切实做好安全稳定工作，团结带领广大青年团员，推进学院共青团工作。同时，立足实际、服务大局、与时俱进、开拓创新，开创了一系列具有学院特色的团建品牌。2008年开始的团建骨干培训班"青苗计划"（2013年起改名为"筑人计划"），已经培养了240多名团员骨干。他们中有2人曾任浙江省学生联合会执行主席，1人曾任浙江大学校团委副书记（挂职），4人曾任浙江大学研究生会副主席，3人获得百人会英才奖。

在组织建设上，从2010年开始，学院团委全面推进以"个人融入团体，团体铸就个人"为主题的活力团支部构建工程。进一步加强团支部基层组织建设，发挥团支部在大学生思想政治教育中的重要作用，调动团支部的积极性、主动性和创造性；使团支部在思想教育、党建工作、学风建设、课外科研、社会实践、志愿者服务等方面发挥应有的作用；使团队中的每一位成员在一个有理想、有道德、善于学习和思考的团队中实现个人的全面和谐发展，成为思想道德高尚、专业知识扎实、工作能力突出、组织纪律严明的优秀大学生。2010年至今，先后有20多个团支部获得了学校"五四红旗团支部"荣誉称号。其中，土木卓越1201团支部荣获了全国高校践行社会主义核心价值观"示范团支部"荣誉称号。2009—2015年，学院团委连续八年获得浙江大学基层团组织建设先进单位。2015年成功申请团中央研究课题一项。

(三) 校园文化

浙江大学有着深厚的历史文化底蕴,而建筑工程学院作为浙江大学成立最早的院系之一,一直在传承浙江大学精神和校园文化方面走在前列。 校园文化建设在于创设一种氛围,以期陶冶学生情操,构建学生健康人格,全面提高学生素质。 学院多年来一直在努力营造具有学院特色的校园文化氛围,持续开展"建工有约"、"建工风云"、男女生节、学风建设月、体育俱乐部、"我最喜爱的老师"评选和新年晚会等形式多样、内容丰富的系列品牌活动。"建工有约"系列活动开始于 2008 年,是学院开展校园文化活动的重要载体和平台,通过邀请知名教授、专家、学者、校友以及学院优秀教师和学生,在"建工之家"开展讲座、座谈、互动活动,为学院的青年学生丰富知识、开阔视野提供了丰富的资源。 截至 2016 年底,"建工有约"系列活动已累计举办 100 余场,受益师生近 4000 人次,深受学院师生的喜爱和好评。

此外,院刊《筑人》自 2010 年创刊以来,一年固定出刊四期,另有专门的特色增刊 1~2 期,已成为对外展现学院特色文化和学生活动的一个重要载体。

学院结合研究生的特点,每年开展研究生学术论坛和对内对外的各类交流活动,提高研究生学术能力,加强科研道德意识。 2001 年至今,学院每年定期举办博士生创新论坛、院士专家访谈、青年学术沙龙、优秀学长经验分享等学术交流活动,引导学生尽快了解和熟悉科研工作,切实提高自身的科研学习能力,取得了良好成效。 自 2013 年起,每年举办模拟招聘大赛,突破了传统的就业指导讲座模式,从简历制作、面试技巧、职业规划与职场选择等方面全面提升了同学的求职技能,在帮助同学更好地获得就业机会的同时,引导同学们发挥自身所长,找到更适合自己的道路。 自 2015 年起,每年定期开展研究生学术成果评选活动,不仅展现了建工学子的优秀风采,对同学继续从事和开展科研工作也起到了很大的激励作用。

学院积极响应和配合学校当前工作的重点,开展各种适应新形势和新任务的校园活动。 如从 2005 年开始,学院根据学校的要求,积极开展研究生新生始业教育活动,认真组织校园安全、心理健康、职业规划、图书文献使用等专题报告,多方位对研究生进行入学教育,帮助新生尽快适应研究生阶段的生活,完成角色转换,顺利投入研究生阶段的学习和科研工作;在新生中弘扬学校的求是精神,使学校优良学风和校风得以传承和提升;在新生入学教育中切实确立育人为本、德育优先的理念,增进师生间的友谊,营造和谐的学院环境;增强班团的凝聚力,在新生中深入开展"爱校、爱院"教育,收到了良好的成效。

此外,学院还积极响应团中央开展大学生"走下网络、走出宿舍、走向操场"活动的号召,每年举办"建工杯"研究生篮球赛、足球赛、舞约佳人、摄影大赛、征文比赛等各类文体活动,极大地丰富了研究生的课余文化生活,营造了和谐向上的学习、科研和生活氛围,学院还组织学生参加校运会、三好杯、心理短剧大赛等系列比赛,并多次取得优异成绩,充分展示了建工研究生的优秀风采。 学院研究生自 2000 年以来，先后有 10 余名博士生和硕士生在浙江大学博士生会、研究生会的主席团任职，并在学校的社团担任负责人。

（四）社会实践和学生科技创新活动

1993 年 10 月党的十四大做出了建立社会主义市场经济体制的决定，全国各地掀起了改革浪潮，高校纷纷转换实践机制，深化实践内容，与时俱进地开展社会实践活动，其中最具代表性的是科技文化服务活动。 与此同时，大学生在校内的社会实践也集中转向培养综合素质、打造校园文化、强练内功的自我提高阶段。 1999 年，团中央、教育部等单位在全国高校组织开展两年一届的"挑战杯"大学生课外学术科技作品竞赛和创业计划大赛，对提高大学生的创业能力和团队合作精神产生了巨大而深远的影响。 本阶段有较大影响的社会实践活动还有大学生支教"博士团"、"三下乡"服务队、"三个代表"实践服务团、"公民道德"实践服务队和青年志愿者服务等。 高校社会实践在组织领导上得到了进一步加强，在内容和形式上更加丰富和全面，在层次和水平上有了进一步的提高。

2000 年后，学院团委在学生实践方面注重推进社会实践工作的制度化、特色化和品牌化，建立了中建系统设计院、中国水利博物馆和新疆塔里木大学的三个校级社会实践基地。 每年组织 10 支以上的学生社会实践队伍分赴全国各省（市、自治区）开展实践活动。 2008—2016 年，连续九年获得浙江大学社会实践优秀组织奖。 2008 年赴甘肃永靖县社会实践团队获得浙江省大学生暑期社会实践优秀团队。 2015 年赴南疆水资源处理社会实践团队获得浙江省大学生暑期社会实践优秀团队、浙江大学暑期社会实践十佳团队。

此外，大力提高学生志愿服务工作的层次、水平和成效。 本着"奉献、友爱、互助、进步"的宗旨，学院团委不断加强对青年志愿者指导中心的工作指导。 截至 2016 年，建筑工程学院志愿者中心有注册志愿者 1000 余人，开展志愿者活动 180 余次，参与人数达 4000 余人次，服务人数近 4 万余人次，服务小时数在 4 万小时以上。 学院与西湖管委会合作开展的"假日西湖行""五一西湖行"和"十一西湖行"活动，从 2007 年开始持续至今。 学院团委还结合专业特色，于 2008 年 3 月 15 日成立了浙江大学民工学校志愿讲师团，组织广大志愿者深入到工地一线，开展形式多样的文艺表演、知识讲座等活动，给广大民工兄弟送温暖。"民工学校志愿讲师团"服务项目获共青团中央和共青团浙江省委的多次报道，并获得浙江大学优秀志愿者活动项目的荣誉称号。

在学生科技活动方面，学院团委积极创新工作平台和途径。 2012 年，成立学生课外科技创新指导中心，下设博士生顾问团，依托学院雄厚的师资和研究生力量，打造本硕博科研学习联动机制，指导本科生开展学生课外科技工作，成效显著。 学生科技指导中心依托"建工有约"活动平台，创新工作形式，开展了一系列丰富多彩的讲座报告活动，赢得了广大师生的一致好评。 在引导学生开展 SRTP 科研训练的过程中，科技中心以项目招聘为主要模式，以兴趣导向为基本出发点，以双向选择为操作手段，指导本科生立项 SRTP 项目，提高项目的质量。 2012 年，学院获得浙江大学第十二届"挑战杯"大学生课外学术科技作品竞赛团体"优胜杯"。 2013 年，学院获得浙江大学第十三届"挑战杯"大学生课外学术科技作品竞赛团体"挑战杯"。 2014 年 4 月，土木工程专业本科生徐松杰、高轶、王云飞等获第 44 届瑞士日内瓦国际发明展银奖。 2015 年，在美国土木工程师学会（The American Society of Civil Engineers，ASCE）主办的土木工程竞赛太平洋赛区比赛中，学院挡土墙组获得了第三名的优异成绩。 2016 年，在美国土木工程师学会主办的土木工程竞赛太平洋赛区比赛中，学院挡土墙组获得了第一名的优异成绩。

教育基金

为改善办学条件，激励教师潜心教书育人和进行科学研究，奖励并资助品学兼优的学生，促进浙江大学土木工程教育事业的发展，1995 年土木工程学系发起并成立了"浙江大学土木工程教育基金会"，获得了社会各界和海内外校友的广泛支持。

2001 年，随着新建筑工程学院的组建，"浙江大学土木工程教育基金会"更名为"浙江大学土木建筑规划教育基金会"。 2004 年，根据国务院颁布实施的《基金会管理条例》，浙江大学注册成立"浙江大学教育发展基金会"，将"浙江大学土木建筑规划教育基金会"纳入学校基金会，名称变更为"浙江大学土木建筑规划教育基金"，基金的募集、管理和使用发放的方式不变。

为做好基金的募集、管理和使用，基金设立理事会。 基金理事会由理事长、副理事长、常务理事、理事、秘书长和司库组成，并聘请若干顾问。 基金理事会每年召开会议，审议资助项目，决定基金重大事项。 为加强基金日常管理，理事会设立基金管理委员会，负责制定基金募集和资助办法，管理各类资助项目的实施。

2006 年，为弘扬曾国熙先生的学术思想和治学精神，传承先生优良品质和道德风范，促进浙江大学岩土工程学科教育发展和学科建设，浙江大学岩土工程研究所联合社会各界，在"浙江大学土木建筑规划教育基金"内新设"浙江大学曾国熙讲座基金"。

2012 年，"浙江大学土木建筑规划教育基金"设立了以实业家赵安中先生命名的高端学术讲坛"安中讲坛"。

2016 年，建筑工程学院原院长董石麟院士及其夫人周定中女士以个人名义向"浙江大学土木建筑规划教育基金"捐赠 100 万元，设立"董石麟周定中夫妇空间结构科技专项教育基金"，用于支持空间结构学科发展。

2016 年，浙江大学建筑规划设计学科产学研联盟成立，为支持建筑学和规划学科的发展，设立"浙江大学基金会建筑与规划学科发展基金"。

截至 2016 年 12 月 31 日，"浙江大学土木建筑规划教育基金"累计接受捐赠 2747.85 万元；累计发放奖学金、奖教金、爱心助学金 652.22 万元，奖励教师、学生 3121 人次，资助学生 352 人次。

一、 组织机构

"浙江大学土木建筑规划教育基金"顾问、理事会及管理委员会名单

浙江大学教育基金会土木建筑规划教育基金顾问
许溶烈、张维狱、夏志斌、舒士霖、唐锦春、张乃大、钱在兹、魏廉、张金如、杨戌标、屠建国、刘卫、陈继松、郭学焕、程泰宁、沈济黄、马裕祥、张介一、潘维贤

浙江大学土木建筑规划教育基金理事会			
理事会职务	理事单位	姓名	职务/职称
名誉理事长	浙江大学建筑工程学院	董石麟，院士、原院长	
理事长	浙江大学建筑工程学院	龚晓南	院士
副理事长	浙江省建筑设计研究院有限公司	益德清	顾问总工程师
副理事长	浙江东南网架股份有限公司	郭明明	董事长
副理事长	杭州大地控股集团有限公司	王金花	董事长
副理事长	浙江大华建设集团有限公司	陈振华	董事长
副理事长	杭州澳海控股有限公司	喻祖洪	董事长
副理事长	浙江大学建筑设计研究院有限公司	吴伟丰	党委书记、副院长
常务理事	杭州大地控股集团有限公司	王金花	董事长
常务理事	广宇集团股份有限公司	王轶磊	董事长
常务理事	坤和建设集团股份有限公司	李宝库	董事长
常务理事	浙江省水利厅	李锐	总工程师
常务理事	中天建设集团有限公司	华学严	执行总裁
常务理事	浙江大学城市学院	刘玉勇	党委副书记
常务理事	杭州银行	吴太普	行长
常务理事	浙江大学建筑设计研究院有限公司	吴伟丰	党委书记、副院长
常务理事	浙江省交通规划设计研究院	吴德兴	院长
常务理事	中国计量学院	张土乔	党委书记
常务理事	深圳华森建筑与工程设计顾问有限公司	张良平	总工程师
常务理事	温州宏德房地产公司	张国祥	总经理
常务理事	华汇工程设计集团有限公司	张水根	总经理
常务理事	中能集团浙江省电力设计院有限公司	沈又幸	院长
常务理事	浙江省地矿建设有限公司	汪晓亮	总经理
常务理事	浙江省住房和城乡建设厅	陈玉华	原总工程师

理事会职务	理事单位	姓名	职务/职称
常务理事	浙江大华建设集团有限公司	陈振华	董事长
常务理事	北京翰时国际建筑设计咨询有限公司	陈娟娟	常务副总裁
常务理事	中交上海航道勘察设计研究院	周海	院长
常务理事	杭州泰和房地产开发有限公司	周大玖	董事长
常务理事	浙江杭萧钢构股份有限公司	单银木	董事长
常务理事	宝业集团股份有限公司	庞宝根	董事长
常务理事	浙江东南网架股份有限公司	郭明明	董事长
常务理事	中国联合工程公司	郭伟华	董事长
常务理事	浙江省住房和城乡建设厅	恽稚荣	厅级巡视员
常务理事	杭州市城建设计研究院有限公司	施国栋	院长
常务理事	浙江大学建筑工程学院	徐世烺	原院长
常务理事	杭州澳海控股有限公司	喻祖洪	董事长
常务理事	浙江大学建筑工程学院	董石麟	原院长
理事	浙江大华建设集团有限公司	王南中	副总裁
理事	浙江大学建筑工程学院	王立忠	原院长
理事	广东坚朗五金制品股份有限公司	厉敏	总监
理事	浙江大学建筑工程学院	冉启华	水利工程学系系主任
理事	杭州江东置业有限公司	朱校奎	董事长
理事	湖州龙安商城开发有限公司	朱唤山	董事长
理事	宁波市建筑设计院	刘自勉	院长
理事	浙江大学继续教育学院	阮连法	原院长
理事	杭州市城乡建设委员会	余子华	副总工程师
理事	杭州萧山城市建筑设计有限公司	余建明	董事长
理事	汉嘉设计集团股份有限公司	岑政平	董事长
理事	浙江国泰建设集团有限公司	李炳传	董事长
理事	浙江大学建筑工程学院	吴越	建筑学系系主任
理事	浙江大学建筑工程学院	陈秋晓	区域与城市规划系副系主任（主持工作）
理事	浙江省土木建筑学会	陈薇	副秘书长
理事	浙江大学工学部	陈云敏	院士、主任
理事	浙江大学建筑工程学院	陈雪芳	党委书记、副院长

续 表

理事会职务	理事单位	姓名	职务/职称
理事	浙江省城乡规划设计研究院	陈桂秋	院长
理事	浙江大学建筑工程学院	罗尧治	院长
理事	云南海天企业集团	周仲青	董事长
理事	浙江大学宁波理工学院	金伟良	院长
理事	温州市建筑设计研究院	金国平	院长
理事	浙江省建设投资集团有限公司	施炯	副总工程师
理事	浙江省建筑设计研究院	施祖元	院长
理事	浙江暨阳建设集团有限公司	赵光明	董事长
理事	浙江国盛钢结构有限公司	徐国引	董事长
理事	浙江大学建筑工程学院	郭鼎康	土木工程学系原系主任
理事	浙江大学建筑工程学院	钱晓倩	土木工程学系系主任
理事	浙江大学建筑工程学院	葛坚	副院长
理事	浙江大学建筑设计研究院有限公司	董丹申	院长
理事	绍兴市国土资源局	赏建华	调研员
理事	浙江大学建筑工程学院	黄任群	党委副书记
理事	浙江大学建筑工程学院	傅慧俊	党委副书记
秘书长	浙江大学建筑工程学院	傅慧俊	党委副书记
司库	浙江大学建筑工程学院	金卫勇	院长助理、党政办主任

浙江大学教育基金会土木建筑规划教育基金管理委员会	
管理委员会职务	姓名
管理委员会主任	王立忠
管理委员会副主任	陈雪芳、罗尧治、葛坚、董丹申、周大玖、朱瑞燕、钱晓倩、吴越、陈秋晓、冉启华

二、 捐赠名录

"浙江大学土木建筑规划教育基金"捐赠单位和个人累积捐赠名录(1994—2016)

捐赠单位和个人	捐赠金额/元	捐赠年份
北京和昌置业发展有限公司	100000	2016
方兴置业（杭州）有限公司	28000	2015—2016
广东坚朗五金制品股份有限公司	420000	2010—2016

捐赠单位和个人	捐赠金额/元	捐赠年份
杭州大地控股集团有限公司	1000000	1996, 1998, 2001, 2003, 2005, 2007, 2011—2016
杭州金睦房地产开发有限公司	90000	2014—2016
杭州泰和房地产开发有限公司	1364600	1994, 1997—2000, 2003, 2007, 2013—2016
杭州新海建设工程实业有限公司	3000000	2014—2016
容柏生建筑结构设计事务所	20000	2015—2016
上海通正铝合金结构工程技术有限公司	100000	2016
深圳市城市空间规划建筑设计有限公司	120000	2013—2016
浙江大学城乡规划设计研究院	1053780	2001, 2008, 2016
浙江大学建筑设计研究院有限公司	6900000	2001—2004, 2007—2008, 2010—2014, 2016
浙江东南网架股份有限公司	600000	1995, 2012—2013, 2015—2016
浙江华汇建设美好生活基金会	720000	2011—2016
浙江精工钢结构集团有限公司	100000	2016
浙江省地矿建设有限公司 浙江省地矿勘察院	300000	2014—2016
中天建设集团有限公司	850000	2012—2016
浙江省交通规划设计院	600000	2012—2015
坤和建设集团股份有限公司	1206000	2008—2014
浙江大学城市学院	100000	2001, 2013
浙江杭萧钢构（集团）有限公司	280000	1996, 2013
国家海洋局第二海洋研究所	50000	2012
杭州欧佩亚海洋工程有限公司	50000	2012
浙江暨阳建设集团有限公司	100000	2011
北京翰时国际建筑设计咨询有限公司	200000	2010
浙江国盛钢结构有限公司	100000	2010
浙江大华建设集团有限公司	580000	1998, 2002, 2009
浙江大学城乡规划设计研究院有限公司	53780	2001, 2008
浙江省电力设计院有限公司	185000	1994, 2002—2003, 2005, 2007—2008
上海市慈善基金会闵行区分会	500000	2007
绍兴县中国轻纺城市场开发建设有限公司	50000	2007
浙江省建筑设计研究院	70000	1994, 2007
浙江省土木建筑学会	20000	1997, 2007
中国海外集团有限公司	460000	2001, 2006

捐赠单位和个人	捐赠金额/元	捐赠年份
浙江国泰建设集团有限公司	20000	2005
浙江省城乡规划设计研究院	70000	1999，2005
杭州广宇房地产集团有限公司	354000	2003—2004
杭州萧山城市建筑设计有限公司	50000	2004
深圳华森建筑工程设计顾问有限公司	250000	2004
杭州市城建设计院	100000	2000，2002
杭州市华樱房地产开发有限公司	100000	2002
上海航道勘察设计研究院	100000	2002
新昌东城房地产公司	10000	2002
中国港湾集团总公司	100000	2002
杭州银行	200000	2001
浙江大学建筑学系	100000	2001
浙江省租赁有限公司	200000	2001
中国联合工程公司	60000	2001
萧山市第二建筑工程有限公司	20000	2000
昆明高新装饰工程公司	50000	1997
绍兴县第六建筑工程公司	20000	1997
中国建筑第三工程局有限公司	100000	1997
宝业集团股份有限公司	50000	1996
核工业第二研究设计院	6000	1996
德清县永安房地产开发公司	7000	1995
杭州市自来水公司	5000	1994—1995
宁波市建筑设计院	8000	1995
平阳建筑工程公司	2000	1995
上虞市建筑设计院	10000	1995
上虞市建筑土地环保局	20000	1995
嵊泗县房地产经营公司	2000	1995
天台建设工程质量监督站	1000	1995
余杭三墩市政工程服务公司	2000	1995
浙江省第三建筑工程公司	50000	1995
诸暨市第一建筑工程公司	2000	1995
诸暨市振华房地产有限公司	20000	1995

捐赠单位和个人	捐赠金额/元	捐赠年份
城乡建设开发三墩兰里分公司	2000	1994
德清县永安房地产开发公司	7000	1994
杭州淀海建筑工程公司	3000	1994
萧山建筑设计院	2000	1994
余杭市城乡建筑局驻杭办	1000	1994
浙建总承包公司第五工程处	5800	1994
浙江大学土木工程学系	10000	1994
中建一局集团第五建筑公司	50000	1994
土木工程学系 1982 级校友	11600	2006
土木工程学系 1955 届校友	1000	1994
董石麟	1000000	2011，2015
毛根海	50000	2012
袭涛	10000	2011
陈伟球	3000	2008
恽稚荣	1000	2007
钱在兹	4000	2005
邱建立	1000	2004
张台曾	60000	2003
丁皓江	2000	2000
朱校奎	50000	1999
周仲青	50000	1998
黄崇明	20000	1997
许可纳	1000	1997
杨峰	5000	1997
张绍德	340	1997
张国祥	50000	1997
陈达富	1000	1996
胡周全	500	1996
施祖元	1000	1996
益德清	1000	1996
魏廉	500	1995
陆关林	2000	1994
沈宏勋	200	1994

"浙江大学曾国熙讲座基金"捐赠单位和个人名录

捐赠单位和个人	捐赠金额/元	捐赠单位和个人	捐赠金额/元
浙江大学地基基础工程公司	50000	王奎华（1995 级校友）	10000
浙江大学建设监理公司	100000	魏新江（1983 级校友）	5000
浙江大学建筑设计研究院岩土工程分院	50000	温晓贵（1990 级校友）	5000
鲍亦兴（美国国家工程院院士）	10000	夏建中（1991 级校友）	10000
边学成（1999 级校友）	3000	夏唐代（1984 级校友）	10000
蔡袁强（1983 级校友）	5000	谢康和（1977 级校友）	10000
陈龙珠（1979 级校友）	10000	谢新宇（1987 级校友）	10000
陈仁朋（1994 级校友）	5000	谢永利（1991 级校友）	10000
陈云敏（1979 级校友）	10000	徐日庆（1991 级校友）	10000
丁皓江（土木工程学系教授）	1000	徐晓原（土木工程学系教师）	5000
干钢（1981 级校友）	10000	徐长节（1990 级校友）	5000
龚晓南（1978 级校友）	10000	严平（1978 级校友）	10000
韩同春（土木工程学系教师）	3000	杨学林（1989 级校友）	5000
胡安峰（1998 级校友）	5000	应宏伟（1989 级校友）	10000
胡亚元（1995 级校友）	3000	余云燕（2000 级校友）	1000
胡一峰（1979 级校友）	10006.70	俞建霖（1989 级校友）	5000
黄博（1991 级校友）	5000	詹良通（土木工程学系教授）	3000
黄广龙（1996 级校友）	2000	张泉芳（土木工程学系教师）	2000
蒋军（1993 级校友）	10000	张土乔（1978 级校友）	10000
柯瀚（1993 级校友）	5000	张我华（土木工程学系教授）	1000
李冰河（1991 级校友）	5000	张忠苗（1990 级校友）	10000
李月建（1980 级校友）	15000	郑耀（1986 级校友）	10000
李跃明（1986 级校友）	10000	周建（1996 级校友）	5000
梁国钱（1980 级校友）	5000	周健（1984 级校友）	10000
凌道盛（土木工程学系教授）	5000	朱斌（1995 级校友）	3000
刘世明（1978 级校友）	10000	朱向荣（1978 级校友）	10000
刘兴旺（1988 级校友）	5000	王明春	15000
施祖元（1977 级校友）	10000	林向宇等	2000
唐晓武（1984 级校友）	10000		

三、 基金奖项设立情况

"浙江大学土木建筑规划教育基金"奖项设立情况

序号	奖学金名称	年份	序号	奖学金名称	年份
1	爱心助学金		13	求索奖学金	
2	大华奖学金		14	张尧夫奖学金	2005—2006
3	东南奖学金		15	浙大城乡规划设计研究院奖学金	2003—2008
4	广宇奖学金		16	浙大城院奖学金	
5	杭萧钢构奖学金		17	浙大建筑设计研究院奖学金	
6	杭州城建院奖学金	2001—2014	18	浙三建奖学金	1997—2011
7	杭州银行奖学金		19	中建三局奖学金	1999—2014
8	航道奖学金		20	仲青奖学金	1998—2012
9	宏影奖学金	1998—2014	21	伯乐奖	2002—2006
10	华森奖学金		22	教学先进奖	
11	慧欣奖学金	1996—2012	23	十佳教工	
12	联合奖学金	2002—2012			

"浙江大学土木建筑规划教育基金"(动本)奖项设立情况

序号	奖学金名称	序号	奖学金名称
1	华汇领雁专项奖学金	5	浙江省交通规划设计研究院专项奖学金
2	嘉胜专项奖学金	6	中天专项奖学金
3	坚朗专项奖学金	7	园丁奖
4	浙江地矿专项奖学金	8	学科博士后人员奖励基金

教学科研设施

一、实验室

建筑工程学院下设土木水利工程和建筑城规两个实验中心。

(一)历史沿革

1. 土木水利工程实验中心

1927年,土木工程学系在成立之初,仅有经纬仪4架、水平仪3架,只可供10余人实验。1929年添置了万能试验机1台,同时开始筹建水力试验室。 20世纪30年代,土木工程学系建有测量仪器室、材料试验室、水力试验室,1935年添置了全套水力发电设备,但抗战时仅运出了材料试验室和测量仪器室的部分设备。 当时各实验室主要用于学生教学,土木工程学系的100吨万能试验机是华东地区唯一的一台,除供本校教学科研之用外,也用来为外单位提供测试服务。这是土木水利学科实验室建设的开端。

中华人民共和国成立后,试验设备逐年增多。 有经纬仪、水平仪等用于测量的主要仪器约100台(架),可供100余人同时实验;材料试验室有万能试验机、疲劳试验机、撞击试验机、硬度试验机等各3台,可供30人同时进行实验;此外还有土壤试验设备、道路材料试验设备、水力试验设备等各1套,以及全套水力发电设备。

1953年院系调整结束以后,土木工程学系的实验条件得到了显著的改善,建成了土力学实验室、水力学实验室、建筑材料实验室、施工实验室、测量仪器实验室、结构实验室等。 对实验室的设备投入也大大加强,其中仅对施工实验室设备的投资就在10万元以上。 玉泉校区的实验用房数量也有了较大的增加,如1956年开始建设800平方米的水利实验室(包括基础水力学、专业水力学、水电站和水工等实验室),1957年新建了建筑物理实验室,1958年开始建设结构实验室。 在人员配备上,从初中、高中毕业生中陆续招收了一批实验教学辅助人员。 这些人员经培训后,在协助教师做好实验室管理、设备维修和实验教学工作方面发挥了很好的作用。 这些实验设施以及实验队伍的建设,不仅满足了学生教学实验的需要,也为师生开展科学研究创造了一定的条件。 20世纪60年代,学校设立核爆炸模拟研究室(400号实验室),其中的实验设施在全国具有相当的规模和影响。 70 年代，土木工程学系实验室主要分布于玉泉校区第五、第六教学楼及周边，并在第五教学楼北侧新建了约 800 平方米的结构试验大厅，在水利实验室相邻区域扩建了约 400 平方米的水工结构模型试验室。 80 年代，因学校空间布局调整，在 400 号实验室北侧、老和山脚下开始建设约 2000 平方米的新水利实验室。 利用世界银行贷款等专项资金，在第五教学楼新增多台（套）土动力学试验仪器并新建了土木工程学系计算机房，在结构试验大厅添置了 500 吨压力试验机。 90 年代，结合土木科技馆的建设，对老结构实验室进行了改建，并成立了道桥实验室，在"九五""211 工程"等资助下，在原计算机房的基础上建成了计算机辅助设计教学实验室，同时建成了土工大直径三轴仪，这些在当时属国内一流水平。 进入 21 世纪，建筑工程学院于 2003 年在校内率先对实验室的管理体制进行改革，组建了直属学院的土木水利工程实验中心，统筹原土木水利学科各实验室的管理和建设。 配合紫金港新校区的建设，在"211 工程"和"985 工程"等专项资金的资助下，新建了建筑面积约 1 万平方米的西四教学实验大楼、1 万平方米的建工试验大厅和 5000 平方米的海工试验大厅，除了完成原有土木水利类教学实验室的搬迁之外，还新建了离心机实验室、环境土工实验室、结构动力学与疲劳控制实验室、混凝土材料与结构耐久性实验室、路基路面实验室、风洞实验室、环境水力学实验室、海工实验室、水质分析与室内环境检测实验室、建筑信息模型（Building Information Modeling，BIM）实验室以及大学生实践创新基地等教学科研实验场所。 对玉泉校区 400 号实验室、结构实验室、水利实验室进行改造，建成了大型地基边坡模拟实验装置、大型空间节点全方位加载装置、供水管网模拟试验系统等科研实验设施。 目前，土木水利工程实验中心有校聘实验技术人员 15 人，其中 3 人从事校级关键岗，7 人有高级职称，5 人有博士学位，7 人有硕士学位；实验室建筑面积约 2 万平方米，设备资产约 2 亿元；实验平台的建设和管理水平有了显著提升，中心已经成为国家工科力学基础课程教学基地、国家级力学实验教学示范中心、国家土建类虚拟仿真实验教学中心、浙江省土木水利实验教学示范中心、国家水科学科普基地、全国大学生结构设计竞赛基地等教学基地以及软弱土与环境土工教育部重点实验室、浙江省空间结构重点实验室、浙江省饮用水安全与输配技术重点实验室、浙江省海洋岩土工程与材料重点实验室等科研基地的重要支撑平台。

2. 建筑城规实验中心

早在 1957 年，当时的建筑学专业就设立了建筑物理实验室。

1984 年 9 月，土木工程学系成立了建筑视觉模型实验室。 1987 年，该实验室转入建筑学系，并更名为建筑视觉艺术与造型实验室。 2006 年，又更名为建筑摄影实验室。

1989 年 9 月，当时杭州大学的区域与城市科学系建立了计算机实验室。 1995 年，该实验室更名为计算机城市模型实验室，同时分出城市规划计算机教学实验室。 2006 年，实验室更名为信息与数字化工程实验室。

1991 年，建筑学系创建了 CAAD&CAAI 实验室，2000 年，更名为数字化建筑设计教学实验室。

2001 年，建筑学系借浙江大学振兴计划，从建筑视觉艺术与造型实验室拆分出建筑模型实验室和建筑摄影实验室。

2004 年，建筑学系四个实验室随建筑学系搬迁至紫金港校区月牙楼。

2006 年，信息与数字化工程实验室和计算机教学实验室随区域与城市规划系搬迁至紫金港校区。

2006 年，成立了建筑与城规技术实验教学中心，包括建筑物理实验室、数字化建筑设计教学实验室、建筑模型实验室、建筑摄影实验室、信息与数字化工程实验室和计算机教学实验室。

2016 年，建筑工程学院将城市规划计算机教学实验室升级建设成 BIM 实验室。

（二）建工实验中心——土木水利工程实验中心

建筑工程学院下设土木水利工程实验中心，统一管理和建设土木水利类实验设施和设备。中心拥有工程测量实验室、建筑材料实验室、土工实验室、结构实验室、水利与市政实验室、交通工程实验室、BIM 实验室、海洋土木工程实验室。中心本着"保证教学、扶持重点、开放共享、均衡发展"的原则，以"环境设施一流、技术队伍一流、服务管理一流"为目标，为土木水利学科师生提供良好的教学和科研实验平台，并依托土木工程测试中心，为社会提供高质量、规范化的技术服务。

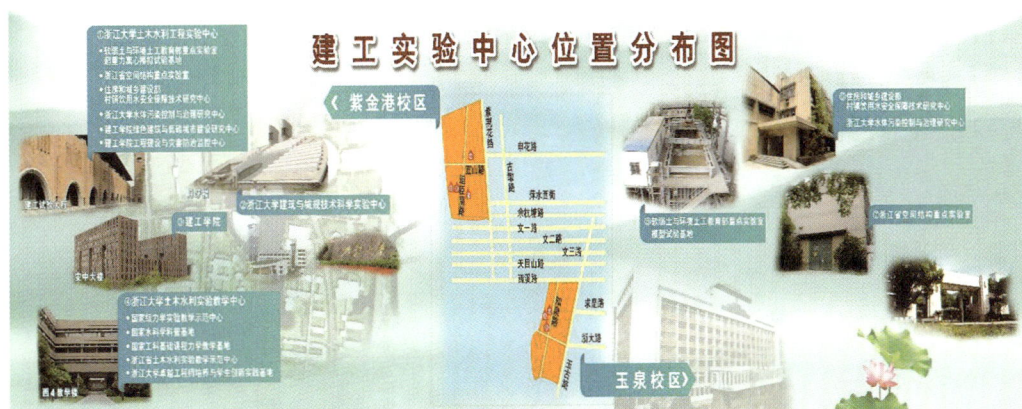

实验室分布图

■ 国家级力学实验教学示范中心

■ 国家工科力学基础课程力学教学基地

■ 国家水科学科普基地

■ 全国大学生结构设计竞赛基地

■ 浙江省土木水利实验教学示范中心

■ 卓越工程师培养与学生创新实践基地

■ 国家土建类虚拟仿真实验教学中心

教学实验平台一览

■ 大型地基边坡模型试验平台

■ 超重力离心模型试验平台

■ 大型结构加载试验平台

■ 边界层风洞试验平台

■ 高性能材料与结构试验平台

■ 水力与水环境模拟试验平台

■ 灾害模拟与监控试验平台

■ 海洋土木工程试验平台

科研实验平台一览

1. 工程测量实验室

工程测量实验室主要分布于紫金港校区西四实验楼，承担土木水利类专业以及城市规划、土地管理等校内各专业本科普通测量课程的实验和实习任务，同时可承担精密工程测量和 GPS 应用等与工程测量有关的试验研究任务，师生在此能够结合科研项目进行设备研制和软件开发等工作。工程测量实验室仪器设备齐全，除普通水准仪、经纬仪等常规测量仪器外，还拥有多台（套）精密先进测绘仪器，其中全站仪在实验教学中得到全面使用。

工程测量实验室

2. 建筑材料实验室

建筑材料实验室主要分布于紫金港校区西四实验楼，面向土木水利类专业本科生开设材料表观密度和力学性能指标试验、水泥基本性能试验、砂石基本性能试验、新拌混凝土性能试验、混凝土力学性能试验、钢材力学性能试验、沥青三大指标和沥青混合料试验、防水材料试验以及建筑节能相关试验等试验课程。建筑材料实验室主要设备有压力试验机、万能试验机、水泥性能试验设备、砂石原材料性能试验设备、混凝土抗渗试验机、沥青三大指标试验设备、沥青薄膜烘箱、马歇尔试验机、多功能人工环境箱以及恒温恒湿养护室等，设备齐全，试验条件良好，可承担多种试验研究和对外服务任务，为教师和研究生的课题研究提供建筑材料学科相关的技术支持。

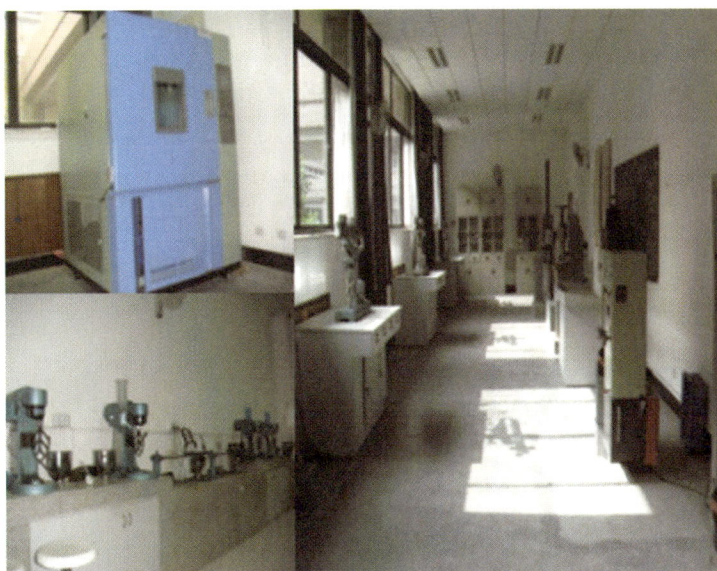

建筑材料实验室

3. 土工实验室

土工实验室作为岩土工程国家重点学科和教育部软弱土与环境土工重点实验室的重要组成部分，是国家"985 工程"和"211 工程"等重点专项建设的主要对象。土工实验室主要分布于玉泉校区模型试验基地（原 400 号实验室）、紫金港校区西四实验楼和建工试验大厅，承担了大量的教学、科研和生产任务，形成了完整的试验装备体系，具备承担国家重点研究课题和重大工程的能力，为岩土工程学科的建设和发展提供了良好的实验平台。

土工实验室拥有完备的常规土工试验仪器及配套的测试土体应力、变形、孔压、振动的精密仪器，可用于各类土体以及土工合成材料的基本物理力学性能试验。经过近期的重点建设，目前拥有用于研究土体动力特性的双向振动三轴仪和空心圆柱扭剪仪，用于研究土体固结特性的先进固结试验系统，用于研究特殊土体或多种应力状态下土体特性的大型高压静动三轴仪和应力路径三轴仪，用于环境土工研究的三联多功能扩散试验装置（自制）和垃圾加速降解装置（自制），用于地基处理和边坡稳定及加固研究的大型模型及加载装置，用于铁路路基动力特性研究的等比尺模型及加载装置，用于超重力环境下土体静动和渗流特性以及地下结构灾变性能研究的大型土工离心机及振动台等。土工实验室的设施设备达到世界先进水平，可满足土力学与地基基础等本科课程、高等土力学等研究生课程的教学实验之需，并为教师和研究生的课题研究和实际工程应用提供了先进的实验条件。

土力学教学实验室

桩基测试平台

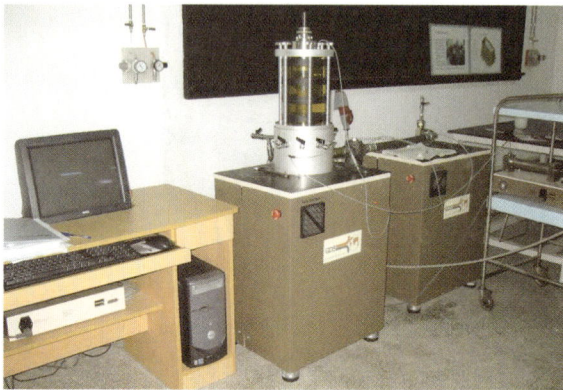

双向振动三轴仪

空心圆柱扭剪仪

铁路路基动力试验系统

大型高压静动三轴仪

大型地基边坡模拟实验装置

大型土工离心机

4. 结构实验室

结构实验室作为结构工程国家重点学科和浙江省空间结构重点实验室的重要组成部分，是国家"985 工程"和"211 工程"等重点专项建设的主要对象。 结构实验室主要分布于玉泉校区结构试验大厅、紫金港校区西四实验楼和建工试验大厅，拥有常规的结构静动力加载系统和位移计、手持引伸仪、静态应变仪、动态应变仪、振动测量仪器、数据采集分析系统、结构振动模态分析软件、混凝土结构耐久性测试仪器等测试系统。 通过近期重点建设，在玉泉校区结构试验大厅建成大型空间节点加载试验系统，在紫金港校区西四实验楼建成大型液压伺服动力加载试验系统、混凝土结构耐久性试验系统、结构冲击试验机、高性能材料与结构疲劳控制试验系统，在紫金港校区建工试验大厅建成边界层风洞、多功能组合式大型结构加载系统、环境扫描电镜和 X 光计算机断层扫描（XCT）微结构观测系统、结构灾害远程监测系统等实验设施，为结构工程学科的发展和相关专业师生的科研提供技术支撑。

结构实验室为土木水利类专业的本科生和研究生提供实验教学的软硬件环境，开设的本科生教学实验覆盖了钢结构和钢筋混凝土结构的受力性能试验，开设的研究生教学实验有动态应变测试技术，加速度、速度、动态位移测试技术，结构模态分析测试技术等，同时作为工程结构设计实践教学的主要基地，为学生开展创新实验提供条件。

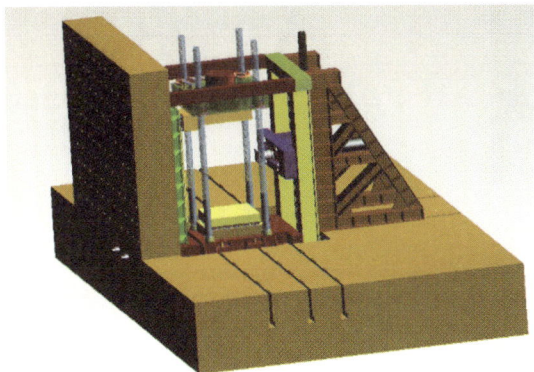

10MN 试验机

多功能结构教学台架

大型液压伺服动力加载试验系统

大型空间节点加载试验系统

边界层风洞

混凝土结构耐久性试验系统

疲劳试验机

发射炮管
3000mm　　高精度长平台　　入射杆
4000mm　　透射杆
2500mm　　液压阻尼器

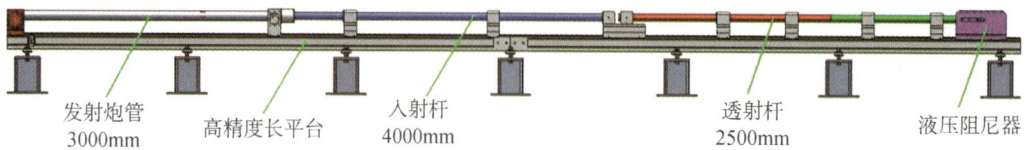

结构冲击试验机

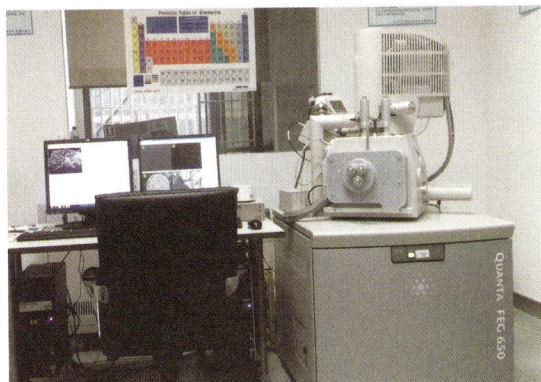

环境扫描电镜

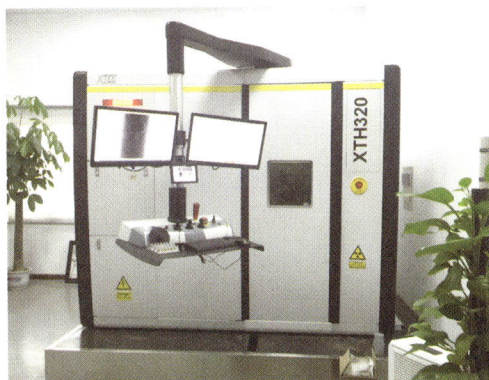

320 千伏 X 光计算机断层扫描原位测试仪

5. 水利与市政实验室

水利与市政实验室是在原水利实验室基础上发展起来的实验设施，拥有先进的教学科研设施和设备，是国家级力学实验教学示范中心和浙江省饮用水安全与输配技术重点实验室的重要组成部分，具有高水平示范和辐射作用。实验室主要分布于玉泉校区水利实验室、紫金港校区西四实验楼和建工试验大厅，拥有完备的高低水头供水系统和常规的流量仪、断面地形和液体界面自动测定仪、多通道脉动压力信号实时测量系统及频谱分析系统、感应式数字水位传感器及测控仪、红外线直读式多功能测速仪等国内外先进水工量测设备。

水力学与工程流体力学系列实验仪器及 CAI 计算机教学软件是水利与市政实验室自主开发的具有独立知识产权的科技产品，相关成果被评为 1993 年国家优秀教学成果奖一等奖和 2005 年

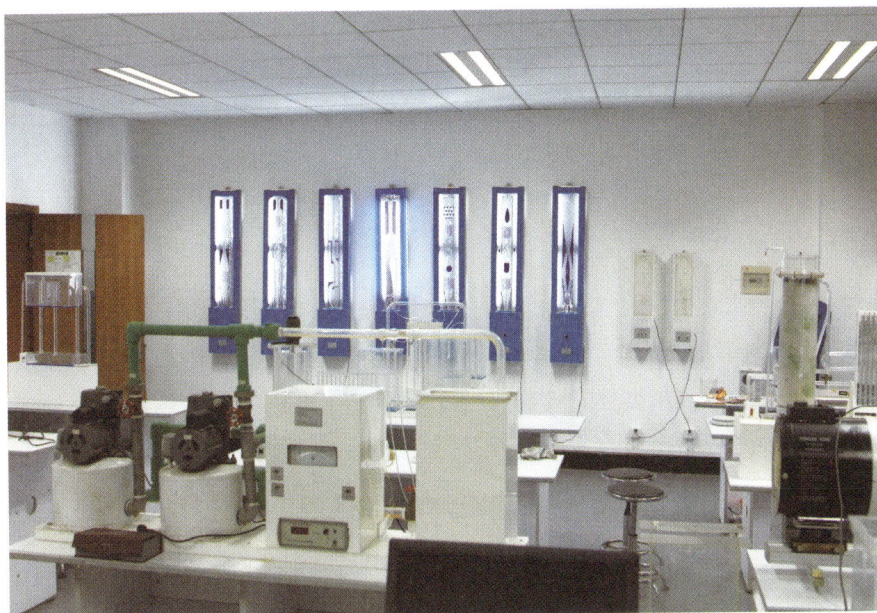

流体力学教学实验室

国家优秀教学成果奖二等奖。仪器和软件已被国内 200 余所大中专院校推广使用，这成为展示浙江大学土木水利类实验教学成果的重要窗口。近年来，实验室以国家"水专项"为契机，在水工水力学的基础上大力发展环境水力学和城市供水管网卫生学相关的实验研究设施，建成国际一流的全比尺供水管网模拟试验系统和全套水质指标高精度分析测试平台，拥有三维粒子成像系统、电感耦合等离子体质谱仪、高效液相色谱仪、激光颗粒粒度仪等高端仪器。

多功能风浪流水槽

多功能拖曳式变坡水槽

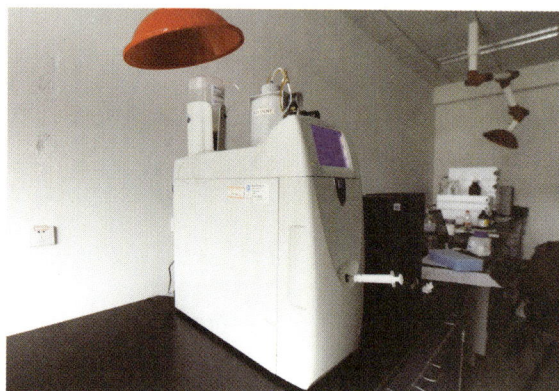
水质分析测试平台

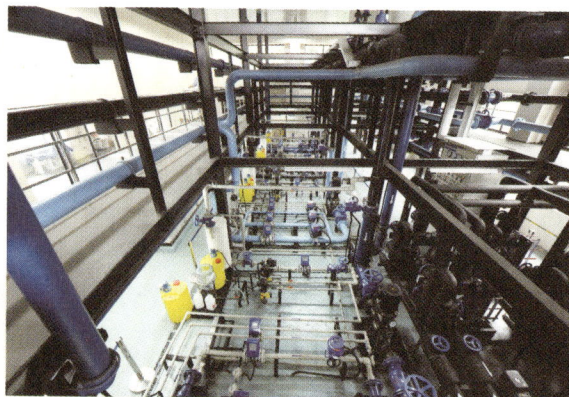
供水管网模拟试验系统

6. 交通工程实验室

交通工程实验室源于 20 世纪 90 年代的道桥实验室，主要分布于紫金港校区西四实验楼，现有桥梁模型试验平台、道路试验厅、隧道通风与节能实验室以及交通仿真实验室，拥有桥梁裂缝观测仪、桥梁挠度观测仪、高精度全站仪、时域反射测试技术桥梁振动信号采集与分析系统、桥梁健康监测与评估系统、分叉隧道通风大比尺模型试验平台、区域交通动态协同优化控制仿真系统等试验设备以及配套的计算机分析软件，部分实验系统达到国内先进水平，可以满足交通工程专业本科生的实验教学之需，并为交通工程学科师生的科研提供技术支撑。

交通流动态仿真平台

桥梁模型试验平台

分叉隧道通风大比尺模型试验平台

7. BIM 实验室

BIM 实验室源于 20 世纪 80 年代建设的土木工程学系计算机机房，面向全院师生开放，提供现代化的多媒体教学和土木水利类基础及专业软件上机实验服务，可以满足学生的专业课程多媒体教学以及专业软件、课程设计与毕业设计上机计算和出图等教学实验要求。

BIM 实验室建成了多客户端远程共享云端资源，师生通过校园网（互联网）可以随时随地使用先进的计算机软硬件系统。 系统包括六台高性能图形（计算）工作站、一台管理服务器、一台存

BIM 实验室

服务器机房

储服务器，它们通过万兆/千兆交换机联成一个以太网结构，服务器端口为万兆，客户机端口为千兆，硬件资源根据实际需求随时可以扩充。 配置有城市规划、建筑、土木、水利等学科主流软件，满足61个节点同时进行设计或科学计算的要求，拥有"图形图像输入—分析处理—制图输出"全数字化整套技术设备。 另外还配置有四台高清松下投影机，构成两组对称屏幕，每组两个屏幕，可分可合。 室内配备45台（套）瘦客户机，并预留多个网络接口，供自带笔记本电脑的用户使用，还有高清摄录设备，支持远程交互式同步教学。

8. 海洋土木工程实验室

海洋土木工程实验室是在原水利、土工、结构学科涉海相关设施的基础上发展起来的实验室，主要分布于紫金港校区海工试验大厅，是浙江省海洋岩土工程与材料重点实验室的重要组成部分，拥有室内单元土体力学性能试验系统、模拟海洋动力环境的海工浅水池、模拟海浪与洋流联合作用的综合水槽、模拟海底吸力式基础承载性能的模型试验系统、测试极端环境下海底管道服役性能的实验装备。 在舟山海域摘箬山岛及周边建成的华家池号小型浮式平台及配套监测系统、海洋工程材料及足尺构件海洋环境试验场等野外实验设施达到世界先进水平，可以为海洋土木工程相关研究提供技术支撑。

华家池号小型浮式平台

海工浅水池

海底管道内压测试平台

海底管道外压测试平台

（三）建工实验中心——建筑城规实验中心

建筑与城规技术科学实验教学中心设有建筑物理实验室、数字化建筑设计教学实验室、建筑模型实验室、建筑摄影实验室、信息与数字化工程实验室和城市规划计算机教学实验室，为建筑学和城市规划两个专业的教师和学生提供教学和科研服务。中心建筑面积约 1800 平方米，实验室分布在紫金港校区月牙楼和西四教学楼，拥有设备 1388 台（套），登记资产 1836 万元。其中四个实验室的简况如下。

1. 建筑物理实验室

在 20 世纪七八十年代，建筑物理实验室在建筑热工和建筑声学两个方向为师生提供了良好的科研和教学实验条件，这些条件在当时已达到了国内高校一流水平，吸引了来自国内著名高校的人才，包括吴硕贤博士（现中国科学院院士）。自从建筑学系从玉泉校区搬迁到紫金港校区后，因失去了在玉泉校区的独立实验楼，外加人才流失等其他一些原因，实验室条件有所下降，

位于圆球内的建筑物理实验室

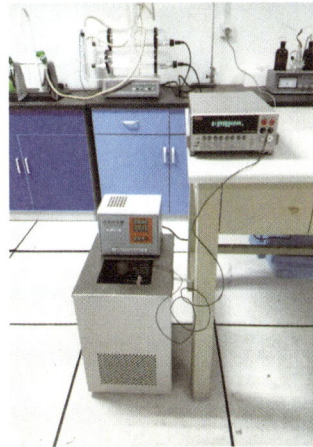

由低温恒温槽和万用表组成的温度标定系统

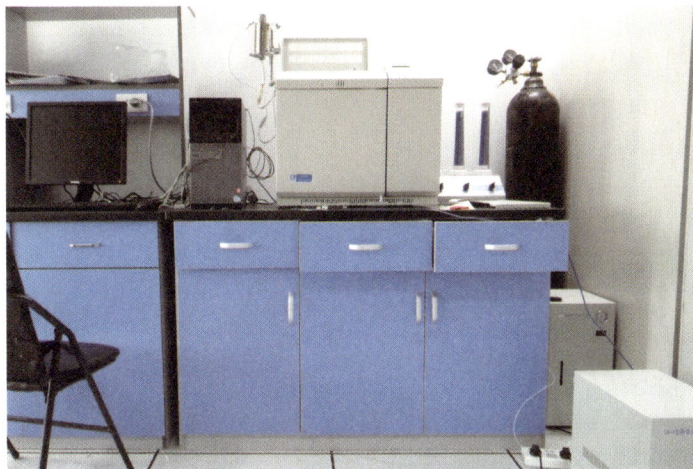

气相色谱仪

仅建设了部分建筑声学实验室和建筑热工实验室，主要分布在月牙楼的圆球内和 502 室。 随着人才引进和教师队伍的扩大，建筑物理实验室的功能不断增强，以适应现代建筑技术的发展对教学和科研的要求。 2008 年，实验室增添了气相色谱仪等设备，创造了开展室内空气品质相关研究的实验条件。 2014 年，实验室增添了相关设备，创造了可再生能源建筑应用和热舒适性研究的实验条件。 但这些发展也受到了场地与经费的限制。

2. 数字化建筑设计教学实验室

数字化建筑设计教学实验室由国家首批"211 工程"建设项目资助 135 万元建立，2000 年通过专家组验收。 通过该项目的建设，改善了浙江大学建筑学专业的办学条件，显著提高了建筑学专业的教学与科研水平，使建筑学专业在数字化建筑设计教学方面达到国内同类学科先进水平。 继前期投入后，2004—2013 年又投入约 150 万元，2013 年本科生院"985 平台支撑计划——数字技术设备提升改造计划"投入 50 万元。 目前已建成四个多媒体教室、多个网络自学教室、一个数字输入输出中心、一个多媒体展播系统（滚动播出学生优秀作业、教师优秀作品、专题片、学术动态等）和一个激光切割机房。

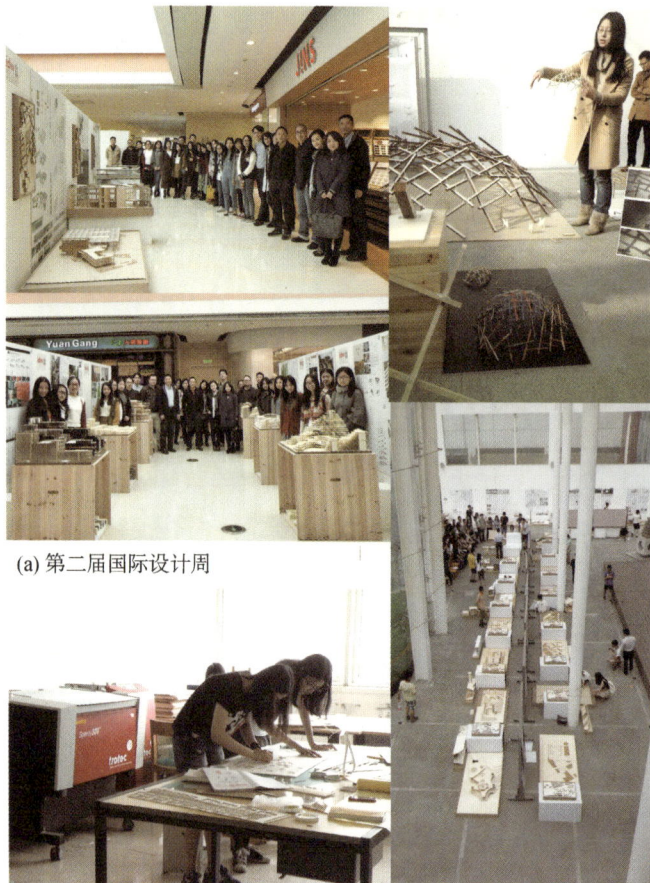

(a) 第二届国际设计周

(b) 工作场景

(c) 探究性实验教学答辩现场

数字化建筑设计教学实验室

该实验室涵盖了数字化建筑设计从数字输入、数字处理、数字输出到数字展示的全过程。该实验室目前的工作重点是进行以数字技术教学改革为主线的探究性实验教学改革，多门设计课程正在从数字化切割、参数化设计、数字化三维扫描与三维打印、建筑性能分析软件应用等方面入手，开展数字技术教学全方位介入建筑设计教学的实验教学改革工作。

3. 建筑模型实验室

建筑模型实验室是 2001 年由浙江大学振兴计划资助 20 万元以及建筑学系投资一部分设备费和装修费建立起来的，目前位于月牙楼 413 室，主要仪器设备位于月牙楼地下室，地下室是在原部分过道的基础上改建而成的。该实验室拥有 3D 打印机、精细雕刻机、费斯托迷你磨木工工具等设备 72 台（件）。

位于月牙楼地下室的建筑模型实验室

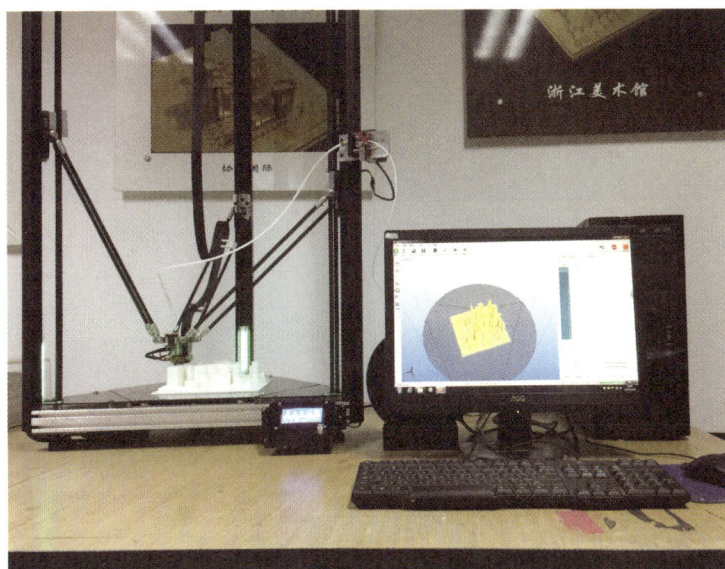

正在工作的 3D 打印机

实验室 24 小时对师生开放，为建筑学系和区域与城市规划系的师生的各种设计课以及科研活动提供模型制作条件和服务。实验室迄今在辅助教学和科研方面发挥了重要作用，师生在此制作了一系列模型，积累了比较丰富的模型制作经验。

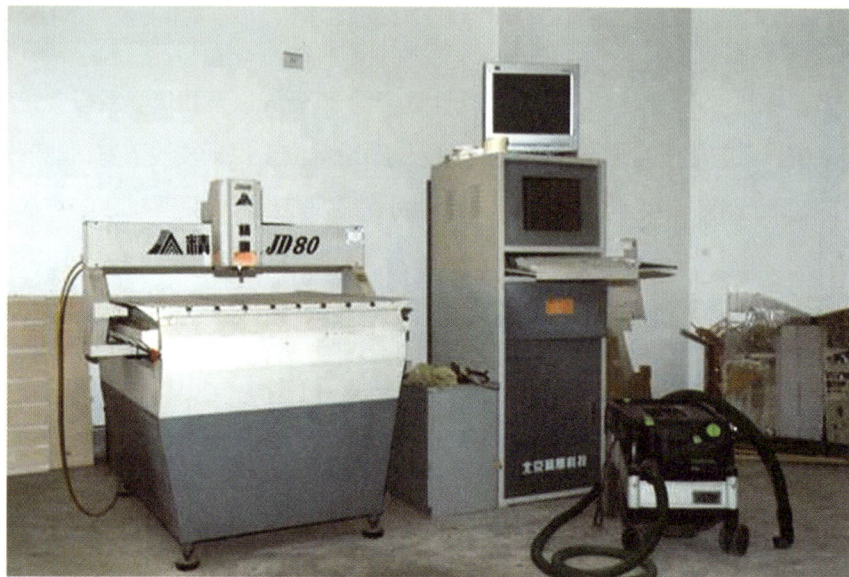

精细雕刻机

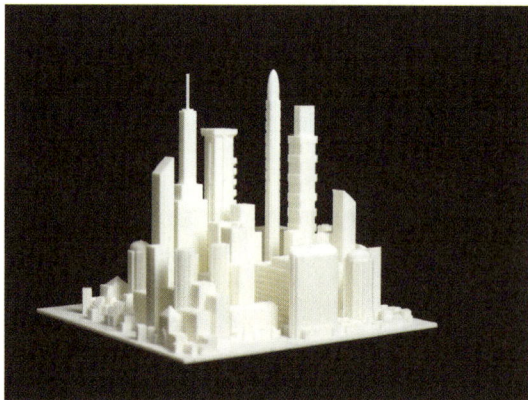

3D 打印作业

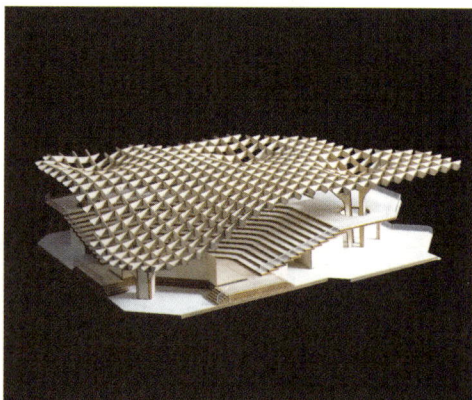

学生基础课设计作品

4. 信息与数字化工程实验室

1989 年 9 月，杭州大学区域与城市科学系成立，系里建立了计算机实验室，为本系教师学习规划领域的新技术、筹备开设新课程以及更好地开展规划与科研活动等工作服务。1995 年，计算机实验室更名为计算机城市模型实验室。2006 年，又更名为信息与数字化工程实验室。该实验室已经在朝着城市信息技术实验室的方向发展。

依托实验室，师生们完成了多项规划项目和研究课题。特别是国家自然科学基金项目和省级重要研究课题以及军工项目都利用了实验室的设备和人员力量，如"高光谱图象的仿真识别"（总参 GFJG-110202-E80703，2007—2008 年）；"杭州城市用地扩张遥感动态监测分析"（欧盟资助，2007—2008 年）；"基于 SPOT5 数据水土流失遥感动态监测技术研究"（浙江省科技厅107406-J30621，2005 年 12 月—2007 年 12 月）

目前，该实验室具备"数据输入—数据处理与分析—成果输出"以及图像分析处理的整套技术条件，成为城市规划学科的重要依托。

信息与数字化工程实验室

二、图书资料

建筑工程学院下设两个图书资料室，分别是土木水利资料室和建筑城规资料室。

（一）土木水利资料室

1955 年，土木工程学系学习苏联经验，以苏联高等教育模式为样板，进行教学改革，其中对加强实践性教学尤为重视，在教学计划中设置了课程设计和毕业设计。为了提供给教师、学生设计所需的参考资料，建立了土木工程学系资料室。在 20 世纪 50 年代至 70 年代，因为正式出版的资料、图书较少，且资料经费不足，资料内容仅有部分专业期刊、结构构件标准图集、设计规范与规程、公开出版物、教材以及通过交流获取的设计院图纸和资料。资料管理与检索采用卡片手工操作。"文革"期间，资料收集中断。

恢复高考和改革开放后，国内出版物和内部交流资料增多，系资料室的资料种类和数量激增。每年购置资料的经费，除学校少量提供外，主要由土木工程学系承担。2006 年经费投入达17 万元。资料室的功能扩大，为本科生、研究生、教师在教学与科研工作方面提供服务。1988年实行计算机管理和资料检索，通过计算机网络，师生可共享学校图书馆的资源。

土木水利资料室现有国内图书资料 9475 种、11536 册，光盘 19 种、24 张，国外图书资料155 种、384 册，光盘 8 张，国内期刊 1056 种、6330 册，国外期刊 44 种、204 册。

土木水利资料室订购和收藏的国外重要专业期刊、丛书目录

期刊名称	期刊起始卷记录	出版者及期刊译名
Transactions of the American Society of Civil Engineers	2003—2005 年：第 168—170 卷	ASCE：美国土木工程师学会汇刊（美国）
Geotechnical Testing Journal	2002—2006 年：第 25—29 卷	ASTM International：岩土工程实验期刊（美国）
American Waterworks Association Journal	2002—2006 年：第 94—98 卷	AWWA（Research Foudation）：美国自来水厂学会期刊（美国）
Public Roads：A Journal of Highway Research and Development	2003—2006 年：第 67—70 卷	US. Government Printing Office：公路研究与发展期刊（美国）
Pipeline & Gas Journal	2002—2006 年：第 11—15 卷	Oildom Publishing Go. Of Texas Inc.：管道与天然气期刊（美国）
International Journal for Numerical and Analytical Methods in Geomechanics	2002—2006 年：第 26—30 卷	John Wiley & Sons Ltd.：国际地质力学数值与分析法杂志（英国）
Mechanics of Advanced Materials and Structures	2002—2006 年：第 9—12 卷	Taylor & Francis：国际先进材料力学与结构力学期刊（英国）
Waterpower & Dam Construction	2002—2003 年：第 54—55 卷（包括年鉴）	Wilmington Publishing：国际水力与水坝建设（英国）
International Journal on Hydropower & Dams	2002—2006 年：第 9—13 卷	Aqua-Madia International Ltd.：国际水力水坝期刊（英国）
Proceedings of the Institution of Civil Engineers：Municipal Engineer	2003—2006 年：第 156—159 卷	Thomas Telford Services Ltd.：土木工程协会会报：市政工程期刊（英国）
The Structural Design of Tall and Special Buildings	2002—2006 年：第 11—15 卷	John Wiley & Sons Ltd.：高层和特殊建筑结构设计（英国）
Building Research and Information	2002—2006 年：第 30—34 卷	Taylor & Francis：建筑研究与信息期刊（英国）
Tunnels and Tunneling International	2003 年：第 1—6 卷	GMP Information Ltd.：国际隧道与隧道工程期刊（英国）
Water Science and Technology：Water Supply	2002—2006 年：第 2—6 卷	IWA Publishing：水科学与技术期刊（英国）

期刊名称	期刊起始卷记录	出版者及期刊译名
Journal of Hydraulic Research	2002—2006 年：第 40—47 卷	Taylor & Francis Ltd.：水力学研究期刊（荷兰）
Advances in Composite Materials	2002—2004 年：第 11—13 卷	Brill Academic Publishers：复合材料进展期刊（荷兰）
Structural Engineering International	2003—2006 年：第 13—16 卷	IABSE-AIPG-IVBS：国际结构工程期刊（瑞士）
Soil Dynamics and Earthquake Engineering	2006 年：第 26 卷	Elsevier Science：土壤动力学与地震工程期刊（英国）
Civil Engineering	2001—2006 年：第 71—76 卷	ASCE：土木工程（美国）
Journal of Professional Issues In Engineer Education and Practice	2002—2006 年：第 128—132 卷	ASCE：工程教育与实践专业问题期刊（美国）
Journal of Geotechnical and Geo-environmental Engineering	2001—2006 年：第 127—132 卷	ASCE：土工技术与地质环境期刊（美国）
Journal of Hydraulic Engineering	2002—2006 年：第 128—132 卷	ASCE：水力工程期刊（美国）
Journal of Structural Engineering	2002—2006 年：第 128—132 卷	ASCE：结构工程期刊（美国）
Journal of Urban Planning and Development	2004—2006 年：第 130—132 卷	ASCE：城市规划与发展期刊（美国）
Journal of Waterway, Port, Coastal and Ocean Engineering	2003—2006 年：第 129—132 卷	ASCE：航道、港口、海岸与海洋工程期刊（美国）
Journal of Water Resources Planning and Management	2003—2006 年：第 129—132 卷	ASCE：水资源规划与管理期刊（美国）
Journal of Management in Engineering	2002—2006 年：第 128—132 卷	ASCE：工程管理期刊（美国）
Journal of Construction Engineering and Management	2004—2006 年：第 130—132 卷	ASCE：建筑工程与管理杂志（美国）
Journal of Computing in Civil Engineering	2002—2006 年：第 16—20 卷	ASCE：土木工程计算（美国）
Journal of Aerospace Engineering	2004—2006 年：第 17—19 卷	ASCE：航天工程杂志（美国）
Journal of Performance of Constructed Facilities	2004—2006 年：第 18—20 卷	ASCE：竣工建筑设施性能杂志（美国）
Journal of Materials in Civil Engineering	2004—2006 年：第 16—18 卷	ASCE：土木工程材料期刊（美国）
Journal of Bridge Engineering	2002—2006 年：第 16—18 卷	ASCE：桥梁工程期刊（美国）
Journal of Architectural Engineering	2003—2006 年：第 9—12 卷	ASCE：建筑工程期刊（美国）
Journal of Hydrologic Engineering	2003—2006 年：第 8—11 卷	ASCE：水文工程期刊（美国）
Natural Hazards Review	2004—2006 年：第 5—7 卷	ASCE：自然危害评论期刊（美国）

期刊名称	期刊起始卷记录	出版者及期刊译名
Journal of Infrastructure Systems	2004—2006 年：第 10—12 卷	ASCE：基础设施系统期刊（美国）
Practice Periodical on Structural Design Construction	2003—2006 年：第 8—11 卷	ASCE：实用结构设计和建筑期刊（美国）
Journal of Composites for Construction	2003—2006 年：第 7—10 卷	ASCE：建筑工程用复合材料期刊（美国）
Environmental Engineering	2002—2006 年：第 15—19 卷	Professional Engineering Publishing：环境工程期刊（英国）
Engineering Construction and Architectural Management	2004—2006 年：第 11—13 卷	Emerald：工程结构与建筑管理期刊（英国）
International Journal of Space Structures	2004—2006 年：第 19—21 卷	Multi-Science Publishing Go. Ltd.：国际空间结构期刊（英国）
Advances in Structural Engineering	2004—2006 年：第 7—9 卷	Multi-Science Publishing Go. Ltd.：结构工程进展期刊（英国）
Geotechnical Special Publications	第 1—11，14—16，18—19，23—29，32—35，37，39—51，52—117，119—122，123—129，130—142（光盘），144—147 期	ASCE：岩土特刊（美国）

（二）建筑与城规资料室

2009 年，建筑学系、区域与城市规划系整合原有资源，共同成立了建筑与城规图书资料室，并于同年引进 Horizon 图书馆自动化集成管理系统管理资料室，方便师生利用各种资源。资料室使用面积为 864 平方米，至今每年平均投入经费 15 万元左右，拥有中文图书 17726 种、18834 册，国外图书 2227 种、2268 册，中文期刊 457 种、6345 册，国外期刊 175 种、3011 册，专业标准 582 册，幻灯片 114 本，历年硕士、博士毕业论文 532 册，历年优秀学生作业图纸 1006 张。

建筑城规资料室订购和收藏的国外重要专业期刊、丛书目录

期刊名称	期刊起始卷记录	出版者及期刊译名
近代建築/*Contemporary Architecture of the World*	1982 年	近代建築社：近代建筑（日本）
建築と都市（*a＋u；Architecture and Urbanism*）	1992 年	エ・アンド・ユ-：建筑和都市（日本）
商店建築	1990 年	商店建築社：商店建筑（日本）
新建築	1979 年	新建築社：新建筑（日本）
新建築住宅特集	1991 年	新建築社：新建筑住宅特集（日本）

期刊名称	期刊起始卷记录	出版者及期刊译名
GA Japan	2001 年	エーディーエー：日本建筑设计（日本）
庭	1990 年	建筑资料研究社出版部：庭（日本）
Architectural Design	2006 年	John Wiley & Sons，Ltd.：建筑设计（美国）"
Architectural Digest	1992 年	Conde Nast Publications Inc.：建筑文摘（美国）
Architectural Record	1991 年	McGraw-Hill Companies：建筑实录（美国）
Architectural Review	1979 年	EMAP-Communications：建筑评论（英国）
Architect（Washington D.C.）	1988 年	Hanley Wood，LLC.：建筑（美国）
Architektur Innenarchitektur，Technischer Ausbau.（as Architektur-Wohnwelt，1890—1980；Architektur-Wohnform-Innendekoration）	1978 年	Verlagsanstalt Alexander Koch GmbH.：德国建筑设计杂志（德国）
Area（English Edition）	2002 年	Federico Motta Editore：区域（意大利）
Arkitektur DK	1980 年	Arkitektens Forlag：建筑 DK（瑞典）
Art in America	1989 年	Brant Publications：艺术在美国（美国）
Built Environment	1987 年	Alexandrine Press：建成环境（美国）
Garden Design	1987 年	Meigher Communications：花园设计（美国）
GA Document	2001 年	エーディーエー・エディタ・トーキョー：大师精品建筑杂志（日本）
Green Places	2004 年	Landscape Design Trust Journal A/S：绿地（英国）
Housing Studies	2001 年	Taylor & Francis Ltd.：住房研究（英国）
Indian Construction	2001 年	Builders Association of India：印度建设（印度）
Interior Design	1979 年	Reed Business Information：室内设计（美国）
International Journal for Housing Science and Its Applications	1982 年	Ural and Associates，Inc.：国际房屋科学和应用期刊（俄罗斯）
JA：The Japan Architect/ジェイエイ	1998 年	新建築社：日本建筑（日本）
Journal of Urban Design	1996 年	Taylor & Francis Ltd.：城市设计期刊（英国）
Landscape Architecture	1989 年	American Society of Landscape Architects：景观建筑（美国）

期刊名称	期刊起始卷记录	出版者及期刊译名
Planning（as ASPO Newsletter）	1998 年	American Planning Association：规划（美国）
Werk，Bauen＋Wohnen（as Werk，1914—1980）	1982 年	Zollikofer AG：杰作、建造和居住（德国）
Wettbewerbe aktuell	2004 年	Wettbewerbe aktuell Verlags GmbH.：德国规划（德国）
A10-New European Architecture	2013 年	IPS Datenservice：新欧洲建筑（德国）
Architects' Journal	2013 年	EMAP-Communications：建筑期刊（英国）
Architectural Heritage	2013 年	Edinburgh University Press：建筑遗产（英国）
Architectural Science Review	2013 年	Taylor & Francis Group：建筑科学评论（英国）
Baumeister	2013 年	Verlag Callwey：建筑工程师（德国）
Building and Environment	2013 年	Elsevier Science B.V.：建筑和环境（荷兰）
Design Methods-Theories，Research，Education and Practice	2013 年	Design Methods Group：设计方法学组（美国）
Detail；Zeitschrift für Architektur＋Baudetail	2013 年	Institut für Internationale Architektur-Dokumentation GmbH.：细部（德国）
Domus	2013 年	Editoriale Domus Spa via G. Mazzocchi：住宅（西班牙）
Energy and Buildings	2013 年	Elsevier Science B.V.：能源和建筑（荷兰）
Environment & Behavior	2013 年	SAGE Publications：环境和行为（美国）
Environment and Planning A	2013 年	Pion Ltd.：环境和规划 A（英国）
Environment and Planning B：Planning and Design	2013 年	Pion Ltd.：环境和规划 B（英国）
Graphic Design USA	2013 年	Kaye Publishing Corporation：美国图形设计（美国）
GreenSource：The Magazine of Sustainable Design	2013 年	McGraw-Hill Companies，Inc.：绿色建筑：可持续性设计杂志（美国）
Grey Room	2013 年	MIT Press：灰色房间（美国）
Harvard Design Magazine	2013 年	Harvard Design Magazine：哈佛设计杂志（美国）
Housing，Theory and Society	2013 年	Taylor & Francis Group-Routledge：住房、理论和社会（英国）
Innovation	2013 年	Industrial Designers Society of America：创新（美国）

期刊名称	期刊起始卷记录	出版者及期刊译名
International Journal of Architectural Computing	2013 年	Multi-Science Publishing Co. Ltd.：建筑计算国际期刊（英国）
International Journal of Architectural Heritage	2013 年	Taylor & Francis Group-Routledge：国际建筑遗产杂志（英国）
Journal of Architectural and Planning Research	2013 年	Locke Science Publishing Co.：建筑和规划研究期刊（美国）
Journal of Architectural Education	2013 年	Taylor & Francis Group-T&F Informa US：建筑教育杂志（美国）
Journal of Cultural Heritage Management and Sustainable Development	2013 年	Emerald Group Publishing Ltd.：文化遗产管理和可持续性发展期刊（英国）
Journal of Environmental Psychology	2013 年	Elsevier Science B. V.：环境心理学杂志（荷兰）
Journal of Planning Education and Research	2013 年	SAGE Publications：规划教育和研究杂志（美国）
Journal of the American Planning Association	2013 年	Taylor & Francis Group-Routledge：美国规划协会期刊（美国）
Landscape and Urban Planning	2013 年	Elsevier Science B. V.：景观和城市规划（荷兰）
Landscape Research	2013 年	Taylor & Francis Group：景观研究（英国）
Spatial Cognition and Computation（Print Only）	2013 年	Taylor & Francis Group-T&F Informa US：空间认知与计算（美国）
Urban Affairs Review	2013 年	SAGE Publications：城市事务评论（美国）
Urban Design International	2013 年	Palgrave Macmillan Ltd.：国际城市设计（英国）
Urban Morphology	2013 年	ISUF-International Seminar on Urban Form：城市形态学（英国）
建築雜誌/*Journal of Architecture and Building Science*	2013 年	日本建筑学会：建筑杂志（日本）
日経ア-キテクチュア/*Nikkei Architecture*	2013 年	日経 BP 社：日经（日本）

科研篇

科学研究

一、 科学研究概况

在 20 世纪 50 年代前，土木工程学系主要进行教学工作。 1937 年，土木工程学系随校西迁。 在遵义，虽然当时印刷和纸张供应十分困难，但土木工程学系还是尽力保证各种定期和不定期刊物的出版，如不定期刊物《土木工程》等，为土木工程学系的学生提供了发表论文的广阔园地。 当时，学校的科学研究活动广泛开展，土木工程学系的教师也产出了一批高水平的研究成果，如钱令希的《悬索桥理论和余能定理的应用》等。

1949 年 9 月到 1952 年 7 月期间，科研选题一方面更注意理论联系实际和直接为国家建设服务，另一方面也注意避免忽视基础理论研究，因此丰富了科学研究的内容，揭开了浙江大学广大教师面向经济建设开展多层次科学研究的序幕。 原来进行理论研究的教师，有的继续进行他们的研究工作，如钱令希教授 1951 年在《科学记录》上发表了《加骨圆筒受压缩和弯曲时合力的皱界余能理论》等论文，有的开始进行与经济建设直接有关的课题研究，有的还积极开展科技服务活动，如土木工程学系进行了浙江省黄坛口发电厂的水力模型试验，并为各工程单位做材料试验数千次之多。 这一时期研究工作的特点是密切联系国家经济建设，应用课题较多，研究经费由委托单位提供。

在院系调整告一段落之后，学校领导和教师们的主要精力都集中在学习苏联教学模式上。自 1954 年开始，学校领导才着力抓学校的科学研究工作。 1955 年，土木工程学系建筑材料教研室讲师楼宗汉研制出石灰凝灰岩水泥和火山灰质硅酸盐水泥这两种新型水泥，特别适用于水利工程、基础工程及大体量工程，当时有一家水泥制造厂准备生产该项新产品。 1956 年 1 月，周恩来在《关于知识分子问题的报告》中，对全国知识分子发出了向现代科学进军的号召。 经过一段时间的准备，学校于 6 月 1—3 日举行了浙江大学第一次全校性的科学讨论会，除本校的师生代表之外，还有来自上海、南京、广州、北京、杭州、沈阳、太原、长沙等地 74 家单位的 320 余位来宾。 在这次讨论会上提出报告的论文有 64 篇，其中土木工程学系楼宗汉主持的《石灰凝灰岩水泥》、曾国熙主持的《电化学加固黏土》等论文，都引起了来宾们的极大兴趣并获得了好评。 这段时间里，土木工程学系虽然还没有取得较多的科研工作重大成果，但是已经推动了教研组开始进行专题阅读和科学报告会，并开展了实验室建设，在思想上、组织上及研究方向的选定上做了一些准备，为以后进一步开展科学研究打下了重要基础。 当时，土木工程学系教师开展的部分科研项目，如"软弱土壤电动铝化加固法"研究项目，正式成为 1956 年国家土建水利工程方面 11 项科学研究专题中的一个组成部分，"混合水泥和无熟料水泥"等后来也都取得了很好的成绩。

1958 年，学校大力动员全校师生员工实现科研大发展。 科研项目逐步结合教学，结合经济建设、生产实际，结合教师专业和兴趣，从而进一步调动教师尤其是中老年教师搞科研的积极性，学术活动蓬勃开展。 土木工程学系的"超静定预应力混凝土结构的研究"被列为学校 17 个重点科研项目之一，曾国熙的《软土地基侧向变形的计算》一文被中国土力学学会推荐，于 1963 年在日本举行的亚洲地区土力学学会年会上宣读。

1962 年上半年，学校制定了今后 10 年的科学研究规划，规划了学校科研的 25 个主攻方面，土木工程学系的土木建筑学科主攻方向包括超静定预应力钢筋混凝土结构、软土地基、建筑热工等。

"文革"十年动乱期间，在政治运动冲击的情况下，土木工程学系的部分科研工作仍然继续进行。 1966 年承担了空军后勤部设计局委托的核爆炸模拟器的研制以及防护工程与构件的设计、计算和试验分析（代号为 400 号科研组）。 这一课题由土木工程学系负责主持，学校无线电、光学仪器、化工等系部分教师参加，是多学科交叉和协作的一项重大国防科研成果。"文革"后期，土木工程学系教师参加了全国性规范、规程的研究和编制工作，如钢结构、钢筋混凝土结构等设计规范，冷拔低碳钢丝预应力混凝土结构、轻骨料钢筋混凝土结构、砌块结构的性能研究和规程。 土力学和地基教研室教师提出了有效的地基处理技术，解决了实际工程问题，特别是杜湖水库坝基砂井处理，荣获 1980 年全国科学大会奖。

20 世纪 70 年代末恢复开展系统的科学研究。 1989 年，为加强科研工作，土木工程学系的教学、研究室进行组合，在土工学教研室的基础上成立岩土工程研究所，结构研究室和 400 号实验室（成立于 60 年代的核爆炸模拟研究室）以及其他教研室组建结构工程研究所（下设结构工程研究室、空间结构研究室、工程振动研究室、结构计算机分析研究室、现代设计技术与软件研究室、结构实验室），在水工结构教研室的基础上成立水工结构与水环境研究室，同时保留建筑制图、测量、建筑材料、施工、城建教研室。 进入 20 世纪 90 年代后，土木工程学系承担的科研项目数、横向课题数及获得的科研经费均迅速增长。 1999 年 9 月，新的建筑工程学院成立，在学科上覆盖了国家基本建设所涉及的建筑、市政、交通、水利、铁道、港口与海洋工程等主要产业领域，形成了包括区域与城市规划、建筑学、土木工程和水利工程等多学科交叉，产学研协调发展的格局。 建筑工程学院调整和组建的研究所和研究中心有结构工程研究所、岩土工程研究所、防灾工程研究所、交通工程研究所、市政工程研究所、水工结构与水环境研究所、建筑经济与管理研究所、空间结构研究中心。 学院的科研工作进入了全面发展的新阶段。

2001 年，建筑工程学院的科研工作进入快速发展阶段，科研经费从 2000 年的 353 万元跃升到 2968 万元，纵向科研项目也开始在科研项目中占据一定比例。 2007 年，科研经费首次突破 1 亿元，总的科研经费居全国高校前列，纵向经费占比达到 16%。 国家自然科学基金申请也取得了较大进展，2007 年，获批国家杰出青年科学基金项目 1 项、其他项目 16 项。 随着科研经费的稳步增长，建筑工程学院积极加大了对基地建设工作的投入，极大地改善了研究实验条件，同时由陈云敏教授负责建设的"软弱土与环境土工实验室"获批教育部重点实验室，使试验装备条件得到了进一步改善。

进入"十一五"以来，建筑工程学院科研经费持续走高，保持着稳定增长。 2008 年，在面临房地产等行业不景气致使部分已签和待签的科技合同经费不能正常到位的情况下，学院主动顺应大环境形势，通过加强与校内外相关部门的沟通，拓展学院科研渠道；同时密切与学院各研究所联系，积极挖掘内部潜力，实现科研经费的持续增长。 2009 年，学院在科研项目中取得了重大突破。 张土乔教授团队承担的国家重大专项——水体污染控制与治理科技重大专项饮用水安全保障技术综合示范项目，项目经费达 1.8 亿元，是学院首次承担的亿元级项目。 2010 年，学院到款科研总经费首次突破 2 亿元大关，其中纵向经费占总经费的 50% 以上，取得了里程碑式的突破。

2011 年，建筑工程学院在各类项目申报方面取得了丰硕的成果。 岩土工程研究所陈云敏教授获批"城市固体废弃物填埋孕育环境灾害与可持续防控的基础研究"973 计划首席科学家项目，这是学院首次获批 973 计划首席科学家项目，实现了零的突破。"十二五"开局之年，学院充分发挥教师团队凝聚力和竞争力，在 863 计划、支撑计划申报上取得了良好成绩，共获批 11 个项目（含课题）。"十二五"期间，学院的科研经费一直稳定在 2 亿元左右，国家自然科学基金的申请也日渐增多，从原先的几十项到上百项，获批率也逐渐提高。 2015 年，学院的国家自然科学基金项目的获批数创历史新高，达 43 项。 自"十二五"以来，学院科研工作进入了持续稳定的发展阶段。

随着经费、项目数的不断增长，建筑工程学院的基地建设和团队建设取得了很大进展，也创造了一系列重要的科技成果。

1. 基地建设

随着科研能力的逐步增强，科研项目数的稳步增加，科研经费的平稳提高，建筑工程学院在实验基地建设上也取得了很大的进展。 从 2007 年获批第一个省部级重点实验室至今，学院共获批 1 个国家级基地和 7 个省部级基地。 这使学院的科学研究实验条件得到了极大改善，为学院的各项科研工作开展提供了有力支撑。

国家级基地

序号	基地名称	基地负责人	基地类型	批准时间
1	海洋土木工程国际联合研究中心	王立忠	国家国际科技合作基地	2016 年 12 月

省部级基地

序号	基地名称	基地负责人	基地类型	批准时间
1	软弱土与环境土工教育部重点实验室	陈云敏	教育部重点实验室	2007 年 2 月
2	浙江省空间结构重点实验室	罗尧治	浙江省重点实验室	2010 年 9 月
3	住房和城乡建设部村镇建设司村镇饮用水安全保障技术研究中心	张土乔	各部委其他实验室、中心	2011 年 10 月
4	浙江省饮用水安全与输配技术重点实验室	张土乔	浙江省重点实验室	2013 年 7 月
5	先进结构设计与建造工程研究中心	罗尧治	浙江省工程实验室	2014 年 5 月
6	海洋土木工程浙江国际科技合作基地	王立忠	浙江省国际科技合作基地	2015 年 1 月
7	浙江省海洋岩土工程与材料重点实验室（与海洋学院共建）	王立忠	浙江省重点实验室	2015 年 4 月

2. 团队建设

得益于基地建设的持续完善以及科研经费投入的不断提高，建筑工程学院的各教师团队进入了全面发展创新的新时期。

2010 年，院系团队建设取得了突破性进展。钱晓倩教授带领的"建筑节能技术"团队和陈云敏教授带领的"重大工程灾变的预警和控制"团队获批浙江省重点科技创新团队；朱志伟教授带领的"水体污染控制与治理"团队、陈云敏教授带领的"软弱土工程灾变控制研究"团队、金伟良教授带领的"结构工程的安全与耐久性"团队和徐世烺教授带领的"重大工程结构防护与健康服役"团队获批浙江大学科技创新团队。

2011 年，陈云敏教授带领的"软弱土与环境土工"团队获批教育部创新团队；徐世烺教授带领的"重大工程结构安全防护与健康服役"团队和张土乔教授带领的"饮用水安全保障与城市水环境治理"团队批准浙江省重点科技创新团队。

2014 年，王殿海教授带领的"智能交通科技/交通控制"团队获批浙江省重点科技创新团队。

3. 重要成果

自 2006 年以来，建筑工程学院科研成果累累，获奖颇丰，取得了优异成绩。

2009 年，陈云敏教授团队的"结构性软弱土地基灾变控制关键技术与工程应用"获得国家科学技术进步奖二等奖，这是四校合并以来学院教授团队第一次以浙江大学为第一完成单位获得国家科学技术进步奖二等奖。 2011 年，董石麟院士的"国家游泳中心水立方关键技术创新与实践"荣获国家科学技术进步奖一等奖（合作）。 2012 年，陈云敏教授的"城市固体废弃物填埋场环境土力学机理与灾害防控关键技术及应用"荣获国家科学技术进步奖二等奖，徐世烺教授的"准脆性水泥基材料控裂机理与高韧化制备理论及方法"荣获教育部自然科学奖一等奖，"混凝土断裂损伤分析与性能提升的基础理论研究"荣获浙江省科学技术奖（基础理论类）一等奖。 2013 年，蔡袁强教授团队的"长期循环动载下饱和软弱土地基灾变控制技术及应用"获国家科学技术进步奖二等奖。 2015 年，徐世烺教授团队的"混凝土结构裂缝扩展过程双 K 断裂理论及控裂性能提升基础研究"获国家自然科学奖二等奖。

2013 年，青年教师吕朝锋参与的注射式 LED 的研究成果于美国《科学》杂志在线发表，新华社和《都市快报》对此进行了专访报道。 同年，吕朝锋副教授参与的仿生复眼照相机的研究成果在英国《自然》杂志在线发表，这也是他在国际顶级期刊的再次突破。

二、 科研成果

建筑工程学院历年来承担了许多国家重大专项（亿元级项目 1 项）、科技支撑计划项目、863 计划项目、973 计划项目（首席科学家项目 1 项）、"十三五"重点研发计划项目、国家自然科学基金（其中国家杰出青年科学基金项目 6 项、优秀青年科学基金 7 项、重点项目 11 项、重大国际合作项目 3 项、仪器专项 1 项）、国家社会科学基金项目，创造了一批国家级及省部级科研成果。据不完全统计，自 1978 年以来，建筑工程学院共获得省部级以上科研成果奖 218 项，其中国家自然科学奖、国家科学技术进步奖、国家技术发明奖共 27 项，省部级奖 191 项；承担重大科技项目 86 项，其中重大专项 15 项（含课题）、973 计划项目 16 项（含课题）、863 计划项目 22 项（含课题）、支撑项目 30 项（含课题）、主持国家重点研发计划项目 1 项、国家重点研发计划课题 2 项。

自 1996 年以来，建筑工程学院获授权专利 560 项，其中发明专利 299 项、实用新型专利 216 项、计算软件著作权 44 项、外观设计专利 1 项。 历年来在国内外学术杂志及学术会议上共发表论文 7626 篇，其中被 SCI、SSCI、EI 收录 4860 篇（SCI 收录 1482 篇、SSCI 收录 20 篇、EI 收录 3358 篇）。 1989 年以来出版著作共计 268 部。

三、 科学研究成果名录

科学研究成果名录详见附录 20。

社会服务

一、 概述

中华人民共和国成立后，土木工程学系的老师开始进行与经济建设直接有关的课题研究和科技服务活动，如浙江省黄坛口发电厂的水力模型试验，并为各工程单位做材料试验数千次之多。

近年来，土木工程学系继续保持了原有的优良传统，积极面向市场需求，主动与地方和企业建立各种形式的科技合作关系，做好为地方经济和社会发展服务的科技合作工作，工作取得显著成效。 土木工程学系与国内数十家空间结构和钢结构生产企业形成了良好协作关系。 其中，在浙江东南网架股份有限公司、杭州大地控股集团有限公司成立之初即开始合作。 近二十年来，土木工程学系一直是这两家企业的重要技术后盾。 目前两家企业的注册资金分别超亿元，年产值均超20亿元，空间结构和钢结构生产能力位于国内前列，是国内有重要影响的空间结构和钢结构制造企业。 近十年来，土木工程学系与这两家企业合作项目数百项，如奥运工程国家"水立方"游泳中心、奥运工程北京新机场、杭州大剧院钢结构工程、钱塘江河口海岸模型试验大厅、河南鸭河口电厂干煤棚、福建游泳跳水馆、江西贵溪火力发电厂干煤棚、温州体育馆、天荒坪抽水蓄能电站地下主厂房网架工程、西非马里议会大厦等重大工程项目，取得了重大的社会效益和经济效益，获我国土木工程方面最大奖项——詹天佑奖一次，获我国建筑钢结构行业工程质量最高荣誉奖——中国建筑钢结构金奖多项。 此外，董石麟院士团队开发的空间网格结构设计软件 MSTCAD 能够高效地实现复杂空间结构的建模、优化分析、设计以及制造数据信息处理、施工图纸自动生成功能，2000 年首批通过建设部轻型房屋钢结构设计软件登记，现有用户数百家，协助用户完成各种工程 10 万项，面积超 1000 万平方米，已成为国内该领域最广泛应用的优秀软件，已成功应用于国家大剧院、奥运工程国家"鸟巢"体育场等国家重大工程项目。

2001 年，土木工程学系与浙江省建筑科学设计研究院、同济大学材料学院和上海市政研究院在湖州市政府和科技局主持下联合成立浙申土木工程材料研发中心，钱晓倩当选为研发中心主任。 该中心成立至今，已开展了"干粉砂浆开发研究""钢矿渣在市政工程中的应用技术研究""脂肪族系高性能减水剂""高性能混凝土减缩剂及系列产品开发研究"等项目，科研投入超过

300 万元。 2002 年，土木工程学系与企业合作的项目"高性能混凝土减缩剂"成功获科技部国家中小企业创新基金资助，该项目于 2004 年通过验收。 2005 年土木工程学系与企业又开展"聚合物改性保温砂浆开发研究""特种防水砂浆开发研究"和"建筑砂浆稠化粉开发研究"等项目，年产 10 万吨特种砂浆的全自动生产线为企业增加了新的活力。 自校企合作以来，浙江大东吴建设新材料股份有限公司为学校提供了超过 200 万元的科研经费；同时，通过校企科技合作，企业的综合实力大大提高，被评为湖州市民营科技创新企业、省级高新技术企业，新产品的产值从 2000 年合作初期的 300 余万元，增加到 2005 年的 4700 万元。

承担实际工程生产任务，极大地锻炼和提高了教师的工程能力；毕业班的毕业设计亦能结合实际工程，已成为必不可少的重要教学环节。 同时，产业开发也收到了很好的社会效益和经济效益，不但扩大了土木工程学系的社会影响，也改善了教学科研条件，增强了土木工程学系的经济实力。

建筑工程学院依托相关学科的发展，积极投身于工程实践，先后成立了浙江大学建设监理公司、浙江大学地基基础工程公司、浙江大学西维尔建筑新技术开发公司等学科性公司，公司具有建设工程的各类检测和测试资质，承担了大量国家和省部级重点建设项目的设计、咨询、监测等工作。

二、 学科性公司、测试中心和设计所

（一）浙江大学建设监理公司

浙江大学建设监理公司成立于 1993 年，是浙江省和国家教育部最早成立的监理公司之一，经国家建设部批准为甲级资质监理单位。 现有资质包括房屋建筑工程监理甲级、市政公用工程监理甲级、公路工程监理乙级、园林绿化工程监理丙级。 公司已通过 ISO9001 质量体系认证，荣获杭州市"重合同，守信用"荣誉证书，被评为 1992—2002 年杭州市先进监理公司。

公司依托浙江大学建筑工程学院雄厚的技术力量，具有建筑、规划、结构、建筑材料、岩土、市政、水工、道桥、工程管理、测量、检测等各专业技术优势，拥有一支专业理论坚实、工程实践经验丰富、专业配套齐全的工程建设监理队伍。 公司有监理人员约 250 人，其中高级工程技术人员占 50％以上，现有国家注册监理工程师和注册造价工程师 52 名，交通部和浙江省交通厅专业监理工程师 44 名。

公司运营的十多年间，已承接的监理项目有 600 余项，分布于杭州、宁波、温州、台州、金华、衢州、丽水、绍兴、湖州、嘉兴及江苏苏州等地（市），涉及会展中心、体育场馆、医院、高层住宅等房屋建筑工程，道路桥梁、防洪堤、污水处理等市政工程，以及公路工程等。 公司的主要代表性工程有浙江世界贸易中心、东阳白云国际会展中心、杭州清江会议中心、台州市体育中

心、嵊州市体育中心、富阳人民医院、慈溪人民医院、长兴人民医院、杭州世界休闲博览园中央块、杭州市民中心 G 楼、钱江新城核心波浪文化城、杭州市滨江区行政中心、台州市市政大楼、慈溪市党政机关办公大楼、缙云县行政中心县政府大楼、建德市新安江广场、宁波金丰广场、杭州客运中心站、浙江省物产大厦、浙江国贸大厦、温州国贸大厦、温州市公安指挥中心、杭州太平洋商业中心、宁波银都广场、杭州瑞丰商业大厦、浙江大学图书信息中心 A、C 楼、金华信息港大楼、杭州百脑汇信息数码港、湖州新天地、宁波日月星城住宅、宁波青林湾小区、温州东方花苑、温州黄龙住宅小区、温州吴桥电信生活小区、义乌中学迁建工程、苏州三江·锦绣江南、中国驻俄罗斯大使馆办公楼等具有标志性的高层建筑和大型住宅小区，还有杭州市中河高架路、钱塘江杭州市城市防洪堤、杭州供水抗咸工程、杭州西溪湿地综合保护工程、慈溪境外引水工程、西湖大道城中立交道路、绍兴市小舜江供水网市政工程、嘉善县地面水厂改扩建工程、金华市污水处理、东阳市污水处理等市政工程，以及遂昌县石王公路、嘉善县善通公路等公路工程。公司共获得国家建筑工程"鲁班奖"6 项、国家优质工程"银质奖"1 项、浙江省"钱江杯"奖 27 项、地（市）级建筑工程质量奖 60 余项。

公司发扬浙江大学"求是创新"校训，坚持"诚信公正、求是创新、科学管理、顾客满意"的质量方针，竭诚为业主提供优质服务。

由于历史原因，公司于 2008 年实施资产转让。

（二）浙江大学地基基础工程公司

浙江大学地基基础工程公司成立于 1992 年，依托浙江大学建筑工程学院岩土工程研究所以及相关研究所和实验测试中心（如结构工程研究所、交通工程研究所、市政工程研究所、防灾与减灾工程研究所、水工结构与水环境工程研究所、土木工程测试中心、土木工程实验中心等）的雄厚技术力量，具有岩土、结构、市政、水工、道桥、工程管理、测量、检测等各专业技术优势，拥有一支专业理论坚实、工程实践经验丰富、专业配套齐全的技术队伍。

公司运营的十多年间，已承接的项目分布于杭州、宁波、温州、台州、金华、衢州、丽水、绍兴、湖州、嘉兴及江苏、上海、广东、福建、江西、安徽等地，涉及会展中心、体育场馆、医院、高层住宅等房屋建筑工程，道路桥梁、防洪堤等市政工程，以及公路工程等。公司的主要代表性工程有杭甬高速公路、上海宝山钢铁集团、宁波机场、温州机场、温州电厂、台州电厂、杭州百脑汇信息数码港、台州东方太阳城、温州同人花园、杨府山住宅区、钱江湾花园、青田香溢房产等。

公司发扬浙江大学"求是创新"校训，坚持"诚信公正、求是创新、科学管理、顾客满意"的质量方针，竭诚为业主提供优质服务。

由于历史原因，公司于 2007 年实施资产转让。

(三) 浙江大学西维尔建筑新技术开发公司

浙江大学西维尔建筑新技术开发公司是浙江大学校办企业、杭州高新技术产业开发区企业，成立于 1992 年，2006 年底结束业务。

公司以浙江大学建筑工程学院为强大技术后盾，旨在把建筑高新技术迅速转化为生产力，以推动建筑业向高水平发展，为国家经济建设服务。 公司主要从事测桩仪、工程流体力学演示仪的制造、销售和维修，以及测量仪器检修；计算机绘图系统的开发、服务和维修；网架设计技术服务；地基处理新技术，包括新型桩基、设备及材料配方的开发、咨询和服务；桩基检测技术服务；新型建筑材料的开发、生产和销售；新老构筑物的无损检测、结构加固；土木工程其他新技术的研究、开发、咨询与服务等。

(四) 浙江大学土木工程测试中心

浙江大学土木工程测试中心隶属于浙江大学，以浙江大学建筑工程学院为依托，成立于 1998 年，位于浙江大学玉泉校区土木科技馆，是浙江大学从事建设工程类试验检测与科研的专业机构。 中心下设建筑结构、岩土工程、道桥工程、市政工程、水利工程、建筑材料、测量、建筑物理等八个实验室。 中心的技术力量雄厚，有高级职称技术人员 80 人、中级职称技术人员 35 人，仪器设备先进，实验室面积超过 5000 平方米。 中心曾承担国家和地方多项重大建设工程的技术咨询和各类实验与检测工作；主持参与建筑工程类多个标准规范的制定工作；有 40 余项成果获国家、省级科学技术进步奖及国家技术发明奖；多次解决了建设工程项目的重大技术问题，取得了显著的社会效益和经济效益。

中心已取得浙江省建筑工程检测一级试验室、市政工程二级试验室、桩基检测甲级资质及建筑工程室内环境质量检测资质等多项试验资质，2003 年 9 月通过建筑材料、建筑结构、道路与桥梁、桩基、土工、建筑物理等 6 大类 164 个参数的计量认证。

中心以"求是、公正、准确、满意"为质量方针，以科学的检测手段为社会提供服务。

(五) 浙江大学建筑设计研究院第五设计所

浙江大学建筑设计研究院第五设计所（简称设计五所）是主要从事工业及民用建筑设计的综合设计所。 设计五所作为建筑工程学院的产学研基地，依托学院各研究所技术支持，同时也作为浙江大学建筑设计研究院建制所。 设计五所承担了多个项目的设计、咨询等技术服务工作，项目包括办公、酒店、住宅、学校等多种使用功能的建筑，涉及钢筋砼高层柱—筒、柱—剪、柱—梁结构，剪力墙结构、多层柱梁结构、多层砖混结构等多种结构形式，同时承担了学院安排的教学工作，并结合工程实践，指导多名本、专科生毕业设计，取得了较好的效果。

设计五所现有专职设计人员中有一级注册建筑师 4 人，一级注册结构工程师 3 人，其中 4 人具有高级职称。

设计五所完成项目

项目名称	项目类型
杭州高新大厦	18 层柱梁—剪力墙结构，建筑面积约为 3.5 万平方米
上海昌村高层住宅	34 层全剪力墙结构，建筑面积约为 2.8 万平方米
上海浦东之江大厦	大底盘双塔钢筋砼筒体结构，主楼 25 层，副楼 22 层，建筑面积约为 7.3 万平方米
嘉兴职教中心	多层柱—梁结构，建筑面积约为 3.7 万平方米
义乌宾王客运中心	主楼 16 层柱—剪结构，屋顶为全钢网架形式，建筑面积约为 3.6 万平方米
青田江南、光华大厦	24 层柱—剪结构，建筑面积约为 4.8 万平方米
杭州远东新月公寓	主楼 12 层柱—梁结构，建筑面积约为 1.0 万平方米
浙江教育考试大厦	综合办公楼（21 层），建筑面积约为 3.2 万平方米
浙江汽车技工学院	建筑面积约为 9.8 万平方米
台州三友大厦	29 层，建筑面积约为 4.5 万平方米
浙江幼儿师范学校健身房	含室内游泳池，篮、排球馆，建筑面积约为 5000 平方米
浦江虞宅中学	建筑面积约为 4.0 万平方米
杭州科贸大厦	19 层综合办公楼，建筑面积约为 3.2 万平方米
余杭高级中学	规划及建筑设计，建筑面积约为 4.2 万平方米
宁波滨江花苑	规划及建筑设计，建筑面积约为 3.5 万平方米
桐乡市茅盾中学	规划及建筑设计，建筑面积约为 4.5 万平方米

三、 校企合作平台

建筑工程学院长期秉承"基础研究为先、理论与实践结合、产学研相互推动"的科教服务理念，面向行业重大需求，充分发挥人才和科技优势，在结构、岩土、市政、桥梁隧道、防灾减灾、建筑和规划设计等领域取得了重大研究成果和关键技术突破，服务于地方经济社会发展。

近年来，通过与地方政府和大型企业合作，建筑工程学院建立了 12 家校企研发中心，承担社会服务科研项目 1200 余项，专利成果转化 110 项。学院依托建立的校企研发中心，为地方政府和企业在新的经济形势下做好转型升级工作提供了坚强的科技支撑，增强了企业的核心竞争力，促进了科技成果转化，扩大了学校及学院的对外交流，为社会的发展和企业的科技创新做出了应有的贡献。

校企合作研究中心

合作研究中心	合作经费/万元	到款金额/万元
浙江大学—电力设计院科技合作中心	1200	1200
浙江大学—广厦建设集团工程技术研发中心	800	700
浙江大学—宁波住房和城乡建设研究中心	500	350
浙江大学—华东院材料结构联合实验室	300	255
浙江大学—浙江省交通规划设计研究院科技研究中心	540	
浙江大学—浙江围海集团滨海岩土工程研究中心	500	500
浙江大学建筑工程学院—华汇工程设计集团工程技术研究中心	600	500
浙江大学建筑工程学院—宇杰集团技术合作研发中心	450	150
浙江大学建筑工程学院—东联设计城市与环境规划建设创研中心	300	33
浙江大学—珠华水工业科技合作中心	600	
浙江大学—中恒地下空间合作中心	600	
浙江大学建筑工程学院—碧桂园森林城市滨海工业研究中心	330	

四、社会服务典型案例

（一）案例 1：大跨度空间结构的技术引领和应用

大跨度空间结构广泛应用于大型公共和工业建筑，是一个国家建筑工业水平的重要体现。董石麟院士领导的科研团队一直致力于空间结构理论和技术创新，全方位服务于国家重大工程，推动空间结构产业化。

该科研团队是我国应用最广的空间网格结构的重要推动者，已完成数百项各类空间网格结构工程的设计咨询工作，是我国首部《网架结构设计与施工规程》的主编作者之一，开发的MSTCAD 软件在国内同类软件中市场占有率最高，技术扶持的浙江东南网架制造有限公司成为我国最大的空间结构制造上市企业之一。

该科研团队积极开展空间结构新体系研发并服务于国家重大工程。为国家游泳馆"水立方"的建造攻克了多面体几何构型和受弯焊接空心球节点设计等关键技术，获国家科学技术进步奖一等奖；解决了上海世博轴阳光谷整体稳定性及节点承载力设计等关键问题；与国内知名设计施工单位合作完成了一系列轻型高效大跨结构体系的研发、设计与建造，包括国内跨度最大的122m 球面弦支穹顶——济南奥体体育馆、国内外首创的月牙形索桁罩棚——乐清体育场以及柱面弦支网壳——深圳北站等。

通过试验研究、技术咨询、施工运行监测等方式，该科研团队为亚洲最大客运枢纽——杭州火车东站、2022 年杭州亚运会主场馆——杭州奥体、国内最大开合屋盖——绍兴体育场、亚洲最大河口大闸——曹娥江大闸、国内最大铝合金屋盖——重庆国博中心、北京北站、天津西站等百余项大型工程提供技术支持，解决了体系优选、结构设计、健康监测、安全评估等关键技术问题，获浙江省科学技术重大贡献奖（2013）、詹天佑大奖（2013）、大禹水利科技特等奖（2013）、中建总公司科学技术奖一等奖（2014）、全国优秀建筑结构设计一等奖（2015）。

在该科研团队的努力下，浙江大学成为国家标准《建筑抗震设计规范》（GB 50011—2010）大跨度屋盖结构编制的组长单位，《空间网格结构技术规程》《膜结构技术规程》等六部空间结构规范的编制单位。

董石麟院士主编的《空间结构》杂志自 1994 年创刊以来成为我国空间结构新技术交流的重要平台。 2006 年，董石麟院士等编著的《新型空间结构分析、设计与施工》入选国家新闻出版总署首届"三个一百"原创图书出版工程。

（二）案例 2：软弱土地基处理科技创新与社会服务独树一帜

我国广泛分布的深厚软弱土，具有结构性强、压缩性高及强度低等特点，在复杂受力条件下容易发生过量沉降、基础失稳等灾变，导致重大工程难以安全服役甚至失效破坏。 浙江大学岩土工程学科自曾国熙先生创办以来，致力于解决这一难题，经过半个多世纪坚持不懈的努力，已建成一支由两院院士领衔的包含"长江学者奖励计划"特聘教授、国家杰出青年科学基金获得者、优秀青年科学基金获得者等人才的高水平师资队伍，建立了科教协同一体化平台。 岩土工程学科为我国岩土工程领域培养了大量的优秀人才，毕业生中杰出青年科学基金获得者 6 名（全国该领域共 8 名），"长江学者奖励计划"特聘教授 5 名（全国该领域共 8 名）。

岩土工程学科秉承曾国熙先生"基本理论、试验研究和工程实践三者密切结合"的理念，长期开展软黏土力学、地基处理技术与复合地基理论以及岩土工程施工环境效应等研究，建立了砂井地基固结理论，软土非线性、大应变固结理论，复杂软弱土的扰动及变形失效机制等一大批软土地基计算设计理论，提出了深厚软土地基上竖井排水固结、水泥搅拌桩法和复合桩基等各类地基处理新技术，突破了按传统地基承载力控制设计的局限，提出了复合地基优化设计和按沉降控制设计指导思想。 岩土工程学科主编了国家标准《复合地基技术规范》（GB/T 50783—2012），创办的《地基处理》期刊和出版的成套复合地基著作是地基处理行业的最重要的技术文献。

近年来，岩土工程学科的研究成果广泛应用于房屋建设、交通、海洋、电力等行业，解决了杭州地铁、深圳地铁、宁波地铁等城市轨道交通建设和环境效应控制难题，为港珠澳大桥、南海西沙填海等国家滨海重大项目提供了关键技术支撑；率先实现我国百万千瓦级超临界火电机组

0.3mm/m 的差异沉降控制（宁海电厂扩建）；率先突破高烈度区不能建火电厂的规定（印尼中爪哇电厂）。 获 2013 年国家科学技术进步奖二等奖、2014 年浙江省科学技术进步奖一等奖。

龚晓南院士主持了中国工程院咨询项目"城市地下空间开发的技术方法和环境影响研究"，主办了"城市地下空间开发利用前沿论坛"，引领我国地下空间开发关键技术和重点研究方向，为国务院提供建设咨询和科学决策。

（三）案例 3：解决固体废弃物填埋场三大灾害难题，引领行业技术发展

随着工业化和城镇化快速发展，我国生活垃圾和建筑垃圾等城市固体废弃物产量居世界之首，其中 80% 采用填埋法处置。 填埋场堆体失稳滑坡、渗沥液渗漏污染地下水土和填埋气扩散污染大气等三大环境灾害严重威胁我国城市安全。

岩土学科的陈云敏院士带领的团队针对城市固体废弃物的特点，提出了城市固体废弃物降解压缩本构关系，建立了生化反应、骨架变形、水气运移和溶质迁移耦合作用的降解固结理论，构建了基于全国各地区典型填埋场室内外试验的模型参数数据库。 该理论突破了传统土力学假定"固相质量不变"和环境工程学忽略"固结影响降解"的局限性，解决了填埋场固液气转化、变形和渗流耦合分析的科学难题。

该团队利用降解固结理论，探明了我国填埋场比欧美国家"干垃圾"填埋场灾害严重的根源： 我国城市固体废弃物厨余有机质含量高，骨架降解弱化严重，产液量大导致填埋体固结慢。 据此，提出了填埋场设计原理和环境灾害防控方法： 建立边坡警戒水位分析方法，研发液气分离立体导排技术；建立沉降随填埋时间和上覆堆重变化的计算公式，提出加快降解、控制稳定和优化填埋工艺的增容方法，大幅提高了填埋土地利用率；建立防污屏障击穿时间分析方法和设计厚度计算公式，提出控制水头与强化吸附相结合的高效防污屏障结构设计方法。

以这些技术和方法为基础，陈云敏院士主持编写了国家行业标准《生活垃圾卫生填埋场岩土工程技术规范》（CJJ 176—2012），规范已应用于 23 个省市的 112 座填埋场的建设和治理，包括我国最高的杭州天子岭填埋场、最大的上海老港填埋场，解决了填埋场三大环境灾害防控的难题，并大幅提高了填埋气（用于发电）收集率和单位土地面积填埋量，取得了显著的社会、经济和环境效益。

2015 年底，深圳光明新区渣土受纳场"12·20"特大滑坡事故发生后，陈云敏院士担任国务院事故调查专家组副组长，负责调查事故原因。 目前，他正在负责中国科学院学部咨询项目"固体废弃物对城市安全的风险分析和处置对策"的研究，将为我国处置城市固体废弃物的决策提供依据。

（四）案例 4：创立混凝土结构安全和耐久理论，领衔制定国际新标准

保障混凝土结构基础设施的安全是国家重大需求，浙江大学混凝土结构工程学科在混凝土结构基本理论和大型工程应用技术服务方面在国内外做出了有重要影响的引领性贡献。该学科创立了可描述混凝土裂缝扩展全过程的双 K 断裂准则及其理论系统，提出了大尺度断裂试验新方法并发现了混凝土裂缝扩展全过程规律，提出了纯剪切型裂缝扩展全过程分析理论与实验新方法，实现了关于裂缝评价和控制从经验公式到科学规律的重大突破。该学科研究成果获国家自然科学奖二等奖 1 项、教育部技术发明奖一等奖 1 项和省部级自然科学奖一等奖 2 项。新华社以"中国科学家独创混凝土结构安全理论"为题进行了专门报道。

国际材料与结构研究实验室联合会（RILEM）批准成立混凝土裂缝扩展的双 K 断裂准则试验方法技术委员会（TC TDK），由徐世烺教授担任委员会主席，负责制定《双 K 断裂准则标准试验方法》。该标准历经四年国际循环实验和五次国际会议，于 2015 年批准成为混凝土结构裂缝安全评价的国际标准，这标志着我国学者在该领域提出的理论准则获得了国际权威组织认可。

浙江大学混凝土结构工程学科提出的混凝土结构裂缝控制和耐久性理论为保障混凝土结构安全、长寿命服役提供了理论依据和技术支撑。该理论为南水北调水源工程丹江口大坝加高裂缝安全性评价、杭州湾跨海大桥和港珠澳大桥耐久性监测等工程提供了有力的技术服务，并产生了显著的经济效益。应用双 K 断裂理论研制出的超高韧性混凝土，极限拉伸应变高达普通混凝土的 300～600 倍，从根本上改善了混凝土材料脆性易开裂的缺陷，为杭金衢高速公路隧道建设以及上海吴淞军港、南京长江大桥工程抢修等我国重大基础设施的安全性提升和长寿命保障提供了新材料。

徐世烺教授被邀请在国际和国内会议分别做大会报告 10 余次和 20 余次；主办国际学术会议8 次；参编国家标准《混凝土结构耐久性设计规范》（GB/T 50476—2008），主编浙江省工程建设标准《混凝土结构耐久性技术规程》（DB 33/T 1128—2016）；任国际学术期刊 *International Journal of Structural Engineering* 主编。

风采篇

人 物

钱令希

（中国科学院院士）

钱令希（1916—2009），江苏无锡人，工程力学专家，中国科学院院士。 1936 年毕业于上海中法国立工学院（现上海理工大学），1938 年毕业于比利时布鲁塞尔自由大学，获最优等土木工程师学位。 回国后历任云南川滇铁路桥梁工程师（1938—1942），云南大学教授（1942—1943）。 1943年 11 月，钱令希应浙江大学工学院院长王国松教授之邀，到内迁遵义的浙江大学土木工程学系任教授。 1950 年，即浙江大学搬回杭州的第四年，担任土木工程学系系主任。 1952 年 1 月，应大连工学院院长之邀，到大连工学院（现大连理工大学）任教授、力学所所长、院长、大学顾问。 1981 年被选为中国力学学会理事长，1991—1995 年被选为中国科学院学部主席团成员。

钱令希从事工程力学的教学、科研和工程实践 60 年，为培养青年人才和科学进步做出了贡献。 他在结构力学领域有丰硕的研究成果，特别是在极限分析、变分原理、结构优化设计等方面。 他热心为工程服务，广泛参与桥梁、港工、水利、造船等工程建设的设计和研究工作。 20世纪 60 年代，电子计算机冲击科技领域，钱令希倡导开创计算力学学科，并身体力行，更新知识，从事研究，在大连理工大学建立了一支活跃的科研队伍。

钱令希曾获 1991 年国家自然科学奖二等奖，1982 年、1985 年国家科学技术进步奖三等奖，1990 年国家教委科学技术进步奖一等奖。 1988 年获比利时国立列日大学荣誉博士学位。 1994年获香港理工大学中国杰出访问学者奖；1995 年获香港何梁何利基金科学与技术进步奖。

1955 年当选为中国科学院院士。

汪胡桢

（中国科学院院士）

汪胡桢（1897—1989），浙江嘉兴人，中国现代著名水利专家、原水利部顾问，中国科学院院士。 1917 年毕业于南京河海工程专门学校，后留学美国。 1923 年毕业于美国康奈尔大学，获土木工程硕士学位。 1924 年回国后，历任河海工程专门学校、中央大学、浙江大学教授。 曾任治淮委员会设计主任工程师，整理运河讨论会第二至第十届董事会董事，第七届副会长。 中华人民共和国成立后，任华东军政委员会水利部副部长，1950 年治淮委员会成立后，兼任工程部长。 1951 年起兼任佛子岭水库工程总指挥。 1955 年任水利部北京勘测设计院总工程师，后任黄河三门峡水库工程局总工程师。 1960—1978 年任北京水利水电学院院长，后任华北水利水电学院名誉院长。 1978 年任中国水利学会第二届临时常务理事会副理事长。 中国土木工程学会第四届名誉理事、第五届荣誉会员。 中国水力发电工程学会名誉理事、顾问。 1979 年任水利部顾问，1981 年、1985 年先后被选为中国水利学会第三、四届名誉理事。

抗日战争时期，在十分艰难的条件下，汪胡桢组织了一批大学教师悉心著书。 由他主编出版的《中国工程师手册》，是我国最早出版的比较大型的专业工具书，对以后的工程技术人员起到了很大的指导作用。 汪胡桢热心祖国教育事业，十分注意培养中国的水利专家。 他从教数十年，不少学生已成为我国优秀的水利专家。 汪胡桢的主要著述有《水工隧洞的设计理论和计算》《地下洞室的结构计算》等。 由他组织和主编的《现代工程数学手册》共 5 卷，约 500 万字，是目前国内少有的大型工具书。 他经常在各种期刊上发表学术论文，其中《治江大计和三峡蓝图》《发展水利必须改革坝型和移民制度》《重力坝的主应力网》《长江三峡船闸的初步探讨》《水电工程的经济核算》等 20 多篇学术论文在国内产生了很大的影响。

1955 年当选为中国科学院院士。

徐芝纶

（中国科学院院士）

徐芝纶（1911—1999），江苏江都人，中国科学院院士。 1934 年毕业于清华大学土木工程系，1936 年获美国麻省理工学院土木工程硕士学位，1939 年获哈佛大学工程科学硕士学位。 1939 年回国，1939—1943 年在浙江大学土木工程学系任教授，又先后在中央大学和上海交通大学任教，曾任上海交大水利系主任。 1952 年起任河海大学教授、博士生导师，1956—1983 年任该校教务长、副校长。 第三届全国人大代表，第五、六届全国政协委员，中国力学学会第一、二届理事，江苏省力学学会理事长。

早在 20 世纪三四十年代，徐芝纶就对拱结构和钢架结构的应力分析进行研究，并发表了多篇学术论文。 五六十年代他曾率领一批教师致力于基础梁、板计算方法的研究，并获得多项研究成果，例如"基础梁的温度应力""边载荷作用下基础梁计算表""中厚度弹性地基上的梁分析"及"用逐步渐进法计算弹性地基上板的应力"等。 70 年代初，他在研究双曲扁壳水压力作用下的内力分析的基础上，撰写了《双曲扁壳闸门计算》一书。 在我国，他是将有限元法应用到工程实践的先导之一。 1974 年，他编著出版了我国第一部有限元法专著《弹性力学问题有限单元法》，书中论述了等渗单元分析、不稳定温度场计算和基础梁板计算等方面的研究成果。 80 年代后，徐芝纶主要从事"任意网格上的有限差分法"的研究。

徐芝纶编著出版教材 11 种、15 册，翻译出版教材 4 种、7 册。 其中，《工程力学教程》《弹性理论》《弹性力学》及《弹性力学问题的有限单元法》等 5 部教材被我国工科院校广泛采用。《弹性力学》获 1977—1981 年全国优秀科技图书奖和 1987 年全国优秀教材特等奖。 应高等教育出版社特约撰写的英文版专著《应用弹性力学》，于 1991 年在印度 Wiley 东方出版公司出版发行；继之，新加坡 John Wiley & Sons 有限公司也出版发行了此书。 这是我国向国外推荐的第一本英文版工科教材。

1980 年当选为中国科学院院士。

刘恢先

（中国科学院院士）

刘恢先（1912—1992），江西莲花人，结构工程与地震工程学家，中国科学院院士。 刘恢先 11 岁时入南昌心远中学就读，毕业后考入交通大学唐山工学院。 1934 年考取江西公费留学生就读美国康奈尔大学。 1935 年获硕士学位，1937 年获博士学位。 1938 年回国后相继担任湘桂、叙昆、黔桂、平汉铁路工程师，1938—1946 年在浙江大学土木工程学系任教授。 1949 年后，任清华大学教授。 1952 年赴哈尔滨创建中科院工程力学研究所，任研究员、所长，并任黑龙江省科学院副院长、中国灾害防御协会会长等职。

刘恢先是新中国地震工程领域的第一位拓荒者，先后主持完成了三峡水利枢纽重力坝方案抗震、新丰江水库地震和坝体抗震加固、京津地区抗震、二滩水电站抗震、海洋工程抗震以及西南、西北地区建设等许多大型工程项目，完成了《十二年（1956—1967 年）全国科学规划》中有关地震部分，中国第一个和第二个《抗震规范草案》，以及《中国地震烈度表（1980 年）》的编写，明确地震烈度概念，提出用模型试验、电场模拟等方法来确定挡水坝在地震作用下的反应，确定地面运动峰值，特别是其水平速度峰值是建筑物破坏的主要因素，还首次提出"小震不坏，大震不倒"的建筑物抗震设计思想及其结构抗震验算的原则，为行业规范所采用。 主要论著有《地震学》《挡水坝地震荷载》《刘恢先科学论文选集》等，主编《唐山地震震害》（共 4 卷）。

1980 年当选为中国科学院院士。

潘家铮

（中国科学院院士、中国工程院院士）

潘家铮（1927—2012），浙江绍兴人，水工结构和水电建设专家，中国科学院院士，中国工程院院士。 1950年毕业于浙江大学土木工程学系。 长期从事水电站设计、建设和科研工作，历任水利电力部总工程师、能源部水电总工程师、电力工业部技术顾问和中国长江三峡工程开发总公司技术委员会主任等职。 曾兼任国务院学位委员会委员、中国大坝委员会主席、中国岩石力学与工程学会理事长和清华大学兼职教授，全国政协委员。

潘家铮参加、负责和审查过的大中型水电站有黄坛口、流溪河、新安江、富春江、乌溪江、龚咀、乌江渡、东江、葛洲坝、磨房沟、龙羊峡、二滩和三峡等。 早期设计的流溪河水电站工程是我国第一座坝顶泄洪的薄拱坝，新安江水电站是我国第一座自行设计施工的大型水电站，并在设计中采用世界上最大的溢流厂房、宽缝重力坝、大底孔导流等新技术并首创抽排理论，大量节约工程量，为提前发电做出贡献。 潘家铮负责设计和建设的龙羊峡水电站工程是当年我国已建的最高大坝，二滩是当时在建的世界第三高的双曲拱坝，三峡枢纽更是跨世纪的巨型工程。

潘家铮擅长结构力学，多年来结合实际，对混凝土坝和土石坝的分析、地下结构及滑坡产生的涌浪计算等课题做了系统研究，提出新的理论和计算方法，在水电设计中得到广泛采用。 有《重力坝设计》等20多种专著和近百篇技术论文。 1990年被授予国家设计大师称号。

1980年当选为中国科学院院士。 1994年当选为中国工程院院士，并任中国工程院副院长。

胡海昌

（中国科学院院士）

胡海昌（1928—2011），浙江杭州人，中国科学院院士。 1950年7月毕业于浙江大学土木工程学系，被分配到中国科学院数学研究所。 1956年调入中国科学院力学研究所。 1968年转入北京空间飞行器总体设计部。 1993年后任航天总公司科技委顾问兼委员、中国空间技术研究院技术顾问、北京空间飞行器总体设计部科技委名誉主任。

胡海昌是第八、九届全国政协委员，北京市第八届政协常委；也是中国振动工程学会理事长、中国力学学会副理事长，北京大学、浙江大学、吉林大学兼职教授，山东青岛大学名誉教授。

在力学研究方面，胡海昌首创弹性力学中的三类变量广义变分原理并推广应用。 1966年起参加空间飞行器的研究与设计。 参与筹建651设计院。 负责东方红一号和二号卫星早期的总体和结构设计。 培养硕士研究生12名、博士研究生10名。

1956 年，胡海昌在弹性力学和塑性力学中首次建立了三类变量的广义变分原理，并首次指导同事和学生将这类原理应用于求近似解。 日本人鹫津久一郎比他晚一年独立地重建了上述原理。 由于它在有限元法和其他近似解法的重要应用，后来受到美、日、英、苏、德、法等多国的学术文献、专著、教科书广泛介绍和引用，并称之为胡—鹫津原理。

弹性力学变分原理及其应用于 1982 年获国家自然科学奖二等奖，胡海昌为第一完成人。 胡海昌于 1990 年起享受政府特殊津贴，1991 年被航空航天部批准为有突出贡献的老专家。

1980 年当选为中国科学院院士。

鲍亦兴

（美国国家工程院院士）

鲍亦兴（1930—2013），江苏东台人，岩土工程学、结构工程学、工程力学博士生导师，美国国家工程院院士。 1952 年毕业于台湾大学土木工程学系。 1953 年获美国伦斯勒理工学院力学系助教奖学金前往该校进修，于 1955 年获力学硕士学位。 后转学美国哥伦比亚大学获应用力学哲学博士学位。 自 1958 年起在美国康奈尔大学任教，历任助理教授、副教授、教授及讲座教授，2001 年改任名誉讲座教授，并于 1974—1980 年兼任该校理论与应用力学系系主任。 1984 年在台湾大学创办了应用力学研究所，任访问教授兼该所所长，于 1998 年改任该校名誉教授。2003 年 11 月起任浙江大学建筑工程学院教授，兼任南京大学声学研究所教授。

鲍亦兴致力于应用力学、声学、机械工程学及土木工程学等领域的研究，专攻弹性动力学、振动学、电磁力学、物理声学、超声波检测、水下声学、工程地震学及结构动力学等。 著有学术论文 120 余篇，分别发表于 10 余种欧美著名的科学及工程学术期刊。 有关弹性波在层状物体中的传播综述论文于 1977 年发表在《物理声学》年刊，后来被国际理论与力学学会推为"20 世纪力学里程碑论文"之一。 1972 年与毛昭宙博士合著英文版《弹性波的衍射与动应力集中》（中文译本于 1993 年出版）。 鲍教授自康奈尔大学及台湾大学退休后，仍继续学术研究，致力于钢架结构动力学、层状岩土瞬态弹性波的传播及连体力学与热动力学的基本变分理论等研究。

鲍亦兴于 1982 年任美国第九届全国应用力学大会总主席兼论文委员会召集人。 1995 年荣获台湾交通大学荣誉博士。 1989 年荣获德国洪堡基金会资深科学家奖，访问达姆施塔特工业大学。

1985 年当选为美国国家工程院院士。

董石麟

（中国工程院院士）

董石麟，浙江杭州人，中国工程院院士。 1951年考入上海交通大学土木系，1952年院系调整至同济大学，1955年毕业于同济大学结构工程系。 1960年毕业于莫斯科建筑工程学院研究生部，获苏联技术科学副博士学位。 1960—1962年在江苏省建筑设计院任助理工程师。 1962—1985年在中国建筑科学研究院从事空间结构研究工作，任室主任、高级工程师，其中1979年在巴基斯坦中国援外专家组工作近半年。 1985年至今，在浙江大学从事空间结构研究方向的教学、科研工作，曾浙江大学建筑工程学院院长等职务。 1992年享受国务院颁发的政府特殊津贴，曾任全国政协第九届委员、浙江省政协第十届常委、浙江省政府参事室参事。 现任浙江大学空间结构研究中心主任，中国土木工程学会常委、空间结构委员会资深委员、中国钢结构协会高级顾问、中国体育建筑专业委员会委员、浙江省空间结构重点实验室学术委员会主任、国际薄壳与空间结构协会（IASS）委员、英国结构工程师学会资深委员、国家特许一级注册结构工程师、北京市人民政府"2008"工程建设指挥部专家、《空间结构》杂志主编等职。 并任清华大学、同济大学、上海交通大学、东南大学、北京交通大学、贵州理工大学、昆明理工大学、中国建筑科学研究院等单位兼职教授。

董石麟教授长期从事薄壳结构、网架结构、网壳结构、张拉结构、塔桅结构、升板结构等空间结构的科研和教学工作。 在大跨度空间结构工程科技领域建立了网架结构拟夹层板法的计算理论、方法和图表；创建了蜂窝形三角锥网架结构分析的新计算方法——下弦内力法；提出了网壳结构的拟三层壳计算理论和方法；在国内外首次建立了组合网架结构的工程应用理论、计算方法；提出了轴力和弯矩共同作用下焊接空心球节点承载力的计算方法和公式；给出了肋环型、葵花型与肋环人字形索穹顶结构预应力分布的快捷计算法。 主持的"新型空间结构的稳定性、承载力和动力特性"等四项国家自然科学基金的研究达国际先进水平。 所承担的科技项目大多结合国内外重大工程进行，科研成果直接用于工程实践为生产建设服务。 在空间结构工程领域进行结构设计、分析计算、咨询审查、方案更新、试验实例的国内外重大工程项目有首都体育馆、巴基斯坦伊斯兰堡体育馆、深圳机场航站楼、国家大剧院、马里国家议会大厦、2008年奥运会国家游泳馆、北京325米高大气污染监测塔、南海大佛多层多跨网架骨架、35米×35米新乡百货大楼多层组合网架楼层结构、天津市万吨果品冷库等工程。"大跨度网架屋盖结构的计算方法""首都体育馆""北京325米高大气污染监测塔""多层大跨建筑组合网架楼层结构应用技术""新型空间结构的强度、稳定性和动力特征的研究""国家游泳中心（水立方）工程建造技术创新与实践"等18项科技成果分别获得1978年全国科学大会奖，国家科学技术进步奖一、二、三等奖，以及省、部、委科学技术进步奖一、二等奖。 2009 年获得浙江大学教职工最高个人荣誉称号——竺可桢奖。 2013 年荣获浙江省科学技术重大贡献奖。 共同主持我国《网架结构设计与施工规程》和《钢筋混凝土升板结构技术规范》的编制和修订工作。 创办和主编我国唯一一本《空间结构》杂志。 在国内外杂志及学术会议上发表论文 200 余篇。 主要著作有《空间网格结构分析理论与计算方法》《组合网架结构与空腹网架结构》《新型空间结构的分析、设计与施工》等。 培养和指导博、硕士生及博士后共 114 名。 扶植和支持杭州东南网架集团公司、杭州大地网架制造有限公司等多家空间结构企业，形成规模生产。

1997 年当选为中国工程院院士。

洪伯潜

（中国工程院院士）

洪伯潜，福建厦门人，矿井建设特殊凿井工程专家，中国工程院院士。 1956 年毕业于浙江大学土木工程学系，分配至煤炭科学研究总院北京建井研究所工作。 1988 年 3 月晋升教授级高级工程师，曾任建井所钻井研究室主任、主任工程师。 现任煤炭科学研究总院副总工程师、建井所所长顾问等职。

洪伯潜长期在科研第一线从事矿井建设研究工作，主持完成国家及部课题 29 项，8 次获国家及部科学技术进步奖，其中"钻井法凿井技术"获国家科学技术进步奖一等奖，"300 米深井钻井工艺研究"获煤炭部科学技术进步奖特等奖，"深井（500—600 米）钻井法凿井技术的研究"获国家"六五""七五"科技攻关先进项目奖。 1986 年评为国家突出贡献的中青年专家及国家"六五"科技攻关先进个人。 1990 年 7 月首批获国务院政府特殊津贴。 钻井法凿井是目前我国唯一通过 440 米表土不稳定地层的大直径井筒特殊施工方法，综合技术达到国际先进水平。

1997 年当选为中国工程院院士。

金庆焕

（中国工程院院士）

金庆焕，浙江临海人，海洋地质、油气地质专家，广州海洋地质调查局教授级高级工程师，中国工程院院士。 金庆焕于 1952 年 8 月考取浙江大学土木工程学系。 1954 年 9 月至 1963 年 5 月，在莫斯科大学地质系石油地质专业读完五年大学（本科）和三年半研究生。 1982 年，任原地质矿产部广州海洋地质调查局总工程师。 曾担任中国地质调查局技术顾问，海洋石油天然气地质研究中心技术委员会主任，中国地质大学和中山大学兼职教授、博士生导师。

金庆焕主持或参与主持了《北部湾地质构造和油气远景评价》《南海北部海洋地质综合初查》《珠江口盆地地质构造特征和油气远景评价》《台湾海峡及围区中新生代地质构造特征与油气地质》《南沙海域万安盆地油气远景评价》《南沙油气勘查专项总报告》等一批重要地勘和科技报告。对珠江口、北部湾盆地的油气远景评价和突破做出了重大贡献，在南海地质和大洋多金属结核研究、台湾海峡油气地质勘查和科研、南沙科研等方面取得了卓越成就。

金庆焕先后获国家科学技术进步奖一等奖、二等奖各 1 次；获中国科学院科研成果奖一等奖 1 次；获国土资源部科技成果奖一等奖 1 次；获地质找矿奖特等奖 1 次；获地质科技成果奖一、二、三等奖共 5 次；获李四光地质科学奖 1 次。

1997 年当选为中国工程院院士。

吴硕贤

（中国科学院院士）

吴硕贤，福建诏安人，建筑技术科学专家，中国科学院院士。1970 年于清华大学土木建筑系建筑学专业毕业。1981 年、1984 年先后获清华大学硕士、博士学位。1984—1998 年在浙江大学任教。兼任中国声学学会常务理事、会士，曾任华南理工大学亚热带建筑科学国家重点实验室主任，国际刊物《声与振动学报》编委，中国建筑学会建筑声学专业委员会主任委员，中国科学院技术科学部副主任，中国国家自然科学基金委第七、九届评审委员，香港演艺学院特邀主讲教授，中国建筑学会学术工作委员会副主任，浙江省诗词学会常务理事兼学术部副主任。

吴硕贤长期从事建筑与环境声学研究，提出了城市交通噪声预报、仿真及防噪规划的理论与方法，阐明了声学虚边界原理，推导出混响场车流噪声简洁公式，较好地解决了国际上 20 多年未解决的问题。完成了首例将建筑辅助设计软件与声学软件链接以分析室内音质的工作。提出了厅堂响度评价新指标和计算公式，用模糊集理论进行厅堂音质评价，指导并与合作者提出扩散声场仿真新计算模型和界面声能扩散系数的改进测量方法和计算公式。开展建筑环境评价方法体系、人的行为模式和使用后评价研究，初步建立了建成环境主观评价理论体系。承担了 75 座观演与体育等建筑的音质设计与研究。

吴硕贤的主要著作有《偶吟集》《音乐与建筑》《室内环境与设备》《建筑声学设计原理》《室内声学与环境声学》《吴硕贤文集》《吴硕贤诗词选集》《吴硕贤书法选集》《吴硕贤行书选》《成语新解与杂谈》。在《美国声学学会志》，德国《声学》学刊，英国《声与振动学报》《应用声学》学刊等国内外刊物上发表论文 200 余篇。

吴硕贤勤奋好学，曾是清华大学因材施教的重点培养对象之一，是我国建筑学界培养的第一位博士。 他所从事的学科为建筑学与声学的交叉学科。 他学风严谨，已培养 30 位博士和 20 位硕士。

2005 年当选为中国科学院院士，是全国建筑技术科学领域首位中国科学院院士。

王 浩

（中国工程院院士）

王浩，北京市人，中国工程院院士。 1982 年毕业于清华大学农田水利专业，1985 年在清华大学获硕士学位，1989 年在清华大学获博士学位，1994 年被水利部破格晋升为教授级高级工程师。 曾任中国自然资源学会副理事长，现任中国水利水电科学研究院水资源研究所所长。

王浩长期从事水文水资源研究，主持完成 973 计划项目、国家自然科学基金重点项目等多项国家重大研究项目。 参与和主持了多项国家和地方的重大规划，如作为技术负责人主持完成了国家水中长期发展规划，作为主要专家参与了南水北调工程论证和南水北调工程总体规划，并主持完成了南水北调工程总体规划附件六研究，作为主要专家参与了全国水资源综合规划，并负责水资源合理配置专项研究；参与和负责了多项重大咨询项目，如作为课题第二负责人或课题工作组组长参与了中国工程院重大咨询项目 3 项，兼任项目专家组成员；曾负责或主要参与全国节水型社会建设试点专项研究课题 2 项，主持完成了 10 余项流域和地方省市重大研究、规划和咨询项目，参与 10 余项重大国际合作项目。 现主持国家科技攻关西部行动计划项目 1 项，水利部重大创新基金项目 1 项，流域和省/区级重要规划和研究多项。 通过主持上述一系列重大基础研究和规划项目，在流域水循环过程模拟、水资源评价、水资源规划、水资源配置和调度、生态需水理论及其计算方法、水价理论与实践、水资源管理以及节水型社会建设等方面取得一系列成果，整体构成了符合我国国情的流域水资源科学调配的理论方法体系。 该理论方法体系的提出，对促进我国水资源学科的发展与完善起到了一定作用，同时在国家、流域和区域等多个层面的规划实践中得到实践和应用，取得了显著的社会、经济和生态效益，对水资源研究水平的整体提升和对国民经济发展的基础支撑两方面均有一定的贡献。

在完成相关科研工作的同时，王浩还培养了大批研究生和博士后，现已发表学术论文 100 余篇，出版专著 16 部，其中《西北地区水资源合理配置与承载能力研究》一书分别获得"国家优秀图书奖"和"河南省优秀图书荣誉奖"。 研究成果获国家科学技术进步奖一等奖 1 项、二等奖 6 项，省部级一等奖 15 项。 多次获国家和省部级荣誉称号和荣誉证书，1996 年被科技部、财政部、原国家发展计划委员会、原国家经济贸易委员会评选为"九五"国家重点科技攻关计划先进个人；2004 年被水利部评选为南水北调工程规划设计"先进个人"；2004 年荣获中共中央国家机关工会联合会国家机关五一劳动奖章，2005 年被评为"全国先进工作者"，2006 年被评为"全国杰出专业技术人才"。

2005 年当选为中国工程院院士。

龚晓南

（中国工程院院士）

龚晓南，浙江金华人，浙江大学滨海和城市岩土工程研究中心主任，中国工程院院士。 1961 年考入清华大学土建系工业与民用建筑工程专业学习，1967 年毕业后到位于秦岭山区的国防科委 8601 工程处从事大三线建设。 1978 年考取浙江大学岩土工程研究生，1981 年硕士研究生毕业，留校任教。 1984 年获博士学位，是浙江省培养的第一位博士，也是我国培养的第一位岩土工程博士。 1986 年获德国洪堡奖学金，到德国卡尔斯鲁厄大学做博士后研究工作，1988 年 4 月回国，同年晋升为教授。 1993 年被国务院学位委员会聘为岩土工程博士生导师。 2002 年被授予茅以升土力学及基础工程大奖。 2007 年被推选为《岩土工程学报》黄文熙讲座人。 主要学术兼职有中国土木工程学会常务理事、地基处理学术委员会主任、中国建筑学会基坑工程专业委员会主任、浙江省岩土力学与工程学会理事长、《地基处理》编委会主任等。

龚晓南长期从事岩土工程教学和理论研究，自 1984 年以来先后参与开设了高等土力学课程，主导开设了土塑性力学、计算土力学、工程材料本构方程、地基处理技术、广义复合地基理论等 5 门研究生课程，并相继编写、出版了教材。 已培养硕士 88 名、博士 82 名、博士后 10 名。 主要研究方向为地基处理及复合地基、基坑工程、基础工程施工环境效应及对策、既有建筑物地基加固与纠倾。 1992 年出版了第一部复合地基专著《复合地基》，历经 20 多年努力，创建了广义复合地基理论，促进形成复合地基工程应用体系。 组织编写的国家标准《复合地基技术规范》（GB/T 50783—2012）于 2012 年 12 月 1 日实施。 自 1978 年起长期从事地基处理理论和技术研究，参加组织编写《地基处理手册》，主编《地基处理手册》第二、三版（《地基处理手册》已发行 12 万多册，是地基处理领域最有影响的著作），主编《地基处理技术发展与展望》，创办《地基处理》刊物，参加主持多项建筑工程、交通工程、机场、堆场和填海工程等重大工程的软土地基处理，解决了许多技术难题。 主编的《深基坑工程设计施工手册》于 1998 年出版。 主持了多项深、大基坑工程设计。 主持了中国建筑学会建筑施工学术委员会基坑工程专业委员会工作。提出了基坑工程按变形控制设计和按稳定控制设计理念、由土钉支护临界高度确定其适用范围的理念。 提出了基坑工程地下水控制原则，较系统地研究了基坑工程环境效应及防治对策，促进了基坑围护设计水平的不断提高。 出版《高等土力学》《土塑性力学》《土工计算机分析》等著作和工程手册 20 多部，发表刊物论文 400 多篇。 2016 年主编《桩基工程手册》（第二版）出版。

2011 年当选为中国工程院院士。

陈云敏

（中国科学院院士）

陈云敏，浙江温岭人，土力学与岩土工程专家，中国科学院院士。 1983 年毕业于浙江大学土木工程学系，1986 年获浙江大学结构工程硕士学位，1989 年获浙江大学岩土工程博士学位，1993—1995 年在荷兰 IFCO 基础工程公司从事博士后研究。 2004 年获国家杰出青年科学基金，2005 年入选教育部"长江学者奖励计划"特聘教授和浙江省首批特级专家，2011 年成为 973 计划项目首席科学家。 现任浙江大学工学部主任、浙江大学岩土工程研究所所长和软弱土与环境土工教育部重点实验室主任。 曾担任杭州地铁湘湖车站基坑坍塌抢险和灾后重建专家组组长和国务院深圳光明区"12·20"大滑坡事故专家调查组副组长。 兼任 *Transportation Geotechnics* 主编以及 *Soil Dynamics and Earthquake Engineering*、*Environmental Geotechnics* 等国际期刊编委。

陈云敏长期从事软弱土静动力固结、降解固结理论和灾害防控技术的研究。 建立了基于结构屈服应力的固结模型、深厚软土地基沉降控制准则及建构筑物沉降高精度控制方法；提出了砂性土初始液化强度的剪切波速表征模型，以及相应的地震液化判别方法和处理技术；建立了城市固体废弃物降解压缩本构关系，提出了生化反应、骨架变形、孔隙水气运移和溶质迁移耦合作用的降解固结理论，研发了液气分离立体导排、高效防污屏障等技术，解决了填埋场环境灾害防控难题。 承担了我国首个高灵敏度软弱土地基上温州机场停机坪扩建工程和杭甬高速公路拓宽工程、印尼地震高烈度区首个火力发电厂（中爪哇电厂）地基抗液化处理和基础工程及我国最高的城市生活垃圾填埋场（杭州天子岭和西安江村沟填埋场）扩建工程等上百项重大工程的设计和咨询工作。 发表学术论文 341 篇，其中 SCI 收录论文 105 篇、美国土木工程师协会（ASCE）会刊论文 18 篇、美国 ASCE Outstanding Paper Award 论文 1 篇；获授权国家发明专利 25 项；主编国家行业标准《生活垃圾卫生填埋场岩土工程技术规范》（CJJ176—2012）。 研究成果获国家科学技术进步奖二等奖 3 项、省部级科学技术进步奖一等奖 5 项。

陈云敏曾先后为本科生和研究生开设土力学与基础工程、土木工程概论、土动力学、高等基础工程学、土与结构相互作用等课程。 已培养博士 36 人、硕士 50 余人，其中 2 人获全国优秀博士学位论文（2010）和提名论文（2004）。 两项教学成果分别获浙江省教学成果奖一、二等奖。

2015 年当选为中国科学院院士。

益德清

（全国工程勘察设计大师）

益德清，上海市人，浙江省城乡建设专业技术领域的主要带头人之一，我国建筑结构学科的著名专家。 1956 年 8 月毕业于浙江大学土木工程学系工业与民用建筑专业毕业，同年 9 月进入浙江省城市设计院（现为浙江省建筑设计研究院）工作。 先后任院工业设计室主任工程师、院副总工程师、院总工程师等职，现任浙江省建筑设计研究院顾问总工程师、浙江省土木建筑学会常务副理事长、浙江省建设厅科学技术委员会副主任兼办公室主任、浙江省建设工程抗震技术委员会副主任兼办公室主任、浙江省勘察设计执业资格管理委员会副主任等。

益德清于 1990 年 2 月晋升为浙江省首批教授级高级工程师；1990 年 7 月获建设部劳动模范称号；1991 年 7 月起享受国务院政府特殊津贴；1994 年被国家建设部授予"全国工程勘察设计大师"称号；1998 年 11 月被批准为国家特许一级注册结构工程师。 2006 年荣获"浙江省优秀科技工作者"称号；2010 年荣获"全国优秀科技工作者"称号；2011 年荣获"'十一五'期间浙江省钢结构终身成就奖"；2012 年获浙江省建筑设计研究院建院 60 周年"杰出贡献奖"；2013 年荣获中国建筑学会突出贡献奖；2015 年荣获首届浙江省建设科学技术奖"重大贡献奖"。

益德清长期致力于建筑工程设计与技术研究工作，享有较高的社会声誉。 特别在跨变结构、高层建筑结构、预应力混凝土结构、空间结构、软弱地基处理、建筑结构温度分析、建筑抗震等方面开展了大量开拓性的专业工作，产生了一批具有社会影响力的研究成果，为推动浙江省乃至我国建设科技事业的发展做出了重要贡献。 先后撰写专业论文 50 余篇，主编出版了 6 本专业书籍，主持编制了 8 本浙江省工程建设标准和设计规范，获得数十项国家和省部级质量奖、优秀设计奖和科学技术进步奖。

1994 年被授予"全国工程勘察设计大师"称号。

徐庆廷

（全国工程勘察设计大师）

徐庆廷，浙江湖州人。 1963 年毕业于浙江大学土木工程学系建筑学专业，后被分配到安徽省建筑设计研究院工作，历任室主任、副院长，1983 年任院长，1994 调任安徽省建设厅副总工程师，1996 年因酷爱设计工作提前退休。 在职期间历任中国建筑学会理事、安徽省科协委员、安徽省土木建筑学会常务副理事长、安徽省建筑师学会会长、安徽省勘察设计协会副理事长、安徽省建筑业协会常委理事等职。

徐庆廷一直从事建筑、结构设计工作。 他设计的项目面宽、量大，涉及多种类型。 其设计的公共建筑面积达百万平方米以上，风格有现代的、仿古的、中西合璧的，并在室内外空间和环境的创造上各有特色和新意。 在安徽省建筑设计研究院工作期间主持设计的学校建筑、商业建筑、图书馆建筑、影剧院建筑、体育馆建筑、综合体建筑等均获过奖。 其中，获建设部优秀设计奖 3 次、安徽省民用建筑优秀设计奖 7 次，安徽省科学技术进步奖 3 次（分别为一、二、三等奖）。 此外，指导或参与的获奖项目有近 10 项。 因其突出的能力与贡献，1992 年享受国务院政府特殊津贴。

1994 年被授予"全国工程勘察设计大师"称号。

沈济黄

（全国工程勘察设计大师）

沈济黄，江苏武进人。 1962 年毕业于浙江大学土木工程学系建筑学专业，1962—1988 年于浙江省建筑设计研究院任主任建筑师、副总建筑师，1988 年调任浙江大学建筑学系系主任，1992 年任浙江大学建筑设计研究院院长、总建筑师。 现兼任浙江省建筑师学会副会长，中国建筑学会理事，中国建筑学会教育建筑专业学术委员会、副主任。 工作期间始终坚持创新、创精品原则，坚持从国情出发，正确贯彻建设方针，严守职业道德，注重发挥团队协作精神，发扬技术民主，并把培养年轻人作为己任。 在任建筑学系系主任期间，克服了建筑学系成立之初的各种困难，从基础开始，在建筑教育、队伍建设、学科建设、研究生培养等方面做出了贡献。 在原来只有建筑物理一个二级学科点的基础上先后完成了建筑设计、建筑历史、城市规划三个二级学科点建设。 这些学科点在 1996 年通过建筑学专业教育评估，为 2004 年通过建筑设计博士点打下了基础。 同时严格、规范地组织年轻教师参加建筑创作实践，在浙江大学建筑设计研究院内成立了第四、第五设计研究所，为建筑学系与土木工程学系教师搭建了优越的实践平台，使建筑设计研究院、建筑学系、土木工程学系在建筑学科领域协调合作、相互促进、共同提高。 先后培养硕士、博士数十名。

2004 年被授予"全国工程勘察设计大师"称号。

郁银泉

（全国工程勘察设计大师）

郁银泉，江苏吴县人。 1984 年 7 月毕业于浙江大学结构工程专业。 国家一级注册结构工程师，享受国务院政府特殊津贴专家。 现担任中国建筑标准设计研究院有限公司副总经理、总工程师。 兼任全国超限高层建筑工程抗震设防审查专家委员会委员、中国建筑学会资深会员、中国钢结构协会副会长、中国建筑学会建筑结构分会理事、中国建筑学会抗震设防分会高层建筑抗震专业委员会委员、中国钢结构协会稳定疲劳委员会委员、中国钢结构协会钢结构设计分会副理事长。

郁银泉长期从事标准规范编制和建筑结构工程设计研究工作，曾主编和参编了《高层民用建筑钢结构技术规程》等 9 项标准规范，主持和指导设计了多项有影响的工程项目。获国家优秀工程设计金奖 1 项、银奖 2 项、铜奖 2 项，全国优秀工程勘察设计行业奖一等奖 1 项、二等奖 2 项、三等奖 3 项，全国优秀建筑结构设计奖二等奖 1 项，华夏科学技术进步奖一等奖 1 项，河北省科学技术进步奖一等奖 1 项等。

郁银泉的代表作品有数字北京大厦、国家体育场（鸟巢）、中关村金融中心、北京东四 D1 区海洋石油办公楼、天津新华世纪金融中心、阿尔及利亚奥兰体育场、济南泉城公园全民健身中心、石家庄火车站、六盘水凉都人民医院、襄阳科技馆、武汉 K2 地块诚功大厦、贵州茅台集团总部大楼。承担或参与国家科技支撑计划等课题 6 项，发表学术论文 14 篇，获得实用新型专利 2 项。

2011 年被授予"全国工程勘察设计大师"称号。

吴建平

（"长江学者奖励计划"特聘教授）

吴建平，浙江杭州人，国家"千人计划"专家。毕业于浙江大学土木工程专业，获得学士和硕士学位，1994 年获英国南安普顿大学交通工程专业博士学位。曾任英国南安普顿大学教授，WSP 国际集团高级技术董事、全球智能交通技术总代表，2011 年开始任清华大学土木工程学系教授，清华大学—剑桥大学—麻省理工学院"未来交通"研究中心主任。

吴建平是英国工程技术学会（FIET）会士，联合国世界工程组织（WFEO）工程环境委员会常务理事，国际智能交通效益评估委员会（IBEC ITS）常务理事，*IET Intelligent Transport Systems* 编委，第七、八、九届全国科协代表大会特邀代表，中国仿真学会常务理事，中国城市研究会常务理事，中国仿真学会交通建模与仿真专业委员会主任，中国城市研究会数字城市专业委员会副主任，2008 年北京奥运交通咨询专家，中国科协海智计划高级顾问，北京市、杭州市、海口市、南宁市政府顾问。

吴建平的主要研究领域包括智慧城市与智慧交通、交通模型与交通仿真、低碳交通与生态交通等。负责过受欧洲联盟委员会、英国皇家学会、中国自然科学基金委员会、中国科学技术部等资助的国家级和国际合作科研项目 50 多项，申报和获得发明专利 10 项。作为核心设计者和主要开发者，拥有交通仿真软件 FlowSim 的全部核心技术和相关软件著作权登记 20 项，获国际及国内省部级以上科研成果奖 10 项，在国际学术期刊和重要学术会议上发表论文 250 多篇，编写交通类专著 5 本。

2000 年被聘为教育部"长江学者奖励计划"特聘教授。

徐世烺

("长江学者奖励计划"特聘教授)

徐世烺，湖北通山人，浙江大学高性能建筑结构与材料研究所所长，浙江大学建筑工程学院学术委员会主任，2009—2014 年任浙江大学建筑工程学院院长，浙江省重点科技创新团队负责人兼首席科学家，中国水力发电工程学会和中国水利学会岩石混凝土断裂分委员会主任委员，RILEM TC TDK 技术委员会主席，RILEM 中国分会副主席，浙江省土木建筑学会副理事长，中国绿色建材技术创新战略联盟副理事长兼专家委员会副主任。 先后担任国家 863 计划项目、973 计划项目和国家自然科学基金重大项目评审专家。

徐世烺于 1979 年师从我国著名的结构专家赵国藩院士攻读硕士学位，1982 年毕业留校任教，1983 年晋升讲师。 1988 年获大连理工大学博士学位，1990 年晋升副教授，1992 年 3 月赴英国威尔斯大学卡迪夫分校做高级访问学者和访问教授，1992 年 10 月转赴德国作洪堡基金博士后研究员，接着在德国斯图加特大学结构材料研究所担任研究工程师和客座教授，2004 年 2 月底归国。 1995 年晋升大连理工大学教授。 2005—2009 年大连理工大学特聘教授，2007 年晋升为国家专业技术二级教授。

徐世烺先后主持和负责国家科技支撑计划、国家重点科技攻关项目、国家自然科学基金重点项目和面上项目、国家 973 计划项目子课题、南水北调重大工程关键技术与应用研究项目、德国科学基金、国家杰出青年科学基金等项目共 20 余项。 目前主要从事混凝土断裂力学理论与工程应用、新型材料与新材料结构、高韧性纤维混凝土研究及应用、纤维编织网增强混凝土、结构破坏过程非线性有限元分析和数值模拟、水工结构与大坝安全性分析的研究工作。

徐世烺先后在国内外期刊发表论文 290 篇（其中 SCI 论文 95 篇，EI 论文 258 篇），出版学术专著 5 部，论著他引 4000 余次，获得国家授权发明专利 20 项。 提出了具有国际原创意义的双 K 断裂准则和理论，得到 38 个国家学者的引用和跟踪。 自 1969 年《国际断裂学报》发表的混凝土断裂力学领域（concrete & fracture）论文引用率最高的前 10 篇中，徐世烺的双 K 理论系列论文占了 5 篇。徐世烺应邀担任 RILEM TC TDK 技术委员会主席并组织制定相关国际标准。 这是第一个以中国人提出的理论命名的 RILEM 技术委员会，也是首次由中国人担任 RILEM 技术委员会主席。

徐世烺于 1989 年获霍英东教育基金会高等学校青年教师奖（研究类）；1991 年获得国家教委与国务院学位委员会联合授予的"中国有突出贡献的博士学位获得者"荣誉称号，被教育部列为优秀青年教师重点跟踪支持对象；1992 年获德国洪堡奖励基金；1996 年获国家杰出青年科学基金；2000 年获教育部"长江学者奖励计划"特聘教授；2006 年获国务院政府特殊津贴；2012 年入选浙江省"千人计划"。

徐世烺教授以第一获奖人先后获 2015 年国家自然科学奖二等奖 1 项，2006 年和 2012 年教育部自然科学奖一等奖 2 项，2012 年浙江省科学技术奖（基础理论类）一等奖 1 项，2014 年教育部技术发明奖一等奖 1 项，2014 年科技部中国产学研合作创新成果奖 1 项，2006 年辽宁省科学技术进步奖二等奖和 2007 年湖北省科学技术进步奖二等奖各 1 项；以第二获奖人获得 1999 年国家科学技术进步奖三等奖 1 项，1987 年和 1996 年国家教委科学技术进步奖二等奖各 1 项。

徐世烺曾先后为本科生和研究生开设钢筋混凝土结构设计原理、新材料结构、土木工程概论、土木工程概论、混凝土断裂力学等课程。已培养博士 25 名、硕士 41 名、博士后 10 名。目前在站博士后 3 人，在读博士研究生 10 人，硕士研究生 5 人。研究生中有 3 人获得美国百人会青年英才奖。

2000 年被聘为教育部"长江学者奖励计划"特聘教授。

郑　耀

（"长江学者奖励计划"特聘教授）

郑耀，浙江玉环人。英国威尔士大学博士，原美国国家航空航天局（NASA）格伦研究中心高级研究科学家。曾任浙江大学航空航天学院首任常务副院长，现任浙江大学工学部副主任，浙江大学先进技术研究院总工程师、副院长，教育部航空航天数值模拟与验证重点实验室主任，教育部新型飞行器联合研究中心副主任，教育部科学技术委员会学部委员。现为中国力学学会理事、中国力学学会计算力学专业委员会副主任、中国空气动力学会常务理事、亚太计算力学学会执行理事、国际计算力学学会理事、国际华人计算力学协会主席；担任 *Engineering Applications of Computational Fluid Mechanics* 的副主编、*International Journal of Numerical Methods for Heat & Fluid Flow*、《宇航学报》、《计算力学学报》等十余种学报的编委，以及航空工业出版社《高超声速技术译丛》编委会主任。

1984 年郑耀毕业于杭州大学数学系，1986 年于哈尔滨工业大学工程力学系获硕士学位，1986 年秋于浙江大学土木工程学系攻读博士学位。1989 年初受国家教委派遣，作为联合培养博士生赴英国威尔士大学斯旺西分校土木工程系（工程中的数值方法研究所），1991—1996 年任高级研究助理，1995 年获计算模拟专业方向的博士学位。1996 年赴美国纽约，在分析设计应用公司任高级软件科学家。1998 年起作为高级研究科学家，在美国国家航空航天局（NASA）格伦研究中心涡轮机械与推进系统部从事工程与科学计算方面的研究工作。2002 年 3 月回浙江大学任教，获得 2002 年度国家杰出青年科学基金的资助。

郑耀自 2001 年起任浙江大学计算机科学与技术学院教授、博士生导师。 推动浙江大学航空航天学院的成立，2007 年 1 月起任航空航天学院常务副院长。 2013 年 7 月转任浙江大学先进技术研究院总工程师。 2014 年 4 月起任浙江大学工学部副主任。

郑耀在英美两国 13 年和回国后十余年的研究主要集中于航空宇航推进理论与工程、飞行器设计、数值模拟、计算力学等方面，涉及航空宇航科学与技术、力学、计算机科学与技术等多个学科。 撰写中英文专著 3 部、译著 2 部，发表论文 200 余篇。 受邀在第 9 届世界计算力学大会（2010）上做半大会报告，在第 12 届世界计算力学大会（2016）上做全大会报告。

2001 年被聘为教育部"长江学者奖励计划"特聘教授。

刘汉龙

（"长江学者奖励计划"特聘教授）

刘汉龙，扬州高邮人。 国务院学位委员会第六、七届学科评议组成员，教育部土木工程专业指导委员会委员，住建部高等教育土木工程专业评估委员会委员。 先后入选国家新世纪百千万人才工程、江苏省"333 高层次人才培养工程"中青年首席科学家（第一层次）。 1982 年 9 月至 1986 年 6 月，在浙江大学土木工程学系本科学习，获学士学位。 1990 年 12 月和 1994 年 6 月在河海大学分别获得硕士和博士学位。 1997 年 5 月在日本国立港湾技术研究所博士后出站。 1997 年 7 月在河海大学破格晋升为教授，1998 年 8 月获博士生导师资格。 1999 年 5 月至 2009 年 10 月，历任河海大学土木工程学院岩土工程研究所副所长、所长，河海大学土木工程学院副院长，河海大学科学研究院副院长。 2009 年 10 月至 2013 年 12 月，任河海大学土木与交通学院院长、岩土力学与堤坝工程教育部重点实验室主任。 2013 年 12 月任重庆大学土木工程学院院长，2016 年 7 月任重庆大学党委常委、副校长。 兼任国际土力学与岩土工程学会（ISSMGE）堤坝工程减灾与修复委员会（TC303）副主席、陆域吹填造地技术委员会（TC217）委员、中国岩石力学与工程学会常务理事兼环境岩土工程分会理事长、中国土木工程学会土力学及岩土工程分会副理事长、住建部高等教育评估委员会委员、教育部长江学者创新团队负责人，国家外专局与教育部"111"创新引智基地负责人。

刘汉龙长期从事软弱地基加固与桩基工程、环境岩土力学与工程等方向的教学与科研工作，先后获得何梁何利基金科学与技术创新奖 1 项，国家和省部级科学技术奖 14 项（其中，国家技术发明奖二等奖 2 项，国家科学技术进步奖二等奖 1 项），军队及省部级科学技术奖一等奖 6 项和教学成果奖一等奖 1 项。 获中国专利优秀奖 3 项、中国产学研合作创新成果奖 1 项和中国发明创业奖 1 项。 获国家发明专利 46 项、软件著作权 4 项。 发表 SCI 和 EI 收录论文 200 余篇，出版中英文专著 4 部，主编国家和行业标准 3 部、国家和地方工法 5 项，参编 ISO 国际标准 1 部。

刘汉龙曾先后为本科生、研究生和留学生开设土力学、土动力学、现代岩土力学、现代岩土工程技术、Soil Dynamics 等课程。已培养博士 46 人、硕士 56 人。

2007 年被聘为教育部"长江学者奖励计划"特聘教授。

高玉峰

（"长江学者奖励计划"特聘教授）

高玉峰，安徽来安人。1999 年 7 月获浙江大学土木工程学系博士学位。国家百千万人才工程人选，国务院学位委员会土木工程学科评议组成员，岩土力学与堤坝工程教育部重点实验室主任，河海大学岩土工程国家重点学科带头人、河海大学土木与交通学院院长。

高玉峰主要从事土动力学与岩土地震工程、土的基本特性及地基处理、边坡工程等方向研究工作。先后主持国家自然科学基金重点项目 1 项、973 计划课题 1 项、国家自然科学基金重大研究计划培育项目 1 项、国家自然科学基金面上项目等 4 项。获国家技术发明奖二等奖 1 项、国家科学技术进步奖二等奖 1 项以及多项省部级奖。在 *Geotechnique* 等岩土工程国际著名刊物上发表 SCI 收录论文 52 篇、EI 收录论文 126 篇。

高玉峰先后为本科生和研究生开设土力学、土动力学等课程。已培养博士 23 人、硕士 50 余人。

2012 年被聘为教育部"长江学者奖励计划"特聘教授。

郑俊杰

（"长江学者奖励计划"特聘教授）

郑俊杰，湖北武汉人。2001 年 5 月获浙江大学土木工程学系岩土工程专业博士学位。教育部"新世纪优秀人才支持计划"入选者，华中科技大学教授、博士生导师。现任华中科技大学土木工程与力学学院副院长。主要的学会及学术期刊兼职有：中国岩石力学与工程学会理事、中国岩石力学与工程学会环境岩土工程分会常务理事、中国建筑学会地基基础分会常务理事、中国土木工程学会土力学及岩土工程分会常务理事、中国土木工程学会土力学及岩土工程分会土力学教学专业委员会副主任委员、中国土木工程学会工程风险与保险研究分会常务理事、中国力学学会岩土力学专业委员会委员、中国土木工程学会隧道及地下工程分会理事、中国土木工程学会土力学及岩土工程分会桩基学术委员会委员、中国岩石力学与工程学会工程安全与防护分会常务理事、中国岩石力学与工程学会地下工程分会理事、湖北省土木建筑学会理事、湖北省土木建筑学会土工基础专业委员会副主任、武汉市岩土工程学会副理事长、《岩土工程学报》编委、《岩石力学与工程学报》编委、《岩土力学》杂志编委、《哈尔滨工业大学学报》编委、《防灾减灾工程学报》编委、《武汉理工大学学报（交通科学版）》编委、《土木工程与管理学报》编委、《土工基础》编委等。

郑俊杰在国内外高水平的学术期刊及会议上发表学术论文 320 余篇，其中有 160 余篇被 SCI、EI 和 ISTP 收录。 主持国家自然科学基金面上项目 5 项、教育部"新世纪优秀人才支持计划"项目 1 项、湖北省自然科学基金项目 2 项、湖北省重点科技攻关项目 2 项、武汉市青年科技晨光计划及横向科研项目 30 余项。 获得湖北省科学技术进步奖一等奖 1 项、二等奖 2 项、三等奖 2 项，中国公路学会科学技术进步奖一等奖 1 项、二等奖 1 项，山西省科学技术进步奖一等奖 1 项、二等奖 1 项及其他多项奖励。 获得国家授权专利 9 项。 独立编著教材 1 本，参编教材 1 本。 参编国家标准《吹填土地基处理技术规范》、行业标准《高压喷射扩大头锚杆技术规程》以及湖北省地方标准《建筑地基基础技术规范》与《混凝土管桩基础技术规范》等。

目前郑俊杰指导硕士研究生 10 名，指导博士研究生 8 名，博士后 5 名。 已毕业博士研究生 27 名、硕士研究生 166 名（含工程硕士）。 作为技术咨询专家参与了湖北省武汉市近百项工程的技术咨询工作，被武汉市政府聘为武钢工业港区港池改造工程及其他重点工程的顾问专家组成员。 参与组织全国性学术会议 25 次，其中 2 次担任大会组委会主席，20 余次被国内外重要的学术会议邀请做大会特邀报告，担任大会主持人和分会场主席。

2012 年被聘为教育部"长江学者奖励计划"特聘教授。

王立忠

（"长江学者奖励计划"特聘教授）

王立忠，浙江奉化人。 1991 年 7 月本科毕业于浙江大学土木工程学系，1995 年 3 月获浙江大学土木工程学系岩土工程博士学位。 国家杰出青年科学基金获得者，茅以升土力学及岩土工程青年奖获得者，国务院学位委员会学科评议组成员，国际海洋岩土工程技术委员会委员，澳大利亚西澳大学客座教授，国内首艘浮式海洋科学试验平台（华家池号）建设项目负责人。 曾任浙江大学建筑工程学院院长，现任浙江大学研究生院常务副院长。

王立忠长期从事岩土工程、海洋工程的基础研究及关键技术开发，为我国能源开发和防灾减灾提供技术支撑。 主持的科研项目多次获得省部级以上奖项。 1997 年，软土地基上砂土模袋围堰技术及其应用获浙江省科学技术进步奖二等奖，土介质中的波及其动力特性获国家教委科学技术进步奖二等奖；1998 年，复杂地质条件下大跨度浅埋偏压隧道稳定监控及其研究分析获浙江省科学技术进步奖二等奖；2000 年粉砂土地基堤坝地震液化及稳定分析研究获浙江省科学技术进步奖二等奖；2001 年，软弱地基上大型结构物桩筏基础设计分析方法、软件及工程应用获浙江省科学技术进步奖二等奖；2011 年，滨海软土性状与海洋岩土工程灾变控制技术项目获教育部高等学校科学技术进步奖一等奖；2012年，获第十届茅以升土力学及岩土工程青年奖；2013年，杭州庆春路过江隧道建造关键技术和工程应用获浙江省科学技术进步奖一等奖。

王立忠先后发表国内外期刊论文130余篇，出版教材和著作5本。曾为本科生、研究生和留学生开设工程弹塑性力学、海洋岩土工程等课程，指导十余名博士、硕士研究生。

2015年被聘为教育部"长江学者奖励计划"特聘教授。

陈伟球

（"长江学者奖励计划"特聘教授）

陈伟球，江苏吴江人。1996年浙江大学力学系固体力学专业博士毕业。1996年3月至2009年2月在浙江大学建筑工程学院土木工程学系工作，1999年7月晋升副教授，2000年12月晋升教授，现为浙江大学航空航天学院工程力学系教授、博士生指导教师。

陈伟球的研究方向为多铁性材料、压电材料、功能梯度材料、介电高弹体等先进功能材料及其结构的力学分析，包括三维断裂和接触研究、振动与波动分析等。已与他人合作出版英文专著2部和中文专著1部，发表期刊论文近300篇，其中200余篇为SCI所收录，所发表的论文被他人SCI论文引用2900余次。

陈伟球热心参与和推动同行学术交流，积极组织或者主办专业学术会议。任《力学学报》、《固体力学学报》、*Applied Mathematics and Mechanics*、《振动工程学报》、《应用数学和力学》、《力学季刊》、《科学通报》、*Journal of Zhejiang University*（*Science A*）、*Theoretical and Applied Mechanics Letters*、*Journal of Thermal Stresses* 等期刊编委，以及中国力学学会第十届理事会常务理事。

陈伟球于2005年入选教育部"新世纪优秀人才支持计划"，2007年获得国家杰出青年科学基金资助，2008年获"浙江省优秀留学回国人员"荣誉称号，2009年获得第十届中国力学学会青年科技奖，2013年作为负责人获得基金委创新研究群体项目资助。

2015年被聘为教育部"长江学者奖励计划"特聘教授。

朱志伟

（国家"千人计划"入选者）

朱志伟，浙江宁波人。1996年获加拿大不列颠哥伦比亚大学土木工程博士学位。现任浙江大学建筑工程学院教授（短期），国家"千人计划"入选者（短期），曾任美国土木工程协会（ASCE）*Journal of Hydraulic Engineering* 副主编，*Journal of Environmental Engineering*

特邀主编，德国卡尔斯鲁厄大学客座教授，加拿大阿尔伯塔大学土木及环境工程系副系主任。

朱志伟是城市排水系统设计以及水电可持续发展相关领域的世界著名专家。 他指导和培养了逾 70 名研究生，先后在国际前沿学术刊物上发表论文 140 多篇。 他致力于水气、水沙等多相流问题的基础研究，取得了一系列国际知名的研究成果，并在实际工程得到了广泛的应用。 他还从事城市排水系统的现代化设计与运行的相关研究工作，并达到了领域内的国际领先水平，为应对全球气候变化的挑战以及满足环保法规的需求提供了支持。 他的研究为加拿大水电可持续发展与过鱼设施设计做出了重大的贡献。 此外，朱志伟积极推动加拿大与中国在水电可持续发展方面的合作研究。

朱志伟曾获加拿大土木工程协会 Donald Stanley Award（2015），Thomas Keefer Medal（2010）、阿尔伯塔大学 2014 Killam 年度教授奖、浙江大学永谦讲座教授（2009—2012）、加拿大阿尔伯塔省工程设计创新奖（Consulting Engineers of Alberta Showcase Awards）（2009）、美国土木工程协会 *Journal of Hydraulic Engineering* 最佳论文奖（2003）、德国洪堡研究奖学金（Research Fellowship）（2003—2004）等。

朱志伟曾为研究生开设环境流体力学课程。 在研究过程中培养博士生、硕士生多人，所指导的博士论文获浙江大学最佳博士论文提名。

2010 年入选国家"千人计划"。

白　勇
（国家"千人计划"入选者）

白勇，江西临川人，博士生导师，2009 年浙江省"百人计划"引进人才。 1989 年在日本广岛大学取得海洋结构博士学位，先后在丹麦技术大学、挪威科技大学和加州大学伯克利分校从事船舶与海洋工程领域博士后教学科研工作，发表论文近 200 篇，英文学术专著 7 本，中文合著 6 本。 现担任国际海洋力学与极地工程大会管线会议学术成员，马来西亚国家石油公司海底管道与立管培训导师，英国 Fleming Europe 公司柔性管线和立管的完整性管理课程讲师，新加坡 UNI Strategic 公司海底管道与立管课程讲师；担任《船舶与海洋工程》常务理事，*International Journal of Ships & Offshore Structures* 编委；担任"青年千人计划"通讯评审、"青年拔尖人才支持计划"评审、海洋工程科学技术奖评审、浙江工业大学人才类项目评审、福建"百人计划"评审、宁波杭州湾新区高层次人才评审。

白勇曾在挪威船级社、美国船级社、挪威 JP Kenny 公司、美国壳牌石油公司和美国 MCS 公司从事工程管理工作，拥有丰富的工程实践经验和经营管理能力。 主要研究领域包括海洋工程结构、海洋管道与立管、工程风险分析和安全评估、复合材料管、海洋石油水下生产系统、海洋工程钻井机械、海洋风能与潮流能、水下无人机器人及动力定位系统等。 主要英文专著有 *Subsea Engineering Handbook*；*Subsea Pipeline Design*，*Analysis*，*and Installation*；*Subsea Pipeline Integrity and Risk Management*；*Marine Structural Design*（2nd Edition）；*Flexible Pipes*。 主要中文专著有《海上风力发电》《水下生产系统手册》《海洋立管设计》《海洋结构工程》等。

白勇主持了数十个大型船舶结构、海底管线/立管、海洋平台结构设计、分析与风险评估项目，提出了深水海底管道的抗屈曲和极限承载能力设计理论，改进了海底管道所采用的设计方法、分析手段和设计许容标准等，达到了国际领先水平，在工程实践中也得到了广泛应用，在行业内享有较高的知名度；开发了一套海底管道评估软件系统，具有完全自主知识产权，打破了海底管道评估方面的国外技术垄断，对我国海底管道的安全运行和风险评估具有重要的工程实践意义；创立了海洋结构物实验室，主要从事海洋结构物、石油装备设计制造、石油管线无损检测与在线监测等科学研究与工程应用。

2010 年入选国家"千人计划"。

黄茂松

（国家杰出青年科学基金获得者）

黄茂松，浙江玉环人。 同济大学特聘教授、国家杰出青年科学基金获得者、新世纪百千万人才工程国家级人选。 1985 年毕业于浙江大学建筑结构工程专业，分别于 1988 年、1991 年获得浙江大学岩土工程专业硕士、博士学位，1995 年获英国威尔士大学博士学位，1995—1996 年为加拿大麦克马斯特大学博士后。 现任同济大学岩土及地下工程教育部重点实验室主任、岩土工程学科专业委员会主任。 兼任国际土力学及岩土工程协会 TC101、TC103 和 TC212 技术委员会委员，国际期刊 *Computers and Geotechnics* 和 *Soil Dynamics and Earthquake Engineering* 编委，中国土木工程学会理事，土力学及岩土工程分会副理事长，软土工程专业委员会主任，土的本构关系及强度理论专业委员会副主任，中国振动工程学会土动力学专业委员会副主任，中国建筑学会地基基础分会常务理事，中国力学学会岩土力学专业委员会委员，中国水利学会岩土力学专业委员会委员，《岩土工程学报》编委。 获 2010 年茅以升土力学及岩土工程青年奖，2016 年《岩土工程学报》黄文熙讲座人。

黄茂松长期致力于软土力学与软土工程领域的研究，主持国家杰出青年科学基金项目、国家自然科学基金面上项目、973 计划课题、863 计划课题、国家重点研发计划课题、教育部"新世纪优秀人才支持计划"项目、教育部博士点基金项目、上海市优秀学科带头人计划项目、上海市曙光计划项目等科研项目，在软土渐进破坏与地下工程变形稳定分析理论及应用、软土循环加载特性与地基基础动力分析理论及应用两个方面取得了深受国内外同行认可的科研成果，发表 SCI 论文 76 篇，获 *Computers and Geotechnics* 杰出论文奖（Outstanding Paper Award），获国家科学技术进步奖二等奖 1 项、省部级科学技术进步奖一等奖 4 项。

黄茂松曾先后为本科生和研究生开设土动力学与基础抗震、土动力学、土力学 Ⅱ、岩土工程数值分析、高等土力学等课程。 已培养或正在培养中的博士生 50 人、硕士生 48 人。

2008 年获国家杰出青年科学基金资助。

蔡袁强

（国家杰出青年科学基金获得者）

蔡袁强，浙江诸暨人。 国家一级注册结构师，注册土木工程师（岩土）。 浙江省特级专家，首批国家"万人计划"百千万工程领军人才。 现任浙江工业大学校长。

蔡袁强主要从事软土动力学与地基处理等方面的研究，现兼任中国力学学会岩土力学专业委员会副主任、中国岩石力学与工程学会环境岩土工程分会副理事长、浙江省科协副主席、浙江省岩土力学与工程学会副理事长、国际土力学与基础工程协会 TC217 委员、美国土木工程学会 ASCE 会员，以及《岩土工程学报》《岩土力学》《振动工程学报》《岩石力学与工程学报》和 *Journal of Zhejiang University*（*Science A*）等期刊的编委。

蔡袁强主持国家重点研发计划 1 项，主持国家杰出青年科学基金项目、重点基金项目等国家和省重点项目 20 余项。 获省部级以上教学、科研奖励 9 项，其中主持获得国家教学成果奖一等奖和国家科学技术进步奖二等奖各 1 项，参与获得国家科学技术进步奖二等奖 1 项。 已培养博士生 30 余名，硕士生 20 余名。

2010 年获国家杰出青年科学基金资助。

罗尧治

（国家杰出青年科学基金获得者）

罗尧治，浙江慈溪人。 毕业于浙江大学土木工程学系，现任浙江大学建筑工程学院院长。担任中国土木工程学会空间结构委员会副主任、中国钢结构专家委员会委员、中国建筑金属学会钢结构委员会委员、中国工程建设标准化协会理事、全国土木工程专业评估委员会委员、浙江省钢结构协会副会长、浙江省科学技术委员会钢结构与产业委员会主任、浙江省空间结构重点实验室主任、浙江省先进结构设计与制造工程研究中心主任等职务，是英国牛津大学、美国哈佛大学、伊利诺伊州立大学香槟分校、匈牙利布达佩斯经济与科技大学等高校的高级访问学者。

罗尧治的主要研究方向为大跨度空间结构的形态学、分析理论、设计方法、施工技术、无线传感监测技术、结构 CAD/CAM 开发等。 主持了国家 863 计划、国家科技支撑计划、国家杰出青年科学基金等项目 20 余项。 承担了国家"水立方"游泳中心、国家"鸟巢"体育场、上海世博会英国馆、国家大剧院、深圳国际机场航站楼、广东省人民体育场、西安城运村主体育馆、北京热电厂干煤棚、杭州奥体中心、杭州东站、绍兴开闭屋盖体育场、北京北站、重庆北站、曹娥江枢纽大闸双拱空间结构闸门、迪拜 City of Arabia 等上百项工程的科研工作。 研制开发的空间网格结构设计软件 MSTCAD（轻软登字 001 号）获得 1994 年中国软件行业协会优秀软件产品奖，在全国设计与施工单位得到广泛应用。

罗尧治获得国家及省部级奖 9 项、詹天佑土木工程大奖 2 项和全国优秀建筑结构设计奖一等奖。 曾被授予国家杰出青年科学基金获得者、首届中国空间结构优秀青年奖、中国钢结构杰出贡献人物、科技奥运先进个人、国务院政府特殊津贴等荣誉。 发表学术论文 200 余篇，获得授权发明专利 11 项，国家级工法 2 项。 已培养博士研究生 30 名，硕士研究生 52 名。

2012 年获国家杰出青年科学基金资助。

陈仁朋

（国家杰出青年科学基金获得者）

陈仁朋，浙江衢州人。 2001 年获浙江大学岩土工程专业博士学位。 曾在浙江大学岩土工程研究所工作，现为湖南大学土木工程学院院长。 主要从事土与结构相互作用及交通岩土工程的教学科研工作。 2016 年入选第二批国家"万人计划"领军人才，2012 年获国家杰出青年科学基金资助，2011 年荣获中国青年科技奖。 主要的学术兼职有国际土力学及岩土工程学会（ISSMGE）岩土工程可持续发展委员会（TC307）委员，亚洲城市岩土工程技术委员会（ATC6）委员；中国土木工程学会土力学及岩土工程分会软土工程专业委员会副主任，土的本构及强度理论专业委员会副主任，交通岩土专业委员会副主任；中国建筑业协会深基础施工分会第三、四届理事会理事；《岩土工程学报》、《岩土力学》、Journal of Zhejiang University (Science A)、《浙江大学学报（工学版）》、《湖南大学学报（自然科学版）》编委。

陈仁朋针对高速公路、高速铁路、飞机场等交通领域以及城市地下空间开发领域的岩土工程问题开展理论和技术研究，包括土的基本特性及多场相互作用、土与结构相互作用、岩土工程测试技术等，取得了一系列成果。"复杂地质条件下土压平衡盾构综合施工技术"获 2015 年广东省科学技术进步奖二等奖，"近海高耸结构基础及防撞系统关键技术与工程应用"获 2011 年教育部科学技术进步奖二等奖，"结构性软弱土地基灾变控制关键技术及工程应用"获 2009 年国家科学技术进步奖二等奖，"软弱地基灾变评价方法、控制技术与工程应用"获 2008 年浙江省科学技术进步奖一等奖,"深厚结构性软土处理设计理论与沉降控制技术"获 2007 年教育部科学技术进步奖一等奖。

2012 年获国家杰出青年科学基金资助。

詹良通

(国家杰出青年科学基金获得者)

詹良通,福建三明人。 1995 年本科毕业于河海大学,2003 年在香港科技大学土木工程系获岩土工程专业博士学位。 2010 年入选教育部"新世纪优秀人才支持计划",2016 年获国家杰出青年科学基金资助。 2010 年担任软弱土与环境土工教育部重点实验室副主任,2015 年任浙江大学岩土工程研究所副所长。 目前主要学术兼职包括国际土力学及岩土工程学会非饱和土专业委员会委员、国际权威期刊 *Geotextiles and Geomembranes* 和 *Canadian Geotechnical Journal* 的编委、中国土工合成材料工程协会副理事长、中国土木工程学会土力学及岩土工程分会环境土工专委会和土工测试专委会副主任等。

目前詹良通主要从事非饱和土力学与环境岩土工程的教学、科研工作。 先后为本科生和研究生讲授土力学、非饱和土力学及工程应用等课程,获浙江省高等教育教学成果奖一等奖 1 项。已培养博士 6 人、硕士 13 人。

詹良通围绕极端气候和环境变化诱发土质边坡失稳、土质覆盖和防污屏障失效等灾害,长期致力于环境岩土工程研究,主持国家自然科学基金项目 3 项、973 计划课题 1 项及重大工程研究项目 5 项,在非饱和土吸力团聚化效应及稳定分析理论、土质屏障液气运移相互阻滞机理及调控方法等方面取得创新性研究成果。 发表学术期刊论文 120 余篇,其中 SCI 收录论文 45 篇,获国际权威期刊 *Canadian Geotechnical Journal* 优秀论文奖 1 项,做国际会议特邀报告 4 次,获授权国家发明专利 16 项,获国家科学技术进步奖二等奖 2 项和省部级科学技术进步奖 4 项。

2016 年获国家杰出青年科学基金资助。

校友风采

师恩似海永难忘[*]

——1946级潘家铮

浙江大学是我的母校，土木工程学系是我的"母系"。当年师长们的言传身教，使我终生受惠无穷。

我的四年大学生活，是在中国命运发生天翻地覆的变化时度过的。我在1946年暑假考取了浙大，当时学校正在复员，新生拖到年底才报到。入学后就发生抗议美军暴行学潮，学生提早放假。第二年是学运高潮期，罢课时间多于上课时间。第三年从护校应变到迎来解放。第四年我响应号召，参加了解放舟山的战斗。尽管能静心学习的机会不多了，但是浙大严谨求实的校风和师长们的言传身教，使我打下了坚实基础，学到了做人的道理。当时担任系主任的钱令希老师对我的影响尤其巨大，没有钱老师就不可能有我以后的一切。

印象最深的就是钱老师以启发学生思考为主的教学方式。我自童年读百家姓开始，到小学、中学，无日不在"先生满堂灌输、学生死记硬背"中度过，已经认为这种模式是天经地义的。听了钱老师的课，我真有耳目一新的感受。钱老师在高等结构学的课堂上在讲了枯燥和深奥的"柱比法"（一种分析拱结构的方法）后，话题一转："外国人的钢筋混凝土拱都是整体结构，不是开裂的，而中国人在几千年前就能用一块块的石头砌成一道拱，拱同样能承受极大的荷载，秘密在哪里?"他还引导我们想一想"中国拱"上面回填的土和石起了什么作用；甚至指出大的石拱桥的拱洞两侧常镶有一副石刻对联，问我们这可能起什么作用。他提醒我们：大自然会将一条悬挂的索链形成一条"悬链线"，使之处处受拉；如果翻个身，就是处处受压的拱。一番话引得我遐思绵绵，而且悟出一条道理：给一个不连续、柔软的结构一些条件，它就会起到和刚性结构一样的作用，甚至更好!

钱老师讲理论从不脱离实际，实际上他是位创新意识极强的大工程师。由于缺乏钢材，他在修复浙赣铁路时，史无前例地用木材建了一座铁路大桥，用"钢圈接木器"解决了木结构结点

---

[*] 本文为潘家铮先生2007年应邀为土木工程学系80周年系志供稿。

不能受拉的致命伤。 他要引入一种新思路时总是从身边的事谈起。 譬如他曾说："六角形蜂巢的底部由三块菱形片封底，每个菱形都有个固定的角度，蜜蜂为什么这么做？ 是否想用最少的材料得到最大的空间？"他曾指出："人和动物的骨骼是中空的，为什么？ 空洞和骨壁厚度最合适的比例是多少？"以此把"优化"的概念引给我们。

钱老师打破了"先生讲、学生听"的模式，他让学生们上台讲述自己的读书心得和研究成果，由大家评论。 我还记得第一个上台的胡海昌，讲了他创立的分析桁架的"通路法"。 浙大的考试是出了名的多而严。 在考结构学时，同学们深以要硬记许多公式为苦，于是让我设计了一张卡片并把繁复的公式和解法都抄录在上面，并推我们几个人去钱老师家串门游说，让他允许我们把卡片带去应考，有些"开卷考试"的味道。 我生怕老师会不同意，就说卡片上只写了少数公式。 老师听后欣然同意。 显然他认为学生应该少些死记硬背，把精力放在思考问题上更为有益。 当他看了那张卡片后，不禁呵呵大笑："你们把所有公式都写上去了嘛。"在他知道这卡片是我设计和抄录的之后，又意味深长地说："实际上，最得益的是潘家铮，他倒用不着带卡片了！"

那时还缺乏中文的超静定结构教材，只有几本英文参考书。 钱老师计划自编一本讲义，破天荒地让胡海昌和我把那几本英文书读完后拟出讲义的初稿来。 他当然不是认为我们有资格写讲义，而是要看看学生们在学习这门课时遇到的难点是什么、想的是什么。 这种做法在学校里都是少见的，对我来说更是受惠终生。 跟钱老师学习所得的不是用听了几小时的课、读了几本书所能衡量的。 他对学生的教育和引导如同春风化雨，润物无声。 遗憾的是，时间已过去近60年，现今许多学校还在盛行"填鸭式"教育，对比之下，钱老师在当年就有如此创新的教学思想，着实可贵。 人们称钱老师为科学家、工程学家，还称他为教育家，确实不无道理。

至于钱老师对学生的关心，更是达到无微不至的程度。 学潮汹涌之时，钱老师千方百计地保护进步学生。 对我来说，他连生活也管到了。 我考入大学后，父亲暴亡，母亲重病，哥哥和姨母患精神病，大学二年级时我又因代人补考被学校处以留校察看的重罚，被剥夺了公费和工读权利，经济上陷入绝境，故打算休学当教师。 这些事情我从未透露给老师。 他从旁知道后，从微薄的薪资中挤出钱来资助我，让我完成了学业。 毕业后他又介绍我走上水电建设之路，还继续借款给我帮我渡过难关。 很多年后，我把这些事告诉妻子，她不禁泪如雨下，可见感人之深。

钱老师对我恩深似海，可惜我与他在1952年后就天各一方，很少有会面和再受教益的机会了。 甚至老师健康欠佳、师母仙去时，我都不能前往省视慰问，愧疚万分。 我只能从心底说一句： 祝老师幸福健康，松柏长春！

也祝母系兴旺发达，为祖国发展、民族振兴、构建和谐社会的大业培育和输送更多的英才！

一生浙大人 *

——1939 级夏志斌

2016 年 3 月 25 日下午，天气透着一股子闷热，但想到要去采访土木工程学系的老系主任夏志斌教授，我们便非常激动。 夏老师虽然年事已高，身体难免有些许不适，但是精神头很足，和我们先聊起了家常，消除了我们这些小辈的紧张感。 谈起浙大的时候，夏老师更像是打开了脑海里封存已久的木匣一样，开始把关于浙大的记忆娓娓道来。

悠悠长路，其志犹坚

在动荡的日子里，没有什么是容易的。 夏志斌出生于 1921 年，就读于杭州高级中学。 1938 年 1 月，侵略者攻入浙江，杭州高级中学被迫解散，他不得不休学。 幸运的是，他得到了去金华借读的机会。 也正是在那一年，他考入浙江大学的土木工程专业。 在被问到为什么选择土木时，夏老师笑言：“那是瞎选。 我当时都不知道土木工程是干什么的，只是听从了家里人的意见，才选了这个专业。 学土木的乐趣，是在后来的学习过程中逐渐寻到的。”

但是，似乎命运还想再戏弄一下这个孜孜不倦的年轻人。 因为浙大西迁，好不容易考上浙大的夏志斌，又不得不再次休学。 直到 1939 年，浙大才在龙泉建立了浙江大学浙东分校，他才算是真正入了浙大门，开始了自己的求是之路。

1940 年，龙泉分校大一、大二的学生正式踏上了前往贵州遵义的行程。 夏志斌也在这些学生当中。 他当时和几个关系较好的同学一组，结伴前往贵州遵义。 一路上，由于各地的交通状况不同，夏志斌一行的交通方式也只得随之改变。 汽车、火车、船……只要是能够比腿走得快的家伙，他们算是坐了个遍。 虽然路上艰苦，但他们一行最终平安到达遵义。 其他人可就没这么幸运了。 有一组化工系的同学途径福建时遇到土匪，凶悍的土匪要把其中一个女同学抓去做压寨夫人。 同行的学生哪里舍得把自己的同学交给他们，只得纷纷跪下来求土匪放过这个女同学。 不知是被他们真挚的同学情谊触动还是被他们奔波求学的精神感动，土匪最后发了善心，放了他们。 听到这里，我们不由得心里一紧，那时候的学子真是要在生死的夹缝里求学问啊。到了遵义之后，夏志斌得以开始心无旁骛的漫漫求学生涯。

知之所存，心之所往

提起自己在遵义的求学经历，夏老师颇有些激动地感慨道：“那些日子是我这一生中最美好

---

* 本文由夏志斌先生于 2016 年口述，学生记者谭建良整理而成。

的时光之一啊。"

时至今日,夏老师还记得当年浙大的办学理念——生活自由,治学严谨。 在生活上,学生可以随意挑选宿舍、寻找舍友,不同专业的学生可以在同一个寝室里探讨问题、交流思想;在治学上,浙大实行全英文教学,与国际接轨,采用美国最新的教材。 很多大一新生对此不适应,因而大一的挂科率是最高的。 当时浙大实行的是与我们现在相近的学分制,不过区别在于,当时如果你的前置课程挂科,就不能修读下一门课程,直到修过前置课程才能继续后续课程的学习。于是就有了很多不同年级的同学在一个教室里修读同一门课程的场景。 这就督促着新生尽一切努力适应英文教材,在无形中提高了新生的水平与素质。 夏老师当年就是在这样严格的教学环境中坚持下来的。 直到现在,夏老师跟我们提到一些专业词汇时,仍然会用英文表述。 这让我们这些阅读外国文献时磕磕绊绊的后生着实感到惭愧。

除了严苛的全英文教学,还有一点令夏老师印象深刻并且受益良多的是浙大当时雄厚的师资力量。 对于教师,浙大当时实行聘任制,对新教师只聘任一年,来年的五月会淘汰相当一部分不符合浙大标准的教师。 这就要求教师不断提高自己的教学质量,不断创造出优秀的科研成果。同时,浙大的名气也吸引了一大批像苏步青、丰子恺这样的优秀人才来浙大开课。 正是因为这些优秀的教师及其严谨的治学态度,浙大当年的优秀苗子才更加出类拔萃。

对夏老师而言,在这些优秀的教师之中,印象最深刻的是徐芝纶先生。 徐先生曾说:"不可只看一本参考书,每本参考书都有它的局限性。 看的书少了,思想容易被限住。"徐先生是本科清华毕业、公费留美、麻省理工和哈佛双硕士的海归学者,每次讲课都会使用很多本参考书,然后挑选每本书的精华之处来教授给学生,让学生学到健全的知识。 夏老师当时患有严重的眼疾,看不清黑板上的字,因而每每遇到讲课不好的老师,总是想起徐芝纶先生的话,乐得翘课,同西南联大的同学交换参考书,开始自学。 就这样,夏志斌在大一、大二时拿到了学校的贷学金,从大三开始正式拿到学校的奖学金。 谈起这段"不甚光彩"的求学经历,夏老师自嘲道:"千万不要像我一样学习,翘课可算不得好的学习习惯啊。"

与徐先生所说类似,不可只看一个专业的书,每个专业都会有自己的局限性。 学生需要跳出既有的框框,去看看外面的世界。 基于当时宽松的选课系统与雄厚的师资力量,浙大推出了很多质量相当高的选修课,包括丰子恺、苏步青这些有名的学者也开设了特色选修课。 夏志斌乐在其中,四处蹭课,求得学问。 如果用一句话来概括他当时的学习状态,恐怕就是"知之所存,心之所往"吧。

青书黄卷,苦中作乐

据夏老师的回忆,刚到达遵义时,当地的条件异常艰苦,没水没电,甚至连一条像样的水泥路都没有。 比起在杭州的日子,在遵义的日子真是难熬。 不过好在他学会了苦中作乐。 当时同学们创立了京剧团、话剧团、歌咏团等文艺组织，他在学习之余，总会去欣赏一两场话剧，看一两场演出。

靠着这些娱乐，打发了些物质上的艰难，然而时时都会有些意外发生。一次去文成县测量结束，大家想好好犒劳自己，有人提议去乌江边上耍一圈，同学们年轻贪玩，一大群人都纷纷应和，跑到乌江边上。然而玩着玩着，就忘了时候，天已经黑了。也就是在这个时候，像小说里写的那样，一群凶神恶煞的蒙面大汉拦住了他们的去路，虽没有那番"此山是我开，此树是我栽"的唱腔，然而意思很明白：要钱。当时的穷学生哪有什么钱，只得向土匪求饶，只不过这次土匪可就没那么心善了，硬是问这些穷学生们讨钱。迫于无奈，他们只得把自己身上的零钱交了出来，然而土匪还是不满意，搜刮着拿走了他们身上唯一值钱的钢笔，才算作罢。听夏老师谈起这段故事，我们不由得后怕：要是当时土匪起了杀人灭口的歹念，那真是国家的损失了。从那以后，这帮学生再也不敢在当地乱跑，特别是当夜幕降临的时候。当时夏老师与那些同学一起参加了测量，只不过由于身体原因，没能和他们一起去乌江游览，才躲过一劫。听了他们的叙述，他也是一阵后怕。然而现在想来，也未尝不是一种遗憾。在平淡的读书生涯里，这些经历也算得上跌宕起伏，在这青书黄卷之下和艰苦生活之中增添了一点别样的趣味。

红砖黛瓦，土木当之

作为一个土木人，最大的梦想就是为自己造一幢心仪的房子，如果这个梦想再大些，那就是为浙大造一幢心仪的房子。

当时刘丹校长认为老浙大地方小、环境嘈杂，不是做学问的理想之地，为将来的发展考虑，应该另选新校址。最后通过土木工程学系教授的勘察比较，选定了玉泉这块依山傍水、风景秀丽、土质坚硬、易于建筑而且拆迁费用低廉的地方作为新校址。校址选定之后，规划制图的任务就落到了浙大设计院的身上。那时候，浙大设计院刚刚成立，有土木的人才，因而玉泉校区的第一、第二教学楼以及第一、第三、第五、第六宿舍楼都是由土木工程学系设计并且主持建造的。夏老师的主要工作是审核，他相当于整个工程的把关人。因为杭州梅雨季节雨量较大，空气潮湿，当时玉泉校区建设过程中遇到的主要问题是防潮。当时为了提高学生的生活质量，宿舍全部采用木制地板，在这种天气状况下，木制地板的防腐成了最令人头疼的问题。夏老师他们经过讨论，最终采取了架空的做法。至于当时教学楼的设计风格，主要采用了苏联风格。

玉泉的这些老建筑历经风雨，褪去了最初的鲜亮，如今展现给我们的是最朴素的质感，这种质感随着时间的流逝愈发显得温柔、耐看。"造得出经得起时间检验的东西，才是身为土木人最重要的品质。"或许这就是所谓的返璞归真吧。无论是天马行空的建筑，还是低调稳重的结构，只有经得起时间的洗礼，才能称为经典。

心怀土木情，人为土木史

夏老师的个人经历已然可以折射出浙大土木的发展历程了。 浙大土木于 1927 年建系，当时称为大土木，专业不细分，土木专业的同学需要学习结构、水利、道路、市政工程等课程，因而当时浙大的土木毕业生就业面非常之广，基本供不应求。 夏老师在 1949 年正式升任浙大讲师。谈起为何选择留校，夏老师称这是一次偶然的机遇。 他本打算毕业后去西昌水电站工作，但由于眼疾，无法从事测绘类的工作，因而也未能成行。 正巧这时浙大缺少助教，他就选择了留校，没想到这一留校，便为浙大土木的教育事业奉献了一生。

1952 年的院系调整，使得原本专业面广的浙大土木只剩下结构专业。 1957 年，夏老师升任土木工程学系副教授兼系副主任，主持土木工程学系的工作。 1978 年，夏老师升任教授，正式成为土木工程学系的系主任。 夏老师这一干就是几十个年头，直到 1993 年正式退休。 退休之后的夏老师，依然燃烧着自己的能量，主持编写了《钢结构——原理与设计》一书。 这本书的编写对于夏老师来说实属不易，因为编写钢结构的规范需要协调各方面的意见，要开很多次会议，这对年事已高的夏老师来说是巨大的挑战。 编写过程更是几年辛苦不寻常。 由于条件有限，这本书不得不以徒手编写。 由于身患眼疾，夏老师的绘图工作只能由助手代为完成。 而令人遗憾的是，夏老师原本计划编写最新版本的《钢结构——原理与设计》，但因为右眼完全失明，只好放弃。

夏志斌老师见证了浙江大学土木工程学系的成长、繁荣，培养了无数卓越的土木人，可以说，夏老师把自己的一生都奉献给了浙大土木。 勤勤恳恳，踏实稳重——夏老师用自己的一生诠释了何为土木人该具有的精神，而这种精神也值得土木人代代相传并且发扬光大。

浙大记忆，满满情意*

——1950 级唐锦春

2016 年 6 月 17 日，阳光和煦，空气清新，草木散发着刚沐过季雨的芬芳。就在这天下午，我们手捧鲜花，带着来自浙江大学关心下一代工作委员会和建筑工程学院的问候，敲响了唐锦春教授的家门。

尽管在之前电话联系唐教授时，他那中气十足的声音和条理清晰的话语已经给我们留下了深刻印象，但是当面对面见到这样一位精神矍铄的老人时，我们还是不由得感叹唐教授的精神头丝毫不像一位年过八旬的老人的，甚至不亚于我们这些年轻人。

唐教授家的客厅不大，却整洁温馨；陈设不多，但收拾得窗明几净。唐教授的热情随和，使我们初次见面的拘谨感也消解了许多。

简单的几句寒暄后，我们便直奔主题，请他讲述那些尘封在自己的记忆中抑或不为人知的浙大故事……

从学生会主席到浙大副校长

数载求学路，几十载求是魂。1949 年之前，唐锦春就读于江苏省立上海中学（现上海市上海中学）。中学毕业后，由于他身体较弱，家里人不希望他出远门上大学，但他也不想在上海就读。为了顾及父母的心愿，他选择了报考离家相对较近、在国内又颇有名气的浙江大学。正是这次选择，使唐锦春与浙江大学结缘一生，"难解难分"；正是这次选择，使他在浙大这块沃土上出类拔萃，成就了光辉的事业。

我们问唐教授："为什么选择土木作为自己的专业？是否兴趣使然？"唐教授缓缓地回答说："当时主要还是考虑到将来的就业问题，国家的建设发展离不开造房子，也就离不开土木工程方面的人才。"

年轻而又充满活力的唐锦春，一进浙大就开始崭露头角，显露出较强的组织能力。他回忆说，那时的课业不重，压力不是很大。有人动员他参加校学生会，他心想这是一个不错的锻炼机会，就报名参加了。结果大一下时被推选当了学生会副主席，大二又升任为学生会主席。那时学生会主席的选举方式是民主推荐和投票选举结合，由每个班自由推荐候选人，然后由全校学生民主投票而产生。唐锦春是他所在班级推荐的候选人，最后在众多候选人中脱颖而出，当选为学生会主席。"学生会主席虽然只是为同学们服务的一个'学生头'，但学生会是一个很好的锻炼

---

* 本文由唐锦春先生于 2016 年口述，学生记者赵爽、董舒畅整理而成。

能力的平台。"说起学生时代的这段经历，唐教授仍然十分怀念。

说起学生会的工作和作用时，唐教授说："学生会的作用还是蛮大的。"当时学校行政机关人少，机构不够健全，部门职能也不是十分完善，学生反映的一些意见或学生中出现的问题往往不能及时得到处理。 这时，学生自主管理的学生会便成了学生与学校进行沟通的桥梁。 其主要任务是将学生们普遍反映的问题及时收集起来，然后反映给学校领导或有关部门。 唐锦春作为学生会的主席，不仅要承担学生意见的收集和反馈工作，还要组织各种学生活动。 正因为学生会是一个锻炼人的地方，所以学生会干部走上社会后普遍受到用人单位的青睐。 唐锦春毕业后能留校工作的一个重要因素就是他有作为学生会主席的工作经历。

留校后，唐锦春主要从事教学科研工作，也承担过不少行政管理工作。 无论是担任系主任、建筑设计院院长，还是担任浙大副校长，胜任这些重要职位都离不开学生会工作的锻炼。 回想自己的人生经历，唐教授始终强调的一点就是"服务"。 他说，做领导其实就是做服务，无论是做学生会干部，还是做学校领导干部，如果没有服务意识，不能诚心诚意为大家服务，任何工作都很难做好。"全心全意，服务为你"的服务精神是有源可溯的，应该代代传承。

将计算机技术引入土建行业的先行者

"艰苦奋斗，求是创新"，在科学研究的道路上，唐教授用不懈的坚持书写了技术革新的动人故事。

"文革"期间，国家建设受影响，学校教育受干扰，举国上下动荡不安。 浙大也面临着全面停课的危机。 与此同时，计算机这种新兴科技正悄然发展着。 虽然没有教学任务可做，唐锦春却并没有因此停下学习的步伐。 凭着对计算机的一腔热情，他不懈摸索，开创了浙大土木工程学系计算机应用的先河。

那时候的计算机还是个庞然大物，一台计算机就要占据整个大房间，还需要空调严格控温。国内有一些较为先进的研究所引进了计算机技术，并开设了计算机学习班，这便是唐锦春接触计算机的契机。 浙大那时只有一台计算机，容量根本无法进行大量计算。 唐锦春就成了浙江省计算研究所的常客，几乎每天都去那里上机学习。 计算研究所里的人有时候还会向他请教。 在当时，浙大很少有人在做计算机应用方面的研究，能够查到的资料基本是些为数不多的外文资料。想要学习计算机，并将计算机技术应用到专业里，其难度可想而知。

好在当时全国各个大学、研究所有这样一批志同道合的计算机爱好者，每隔一段时间都会开交流会，互相学习。 为了推动和发展计算机应用，唐锦春和来自中国建筑科学研究院、华南理工大学等地早期研究土木建筑领域计算机应用的技术人员一起组建了中国建筑学会下属的计算机应用学组，唐锦春先后任副组长和组长。 自1980年开始，学组每两年召开一次全国计算机应用学术交流会，交流国内外的新技术和新动向。 当时的交流氛围很好，每个人都积极地共享自己的成果，并认真地给别人的成果提出改进建议。 不同于现在现成的软件，那时候的软件需要自己编写。 尽管如此，计算机应用还是给土木工程带来了巨大的飞跃。 好多此前难以进行的计算，比如多次超静定结构，用计算机可以快速地求得精确解。

后来唐教授组建了浙江省土木建筑学会电算应用学术委员会，开展学术交流和培训活动。这些学术活动对推动全省和全国计算机在土建领域的应用与发展以及电算人才的培养方面起了较大作用。

20 世纪 70 年代末期，微型计算机慢慢普及起来，系里开始接触计算机的人也逐渐增多。1985 年，土木工程学系结构教研组改为计算力学教研组，承担全系的力学教学任务和计算力学研究工作。 很多计算软件都是唐教授和教研组师生一起编写的。

漫漫为师路,桃李满天下

黑发积霜织日月，粉笔无言写春秋；几十载漫漫为师路，收获桃李满天下。 唐教授是浙江大学土木工程学系结构工程专业的第一位博士生导师，培养了 40 多名研究生。 他们在国内外的各个领域发挥着自己的价值，成为业内的佼佼者和骨干。 有的是高校教授，有的是企业高管，有的是创业精英……

谈及与学生们的往昔，唐教授的眼睛里似乎闪着光。 这位耄耋老人像个孩子般激动地掏出手机，给我们看他与几个得意门生的微信群。 群名很有意思，叫"教五后面的小平屋"。 唐教授说，这个小平屋是指他当年的研究所办公室，承载着学生们的青春与梦想，寄托着大家的深厚感情，所以被用作聊天群的名字。 小平屋位于玉泉第五教学楼背后，房子不大，一到夏天，又热又闷，蚊子很多。 当时的学生穿着大裤衩、塑料拖鞋，赤着脚，一卷蚊香，一袋速食面，在计算机前一坐就是一天。

在众多优秀学子之中，唐教授对一位叫许永林的学生念念不忘。 许永林是 1978 届的学生，那年正赶上"上山下乡"的尾巴，许永林是做了插队知青之后才来浙大读研究生的，因而比周围的同学年长很多。 平日里，他也很有一副大哥哥的样子，对其他同学非常照顾。 那时候出国留学的学生大多家境贫寒，不可能承担在外留学的费用；只有外语成绩和专业成绩都出类拔萃的尖子生才能获奖学金，得以在外求学，而许永林正是这些优秀学生中的一员。 他在浙大获得硕士学位后，前往美国西北大学深造，获得了博士学位，完成了博士后研究。 这期间，他帮助了许多学弟学妹，去往芝加哥的浙大学子大多都受到过这位学长的热情帮助。 许永林总是非常谦虚，从不炫耀自己的成绩。 直到有一次，唐教授请他回来为浙江大学的学生们做学术报告，看到与他相关的学历背景资料，老师和同学们这才知道他已经发表了 40 多篇 SCI 论文。 一个中国留学生年纪轻轻就能获得这样的成绩，令人赞叹不已。

然而，这位优秀的学生，却在几年前因为胃癌去世了，一颗力学界正冉冉升起的"明星"也因此被永远定格在了人们的记忆里。 说到这里，唐教授陷入了短暂的沉默，似是在惋惜与悼念这位曾经的爱徒。

唐教授当年主要从事研究生教学，与组里的学生们都很熟悉。 如今常保持联系的还有七八人，大家的感情非常深厚。 谈起这些学生，唐教授像是打开了话匣子，总有说不完的故事，讲不完的回忆。"1997 年 6 月，我与孙炳楠教授一起，受许永林在美国的导师 Jan Achenbach 邀请，去美国考察，先到芝加哥，当时是许永林接待的。"唐教授回忆说，"许永林刚刚买了新的车，还特地向芝加哥的好友借了别墅，让我们好好休息。 之后的三天里，他带我们去学校实验室与美国的老师学生交流，还带我们参观了当地的博物馆，接待非常周到。"结束芝加哥的行程后，唐教授去了华盛顿，一下飞机就有人夹道欢迎，其中有唐教授的学生 1979 届项玉寅一家，以及唐教授的另一个研究生陈红和她的家人。

"我这一辈子，这些学生就是我的财富。 培养了这么一批人才，我们很有感情。"说到这里，唐教授放慢了语速，非常认真地看着我们，目光里饱含深情，诚恳至极。

一次短暂的访谈更像是一场旧友的聊天。 唐教授比我们大六十余年，"浙大人"和"建工人"的光荣身份却将我们联系在了一起。 我们津津有味地听唐教授讲他在浙大往日的故事： 求知、育人、科研、管理……这位几乎陪伴浙大走过六十多年的长者让我们由衷地敬佩和敬仰，唐教授的光辉事迹也必将启迪着后辈们奋力前行。

如将不尽，与古为新*

——1956 级沈济黄

著名的教育家梅贻琦先生曾说过这样一句大家耳熟能详的话："所谓大学者，非谓有大楼之谓也，有大师之谓也。"沈济黄先生，就是一位当之无愧的大师。

在全国第四批勘察设计大师评选工作中，6 名同志当选为中国工程勘察设计大师，54 名同志当选为中国工程设计大师。浙江大学建筑设计研究院沈济黄教授榜上有名。在我国几十年间起伏跌宕的建筑设计浪潮中，他从一名初出茅庐的设计人员一路成长为中国工程勘察设计大师，其中的风风雨雨，不仅记录在他所设计的每一座建筑中，更记在了建筑学系后辈们的心中。

兜兜转转，终与建筑结缘

回忆往昔的求学生涯，沈大师言语激动。虽然已过去许久，但他还是能细数曾经的点点滴滴。

沈济黄是 1956 年考进大学的，当时的第一志愿并不是浙大，进入建筑学专业的过程更是颇为传奇。他最初的梦想是设计火车和飞机，因为成绩平平，没能顺利进入飞机设计专业。那一年，浙大土木工程学系原本计划并入西安建筑工程学院并迁到西安，后计划有变，不并迁了，因错失了招生计划所以补招。沈济黄抓住了第二次填志愿的机会，进入了浙大土木工程学系，就读水利土壤改良专业。一年后该专业取消，学生并入工民建专业。1959 年浙大成立建筑学专业，学校从工民建各年级选了部分学生进入建筑学专业。当时四年级的沈济黄就是其中之一。就这样，兜兜转转，几经辗转，他成为浙大建筑学第一批毕业生。

沈大师回忆说，上学期间，政治运动多，学生常停课参加各类社会活动，抡大锤打"滚珠"（滚珠轴承的钢珠），到矿山运矿石供大炼钢铁，到建筑工地搬砂运混凝土，或者到曲院风荷挖湖泥疏浚西湖，亦有植树、割稻等。"这在时间上当然对我的课堂学习有些影响，但就成长经历而言，对培养吃苦耐劳精神还是有较好作用的。"

沈大师还自豪地告诉我们，他当年可是浙江省运动员代表队的一员，还是三级跳远项目省记录的保持者。运动队经常要集训、开运动会，需要大量的时间和精力。返校以后，为了不影响学业，他还要日夜加班补功课。就是在这样艰苦的条件下，那时年轻的他在日复一日的刻苦学习中打下了坚实的建筑学基础。

沈济黄在进入建筑学专业之前就已经把土木专业的东西学完了，因为转入建筑学的时间很

---

* 本文根据 2016 年对沈济黄先生采访的内容以及网络文章，由学生记者徐沛整理而成。

短，只能延长半年毕业，所以那一届建筑专业的毕业生只有 21 人。 沈大师说，虽然波折不断，但他依然很幸运，最终找到了能够成就他一生事业的落脚点。

从初出茅庐到独当一面

1962 年 1 月，沈济黄大学毕业，被分配到浙江省工业设计院民用室。 那时候正值国家的困难时期。 为贯彻以农业为基础的方针，设计院成立了农居设计组，设计了种子仓库、茶厂、水库移民民居等项目。 之后，沈济黄被派到华东勘测设计研究院参与华东地区农居构配件标准的设计与编制，持续时间近五个月。 一年后，他作为主要设计人之一参与了几项大型民用建筑工程设计。 这些项目包括 1963 年设计的浙江省体育馆、1971 年设计的杭州笕桥机场新候机楼和 1972 年设计的杭州剧院。 三项工程都是浙江省重点工程，杭州笕桥机场新候机楼和杭州剧院更是周恩来总理特批的项目。 当时，由于技术信息闭塞、学术交流不畅、建筑技术落后、装修材料贫乏，项目的推进极其困难。 但是也正是这些项目带来的机遇以及老一辈骨干的指导、培养，使得沈济黄在建筑设计与构造、施工图设计、施工现场实际问题解决等方面的能力都得到了磨炼。

浙江省体育馆内部公共空间的设计采用了大空间处理手法，打破了建筑功能空间互相分隔的模式，使人耳目一新。 简洁明快的现代建筑风格也获得了业内外一致好评。 沈济黄作为杭州剧院方案执笔人，负责观众厅部分的设计，同中国建筑研究院物理所合作声学设计，从调研、模型试验、设计调整、现场测试的全过程中学到了建筑声学方面的专业知识。 浙江省体育馆和杭州剧院都获得了中国建筑学会优秀建筑创作奖。

1968 年 8 月，沈济黄作为项目实际负责人设计了浙江展览馆，在这个必须在半年内完成的工程中学会了怎样处理突击工程，为后来突击杭州笕桥机场新候机楼工程打下了基础。

杭州笕桥机场新候机楼是周总理直接主管的特殊项目，专为接待尼克松总统访华而建。 从 1971 年 11 月 8 日立项到 1972 年 1 月底交付使用，前后设计、施工、装修总共用了 70 余天。 在如此短时间内成功完成一组包括候机大厅、总统接待室、大小休息室、餐厅、容纳美方机组人员和 300 多名随行记者的宾馆等功能复杂的高标准民用建筑，这充分考验了设计组 40 余人的团队协作精神和设计水平。 该工程获得 1981 年国家优秀设计奖和 1995 年浙江省优秀勘察设计特奖。

20 世纪 70 年代后期至 80 年代，沈济黄主持设计了浙江省科学会堂、望湖宾馆、浙江省科技大楼等浙江省重点工程。 其中值得一提的是望湖宾馆。 它是对外开放后国家旅游局投资的第一批五座星级涉外宾馆之一。 由于地处西湖边，设计颇费周折，整个团队通力合作，经多轮方案比选，最后将能减少规模、压低高度、严格控制投资、最少影响西湖景观的方案作为实施方案。

1983 年，沈济黄主持了国家重点工程中国水稻研究所的设计，该研究所是含多学科、多子项的设施先进的国家级农业科研机构。 该工程在当时是自中华人民共和国成立以来农业部投资最大的项目，由联合国贷款 1000 万美元并监督、检查建设全过程。 该工程获得了 1991 年国家优秀设计银奖、浙江省优秀设计奖一等奖和 1995 年浙江省优秀勘察设计特等奖。

筚路蓝缕，以启山林

沈济黄毕业以后从助理技术员、技术员做起，1978 年到浙江省建筑设计院当建筑师，1983 年任民用室副主任建筑师，1985 年任副总建筑师。 设计之路一帆风顺的他当时并没有想到，自己的人生会发生一次转轨。

路甬祥先生担任浙江大学校长以后，为完善学科发展，主持成立了建筑学系。 1988 年 7 月，沈济黄经王德汉老师、周培希老师和李身刚老师的推荐，被聘请调任浙江大学建筑系主任兼浙江大学建筑设计研究院总建筑师，1992 年又兼任建筑设计研究院院长。

沈大师告诉我们，他在一线做设计这么多年，回想自己的求学过程，深知课程往往脱离设计实践。 所以他希望自己的设计实践经验能够为这个尚在襁褓中的建筑学系带来新的生命活力。

到浙大以后，沈济黄才发现，建筑学系条件之艰苦远远超出他的想象。 建筑学科只有一个由蒋鑑明教授主持的建筑物理硕士点，在职正教授仅此一位。 对建筑学专业而言十分重要的专业阅览室中，书刊少得可怜，原版书刊更是寥寥无几。 系主任、书记共四人挤在物理实验室 16 平方米的小房间里，桌子上放不下一张大图板。 系里专业少，学科点少，科研项目少，必然结果是经费亦少。 系里年轻教师较多，他们学术成果的形成需要时间的积累、建筑创作实践的机会、良好的平台以及完善的组织机制。 为求得建筑学科的快速发展，沈济黄向学校提出，协调管理机制，利用浙大建筑设计研究院这个平台，既让建筑学系、土木工程学系的青年教师有机会参加建筑创作实践锻炼，日后亦可加强建筑设计研究院在社会竞争中的实力。 这个一举两得的设想得到了学校的支持，1992 年学校决定让沈济黄兼任浙大建筑设计研究院院长，统一领导建筑学系和建筑设计研究院。 事实证明，该举措迅速见效，建筑学系教学质量明显提升，教学经费紧张状况有所缓解，产学研结合步入良性循环。 建筑学于 1996 年顺利通过教育评估，发展到四个硕士点，亦为 2004 年获得建筑设计及其理论二级学科博士点打下了基础。 建筑设计研究院年产值数十倍地增长，这几年的建筑创作获奖数一直保持在全国高校设计院前列，社会信誉获得业界同行的好评，上缴学校的经费逐年增长。 这些不得不归功于沈大师先生当年的"筚路蓝缕，以启山林"。

如将不尽，与古为新

沈大师当时身兼两职，既要承担学科建设、科研项目申请、研究生培养、校级交流和教育评估工作，又要兼顾设计院的经营管理，但他始终没有间断建筑创作，并亲自带领设计团队完成了一系列院级重大工程设计项目。

沈大师说："回顾 50 余年投身建筑事业的经历，我的心情是复杂的、矛盾的。 既有创作成功的喜悦和兴奋，亦有挫折的苦恼；既有创作生命未被割断的庆幸，亦有任务太重、干扰太多的苦衷；既有看到年轻一代成长、成熟的欣慰，亦有'代沟'带来的不解。"但不管怎样，沈大师的创作热忱没有减弱，培养和教育年轻人的责任感没有松懈。 沈大师同年轻人合作时，从不因为他们稚嫩而忽视其见解，反倒觉得有一种启发培养的责任，亦甘做他们成长的台阶。

沈大师在参加了数次建筑学系学生的作业评议之后，对建筑学系学生的设计能力、工作量和创新素质都给予了相当高的评价。 他说："现在最主要的目标是筹建建筑学院，把国外好的资源引进来，将浙大建筑学系尽快推向国际平台，促进我们和世界名校在教学上的互动交流。 要提高创作水平、加快学科发展，就要多增加实践机会。 派出去，请进来，多交流，多实践，才能逐步提高，不断发展。"他希望每一个建工学子都能保持求真踏实的学风，希望建筑学系能早日跻身全国更高水平行列，也希望我们的建筑工程学院能尽快赶上世界一流水平。

沈大师对青年学生寄予厚望，希望我们珍惜在学校的宝贵时间，认真完成学业。 他强调，建筑创作终归要有事业心，建筑人不可只看到眼前利益，更重要的是自己对设计本身的挚爱。

如今已逾古稀之年的沈大师看起来依旧精神矍铄，丝毫不减往昔的风发意气。 经年的岁月风霜在他的身上沉淀出一种超脱、豁达，却又坚定、自信的气质。 虽然时光将少年青丝梳成了秋霜白发，但他坚定的目光不曾黯淡，铿锵的步调更不曾凌乱。

沈大师这一路走来，用"静水流深"四个字形容恰如其分。 千万个日夜的不断积淀，几十度春秋的默默耕耘，他和他的作品历经时间的考验，如今看来，风骨依旧。

司空图在《二十四诗品》中曾说："如将不尽，与古为新。"沈大师正是这句话的践行者。 他不仅在设计中不断继承与创新，更带领浙大建筑学系闯出一条坦途，成为高山仰止的名副其实的大师。 我们能做的，就是从沈大师的学识修养中汲取信念和力量，仰望星空，脚踏实地，不负重托，终成栋梁。

【参考文章】

李宁. 静水流深——沈济黄大师的建筑创作之路 [J]. 新建筑，2006(5)：110-114.

从求是园起航*

——1979 级滕锦光

滕锦光是温州市永嘉县人。 1979 年，他从劳武中学（1982 年后改名为罗浮中学）高中毕业后，考上了梦寐以求的浙江大学。 那年全县只有三位学生考入重点大学，其中滕锦光和一位同班同学考上了浙大。 上学那天，他挑着行李，从温州搭汽车到金华，再从金华乘火车到杭州。到杭州时天已黑了，空中飘着绵绵细雨。 那年，他十五岁。

从偏远农村来到人间天堂，在老和山下学习，与美丽西湖相伴，那是滕锦光人生中的一个重要阶段。 在学习专业知识之余，他阅读了许多其他书籍以开阔视野、陶冶性情，课余则常漫步于苏堤、白堤，徜徉在植物园中，享受着初春的桃红柳绿和金秋的醉人桂雨。 大学四年里的逸闻趣事，至今仍是他与同学们相聚时回味无穷的话题。

母校的求是学风，浓厚的学习气氛，老师们渊博的知识和严谨的治学态度，让滕锦光终身受益。 浙大四年的本科学习，给他打下了扎实的学术基础，更赋予了他自我学习和独立思考的能力。 1982 年母校建校八十五周年校庆时，滕锦光曾在校团委和校学生会联合主办的文学刊物《求是园》上发表了一首稚嫩的小诗《校徽》，表达他对老师们的敬意。 诗曰：

老师的校徽，

是在一面小小的红旗上，

绣上了金色的"浙江大学"。

而我的校徽，

却把鲜红的"浙江大学"，

嵌在一块白帆上。

哦，我明白了——

金色，是等待开镰的庄稼，

红色，是老师洒下的热血，

每一粒谷穗，都在老师的怀抱中成熟。

哦，我懂得了——

鲜红的字是前辈的希望，

---

* 本文根据 2007 年滕锦光先生应邀为土木工程学系 80 周年系志供稿以及 2016 年底对滕锦光先生采访的内容，由赵家蓓、陈泽建整理而成。

洁白的帆等着我去染红，

我要用汗水浇出金色的秋天。

在浙大，滕锦光认识了一批优秀的同学和校友，当中涌现了许多优秀的专家和学者。 1980级校友陈建飞博士（现任英国贝尔法斯特女王大学教授）在过去二十余年就高性能纤维增强复合材料（FRP）在土木工程中的应用这一课题与滕教授进行了长期的合作研究。

1983 年，滕锦光毕业了，并很幸运地成为由我国著名的钢结构专家夏志斌教授（老师和同学都尊敬地称他为夏先生）代招的教育部公派留学美国的出国预备生。 夏先生曾给滕锦光上"钢结构"的课，声若洪钟，条理清晰，讲解生动。 受到夏先生的影响，1979 级有许多同学后来考上了钢结构的研究生。

大学毕业以后，滕锦光先用了一年时间在上海外语学院学习英语，此后便回到浙大为出国留学做准备。 因为那时中美关系转入低谷，教育部因此让滕锦光转赴其他英语国家留学，可选国家包括英国、加拿大、澳大利亚、新西兰等。 根据夏先生的建议，滕锦光把澳大利亚悉尼大学作为自己的第一志愿并且顺利被录取。

赴澳深造

1985 年 1 月 8 日滕锦光到了悉尼，通过了当地政府安排的短期英文培训后，于 1985 年 3 月正式开始悉尼大学的研究生学位课程。 他是第一个由中国政府公派到悉尼大学土木系学习的研究生。 那时的悉尼大学土木系处于鼎盛时期，教师中的国际著名学者有岩土工程专家 Poulos 教授、Booker 教授，以及钢结构专家 Trahair 教授。 青年教师中后来成为国际著名学者的有岩土工程方面的 Carter 教授和 Small 教授，钢结构方面的 Hancock 教授和 Rotter 教授，以及风工程方面的 Kwok 教授。 滕锦光是作为 Trahair 教授的学生入学的。 滕锦光到达悉尼时，Trahair 教授即将赴加拿大的阿尔伯塔大学度学术假，于是他让 Rotter 博士协同指导他进行薄壳钢结构稳定设计理论方面的研究。 随着研究的深入，滕锦光渐渐"移情别恋"，完全成为 Rotter 博士的学生。刚入学时，系里让滕锦光去听一些本科生的课。 他去听了一堂 Booker 教授的弹性力学，便和 Rotter 博士说，课上讲的内容他在浙大都学过，此后他们也就再没有让他去听本科生的课了。

到 1985 年 9 月底，滕锦光完成了两篇关于环梁平面外屈曲的论文初稿，后来分别发表在 *Journal of Constructional Steel Research* 和美国土木工程师学会的 *Journal of Engineering Mechanics*。 悉尼大学每年有几个海外研究生奖学金名额，用以奖励优秀的学生。 1985 年底，滕锦光很荣幸地获得了悉尼大学的海外研究生奖学金。 也是在此期间，他由硕士生转为博士生。 奖学金一给就是四年，除了为国家节约了一笔经费之外，也为他五年的博士学位学习提供了充分的经济支持，使他能在 Rotter 博士的精心指导下潜心于薄壳钢结构稳定设计理论的研究。

Rotter 博士丰富的知识，敏锐的洞察力，以及富有创意的思想，使滕锦光终生难忘。 除了专业知识和英文方面的引导之外，导师也对他的思维方式产生了重要的影响。 1989 年，年轻有为的 Rotter 博士被爱丁堡大学聘为土木工程教授，滕锦光也随导师到爱丁堡大学继续自己的学业。

1990 年 3 月，滕锦光提交了博士论文。 博士论文得到了评审人的好评，并在无须任何改动的情况下顺利通过。 他在爱丁堡大学进行了一段时间的博士后研究后，于 1991 年 4 月赴澳大利亚昆士兰州的 James Cook 大学任结构工程讲师，1994 年初升为高级讲师，并获得终身教职。 James Cook 大学成立于 1970 年，主校园在 Townsville，靠近著名的大堡礁。 学校对研究很重视，以与热带海洋环境相关的学科见长。 1994 年，滕锦光作为一个资历尚浅的学者，独立申请到澳大利亚研究资助局的一个大型项目（ARC Large Grant）。 这对于当时的他来说，是一件大事，因为每年全澳大利亚整个结构工程领域的这类项目只有几项。

1988 年，滕锦光回国探亲时路过母校，当时的路甬祥校长通过唐锦春教授（时任浙大副校长）专门找他谈话，希望其毕业后马上回母校工作，学校会直接聘他为副教授。 那时候，学校里的副教授人数还是相当少的。 这件事让他非常感动，但由于种种原因，滕锦光没能在完成博士学位后马上回浙大任教，这让他深感内疚。

教学经历

1994 年，滕锦光赴香港理工大学任讲师（助理教授），1997 年升任副教授，1999 年升任教授， 2005 年升任结构工程讲座教授，2005 年 10 月至 2006 年 8 月任建设及地政学院副院长， 2007 年 9 月起任建设及地政学院院长，并于 2006 年 9 月至 2010 年 6 月期间担任香港理工大学协理副校长。 滕锦光教授现任香港理工大学结构工程讲座教授，高赞明可持续结构及材料教授，可持续城市发展研究院院长；兼任清华大学黄廷芳/信和讲习教授及澳大利亚昆士兰大学荣誉教授等职位。

在过去的二十余年里，滕教授和母校有过很多的交流与合作。 尤其令他欣慰的是，他为母校土木工程学系的师资培养出了一份力，而这些优秀的浙大学子也使他的学术研究更上一层楼。 在滕教授的指导下，完成博士学位或完成一年半以上博士后研究的有陈水福教授、姚谏教授、赵阳教授、袁行飞教授、宋昌永副教授、张磊副教授、姜涛副教授等。 2016 年 12 月起，滕教授任浙江大学建筑工程学院客座教授。

学术成就

在香港理工大学，滕锦光教授继续钢壳结构设计理论中几个关键问题的研究，取得了一些有意义的成果。 这些问题包括旋转壳的高效率非线性分析、锥—柱薄壳连接的强度与稳定性、复杂荷载下的薄壳屈曲强度、实际薄壳结构的几何缺陷模型等。 另外，他提出了模块化的钢—混凝土组合壳屋盖体系，这是对传统混凝土薄壳结构的革新与发展。

此后，滕教授逐步地把主要精力转移到高性能纤维增强复合材料（FRP）在土木工程中的应用这一新领域。 2002 年，他与合作者所著的 *FRP：Strengthened RC Structures* 由 John Wiley & Sons 出版，在世界上首次建立了这一领域的系统性理论。 该书的中译本《FRP 加固混凝土结构》于 2005 年由中国建筑工业出版社出版，韩文译本、波斯语译本在此后也相继面世。 他和 Rotter 教授共同主编了英文专著《金属薄壳的屈曲》（2004 年由 Spon Press 出版），并和 Hollaway 教授共同主编了英文专著《基于 FRP 复合材料的土木结构加固与修复》。 除了大量的学术论著外，滕教授还发明了钢—混凝土组合薄壳屋盖（comshell roof）和 FRP—混凝土—钢双壁空心构件，并为国家标准《纤维增强复合材料建设工程应用技术规范》（GB 50608—2010）的编写做出了重要贡献。

除了薄壳结构和 FRP 这两方面的研究外，滕教授的课题组也在织物复杂变形、混凝土材料细观模型、冷弯型钢柱的稳定性等方面做了一些工作。 例如，他们对冷弯型钢柱的制作过程进行了理论分析和数值模拟，从而预测出制作过程所产生的残余应力和应变硬化，并就这些因素对冷弯型钢柱的结构性能的影响进行了分析，解释了现有试验所观测到的构件承载力的离散性。 这一理论方法的建立，使冷弯型钢柱的承载力计算理论向前迈出了一步。

滕教授发表 SCI 论文 190 余篇，论文在 Web of Science 核心合集中被引用超过 7500 次。 滕教授入选了由上海软科与爱思唯尔（Elsevier）出版集团于 2016 年首次合作发布的"全球土木工程学科高被引学者"和"全球机械工程学科高被引学者"名单。 其成果被中、美、英、澳等国的相关设计指南/规范大量采用。 滕教授曾获得国家自然科学奖二等奖、国家杰出青年科学基金，以及国际土木工程复合材料学会（International Institute for FRP in Construction, IIFC）的 IIFC 奖章（学会最高成就奖）等重要科研奖项。 滕教授于 2013 年当选为香港工程科学院院士，2015 年当选为爱丁堡皇家学会通讯院士（相当于外籍院士）。

社会兼职

2003 年，在滕教授的倡导下，国际土木工程复合材料学会（IIFC）正式成立，他被来自 13 个国家的理事会成员选为创会主席。 该学会的宗旨在于推动纤维增强复合材料（FRP）在土木工程中的应用和相关的研究，使这一结构新材料能更好地为社会服务。

滕教授现为国际学术期刊《结构工程进展》（*Advances in Structural Engineering*）的两位主编之一，并曾担任美国土木工程师协会《结构工程学报》（*Journal of Structural Engineering*）的副主编。 滕教授也是以下国际学术期刊的编委：美国土木工程师协会的《土木工程复合材料学报》（*Journal of Composites for Construction*）、《结构与建筑材料》（*Construction and Building Materials*）、《薄壁结构》（*Thin-Walled Structures*）、《钢与组合结构》（*Steel and*

Composite Structures）、《高等钢结构》（*Advanced Steel Construction*）以及韩国混凝土学会的《国际混凝土结构与材料学报》（*International Journal of Concrete Structures and Materials*）。此外，滕教授还担任中文学术期刊《建筑钢结构进展》和《空间结构》的编委。 滕教授曾于2001—2006年任香港特别行政区研究资助局工程组委员，还担任过中国、英国、加拿大、澳大利亚、意大利、葡萄牙、南非、以色列的国家级研究基金会（组织）以及30余种国际学术期刊的评审人。

滕教授曾任第一届（1996年12月）、第二届（1999年12月）和第三届（2002年12月）国际钢结构进展（Advances in Steel Structures）学术会议的副主席或联合主席，首届（2001年12月）和第八届（2016年12月）土木工程FRP复合材料应用（FRP Composites in Civil Engineering）国际学术会议主席，于2005年12月举行的结构中FRP复合材料的黏结性能（Bond Behaviour of FRP in Structures）国际学术会议的联合主席，以及首届（2010年12月）可持续城市化（Sustainable Urbanization）国际学术会议主席。 滕教授还历任90余个国际或全国学术会议的学术委员会或顾问委员会委员，并曾在50余个学术会议做主题报告和特邀报告。

自滕教授1984年12月26日离开母校，至今已超过32年。 2013年，滕教授在毕业30周年之际，特创作诗歌《精神的家园》，表达其对母校的感怀和同窗的祝福。 诗曰：

那时候，长空碧蓝
校园洒满了金色的阳光
风荷与夕照诗意盎然
三潭和秋月如梦似幻

那时候，我们
踏醒断桥残雪苏堤春晓
去听柳浪莺啼花港鱼跳
一回回让桂雨淋得香透
一次次用双桨荡出欢笑

那一天
我们终于分手
写不尽的祝福
诉不断的离愁

那时起

我们用青春丈量地球

把梦想洒遍四海五洲

事业和爱情是我们的追求

我们的理想在大海的尽头

南方的雨后春虹

燕语呢喃

北国的风卷残云

万里冰霜

新大陆霓虹灯下

不停的身影

南半球金沙滩上

绵绵的脚印

三十年的风起云涌

改不了我们的方向

三十年的晨钟暮鼓

呼唤着精神的家园

到如今

青春已撒在奔波的路上

大海不再是留恋的地方

请带着你的爱人

一起靠岸

直奔那笛声悠扬的广场

那里的篝火已被点燃

请你加入这生命的狂欢

诉说你是如何跨过大漠

又是如何穿过风浪

从今以后啊

无数个静谧的夜晚

愿你常回这精神的家园

结伴漫步在西湖堤岸

一起品尝那龙井清香

滕教授表示，在这超过 32 年的岁月里，无论身处天涯海角，他都以浙大学子的身份为荣，为母校的成就自豪。值此母校 120 周年和学院 90 周年华诞，滕教授表达了对母校的培育之恩的感激之情，并衷心祝愿学院百尺竿头更进一步，早日成为全世界顶尖的建筑工程学院。

坚持，就是专注地做好一件事 *

——1980级郁银泉

鹏城归京畿，五千里若咫尺，感之志镂而不舍；

华夏出匠人，三十年如一日，念其行金石可镂。

——有感于郁银泉大师的人生经历

2017年1月5日，元旦刚过，北京的天气依旧寒冷。 恰好在北京的我们受学院之托，有幸来到中国建筑标准设计研究院，当面拜访杰出校友郁银泉大师。 来之前我们在网上了解了郁大师的丰硕成就，心里就充满了敬佩。 到达约定的会议室后，看到郁大师微笑着迎上来，平和亲切，我们的心里立刻暖暖的。 访谈间，郁大师耐心细致地与我们分享他在浙大求学的故事以及在建筑结构工程设计领域的研究和实践经历。 从他娓娓道来的温和的言语中，我们感受到他内心的坚定、对待工作的严谨以及对技术的执着和探求，得以近距离领略到什么是"工匠精神"和"大师风范"。 郁大师对后辈们的谆谆嘱托更是让我们获益良多。

结缘浙大,难忘同窗情

回忆起与浙大结缘的1980年的那个夏天，往事好像就在眼前。 郁银泉是1980年参加高考的。 那时刚恢复高考不久，录取率比较低，能考上浙江大学更是不易。"那时候的浙江大学是工科院校，稍稍带一点理科。 南京工学院也是工科类学校。 我是江苏人，按理说对南京工学院的了解可能更多一点。 当时为了避开与那么多人的激烈竞争，就采纳了中学数学老师的建议——他是浙大数学系毕业的——选择了浙江大学。"郁大师笑着回忆当时选浙大的缘由。 而选择结构工程作为自己专业的原因更是简单："那时候叫土木工程学系，还没有建筑工程学院，土木工程学工程学系招的人数稍微多一点，我想这样的话可能更保险一点，所以就选择了土木工程学系。"偶然之中或有必然，看似不经意的选择却成就了郁银泉一生的事业。

追忆在浙大求学的时光，郁大师这样感慨道："这四年时间，真的是非常美好。"那时候的大学生朴素、纯真，对知识充满了渴望与尊重，非常珍惜真挚的同学之情……当时结构工程专业一共有90多人，分为3个班，但上大课的时候大家都在一起。 久而久之，大家都非常熟悉，一直到现在，很多同学还保持着联系。 郁银泉担任803班团支书，班里氛围特别好，30位同学在一起像一个大家庭。 因为在基础教育阶段学的知识不多，到了大学大家都非常用功地学习。"我非

---

* 本文根据对郁银泉先生采访的内容,由学生记者陆梦恬整理而成。

常怀念当年的求学时光，所以现在也会经常组织大家一起聚聚。"回忆着校园生活的点点滴滴，郁大师感叹道："正是因为在浙大的这四年的不断学习，我们班里同学在自己的行业里都发展得很好，有教授、公务员、企业家等等，大家都在自己的岗位上实现着自身的价值。"

坚持不懈，造就大师

1984 年的夏天，四年前来到浙江大学的 90 多位结构工程专业的学子纷纷踏出校园，走上各自的工作岗位。"那时候是有就业分配制度的，但是我家里兄弟姐妹比较多，就不太有机会在离家近的城市工作。"郁银泉被分配到了中国建筑标准设计研究院的前身——中国建筑标准设计研究所下面的钢结构室，而这个钢结构室的前身就是当时配合苏联在 20 世纪 50 年代援建我国 135 项钢结构厂房工程而成立的建工部金属结构研究室。 第一次接触到钢结构室同事当时在设计的中国第一个高层钢结构、国内首座隐框幕墙建筑——深圳发展中心大厦，郁银泉更坚定了他从事设计工作的信念。 次年，他被派到深圳中深建筑技术发展中心工作。 在深圳工作了四年后，郁银泉来到香港，与英国的设计事务所合作设计。 这一干，又是四年。 郁大师语重心长地说："在工作之中，首要的就是要肯干，同时还要能干。"在深圳和香港的经历为他将来的发展打下了很好的实践基础。 在这之后，郁银泉选择回到北京，继续从事工程设计、规范编制等工作。

深圳中国人民银行是郁银泉的第一件作品。 当时建成的深圳中国人民银行地下设有华南地区最大的金库，为了金库的防盗、防撞设计，初出茅庐的郁银泉到香港去学习、借鉴，一步一个脚印，最终顺利设计出深圳中国人民银行。"那是我第一次自己负责结构设计的工程，当时就是没日没夜地计算、分析。 说实话，还是多亏了老同志的支持和帮助。"谈到自己的第一件作品，郁大师充满了感情。

此外，他还热情地向我们介绍了两项对他影响很大的工程。 一项是当年在香港同英国的设计事务所合作完成的美丽华中心大厦。 西方工程师对结构安全的重视程度之高、审查之严，给他留下了非常深刻的印象，对他以后的工作产生了非常重要的影响。 另一项是大家耳熟能详的国家体育场——鸟巢。"我回到北京之后和建设部设计院合作，完成鸟巢外部的钢结构设计工作。 鸟巢的成功建成让社会大众对中国的工程师树立了信心——这么复杂的工程都可以完美地完成，还有哪个工程是不能做的！"郁大师激动地说着，眼神中满是自豪与坚定。

从 1980 年结缘结构工程，经过近三十年的不懈追求，郁银泉于 2011 年 5 月被授予"中国工程勘察设计大师"荣誉称号。"是坚持、机遇还有平台成就了我今天的事业。"郁银泉这样概括自己的奋斗历程。 然而，从郁大师的故事中我们感悟到，机会总是留给有准备的人，只有坚持才有机遇和平台。

寄语后辈,祝福母校

作为还未走出校园的大学生，我们不禁问起郁大师在职业规划方面的经验和心得。他说："首先要对选定的行业投入足够的兴趣，因为一开始入行摸索打拼都是枯燥而辛苦的，完成质变需要时间的积累，所以只有兴趣才会让你更有可能坚持下去。另外，投入工作时要踏实谦虚，从最基础的东西开始做。就像我刚刚开始工作的时候就只做一样工作，那便是画图。除了画图还是画图。除了专业过硬之外，还要培养自己的领导才能、统筹管理的能力。你永远不可能单独完成一个任务，永远需要团队作战，单干是不能成事儿的，尤其是在工程相关领域。"

郁大师还说："国家经过这三十多年的高速发展，物质条件越来越优越，各形各色的事物充斥着年轻一代的生活。因为整个社会的大环境日新月异，我们不应该用老的标准去衡量新事物。正因为现在的年轻人见到、学到的东西要比我们那个时候多很多，所以我们更应该帮助年轻人摆正对事物的认识。大学教育，不应该仅仅是传授知识，'求是创新'之外还需要传达一种认识，那就是专注做一件事，学会坚持。求学之路如此漫长，学会坚持这一件事足矣。"

此外，郁大师非常关心学院的发展："学院要发展，最根本的应该是依靠人的发展以及团结的集体精神。只有打造出一批优秀的学者，才能让某一学科走在学术界的前沿，才能吸引更多优秀人才进入这个团队。相信母校和学院的明天一定会更加辉煌。"

在整个采访过程中，我们被郁大师的亲切和真诚深深感染。他严谨的工作态度、坚持敬业的作风、谦逊和蔼的风格让我们领略了一代设计大师的风采。

睿智创新，开拓有为[*]

——1983 级龙卫国

在成都天府大道两旁举目所及的大型特色建筑中，近 80% 建筑的规划与设计均出自中国建筑西南设计研究院有限公司（以下简称"中建西南院"）。在与世界闻名的阿特金斯、扎哈事务所的直接较量中，中建西南院成功中标重庆江北国际机场、青岛胶东国际机场、成都天府国际机场等标志性项目，并于日前中标埃及新首都设计项目，一跃站上国际舞台。中建西南院自 1950 年成立以来一路高歌猛进，成为一家有超过 60 年历史的老牌设计院。中建西南院的成就离不开其掌门人——龙卫国创新敢干的鲜明个性。

学霸：打下专业基础

出生于江西吉水的龙卫国从小喜欢画画，16 岁的他参加高考，一举摘得了吉水理科状元。出于希望全面发展的考虑，当时他出人意料地放弃了入读中科大少年班的选择，听从长辈的建议，进了"求是创新"的浙江大学。

那时他最向往的专业是能发挥自身绘画特长的建筑学。无巧不成书，浙大招生组看他的高考成绩单，觉得他是个工科苗子，建议他读土木工程学系结构工程专业。

和"文艺范儿"的建筑学专业相比，"理工范儿"的土木工程专业学习起来略显枯燥，大学期间要学习大量的力学课程。但龙卫国性格里有一种不服输的劲头，无论遇到多难的坎都能想办法迈过。四年里，"学霸"龙卫国的专业成绩一直是年级第一。

除本专业之外，他还选修了国画、钢笔画，并自学了建筑学和给排水专业的大部分课程。如今，他的办公室里仍摆放着一张书法练习台。"有空时写上几个字，画上几笔，能让我保持清醒。"龙卫国这份执着，为他此后的职业生涯打下了坚实的基础，也是他走向事业更高峰的力量之源。

本科毕业后的龙卫国被保送进了清华大学结构工程专业。22 岁时，他从清华硕士毕业，进入中建西南院，开始了在这家飞速发展的建筑设计单位的风雨之路。

攻坚克难，崭露头角

位于成都府河北侧星辉西路的中建西南院老办公楼是龙卫国"梦开始的地方"。在中建西南院，这个年轻人凭借扎实的专业功底、勤奋敬业的工作作风，很快担任了中建西南院二所专业组

---

[*] 本文部分参考网络文章，由学生记者赵家蓓整理而成。

长，并作为重要培养对象被外派到中建西南院珠海分院工作，任分院总工程师。

设计珠海市劳动局大楼时，因为地块下方散落着孤石，若使用传统的冲孔桩基础，起码要半年才能完成地基工作。"工期等不起，必须要想出新办法，解决这个难题。"龙卫国决定通过创新的手段啃下这个硬骨头。

"学霸"一路走来都擅长解决难题。 龙卫国不负众望，大胆设计了旋喷桩基础，利用旋喷桩避开孤石，解决了地基的难题。 通过这种方法，他们只用了 15 天就完成了原计划半年的工序，珠海市劳动局大楼也如期拔地而起。

龙卫国在技术创新道路上的开拓探索并没有就此止步。 例如，他率先运用转换板结构技术，协调上下结构共同受力，解决了底商高层房屋建造的大问题。 这一技术至今还在被广泛沿用。

执掌中建西南院：主张大胆创新

2009 年，龙卫国正式执掌中建西南院，将其创新敢干的个人风格进一步融入中建西南院的发展规划中。 当时国内房地产业势头正猛，他把眼光放在了愈演愈烈的竞争局势上，并带领中建西南院将专业化作为保持自身优势的发展战略。

为此，龙卫国一反常规，抽调全院精锐，成立了 14 个中心和工作室，分别钻研机场、医院、体育建筑等各专业领域。 这样的动作引来了质疑的声音： 会不会没有足够的项目"养活"设计师？ 专业局限是否会浪费人才？ 成果是对质疑最好的回答。 近年来中建西南院接连中标多个大型标志性共建项目，在机场、体育馆、医院等设计领域迈入国内顶尖水平。

对此，龙卫国认为："很多企业日子难过，都是因为创新不够。 如果只会设计办公楼、住宅和幼儿园，没有设计体育馆等稍复杂项目的能力的话，那你的'黄金期'确实已经过去了。 要在如今的市场上保持不败，专业化才是永远的竞争力。 做别人做不了的事情，物以稀为贵，才能让你的企业活得更好。"

对于创新伴随的风险，龙卫国有着明确的认识："不管是做技术还是搞管理，都要敢于大胆创新。 当然敢于创新不是盲目蛮干。 创新需要有足够的自信，这种自信是对自身功底的认识。 都说艺高人胆大，自己心里最清楚能否把握得住。 大胆创新同时要小心求证，不断学习，不断向人请教，否则就是乱来。"

2012 年，中建西南院再次迈出大胆一步，在郑州、广州、长沙等地相继设立 9 个分院。 不仅如此，中建西南院还把未来发展的方向对准了非洲、东南亚等地的海外市场。

如今，龙卫国带领的中建西南院，从单一的建筑工程设计企业发展为多元化集团；从四川和重庆走向全国，迈向世界。 中建西南院一步一个脚印，硕果累累。 我们相信，在龙卫国追求大胆突破、敢于创新的领导下，中建西南院必将会在风云变幻的建筑设计领域继续发挥优势，乘风破浪。

【参考文章】

[1] 罗琴. 西南设计院掌门人龙卫国：人生没有服输两字［EB/OL］.（2016-09-11）［2017-01-20］. http://news.huaxi100.com/show-227-813905-1.html.

[2] 熊筱伟. 不怕大胆创新带来的风险［N/OL］.（2016-11-30）［2017-01-20］. http://epaper.scdaily.cn/shtml/scrb/20161130/149657.shtml.

[3] 热烈祝贺我院龙卫国校友获首届"四川杰出人才奖"［EB/OL］.（2016-11-14）［2017-01-20］. http://www.ccea.zju.edu.cn/redir.php? catalog_id=3874&object_id=173042.

[4] 中国建筑西南设计研究院院长龙卫国访谈［EB/OL］.（2016-11-14）［2017-01-20］. http://www.maigoo.com/fangtan/284192.html.

宁静以致远*

——教师吴硕贤

吴硕贤，1947 年 5 月出生于福建泉州，中国科学院院士，建筑技术科学专家。吴硕贤 1970 年从清华大学土木建筑系建筑学专业毕业，1978—1984 年在清华大学获硕士学位和博士学位，是我国建筑界与声学界培养的第一位博士。1984—1998 年在浙江大学任教，1990 年晋升为教授，1994 年被评为博士生导师，期间于 1987—1988 年任悉尼大学博士后研究助理，1991—1992 年任因斯布鲁克大学高级访问学者。1998 年至今在华南理工大学任教，现任华南理工大学建筑技术科学研究所所长；兼任中国声学学会常务理事、会士，教育部科技委学部委员，重庆大学山地城镇建设与新技术教育部重点实验室学术委员会主任，东南大学城市与建筑遗产保护教育部重点实验室学术委员会副主任；曾任中国建筑学会建筑物理分会副理事长，建筑声学专业委员会主任委员，全国高校建筑学学科专业指导委员，美国声学学会会员，美国科学促进协会会员，南京大学近代声学国家重点实验室学术委员，国家自然科学基金委第七、九届评审委员，香港演艺学院特邀主讲教授；曾任浙江省诗词学会常务理事兼学术部副主任，国际著名刊物《声与振动学报》编委。2005 年当选为中国科学院院士，是当时全国建筑技术科学领域唯一的中国科学院院士。曾任中国科学院技术科学部副主任、咨询评议工作委员会委员、科学思想库建设委员会委员、亚热带建筑科学国家重点实验室主任。

吴硕贤在清华大学获得博士学位后即到浙江大学任教，长达 14 年（1984—1998 年），对建工学院有很深的感情，一直关心着建工学院的发展。2007 年，吴硕贤院士受聘担任浙江大学求是讲座教授。

书香门第育英才

在福建省平和县小溪镇，曾有一座一进两间的小宅院，名曰"半野轩"。门上贴着一副对联："园栽龙眼树，门对马鞍峰。"院中的藏书和名流字画不少，如郭沫若、郁达夫、弘一法师等人书赠的诗词条幅等；其余如"落玉盘""桐雨吟""兰谷风"等，均是宅院里珍藏的乐器的雅号。主人吴秋山喜爱民族音乐，往来者也都是同好。身为诗人、作家和书法家的吴秋山清名远扬，曾出版过抗战诗集《游击者之夜歌》、散文集《茶墅小品》及新诗集《秋山草》，不少作品入选《中国新文学大系》及续编。他还有一个身份，便是吴硕贤的父亲。吴硕贤的母亲林得熙，生长于福州的书香门第，是中学语文教师。吴硕贤自幼耳濡目染，养成了吟诗、练字的习惯，志

---

* 本文部分参考网络文章，由学生记者吕璇整理而成。

在传承家学。 多年后他形容自己对童年家宅的感情时说，自己最终学的是建筑专业，相比经常接触的那些富丽堂皇的住宅，他对半野轩"情更深，意更真，爱更笃，念更切"。

无论是从家学渊源还是个人兴趣的角度出发，吴硕贤起初的志向都是从事文学创作。 然而初三那年，中苏关系破裂，陈毅元帅曾代表中央号召全国青少年向科学进军。 吴硕贤非常敬仰钱学森、华罗庚、梁思成等肩负重任的老院士，转而立志向理工科发展。 在此后的生涯里，科学研究也确实成了他毕生的事业。 与此同时，得益于在半野轩度过的青少年时光，诗词创作与书法仍是他一生的业余爱好。

在中学时期，吴硕贤学习目标明确，踏实勤奋，用当时班长张松山的话来说，吴硕贤是"文理智体全面发展"的奇才。 音乐方面，他跟随老师学习了手风琴和钢琴；体育方面，他拿过全市中学游泳比赛的季军和全校高中部的乒乓球单打冠军；选择学建筑的他也培养了相当的绘画功底。 高中毕业时，他以全国理工科总分第一名的成绩考入清华大学。 临行前他作诗一首，其中写道：

> 投身学海寻珠玉，
> 辟径书山采桂芝。
> 收拾行装期北上，
> 前程似锦任驱驰。

立志于心，慎独而行

然而离家来到北方的吴硕贤并没有如愿挥洒自己的热情与豪情，充分展示自己的才华。 在大学念书八个月后，"文革"爆发了，吴硕贤的学习生活被完全打乱。

"文革"时，吴硕贤给自己立下了两条原则：不能荒废学业；不能做有损师道尊严的事。 毕业后他辗转到西安、南昌、福州等地的铁路局工作。 就在这纷纷扰扰的环境之中，他不负初心，结合实践，刻苦自学钢筋混凝土结构、砖石结构、涵洞、建筑设计、建筑史等课程。

1978 年全国恢复研究生招生，已过而立之年的吴硕贤如愿以偿，满心欢喜地回到母校读研究生，在导师的建议下主攻建筑声学方向。 1984 年，吴硕贤获得博士学位。 同年，他到浙大任教，在浙大继续他的学术研究，成为国内城市噪声预报与防噪规划领域的拓荒者。

在浙大任教期间，他曾到澳大利亚和奥地利访学，目睹了国内外生活水平的巨大差距。 当时身为副教授的吴硕贤在国内的工资只有每月七八百元，而一位澳大利亚大学教授的收入就达到上万澳元。 在这种对比下，留在国外的学者自是不少，但吴硕贤不为所动。 他说："我觉得在国外，还是应当懂得慎独。 完成学业就要回来报效祖国"。

在浙大工作期间，他为建筑学系本科生讲授建筑物理和模式语言等课程，为研究生讲授建筑环境声学等课程。 他主张建筑学应兼顾科技与艺术，要关注人的需要，注重人文关怀和人居环境质量。 他授过课的研究生如高伟俊、汪帆、杨仕超等，现均为国内外建筑物理与绿色建筑领域知名学者。 他还指导了包括葛坚、张继萍、赵越喆等博士（现都已被评为教授），他们都已成为我国建筑物理领域与国际学术界知名的中青年学术骨干。 其中，葛坚教授担任浙江大学建筑工程学院副院长，赵越喆教授担任华南理工大学亚热带建筑科学国家重点实验室副主任，全国建筑物理分会副理事长兼建筑声学专业委员会主任委员。 吴硕贤教过的学生张红虎，追随他到华南理工大学攻读博士学位，现回到浙江大学建筑工程学院任副教授。 吴硕贤的学生叶青，现任深圳建科院董事长，是全国绿色建筑领域的知名专家，在深圳与吴硕贤有长期合作。 吴硕贤自受聘担任浙大求是讲座教授以来，为浙大师生做了十几场学术报告，涵盖建筑环境声学、绿色建筑与建筑节能、建成环境使用后评价、城乡规划及成语新解等内容。

建筑声学的拓荒者

身为"中国建筑界与声学界培养的第一位博士"，吴硕贤院士在其学术研究中自然大多扮演着"拓荒"的角色。 用他自己的话简单概括，他的工作就是对声音实施"佳则收之，俗则屏之"。

起初吴硕贤的主要研究方向是城市交通噪声预报。 他租来各种类型的车，拉到北京郊区测量它们以不同速度行驶时产生的声音强度等参数。 如此一来，吴硕贤积累了车流速度与声音强度关系的大量数据。 为了寻找有效的噪声预测方法，他自学编程，利用学院唯一的一台计算机来预报噪声。 在浙大工作期间，他又继续这方面研究，进一步阐明了声学虚边界原理，推导出混响场车流噪声简洁公式，实现了这个领域的新突破，获得了国际学术界的高度评价。

此后，吴硕贤又涉足厅堂声学与声景学研究领域。 2006 年广州建造广州白云国际会议中心时，吴硕贤提出将其中的岭南大会堂兼作音乐厅的创意，获得成功。 他自信地说："之所以能提出这一创新理念，是因为我们在建筑声学方面研究得比较透。"

吴硕贤和他的团队还花了多年的心血开展对二胡、扬琴、琵琶、箫、笛、葫芦丝等 30 余种民族乐器声功率的测定工作。 民乐发明的八千多年来，这是首次对其开展系统、科学的测试研究工作。 吴硕贤说："民族乐器也该有一套自己的声功率数据，我们可以据此设计出专门展现民族乐器声效的厅堂建筑。"在此基础上，他们又率先开展民族音乐厅堂音质理论的研究，为设计民族音乐厅奠定了科学基础。

追寻人文关怀

吴硕贤理想中的人居声环境，是如"呦呦鹿鸣""雨打芭蕉""小楼一夜听春雨"一般的诗境。 未来人们应当有更挑剔的耳朵，在购买商品房时更多地了解建筑的各项物理环境品质，让孩子们在学习时能拥有在其中能专心听课、独立思考的一片"净土"。 吴硕贤称自己研究的特点是融合人文和科技，即"理纬文经织锦成"。

"从审美上来说，声音是引起乡愁的一个很重要的因素。"在他看来，声音是传统文化和乡土情结的组成要素，故应该重视声环境的营造，体现"对人的听觉关怀"。 为此，吴院士做了很多工作，比如建立居住区环境质量评价科学架构、率先实现基于三维视听一体化的厅堂座位选择系统以及率先开展中国古典园林声景研究等。

"人一生中所做的事未必都是主动去选择的，"吴院士这样看待自己的事业，"但若选定的事业对国家对社会有意义，对老百姓的生活有价值，就有坚持下去的意义。"

吴硕贤所研究的是场景的降噪，而他自己内心的宁静是始终如一的。 非宁静无以致远，"远"的不只是吴硕贤的科研道路，更是他达到的人生境界。 近年来，他陆续出版了《吴硕贤诗词选集》《吴硕贤书法选集》《吴硕贤行书选》《吴硕贤文集》《成语新解与杂谈》等著作。 2017 年2 月7 日，在广东省创新发展大会上，广东省委书记胡春华为吴硕贤颁发了 2016 年度广东省科技突出贡献奖，这是对其科技贡献的充分肯定。 我们期待吴硕贤在科技人文领域有更多的成就！

【参考文章】

［1］林晓彦.新世纪党员风采 带领"高冷"学科走入千家万户 建筑技术科学唯一一位中科院院士吴硕贤的"乡愁"［EB/OL］.（2016-06-02）［2017-01-22］.http://news.ycwb.com/2016-06/02/content_22179261.htm.

［2］林浩.中科院院士吴硕贤做客福大 解读"听觉关怀"［EB/OL］.（2016-06-10）［2017-01-22］.http://www.mnw.cn/edu/xiaoyuan/923809.html.

［3］贺蓓.大剧院看演出有望"听音选座"［EB/OL］.（2015-08-24）［2017-01-22］.http://www.oeeee.com/html/201508/24/286191.html.

［4］徐立文.诗书传家 代有才俊——记华南理工大学吴硕贤院士一家［J］.师道，2015(9)：6-7.

大而无私，久久留香*

——1989 届周大玖

周大玖，1949 年生于浙江绍兴，浙江大学工民建专业毕业，大学学历，工程师。历任萧山第二建筑公司副总经理、总经理，现任上海至大房地产开发有限公司董事长兼总经理、杭州泰和房地产开发有限公司董事长兼总经理、上海市浙江商会房地产分会副会长。周大玖从 1992 年创办杭州萧山商业房地产有限公司开始，经过 15 年的艰苦创业，使企业规模从小到大，厚积薄发，现已发展成为以"求实求索、崇尚精品"为开发理念，不断创新，精益求精，坚定不移走中国房地产品牌之路的大型房地产开发公司。

作为一位杰出的企业家，周大玖依然保持着简朴低调的生活习惯，并以一颗真挚的爱心，乐善好施，对社会公益和教育事业投入了最大的热情与希望。从土木工程学系老师的回忆与描述中，我们依然能够准确而生动地捕捉到这位将学生、企业家、商人等不同角色诠释得尽善尽美的周大玖。

周大玖与浙大土木工程学系的渊源要追溯到 1983 年，时任萧山县城建局驻杭办事处主任的周大玖，因为有着多年萧山城建领域的实践与管理经验，深切地体察到萧山建筑行业的落后与发展的瓶颈。一系列有关行业前景与发展的问题，时时撞击着周大玖的心灵。周大玖明白，人才是推动发展的第一动力，只有切实提高广大建筑行业从业人员的知识素养与技术水准，才能从根本上解决萧山城建领域的落后局面。

凭借在驻杭办事处的工作之便，周大玖主动与当时的浙江大学土木工程学系结构教研室联系，表达了开办"建筑结构培训班"的意愿与希望。这一提议立即得到了土木工程学系相关方面的大力支持。1983 年暑假，第一期建筑结构培训班顺利开班。该班采用两个月全日制教学模式，由结构教研室骨干教师一线指导学员。虽然时间短暂，但来自萧山城建行业各个领域的学员纷纷表示这样的培训效果卓著，切实有效地帮助自己提高了自身知识水平，加强了解决实战难题的能力。周大玖对这第一次"吃螃蟹"的行为深表欣慰，他隐约地明白，他正在做的这件事情不仅仅关系到他自己，更关系到其他人乃至萧山建筑行业的命运。

随后，在周大玖的努力以及浙大土木工程学系结构教研室的积极配合下，土木工程学系又开设了 1984 年暑期建筑结构培训班，着重于建筑力学、钢筋混凝土、建筑材料等基础理论的培训；1985 年和 1986 年的暑期建筑设计高级班，着力于钢结构设计、钢筋混凝土设计等方面的技能指导与教育。

---

    * 本文根据 2007 年对周大玖的老师采访的内容，由吴文明整理而成。

1987 年，在周大玖的积极组织与努力下，专门针对土建行业从业人员非学历教育的工民建专业证书班在萧山隆重开班。 此次办学达到了前所未有的双赢，既提升了浙大土木工程学系社会教学的经验与水准，也为广大土建学员提供了系统地学习知识的良好契机。

"在 1987 年和 1988 年入学的两届两年制教育的工民建专业证书班中，我们共培养了 194 名学生。 虽然当时的教学条件都很简陋，但学员们的学习热情、态度与学风却是前所未有地好。"当时主管萧山专业证书班教务的浙大土木工程学系许钧陶老师回忆道，"周大玖在萧山班的顺利开办与结业方面起到了重要的作用，萧山方面所有的教学场所、设施、生源等都由他来组织安排。更难能可贵的是，为了方便土木工程学系老师上课，他还特地配了一辆汽车，接送老师上下课，为教学活动的展开提供了便利。"许老师还回忆说，"周大玖当时已担任萧山第二建筑公司总经理一职，虽然工作繁忙，但他依然坚持和所有学员同住一幢宿舍楼，一同按时上课，并担任班长职务，学习成绩照样名列前茅。"

两届专业证书班的共同经历，让周大玖与浙大土木工程学系真正拥有了不解之缘。 正是这份难能可贵的不解之缘，让周大玖记住了浙大土木工程学系，也让浙大土木工程学系永远珍藏了这份校友之情。

1992 年，周大玖正式投身房地产行业。 历经 15 年的风雨沧桑，事业的成功与荣誉让周大玖更深切地明白，读书使人进步，是亘古不变的真理，只有将自己所创造的财富更多地投入教育事业，支持那些渴望进步、追求卓越的莘莘学子，才是个人与企业的真正价值所在。

为了践行反哺母校、支持教育的理念，周大玖多次为浙江大学土木工程学系捐资助学。 浙江大学教育基金会土木建筑规划教育基金的设立与发展，得到了周大玖的鼎力支持。 该基金会的成立就是为了促进和繁荣浙江大学建筑工程学院的教育、科研事业，奖励优秀的本科生、研究生以及在大学本科教学、研究生培养和科研方面的优秀教师。 浙江大学玉泉校区土木科技馆的顺利建成，也得到了周大玖的倾力资助。

"周大玖所设立的房地产公司，在萧山所有企业当中并不是最有钱的，但对教育事业的支持与投入，却是其他任何企业所不能比拟的。"原浙大土木工程学系结构教研室的夏志斌老师激动地说，"这应该跟周大玖贫困的童年有关，正是当时恶劣的家庭条件让他失去了最为宝贵的学习机会。 对于知识，他始终有种最为虔诚的追求与渴望。 过去如此，现在他更是不忘对真理和科学的探索与追寻。"

正是这份虔诚与真挚，让周大玖始终不忘母校的教导之恩，只要力所能及，他都鼎力支持土木工程学系的发展。

俗话道：一日为师，终身为父。 周大玖对老师的尊敬之情，有口皆碑。 在结束专业证书班培训之后，周大玖投身房地产开发行业。 企业的良性发展为他增长了经验，也积累了财富。 他始终不忘当年教导过他的土木工程学系老师。 除了送来节日的问候之外，最难能可贵的是，周大玖会不定期地邀请土木工程学系的所有老师实地参观他的企业，并虚心听取老师们对企业发展提出的意见与建议。 他认为，老师们的指导是他最大的荣幸，老师能够见证他企业的历史与发展，对他而言，是一种莫大的激励与鼓舞。 正是这种鼓舞，让他将企业之路走得更稳健、更长远。

周大玖除了尊师，还极力支持土木工程学系的学术与工作研讨会等活动。 在土木工程学系70周年系庆活动中，周大玖做了大量工作和资助。 正是这些点点滴滴的细节，深深地感动了土木工程学系的每一位老师。 尊师重教不再是一句口号，而是一种发自内心的实实在在的行动。周大玖所做的一切，都在老师心中留下不可磨灭的印记。

周大玖便是这样一位富有远见、脚踏实地、淡定从容的校友代表，他用自己所有的热情与精力，做了最正确、最有价值的事情。 受益的不只是他个人，更是广大渴求知识、探寻真理、追求卓越的学子。 他的无私终将在土木工程学系久久留香。

一名绿色建筑领域先锋的情怀与担当*

——1985 级叶青

"绿色科技，建筑未来。"随着可持续发展成为各国城市建设的共同追求，对建筑设计和城市规划的全新要求也应运而生。 叶青董事长就任深圳市建筑科学研究院（现改制为深圳市建筑科学研究院股份有限公司，以下简称"深圳建科院"）领导岗位后，深圳建科院便致力于绿色建筑、生态城市的实现，在城市化的历史进程中做出了杰出的贡献。 2009 年竣工投入使用的深圳建科大楼是国家"双百工程"绿色建筑示范项目，被评为国家级可再生能源示范项目，获全国绿色建筑创新奖一等奖、中国人居环境范例奖、2014 年亚太地区绿色建筑先锋奖等 30 多个国内外奖项。 我们有幸采访了大楼的设计者，也是我们的杰出校友——叶青，细细聆听她与我们分享曾经的学习生活和如今职业发展中的经历与体会。

大学：塑造品质，磨炼本领

2016 年 11 月 4 日采访当天上午，叶青董事长刚外出开会回来，裹着厚厚围巾的她鼻音很重："前一段出差淋了雨，重感冒。"即使身体欠佳，叶青董事长依然坚持工作，毫不推辞，这让我们在采访之初就已满心敬佩。

聊到在浙江大学建筑学专业的学习经历，叶青坦言，浙江大学"求是创新"的校训一直深刻地影响着她。 在校园求真务实的学风中，叶青积极在课内课外吸收知识，不断完善自己，对学科以外的知识也博闻强记。 在浙江大学的实践活动中，她的实践经验也不断提升。 在校时，她是卫生委员，对专业教室的清洁一直默默做着贡献。 她认为，参与班级、团队的这些活动，对自身的管理能力和协调思维颇具益处，同时这些实践也塑造了她刻苦钻研的性格和严谨求实的工作作风。 在此后几十年的工作中，叶青一天比一天更加深刻地感受到这些精神在她身上起到的积极作用。

她认为，在校所学到的知识不应当仅仅用成绩或学分来衡量。 在校学习的过程其实是培养能力、不断挑战并完善自我的过程。 完善扎实基本功，尽可能扩充自己的知识面，心无旁骛地学习，方能达到理想的境界。 大学生应当敢于做并学会做自己不善于、不会做的事情，才能更好地证明自己，实现自我的价值。 建筑学是一门与实践密不可分的专业，社会实践对在校学子的重要性不言而喻。 越早了解工程实践，越早接触建设活动的具体状况，越多思考当前的行业状况，越是能在步入社会后更好、更快地适应工作。

---

* 本文由学生记者张柏岩、郝雨晨、赵家蓓、方亮、马聪等人采访撰写而成。

职业：追寻梦想，勇于探索

叶青董事长告诉我们，任何一件优秀的建筑设计作品，都凝聚着许多人的心血。她与我们分享的深圳建科大楼的设计与建设过程就是极好的例子。

叶青一毕业就来到深圳建科院这一大公司的新兴团队。2005年深圳建科大楼启动设计时，在国内，绿色建筑领域的经验还很少，外部条件也不够成熟。而叶青秉承着浙江大学求是创新的精神，与她的团队在不断沟通、交流的过程中，成功地扮演了三个重要角色：首先，她是董事长，能够说服团队的投资方向；其次，她是建筑师，能够从专业的角度来看待问题，找到更好的解决方案，满足投资方的要求；第三，她是绿色建筑的研究者，能够做到将自己的技术与建筑良好的融合。

如今绿色科技方兴未艾，然而在十年之前进行绿色建筑的设计和建造要面临极大的挑战。正是这些经历让叶青在事业上积累了宝贵的经验。

对于许多同学感到困惑的择业问题，叶青董事长认为，一定要追寻自己内心真正喜欢的方向努力发展，深入探究；如果盲目追随所谓的热门职业，终究会因为外界条件的变化而中途放弃；只有做内心真正喜欢的事情，才会让自己坚持下去，并有所成就。

她回想起自己刚毕业的时候，没有资源也没有积累，但是她坚定地要带领研究所走绿色建筑的道路，而且要做到全国最好。怀揣这样的坚定信念，她带领团队完成了一个个具有代表性的绿色建筑的设计，并不断探索与发展绿色建筑的新可能。她认为，如今的浙大学子享有浙大这个广阔的平台，拥有丰富的校友资源，更应该心怀梦想，向着梦想前进。

她对一个人的职业发展历程做了这样的总结："工作的前十年拼的是长板，谁有过人之处就能够脱颖而出；第二个十年，拼的是短板，谁的短板不短，发展平衡，就能得到更大的提升；而第三个十年，拼的则是持久性，谁能够坚持，就能够厚积薄发。"短短一段话，却让我们陷入思考：许多面临就业的同学，总是想要找到一份"一步到位"的工作——薪酬高、压力小，然而每一个人的职业生涯都是一步一步发展起来的，每一个阶段都有相应的重点与付出，不能操之过急，只有踏实肯干，耐得住寂寞，才能够守得住繁华。

展望：心系母校，感恩前行

谈及大学期间对自己影响最深的恩师沈济黄大师，叶青董事长话语间充满了无限感恩。当时沈老师是系主任，亲自带毕业设计。毕业设计的项目是浙江省建设银行总部大楼。沈老师的耐心鼓励和细心指导让叶青对设计有了更全面的认识和理解，师长和同窗在生活上的关怀与包容也让她倍感温暖，而这些经历在潜移默化中影响了她以后的工作态度。

尽管毕业多年，叶青董事长依然十分关注母校和专业的发展，在母校120周年校庆以及建工学院 90 周年院庆即将到来之际，她表达了由衷的祝福。 作为深圳浙大校友会的重要成员，叶青董事长更是热情而坚定："母校需要我们做的，我们一定做好。"浙大人之间有一种特殊的情感，无论身在何处，都会相互帮助、共同发展，用自己的不懈奋斗为母校增光添彩，将求是创新精神永远延续下去。

叶青董事长从 1993 年毕业到深圳工作，至今已经有二十多个年头了，从起初研究所里的建筑设计师，到目前深圳建科院这个优秀企业的董事长，从她身上，我们看到的是作为一名绿色建筑领域的先锋对社会和行业发展脚踏实地、积极探索的情怀与担当。 即将走出校门的我们，更应该学习她身上的这一份情怀，心怀感恩地对待身边的事物，成为传承母校精神、奋发有为的新一代浙大人。

大事记

大 事 记

1927 年 ● 浙江大学的前身第三中山大学成立，工学院设土木工程科。

1930 年 ● 土木工程科改为土木工程学系。

1937 年 ● 土木工程学系随校西迁，历经浙江建德、江西吉安、江西泰和、广西宜山，1939 年终
迁至贵州遵义，同年建立龙泉分校。

1946 年 ● 9 月，土木工程学系随校返回杭州。

1949 年 ● 浙江金华英士大学土木系并入浙江大学土木工程学系。

1952 年 ● 全国高等学校较大规模的院系调整开始，杭州之江大学土木系师生并入土木工程学
系，浙江大学土木工程学系水利组调至南京的华东水利学院（现河海大学）。

1953 年 ● 浙江大学土木工程学系铁路建筑组调至同济大学，厦门大学工业与民用建筑专业曾国
熙先生等师生调入浙江大学土木工程学系。

1954 年 ● 土木工程学系迁到浙江大学玉泉新校址。

1956 年 ● 土木工程学系除工业与民用建筑本科专业外，增设河川枢纽与水电站建筑、土壤改良
两个本科专业。

1958 年 ● 设立建筑学专业，从在读的 1956 级、1957 级和 1958 级工民建专业三个年级中抽调部
分学生转至建筑学专业学习，此三届学生毕业后建筑学专业停办。

1960 年 ● 土木工程学系调入杭州工学院。

1961 年 ● 杭州工学院并入浙江大学，土木工程学系返回浙江大学。 土木工程学系开始招收研究
生，学科为钢筋混凝土结构、土力学，导师有李恩良、高鎮、曾国熙教授，学制为三年。

1966 年 ● "文革"开始，停止招生。

1970 年 ● 开始招收工农兵大学生。

1977 年 ● 恢复高考，招收本科生，设置建筑结构工程和水工结构两个专业，学制四年。 工农兵
大学生停招。

1978 年 · 正式招收硕士学位研究生，学科方向为岩土工程、结构工程、水工结构，学制三年。
建筑学本科专业恢复招生，学制四年。

1981 年 · 国务院学位委员会批准岩土工程学科为首批博士学位授予点，建筑学建筑技术科学为
国家首批二级科学硕士学位授予点。 国家教委批准土木工程学系所属建筑设计室发展
成为浙江大学建筑设计研究院，归学校直属。

1986 年 · 土木工程学系本科专业调整，设有工业与民用建筑、土建结构工程、建筑学三个专
业。 建筑学专业学制改为五年。

1987 年 · 4 月，在土木工程学系建筑学专业的基础上成立建筑学系，设建筑学本科专业和建筑
技术科学二级学科硕士点。 土木工程学系本科专业设工业与民用建筑、水利水电建筑
工程、城镇建设三个专业。

1989 年 · 土木工程学系以原教研室为基础成立岩土工程研究所、结构工程研究所、水工结构与
水环境研究室。 部分教研室保留。

1990 年 · 土木工程学系、建筑学系、建筑设计研究院联合成立建筑工程学院。

1992 年 · 国务院学位委员会批准结构工程学科为博士学位授予点。 成立浙江大学地基基础工程
公司、浙江大学西维尔建筑新技术开发公司以及建筑设计室（浙江大学建筑设计研究
院第四、第五设计室）。

1993 年 · 水工结构与水环境研究室发展为水工结构与水环境研究所。 成立浙江大学建设监理公
司。 工民建专业改名为建筑工程专业。 国务院学位委员会批准建筑设计及其理论二
级学科为硕士学位授予点。

1994 年 · 浙江大学建筑工程学院被列入我国首批建筑工程专业教育评估院校。 浙江大学土木工
程继续教育中心成立。

1995 年 · 建筑工程专业通过全国高等学校建筑工程评估委员会评估。 浙江大学建筑设计研究院
增设工程勘察设计室。 建立道路与桥梁工程研究室，成立浙江大学土木工程教育基金
会。 出版《浙大土木校友通讯》。

1996 年 · 建筑工程专业拓宽改名为土木工程专业，下设若干个专业方向。 建立市政工程和建筑
经济与管理两硕士点。 国务院学位委员会批准建筑学城市规划与设计二级学科为硕士
学位授予点。
建土工程学科被纳入国家"211 工程"重点建设学科。 水利实验室成为国家级基础课
教学实验基地。 土木工程学系与力学系联合建设的国家工科力学教学基地启动。
5 月，建筑学本科和建筑设计及其理论二级学科硕士点双双首次通过全国高等学校建筑

学专业教育评估，本科毕业授予建筑学学士学位，硕士研究生毕业授予建筑学硕士学位，有效期为四年。

土木工程学系自筹资金建设土木科技馆，建筑面积 3500 平方米，于 1996 年奠基。

1997 年
浙江大学建校 100 周年，土木工程学系建系 70 周年，出版了《土木工程论文集》，编辑了校友通讯录。

董石麟教授当选为中国工程院院士。

英国联合协调委员会（JBM）主席率专家组对土木工程学系建筑工程专业进行了全面评估检查，中英双方相互承认评估体系和学位达成协议。

百年校庆期间，土木工程学系校友捐建费公亭（玉泉校区）。

1998 年
浙江大学、杭州大学、浙江农业大学、浙江医科大学四校合并组建为新的浙江大学。

土木工程学科成为我国首批四个土木工程一级学科博士点之一。 申请博士后流动站获得批准。 土木科技馆建成并投入使用。

1999 年
由土木工程学系、建筑学系、区域与城市规划系、浙江大学建筑设计研究院、浙江大学城乡规划设计研究院组成新的建筑工程学院。 学院按实运行模式开展教学、科研、人事等服务与管理。

岩土工程和结构工程学科被批准为浙江省重点学科。 岩土工程学科入围教育部"长江学者奖励计划"，批准设置特聘教授岗位。

2000 年
国家工科基础课程力学教学基地中期检查专家组对力学教学基地进行检查。 土木工程学系工程结构设计实践基地列入浙江大学"振兴行动计划"项目。

2001 年
土木工程教育基金会更名为浙江大学土木建筑规划教育基金会。

土木工程学系的水工结构与水环境研究所、浙江大学环境与资源学院的港口海岸与近海工程研究所和水文资源研究所合并组建水利与海洋工程学系，归属建筑工程学院。

2002 年
岩土工程被教育部批准为高等学校重点学科。

"复杂环境下岩土工程与空间结构关键技术"重点学科列入浙江大学"十五""211 工程"。 建筑工程学院代表团访问香港特区高校。

2003 年
全国高校与科研院所进行学科评估，浙江大学土木工程学系土木工程一级学科整体水平排名第四（前三名分别为同济大学、清华大学、哈尔滨工业大学）。

2004 年
浙江大学推行每学年四学期制，新的本科专业指导性教学计划试行。 硕士研究生在校学习年限改为两年。

沈济黄教授获"全国工程勘察设计大师"称号。

国务院学位委员会批准建筑设计及其理论二级学科为博士学位授予点。

"工程流体力学"课程被评为国家和省级精品课程。

学院被评为浙江大学本科教学管理先进单位。

2005 年 土木工程专业以优秀成绩通过了建设部高等教育土木工程教育评估委员会专家组评估，有效期八年。

"工程流体力学课程建设及成果辐射"获国家教学改革成果奖二等奖；全国首届"东南网架杯"大学生结构设计竞赛获特等奖。

启动建设"岩土工程与大型结构"国家"985 工程"二期科技创新平台建设项目。

2006 年 1 月，紫金港安中大楼——建筑工程学院大楼开工。

与力学系合建的力学实验教学中心，被教育部批准为第二批国家级实验教学示范中心。

城市规划专业顺利通过本科专业教育首次评估，有效期四年。

12 月，软弱土与环境土工教育部重点实验室获得教育部批准立项建设。

2007 年 土木工程创新设计实验班获批成为教育部 2007 年度创新人才培养模式实验区。 毛根海教授主编的《应用流体力学》，被评为"2007 年度普通高等教育精品教材"。 土木工程和建筑学专业被评为浙江大学首批特色专业建设项目。

2008 年 "专题化"（王竹）获批成为浙江省精品课程。 学院与航空航天学院共建的"工科力学教学团队" 被评为浙江省首届高等学校省级教学团队。

学院整体搬迁到紫金港校区安中大楼。 该大楼的建成和使用，极大地改善了学院的办公条件，为学院进一步发展提供了良好的硬件支撑。

2009 年 《应用流体力学》获批普通高等教育"十一五"国家级规划教材。

张土乔教授团队承担国家重大专项——水体污染控制与治理科技重大专项饮用水安全保障技术综合示范项目，项目经费达到 1.8 亿元。

陈云敏团队"结构性软弱土地基灾变控制关键技术与工程应用"获得国家科学技术进步奖二等奖。

2010 年 土木工程专业获批成为国家级特色专业建设点。

与英国贝尔法斯特女王大学、加拿大阿尔伯特大学签订正式合作协议。

2011 年 建筑学、水利工程、城乡规划学被增列为一级学科博士学位授予点，交通运输工程被增列为一级学科硕士学位授予点，道路与交通工程被增列为二级学科博士学位授予点。 土木工程专业入选教育部首批实施的"卓越工程师培养计划"高校专业。

陈云敏教授获批"城市固体废弃物填埋孕育环境灾害与可持续防控的基础研究" 973计划项目首席科学家。

董石麟院士"国家游泳中心水立方关键技术创新与实践"成果荣获国家科学技术进步

奖一等奖（合作）。

龚晓南教授当选为中国工程院院士。

2012 年
- 获批普通高等教育"十二五"规划教材三部。

城市规划与设计专业硕士学位研究生教育首次通过评估，有效期为四年。

与广厦集团共建的实践基地获批国家级大学生校外实践基地。 卓越工程师培养与学生创新实践基地被评为浙江省优秀实践基地。

学院与日本北九州大学签署合作框架协议。

陈云敏教授"城市固体废弃物填埋场环境土力学机理与灾害防控关键技术及应用"成果荣获国家科学技术进步奖二等奖。

2013 年
- 学院与台湾大学工学院土木工程学系签订交换学生协议和学术交流协议。

4 月，学院青年教师吕朝锋参与的注射式 LED 的研究成果于美国《科学》杂志在线发表，参与的仿生复眼照相机的研究成果在英国《自然》杂志在线发表。

蔡袁强教授团队"长期循环动载下饱和软弱土地基灾变控制技术及应用"获国家科学技术进步奖二等奖。

2014 年
- "工程管理硕士"专业学位点获批；建筑学专业获批国家级"本科教学工程专业综合改革试点"项目。

学院与建筑设计研究院共建协同创新研究中心。

与伊利诺伊大学香槟分校（UIUC）签署协议在海宁国际校区合办土木工程专业。

2015 年
- 陈云敏教授当选为中国科学院院士。

徐世烺教授"混凝土结构裂缝扩展过程双 K 断裂理论及控裂性能提升基础研究"成果荣获国家自然科学奖二等奖。 关富玲教授参与的由浙江大学自主研制的皮卫星二号 2 颗卫星搭乘长征六号运载火箭成功进入太空。 华晨教授获浙江大学永平教学贡献奖。

学院与西班牙圣帕布洛大学签订院校联合办学合作协议。

工程师学院建筑与土木工程专业、工程管理专业的首届研究生招生。

2016 年
- 美国土木工程师学会浙江大学国际学生分会获批美国土木工程师学会正式国际学生分会组织。

6 月，浙江大学建筑规划设计学科产学研联盟正式启动。

陈云敏院士作为首席科学家建议的"超重力离心模拟与实验装置"被列入国家重大科技基础设施建设"十三五"规划。 王立忠教授负责的海洋土木工程国际联合研究中心获批为国家国际科技合作基地（国家级国际联合研究中心类）。 龚晓南院士和吴越教授分别负责的教学改革成果项目双双获得浙江省教学成果奖一等奖。 全国第十届大学生结构设计竞赛获一等奖，浙江大学获优秀组织奖。

附　录

附录1

下设研究所和实验室机构任命情况一览表

始任时间	归属	职务	姓名
1977 年	工业与民用建筑专业领导小组	主任	张国英
1977 年	工业与民用建筑专业领导小组	副主任	杜琳生
1977 年	水利水电专业领导小组	主任	苏锡琪
1977 年	水利水电专业领导小组	副主任	周均长
1977 年	建筑设计研究室	主任	夏志斌
1977 年	建筑设计研究室	副主任	杜琳生
1977 年	工业与民用建筑专业领导小组	副主任	吴美淮
1977 年	地基基础教研组	主任	曾国熙
1977 年	地基基础教研组	副主任	潘秋元
1977 年	测量教研组	副主任	金循刚
1977 年	400 号科研组	副主任	钱在兹
1977 年	水利水电专业实验室	主任	郝中堂
1977 年	水利水电专业实验室	副主任	孔才英
1977 年	工业与民用建筑专业实验室	主任	吴美淮
1977 年	工业与民用建筑专业实验室	副主任	蒋祖荫
1977 年	工业与民用建筑专业实验室	副主任	施寿昌
1978 年	400 号研究室	副主任	李翼祺
1978 年	400 号研究室	副主任	童竞昱
1978 年	结构力学教研室	主任	吴坤生
1978 年	结构力学教研室	副主任	孙扬镳
1978 年	结构力学教研室	副主任	薛德明
1978 年	土工学教研室	主任	曾国熙
1978 年	土工学教研室	副主任	王铁儒

始任时间	归属	职务	姓名
1978 年	建筑结构教研室	主任	魏廉
1978 年	建筑结构教研室	副主任	吴美淮
1978 年	建筑结构教研室	副主任	刘岳珠
1978 年	建筑结构教研室	副主任	曾文锦
1978 年	海洋结构工程教研室	主任	苏锡祺
1978 年	海洋结构工程教研室	副主任	汪如泽
1978 年	海洋结构工程教研室	副主任	汪树玉
1978 年	土工实验室	主任	顾尧章
1978 年	建筑结构实验室	主任	严慧
1978 年	建材实验室	主任	施寿昌
1979 年	工程测量教研室	主任	金循刚
1979 年	工程测量教研室	副主任	张勇昇
1979 年	建筑学教研室	主任	杜铭愚
1979 年	建筑学教研室	副主任	王德汉
1979 年	建筑学教研室	副主任	马霄鹏
1979 年	水力学实验室	主任	周均长
1979 年	工程测量实验室	主任	张勇昇
1979 年	海洋建筑工程实验室	主任	林开珍
1979 年	建筑物理实验室	主任	陈忠山
1981 年	建筑结构工程教研室	主任	吴美淮
1981 年	建筑结构工程教研室	副主任	刘岳珠
1981 年	建筑结构工程教研室	副主任	潘有昌
1981 年	水工结构教研室	主任	汪如泽
1981 年	水工结构教研室	副主任	郝中堂
1981 年	水工结构教研室	副主任	胡颂嘉
1981 年	建筑学教研室	主任	王德汉
1981 年	建筑学教研室	副主任	陆亦敏
1981 年	建筑物理教研室	主任	蒋鑑明
1981 年	建筑物理教研室	副主任	陈忠山
1981 年	建筑制图教研室	主任	马霄鹏
1981 年	建筑制图教研室	副主任	肖善驹
1981 年	结构力学教研室	主任	唐锦春

始任时间	归属	职务	姓名
1981 年	结构力学教研室	副主任	孙扬镳
1981 年	土工学教研室	主任	曾国熙（兼）
1981 年	土工学教研室	副主任	潘秋元
1981 年	土工学教研室	副主任	王铁儒
1981 年	工程测量教研室	主任	张勇昇
1981 年	建筑材料教研室	主任	曾文锦
1981 年	400 号研究室	主任	童竞昱
1981 年	400 号研究室	副主任	李益为
1981 年	建筑结构实验室	主任	严慧
1981 年	建筑结构实验室	副主任	蒋祖荫
1981 年	水工结构实验室	主任	林开珍
1981 年	水力学实验室	主任	周均长
1981 年	建筑物理实验室	主任	陈忠山（兼）
1981 年	土工学实验室	主任	王铁儒（兼）
1981 年	工程测量实验室	主任	羌荣林
1981 年	建筑材料实验室	主任	施寿昌
1984 年	建筑材料教研室	主任	曾文锦
1984 年	建筑制图教研室	主任	马霄鹏
1984 年	结构力学教研室	主任	孙扬镳
1984 年	土工学教研室	主任	潘秋元
1984 年	土工学教研室	副主任	吴世明
1984 年	工程测量教研室	主任	羌荣林
1984 年	建筑结构教研室	主任	严家嬉
1984 年	建筑结构教研室	副主任	姚祖恩
1984 年	建筑结构教研室	副主任	焦彬如
1984 年	建筑环境物理教研室	主任	蒋鑑明
1984 年	水工结构教研室	主任	汪树玉
1984 年	水工结构教研室	副主任	吴寿荣
1984 年	水工结构教研室	副主任	汪如泽
1984 年	建筑学教研室	主任	丁承朴
1984 年	建筑学教研室	副主任	徐畅
1984 年	建筑学教研室	副主任	吴家敏

始任时间	归属	职务	姓名
1984 年	施工教研室	主任	张振怀
1984 年	结构振动（400 号）研究室	主任	杨宜民
1984 年	结构振动（400 号）研究室	副主任	李益为
1984 年	建筑结构研究室	主任	蒋祖荫
1984 年	建筑结构研究室	副主任	唐锦春
1984 年	建筑材料实验室	主任	施寿昌
1984 年	土工学实验室	主任	吴世明（兼）
1984 年	土工学实验室	副主任	李明逵
1984 年	工程测量实验室	主任	廖增阳
1984 年	建筑结构实验室	主任	焦彬如（兼）
1984 年	建筑结构实验室	副主任	王百勤
1984 年	建筑环境物理实验室	主任	陈忠山
1984 年	水利工程实验室	主任	吴寿荣（兼）
1984 年	水利工程实验室	副主任	周均长
1984 年	建筑视觉模型实验室	主任	徐畅（兼）
1985 年	土木系计算机室	主任	胡建国
1986 年	建筑结构教研室	主任	姚祖恩
1986 年	建筑结构教研室	副主任	张国英
1986 年	水工结构教研室	副主任	周均长
1986 年	建筑结构研究室	主任	唐锦春
1986 年	结构振动（400 号）研究室	主任	宋伯铨
1986 年	结构振动（400 号）研究室	副主任	杨宜民
1986 年	结构振动（400 号）实验室	主任	李益如
1986 年	水利工程实验室	副主任	毛根海
1987 年	土木系城镇建设教研室	主任	汪如泽
1987 年	土木系城镇建设教研室	副主任	胡颂嘉
1987 年	土木研究所	所长	董石麟
1987 年	土木研究所	副所长	吴世明
1987 年	建筑结构教研室	副主任	陈鸣
1987 年	建筑结构研究室	主任	董石麟
1987 年	建筑结构研究室	副主任	卢勉志
1987 年	建筑制图教研室	副主任	施林祥

始任时间	归属	职务	姓名
1987 年	结构振动（400 号）研究室	主任	杨宜民
1987 年	结构振动（400 号）研究室	副主任	杨从清
1987 年	结构振动（400 号）实验室	主任	杨从清（兼）
1987 年	建筑结构实验室	主任	王百勤
1987 年	建筑设计与理论教研室	主任	雷茅宇
1987 年	建筑视觉模型实验室	副主任	罗卿平
1987 年	建筑物理实验室	主任	蒋国荣
1987 年	建筑环境物理教研室	主任	蒋鑑明
1987 年	建筑环境物理实验室	副主任	郑国荣
1987 年	建筑历史与理论教研室	主任	丁承朴
1987 年	建筑技术教研室	主任	孙去傲
1987 年	美术教研室	主任	杜高杰
1987 年	城市规划与设计教研室	主任	刘正官
1988 年	土木系实验室	主任	李明逵
1988 年	水工结构教研室	主任	周均长
1988 年	水工结构教研室	副主任	虞德兴
1988 年	建筑制图教研室	主任	施林祥
1990 年	城镇建设教研室	副主任	黄健
1990 年	土工实验室	副主任	陈云敏
1990 年	结构工程与理论研究所	所长	董石麟
1990 年	结构工程与理论研究所	副所长	姚祖恩
1990 年	结构工程与理论研究所	副所长	孙炳楠
1990 年	岩土工程研究所	所长	吴世明
1990 年	岩土工程研究所	副所长	潘秋元
1990 年	岩土工程研究所	副所长	龚晓南
1990 年	水工结构及水环境研究室	主任	汪树玉
1990 年	水工结构及水环境研究室	副主任	周均长
1991 年	建筑材料教研室	主任	钱晓倩
1991 年	建筑环境物理教研室	主任	吴硕贤
1991 年	建筑环境物理实验室	副主任	霍云
1991 年	建筑物理实验室	主任	陈忠山
1992 年	建筑设计与理论教研室	主任	卜菁华

始任时间	归属	职务	姓名
1992 年	工程测量教研室	主任	陈丽华
1992 年	工程测量实验室	主任	赵良荣
1993 年	水工结构与水环境研究所	所长	汪树玉
1993 年	水工结构与水环境研究所	副所长	毛根海
1993 年	水工结构与水环境研究所	副所长	杨延毅
1993 年	水工结构与市政工程研究室	主任	俞亚南
1993 年	流体力学与给排水工程研究室	主任	张土乔
1993 年	系统分析与优化研究室	主任	刘国华
1993 年	建筑材料教研室	主任	郑立
1993 年	水利工程实验室	主任	吴寿荣
1993 年	建筑物理实验室	主任	吴硕贤（兼）
1995 年	水工结构与水环境研究所	所长	毛根海
1995 年	水工结构与水环境研究所	副所长	杨延毅
1995 年	道路与桥梁工程研究室	主任	徐兴
1995 年	浙江大学土木工程软件开发中心	主任	罗尧治
1995 年	城市规划与设计教研室	主任	胡晓鸣
1995 年	建筑设计研究院工程勘察设计室（原浙江大学岩土工程钻探队）	主任	尚亨林
1996 年	水工结构与水环境研究所	副所长	俞亚南
1996 年	美术教研室	主任	赵华
1996 年	建筑技术教研室	副主任	李文驹（主持工作）
1997 年	建筑经济与管理研究室	副主任	阮连法（主持工作）
1997 年	建筑经济与管理研究室	副主任	毛义华
1998 年	建筑环境物理教研室	副主任	张三明（主持工作）
1998 年	建筑材料实验室	主任	詹树林
1999 年	中荷软弱地基基础工程技术研究中心	名誉主任	吴世明
1999 年	中荷软弱地基基础工程技术研究中心	主任	陈云敏
2000 年	岩土工程研究所	所长	吴世明
2000 年	岩土工程研究所	副所长	龚晓南、陈云敏
2000 年	结构工程研究所	所长	金伟良
2000 年	结构工程研究所	副所长	孙炳楠、童根树
2000 年	水工结构与水环境研究所	所长	毛根海

始任时间	归属	职务	姓名
2000 年	水工结构与水环境研究所	副所长	刘国华
2000 年	交通工程研究所	副所长	项贻强（主持工作）、陈伟球
2000 年	市政工程研究所	所长	张土乔
2000 年	市政工程研究所	副所长	俞亚南
2000 年	防灾工程研究所	所长	陈龙珠
2000 年	防灾工程研究所	副所长	朱国元
2000 年	建筑经济与管理研究所	副所长	阮连法（主持工作）
2000 年	建筑经济与管理研究所	副所长	毛义华
2000 年	空间结构研究中心	主任	董石麟
2000 年	空间结构研究中心	副主任	关富玲
2000 年	建筑设计及其理论研究所	所长	卜菁华
2000 年	建筑设计及其理论研究所	副所长	徐雷
2000 年	建筑设计及其理论研究所	副所长	罗卿平
2000 年	城市规划与设计研究所	副所长	华晨（主持工作）
2000 年	城市规划与设计研究所	副所长	杨建军
2000 年	城市规划与设计研究所	副所长	李王鸣
2000 年	建筑材料研究室	主任	钱晓倩
2000 年	建筑制图研究室	主任	施林祥
2000 年	现代设计与软件研究室（系计算机室）	主任	徐也平
2000 年	空间结构研究中心	主任	董石麟
2000 年	空间结构研究中心	主任助理	肖南
2000 年	结构工程研究所	所长助理	王柏生
2000 年	水文与水资源工程研究所	所长	楼章华
2000 年	港口海岸与近海工程研究所	所长	周起舞
2000 年	土工实验室	主任	王立忠
2000 年	建筑结构实验室	主任	王柏生
2000 年	水利实验室	主任	吴寿荣
2000 年	道桥实验室	主任	叶贵如
2001 年	交通工程研究所	所长	项贻强
2001 年	建筑经济与管理研究所	所长	阮连法
2001 年	建筑经济与管理研究所	副所长	毛义华
2001 年	防灾工程研究所	所长	陈龙珠

续　表

始任时间	归属	职务	姓名
2001 年	防灾工程研究所	副所长	尚岳全
2001 年	建筑工程学院工程力学研究中心	副主任	张我华、陈伟球
2002 年	防灾工程研究所	副所长	朱国元
2002 年	岩土工程研究所	所长	陈云敏
2002 年	岩土工程研究所	副所长	谢康和
2002 年	防灾工程研究所	所长	尚岳全
2002 年	防灾工程研究所	副所长	朱国元
2002 年	空间结构研究中心	主任	董石麟
2002 年	空间结构研究中心	副主任	罗尧治（常务）
2002 年	水工结构与水环境研究所	所长	毛根海
2002 年	水工结构与水环境研究所	副所长	蒋建群
2003 年	岩土工程研究所	副所长	龚晓南
2003 年	空间结构研究中心	副主任	关富玲
2003 年	测量工程研究室	主任	陈丽华
2003 年	结构工程研究所	所长	金伟良
2003 年	结构工程研究所	副所长	童根树
2003 年	结构工程研究所	副所长	楼文娟
2003 年	美术与环境艺术研究室	主任	赵华
2003 年	测量工程实验室	主任	陈丽华（兼）
2003 年	土木工程实验中心	主任	蒋建群
2006 年	结构工程研究所	所长	金伟良
2006 年	结构工程研究所	副所长	童根树、楼文娟
2006 年	空间结构研究中心	主任	董石麟
2006 年	空间结构研究中心	常务副主任	罗尧治（主持工作）
2006 年	空间结构研究中心	副主任	邓华
2006 年	岩土工程研究所	所长	陈云敏
2006 年	岩土工程研究所	副所长	谢康和、唐晓武
2006 年	市政工程研究所	所长	张土乔
2006 年	市政工程研究所	副所长	俞亚南
2006 年	防灾工程研究所	所长	尚岳全
2006 年	防灾工程研究所	副所长	钱晓倩、蒋军
2006 年	交通工程研究所	所长	项贻强

始任时间	归属	职务	姓名
2006 年	交通工程研究所	副所长	陈伟球、黄志义
2006 年	土木工程管理研究所	所长	阮连法
2006 年	土木工程管理研究所	副所长	毛义华
2006 年	水工结构与水环境研究所	所长	刘国华
2006 年	水工结构与水环境研究所	副所长	蒋建群
2006 年	港口海岸与近海工程研究所	所长	孙志林
2006 年	港口海岸与近海工程研究所	副所长	蒋国俊
2006 年	建筑技术研究所	副所长	张三明（主持工作）
2006 年	建筑技术研究所	副所长	李文驹
2006 年	建筑设计及其理论研究所	所长	徐雷
2006 年	建筑设计及其理论研究所	副所长	罗卿平、余健、陈帆
2006 年	城市规划与设计研究所	所长	华晨
2006 年	城市规划与设计研究所	副所长	杨建军
2006 年	城市规划与设计研究所	副所长	李王鸣
2006 年	水工结构与水环境研究所	所长	刘国华
2006 年	水工结构与水环境研究所	副所长	蒋建群
2006 年	城市规划工程与信息技术研究所	副所长	陈秋晓（主持工作）
2006 年	城市规划工程与信息技术研究所	副所长	王伟武
2009 年	高性能建筑结构与材料研究所	所长	徐世烺
2009 年	高性能建筑结构与材料研究所	副所长	童根树
2009 年	高性能建筑结构与材料研究所	副所长	金贤玉
2010 年	绿色建筑与低碳城市建设研究中心	名誉主任	董石麟
2010 年	绿色建筑与低碳城市建设研究中心	主任	徐世烺
2010 年	绿色建筑与低碳城市建设研究中心	副主任	王立忠、王竹、罗尧治
2010 年	建筑工程学院实验中心	主任	蒋建群
2010 年	建筑工程学院实验中心	副主任	王柏生
2010 年	建筑工程学院实验中心	副主任	葛坚
2010 年	建筑工程学院实验中心	副主任	万五一
2011 年	工程建设与灾害防治监控中心	主任	罗尧治
2011 年	工程建设与灾害防治监控中心	副主任	尚岳全、刘国华、项贻强
2011 年	乡村人居环境研究中心	主任	王竹
2011 年	乡村人居环境研究中心	副主任	李王鸣、贺勇、葛坚、毛义华

始任时间	归属	职务	姓名
2011 年	土木水利工程实验中心	副主任	钱匡亮（兼）
2014 年	土木工程管理研究所	副所长	张宏（主持工作）
2014 年	建筑工程学院实验中心	主任	蒋建群
2014 年	建筑工程学院实验中心	副主任	王柏生
2014 年	建筑工程学院实验中心	副主任	钱匡亮（兼）
2014 年	建筑工程学院实验中心	副主任	朱斌
2014 年	建筑工程学院实验中心	副主任	何国青
2014 年	建筑工程学院实验中心	副主任	余世策
2015 年	风景园林研究中心	主任	王洁
2015 年	风景园林研究中心	副主任	郭宏峰（兼）
2015 年	风景园林研究中心	副主任	李咏华
2015 年	结构工程研究所	所长	金伟良
2015 年	结构工程研究所	副所长	楼文娟、赵羽习
2015 年	空间结构研究中心	主任	董石麟
2015 年	空间结构研究中心	常务副主任	罗尧治
2015 年	空间结构研究中心	副主任	邓华、许贤（主任助理）
2015 年	空间结构研究中心	所长	徐世烺
2015 年	高性能建筑结构与材料研究所	副所长	童根树、李庆华
2015 年	建筑材料研究所	所长	钱晓倩
2015 年	建筑材料研究所	副所长	詹树林、包红泽
2015 年	岩土工程研究所	所长	陈云敏
2015 年	岩土工程研究所	副所长	陈仁朋、詹良通、朱斌
2015 年	滨海和城市岩土工程研究中心	主任	龚晓南
2015 年	滨海和城市岩土工程研究中心	常务副主任	徐日庆
2015 年	滨海和城市岩土工程研究中心	副主任	王立忠、王奎华
2015 年	市政工程研究所	所长	张土乔
2015 年	市政工程研究所	副所长	张仪萍、邵卫云（兼）、俞亭超（所长助理）
2015 年	防灾工程研究所	所长	尚岳全
2015 年	防灾工程研究所	副所长	蒋军、赵永倩（兼）、吕庆（所长助理）
2015 年	交通工程研究所	所长	徐荣桥

续　表

始任时间	归属	职务	姓名
2015 年	交通工程研究所	副所长	汪劲丰、梅振宇
2015 年	土木工程管理研究所	所长	张宏
2015 年	土木工程管理研究所	副所长	温海珍、翟东（所长助理）
2015 年	建筑设计及其理论研究所	所长	徐雷
2015 年	建筑设计及其理论研究所	副所长	贺勇、宣建华
2015 年	建筑技术研究所	所长	葛坚
2015 年	建筑技术研究所	副所长	张三明、金建明（兼）、陈淑琴（所长助理）
2015 年	城市规划与设计研究所	所长	华晨
2015 年	城市规划与设计研究所	副所长	王纪武、葛丹东
2015 年	城市规划理论与技术研究所	所长	韩昊英
2015 年	城市规划理论与技术研究所	副所长	陈秋晓、王伟武（兼）
2015 年	水工结构与水环境研究所	所长	刘国华
2015 年	水工结构与水环境研究所	副所长	程伟平
2015 年	水文与水资源工程研究所	所长	冉启华
2015 年	水文与水资源工程研究所	副所长	许月萍
2015 年	建筑与城市发展国际研究中心	主任	吴越
2015 年	建筑与城市发展国际研究中心	副主任	陈帆
2015 年	浙江大学建筑设计研究院协同创新研究中心	主任（兼）	罗尧治
2015 年	浙江大学建筑设计研究院协同创新研究中心	副主任（兼）	周家伟
2015 年	浙江大学建筑设计研究院协同创新研究中心	副主任	陈帆
2015 年	浙江大学建筑设计研究院协同创新研究中心	副主任	邓华
2015 年	浙江大学建筑设计研究院协同创新研究中心	办公室主任	包红泽
2016 年	中国古村落修复研究中心	首席专家	罗杨
2016 年	中国古村落修复研究中心	主任	华晨
2016 年	中国古村落修复研究中心	常务副主任	葛丹东
2016 年	中国古村落修复研究中心	副主任	裘知、殷农（兼）、许建伟（兼）、黄立轩（兼）
2016 年	互联网＋建筑 CAAD 技术应用中心	主任	王杰
2016 年	互联网＋建筑 CAAD 技术应用中心	副主任	亓萌

附录2

职能科室任命情况一览表

始任时间	归属	职务	姓名
1984 年	土木工程学系办公室	主任	钱志华
1984 年	土木工程学系	教学秘书	林开珍
1984 年	土木工程学系	科研、实验室秘书	徐也平
1984 年	土木工程学系	研究生秘书	李鸿远
1984 年	土木工程学系	人事秘书	娄建民
1986 年	土木工程学系	教学秘书	虞德兴
1986 年	土木工程学系	研究生秘书	黄一华
1987 年	建筑学系	教学秘书	徐雷
1987 年	建筑学系	研究生、科研秘书	华晨
1987 年	土木工程学系	科研秘书	卢勉志（兼）
1988 年	土木工程学系	教学秘书	张土乔
1989 年	建筑学系	科研、实验室秘书	郑国荣
1989 年 6 月	建筑学系	教学秘书	俞坚
1989 年 6 月	建筑学系	研究生秘书	胡晓鸣
1989 年	建筑学系	研究生秘书	王川
1989 年	建筑学系	教学秘书	王紫雯
1990 年	建筑工程学院办公室	主任	蒋成化
1990 年	建筑工程学院办公室	副主任	柴政辉（兼）、邵建华、张宏建
1991 年	建筑工程学院	人事秘书	张宏建
1991 年	建筑工程学院办公室	副主任	钱志华
1991 年	建筑学系	科研秘书	罗卿平
1991 年	建筑学系	教学秘书	陈帆
1991 年	建筑学系	实验秘书	霍云

始任时间	归属	职务	姓名
1992 年	土木工程学系	科研、实验室秘书	傅国宏
1992 年	建筑学系	研究生、科研、外事秘书	亓萌
1993 年	建筑工程学院办公室	副主任	张众伟
1993 年	建筑工程学院	人事秘书兼土木工程学系外事秘书	赵永倩
1993 年	建筑工程学院	学生秘书	钱志华
1994 年	土木工程学系	科研秘书	胡世云
1994 年	土木工程学系	实验室秘书	孙凤钢
1994 年	浙江大学土木工程继续教育中心	负责人	许钧陶
1996 年	土木工程学系办公室	主任	蒋成化
1996 年	土木工程学系办公室	副主任	郑金中（兼）
1997 年	土木工程学系	科研、实验室秘书	姚谏
1998 年	土木工程学系	科研、实验室秘书	钱春
1999 年	党政办公室	主任	赵永倩
1999 年	党政办公室	副主任	陶卫江（正科职）
1999 年	党政办公室	副主任	张玉珠
1999 年	组织人事科	科长	卢勉志
1999 年	组织人事科	副科长	葛盈辉
1999 年	组织人事科	副科长	张众伟
1999 年	本科与成人教育科	科长	丁元新
1999 年	本科与成人教育科	副科长	孙于
1999 年	科研与开发科	科长	郑金中
1999 年	研究生教育科	科长	胡世云
2000 年	继续教育中心	主任	徐雷（兼）
2000 年	继续教育中心	常务副主任	孙于（副科职）
2000 年	继续教育中心	副主任	许钧陶、周坚
2000 年	党政办公室	主任	张众伟
2002 年 3 月	研究生教育科	科长	葛盈辉
2002 年 3 月	组织人事科	副科长	郭文刚
2003 年 5 月	本科生教育管理科	副科长	姜秀英
2005 年 12 月	党政办公室	副主任	赵华

始任时间	归属	职务	姓名
2005 年 12 月	继续教育中心	主任	华晨（兼）
2005 年 12 月	继续教育中心	常务副主任	孙于（副科职）
2005 年	组织人事科	科长	郭文刚
2005 年	本科生教育科	科长	姜秀英
2005 年	研究生教育科	科长	陆强
2005 年	科研开发科	副科长	金卫勇
2006 年 3 月	本科生教育科	副科长	叶惠飞
2006 年 3 月	研究生教育科	副主任	刘涛涛（正科职）
2008 年	继续教育中心	主任	刘涛涛
2008 年	继续教育中心	副主任	孙于
2008 年	继续教育中心	副主任	陈丽华
2008 年	科研与开发科	科长	金卫勇
2008 年 4 月	研究生教育科	副科长	赵华
2009 年 3 月	党政办公室	主任	金卫勇
2009 年 3 月	组织人事科	科长	丁元新
2009 年 3 月	科研与开发科	副科长	叶惠飞（主持工作）
2009 年 3 月	科研与开发科	副科长	孙于
2009 年 3 月	本科生教育科	副科长	邬亚芳
2009 年 3 月	研究生教育科	副科长	赵华（正科职）
2009 年 7 月	科研与开发科	科长	叶惠飞
2009 年 7 月	党政办公室	副主任	吴文明
2009 年 7 月	组织人事科	副科长	孙琳
2009 年 7 月	研究生教育科	副科长	路琳琳
2010 年 10 月	党政办公室	副主任	郑英蓓
2011 年 9 月	继续教育中心	主任	王佳萍
2011 年 10 月	组织人事科	副科长	陈海祥
2013 年 11 月	党政办公室	副主任	陈哲（副科职）
2014 年	本科生教育科	副科长	陈哲
2013 年 11 月	党政办公室	副主任	刘涛涛（副科职）
2014 年 12 月	党政办公室	副主任	邬亚芳
2015 年 10 月	学生工作办公室	主任	赵华

始任时间	归属	职务	姓名
2015 年 10 月	学生工作办公室	副主任	徐洁（兼）
2016 年 5 月	地方合作与发展办公室	主任	王建江
2016 年 5 月	校友联络办公室	主任	赵华
2016 年 12 月	工程教育与培训中心	主任	王佳萍
2016 年 12 月	工程教育与培训中心	副主任	刘涛涛
2016 年 12 月	教育教学办公室	主任	姜秀英
2016 年 12 月	教育教学办公室	副主任	路琳琳（正科职）
2016 年 12 月	教育教学办公室	副主任	陈哲
2016 年 12 月	教育教学办公室	副主任	繆海锋
2016 年 12 月	组织人事科	科长	陈海祥

附录3

学科性公司任命情况一览表

始任时间	归属	职务	姓名
1991 年	浙江大学建筑设计研究院第四设计室	负责人	徐雷（兼）
1992 年	浙江大学建筑设计研究院第五设计室	负责人	许钧陶、杨军、王奕
1992 年	浙江大学西维尔建筑新技术开发公司	总经理	唐锦春
1992 年	浙江大学地基基础工程公司	总经理	吴世明
1993 年	浙江大学建设监理公司	总经理	钱在兹
1998 年	土木工程测试中心（技术基础课）	主任	陈云敏
1999 年	浙江大学城乡规划设计研究院	院长	王士兰（兼）
1999 年	浙江大学城乡规划设计研究院	副院长	胡晓鸣
2000 年	浙江大学土木工程测试中心	副主任	王立忠
2000 年	浙江大学地基基础工程公司	总经理	吴世明
2000 年	浙江大学建设监理公司	常务副总经理	张振怀
2000 年	浙江大学建设监理公司	副总经理	汪尤升、魏新江
2000 年	浙江大学建设监理公司	办公室主任	卢勉志
2001 年	浙江大学建设监理公司	常务副总	张振怀
2001 年	浙江大学建设监理公司	副总经理	汪尤升、魏新江、马纯杰
2001 年	浙江大学建设监理公司	办公室主任	卢勉志
2002 年	浙江大学建筑设计研究院第五设计研究所	所长	宣建华
2002 年	浙江大学建设监理公司	常务副总经理	张振怀
2003 年	浙江大学建设监理公司	常务副总经理	汪尤升
2003 年	浙江大学建设监理公司	副总经理	魏新江、张福忠
2003 年	浙江大学建设监理公司	办公室主任	张振怀
2004 年	浙江大学建筑设计研究院第五设计研究所	副所长	包红泽
2004 年	浙江大学建设监理公司	常务副总经理	汪尤升

始任时间	归属	职务	姓名
2004 年	浙江大学建设监理公司	副总经理	魏新江、张福忠
2004 年	浙江大学建设监理公司	办公室主任	张振怀
2005 年	浙江大学建筑设计研究院第四设计研究所	所长	吴瑾（兼）
2005 年	浙江大学建筑设计研究院第四设计研究所	副所长	陈帆（兼）
2005 年	浙江大学建设监理公司	常务副总经理	汪尤升
2005 年	浙江大学建设监理公司	副总经理	丁元新、吴玉华
2006 年	浙江大学建设监理公司	负责全面工作	俞亚南
2006 年	浙江大学建设监理公司	副总经理	张振怀、丁元新、吴玉华
2007 年	浙江大学建设监理公司	副总经理	张振怀
2007 年	浙江大学建设监理公司	副总经理	丁元新
2007 年	浙江大学建设监理公司	副总经理	吴玉华
2007 年	浙江大学建设监理公司	总工程师	高德申
2010 年	土木工程测试中心	主任	徐世烺
2014 年	土木工程测试中心	主任	王立忠
2016 年	土木工程测试中心	主任	罗尧治

附录4

教工党支部任命情况一览表

始任时间	名称	职务	姓名
1977 年 9 月	工业与民用建筑专业党支部	书记	李身刚
1977 年 9 月	工业与民用建筑专业党支部	副书记	张国英、张黄福、孙桂铨
1977 年 9 月	水利水电专业党支部	书记	袁怀莹
1977 年 9 月	水利水电专业党支部	副书记	苏锡祺、潘维贤
1977 年 9 月	400 号科研组党支部	书记	赵善炎
1977 年 9 月	地基测量教研组党支部	书记	于志臣
1979 年 1 月	建筑结构工程专业党支委	书记	张国英
1979 年 1 月	建筑结构工程专业党支委	副书记	孙桂铨
1979 年 1 月	建筑学专业党支委	书记	杜琳生
1979 年 1 月	结构力学专业党支委	书记	吴坤生
1979 年 1 月	结构力学专业党支委	副书记	孙扬镰
1979 年 1 月	地测党支委	书记	吴坤生
1979 年 1 月	地测党支委	副书记	金循刚
1979 年 1 月	400 号研究室党支委	书记	赵善炎
1979 年 1 月	系机关党支委	书记	李身刚
1979 年 1 月	海洋建筑工程专业党支委	书记	郝中堂
1981 年 4 月	建筑结构工程教研室、建筑材料教研室党支部	书记	张国英
1981 年 4 月	水工结构教研室、水力学实验室党支部	书记	苏锡祺
1981 年 4 月	水工结构教研室、水力学实验室党支部	副书记	杜琳生
1981 年 4 月	结构力学教研室党支部	书记	吴坤生
1981 年 4 月	结构力学教研室党支部	副书记	孙扬镰
1981 年 4 月	土工学、土工测量教研室党支部	书记	王铁儒
1981 年 4 月	400 号研究室党支部	书记	张黄福

始任时间	名称	职务	姓名
1981 年 4 月	400 号研究室党支部	副书记	万锡林
1981 年 4 月	土木工程学系机关党支部	书记	柴政辉
1984 年 6 月	建筑结构教研室党支部	书记	张国英
1984 年 6 月	建筑学教研室党支部	书记	杜琳生
1984 年 6 月	土工测量教研室党支部	书记	龚晓南
1984 年 6 月	水工结构教研室党支部	书记	毛根海
1984 年 6 月	结构振动研究室党支部	书记	万锡林
1984 年 6 月	结构振动研究室党支部	副书记	陈新法
1984 年 6 月	结构力学教研室党支部	书记	乐翠英
1984 年 6 月	机关党支部	书记	潘维贤
1984 年 6 月	建筑设计院党支部	书记	柴政辉
1986 年 11 月	测量施工党支部	书记	张振怀
1986 年 11 月	测量施工党支部	副书记	羌荣林
1986 年 11 月	土工党支部	书记	王铁儒
1987 年 2 月	400 号研究室党支部	书记	万锡林
1987 年 2 月	建筑学系党支部	书记	杜高杰
1987 年 2 月	建筑学系党支部	副书记	徐雷
1987 年 2 月	建筑制图党支部	书记	阮连法
1987 年 10 月	建筑学系教工第一党支部	书记	杜高杰
1987 年 10 月	建筑学系教工第二党支部	书记	邵建华
1990 年 10 月	土木工程学系机关党支部	书记	阮连法
1990 年 10 月	结构理论党支部	书记	陈新法
1990 年 10 月	结构工程党支部	书记	严慧
1990 年 10 月	岩土工程党支部	书记	王铁儒
1990 年 10 月	水工结构党支部	书记	毛根海
1990 年 10 月	施、测、城党支部	书记	羌荣林
1990 年 10 月	建、制、计党支部	书记	张宏建
1990 年 10 月	建筑学系教工第一党支部	书记	杜高杰
1990 年 10 月	建筑学系教工第二党支部	书记	邵建华
1990 年 10 月	设计院党支部	书记	汪树中
1991 年 3 月	建筑工程学院机关党支部	书记	阮连法

始任时间	名称	职务	姓名
1991 年 3 月	结构理论党支部	书记	陈新法
1991 年 3 月	结构工程党支部	书记	陈鸣
1991 年 3 月	岩土工程党支部	书记	王铁儒
1991 年 3 月	水工结构党支部	书记	毛根海
1991 年 3 月	水工结构党支部	副书记	陈张林
1991 年 3 月	施工、测量、城建党支部	书记	羌荣林
1991 年 3 月	施工、测量、城建党支部	副书记	黄健
1991 年 3 月	建筑工程、制图、计算机房党支部	书记	郑金中
1991 年 3 月	建筑工程、制图、计算机房党支部	副书记	曾文锦
1991 年 3 月	建筑学系教工党支部	书记	徐雷
1992 年 3 月	建筑工程学院机关党支部	书记	张宏建
1992 年 3 月	建筑工程学院机关党支部	副书记	邵建华
1992 年 3 月	建筑学系教工第一党支部	书记	徐雷
1992 年 3 月	建筑学系教工第一党支部	副书记	董丹申
1992 年 3 月	建筑学系教工第二党支部	书记	俞浩斌
1992 年 3 月	建筑学系教工第二党支部	副书记	亓萌
1994 年 3 月	施工、测量、建材、计算机房党支部	书记	周坚
1994 年 3 月	建筑学系教工党支部	书记	罗卿平
1994 年 3 月	建筑学系教工党支部	副书记	张三明
1996 年 11 月	土木工程学系机关党支部	书记	郑金中
1996 年 11 月	土木工程学系教职工一支部（结构、空间、计算机）	书记	姚谏
1996 年 11 月	土木工程学系教职工二支部（振动、结构、桩基）	书记	陈新法
1996 年 11 月	土木工程学系教职工三支部（岩土）	书记	朱向荣
1996 年 11 月	土木工程学系教职工四支部（水工、水利）	书记	毛根海
1996 年 11 月	土木工程学系教职工五支部（建经、测量、建材）	书记	周坚
1996 年 11 月	土木工程学系教职工六支部（道桥、计算机室）	书记	徐也平
1996 年 11 月	土木工程学系教职工七支部（五室、制图）	书记	施林祥
1996 年 11 月	建筑学系教工第一党支部	书记	罗卿平
1996 年 11 月	建筑学系教工第二党支部	书记	华晨
1997 年 10 月	土木工程学系第三教工党支部	书记	徐日庆
1997 年 12 月	土木工程学系退休教工党支部	书记	胡建国

始任时间	名称	职务	姓名
1997 年 12 月	土木工程学系退休教工党支部	副书记	钱志华
1998 年 1 月	土木工程学系教工第一党支部	书记	陈鸣
2000 年 2 月	学院机关党支部	书记	张众伟
2000 年 2 月	结构工程研究所党支部	书记	陈鸣
2000 年 2 月	岩土工程研究所党支部	书记	徐日庆
2000 年 2 月	水工、市政所党支部	书记	毛根海
2000 年 2 月	防灾与建材党支部	书记	钱晓倩
2000 年 2 月	交通与测量党支部	书记	徐兴
2000 年 2 月	建筑经济与管理研究所党支部	书记	高德申
2000 年 2 月	五所机房制图党支部	书记	施林祥
2000 年 2 月	建筑设计与理论所党支部	书记	罗卿平
2000 年 2 月	建筑技术党支部	书记	金建明
2000 年 2 月	规划所党支部	书记	华晨
2000 年 2 月	规划系党支部	书记	陈玉娟
2000 年 2 月	设计院机关党支部	书记	汪树中
2000 年 2 月	设计院一所党支部	书记	陈学琪
2000 年 2 月	设计院二所党支部	书记	秦从律
2000 年 2 月	设计院三所党支部	书记	王宁
2000 年 2 月	退休一党支部	书记	胡建国
2000 年 2 月	退休二党支部	书记	陈忠山
2000 年 2 月	退休三党支部	书记	周复多
2001 年 12 月	市政工程研究所党支部	书记	俞亚南
2001 年 12 月	市政工程研究所党支部	副书记	邵卫云
2001 年 12 月	水利与海洋工程学系党支部	书记	毛根海
2001 年 12 月	水利与海洋工程学系党支部	副书记	孙志林
2002 年 1 月	浙江大学建设监理公司党支部	书记	卢勉志
2002 年 1 月	浙江大学建设监理公司党支部	副书记	张振怀
2002 年 7 月	学院机关党支部	书记	郭文刚
2002 年 7 月	结构工程研究所党支部	书记	陈鸣
2002 年 7 月	岩土工程研究所党支部	书记	徐日庆
2002 年 7 月	土木工程管理研究所党支部	书记	周坚

始任时间	名称	职务	姓名
2002 年 7 月	交通与测量党支部	书记	黄志义
2002 年 7 月	防灾与建材党支部	书记	钱晓倩
2002 年 7 月	五所机房制图党支部	书记	施林祥
2002 年 7 月	建筑设计理论所党支部	书记	罗卿平
2002 年 7 月	建筑技术党支部	书记	金建明
2002 年 7 月	规划所党支部	书记	华晨
2002 年 7 月	城规系党支部	书记	陈玉娟
2002 年 7 月	设计院职能党支部	书记	汪树中
2002 年 7 月	设计院一所党支部	书记	陈学琪
2002 年 7 月	设计院二所党支部	书记	秦从律
2002 年 7 月	设计院三所党支部	书记	王宁
2002 年 7 月	退休一党支部	书记	李鸿远
2002 年 7 月	退休二党支部	书记	陈忠山
2002 年 7 月	退休四党支部	书记	沈承烈
2002 年 7 月	退休五党支部	书记	张惠英
2002 年 7 月	退休五党支部	副书记	金爱仙
2003 年 3 月	岩土工程研究所党支部	书记	谢新宇
2003 年 3 月	浙江大学建设监理公司党支部	书记	魏新江
2003 年 3 月	浙江大学建设监理公司党支部	副书记	汪尤升
2003 年 10 月	设计院分院党支部	书记	周群建
2003 年 10 月	建筑设计研究院总支部	书记	潘维贤
2003 年 10 月	建筑设计研究院总支部	副书记	王宁
2005 年 10 月	学院机关党支部	书记	郭文刚
2005 年 10 月	结构工程研究所党支部	书记	陈鸣
2005 年 10 月	岩土工程研究所党支部	书记	谢新宇
2005 年 10 月	水利工程研究所党支部	书记	王振宇
2005 年 10 月	水文与港口研究所党支部	书记	孙志林
2005 年 10 月	市政工程研究所党支部	书记	邵卫云
2005 年 10 月	市政工程研究所党支部	副书记	张仪萍
2005 年 10 月	土木工程管理研究所党支部	书记	马纯杰
2005 年 10 月	交通与测量党支部	书记	黄志义

始任时间	名称	职务	姓名
2005 年 10 月	防灾与建材党支部	书记	赵永倩
2005 年 10 月	防灾与建材党支部	副书记	孟涛
2005 年 10 月	五所机房制图党支部	书记	施林祥
2005 年 10 月	建筑设计与理论研究所党支部	书记	罗卿平
2005 年 10 月	建筑技术党支部	书记	金建明
2005 年 10 月	城市规划与设计研究所党支部	书记	杨建军
2005 年 10 月	区域与城市规划系党支部	书记	王伟武
2005 年 10 月	实验中心党支部	书记	钱匡亮
2005 年 10 月	浙江大学建设监理公司党支部	书记	丁元新
2005 年 10 月	退休一党支部	书记	李鸿远
2005 年 10 月	退休一党支部	副书记	卢松存
2005 年 10 月	退休二党支部	书记	陈忠山
2005 年 10 月	退休三党支部	书记	黄瑾如
2005 年 10 月	退休四党支部	书记	沈承烈
2005 年 10 月	退休四党支部	副书记	王宗涛
2005 年 11 月	设计院第四党支部	书记	周家伟
2007 年 9 月	结构工程研究所党支部	书记	姚谏
2007 年 9 月	实验中心党支部支部副书记	副书记	包红泽
2008 年 9 月	岩土工程研究所党支部	书记	王立忠
2008 年 12 月	结构工程研究所党支部	书记	楼文娟
2009 年 2 月	学院机关党支部	书记	丁元新
2010 年 1 月	建筑设计研究院总支部	书记	董丹申
2010 年 1 月	水文所党支部	书记	朱蓉
2010 年 12 月	建筑设计研究院总支部	书记	吴伟丰
2010 年 12 月	建筑设计研究院总支部	副书记	周家伟
2010 年 12 月	学院机关党支部	书记	丁元新
2010 年 12 月	结构工程研究所党支部	书记	楼文娟
2010 年 12 月	岩土工程研究所党支部	书记	徐日庆
2010 年 12 月	水工结构与水环境研究所党支部	书记	王振宇
2010 年 12 月	水文与港航研究所党支部	书记	朱蓉
2010 年 12 月	水文与港航研究所党支部	副书记	许月萍

始任时间	名称	职务	姓名
2010 年 12 月	市政工程研究所党支部	书记	邵卫云
2010 年 12 月	市政工程研究所党支部	副书记	俞亭超
2010 年 12 月	土木工程管理研究所党支部	书记	马纯杰
2010 年 12 月	交通工程研究所党支部	书记	黄志义
2010 年 12 月	防灾、建材、高性能所党支部	书记	赵永倩
2010 年 12 月	建筑设计与理论研究所党支部	书记	宣建华
2010 年 12 月	建筑技术研究所党支部	书记	金建明
2010 年 12 月	城市规划与设计研究所党支部	书记	杨建军
2010 年 12 月	区域与城市规划信息所党支部	书记	王伟武
2010 年 12 月	实验中心党支部	书记	钱匡亮
2010 年 12 月	退休一党支部	书记	卢勉志
2010 年 12 月	退休一党支部	副书记	郑金中
2010 年 12 月	退休二党支部	书记	陈忠山
2010 年 12 月	退休三党支部	书记	黄瑾如
2010 年 12 月	退休四党支部	书记	王宗涛
2011 年 1 月	设计院第一党支部	书记	任伞时
2011 年 1 月	设计院第二党支部	书记	秦从律
2011 年 1 月	设计院第三党支部	书记	韦强
2011 年 1 月	设计院第四党支部	书记	周家伟
2011 年 1 月	设计院第五党支部	书记	张众伟
2011 年 1 月	设计院第六党支部	书记	杨毅
2011 年 1 月	设计院第七党支部	书记	徐铨彪
2011 年 1 月	设计院第八党支部	书记	吴杰
2011 年 1 月	设计院第九党支部	书记	李平
2011 年 1 月	设计院分院党支部	书记	周群建
2011 年 1 月	退体第五党支部	书记	张惠英
2012 年 6 月	建筑设计研究院第十一支部	书记	张众伟
2012 年 6 月	建筑设计研究院第五支部	书记	倪剑
2014 年 2 月	学院机关党支部	书记	陈海祥
2014 年 2 月	结构工程学科教工支部	书记	楼文娟
2014 年 2 月	岩土工程学科教工支部	书记	徐日庆

续　表

始任时间	名称	职务	姓名
2014 年 2 月	岩土工程学科教工支部	副书记	凌道盛
2014 年 2 月	水利系教工支部	书记	许月萍
2014 年 2 月	市政工程研究所教工支部	书记	邵卫云
2014 年 2 月	市政工程研究所教工支部	副书记	俞亭超
2014 年 2 月	交通工管联合教工支部	书记	黄志义
2014 年 2 月	交通工管联合教工支部	副书记	马纯杰
2014 年 2 月	防灾建材高性能联合教工支部	书记	赵永倩
2014 年 2 月	防灾建材高性能联合教工支部	副书记	孟涛
2014 年 2 月	建筑设计及其理论研究所教工支部	书记	贺勇
2014 年 2 月	建筑设计及其理论研究所教工支部	副书记	曹震宇
2014 年 2 月	建筑技术研究所教工支部	书记	金建明
2014 年 2 月	城乡规划学科教工支部	书记	杨建军
2014 年 2 月	城乡规划学科教工支部	副书记	王伟武
2014 年 2 月	实验中心教工支部	书记	钱匡亮
2014 年 2 月	退休一党支部	书记	毛根海
2014 年 2 月	退休一党支部	副书记	郑金中
2014 年 2 月	退休二党支部	书记	陈忠山
2014 年 2 月	退休三党支部	书记	黄瑾如
2014 年 2 月	退休四党支部	书记	王宗涛
2014 年 2 月	退休四党支部	副书记	阮文杰
2015 年 3 月	城乡规划学科教工支部	书记	王纪武
2016 年 4 月	市政工程研究所教工支部	书记	俞亭超
2016 年 4 月	市政工程研究所教工支部	副书记	张燕
2016 年 8 月	建筑规划学科总支部	书记	傅慧俊
2016 年 8 月	建筑规划学科总支部	副书记	徐洁

附录5

教职工名册

1927—1949 年

吴钟伟	张谟实	徐南驷	黄中	余勇	周镇伦	刘崇泽
陈崇礼	吴沐	王文炜	徐仁铧	E. N. Marriote（麦利奥特）		
吴钟庆	张馨山	卢宾候	唐凤图	吴睿	吴志敏	李绍迅
郭会邦	吴永明	徐芝纶	竺士楷	吴观姪	严自强	谢志公
施昭仁	顾振军	王师义	吴明愿	孙怀慈	俞调梅	朱昭锷
顾仁康	吴孚丞	陆子谦	谭天锡	刘达文	凌熙鼎	王伊曾
杨钦	张树森	李恩良	萧瑾	施成熙	张福范	任葆珊
熊大枚	董维宁	朱耀根	徐怀云	项阿毛	甘雨亭	夏志斌
钱鸿缙	周森康	钱令希	张书农	刘恢先	朱兆祥	梁永康
伍正诚	卢世深	吴美淮	任雨吉	赵韻藏	粟宗嵩	徐世齐
汪胡桢	张自立	高镇	钱家欢	蔡乃森	蒋祖荫	蒋协中
楼宗汉	赵元洪	胡汉升	余家洵	蔡为武	赵熙元	李崇德

1949 年后

蒋鑑明	廖慰慈	王魏轭	薛德明	萧善驹	黄钟基	谢贻权
董友成	杜铭愚	杜文伟	张勇昇	徐次达	童竞昱	何鸣岐
刘三喜	林俊侠	石善培	胡毓秀	胡鸿海	杜琳生	刘岳珠
竺沅芷	舒士霖	吴西箴	王仁柞	汪树玉	马霄鹏	孙琦
田名誉	张何文	陈有根	施寿昌	杨兴丁	廖增阳	曾国熙
高有潮	王铁儒	汪如泽	陈森	林定国	唐锦春	蒋建初
王德汉	甘克均	张若生	徐正平	裘进荪	潘有昌	何正昌
黄威华	魏廉	单纯	蔡法林	张幼贤	李振安	金仁隆
沙惠文	杜髙杰	黄深求	张志洁	解梅蓉	张君生	罗淑华
卫月蓉	邵建华	王冬凤	盛雪祺	佟如宝	陈品珍	蒋成化

全振庭	林舟岳	陈新法	俞招娟	程庸礼	盛进源	任富林
叶福余	张桢慧	陈世骥	陆荣庆	周均长	杨从清	胡建国
郝中堂	陈旺根	蔡大信	胡永锦	胡生明	杨干良	严　慧
张振怀	吴坤生	焦彬如	严家媗	金家盈	都彩生	苏锡祺
李鸿远	陈忠山	赵大中	马泊舟	刘华觉	刘干源	徐阿珍
方　舟	李杰华	自陈波	李托夫	李岱友	史凤才	齐　敏
王　欣	解建魁	陈复兴	钱在兹	傅远西	郭鼎康	孙扬镳
王馥梅	王百勤	万锡林	关富权	胡汉文	李国肩	滕　熙
余扶健	林顺明	沈石安	卞守忠	胡颂嘉	徐国强	羌荣林
陈云霞	陈森林	张国英	曾文锦	何师贤	许钧陶	孙去傲
张季容	许介三	周培希	单眉月	顾　迪	叶玉温	竹志扬
徐勇华	吴炎曦	顾尧章	余松润	乐翠英	赵善炎	袁怀莹
马振仑	李身刚	潘秋元	李翼祺	刘小丽	苏金治	周萍儿
白士高	包焖锁	朱一飞	赖云桃	程可元	林开珍	张　丹
杨德铨	潘绍芬	李传巍	殷传紘	黄秀慧	张　鹏	汪希美
吴官熙	孔才英	何雅琦	邱彩兰	张黄福	吴庆鸿	徐少曼
范明均	姚祖恩	杨宜民	乐子炎	吴寿采	宋伯铨	王振声
徐爱花	李益为	王自立	冯士明	吕晋润	叶贵汉	戴延年
朱一平	李革修	陶阿毛	王本贵	朱国元	虞德兴	袁雪成
毛根海	卢松存	卢志德	郑金中	杨晓顺	祝王飞	朱吾龙
董浩然	谷大丰	金循刚	李明遴	陆亦敏	寿忠良	王紫雯
卢勉志	潘维贤	徐也平	李耀生	施林祥	陈天文	吴国强
娄建民	张乃大	汪树中	孙桂铨	蔡云法	魏益华	阮连法
顾静强	钱志华	柴政辉	沈　冰	刘正官	李　琛	何和生
韩康强	夏明丽	俞家声	陆亿昌	彭松英	林文瑞	许永林
蒋志勇	高德申	吴建平	朱天健	张显杰	张　镁	王南中
赵振武	吴家敏	丁承朴	卜菁华	徐　畅	吴海遥	雷茅宇
应汝才	夏婉锦	陈　鸣	朱向荣	姚　谦	陈爱勉	马纯杰
包铁民	严宪法	陈国亮	张　安	张超英	王大中	田　洋
胡肖枫	霍　云	郦崇铭	吴樟凤	施建宝	张　扬	项　勇
杨荣鑫	孙凤钢	甘裁芷	张泌春	张友苓	张泉芳	金积良
郑　立	沈　杰	邵永治	陈丽华	李王鸣	何晔平	卓　新

罗卿平	徐 雷	张毓峰	顾小加	吴硕贤	周志隆	黄一华
黄宇年	李大军	赵良荣	吴 俊	陈其石	胡彩凤	钱根兴
陈 红	钱晓倩	王柏生	亓 萌	张科锋	吴世明	龚晓南
董石麟	周定中	刘国华	俞亚南	张土乔	蒋建群	钱海平
后德仟	高 峻	孙炜炜	林 涛	王 洁	杨秉德	纪淑文
赵阳（空间）	胡晓鸣	吴伟丰	傅国宏	谢康和	陈龙珠	叶贵如
陈建飞	项玉寅	周 坚	周宏凯	黄昊明	王大力	赵永倩
翁 岚	孙 清	肖 南	李文驹	陈雪芳	苏少卿	潘 健
傅立平	李正凯	王戍平	丁 旭	赏星云	周金国	金南国
宋昌永	赵红弟	王 清	陈丹玲	金贤玉	陈秋晓	陈 翔
杨延毅	高博青	娄常青	陈 帆	黄 健	陈云敏	孙炳楠
杨骊先	王 杰	洪 滔	毛义华	余 健	杨 军	龚 敏
秦建堂	蔡袁强	吴晓春	魏新江	冯 卫	王建江	宣建华
徐日庆	夏唐代	项贻强	裘红妹	葛 炜	戴企成	李 娜
王 焱	张忠苗	徐延安	张文玉	傅东黎	王东辉	张众伟
张宏建	邱 岚	臧国丰	张玉珠	胡世云	石 萍	华 晨
马敏霞	丁元新	钱匡亮	吴高岚	吴刚兵	蔡 萌	屠荣伟
陆 江	罗尧治	金伟良	张 航	金 波	陈水福	关富玲
金建明	包志仁	屠毓敏	沈敬敏	谢良葵	徐辛妹	楼文娟
蔡金标	葛 坚	童根树	饶芝英	赵阳（防灾）	谢新宇	俞建霖
许进军	王佳萍	王立忠	张 凌	尚亨林	应宏伟	曹振宇
赵华（建筑）	黄 絮	祁巍锋	丁皓江	徐 兴	凌道盛	邹道勤
连 铭	陈伟球	金 方	汪孔政	王 卡	汪均如	顾 哲
陆杰峰	张福忠	陈晓平	李 琳	胡晓衡	吴玉华	陈 勇
陈仁朋	黄志斌	陈胜平	程 鹏	邓 华	包红泽	张 涛
李海波	韩建华	韩 皓	金章茂	李富强	邵卫云	尚岳全
张我华	张 武	叶惠飞	尹 娟	温晓贵	徐长节	詹树林
俞洪良	邓 竹	张汛翰	熊 鹰	章军军	张 燕	王伟武
王步宇	唐晓武	鲍亦兴	高裕江	魏 薇	秦洛峰	王 奕
钱 春	张玉红	葛盈辉	郭文刚	姜秀英	王春波	金卫华
刘涛涛	明 焱	毛欣炜	吴 璟	楼宇红	李效军	孙 于
朱松青	孟 涛	刘道峰	刘 渊	柳景青	黄任群	楼晓东

胡海田	徐芸青	陈　林	王奎华	卢　轶	韩同春	胡安峰
王　雷	胡亚元	黄　博	蒋　军	浦欣成	柯　瀚	李咏华
匡亚萍	李忠学	黄志义	刘承斌	王振宇	王福建	邬亚芳
张三明	谢　旭	徐荣桥	傅慧俊	徐晓原	严　平	严细水
宋洁人	杨晓军	杨玉龙	俞亭超	程伟平	饶传坤	袁行飞
詹良通	胡云进	朱志刚	赵　阳	张爱晖	汪尤升	张凌武
张仪萍	王　竹	沈国辉	贺　勇	顾正华	赵羽习	宋志刚
庄一舟	郑喜亮	周　建	周仙通	温海珍	秦中伏	张治成
庞　苗	汪劲丰	王金昌	张永强	龚顺风	孙晓燕	万五一
朱　斌	孙　琳	路琳琳	徐　洁	祝丽丽	余世策	冉启华
赵华（机关）	陆　强	金卫勇	吴文明	边学成	赖俊英	梅振宇
吕　庆	吕朝锋	王海龙	李　涛	牛少凤	许月萍	张　磊
韦亚平	孔令刚	陈富明	苏　亮	彭　勇	边学成	曹　康
王　晖	朱　嵩	舒友韬	吕朝锋	何国青	赖俊英	梅振宇
吕　庆	段元锋	王凤芹	王海龙	王纪武	方火浪	张红虎
涂序新	陈　驹	杨仲轩	郑　卫	张毓峰	林伟岸	周燕国
韩昊英	王福民	何　勇	田　野	徐世烺	杨英楠	李庆华
李　聪	白　勇	李育超	葛丹东	徐晓峰	李　腾	张明涛
包　胜	王殿海	孙宏磊	方　磊	邵　煜	谢海建	吴建营
周永潮	陈　哲	姜　涛	王激扬	李贺东	闫东明	沈雁彬
黄铭枫	陈海祥	王微波	段　安	杜丽华	叶苗苗	陈　钢
许　贤	裘　知	江衍铭	李玲玲	兰吉武	翟　东	缪海锋
张大伟	刘海江	韩梦琳	李孟颖	陈晓伟	孙轶琳	张　宏
申永刚	许　晨	金　盛	张　鹤	叶肖伟	赵　宇	杨贞军
范立峰	吴　珂	吴党中	黄　乐	张玉瑜	傅舒兰	张可佳
王亦兵	蔚　芳	彭　宇	夏　晋	董文丽	Shanshan Qi	张　麒
曹志刚	骆　娴	冀晓华	祁宏生	国　振	刘　翠	郭鹏越
吴　越	章立辉	韦娟芳	陈淑琴	曾　强	顾淑霞	徐　强
郑　俊	曹　宇	Subhamoy Bhattacharya	陈喜群	董　梅	陈思嘉
洪　义	赵　康	罗平平	郑飞飞	吴津东	袁　峰	王嘉琪
胡佳俊	巴　特	夏　冰	张　焕			

附录6

在职教职工名单

学院机关

党委书记：陈雪芳　　党委副书记：黄任群、傅慧俊

金卫勇	邬亚芳	黄乐	丁元新	陈海祥	陆强	路琳琳	缪海锋
姜秀英	陈哲	朱松青	叶惠飞	孙于	赵华	徐洁	郭鹏越
胡佳俊	王佳萍	刘涛涛	石萍	杜丽华	赵红弟	汪尤升	

结构工程研究所

所长：金伟良　　副所长：楼文娟、赵羽习

白勇	陈水福	姚谏	王柏生	杨骊先	沈国辉	邹道勤	张爱晖
龚顺风	王海龙	陈勇	程鹏	卓新	宋洁人	宋昌永	许进军
陈驹	王步宇	张武	包胜	黄铭枫	段安	张大伟	许晨
夏晋	谢霁明						

空间结构研究中心

主任：董石麟　　常务副主任：罗尧治　　副主任：邓华

| 关富玲 | 高博青 | 肖南 | 赵阳 | 袁行飞 | 苏亮 | 姜涛 | 沈雁彬 |
| 许贤 | | | | | | | |

高性能建筑结构与材料研究所

所长：徐世烺　　副所长：童根树

| 金贤玉 | 李忠学 | 张磊 | 李庆华 | 田野 | 王激扬 | 李贺东 | 闫东明 |
| 杨贞军 | 曾强 | 张麒 | | | | | |

岩土工程研究所

所长：陈云敏　　　　副所长：陈仁朋、朱　斌、詹良通

柯　瀚　　凌道盛　　边学成　　黄　博　　孔令刚　　周燕国　　李育超　　徐晓原

兰吉武　　巴　特

滨海与城市岩土工程研究中心

主任：龚晓南　　　　副主任：徐日庆、王立忠、王奎华

唐晓武　　夏唐代　　徐长节　　谢新宇　　应宏伟　　杨仲轩　　俞建霖　　韩同春

周　建　　胡安峰　　胡亚元　　曹志刚　　蔡袁强　　温晓贵　　国　振　　董　梅

洪　义　　刘海江

市政工程研究所

所长：张土乔　　　　副所长：张仪萍、俞亭超

邵卫云　　柳景青　　张　燕　　杨玉龙　　李　聪　　邵　煜　　方　磊　　周永潮

申永刚　　叶苗苗　　屠毓敏　　张可佳　　郑飞飞　　王　浩

土木工程管理研究所

所长：张　宏　　　　副所长：温海珍、翟东

毛义华　　秦中伏　　俞洪良　　陆杰峰　　张　凌　　杨英楠　　周　坚　　匡亚萍

交通工程研究所

所长：徐荣桥　　　　副所长：汪劲丰、梅振宇

项贻强　　黄志义　　谢　旭　　张治成　　王金昌　　孙晓燕　　吕朝锋　　彭　勇

段元锋　　陈丽华　　赵良荣　　赵　阳　　王殿海　　叶贵如　　蔡金标　　王福建

金　盛　　孙轶琳　　叶肖伟　　王亦兵　　吴　珂　　祁宏生　　陈喜群　　章立辉

防灾工程研究所

所长：尚岳全　　　　副所长：蒋军、赵永倩（兼）

方火浪　　葛　炜　　吕　庆　　庞　苗　　孙宏磊　　施建宝　　赵　宇　　范立峰

郑　俊

建筑材料研究所

所长：钱晓倩　　　副所长：詹树林、包红泽

金南国　　孟　涛　　赖俊英　　傅国宏　　饶芝英　　陈胜平　　楼晓东

建筑设计与理论研究所

所长：徐　雷　　　副所长：贺　勇、宣建华

王　竹　　罗卿平　　高裕江　　余　健　　王　洁　　陈　翔　　明　焱　　金　方
秦洛峰　　王　卡　　王　晖　　曹震宇　　张　涛　　王　雷　　浦欣成　　孙炜玮
张玉瑜　　Shanshan Qi　　　裘　知　　刘　翠　　朱宇恒

建筑与城市发展国际研究中心

主任：吴　越　　　副主任：陈　帆

李王鸣　　吴　璟　　李文驹　　林　涛　　王嘉琪　　张　焕　　夏　冰

建筑技术研究所

所长：葛　坚　　　副所长：张三明、金建明（兼）

亓　萌　　王　杰　　黄　絮　　何国青　　陈　林　　张红虎　　陈淑琴　　赵　康
吴津东　　胡海田　　沈　杰

美术与环境艺术研究室

负责人：赵　华

傅东黎　　蔡　萌　　卢　轶　　吴高岚　　徐辛妹

城市规划与设计研究所

所长：华　晨　　　副所长：王纪武、葛丹东

胡晓鸣　　徐延安　　谢良葵　　王东辉　　楼宇红　　连　铭　　张汛翰　　顾　哲
汪均如　　高　峻　　魏　薇　　郑　卫　　曹　康　　邓　竹　　董文丽　　蔚　芳
杨建军　　陈　钢

城市规划工程理论与技术研究所

所长：韩昊英　　　副所长：陈秋晓、王伟武（兼）

饶传坤　　祁巍峰　　王微波　　李咏华　　丁　旭　　傅舒兰

水工结构与水环境研究所

所长：刘国华　　　副所长：程伟平

蒋建群　　张永强　　包志仁　　李富强　　王建江　　王振宇　　万五一　　张　鹤
袁　峰

水文与水资源工程研究所

所长：冉启华　　　副所长：许月萍

顾正华　　王福民　　谢海建　　江衍铭

建筑工程学院实验中心

主任：蒋建群　　　副主任：钱匡亮、余世策

章军军　　赏星云　　刘承斌　　吴刚兵　　汪孔政　　毛欣炜　　屠荣伟　　祝丽丽
冀晓华　　林伟岸　　李效军　　戴企成　　张超英　　田　洋　　王大中　　李玲玲
彭　宇　　陈思嘉

附录7

青年教师挂职锻炼简况

年份	姓名	挂职单位及职务	挂职后担任职务
1997	俞亚南	浙江大学人事处处长助理	
2002	徐日庆	浙江省建设厅建筑业处副处长	基建处副处长
	李海波	浙江省建设厅科技与勘察设计处副处长	省建筑科学研究院有限公司董事长
2003	周坚	浙江省建设厅建筑业处副处长	基建处副处长
	钱晓倩	浙江省建设厅科技与勘察设计处副处长	土木工程学系系主任
2004	邵卫云	浙江省水利管理总站副主任	
	谢新宇	浙江省建设厅建筑业处副处长	浙江大学宁波理工大学建筑工程学院院长
	李宁	浙江省建设厅住宅与房地产业处副处长	
2005	李伟国	浙江省建设厅村镇建设处副处长	浙江建设职业技术学院副院长
	卓新	浙江省建设厅建筑业管理局副局长	
2006	温晓贵	湖州市规划与建设局局长助理	
	谢新宇	建设部科技司建筑节能处副处长	
	饶传坤	绍兴市绍兴县县长助理	
	唐晓武	竺可桢学院副院长	
2007	毛义华	浙江省建设厅村镇建设处副处长	土木工程管理研究所副所长
	朱宇恒	浙江省建设厅城乡规划处副处长	基建处副处长
	柳景青	浙江省建设厅城建处副处长	浙江大学工业技术研究院副院长
	葛炜	拱墅区区长助理	
	谢新宇	建设部科技司建筑节能处	浙江大学宁波理工大学建筑工程学院院长
2008	彭勇	综合计划与财务处副处长	
	蒋军	浙江省建设厅村镇建设处副处长	防灾所副所长
	柳景青	浙江省建设厅城建处副处长（留任）	浙江大学工业技术研究院副院长
	葛丹东	湖州市德清县县长助理	

年份	姓名	挂职单位及职务	挂职后担任职务
2008	匡亚萍	杭州江干区区长助理	基建处副处长
	周坚	嘉兴秀州区副区长	基建处副处长
	韦亚平	科技部农村科技司综合处	
	王伟武	建设部科技司建筑节能处	城市规划与信息技术所副所长
2009	赵阳	浙江省建设厅综合计划与财务处副处长	建筑工程学院工会主席
	温晓贵	浙江省建设厅村镇建设处副处长	基建处副处长
	柳景青	城建处副处长（留任）	浙江大学工业技术研究院副院长
	钱匡亮	建设部科技司建筑节能处	实验中心副主任
	王建江	湖州市水利局局长助理	
	王纪武	长兴县县长助理	城规系副系主任
2010	徐长节	浙江省建设厅综合计划与财务处副处长	华东交通大学土木工程学院院长
	葛坚	浙江省建设厅村镇建设处副处长	建筑学系副系主任、学院副院长
	俞亭超	浙江省建设厅城建处副处长	
	何国青	建设部科技司建筑节能处	实验中心副主任
	陈仁朋	中科院岩土所（武汉）	土木工程学系副系主任
	王建江	湖州市水利局局长助理（留任）	
2011	孙晓燕	综合计划与财务处副处长	
	陈秋晓	浙江省建设厅村镇建设处副处长	城规系副系主任
	秦中伏	浙江省建设厅科技与勘察设计处副处长	
	俞亭超	浙江省建设厅城建处副处长（留任）	
	包志仁	建设部科技司建筑节能处	
	陈海祥	浙江大学驻京办事处	组织人事科副科长
	申永刚	余杭仓前镇镇长助理	
	王建江	湖州市水利局局长助理（留任）	
2012	胡安峰	浙江省建设厅村镇建设处副处长	
	孟涛	浙江省建设厅综合计划与财务处副处长	
	秦中伏	浙江省建设厅科技与勘察设计处副处长（留任）	
	俞亭超	浙江省建设厅城建处副处长（留任）	
	丁旭	建设部科技司建筑节能处	
	王建江	湖州市水利局局长助理（留任）	

年份	姓名	挂职单位及职务	挂职后担任职务
2013	申永刚	建设部科技司建筑节能处	
	胡安峰	浙江省建设厅村镇建设处副处长（留任）	
	孟涛	浙江省建设厅综合计划与财务处副处长（留任）	
	秦中伏	浙江省建设厅科技与勘察设计处副处长（留任）	
	俞亭超	浙江省建设厅城建处副处长（留任）	
2014	沈国辉	建设部科技司建筑节能处	
	姜涛	浙江省建设厅村镇建设处副处长	
	苏亮	浙江省建设厅综合计划与财务处副处长	
	秦中伏	浙江省建设厅科技与勘察设计处副处长（留任）	
	周永潮	浙江省建设厅城建处副处长	
2015	王建江	塔里木大学水利与建筑工程学院副院长	
	刘翠	建设部科技司建筑节能处	
	秦中伏	科技与勘察设计处副处长（留任）	
	周永潮	浙江省建设厅城建处副处长（留任）	
	王激扬	浙江省建设厅村镇建设处副处长	

附录8

人才梯队

高层次人才梯队	高层次人才类型	序号	姓名	所在学科	获批年份	备注
两院院士	中国工程院院士	1	董石麟	结构工程	1997	
	中国工程院院士	2	龚晓南	岩土工程	2011	
	中国科学院院士	3	陈云敏	岩土工程	2015	
	中国工程院院士	4	王浩	水利工程	2015	双聘院士
国家"千人计划"	国家"千人计划"入选者	1	白勇	结构工程	2010	
		2	朱志伟	市政工程	2010	
"长江学者奖励计划"	"长江学者奖励计划"特聘教授	1	徐世烺	结构工程	2000	2009 年进浙大
		2	陈云敏	岩土工程	2006	
		3	王立忠	岩土工程	2015	
	"长江学者奖励计划"青年学者	1	边学成	岩土工程	2015	
		2	朱斌	岩土工程	2016	
国家杰出青年科学基金获得者	国家杰出青年科学基金获得者	1	徐世烺	结构工程	1996	
		2	陈云敏	岩土工程	2004	
		3	罗尧治	结构工程	2010	
		4	蔡袁强	岩土工程	2010	人事关系不在浙大
		5	陈仁朋	岩土工程	2012	
		6	王立忠	岩土工程	2013	
		7	詹良通	岩土工程	2016	
973 计划项目首席科学家	973 计划项目首席科学家	1	陈云敏	岩土工程	2011	
浙江省特级专家	浙江省特级专家	1	陈云敏	岩土工程	2005	
		2	张土乔	市政工程	2014	
		3	蔡袁强	岩土工程	2014	人事关系不在浙大

高层次人才梯队	高层次人才类型	序号	姓名	所在学科	获批年份	备注
浙江大学求是特聘教授	浙江大学求是特聘教授	1	陈云敏	岩土工程	2009	
		2	徐世烺	结构工程	2009	
		3	金伟良	结构工程	2009	
		4	罗尧治	结构工程	2013	
		5	陈仁朋	岩土工程	2013	
		6	王立忠	岩土工程	2014	
		7	吴越	建筑设计及理论	2014	
		8	张土乔	市政工程	2015	
		9	詹良通	岩土工程	2016	
国家"青年千人计划"	国家"青年千人计划"入选者	1	杨贞军	结构工程	2011	
		2	刘海江	岩土工程	2013	
		3	郑飞飞	市政工程	2016	
优秀青年科学基金获得者	优秀青年科学基金获得者	1	边学成	岩土工程	2012	
		2	吴建营	结构工程	2012	已调离浙大
		3	吕朝锋	交通工程	2013	
		4	杨仲轩	岩土工程	2013	
		5	段元锋	交通工程	2015	
		6	闫东明	结构工程	2015	
		7	李庆华	结构工程	2016	
国家"万人计划"	国家"万人计划"科技创新领军人才	1	陈仁朋	岩土工程	2013	
		2	徐长节	岩土工程	2015	
	国家"万人计划"百千万人才	1	陈云敏	岩土工程	1997	
		2	王殿海	交通工程	2004	
		3	蔡袁强	岩土工程	2007	人事关系不在浙大
	国家"万人计划"青年拔尖人才	1	周燕国	岩土工程	2013	
浙江大学"百人计划"	浙江大学"百人计划"	1	陈喜群	交通工程	2015	
		2	郑飞飞	市政工程	2015	
		3	巴特	岩土工程	2016	

高层次人才梯队	高层次人才类型	序号	姓名	所在学科	获批年份	备注
教育部"新世纪优秀人才支持计划"	教育部"新世纪优秀人才支持计划"入选者	1	张土乔	市政工程	2004	
		2	罗尧治	结构工程	2006	
		3	赵阳	结构工程	2007	
		4	陈仁朋	岩土工程	2008	
		5	詹良通	岩土工程	2010	
		6	赵羽习	结构工程	2012	
中国青年科技奖	中国青年科技奖	1	刘国华	水工结构	2000	
		2	陈仁朋	岩土工程	2011	
教育部创新团队带头人	教育部创新团队带头人	1	陈云敏	岩土工程	2011	
浙江省重点科技创新团队带头人	浙江省重点科技创新团队带头人	1	陈云敏	岩土工程	2009	
		2	钱晓倩	结构工程	2009	
		3	徐世烺	结构工程	2010	
		4	张土乔	市政工程	2010	
		5	王殿海	交通工程	2013	
浙江省有突出贡献中青年专家	浙江省有突出贡献中青年专家	1	陈云敏	岩土工程	1999	
		2	刘国华	水工结构	1999	
		3	罗尧治	结构工程	2001	
		4	蔡袁强	岩土工程	2003	
		5	张土乔	市政工程	2003	
		6	金伟良	结构工程	2009	
浙江省"千人计划"	浙江省"千人计划"	1	王亦兵	交通工程	2012	
		2	徐世烺	结构工程	2012	
		3	陈喜群	交通工程	2018	
浙江省 151 人才工程	浙江省 151 人才工程第一层次	1	罗尧治	结构工程	2008	
		2	陈仁朋	岩土工程	2010	
		3	王立忠	岩土工程	2014	
		4	詹良通	岩土工程	2014	
	浙江省 151 人才工程第二层次	1	袁行飞	结构工程	2008	
		2	赵阳	结构工程	2008	
		3	周燕国	岩土工程	2010	
		4	赵羽习	结构工程	2012	

高层次人才梯队	高层次人才类型	序号	姓名	所在学科	获批年份	备注
浙江省151人才工程	浙江省151人才工程第二层次	5	陈秋晓	城市规划	2007	
		6	冉启华	水利工程	2009	
	浙江省151人才工程第三层次	7	孙晓燕	交通工程	2009	
		8	温海珍	土木工程管理	2009	
		9	胡云进	水工结构	2009	已调离浙大
		10	徐长节	岩土工程	2011	
		11	龚顺风	结构工程	2011	
		12	柯瀚	岩土工程	2011	
		13	王海龙	结构工程	2011	
		14	许月萍	水文及水资源	2011	
		15	陈驹	结构工程	2011	
		16	边学成	岩土工程	2013	
		17	吕朝锋	交通工程	2013	
		18	杨仲轩	岩土工程	2013	
		19	段元锋	交通工程	2013	
		20	许贤	结构工程	2013	
		21	张仪萍	市政工程	2013	
		22	李庆华	结构工程	2015	
		23	李育超	岩土工程	2015	
		24	谢海建	水文及水资源	2015	
名誉教授	名誉教授	1	S. Lacasse	岩土工程		
		2	N. R. Morgenstern	岩土工程		
教育部海外名师	教育部海外名师	1	R. Jardine	岩土工程		
		2	陈根达	结构工程		
求是讲座教授	求是讲座教授	1	陈祖煜	岩土工程		
		2	马洪琪	水利工程		
		3	保罗·安德鲁	建筑设计及理论		
		4	王光谦	水利工程		
		5	缪昌文	结构工程		
		6	吴硕贤	建筑技术		
		7	高德利	岩土工程		

高层次人才梯队	高层次人才类型	序号	姓名	所在学科	获批年份	备注
求是讲座教授	求是讲座教授	8	Jin Yeam Ooi	岩土工程		
		9	Peter G. Rowe	建筑设计及理论		
		10	肖绪文	结构工程		
		11	钮新强	结构工程		
兼职教授	兼职教授	1	王梦恕	岩土工程		
		2	林元培	市政工程		
		3	谢礼立	结构工程		
		4	聂建国	结构工程		
兼职教授	兼职教授	5	周绪红	结构工程		
		6	赖远明	岩土工程		
		7	马林	交通工程		
		8	陈茜	交通工程		
		9	郁银泉	结构工程		
		10	岳清瑞	结构工程		
		11	赵晖	市政工程		
		12	钮新强	市政工程		
		13	张春生	水工结构		
		14	邵益生	市政工程		
		15	吴向东	土木工程管理		
		16	康健	建筑技术		
		17	谈月明	岩土工程		
		18	郭健	岩土工程		
		19	程小明	岩土工程		
		20	黄滋	建筑设计		
		21	朱云夫	岩土工程		
		22	胡宣德	交通工程		
		23	罗杨	城乡规划		
		24	谭纵波	城乡规划		
		25	张京祥	城乡规划		
兼任教授	兼任教授	1	张建成	岩土工程		
		2	上田多门	结构工程		

高层次人才梯队	高层次人才类型	序号	姓名	所在学科	获批年份	备注
兼任教授	兼任教授	3	钱学德	岩土工程		
		4	郑东生	岩土工程		
		5	廖谦	水利工程		
		6	杨庆大	岩土工程		
		7	谢霁明	结构工程		
		8	柯少荣	交通工程		
		9	高伟俊	建筑技术		
		10	王栋	岩土工程		
		11	赵明	岩土工程		
		12	李瑾	市政工程		
		13	Subhamoy Bhattacharya	岩土工程		
		14	Gonzalo Francisco	结构工程		
		15	David Masin	岩土工程		
		16	蔚承湘	结构工程		
		17	吴伟	岩土工程		
		18	Amir M. Kaynia	岩土工程		
		19	Abdelmalek Bouazza	岩土工程		
		20	西村幸夫	城乡规划		
		21	André Sorensen	城乡规划		
		22	杨峻	岩土工程		
		23	王自法	岩土工程		
		24	Holger Maier	市政工程		
		25	Chung Bang Yun	结构工程		

附录9

博士后培养

进站时间	姓名	进站时间	姓名
1997 年 4 月	肖专文	2003 年 1 月	吴剑国
1998 年 7 月	秦四成	2003 年 7 月	金仁祥
1998 年 12 月	胡敏云	2004 年 1 月	蒋中明
1998 年 12 月	王锋君	2004 年 6 月	郭健
1999 年 1 月	李元齐	2004 年 12 月	朱平华
1999 年 1 月	张立	2005 年 6 月	楼铁炯
1999 年 4 月	张燕坤	2006 年 8 月	王纪武
2000 年 8 月	李昌宁	2008 年 4 月	胡琦
2000 年 9 月	符文熹	2008 年 5 月	李玲玲
2000 年 11 月	吕谋	2008 年 6 月	葛丹东
2000 年 12 月	丁星	2008 年 7 月	顾凯
2000 年 12 月	胡隽	2008 年 7 月	刘德地
2001 年 3 月	赵羽习	2009 年 1 月	蒋吉清
2001 年 5 月	曾开华	2009 年 6 月	牛文杰
2001 年 6 月	李小勇	2009 年 7 月	张艳
2001 年 9 月	郝超	2010 年 12 月	赵明
2001 年 9 月	王宏志	2011 年 6 月	徐天东
2001 年 9 月	韩非	2012 年 9 月	徐惠
2001 年 10 月	张新军	2012 年 12 月	徐晓兵
2002 年 1 月	陈荣毅	2013 年 1 月	戴伟
2002 年 1 月	陈昌富	2013 年 1 月	郭帅
2002 年 3 月	马海龙	2013 年 9 月	张鹤
2002 年 10 月	黄敏	2013 年 11 月	刘维
2002 年 10 月	薛廷河	2014 年 4 月	徐文杰

进站时间	姓名	进站时间	姓名
2014 年 6 月	吴熙	2015 年 7 月	黄洋
2014 年 7 月	徐海巍	2015 年 11 月	杨超
2014 年 7 月	严佳佳	2016 年 1 月	高吉惠
2014 年 8 月	泮晓华	2016 年 1 月	Razafizana Zatianina
2014 年 10 月	吴创周	2016 年 6 月	Karan Kumar Pradhan
2014 年 11 月	李慧奇	2016 年 7 月	陈奕声
2015 年 2 月	胡荣春	2016 年 7 月	王鹏
2015 年 4 月	叶盛	2016 年 8 月	周佳锦
2015 年 7 月	郑延丰	2016 年 10 月	Manas Sarkar
2015 年 7 月	单晔杰	2016 年 12 月	王路君
2015 年 7 月	陈良辅		

附录10

教学成果奖

国家级教学成果奖一览表

项目名称	成果主要完成人	获奖类别	等级	获奖年份
《水力学》与《工程流体力学》教学实验综合改革	毛根海、吴寿荣、甘载芷、张土乔	国家级	一等奖	1993
水力学与流体力学实验CAI系列课件	张土乔、包志仁、何钦铭	国家级	二等奖	1997
工程流体力学课程建设及成果辐射	毛根海、张土乔、邵卫云、包志仁、张燕	国家级	二等奖	2005

省级教学成果奖一览表

项目名称	成果主要完成人	获奖类别	等级	获奖年份
土木工程设计教学改革与创新实践	陈云敏、肖南、徐也平、阮连法、刘国华	省级	二等奖	2001
《工程材料本构方程》教材	龚晓南、徐日庆、叶黔元	省级	二等奖	2001
计算机基础课程分类教学研究与实践	何钦铭、颜晖、周群、王建江	省级	一等奖	2001
工程流体力学课程建设及成果辐射	毛根海、张土乔、邵卫云、包志仁、张燕	省级	一等奖	2005
构建土木工程实践教育平台，培养大学生创新与实践能力	金伟良、董石麟、姜秀英、丁元新、蒋建群、华晨、俞亚南、陈水福、章军军	省级	一等奖	2009
面向重大工程建设需求的土木工程卓越人才培养体系与实践	罗尧治、陈仁朋、蒋建群、姜秀英、邹道勤、余世策、丁元新、赵羽习、钱晓倩、郭文刚等	省级	一等奖	2014
"大土木"教学理念下岩土工程学科复合型创新人才培养与成效	龚晓南、王奎华、胡安峰、詹良通、应宏伟、林伟岸、唐晓武、朱斌、谢新宇、杨仲轩、谢康和	省级	一等奖	2016
综合型大学背景下建筑学专业创新复合型人才"特质化"培养模式探索与实践	吴越、罗卿平、王竹、徐雷、葛坚、王晖、林涛、陈帆、陈翔、吴璟、金方、曹震宇、贺勇、王卡、陈林、王雷	省级	一等奖	2016

校级教学成果奖一览表

项目名称	成果主要完成人	获奖类别	等级	获奖年份
水力学与流体力学实验 CAI 系列课件	毛根海、何钦铭、吴寿荣	校级	特等奖	1999 年
交互式电子练习开发平台及其流体力学计算远程教学软件	毛根海、洪源等	校级	一等奖	1999 年
课堂教学质量评价指标体系与评价系统	阮连法、陈云敏、刘渊、熊鹰	校级	二等奖	2000
《城市环境与设备导论》	王紫雯	校级	二等奖	2000
土木工程设计教学改革与创新实践	陈云敏、肖南、徐也平、阮连法、刘国华	校级	一等奖	2000
工程流体力学电子教案	邵卫云、毛根海、张燕	校级	一等奖	2000
《建筑企业管理学》教材	阮连法	校级	一等奖	2000
《工程材料本构方程》（教材）	龚晓南、徐日庆、叶黔元	校级	一等奖	2000
地基及基础课程教学系统（单机版）	谢康和	校级		2004
工程流体力学网络课程	毛根海	校级		2004
计算机在工程项目管理中的应用	王建江	校级		2004
土建类大学生工程设计能力的培养与实践	金伟良、丁元新、姜秀英、陈云敏、董石麟	校级	一等奖	2005
土力学与基础工程的课程建设与教学改革	谢康和、龚晓南、应宏伟、胡安峰、王奎华	校级	一等奖	2005
构筑土木工程研究生创新素质与实践能力培养的平台	金伟良、葛盈辉、孙炳楠、王柏生、蒋建群	校级	一等奖	2005
土木工程专业工程素质和实践能力培养的研究与实践	阮连法、俞亚南、姜秀英、卓新	校级	二等奖	2005
钢筋混凝土结构课程体系综合改革	陈鸣、金伟良、金贤玉、邵永治、张爱晖	校级	二等奖	2005
建筑学研究生国际合作研究型教学模式与实践	徐雷、章丽萍、曹震宇、王卡	校级	二等奖	2005
土建类学生创新实践能力培养的研究与实践	金伟良、华晨、姜秀英、丁元新、蒋建群	校级	一等奖	2008
工程流体力学实验特色建设与示范辐射	毛根海、章华军、毛欣炜、蒋建群、张土乔	校级	一等奖	2008
土木工程专业岩土工程系列课程建设与教学改革	谢康和、王奎华、谢新宇、胡安峰、应宏伟	校级	一等奖	2008
中外师生混编式工作坊教学实践	华晨、王竹、黄杉、高宁、李利	校级	一等奖	2008
结构分析的有限元法与 MATLAB 程序设计	徐荣桥	校级	一等奖	2008

项目名称	成果主要完成人	获奖类别	等级	获奖年份
建筑学研究生国际化教学创新模式实践	徐雷、王竹、华晨、朱宇恒、葛坚	校级	一等奖	2008
结构分析的有限元法与 MATLAB 程序设计	徐荣桥	校级	一等奖	2008
开展结构设计竞赛，培养学生创新实践能力	丁元新、金伟良、毛一平、姜秀英、俞亚南	校级	二等奖	2008
建筑专题化设计	王竹、徐雷、华晨、余健、张三明	校级	二等奖	2008
《钢结构—原理与设计》教材	姚谏、夏志斌	校级	二等奖	2008
建筑毕业设计	朱宇恒、罗卿平、杨秉德、胡晓鸣、宣建华	校级	二等奖	2008
《建筑制图》教材	金方	校级	二等奖	2008
数字流体力学教学辅助系统开发与应用	毛欣炜、张燕	校级	二等奖	2008
《测量学》教学改革实践	陈丽华、赵良荣、汪孔政	校级	二等奖	2008
《工程地质学》教材	张忠苗	校级	二等奖	2008
产学研结合的高层次水利人才培养模式	孙志林、刘国华、王振宇、黄赛花、祝丽丽	校级	二等奖	2008
面向重大工程建设需求的土木工程卓越人才培养体系与实践	罗尧治、陈仁朋、姜秀英、邹道勤、余世策、赵羽习	校级	一等奖	2012
《钢筋混凝土结构》课程建设	金伟良、赵羽习、张爱晖	校级	一等奖	2012
国际视野下的多国、多校、多元化建筑学人才培养体系与教学创新	王竹、贺勇、华晨、罗卿平、葛坚、朱宇恒、沈杰金、方姜、秀英	校级	二等奖	2012
建筑制图课程建设（教材）	金方、张涛	校级	二等奖	2012
建筑设计初步课程体系的建构（教材）	陈帆、陈林、汪均如、王晖、浦欣成、王洁、朱语恒、明炎	校级	二等奖	2012
工程结构与材料实验教学创新与示范辐射	蒋建群、余世策、刘承斌、钱匡亮、王柏生、赏星云、冀晓华、胡志华	校级	二等奖	2012
《桩基工程》教材编著及教学	张忠苗	校级	二等奖	2012
基于工程弹塑性力学课程的多模式教学新方法的创建与实践研究	楼文娟、王激扬、王立忠、陈水福	校级	二等奖	2012
唐立新名师	华晨	校级	名师奖	2014
绿色建筑技术国际化创新教学体系的改革与实践	葛坚、黄絮、张三明、何国青、陈淑琴、陈林	校级	二等奖	2015
面向主动学习和能力培养的《结构力学》多模式课程建设与实践	陈水福、杨骊先、陈勇、沈国辉	校级	二等奖	2015

项目名称	成果主要完成人	获奖类别	等级	获奖年份
桥梁工程健康监测辅助教学平台建设	项贻强、叶肖伟	校级	二等奖	2015
以土工构筑物变形破坏模拟与重现为特色的土力学课程建设和实践	林伟岸、詹良通、周燕国、孔令刚、王顺玉	校级	二等奖	2015
交叉学科框架下的规划史教学方法探索	曹康、王晖、董文丽、刘昭、王金金、陶舒晨	校级	二等奖	2015
城市规划快题设计课堂教学实践改革	董文丽、王纪武、陈秋晓	校级	二等奖	2015
基于协同创新的城乡规划研究生专业教学实践	华晨、董丹申、黄杉、朱云辰、李利	校级	二等奖	2015
水平奖教金	华晨	校级	贡献奖	2015
"大土木"背景下岩土工程学科优质教学资源建设及学生创新实践能力培养	龚晓南、王奎华、胡安峰、应宏伟、唐晓武、谢新宇、杨仲轩、谢康和	省级	一等奖	2016
综合型大学背景下建筑专业创新复合型人才的"特质化"培养模式探索与实践	吴越、罗卿平、王竹、徐雷、林涛、陈帆、陈翔、吴璟、金方	省级	一等奖	2016

教学改革项目

项目层次	项目名称	负责人	年份
校级	建类专业工程素质和实践能力培养的研究与实践	阮连法	2002
校级	土建类大学生工程设计能力的培养与实践	金伟良	2002
校级	建筑经济与企业管理多媒体课件	匡亚萍	2003
校级	水资源工程软件技术基础课件	王建江	2003
校级	运筹学课件	熊鹰	2003
校级	本科教学信息管理软件开发与应用	姜秀英	2004
校级	钢筋混凝土结构课程考试改革	陈鸣	2004
浙江省专项	高校土建类人才培养研究	金伟良	2005
教育部	流体力学双语教学课程建设	邵卫云	2005
浙江省新世纪教改	土建类创新人才培养模式的研究与实践	金伟良	2005
校级	浙江大学工程结构设计实践基地	华晨	2006
校级	土木工程材料实验教学课件开发	钱匡亮	2006
校级	自主设计创新实验模式研究与实践	章军军	2006

项目层次	项目名称	负责人	年份
校级	达西渗流实验仪	章军军	2006
校级	本科教学信息管理软件开发与应用	姜秀英	2006
校级	钢筋混凝土结构设计考试改革	陈鸣	2006
浙江省新世纪教改	土木工程创新设计人才培养的改革与实践	陈仁朋	2008
浙江省新世纪教改	中外师生混编式工作坊教学创新研究	华晨	2010
校级	基于"创新基地、设计竞赛、研发中心"互动模式的学生实践与创新能力培养	罗尧治	2011
校级	工程流体力学精品课程建设与实践	张土乔	2011
校级	国际视野下的多国、多校、多元化"工作坊"式建筑设计教学模式创新	王竹	2011
校级	理论与自助实验、研讨相结合的结构力学教学方法探索与实践	陈水福	2011
校级	基于虚拟仪器的钢筋混凝土实验启发式教学方法的探索	余世策	2011
住建部	建立优质教学平台，构建卓越人才实践教学体系	罗尧治	2013
住建部	土木工程创新实验集群式建设与教学实践	蒋建群	2013
省级	课堂教学中培养土木工程师创新与实践综合能力的探索	赵羽习	2013
省级	工程实例嵌入型教学方法在《土力学》课堂教学改革中的应用	胡安峰	2013
省级	校内基地虚拟创新训练与校外基地实践互相融合的实践教学模式探索	罗尧治	2013
省级	情景互动式课堂在工科教学中的应用与实践	万五一	2015
省级	多元目标导向的建筑设计课程课堂教学改革	吴越	2015
省级	中外城市发展与规划史课程的跨学科性及其对教学的影响研究	曹康	2015
省级	基于拔尖创新人才培养的工程流体力学课程体系改革	张燕	2016
院级	城市详细规划	王纪武	2010
院级	基于深度实习的城市规划专业"设计类课程群"教学改革研究	王纪武	2015
院级	案例教学驱动下的城市规划与管理信息系统教学改革研究	陈秋晓	2015
院级	城市规划快题设计课堂教学实践改革	董文丽	2015

附录11

获批教材与精品课程

获批教材一览表

类别	主编姓名	教材名称	出版社	年份
教育部优秀教材	阮连法	建筑企业管理学		2002
省重点	陈丽华	测量学		2006
省重点	金伟良、陈鸣	钢筋混凝土结构原理		2006
省重点	孙志林	河流与海岸动力学	浙江科学技术出版社	2006
"十一五"规划	毛根海	应用流体力学	高等教育出版社	2006
国家级精品教材	毛根海	应用流体力学	高等教育出版社	2007
"十一五"规划	毛根海	应用流体力学	高等教育出版社	2009
"十一五"规划	金方	建筑制图	中国建筑工业出版社	2009
省重点	陈丽华	测量学实验与实习		2009
省重点	金伟良	钢筋混凝土结构		2009
省重点	金方	建筑制图		2010
"十二五"规划	姚谏	钢结构—原理与设计		2011
"十二五"规划	金方	建筑制图（第二版）		2011
"十二五"规划	杨秉德	建筑设计方法概论（第二版）		2011
"十二五"规划	龚晓南	地基处理	中国建筑工业出版社	2012
"十二五"规划	谢新宇、俞建霖	特种基础工程	中国建筑工业出版社	2012
"十二五"规划	王奎华	岩土工程勘察	中国建筑工业出版社	2012
"十二五"规划	金方	建筑制图	中国建筑工业出版社	2012
"十二五"规划	金方	建筑制图习题集	中国建筑工业出版社	2012

精品课程一览表

课程名称	课程负责人	类别	年份
流体力学	毛根海	校级精品课程	2005
建筑物理	张三明	校级精品课程	2005
专题化设计	王竹	校级精品课程	2005
土力学与基础工程	谢康和	校级精品课程	2005
钢筋混泥土结构	陈鸣	校级精品课程	2005
建筑设计	陈翔	校级精品课程	2005
城市总体规划	杨建军	校级精品课程	2005
结构力学	陈水福	校级精品课程	2005
流体力学	张土乔	国家级精品课程	2005
土力学	谢康和	省级精品课程	2005
城市总体规划Ⅰ、Ⅱ	徐延安	校级优质课程	2006
建筑设计Ⅲ、Ⅳ	陈翔	校级优质课程	2006
建筑设计院业务实践	高裕江	校级优质课程	2006
建筑制图	金方	校级优质课程	2006
测量学	陈丽华	校级优质课程	2006
弹性力学及有限元	楼文娟	校级优质课程	2006
钢结构设计原理	姚谏	校级优质课程	2006
钢筋混凝土结构设计原理	金伟良	校级优质课程	2006
建筑材料	钱晓倩	校级优质课程	2006
结构力学	陈水福	校级优质课程	2006
流体力学	张土乔	校级优质课程	2006
土力学	谢康和	校级优质课程	2006
专题化设计	王竹	省级精品课程	2008
钢筋混凝土结构	金伟良	省级精品课程	2009
建筑材料	钱晓倩	校级精品课程	2009
工程地质	张忠苗	校级精品课程	2009
桥梁工程	项贻强	校级精品课程	2009
基础工程	陈仁朋	省级精品课程	2010

附录12

学科竞赛获奖

全国大学生结构设计竞赛获奖情况

届次	竞赛命题	获奖等级	获奖学生	指导老师	承办高校	比赛年份
第一届	高层建筑结构模型设计与制作	特等奖	张琳、应瑛、范理扬	陈鸣	浙江大学	2005
		二等奖	胡卫法、邓斌、周或	陈鸣	浙江大学	2005
第二届	两跨两车道桥梁模型的制作和移动荷载作用的加载试验	一等奖	温瑞明、李丽仪、金一	张治诚	大连理工大学	2008
第三届	定向木结构风力发电塔	一等奖	宋翔、杨丁亮、肖瑶	余世策	同济大学	2009
第四届	体育场悬挑屋盖结构	二等奖	丁思璐、陈若水、吴钟伟	孔春华	哈尔滨工业大学	2010
第五届	层房屋结构模型	二等奖	张翠庭、刘琪、陈洁琳	陈勇、江涛	东南大学	2011
第六届	四层吊脚楼框架结构模型	二等奖	刘栋、段振宇、郑永生	陈勇、邹道勤	重庆大学	2012
第七届	设计并制作一双竹结构高跷模型	优秀组织奖	金跃东、黄玉佩、蒋佳卿	陈勇、邹道勤	湖南大学	2013
第八届	三重檐攒尖顶仿古楼阁模型制作与测试	优秀奖	冯彬、过颢、张超	邹道勤	长安大学	2014
第九届	山地桥梁结构设计	参赛奖	李岩咏、骆晓天、李希	邹道勤	昆明理工大学	2015
第十届	大跨度屋盖结构	一等奖	蔡元、周炳、高渊	邓华	天津大学	2016

全国建筑学专业大学生建筑设计作业观摩与评选

作品名称	作者	专业年级	指导教师	获奖等级	获奖年份
杭州西湖龙井茶园度假酒店设计——网师茶园	李佳培	建筑2009级	浦欣成、王晖	优秀	2011
杭州西湖龙井茶园度假酒店设计	刘卓然	建筑2009级	陈帆、汪均如	优秀	2011

续　表

作品名称	作者	专业年级	指导教师	获奖等级	获奖年份
杭州西湖龙井茶园度假酒店设计	鲁哲	建筑 2009 级	浦欣成、王晖	优秀	2011
《群体与环境》	主编：王晖 参加人：陈帆、陈林、浦欣成、汪均如、王丽			优秀教案	2011
建成于环境中的社区活动中心	主编：陈林 参加人：陈帆、王晖、浦欣成、汪均如、马志良			优秀教案	2012
建成于环境中的社区活动中心	王敏	建筑 2010 级	王晖、汪均如	优秀	2012
建成于环境中的社区活动中心	陈小雨	建筑 2010 级	陈林、浦欣成	优秀	2012
建成于环境中的社区活动中心	黄楚阳	建筑 2009 级	陈帆、汪均如	优秀	2012
"特殊架构下的自主设计"——社区体育运动中心	裘知、陈翔、王卡、林涛、王雷、秦洛峰、刘翠			优秀教案	2014
"绿野迷踪"——社区体育运动中心	陈睿昕	建筑 2011 级	陈翔、裘知	优秀	2014
"环山公社"——社区体育运动中心	杨含悦	建筑 2011 级	裘知、林涛	优秀	2014
"动乐园"——社区体育运动中心	严子君	建筑 2011 级	林涛、裘知	优秀	2014

全国高等学校城市规划专业作业评选

作品名称	作者	专业年级	指导教师	获奖类别	获奖等级	获奖年份
"树"构空间	洪祎丹、李颖婷	规划 2005 级	魏巍、王纪武、曹康、李咏华	规划设计	优秀奖	2009
迷途问道	陈华杰、石婷婷、童心	规划 2005 级	饶传坤	社会调查	二等奖	2009
市之秩　易道之治	孙斌、蒋婧、罗双双	规划 2005 级	饶传坤、韦亚平	社会调查	三等奖	2009
独乐乐，与人乐乐，孰乐？	谢莹、郑岭、刘欣、张国伟	规划 2005 级	饶传坤	社会调查	三等奖	2009
脉·泊	叶昕欣、胡倩	规划 2006 级	魏薇、张艳、曹康	规划设计	三等奖	2010
CELLULAR MALL	顾雍容、张闻闻	规划 2006 级	魏薇、张艳、曹康	规划设计	佳作奖	2010

作品名称	作者	专业年级	指导教师	获奖类别	获奖等级	获奖年份
杭州主干道单向智能交通系统调查	张闻闻、叶昕欣、顾雍容、高涵	规划 2006 级	饶传坤、张艳、丁旭	调查研究	佳作奖	2010
膜力边界	朱金、潘嘉虹	规划 2007 级	李咏华、魏薇、曹康、高俊	设计	三等奖	2011
层与層	徐晓芸、黄之倩	规划 2007 级	李咏华、魏薇、王纪武、高俊、戴企成	设计	三等奖	2011
聚焦边缘	陈欣、董媛	规划 2007 级	高俊、韦亚平、魏薇、曹康	设计	佳作奖	2011
规划"垃圾围城"求解之道	郁璐霞、施燕娜、姚虹	规划 2007 级	饶传坤	社会调查	二等奖	2011
城市边缘的课桌	黄之倩、徐晓芸、胡文佳、龚珂立	规划 2007 级	饶传坤、郑卫	社会调查	二等奖	2011
城市居住小区消防安全现状及防火对策调研	陈欣	规划 2007 级	饶传坤、郑卫	社会调查	三等奖	2011
车停天下，行者何方	陈巍、童心、冯真、黄向勇	规划 2007 级	饶传坤	社会调查	佳作奖	2011
直击现场版"开心农场"	朱金、潘嘉虹、赵文忠、朱晓峰	规划 2007 级	郑卫、韦亚平、曹康、杨建军、王纪武、饶传坤、戴企成	社会调查	佳作奖	2011
漂泊蜗居	丁兰馨、刘欣、虞静艳、赵逸	规划 2008 级	郑卫、饶传坤、张红虎	社会调查	佳作奖	2012
被遗忘的设施	陆媛、倪彬、何圣迁	规划 2008 级	饶传坤、郑卫	社会调查	佳作奖	2012
斑马线前的微笑——杭州市"车让人"实践效果调研	姜何威、何思宁、方梦翌、郑浩宇	规划 2009 级	饶传坤、郑卫	社会调查	佳作奖	2013
安得广厦千万间——杭州市公租房利用状况调研	邓明敏、方思宇、钟作林、陈梦婷	规划 2009 级	饶传坤、郑卫	社会调查	三等奖	2013
让历史活下去——杭州市小河直街社会调研	陈洁琳、郭子叶、袁野、丰琳、谭佳琪	规划 2009 级	饶传坤、郑卫、李王鸣、杨建军	社会调查	三等奖	2013
两分两换社会调查	王珊、方园、斯琪、朱林、骁力	规划 2009 级	郑卫、饶传坤	社会调查	佳作奖	2013

作品名称	作者	专业年级	指导教师	获奖类别	获奖等级	获奖年份
铆城连街——多重铆点耦合效应引导下的旧城改造城市设计	徐威、邱琴	规划 2010 级	董文丽、葛丹东	设计	二等奖	2014
都市"柜族"的存续——杭州集装箱房屋聚落调研	陈宏伟、柴子娇、茅路飞、徐慧文	规划 2010 级	饶传坤、郑卫	社会调查	二等奖	2014
离尘不离城？——以杭州良渚文化村为例的田园新镇调研	潘教正、刘智睿、顾彧、陈峰	规划 2010 级	饶传坤、郑卫	社会调查	三等奖	2014
归运·衍城——杭州京杭大运河管家漾码头地块更新城市设计	刘汉晨、刘秦榕	规划 2010 级	葛丹东	设计	佳作奖	2014
"大封闭综合管理"破解老旧小区停车难、行车难	谭慧宇、侯馨珂、乌斯哈拉、葛笑玫	规划 2011 级	饶传坤、郑卫	交通出行创新实践竞赛	佳作奖	2015
归园田居——郑宅镇石姆村村庄规划设计	张唯一、侯馨珂、谭慧宇、宋江舟	规划 2011 级	傅舒兰、葛丹东	浙江省首届在校高校大学生"暑期乡村创意设计大赛"	二等奖	2015

全国土木工程专业本科生创新实践成果获奖情况

获奖项目	完成人	专业年级	指导教师	获奖等级	获奖年份
钢筋锈蚀引起的再生混凝土结构性能演变规律研究	张鸿儒、宋翔	土木 2007 级	赵羽习	一等奖	2011
地基处理技术能耗与碳排放定量评价研究	韩秉玺、陈越时、黄钰涵	土木 2007 级	周燕国	三等奖	2011
关于梧桐树叶—膨润土复合材料对重金属离子的吸附作用研究	张浩、孙义轩	土木 2007 级	唐晓武	鼓励奖	2011
一种高耐久性模板的研制	黄博滔	土木 2008 级	李庆华	一等奖	2012
碳纳米管负载型光催化水泥基材料研究	江帆、余靖	土木 2008 级	孟涛	二等奖	2012
给予电磁场轻度测试的灌注桩钢筋笼长度检测装置	周宝民、黄博滔、彭俊杰、乔驭洲	土木 2008 级	王奎华	三等奖	2012

获奖项目	完成人	专业年级	指导教师	获奖等级	获奖年份
十字型应变式动态土压力无线实时监测系统	徐松杰	土木 2010 级	王奎华	特等奖	2013
采用纳米技术提高超高韧性水泥基复合材料的抗渗性能研究	邵康	土木 2010 级	李庆华	一等奖	2013
空间结构课程自主实践教学教具的研发	马帜	土木 2010 级	罗尧治	一等奖	2013
三维扫描技术在结构形态仿生中应用	韩鹏翔、葛慧斌、梁凯	土木 2011 级	罗尧治	二等奖	2014
基于移动计算机的铁路道床填料级配特征识别的研究	王云飞、黄左、焦听雷、岳新玉、和林跃	土木 2011 级	边学成	三等奖	2014
强化再生骨料混凝土的应用研究	肖偲、戴伟杰、陶海灵	土木 2010 级	钱晓倩	三等奖	2014
给建筑披上新衣—超高韧性水泥基符合材料的喷射技术	柯锦涛、吴宇星、梁铭耀、周斌、朱谊	土木 2012 级	徐世烺	一等奖	2015
面向桥梁安全的自供能超载预警系统	郑宏煜	土木 2012 级	吕朝锋	二等奖	2015
铁树开花，一触即发—基于剪式铰单元的可展穹顶结构	刘振宇	土木 2012 级	罗尧治	三等奖	2015
基于高速风环境下的悬臂梁压电振动发电装置	徐波	土木 2013 级	吕朝锋	二等奖	2016

附录13

国家级大学生创新实验项目

项目名称	负责人	专业年级	参加人	指导教师	获批年份
钢筋锈蚀引起再生混凝土结构性能演变规律研究	张鸿儒	土木2007级	宋翔	赵羽习	2009
越浪堤后侵蚀机理及防护措施研究	唐浩	土木2007级	高聪炜、黄河	贺治国	
基于电磁场强度测试的现场灌注桩钢筋笼长度检测方法研究	黄博滔	土木2008级	彭俊杰、周宝民	王奎华	2010
梧桐树叶—膨润土复合材料对铜离子的吸附作用	张浩	土木2008级	孙义轩	唐晓武	
基于间歇式、分室用能特点下的能耗模式研究	张佳敏	土木2009级	张浩	钱晓倩	2011
动态荷载下挡土墙土体侧向压力测试技术及应用	汤建冬	土木2009级	应建坤、黄博滔	王奎华	
施工过程对混凝土开裂的影响调查与数值分析	徐楚	土木2009级	史卓然、刘琛	罗尧治	
再生混凝土结构钢筋锈蚀及锈裂过程研究	董建锋	土木2009级	陈博闻	赵羽习	
修复粉土重金属污染新工艺	周小楠	土木2009级	潘传银、魏骁	唐晓武	
羌族传统民居的建筑技术及材料	甘骏骄	建筑2009级	陈熹、朱力涵	余健	2012
钻孔灌注桩桩形的超声波检测方法研究	张婉越	土木2010级	伍玉鑫、王宗杰	王奎华	
采用纳米二氧化硅提高超高韧性水泥基复合材料的抗渗性能	邵康	土木2010级	安玉鹏、宋炳辰	李庆华	
城市边缘区新移民社区的构建	方梦翌	规划2009级	金楚豪、郑莉	葛丹东	
基于广义响应面方法的地下岩石开挖可靠度设计与优化	刘琪	土木2009级		吕庆	
杭州运河不同区段旅游经济价值的比较研究	张文煜	规划2010级	章怡、潘教正	杨建军	

项目名称	负责人	专业年级	参加人	指导教师	获批年份
城市综合体空间影响范围及机制研究	陈宏伟	规划 2010 级	查舒婷、柴子娇	华晨	2013
基于细胞理论的创意产业园公共服务平台有机布局模式研究	章怡	规划 2010 级	张文煜、潘教正	李王鸣	
三维扫描技术在结构形态仿生中的应用	韩鹏翔	土木 2010 级	梁凯、葛荟斌	罗尧治	
浙江民居节能技术研究与示范	王秋实	建筑 2010 级	姚绮、菁唐烁	葛坚	
基于超重力模拟的岩土工程灾变系列演示实验及教学应用	王祎	土木 2010 级	于志超、陈强	孔令刚	
新型土压力无线实时检测系统	徐松杰	土木 2010 级	梁洪超、文鼎柱、胡雨辰、张乐文	王奎华、王立忠	
滨海软土地区强腐蚀环境下水泥搅拌桩的强度发展规律和微观机理研究	强烨佳	土木 2012 级	林磊、许纯泰	胡安峰、孟涛	2014
降雨移动方向对坡面侵蚀的影响机理研究	蔡敏丹	水利 2011 级	洪云淼	冉启华	2014
基于绿色屋顶实验的城市内涝影响评估	周碧云	水利 2011 级	高登奇、白直旭	许月萍	2014
雷诺数效应对圆柱绕流特性影响的风洞试验研究	姚杰	土木 2011 级	孙永宁、沈晓东	余世策	2014
混凝土码头工程耐久性提升防护研究	李衍赫	土木 2012 级	付蕾	赵羽习	2014
可变快速组装空间结构的研究与设计	陈超	土木 2011 级	陈佳磊、杨旋	罗尧治	2014
基于图像合成技术的混凝土随机骨料高密度堆积模型生成方法	冯彬	土木 2012 级	徐子诚	夏晋、金伟良	2014
超高韧性水泥基复合材料永久性模板研究	孙明	土木 2011 级	许泽宁、解健、周哲	李庆华	2014
碳纳米管对水泥基材料增强增韧机理探索	吴宇星	土木 2012 级	王聪诚、柯锦涛	李庆华	2014
远距离非接触式结构振动特性识别的理论与试验研究	周凌霄	土木 2013 级	詹兴斌、丁通	叶肖伟	2015
超级再生混凝土（Ultra-reborn concrete）技术性能和微观结构的研究	竺盛	土木 2012 级	刘明宇、余松霖	孟涛	2015
新型大延性纤维布外包钢筋混凝土柱抗震性能研究	丁磊	土木 2012 级	黄腾腾、龚越	张大伟	2015
下洗涡流效应影响下的高层建筑周边风环境研究	戴伟顺	土木 2012 级	林天帆、温作鹏	余世策	2015
既有建筑绿色化改造项目使用后子系统效能评估	马聪	土木 2012 级	叶在乔、叶萌	徐雷	2015
研究石膏如何通过 3D 打印技术应用于建筑施工	王鉴可	土木 2013 级	王琛、顾凌竹	钱晓倩	2015

项目名称	负责人	专业年级	参加人	指导教师	获批年份
面向杭州市过江通道的旅行时间分析和仿真优化	沈凯	土木 2013 级	叶韫、孙闻聪	祁宏生	2015
扭转式土样剪切试验装置设计和利用	陈佳络	土木 2014 级	蔡楚瑜、刘子明	王奎华	2016
软弱含气黏土海床中桶型基础循环承载失效机理研究	杨斌	土木 2014 级	王圣、赵俞成	洪义	2016
基于"互联网+"智能出行大数据的城市交通特征研究	刘教坤	土木 2014 级	崔尔佳、胡浩强	陈喜群	2016
混凝土内部裂缝对电化学修复过程影响机理研究	胡锦涛	土木 2013 级	施凯辉、陈泽建	夏晋	2016
基于数字图像的混凝土结构开裂跟踪与裂缝评估	李茜悦	土木 2014 级	刘荣成、吴易知	叶肖伟	2016
基于地基沉降动态仿真反馈的盾构施工参数优化	曹家栋	土木 2014 级	卢哲颖、黄文彤	边学成	2016
基于光纤光栅测试技术的新型动态称重系统	陈鹏宇	土木 2014 级	周沛	叶肖伟	2016

附录14

本科生培养方案

2016 级土木工程专业培养方案

培养目标

本专业面向工程建设领域的发展需要，培养具有良好的道德品质和社会责任感；掌握坚实的自然科学和人文社会科学等通识基础知识以及土木工程专业的基本理论和专业知识；具有较高的外语水平与计算机应用能力；具备土建类专业实践和专业综合应用能力；经过注册工程师的基本训练，能够在结构工程、市政工程、道路与桥梁工程、岩土与地下结构、工程管理等领域从事设计、研发、运营、维护、施工、管理等方面的工作；自学能力强，富有创新创业精神和团队合作精神；具有一定国际视野的高素质复合型科学技术和管理人才。

培养要求

1. 品德修养和职业规范：遵纪守法，诚实守信，具有良好的思想品质和社会责任感；在专业实践中能自觉遵守职业道德和行业规范，履行职责。

2. 知识结构：掌握基本的人文社科基础知识；掌握扎实的数学、力学等自然科学基础知识，以及土木工程领域的专业基础知识和专业知识。

3. 分析问题：能够应用数学、自然科学和工程科学的基本原理，分析、表达土木工程实践中遇到的复杂工程问题，掌握问题的本质所在，并形成有效结论。

4. 解决方案：针对土木工程领域的复杂工程问题，能够应用工程知识和实践经验，找到解决问题的思路，设计、策划解决问题的具体方案，并满足工程、社会、环境等多方面的需要。

5. 设计开发：针对土木工程设施抵御外部环境影响的特点，能够进行主体结构或局部构件的设计和研发工作；针对工程实践中遇到的复杂技术问题，能够开展技术改进、技术攻关或技术开发等方面的工作。

6. 研究探索：能够基于科学原理并运用科学方法，对工程实践中遇到的复杂问题进行探索和研究，包括实验设计、数据分析、结论归纳等环节。

7. 项目管理：能够掌握并运用工程管理和工程经济的基本原理和决策方法，进行实际工程项目的策划、运营、组织和管理。

8. 应用现代工具：能够针对土木工程领域的复杂工程问题，合理选择或充分利用现代工程工具和信息技术工具开展工作，并了解这些工具的优越性和局限性所在。

9. 环境与可持续发展：能够分析、评价土木工程相关领域的工程实践和复杂工程问题对环境、健康及社会可持续发展等的影响。

10. 团队合作：能够在多学科、跨部门的团队中承担队员、小组或团队负责人的角色。

11. 沟通交流：具有较强的业务交流和沟通能力，能够通过陈述发言、撰写报告、设计文稿、提问应答等方式与业界及公众进行有效的交流；同时具备一定的国际视野，能够在跨文化背景下进行良好的沟通和交流。

12. 终身学习：具有自主学习和终身学习的意识和能力，在实践中通过自主学习不断提升自我。

专业核心课程

结构力学Ⅰ　结构力学Ⅱ　流体力学　土力学　基础工程　钢筋混凝土结构基本原理　建筑材料　钢结构设计原理　土木工程施工　钢筋混凝土结构设计　工程经济　弹性力学　工程抗震

计划学制　4 年　　　　**最低毕业学分**　158＋6＋4　　　　　**授予学位**　工学学士
学科专业类别　土木类　　**所依托的主干学科**　力学　土木工程

说明

辅修：30.5 学分，修读标注"＊"的课程，并在标注"＊＊"的课程中选修 2 门。

双专业：52 学分，修读学科基础课程中标注"＊"的课程和全部专业必修课程，并选修一个专业方向的课程 8 学分。

双学位：68 学分，在双专业课程的基础上，修读实践教学环节和毕业论文。

课程设置与学分分布

1. 通识课程　　　　　　　59.5＋6 学分
（1）思政类　　　　　　　必修　　　　　11.5＋2 学分

课程号	课程名称	学分	周学时	年级	学期
021E0010	思想道德修养与法律基础	2.5	2.0—1.0	一	秋冬
371E0010	形势与政策Ⅰ	＋1.0	0.0—2.0	一	秋冬，春夏
021E0020	中国近现代史纲要	2.5	2.0—1.0	一	春夏
021E0040	马克思主义基本原理概论	2.5	2.0—1.0	二	秋冬，春夏
031E0031	毛泽东思想和中国特色社会主义理论体系概论	4.0	3.0—2.0	三	秋冬，春夏
371E0020	形势与政策Ⅱ	＋1.0	0.0—2.0	四	春夏

（2）军体类　　　　　　　必修　　　　　5.5＋3 学分

体育Ⅰ、Ⅱ、Ⅲ、Ⅳ为必修课程，每门课程 1 学分，要求在前 2 年内修读。学生每年的体质测试原则上低年级随课程进行，成绩不另记录；高年级独立进行测试，达标者按＋0.5 学分记，三、四年级合计＋1 学分。

课程号	课程名称	学分	周学时	年级	学期
03110021	军训	＋2.0	＋2	一	秋
031E0020	体育Ⅰ	1.0	0.0—2.0	一	秋冬
031E0030	体育Ⅱ	1.0	0.0—2.0	一	春夏
031E0040	体育Ⅲ	1.0	0.0—2.0	二	秋冬
031E0010	军事理论	1.5	1.0—1.0	二	秋冬，春夏
031E0050	体育Ⅳ	1.0	0.0—2.0	二	春夏
03110080	体质测试Ⅰ	＋0.5	0.0—1.0	三	秋冬，春夏
03110090	体质测试Ⅱ	＋0.5	0.0—1.0	四	秋冬，春夏

（3）外语类　　　　　　　7 学分

外语类课程最低修读要求为 6＋1 学分，其中 6 学分为外语类课程选修学分，＋1 为"英语水平测试"或小语种水平测试必修学分。学校建议一年级学生的课程修读计划是"大学英语Ⅲ"和"大学英语Ⅳ"，并根据新生入学分级考试或高考英语成绩预置相应级别的"大学英语"课程，学生也可根据自己的兴趣爱好修读其他外语类课程（课程号带"F"的课程）；二年级起学生可申请学校"英语水平测试"或小语种水平测试。详细修读办法参见《浙江大学本科生"外语类"课程修读管理办法》。

（A）必修课程　　　　　　　＋1 学分

课程号	课程名称	学分	周学时	年级	学期
051F0600	英语水平测试	＋1.0	0.0—2.0		

或小语种水平测试

或其他外语类课程（课程号带"F"的课程）

（B）选修课程　　　　　　　　6学分

课程号	课程名称	学分	周学时	年级	学期
051F0020	大学英语Ⅲ	3.0	2.0—2.0	一	秋冬
051F0030	大学英语Ⅳ	3.0	2.0—2.0	一	秋冬，春夏

（4）计算机类　　　　　　　　选修　　　　　3学分

学校对计算机类通识课程实施分层教学。本专业根据培养目标，要求学生修读如下计算机类通识课程：

课程号	课程名称	学分	周学时	年级	学期
211G0200	Python 程序设计	3.0	2.0—2.0	一	春夏
211G0210	C 程序设计	3.0	2.0—2.0	一	春夏
211G0220	Java 程序设计	3.0	2.0—2.0	一	春夏

（5）自然科学通识类　　　　　必修　　　　　19.5学分

学校对自然科学类通识课程实施分层教学。本专业根据培养目标，要求学生修读如下自然科学类通识课程：

课程号	课程名称	学分	周学时	年级	学期
821T0010	微积分（甲）Ⅰ	4.5	4.0—1.0	一	秋冬
821T0050	线性代数（甲）	2.5	2.0—1.0	一	秋冬
761T0030	大学物理（乙）Ⅰ	3.0	3.0—0.0	一	春夏
771T0010	普通化学	3.0	3.0—0.0	一	春夏
821T0020	微积分（甲）Ⅱ	3.5	2.5—2.0	一	春夏
761T0040	大学物理（乙）Ⅱ	3.0	3.0—0.0	二	秋冬

（6）通识选修课程　　　　　　选修　　　　　14学分

通识选修课程包括人文社科组课程、科学技术组课程，以及通识核心课程（课程号带"S"）、新生研讨课程（课程号带"X"）。其中，人文社科组课程包括：历史与文化类（课程号带"H"）、文学与艺术类（课程号带"I"）、沟通与领导类（课程号带"J"）、经济与社会类（课程号带"L"）；科学技术组课程包括：科学与研究类（课程号带"K"）、技术与设计类（课程号带"M"）。

本专业学生的通识选修要求为：

1）在"通识核心课程"中至少修读一门；

2）在"沟通与领导类"中至少修读一门；

3）在"人文社科组"中至少修读6学分，若上述1）、2）所修课程类别属于"人文社科组"，则其学分也可计入本项要求；

4）在通识选修课程中自行选择修读其余学分。

A）通识核心课程　　　　　　　2学分

B）人文社科组　　　　　　　　6学分

C）沟通与领导类　　　　　　　1学分

2. 专业课程　　　　　　　　　87学分

（1）专业模块课程　　　　　　选修　　　　　8学分

本专业设结构、岩土与地下结构、道桥、市政、工程管理五个方向，学生须在以下方向中选择一个方向的课程修读。

A）结构方向　　　　　　　　　8学分

课程号	课程名称	学分	周学时	年级	学期
12120790	结构试验	2.5	2.0—1.0	三	秋冬
12195490	新材料结构	2.0	2.0—0.0	三	冬
12120240	大跨空间结构	2.0	2.0—0.0	三	夏
12195420	砌体结构	1.0	1.0—0.0	三	夏
12121720	高层建筑结构	2.0	2.0—0.0	四	秋
12195480	高层建筑工程施工	1.0	1.0—0.0	四	秋

B) 岩土与地下结构方向　　　　8 学分

课程号	课程名称	学分	周学时	年级	学期
12195500	岩石力学与工程应用	1.5	1.5—0.0	三	夏
12120271	地基处理	1.5	1.5—0.0	四	秋
12194510	岩土工程勘测与测试技术	2.0	1.5—1.0	四	秋
12121751	土动力学与工程应用	1.5	1.5—0.0	四	冬
12195510	隧道工程	1.5	1.5—0.0	四	冬
12195520	地下结构设计	1.5	1.5—0.0	四	春

C) 道桥方向　　　　8 学分

课程号	课程名称	学分	周学时	年级	学期
12195530	道路与轨道交通勘测设计	2.0	2.0—0.0	三	冬
12194420	桥梁工程 I	2.0	2.0—0.0	三	春
12121641	桥梁工程 II	2.5	2.0—1.0	三	夏
12120852	路基路面工程	2.5	2.0—1.0	四	秋冬
12195540	公路工程施工与组织管理	2.0	2.0—0.0	四	冬

D) 市政方向　　　　8 学分

课程号	课程名称	学分	周学时	年级	学期
12195550	建筑给水排水	2.0	2.0—0.0	三	秋
12120890	市政工程规划	2.0	2.0—0.0	三	春夏
12121650	给水工程	2.0	2.0—0.0	四	秋
12121660	排水工程	2.0	2.0—0.0	四	秋
12195840	市政基础工程	2.0	2.0—0.0	四	冬

E) 工程管理方向　　　　8 学分

课程号	课程名称	学分	周学时	年级	学期
12194310	工程项目管理	2.0	2.0—0.0	三	春
12195590	工程造价计价与控制	2.0	2.0—0.0	四	秋
12121760	房地产经济与评估	2.0	2.0—0.0	四	冬
12191270	工程总承包管理	2.0	2.0—0.0	四	冬
12121770	工程信息管理	2.0	2.0—0.0	四	春
12194290	工程保险与担保	2.0	2.0—0.0	四	春

（2）实践教学环节　　　　8 学分

（A）必修课程　　　　6.5 学分

课程号	课程名称	学分	周学时	年级	学期
12188011	测量实习	1.5	＋2	二	短
12188141	生产实习	2.0	＋4	三	短
12188271	专题设计训练	3.0	0.0—6.0	四	秋冬

（B）选修课程　　　　1.5 学分

课程号	课程名称	学分	周学时	年级	学期
12188070	房屋建筑学课程设计	1.5	＋2	二	短
12188280	创造性设计	1.5	＋2	二	短

（3）毕业论文（设计）　　　　必修　　　　8 学分

课程号	课程名称	学分	周学时	年级	学期
12189011	毕业设计（论文）	8.0	＋12	四	春夏

（4）学科基础课程　　　　必修　　　　30 学分

课程号	课程名称	学分	周学时	年级	学期
121C0090	画法几何	2.5	2.0—1.0	一	秋冬
12122380	土木工程导论	1.0	1.0—0.0	一	冬
121C0100	土木工程制图	2.0	1.5—1.0	一	春

课程号	课程名称	学分	周学时	年级	学期
061B0010	常微分方程	1.0	1.0—0.0	一	夏
061B9090	概率论与数理统计	2.5	2.0—1.0	二	秋冬
261C0062	理论力学（乙）	3.0	3.0—0.0	二	秋冬
12110190	建筑材料 *	3.0	2.5—1.0	二	春夏
12120831	流体力学 *	3.0	2.5—1.0	二	春夏
121C0011	测量学（甲）	2.5	2.0—1.0	二	春夏
261C0031	材料力学（乙）	4.0	4.0—0.0	二	春夏
261C0080	材料力学实验	0.5	0.0—1.0	二	夏
121C0041	结构力学Ⅰ *	3.0	2.0—2.0	三	秋冬
121C0050	结构力学Ⅱ *	2.0	2.0—0.0	三	春

（5）专业必修课程　　　　　　必修　　　　33学分

课程号	课程名称	学分	周学时	年级	学期
12121311	工程经济 **	2.0	2.0—0.0	二	秋
12120330	房屋建筑学	2.5	2.0—1.0	二	春夏
12122290	土木工程设计基础	2.0	2.0—0.0	二	春夏
12121590	工程地质	2.0	1.5—1.0	二	夏
12120360	钢筋混凝土结构基本原理 *	4.5	4.0—1.0	三	秋冬
12121620	弹性力学 **	2.0	2.0—0.0	三	冬
12121240	土力学 *	3.0	2.5—1.0	三	春
12120371	钢筋混凝土结构设计 **	3.0	2.0—2.0	三	春夏
12121670	土木工程施工 *	3.0	3.0—0.0	三	春夏
12122500	钢结构设计原理 *	3.0	3.0—0.0	三	春夏
12122160	基础工程 *	2.0	1.5—1.0	三	夏
12120340	钢结构设计	2.0	1.0—2.0	四	秋冬
12590050	工程抗震 **	2.0	2.0—0.0	四	冬

3. 个性课程　　　　　11.5学分

个性课程学分是学校为学生专门设置的自主发展学分。学生可利用个性课程学分，自主选择修读任何感兴趣的本科生或研究生课程。个性课程学分也可由学生自主用于下列用途：

（1）转换境内、境外交流学习的多余课程学分；

（2）冲抵专业确认或转专业前后的冗余课程学分；

（3）修读各类别创新创业理论或实践课程学分；

（4）修读本专业推荐修读的专业选修课程。

本专业推荐学生修读以下专业选修课程：

课程号	课程名称	学分	周学时	年级	学期
12122370	交通工程导论	2.0	2.0—0.0	一	夏
061B0240	大学物理实验	1.5	0.0—3.0	二	秋冬
12195850	探究性与创新性实验	1.0	0.0—2.0	二	秋冬
061B0090	偏微分方程	2.0	2.0—0.0	二	冬
12121800	建设法规与工程合同管理	1.5	1.5—0.0	二	冬
12195860	结构健康监测与振动控制	1.5	1.0—1.0	二	冬
061B0070	计算方法	2.5	2.0—1.0	二	春夏
12195670	专业英语	1.0	1.0—0.0	二	夏
12120520	环境工程概论	1.5	1.5—0.0	三	秋
12191030	CAD基础与二次开发	2.0	1.5—1.0	三	秋
12191060	建筑设备	2.0	2.0—0.0	三	冬
12590030	结构稳定理论	2.0	2.0—0.0	三	冬
12191121	新型建筑材料	1.0	1.0—0.0	三	春
12195820	建筑信息模型	2.0	1.0—2.0	三	春

12191161	工程事故分析与处理	1.5	1.5—0.0	三	夏
12195680	有限单元法	2.0	2.0—0.0	三	夏
12195690	结构工程测试技术	1.5	1.0—1.0	三	夏
12121730	木结构	1.0	1.0—0.0	四	秋
12195660	绿色建筑	2.0	2.0—0.0	四	秋
12121810	桥梁施工	1.0	1.0—0.0	四	冬
12191171	环境岩土工程	1.5	1.5—0.0	四	冬
12194490	特种结构	1.0	1.0—0.0	四	冬
12195700	高等土力学	2.0	2.0—0.0	四	冬
12195600	工程防灾减灾	2.0	2.0—0.0	四	春
4. 第二课堂	＋4 学分				

2016 级水利水电工程专业培养方案

培养目标

注重理论和实践教学，培养具有扎实的自然科学、人文与社会科学基础和广阔的国际视野，能在水利水电工程、水资源开发利用、水利防灾减灾和水环境整治等领域从事勘测、规划、设计、施工、科研和管理及信息技术应用方面工作的高素质、复合型高端人才。 学生主要学习水利工程的基础理论和基础知识，掌握水利水电工程、水文水资源及水环境工程等领域的基本知识和专业技能，接受工程制图、力学分析、工程计算、工程测量、模型实验、BIM 设计等基本能力的训练，深入了解现代信息与管理技术在水利工程中的应用。

培养要求

1. 品德修养和职业规范：遵纪守法，诚实守信，具有良好的思想品质和社会责任感；在专业实践中能自觉遵守职业道德和行业规范，履行职责。

2. 知识结构：掌握基本的人文社科基础知识；掌握扎实的数学、力学等自然科学基础知识，以及水利工程领域的专业基础知识和专业知识。 掌握结构力学、水力学与河流动力学、水文水资源学、土力学与工程地质学、水环境学等方面的基本理论、知识和技能；掌握水资源与水能规划、钢筋混凝土结构、水工建筑物、工程水文等方面的基本知识和技能，具备从事水资源规划、水利水电工程设计、水环境整治、水灾害防治等工作的能力；掌握工程测量、水利工程施工技术与管理、水利工程 BIM 设计等方面的基本知识和技能，具备从事勘测、施工和管理工作的能力；

3. 分析问题：了解本学科的理论前沿和发展动态，掌握文献检索和资料查询的基本方法，具有一定的科学研究能力；能够应用数学、自然科学和工程科学的基本原理，解决水利工程设计、施工等相关技术问题，并使专业知识在实践中得到应用。

4. 解决方案：针对水利工程领域的复杂工程问题，能够应用工程知识和实践经验，找到解决问题的思路，设计、策划解决问题的具体方案，并满足工程、社会、环境等多方面的需要。

5. 设计开发：针对水利工程设施抵御外部环境影响的特点，能够进行主体结构或局部构件的设计和研发工作；针对工程实践中遇到的复杂技术问题，能够开展技术改进、技术攻关或技术开发等方面的工作。

6. 研究探索：能够基于科学原理并运用科学方法，对工程实践中遇到的复杂问题进行探索和研究，包括实验设计、数据分析、结论归纳等环节。

7. 项目管理：能够掌握并运用工程管理和工程经济的基本原理和决策方法，进行实际工程项目的策划、运营、组织和管理。

8. 政策分析：熟悉国家关于水利水电、水资源与水环境工程建设和管理的方针、政策和法规。

9. 团队合作：能够在多学科、跨部门的团队中承担队员、小组或团队负责人的角色。

10. 沟通交流：具有较强的业务交流和沟通能力，能够通过陈述发言、撰写报告、设计文稿、提问应答等方式与业界及公众进行有效的交流；同时具备一定的国际视野，能够在跨文化背景下进行良好的沟通和交流。

11. 终身学习：具有自主学习和终身学习的意识和能力，在实践中通过自主学习不断提升自我。

专业核心课程

结构力学Ⅰ 流体力学 水力学与河流动力学 土力学 水利工程施工技术与管理 水工建筑物 水工钢筋混凝土结构 工程地质与水文地质 水文学原理 工程水文学 水资源与水能规划

计划学制 4年　　　　**最低毕业学分** 158＋6＋4　　　　**授予学位** 工学学士

学科专业类别 水利类　　　**所依托的主干学科** 水利工程

说明

辅修：29.5学分，修读标注"＊"的课程，并在标注"＊＊"的课程中选修2门。

双专业：39学分，修读学科基础课程中标注"＊"的课程和全部专业必修课程。

双学位：56学分，在双专业课程的基础上，修读实践教学环节和毕业论文。

课程设置与学分分布

1. 通识课程　　　　　　　59.5＋6学分

（1）思政类　　　　　　必修　　　　　　11.5＋2学分

课程号	课程名称	学分	周学时	年级	学期
021E0010	思想道德修养与法律基础	2.5	2.0—1.0	一	秋冬
371E0010	形势与政策Ⅰ	＋1.0	0.0—2.0	一	秋冬，春夏
021E0020	中国近现代史纲要	2.5	2.0—1.0	一	春夏
021E0040	马克思主义基本原理概论	2.5	2.0—1.0	二	秋冬，春夏
031E0031	毛泽东思想和中国特色社会主义理论体系概论	4.0	3.0—2.0	三	秋冬，春夏
371E0020	形势与政策Ⅱ	＋1.0	0.0—2.0	四	春夏

（2）军体类　　　　　　必修　　　　　　5.5＋3学分

体育Ⅰ、Ⅱ、Ⅲ、Ⅳ为必修课程，每门课程1学分，要求在前2年内修读。学生每年的体质测试原则上低年级随课程进行，成绩不另记录；高年级独立进行测试，达标者按＋0.5学分记，三、四年级合计＋1学分。

课程号	课程名称	学分	周学时	年级	学期
03110021	军训	＋2.0	＋2	一	秋
031E0020	体育Ⅰ	1.0	0.0—2.0	一	秋冬
031E0030	体育Ⅱ	1.0	0.0—2.0	一	春夏
031E0040	体育Ⅲ	1.0	0.0—2.0	二	秋冬
031E0010	军事理论	1.5	1.0—1.0	二	秋冬，春夏
031E0050	体育Ⅳ	1.0	0.0—2.0	二	春夏
03110080	体质测试Ⅰ	＋0.5	0.0—1.0	三	秋冬，春夏
03110090	体质测试Ⅱ	＋0.5	0.0—1.0	四	秋冬，春夏

（3）外语类　　　　　　7学分

外语类课程最低修读要求为6＋1学分，其中6学分为外语类课程选修学分，＋1为"英语水平测试"或小语种水平测试必修学分。学校建议一年级学生的课程修读计划是"大学英语Ⅲ"和"大学英语Ⅳ"，并根据新生入学分级考试或高考英语成绩预置相应级别的"大学英语"课程，学生也可根据自己的兴趣爱好修读其他外语类课程（课程号带"F"的课程）；二年级起学生可申请学校"英语水平测试"或小语种水平测试。详细修读办法参见《浙江大学本科生"外语类"课程修读管理办法》。

（A）必修课程　　　　　＋1学分

课程号	课程名称	学分	周学时	年级	学期
051F0600	英语水平测试	＋1.0	0.0—2.0		
	或小语种水平测试				
	或其他外语类课程（课程号带"F"的课程）				

（B）选修课程　　　　　6学分

课程号	课程名称	学分	周学时	年级	学期
051F0020	大学英语Ⅲ	3.0	2.0—2.0	一	秋冬
051F0030	大学英语Ⅳ	3.0	2.0—2.0	一	秋冬，春夏

（4）计算机类　　　　　　　选修　　　　　　3 学分

学校对计算机类通识课程实施分层教学。本专业根据培养目标，要求学生修读如下计算机类通识课程：

课程号	课程名称	学分	周学时	年级	学期
211G0200	Python 程序设计	3.0	2.0—2.0	一	春夏
211G0210	C 程序设计	3.0	2.0—2.0	一	春夏
211G0220	Java 程序设计	3.0	2.0—2.0	一	春夏

（5）自然科学通识类　　　　必修　　　　　　19.5 学分

学校对自然科学类通识课程实施分层教学。本专业根据培养目标，要求学生修读如下自然科学类通识课程：

课程号	课程名称	学分	周学时	年级	学期
821T0010	微积分（甲）Ⅰ	4.5	4.0—1.0	一	秋冬
821T0050	线性代数（甲）	2.5	2.0—1.0	一	秋冬
761T0030	大学物理（乙）Ⅰ	3.0	3.0—0.0	一	春夏
771T0010	普通化学	3.0	3.0—0.0	一	春夏
821T0020	微积分（甲）Ⅱ	3.5	2.5—2.0	一	春夏
761T0040	大学物理（乙）Ⅱ	3.0	3.0—0.0	二	秋冬

（6）通识选修课程　　　　　选修　　　　　　14 学分

通识选修课程包括人文社科组课程、科学技术组课程，以及通识核心课程（课程号带"S"）、新生研讨课程（课程号带"X"）。其中，人文社科组课程包括：历史与文化类（课程号带"H"）、文学与艺术类（课程号带"I"）、沟通与领导类（课程号带"J"）、经济与社会类（课程号带"L"）；科学技术组课程包括：科学与研究类（课程号带"K"）、技术与设计类（课程号带"M"）。

本专业学生的通识选修要求为：

1）在"通识核心课程"中至少修读一门；

2）在"沟通与领导类"中至少修读一门；

3）在"人文社科组"中至少修读 6 学分，若上述 1）、2）所修课程类别属于"人文社科组"，则其学分也可计入本项要求；

4）在通识选修课程中自行选择修读其余学分。

A）通识核心课程　　　　　　2 学分

B）人文社科组　　　　　　　6 学分

C）沟通与领导类　　　　　　1 学分

2. 专业课程　　　　　　　　88.5 学分

（1）实践教学环节　　　　　必修　　　　　　9 学分

课程号	课程名称	学分	周学时	年级	学期
12188470	认识实习	1.0	＋2	一	短
12188011	测量实习	1.5	＋2	二	短
12188181	工程设计施工讲座与生产实习	2.0	＋2	三	短
12188230	水利工程施工技术与管理课程设计	1.0	＋2	三	短
12188420	水工钢筋混凝土结构课程设计	1.0	0.0—2.0	三	春
12188410	水资源与水能规划课程设计	1.0	0.0—2.0	四	秋
12188400	水工建筑物课程设计	1.5	0.0—3.0	四	春

（2）毕业论文（设计）　　　必修　　　　　　8 学分

课程号	课程名称	学分	周学时	年级	学期
12189011	毕业设计（论文）	8.0	＋12	四	春夏

（3）学科基础课程　　　　　必修　　　　　　30.5 学分

课程号	课程名称	学分	周学时	年级	学期
121C0090	画法几何	2.5	2.0—1.0	一	秋冬
12195620	水利工程导论	1.0	1.0—0.0	一	冬
121C0100	土木工程制图	2.0	1.5—1.0	一	春

课程号	课程名称	学分	周学时	年级	学期
061B0010	常微分方程	1.0	1.0—0.0	一	夏
061B9090	概率论与数理统计	2.5	2.0—1.0	二	秋冬
261C0062	理论力学（乙）	3.0	3.0—0.0	二	秋冬
061B0070	计算方法	2.5	2.0—1.0	二	春夏
12110190	建筑材料	3.0	2.5—1.0	二	春夏
12120831	流体力学＊	3.0	2.5—1.0	二	春夏
121C0011	测量学（甲）	2.5	2.0—1.0	二	春夏
261C0031	材料力学（乙）	4.0	4.0—0.0	二	春夏
261C0080	材料力学实验	0.5	0.0—1.0	二	夏
121C0041	结构力学Ⅰ＊	3.0	2.0—2.0	三	秋冬

（4）专业必修课程　　　　必修　　33学分

课程号	课程名称	学分	周学时	年级	学期
12122300	水文学原理＊＊	3.0	3.0—0.0	二	秋冬
12120440	工程地质与水文地质＊	2.0	2.0—0.0	三	秋
12122170	水工钢筋混凝土结构＊	4.0	4.0—0.0	三	秋冬
12122190	水力学与河流动力学＊	3.0	2.5—1.0	三	秋冬
12120460	工程水文学＊＊	2.0	2.0—0.0	三	冬
12121240	土力学＊	3.0	2.5—1.0	三	春
12122180	水利工程经济	2.0	2.0—0.0	三	春
12122200	水资源与水能规划＊＊	3.0	3.0—0.0	三	春夏
12120930	水工建筑物＊	4.5	4.0—1.0	三	夏
12121680	水利工程施工技术与管理＊	2.0	2.0—0.0	三	夏
12120921	水电站建筑物	2.5	2.5—0.0	四	秋
12195671	专业英语	2.0	2.0—0.0	四	冬

（5）专业选修课程　　　　选修　　8学分

课程号	课程名称	学分	周学时	年级	学期
12121620	弹性力学	2.0	2.0—0.0	三	冬
12121540	水工钢结构	2.0	2.0—0.0	三	夏
12120530	环境水力学	2.5	2.5—0.0	四	秋冬
12590050	工程抗震	2.0	2.0—0.0	四	冬
12194100	结构安全监控技术	2.0	2.0—0.0	四	春
12194570	水文气象学	2.0	2.0—0.0	四	春

3. 个性课程　　　　10学分

个性课程学分是学校为学生专门设置的自主发展学分。学生可利用个性课程学分，自主选择修读任何感兴趣的本科生或研究生课程。个性课程学分也可由学生自主用于下列用途：

（1）转换境内、境外交流学习的多余课程学分；

（2）冲抵专业确认或转专业前后的冗余课程学分；

（3）修读各类别创新创业理论或实践课程学分；

（4）修读本专业推荐修读的专业选修课程。

本专业推荐学生修读以下专业选修课程：

课程号	课程名称	学分	周学时	年级	学期
12194471	水信息工程	2.5	2.5—0.0	四	秋冬
12194581	地下水水文学	2.5	2.5—0.0	四	秋冬
12194540	环境水文学	2.0	2.0—0.0	四	冬
12195600	工程防灾减灾	2.0	2.0—0.0	四	春

4. 第二课堂　　　　＋4学分

2016 级交通工程专业培养方案

培养目标

　　本专业面向交通工程领域的发展需求，培养具有良好的道德品质、职业操守和社会责任感【目标1】；掌握坚实的自然科学和人文社会科学等通识基础知识以及交通工程专业的基本理论与专业知识【目标2】；具备较高的外语水平与计算机应用能力【目标3】；具备交通工程专业实践和专业综合应用能力【目标4】；能够胜任交通规划、交通控制、道路与桥梁等领域的设计与研发【目标5】、运营监测与维护【目标6】、项目实施与管理【目标7】等工作；自学能力强，具有创新创业能力和团队合作精神【目标8】；具有一定国际视野【目标9】的高素质复合型科学技术和管理人才。

培养要求

　　1. 品德修养和职业规范：遵纪守法，诚实守信，具有良好的思想品德和社会责任感；在专业实践中能自觉遵守职业操守和行业规范，履行职责。

　　2. 知识结构：掌握基本的人文社科基础知识；掌握扎实的数学、力学等自然科学基础知识，以及交通工程领域的专业基础知识和专业知识。

　　3. 分析问题：能够应用数学、自然科学和工程科学的基本原理，分析、表达交通工程实践中遇到的复杂工程问题，掌握问题的本质所在，并形成有效结论。

　　4. 解决方案：针对交通工程领域的复杂工程问题，能够应用工程知识和实践经验，找到解决问题的思路，设计、策划解决问题的具体方案，并满足工程、社会、环境等多方面的需要。

　　5. 设计开发：针对交通工程设施抵御外部环境影响和承受交通荷载的特点，能够进行主体结构或局部构件的设计和研发工作；针对工程实践中遇到的复杂技术问题，能够开展技术改进、技术攻关或技术开发等方面的工作。

　　6. 研究探索：能够基于科学原理并运用科学方法，对工程实践中遇到的复杂问题进行探索和研究，包括实验设计、数据分析、结论归纳等环节。

　　7. 项目管理：能够掌握并运用工程管理和工程经济的基本原理和决策方法，进行实际工程项目的策划、运营、组织和管理。

　　8. 应用现代工具：能够针对交通工程领域的复杂工程问题，合理选择或充分利用现代工程工具和信息技术工具开展工作，并了解这些工具的优越性和局限性所在。

　　9. 环境与可持续发展：能够分析、评价交通工程相关领域的工程实践和复杂工程问题对环境、健康及社会可持续发展等的影响。

　　10. 团队合作：能够在多学科、跨部门的团队中承担团队成员或负责人的角色。

　　11. 沟通交流：具有较强的业务交流和沟通能力，能够通过陈述发言、撰写报告、设计文稿、提问应答等方式与业界及公众进行有效的交流；同时具备一定的国际视野，能够在跨文化背景下进行良好的沟通和交流。

　　12. 终身学习：具有自主学习和终身学习的意识和能力，在实践中通过自主学习不断完善和提升自我。

专业核心课程

结构力学 I　结构设计原理　桥梁工程 I　土力学　路基路面工程　隧道工程　交通系统分析　交通规划　交通管理与控制　交通工程设施设计　道路与轨道交通勘测设计

计划学制　4 年　　　　**最低毕业学分**　158＋6＋4　　　　**授予学位**　工学学士

说明

辅修：23 学分，修读标注"＊"的课程，并在标注"＊＊"的课程中选修 4 门。

双专业：37.5 学分，修读学科基础课程中标注"＊"的课程和全部专业必修课程。

双学位：53.5 学分，在双专业课程的基础上，修读实践教学环节和毕业论文。

课程设置与学分分布

1. 通识课程　　　　　58.5＋6 学分
（1）思政类　　　　　必修　　　　　11.5＋2 学分

课程号	课程名称	学分	周学时	年级	学期
021E0010	思想道德修养与法律基础	2.5	2.0—1.0	一	秋冬

371E0010	形势与政策 I	+1.0	0.0—2.0	一	秋冬，春夏
021E0020	中国近现代史纲要	2.5	2.0—1.0	一	春夏
021E0040	马克思主义基本原理概论	2.5	2.0—1.0	二	秋冬，春夏
031E0031	毛泽东思想和中国特色社会主义理论体系概论	4.0	3.0—2.0	三	秋冬，春夏
371E0020	形势与政策 II	+1.0	0.0—2.0	四	春夏

（2）军体类　　　　　必修　　　　　5.5＋3 学分

体育Ⅰ、Ⅱ、Ⅲ、Ⅳ为必修课程，每门课程1学分，要求在前2年内修读。学生每年的体质测试原则上低年级随课程进行，成绩不另记录；高年级独立进行测试，达标者按＋0.5学分记，三、四年级合计＋1学分。

课程号	课程名称	学分	周学时	年级	学期
03110021	军训	+2.0	+2	一	秋
031E0020	体育 I	1.0	0.0—2.0	一	秋冬
031E0030	体育 II	1.0	0.0—2.0	一	春夏
031E0040	体育 III	1.0	0.0—2.0	二	秋冬
031E0010	军事理论	1.5	1.0—1.0	二	秋冬，春夏
031E0050	体育 IV	1.0	0.0—2.0	二	春夏
03110080	体质测试 I	+0.5	0.0—1.0	三	秋冬，春夏
03110090	体质测试 II	+0.5	0.0—1.0	四	秋冬，春夏

（3）外语类　　　　　7 学分

外语类课程最低修读要求为6＋1学分，其中6学分为外语类课程选修学分，＋1为"英语水平测试"或小语种水平测试必修学分。学校建议一年级学生的课程修读计划是"大学英语Ⅲ"和"大学英语Ⅳ"，并根据新生入学分级考试或高考英语成绩预置相应级别的"大学英语"课程，学生也可根据自己的兴趣爱好修其他外语类课程（课程号带"F"的课程）；二年级起学生可申请学校"英语水平测试"或小语种水平测试。详细修读办法参见《浙江大学本科生"外语类"课程修读管理办法》。

（A）必修课程　　　　　＋1 学分

课程号	课程名称	学分	周学时	年级	学期
051F0600	英语水平测试	+1.0	0.0—2.0		

或小语种水平测试

或其他外语类课程（课程号带"F"的课程）

（B）选修课程　　　　　6 学分

课程号	课程名称	学分	周学时	年级	学期
051F0020	大学英语 III	3.0	2.0—2.0	一	秋冬
051F0030	大学英语 IV	3.0	2.0—2.0	一	秋冬，春夏

（4）计算机类　　　　　选修　　　　　5 学分

学校对计算机类通识课程实施分层教学。本专业根据培养目标，要求学生修读如下计算机类通识课程：

课程号	课程名称	学分	周学时	年级	学期
211G0230	计算机科学基础	2.0	2.0—0.0	一	秋冬
211G0240	科学计算基础	2.0	2.0—0.0	一	秋冬
211G0250	程序设计基础	3.0	2.0—2.0	一	秋冬
211G0200	Python 程序设计	3.0	2.0—2.0	一	春夏
211G0210	C 程序设计	3.0	2.0—2.0	一	春夏
211G0220	Java 程序设计	3.0	2.0—2.0	一	春夏
211G0260	程序设计专题	2.0	1.0—2.0	一	春夏

（5）自然科学通识类　　　　　必修　　　　　16.5 学分

学校对自然科学类通识课程实施分层教学。本专业根据培养目标，要求学生修读如下自然科学类通识课程：

课程号	课程名称	学分	周学时	年级	学期
821T0010	微积分（甲）I	4.5	4.0—1.0	一	秋冬
821T0050	线性代数（甲）	2.5	2.0—1.0	一	秋冬

761T0030	大学物理（乙）I		3.0	3.0—0.0	一	春夏
821T0020	微积分（甲）II		3.5	2.5—2.0	一	春夏
761T0040	大学物理（乙）II		3.0	3.0—0.0	二	秋冬

（6）通识选修课程　　　　　　　选修　　　　　　　14 学分

通识选修课程包括人文社科组课程、科学技术组课程，以及通识核心课程（课程号带"S"）、新生研讨课程（课程号带"X"）。其中，人文社科组课程包括：历史与文化类（课程号带"H"）、文学与艺术类（课程号带"I"）、沟通与领导类（课程号带"J"）、经济与社会类（课程号带"L"）；科学技术组课程包括：科学与研究类（课程号带"K"）、技术与设计类（课程号带"M"）。

本专业学生的通识选修要求为：

1）在"通识核心课程"中至少修读一门；

2）在"沟通与领导类"中至少修读一门；

3）在"人文社科组"中至少修读 6 学分，若上述 1）、2）所修课程类别属于"人文社科组"，则其学分也可计入本项要求；

4）在通识选修课程中自行选择修读其余学分。

A）通识核心课程　　　　　　2 学分

B）人文社科组　　　　　　　6 学分

C）沟通与领导类　　　　　　1 学分

2. 专业课程　　　　　　89.5 学分

（1）实践教学环节　　　　　　必修　　　　　　8 学分

课程号	课程名称	学分	周学时	年级	学期
12188011	测量实习	1.5	+2	二	短
12188490	结构设计原理课程设计	1.5	0.0—3.0	三	冬
12188500	道桥生产实习	2.0	+4	三	短
12188510	道桥工程设计	1.5	+2	三	短
12188530	交通工程设计与实验	1.5	0.0—3.0	四	春

（2）毕业论文（设计）　　　　　必修　　　　　　8 学分

课程号	课程名称	学分	周学时	年级	学期
12189011	毕业设计（论文）	8.0	+12	四	春夏

（3）学科基础课程　　　　　　必修　　　　　　34.5 学分

课程号	课程名称	学分	周学时	年级	学期
121C0090	画法几何	2.5	2.0—1.0	一	秋冬
121C0100	土木工程制图	2.0	1.5—1.0	一	春
061B0010	常微分方程	1.0	1.0—0.0	一	夏
12122370	交通工程导论	2.0	2.0—0.0	一	夏
061B9090	概率论与数理统计	2.5	2.0—1.0	二	秋冬
261C0062	理论力学（乙）	3.0	3.0—0.0	二	秋冬
101C0030	电工电子学及实验	3.5	3.0—1.0	二	春夏
12110190	建筑材料	3.0	2.5—1.0	二	春夏
12120831	流体力学	3.0	2.5—1.0	二	春夏
121C0011	测量学（甲）	2.5	2.0—1.0	二	春夏
261C0031	材料力学（乙）	4.0	4.0—0.0	二	春夏
261C0080	材料力学实验	0.5	0.0—1.0	二	夏
121C0041	结构力学 I *	3.0	2.0—2.0	三	秋冬
121C0050	结构力学 II	2.0	2.0—0.0	三	春

（4）专业必修课程　　　　　　必修　　　　　　34.5 学分

课程号	课程名称	学分	周学时	年级	学期
12121311	工程经济	2.0	2.0—0.0	二	秋
12195860	结构健康监测与振动控制	1.5	1.0—1.0	二	冬

课程号	课程名称	学分	周学时	年级	学期
12121590	工程地质	2.0	1.5—1.0	二	夏
12122320	交通系统分析＊＊	2.0	2.0—0.0	三	秋
12195530	道路与轨道交通勘测设计＊＊	2.0	2.0—0.0	三	秋
12120852	路基路面工程＊	2.5	2.0—1.0	三	秋冬
12122330	结构设计原理＊	3.0	3.0—0.0	三	秋冬
12122340	交通工程设施设计＊＊	2.0	2.0—0.0	三	冬
12195540	公路工程施工与组织管理	2.0	2.0—0.0	三	冬
12121240	土力学＊	3.0	2.5—1.0	三	春
12122350	交通规划＊＊	2.0	2.0—0.0	三	春
12194420	桥梁工程Ⅰ＊	2.0	2.0—0.0	三	春
12122360	交通管理与控制＊＊	3.0	3.0—0.0	三	春夏
12121641	桥梁工程Ⅱ	2.5	2.0—1.0	三	夏
12195870	道桥结构数值分析	2.0	2.0—0.0	四	秋
12195510	隧道工程＊	1.5	1.5—0.0	四	冬

（5）专业选修课程　　选修　　4.5学分

课程号	课程名称	学分	周学时	年级	学期
851C0030	电子工程训练（乙）	1.5	0.0—3.0	二	秋冬
12122500	钢结构设计原理	3.0	3.0—0.0	三	春夏
12122160	基础工程	2.0	1.5—1.0	三	夏
12195760	轨道交通运营组织与管理	2.0	2.0—0.0	三	夏
12590050	工程抗震	2.0	2.0—0.0	四	冬

3. 个性课程　　10学分

个性课程学分是学校为学生专门设置的自主发展学分。学生可利用个性课程学分，自主选择修读任何感兴趣的本科生或研究生课程。个性课程学分也可由学生自主用于下列用途：

（1）转换境内、境外交流学习的多余课程学分；

（2）冲抵专业确认或转专业前后的冗余课程学分；

（3）修读各类别创新创业理论或实践课程学分；

（4）修读本专业推荐修读的专业选修课程。

本专业推荐学生修读以下专业选修课程：

课程号	课程名称	学分	周学时	年级	学期
12195850	探究性与创新性实验	1.0	0.0—2.0	二	秋冬
061B0070	计算方法	2.5	2.0—1.0	二	春夏
12191030	CAD基础与二次开发	2.0	1.5—1.0	三	秋
12121620	弹性力学	2.0	2.0—0.0	三	冬
12195820	建筑信息模型	2.0	1.0—2.0	三	春
12191161	工程事故分析与处理	1.5	1.5—0.0	三	夏
12195680	有限单元法	2.0	2.0—0.0	三	夏
12195780	交通安全与防灾	2.0	2.0—0.0	四	秋
12195790	大跨径桥梁	2.0	2.0—0.0	四	秋
12121810	桥梁施工	1.0	1.0—0.0	四	冬
12195580	城市道路与立交工程	2.0	2.0—0.0	四	冬
12195730	桥梁振动与稳定	1.0	1.0—0.0	四	冬
12195800	城市公共交通	2.0	2.0—0.0	四	冬
12121770	工程信息管理	2.0	2.0—0.0	四	春
12195600	工程防灾减灾	2.0	2.0—0.0	四	春
12195810	城市交通模型	2.0	2.0—0.0	四	春

4. 第二课堂　　　＋4学分

2016 级建筑学专业培养方案

培养目标

以综合性一流大学背景下特质化的建筑学创新型复合人才培养为主要目标，以大力培养学生创新能力为核心，以全面提升学生研究性设计能力为重点，积极培养建筑学综合性高层次人才，着力培养具有国际视野和求是创新精神的专业拔尖和领军高层次人才。

培养要求

学生主要学习培养热爱建筑事业、关怀人类生存环境与社会整体利益，培养扎实的建筑设计理论知识和基本技能，培养实践和创新的综合素质与竞争力，培养良好的职业道德和团队意识，以及多种职业适应能力的通用型、复合型能力。 掌握建筑设计相关的原理与方法，以及与此相关的城市规划、城市设计、景观设计、建筑历史、结构、构造、材料、技术、经济等方面的专业知识，并受到严格的建筑设计专业技术训练，具有对各类建筑功能、造型、空间组织、技术经济、环境景观等方面进行分析、综合、优选和评价的能力，以及创作出实用、经济、美观的设计方案的能力。 本专业兼设景观学专业方向，学生可选择修读相应模块课程。

毕业生应获得以下几个方面的知识和能力：

1. 具有扎实的工程技术和艺术设计基础、较好的人文社会科学素养和图示、媒体、语言综合表达能力；

2. 掌握建筑设计的基本原理和方法，并具有独立思考勇于突破的能力，能熟练运用计算机进行辅助设计；

3. 了解中外建筑历史的发展规律；掌握人的生理、心理、行为与建筑环境的关系；了解与建筑、规划或景观有关的经济知识、社会文化风俗、法律法规的基本知识；

4. 初步掌握建筑结构与建筑设备体系的基本知识、建筑构造或景观工程的原理与方法、常用建筑材料与新材料的性能以及建筑物理声、光、热或植物与景观种植的有关知识；

5. 具有一定的项目前期策划、建筑或景观方案设计和绘制施工图的能力，具有建筑或景观美学方面的修养。

专业核心课程

建筑设计基础 建筑设计 专题化设计 城市规划与设计 建筑史 建筑力学与结构

计划学制　5 年　　　　**最低毕业学分**　190＋6.5＋4　　　　**授予学位**　建筑学学士
学科专业类别　建筑类　　　　**所依托的主干学科**　建筑学

说明

课程设置与学分分布

1. 通识课程　　　　　　47＋6.5 学分
（1）思政类　　　　　必修　　　　11.5＋2 学分

课程号	课程名称	学分	周学时	年级	学期
021E0010	思想道德修养与法律基础	2.5	2.0—1.0	一	秋冬
371E0010	形势与政策 Ⅰ	＋1.0	0.0—2.0	一	秋冬，春夏
021E0020	中国近现代史纲要	2.5	2.0—1.0	一	春夏
021E0040	马克思主义基本原理概论	2.5	2.0—1.0	二	秋冬，春夏
031E0031	毛泽东思想和中国特色社会主义理论体系概论	4.0	3.0—2.0	三	秋冬，春夏
371E0020	形势与政策 Ⅱ	＋1.0	0.0—2.0	四	春夏

（2）军体类　　　　　必修　　　　5.5＋3.5 学分

体育Ⅰ、Ⅱ、Ⅲ、Ⅳ为必修课程，每门课程 1 学分，要求在前 2 年内修读。 学生每年的体质测试原则上低年级随课程进行，成绩不另记录；高年级独立进行测试，达标者按＋0.5 学分记，三、四、五年级合计＋1.5 学分。

课程号	课程名称	学分	周学时	年级	学期
03110021	军训	＋2.0	＋2	一	秋
031E0020	体育 Ⅰ	1.0	0.0—2.0	一	秋冬

031E0030	体育Ⅱ		1.0	0.0—2.0	一	春夏
031E0040	体育Ⅲ		1.0	0.0—2.0	二	秋冬
031E0010	军事理论		1.5	1.0—1.0	二	秋冬，春夏
031E0050	体育Ⅳ		1.0	0.0—2.0	二	春夏
03110080	体质测试Ⅰ		+0.5	0.0—1.0	三	秋冬，春夏
03110090	体质测试Ⅱ		+0.5	0.0—1.0	四	秋冬，春夏
03110100	体质测试Ⅲ		+0.5	0.0—1.0	五	秋冬，春夏

（3）外语类　　　　　7学分

外语类课程最低修读要求为6＋1学分，其中6学分为外语类课程选修学分，＋1为"英语水平测试"或小语种水平测试必修学分。　学校建议一年级学生的课程修读计划是"大学英语Ⅲ"和"大学英语Ⅳ"，并根据新生入学分级考试或高考英语成绩预置相应级别的"大学英语"课程，学生也可根据自己的兴趣爱好修读其他外语类课程（课程号带"F"的课程）；二年级起学生可申请学校"英语水平测试"或小语种水平测试。　详细修读办法参见《浙江大学本科生"外语类"课程修读管理办法》。

（A）必修课程　　　　　＋1学分

课程号	课程名称	学分	周学时	年级	学期
051F0600	英语水平测试	+1.0	0.0—2.0		

或小语种水平测试

或其他外语类课程（课程号带"F"的课程）

（B）选修课程　　　　　6学分

课程号	课程名称	学分	周学时	年级	学期
051F0020	大学英语Ⅲ	3.0	2.0—2.0	一	秋冬
051F0030	大学英语Ⅳ	3.0	2.0—2.0	一	秋冬，春夏

（4）计算机类　　　　　选修　　　　　2学分

学校对计算机类通识课程实施分层教学。　本专业根据培养目标，要求学生修读如下计算机类通识课程：

课程号	课程名称	学分	周学时	年级	学期
211G0230	计算机科学基础	2.0	2.0—0.0	一	秋冬
211G0240	科学计算基础	2.0	2.0—0.0	一	秋冬

（5）自然科学通识类　　　　　必修　　　　　8学分

学校对自然科学类通识课程实施分层教学。　本专业根据培养目标，要求学生修读如下自然科学类通识课程：

课程号	课程名称	学分	周学时	年级	学期
821T0010	微积分（甲）Ⅰ	4.5	4.0—1.0	一	秋冬
821T0020	微积分（甲）Ⅱ	3.5	2.5—2.0	一	春夏

（6）通识选修课程　　　　　选修　　　　　14学分

通识选修课程包括人文社科组课程、科学技术组课程，以及通识核心课程（课程号带"S"）、新生研讨课程（课程号带"X"）。　其中，人文社科组课程包括：历史与文化类（课程号带"H"）、文学与艺术类（课程号带"I"）、沟通与领导类（课程号带"J"）、经济与社会类（课程号带"L"）；科学技术组课程包括：科学与研究类（课程号带"K"）、技术与设计类（课程号带"M"）。

本专业学生的通识选修要求为：

1）在"通识核心课程"中至少修读一门；

2）在"沟通与领导类"中至少修读一门；

3）在"人文社科组"中至少修读6学分，若上述1）、2）所修课程类别属于"人文社科组"，则其学分也可计入本项要求；

4）在通识选修课程中自行选择修读其余学分。

A）通识核心课程　　　　　2学分

B）人文社科组　　　　　6学分

C）沟通与领导类　　　　　1学分

2. 专业课程　　　　　　　　130 学分
（1）专业方向课程　　　　　　11 学分
本专业设置建筑学和景观学 2 个方向，学生须选择一个方向修读相应课程。
1）建筑学方向　　　　　　　11 学分
（A）必修课程　　　　　　　11 学分

课程号	课程名称	学分	周学时	年级	学期
12120820	居住建筑设计原理	2.0	2.0—0.0	三	秋
12122430	建筑材料与构造Ⅱ	2.0	2.0—0.0	三	春夏
12110170	建筑物理Ⅰ	2.0	1.5—1.0	三	夏
12121370	建筑物理Ⅱ	2.0	1.5—1.0	四	秋
12121512	建筑综合设计	3.0	1.5—3.0	五	冬

2）景观学方向　　　　　　　11 学分
（A）必修课程　　　　　　　11 学分

课程号	课程名称	学分	周学时	年级	学期
12121390	景观学导论	2.0	2.0—0.0	三	秋
12121401	植物造景	2.0	1.5—1.0	三	夏
12121410	城市景观设计原理	2.0	1.5—1.0	四	秋
12121431	景观工程	2.0	2.0—0.0	四	春
12188211	景观综合设计	3.0	1.5—3.0	五	冬

（2）实践教学环节　　　　　　10.5 学分
（A）必修课程　　　　　　　7 学分

课程号	课程名称	学分	周学时	年级	学期
12188171	渲染周	1.5	+2	一	短
12188251	美术实习	2.0	+2	二	短
12188060	传统建筑测绘	2.0	+2	三	短
12188151	施工工地实习	1.5	+2	四	短

（B）选修课程　　　　　　　3.5 学分
学生须按专业方向修读下列课程。
1）建筑学方向
（A）选修课程

课程号	课程名称	学分	周学时	年级	学期
12188430	现代建筑考察Ⅰ	0.5	+1	二	短
12188440	现代建筑考察Ⅱ	0.5	+1	三	短
12188450	现代建筑考察Ⅲ	0.5	+1	四	短
12188114	建筑设计院业务实践	2.0	+8	五	秋

2）景观学方向
（A）选修课程

课程号	课程名称	学分	周学时	年级	学期
12188221	景观园林考察	1.5	+2	四	短
12188241	景观设计实务实践	2.0	+8	五	秋

（3）毕业论文（设计）　　　　必修　　　　8 学分

课程号	课程名称	学分	周学时	年级	学期
12189011	毕业设计（论文）	8.0	+12	五	春夏

（4）专业必修课程　　　　　　必修　　　　100.5 学分

课程号	课程名称	学分	周学时	年级	学期
121C0080	建筑制图	3.0	2.0—2.0	一	秋冬
121D0080	建筑设计基础Ⅰ	5.0	2.0—6.0	一	秋冬
121D0131	美术Ⅰ	3.0	1.0—4.0	一	秋冬

12120470	公共建筑设计原理	2.0	2.0—0.0	一	春
12121490	建筑史Ⅰ	3.0	3.0—0.0	一	春夏
121D0090	建筑设计基础Ⅱ	5.0	2.0—6.0	一	春夏
121D0140	美术Ⅱ	3.0	1.0—4.0	一	春夏
12120640	建筑力学与结构Ⅰ	2.0	2.0—0.0	一	夏
12120650	建筑力学与结构Ⅱ	2.0	2.0—0.0	二	秋
12120010	计算机辅助建筑设计Ⅰ	2.0	1.0—2.0	二	秋冬
12120710	建筑设计（甲）Ⅰ	5.0	2.0—6.0	二	秋冬
12122390	建筑材料与构造Ⅰ	3.0	3.0—0.0	二	秋冬
121D0150	美术Ⅲ	3.5	1.0—5.0	二	秋冬
12120660	建筑力学与结构Ⅲ	2.0	2.0—0.0	二	春
12120720	建筑设计（甲）Ⅱ	5.0	2.0—6.0	二	春夏
12121500	建筑史Ⅱ	3.0	3.0—0.0	二	春夏
121D0160	美术Ⅳ	3.0	1.0—4.0	二	春夏
12120021	计算机辅助建筑设计Ⅱ	1.0	0.0—2.0	三	秋
12120670	建筑力学与结构Ⅳ	2.0	2.0—0.0	三	秋
121D0100	建筑摄影	2.0	1.0—2.0	三	秋
12120701	建筑设备	3.0	3.0—0.0	三	秋冬
12120730	建筑设计（甲）Ⅲ	5.0	2.0—6.0	三	秋冬
12194151	室内设计与装饰装修材料	3.0	2.0—2.0	三	秋冬
121D0030	建筑画	2.0	1.0—2.0	三	秋冬
12192040	园林与环境景观	2.0	2.0—0.0	三	冬
12120130	城市规划与设计原理	2.0	2.0—0.0	三	春
12120740	建筑设计（甲）Ⅳ	5.0	2.0—6.0	三	春夏
12122400	三年级设计周	1.0	0.0—2.0	三	夏
12192050	场地设计	2.0	2.0—0.0	四	秋
12192060	建筑法规	2.0	2.0—0.0	四	秋
12120120	城市规划与设计	5.0	2.0—6.0	四	秋冬
12122410	专题化设计Ⅰ	2.5	1.0—3.0	四	春
12195640	工程经济与管理	2.0	2.0—0.0	四	春
12122420	专题化设计Ⅱ	2.5	1.0—3.0	四	夏
12195660	绿色建筑	2.0	2.0—0.0	四	夏

3. 个性课程　　　　　　13学分

个性课程学分是学校为学生专门设置的自主发展学分。学生可利用个性课程学分，自主选择修读任何感兴趣的本科生或研究生课程。个性课程学分也可由学生自主用于下列用途：

（1）转换境内、境外交流学习的多余课程学分；

（2）冲抵专业确认或转专业前后的冗余课程学分；

（3）修读各类别创新创业理论或实践课程学分；

（4）修读本专业推荐修读的专业选修课程。

本专业推荐学生修读以下专业选修课程：

课程号	课程名称	学分	周学时	年级	学期
12195650	建筑模型基础	2.0	1.0—2.0	三	秋
12195630	西方建筑理论	2.0	2.0—0.0	三	秋冬
12122310	计算机辅助建筑设计Ⅲ	2.0	1.0—2.0	三	冬

4. 第二课堂　　　　　　＋4学分

2016 级城乡规划专业培养方案

培养目标

培养具有敏锐与开阔的视野，关怀人居环境与社会整体利益，具备扎实的规划理论知识和基本专业技能，注重提高实践和创新的综合素质，具有良好职业道德与团队意识的高级城乡建设、规划研究、规划设计、规划管理人才。

培养要求

学生主要学习城乡规划、城市交通和市政工程规划、城市景观园林规划、区域规划等方面的基础理论和基本知识，接受城乡规划设计等基本训练，掌握城乡规划、城市设计和城乡规划管理理论与方法，并具有参加城乡规划与设计、城市景观园林规划、交通和市政工程规划以及经济社会发展规划等专业规划工作的基本能力。

毕业生应获得以下几个方面的知识和能力：

1. 掌握城乡规划的基本理论、基本知识；
2. 具有城乡规划编制和城市设计的能力；
3. 掌握与城乡规划学科相关的知识；
4. 熟悉国家有关城乡规划的方针、政策和法规，具有城市规划行政管理的基本能力；
5. 具有调查、公共互动、综合分析协调解决问题的能力；
6. 了解城乡规划学科的理论前沿和发展动态，具有一定的科学研究能力；
7. 具有应用计算机辅助规划设计和分析、表达的能力。

专业核心课程

城市规划原理 中国城市发展与规划史 外国城市发展与规划史 城市道路与交通规划 城市市政工程系统规划 地理信息系统应用 城市规划社会调查专题研究 城市总体规划设计 修建性详细规划设计 控制性详细规划设计 城市设计 城乡规划管理与法规

计划学制　5 年　　　　**最低毕业学分**　190＋6.5＋4　　　　**授予学位**　工学学士
学科专业类别　建筑类　　　　**所依托的主干学科**　城市规划与设计

课程设置与学分分布

1. 通识课程　　　　　　50.5＋6.5 学分
（1）思政类　　　　　　必修　　　　　11.5＋2 学分

课程号	课程名称	学分	周学时	年级	学期
021E0010	思想道德修养与法律基础	2.5	2.0—1.0	一	秋冬
371E0010	形势与政策 I	＋1.0	0.0—2.0	一	秋冬，春夏
021E0020	中国近现代史纲要	2.5	2.0—1.0	一	春夏
021E0040	马克思主义基本原理概论	2.5	2.0—1.0	二	秋冬，春夏
031E0031	毛泽东思想和中国特色社会主义理论体系概论	4.0	3.0—2.0	三	秋冬，春夏
371E0020	形势与政策 II	＋1.0	0.0—2.0	四	春夏

（2）军体类　　　　　　必修　　　　　5.5＋3.5 学分

体育 I、II、III、IV 为必修课程，每门课程 1 学分，要求在前 2 年内修读。学生每年的体质测试原则上低年级随课程进行，成绩不另记录；高年级独立进行测试，达标者按＋0.5 学分记，三、四、五年级合计＋1.5 学分。

课程号	课程名称	学分	周学时	年级	学期
03110021	军训	＋2.0	＋2	一	秋
031E0020	体育 I	1.0	0.0—2.0	一	秋冬
031E0030	体育 II	1.0	0.0—2.0	一	春夏
031E0040	体育 III	1.0	0.0—2.0	二	秋冬

031E0010	军事理论	1.5	1.0—1.0	二	秋冬，春夏
031E0050	体育Ⅳ	1.0	0.0—2.0	二	春夏
03110080	体质测试Ⅰ	+0.5	0.0—1.0	三	秋冬，春夏
03110090	体质测试Ⅱ	+0.5	0.0—1.0	四	秋冬，春夏
03110100	体质测试Ⅲ	+0.5	0.0—1.0	五	秋冬，春夏

（3）外语类　　　　　　　　7学分

外语类课程最低修读要求为6+1学分，其中6学分为外语类课程选修学分，+1为"英语水平测试"或小语种水平测试必修学分。学校建议一年级学生的课程修读计划是"大学英语Ⅲ"和"大学英语Ⅳ"，并根据新生入学分级考试或高考英语成绩预置相应级别的"大学英语"课程，学生也可根据自己的兴趣爱好修读其他外语类课程（课程号带"F"的课程）；二年级起学生可申请学校"英语水平测试"或小语种水平测试。详细修读办法参见《浙江大学本科生"外语类"课程修读管理办法》。

（A）必修课程　　　　　　+1学分

课程号	课程名称	学分	周学时	年级	学期
051F0600	英语水平测试	+1.0	0.0—2.0		

或小语种水平测试

或其他外语类课程（课程号带"F"的课程）

（B）选修课程　　　　　　6学分

课程号	课程名称	学分	周学时	年级	学期
051F0020	大学英语Ⅲ	3.0	2.0—2.0	一	秋冬
051F0030	大学英语Ⅳ	3.0	2.0—2.0	一	秋冬，春夏

（4）计算机类　　　　选修　　　　3学分

学校对计算机类通识课程实施分层教学。本专业根据培养目标，要求学生修读如下计算机类通识课程：

课程号	课程名称	学分	周学时	年级	学期
211G0200	Python程序设计	3.0	2.0—2.0	一	春夏
211G0210	C程序设计	3.0	2.0—2.0	一	春夏
211G0220	Java程序设计	3.0	2.0—2.0	一	春夏

（5）自然科学通识类　　　　必修　　　　10.5学分

学校对自然科学类通识课程实施分层教学。本专业根据培养目标，要求学生修读如下自然科学类通识课程：

课程号	课程名称	学分	周学时	年级	学期
821T0010	微积分（甲）Ⅰ	4.5	4.0—1.0	一	秋冬
821T0020	微积分（甲）Ⅱ	3.5	2.5—2.0	一	春夏
821T0050	线性代数（甲）	2.5	2.0—1.0	二	秋冬

（6）通识选修课程　　　　　　选修　　　　14学分

通识选修课程包括人文社科组课程、科学技术组课程，以及通识核心课程（课程号带"S"）、新生研讨课程（课程号带"X"）。其中，人文社科组课程包括：历史与文化类（课程号带"H"）、文学与艺术类（课程号带"I"）、沟通与领导类（课程号带"J"）、经济与社会类（课程号带"L"）；科学技术组课程包括：科学与研究类（课程号带"K"）、技术与设计类（课程号带"M"）。

本专业学生的通识选修要求为：

1）在"通识核心课程"中至少修读一门；

2）在"沟通与领导类"中至少修读一门；

3）在"人文社科组"中至少修读6学分，若上述1）、2）所修课程类别属于"人文社科组"，则其学分也可计入本项要求；

4）在通识选修课程中自行选择修读其余学分。

A）通识核心课程　　　　　　2学分

B）人文社科组　　　　　　6学分

C）沟通与领导类　　　　　　1学分

2. 专业课程　　　　　　126.5 学分

（1）实践教学环节　　　　必修　　　　11.5 学分

课程号	课程名称	学分	周学时	年级	学期
12188251	美术实习	2.0	+2	二	短
12188032	城市规划认识实习	1.0	+2	三	短
12188100	建筑设计实习	1.0	+2	三	短
12188051	城市与区域规划实习	2.0	+3	四	短
12188083	规划综合实习	5.5	+10	五	秋

（2）毕业论文（设计）　　　必修　　　　10 学分

课程号	课程名称	学分	周学时	年级	学期
12189010	毕业设计（论文）	10.0	+12	五	春夏

（3）专业必修课程　　　　必修　　　　105 学分

课程号	课程名称	学分	周学时	年级	学期
12120090	城市规划导引	2.0	2.0—0.0	一	秋
121C0080	建筑制图	3.0	2.0—2.0	一	秋冬
121D0080	建筑设计基础Ⅰ	5.0	2.0—6.0	一	秋冬
121D0131	美术Ⅰ	3.0	1.0—4.0	一	秋冬
12122220	建筑力学	2.0	2.0—0.0	一	春
121D0090	建筑设计基础Ⅱ	5.0	2.0—6.0	一	春夏
121D0140	美术Ⅱ	3.0	1.0—4.0	一	春夏
12122240	建筑结构	2.0	2.0—0.0	二	秋
12122440	计算机辅助城市规划设计Ⅰ	1.5	1.0—1.0	二	秋
12120060	城市地理学	3.0	3.0—0.0	二	秋冬
12120331	房屋建筑学	2.0	2.0—0.0	二	秋冬
12121161	建筑设计（乙）Ⅰ	3.5	1.0—5.0	二	秋冬
12122110	城市规划美术Ⅰ	3.0	1.0—4.0	二	秋冬
12122450	计算机辅助城市规划设计Ⅱ	1.0	0.0—2.0	二	春
12122460	城市规划原理Ⅰ	2.0	2.0—0.0	二	春
12120070	城市工程地质与水文地质	3.0	3.0—0.0	二	春夏
12121170	建筑设计（乙）Ⅱ	4.0	2.0—4.0	二	春夏
12121340	中外城市发展与规划史	3.0	3.0—0.0	二	春夏
12122120	城市规划美术Ⅱ	3.0	1.0—4.0	二	春夏
12121291	城市规划系统工程学	2.0	1.0—2.0	三	秋
12120040	城市道路与交通规划	4.0	4.0—0.0	三	秋冬
12120150	城市经济学	3.0	3.0—0.0	三	秋冬
12122031	修建性详细规划设计	4.0	2.0—4.0	三	秋冬
12122470	城市规划原理Ⅱ	2.0	2.0—0.0	三	春
12120181	城市市政工程系统规划	3.5	3.0—1.0	三	春夏
12120881	区域规划	3.0	3.0—0.0	三	春夏
12122480	地理信息系统应用	2.5	1.0—3.0	三	春夏
12122490	城市总体规划设计	4.0	2.0—4.0	三	春夏
12120161	城市设计概论	1.5	1.5—0.0	四	秋
12120142	城市环境与城市生态	3.0	2.0—2.0	四	秋冬
12122081	控制性详细规划设计	4.0	2.0—4.0	四	秋冬
12195450	景观规划与设计	3.5	2.0—3.0	四	秋冬
12121870	快题设计	2.0	2.0—0.0	四	冬
12193041	城市社会学	1.0	1.0—0.0	四	冬
12120100	城市规划管理与法规	2.0	2.0—0.0	四	春

12121830	城市规划社会调查专题研究	2.0	2.0—0.0	四	春夏
12121841	城市设计	4.0	2.0—4.0	四	春夏

3. 个性课程　　　　　13学分

个性课程学分是学校为学生专门设置的自主发展学分。 学生可利用个性课程学分，自主选择修读任何感兴趣的本科生或研究生课程。 个性课程学分也可由学生自主用于下列用途：

（1） 转换境内、境外交流学习的多余课程学分；

（2） 冲抵专业确认或转专业前后的冗余课程学分；

（3） 修读各类别创新创业理论或实践课程学分；

（4） 修读本专业推荐修读的专业选修课程。

本专业推荐学生修读以下专业选修课程：

课程号	课程名称	学分	周学时	年级	学期
12120800	经济地理学原理	2.0	2.0—0.0	二	春
121C0030	建筑材料	2.5	2.5—0.0	二	春夏
12195630	西方建筑理论	2.0	2.0—0.0	三	秋冬
12121390	景观学导论	2.0	2.0—0.0	三	冬
12193061	遥感应用	2.0	1.0—2.0	三	冬
12194290	工程保险与担保	2.0	2.0—0.0	三	春
12195640	工程经济与管理	2.0	2.0—0.0	四	春
12195830	城乡规划专题化设计	2.0	2.0—0.0	四	夏
12121760	房地产经济与评估	2.0	2.0—0.0	五	冬
12191060	建筑设备	2.0	2.0—0.0	五	冬

4. 第二课堂　　　　　＋4学分

历年硕士点与博士点设立时间表

年份	硕士点	博士点
1981	结构工程	岩土工程
	岩土工程	
	水工结构工程	
1983	建筑技术科学	
1992		结构工程
1997	市政工程	
1998		土木工程（一级学科）
2000	桥梁与隧道工程	桥梁与隧道工程
	防灾减灾工程及防护工程	防灾减灾工程及防护工程
2001	水力学及河流动力学	
	港口、海岸及近海工程	港口、海岸及近海工程
2009	建筑与土木工程（专业学位）	
2010	交通运输工程（一级学科）	建筑学（一级学科）
		水利工程（一级学科）
2011		城乡规划学（一级学科）
2012	交通运输工程（专业学位）	道路与交通工程
	水利工程（专业学位）	
	建筑学（专业学位）	
2015	工程管理（专业学位）	
	城市规划（专业学位）	

附录16

历年各专业博士生指导教师名单

序号	姓名	职称	导师属性	招生专业
1	韩昊英	教授	博士生导师	城乡规划学
2	华晨	教授	博士生导师	城乡规划学
3	李王鸣	教授	博士生导师	城乡规划学
4	杨建军	教授	博士生导师	城乡规划学
5	陈喜群	研究员	博士生导师	道路与交通工程
6	黄志义	教授	博士生导师	道路与铁道工程
7	吕朝锋	教授	博士生导师	道路与铁道工程
8	尚岳全	教授	博士生导师	防灾减灾工程及防护工程
9	范立峰	副教授	博士生导师	防灾减灾工程及防护工程
10	温海珍	副教授	博士生导师	工程管理
11	张宏	教授	博士生导师	工程管理
12	程泰宁	教授	博士生导师	建筑学
13	沈济黄	教授	博士生导师	建筑学
14	杨秉德	教授	博士生导师	建筑学
15	董丹申	研究员	工程博士生导师	建筑学
16	贺勇	教授	博士生导师	建筑学
17	黎冰	研究员	工程博士生导师	建筑学
18	裘知	副教授	博士生导师	建筑学
19	王洁	教授	博士生导师	建筑学
20	王竹	教授	博士生导师	建筑学
21	吴越	教授	博士生导师	建筑学/城乡规划学
22	徐雷	教授	博士生导师	建筑学

序号	姓名	职称	导师属性	招生专业
23	陈淑琴	副教授	博士生导师	建筑学
24	葛坚	教授	博士生导师	建筑学
25	沈杰	教授	博士生导师	建筑学
26	吴硕贤	教授	博士生导师	建筑学
27	王殿海	教授	博士生导师	交通运输工程
28	王亦兵	教授	博士生导师	交通运输工程
29	白勇	教授	博士生导师	结构工程
30	包胜	副教授	博士生导师	结构工程
31	曾强	副教授	博士生导师	结构工程
32	陈根达	教授	博士生导师	结构工程
33	陈驹	副教授	博士生导师	结构工程
34	陈水福	教授	博士生导师	结构工程
35	邓华	教授	博士生导师	结构工程
36	董石麟	教授	博士生导师	结构工程
37	干钢	研究员	工程博士生导师	结构工程
38	高博青	教授	博士生导师	结构工程
39	龚顺风	教授	博士生导师	结构工程
40	关富玲	教授	博士生导师	结构工程
41	黄铭枫	教授	博士生导师	结构工程
42	姜涛	副教授	博士生导师	结构工程
43	金南国	教授	博士生导师	结构工程
44	金伟良	教授	博士生导师	结构工程
45	金贤玉	教授	博士生导师	结构工程
46	李庆华	副教授	博士生导师	结构工程
47	楼文娟	教授	博士生导师	结构工程
48	罗尧治	教授	博士生导师	结构工程
49	马克俭	教授	博士生导师	结构工程
50	钱晓倩	教授	博士生导师	结构工程
51	童根树	教授	博士生导师	结构工程

序号	姓名	职称	导师属性	招生专业
52	韦娟芳	研究员	博士生导师	结构工程
53	吴建营	副教授	博士生导师	结构工程
54	谢霁明	研究员	博士生导师	结构工程
55	徐世烺	教授	博士生导师	结构工程
56	许贤	副教授	博士生导师	结构工程
57	闫东明	教授	博士生导师	结构工程
58	杨贞军	教授	博士生导师	结构工程
59	姚谏	教授	博士生导师	结构工程
60	袁行飞	教授	博士生导师	结构工程
61	詹树林	教授	博士生导师	结构工程
62	张大伟	副教授	博士生导师	结构工程
63	张磊	副教授	博士生导师	结构工程
64	赵阳	教授	博士生导师	结构工程
65	赵羽习	教授	博士生导师	结构工程
66	段元锋	教授	博士生导师	桥梁与隧道工程
67	项贻强	教授	博士生导师	桥梁与隧道工程
68	谢旭	教授	博士生导师	桥梁与隧道工程
69	徐荣桥	教授	博士生导师	桥梁与隧道工程
70	姚忠达	教授	博士生导师	桥梁与隧道工程
71	叶肖伟	副教授	博士生导师	桥梁与隧道工程
72	邵益生	研究员	博士生导师	市政工程
73	邵煜	副教授	博士生导师	市政工程
74	王浩	教授	博士生导师	市政工程
75	叶苗苗	副教授	博士生导师	市政工程
76	张土乔	教授	博士生导师	市政工程
77	张燕	教授	博士生导师	市政工程
78	张仪萍	教授	博士生导师	市政工程
79	郑飞飞	教授	博士生导师	市政工程
80	朱志伟	教授	博士生导师	市政工程

序号	姓名	职称	导师属性	招生专业
81	陈厚群	教授	博士生导师	水工结构工程
82	胡云进	副教授	博士生导师	水工结构工程
83	蒋建群	教授	博士生导师	水工结构工程
84	刘国华	教授	博士生导师	水工结构工程
85	王振宇	教授	博士生导师	水工结构工程
86	张永强	教授	博士生导师	水工结构工程
87	程伟平	副教授	博士生导师	水力学及河流动力学
88	万五一	副教授	博士生导师	水力学及河流动力学
89	江衍铭	副教授	博士生导师	水文学及水资源
90	冉启华	教授	博士生导师	水文学及水资源
91	王福民	副教授	博士生导师	水文学及水资源
92	谢海建	副教授	博士生导师	水文学及水资源
93	许月萍	教授	博士生导师	水文学及水资源
94	鲍亦兴	教授	博士生导师	岩土工程
95	边学成	教授	博士生导师	岩土工程
96	蔡袁强	教授	博士生导师	岩土工程
97	曹志刚	副教授	博士生导师	岩土工程
98	陈仁朋	教授	博士生导师	岩土工程
99	陈云敏	教授	博士生导师	岩土工程
100	陈祖煜	教授	博士生导师	岩土工程
101	龚晓南	教授	博士生导师	岩土工程
102	柯瀚	教授	博士生导师	岩土工程
103	凌道盛	教授	博士生导师	岩土工程
104	刘海江	教授	博士生导师	岩土工程
105	唐晓武	教授	博士生导师	岩土工程
106	王奎华	教授	博士生导师	岩土工程
107	王立忠	教授	博士生导师	岩土工程
108	夏唐代	教授	博士生导师	岩土工程
109	谢康和	教授	博士生导师	岩土工程

序号	姓名	职称	导师属性	招生专业
110	谢新宇	教授	博士生导师	岩土工程
111	徐日庆	教授	博士生导师	岩土工程
112	徐长节	教授	博士生导师	岩土工程
113	詹良通	教授	博士生导师	岩土工程
114	张忠苗	教授	博士生导师	岩土工程
115	周建	教授	博士生导师	岩土工程
116	周燕国	副教授	博士生导师	岩土工程
117	朱斌	教授	博士生导师	岩土工程
118	杨仲轩	教授	博士生导师	岩土工程/道路与铁道工程

附录17

历年博士学位论文

序号	论文名称	作者	专业	导师
1	钢筋混凝土框架—剪力墙结构地震控制	张延	结构工程	唐锦春
2	预应力混凝土斜拉桥施工全过程非线性分析和成桥监控	王振阳	桥梁与隧道工程	徐兴
3	非饱和多孔介质中波的传播	李保忠	岩土工程	蔡袁强
4	列车移动荷载作用下地基的动应力及饱和软黏土特性研究	王常晶	岩土工程	陈云敏
5	波浪和涌潮荷载作用下排桩的动力响应	赵晖	岩土工程	蔡袁强
6	桩承式加筋路堤的设计计算方法研究	徐立新	岩土工程	陈云敏
7	含腐殖酸软土的加固研究	邵玉芳	岩土工程	龚晓南
8	空间展开桁架结构设计理论与热控制研究	杨玉龙	结构工程	关富玲
9	城市设计过程保障体系研究	王卡	建筑设计及其理论	沈济黄
10	循环荷载作用下结构性软黏土特性的试验研究	陈颖平	岩土工程	陈云敏
11	土结构性的剪切波速表征及对动力特性的影响	周燕国	岩土工程	陈云敏
12	海底管道健康监测系统和评估研究	邵剑文	结构工程	金伟良
13	传统反应谱CQC法研究与改进	刘庆林	结构工程	金伟良
14	基于休闲理念的杭州城市空间形态整合研究	李包相	建筑设计及其理论	沈济黄
15	开孔结构风致内压及其与柔性屋盖的耦合作用	余世策	结构工程	孙炳楠
16	交通荷载作用下埋地管道的力学性状研究	王直民	市政工程	张土乔
17	过载桥梁的碳纤维布加固试验与理论研究	廖娟	桥梁与隧道工程	徐兴
18	便携式弯曲元剪切波速测试系统研制与应用	汪孔政	岩土工程	陈云敏
19	基于实际应力状态的土质边坡稳定分析研究	李育超	岩土工程	陈云敏
20	软土非单调压缩固结试验与理论研究	庄迎春	岩土工程	谢康和
21	基于GIS公路边坡稳定评判与防护决策系统研究	朱益军	岩土工程	朱向荣
22	大直径扩底桩试验研究与数值分析	胡庆红	市政工程	张土乔
23	盾构隧道周围地下管线的性状研究	吴为义	市政工程	张土乔

序号	论文名称	作者	专业	导师
24	城市生活垃圾固液气耦合压缩试验和理论研究	谢焰	岩土工程	陈云敏
25	海床—管道原位检测及水动力响应分析	来向华	岩土工程	陈云敏
26	成层介质污染物的运移机理及衬垫系统防污性能研究	谢海建	岩土工程	陈云敏
27	考虑主应力方向变化的原状软黏土试验研究	沈扬	岩土工程	龚晓南
28	散体材料桩复合地基固结理论研究	张玉国	岩土工程	谢康和
29	考虑应力历史影响的成层地基一维固结理论研究	温介邦	岩土工程	谢康和
30	考虑施工扰动效应的基坑性状分析	王景春	岩土工程	徐日庆
31	冲击载荷下疲劳损伤力学及锻锤基础的疲劳损伤分析	任廷鸿	岩土工程	张我华
32	具有外环桁架的索穹顶结构的理论分析与试验研究	周家伟	结构工程	董石麟
33	星载抛物面天线赋形方法及热分析研究	陈志华	结构工程	关富玲
34	空间可展结构展开过程动力学理论分析、仿真及试验	赵孟良	结构工程	关富玲
35	随机荷载作用下海洋柔性结构非线性振动响应分析方法	何勇	结构工程	金伟良
36	大跨度斜拉桥拉索的非线性振动及智能半主动控制研究	肖志荣	结构工程	孙炳楠
37	纯框架和支撑框架弹塑性稳定分析	邢国然	结构工程	童根树
38	我国文物古建筑保护的理论分析与实践控制研究	曹永康	建筑设计及其理论	王竹
39	地区人居环境营建体系的理论与实践研究	魏秦	建筑设计及其理论	王竹
40	给水管网水质传感器优化选址研究	黄亚东	市政工程	张土乔
41	混凝土工程早期裂缝防治与配合比优化设计研究	陈斌	水工结构工程	刘国华
42	基于贝叶斯推理的环境水力学反问题研究	朱嵩	水工结构工程	刘国华
43	长隧道火灾湍流燃烧模拟及结构防火安全研究	吴珂	防灾减灾工程及防护工程	孙志林
44	预应力混凝土斜拉桥损伤识别理论及应用研究	荆龙江	桥梁与隧道工程	项贻强
45	特长隧道沥青路面火灾过程燃烧机理与安全性试验研究	黄志义	桥梁与隧道工程	徐兴
46	大跨 P.C.桥梁非线性行为的分析理论及其极限承载力计算研究	吴光宇	桥梁与隧道工程	项贻强
47	塔河油田奥陶系油气藏流体赋存分布规律及控水对策研究	朱蓉	环境科学	楼章华
48	ZVI还原技术用于地下水污染物的同步修复及评估预测模拟研究	牛少凤	环境科学	楼章华
49	弹性桩与饱和土的扭转动力相互作用研究	陈刚	岩土工程	蔡袁强
50	交通荷载作用下软土地基动力特性及加筋道路动力响应研究	刘飞禹	岩土工程	蔡袁强
51	城市生活垃圾填埋场中水分运移规律研究	张文杰	岩土工程	陈云敏
52	大直径超长桩侧阻软化试验与理论研究	辛公锋	岩土工程	夏唐代

序号	论文名称	作者	专业	导师
53	基于再生核质点法的地基承载力及边坡稳定性分析	杨红坡	岩土工程	谢康和
54	若干土工问题工程性状的大变形有限元分析	刘开富	岩土工程	朱向荣
55	矩形平面索穹顶结构的理论分析与试验研究	郑君华	结构工程	董石麟
56	建筑聚落介入基地环境的适宜性	李宁	建筑设计及其理论	沈济黄
57	高层建筑结构的智能半主动振动控制研究	徐晓龙	结构工程	孙炳楠
58	风致内压特性及其对建筑物作用的研究	卢旦	结构工程	楼文娟
59	杭州城市景观网络化体系研究	赵秀敏	建筑设计及其理论	王竹
60	行政学视角下的城市有机更新研究	韩明清	建筑设计及其理论	王竹
61	软土路基大变形固结随机有限元分析	李涛	市政工程	张土乔
62	河口冲刷的理论与数值模拟	黄赛花	防灾减灾工程及防护工程	孙志林
63	大跨度 CFRP 拉索斜拉桥的模态阻尼特性研究	申永刚	桥梁与隧道工程	项贻强
64	塔河油田奥陶系地下流体特征与油气藏形成研究	程军蕊	环境科学	楼章华
65	高速交通荷载作用下饱和土体与线路系统的动力响应	孙宏磊	岩土工程	蔡袁强
66	桩承式路堤土拱效应及基于性能的设计方法研究	曹卫平	岩土工程	陈云敏
67	城市生活垃圾填埋场气体运移规律研究	魏海云	岩土工程	陈云敏
68	复合衬垫系统剪力传递、强度特性及安全控制	林伟岸	岩土工程	陈云敏
69	复合地基沉降及按沉降控制的优化设计研究	孙林娜	岩土工程	龚晓南
70	基于超塑性力学的软黏土本构理论研究	王秋生	岩土工程	王立忠
71	软黏土结构性、塑性各向异性及其演化	沈恺伦	岩土工程	王立忠
72	天然软黏土的流变特性	但汉波	岩土工程	王立忠
73	弹性波的多重散射在工程中的应用	徐平	岩土工程	夏唐代
74	准饱和土波动特性及动力响应研究	周新民	岩土工程	夏唐代 张忠苗
75	软土一维非线性固结理论与试验对比研究	齐添	岩土工程	谢康和
76	现浇筒桩桩—土共同作用试验与数值研究	朱明双	岩土工程	朱向荣
77	基于状态空间架构的微分求积法及其应用	吕朝锋	结构工程	陈伟秋
78	基于动力特性的空间网格结构状态评估方法及检测系统研究	沈雁彬	结构工程	罗尧治
79	充气可展开天线精度及展开过程分析研究	徐彦	结构工程	关富玲
80	混凝土结构耐久性环境区划标准的基础研究	吕清芳	结构工程	金伟良
81	大跨度钢管混凝土拱桥抗震性能及动力稳定研究	吴玉华	结构工程	楼文娟
82	双链形连杆机构设计原理及其在开合结构中的应用	毛德灿	结构工程	罗尧治

序号	论文名称	作者	专业	导师
83	大跨越输电塔线体系的风振响应及振动控制研究	郭勇	结构工程	孙炳楠
84	大跨度屋盖结构随机风致振动响应精细化研究	潘峰	结构工程	孙炳楠
85	MJP 决策融合算法及其在结构损伤检测中的应用	田森源	结构工程	孙炳楠
86	钝体高柔结构横风向气弹失稳机理的数值研究	苏国	结构工程	唐锦春
87	梁柱外伸式端板螺栓连接中若干问题研究	赵伟	结构工程	童根树
88	精致化延性抗震设计理论	赵永峰	结构工程	童根树
89	西方当代建筑设计手法剖析与研究	池丛文	建筑设计及其理论	杨秉德
90	纯射流在非恒定横流中的流动特性研究	马健	市政工程	张土乔
91	基于机器学习的河网糙率反演	张潮	市政工程	张土乔
92	埋地管道的失效机理及其可靠性研究	邵煜	市政工程	张土乔
93	浙江省玄武岩台地区滑坡的成因机理及防治对策	俞伯汀	防灾减灾工程及防护工程	尚岳全
94	边坡工程灾害防治技术研究	吕庆	防灾减灾工程及防护工程	尚岳全
95	简支连续预应力混凝土多箱式桥梁全过程受力性能研究	杨万里	桥梁与隧道工程	项贻强
96	杭州湾跨海大桥 70 米箱梁结构耐久性及健康监控研究	徐爱敏	桥梁与隧道工程	徐兴
97	各向异性功能梯度平面梁的弹性力学解	黄德进	固体力学	丁皓江
98	真空联合堆载预压加固软基试验及理论研究	金小荣	岩土工程	龚晓南
99	成层地基中静压桩挤土效应及防治措施	鹿群	岩土工程	龚晓南
100	波浪荷载作用下海床及管线的动力响应研究	潘冬子	岩土工程	王立忠
101	结构性软土的性状研究及其应用	李玲玲	岩土工程	王立忠
102	刚—柔性桩复合地基特性研究	朱奎	岩土工程	徐日庆
103	EMI 结构健康监测技术与定量化分析	严蔚	结构工程	陈伟球
104	横观各向同性功能梯度圆板和环板的轴对称问题	李翔宇	结构工程	陈伟球
105	长距离输水工程的关键结构体系可靠度研究	唐纯喜	结构工程	金伟良
106	海底管道—流体—海床相互作用机理和监测技术研究	吴钰骅	结构工程	金伟良
107	海洋环境混凝土结构钢筋腐蚀表征及其原位监测系统研究	干伟忠	结构工程	金伟良
108	碳纤维片材加固钢筋混凝土梁抗弯性能与剥离破坏研究	李贵炳	结构工程	金伟良
109	双拱型空间钢管结构闸门的分析理论和试验研究	朱世哲	结构工程	罗尧治
110	支撑框架与竖缝剪力墙抗震设计研究	米旭峰	结构工程	童根树
111	钢结构损伤累积至断裂及损伤负向激励的长期效应	吴德飞	结构工程	童根树
112	基于地理学视角的浙北乡村聚落空间研究	朱炜	建筑设计及其理论	王竹
113	单、双向激振循环荷载作用下饱和软黏土动力特性研究	王军	岩土工程	蔡袁强
114	饱和地基中埋置基础的动力振动特性研究	胡秀青	岩土工程	蔡袁强
115	超深基坑水、土与围护结构相互作用及设计方法研究	胡琦	岩土工程	陈云敏

序号	论文名称	作者	专业	导师
116	固废堆场终场土质覆盖层中水分运移规律及调控方法研究	贾官伟	岩土工程	陈云敏
117	软黏土地基非线性有限应变固结理论及有限元法分析	陈敬虞	岩土工程	龚晓南
118	土工格栅与膨胀土的界面特性及加筋机理研究	汪明元	岩土工程	龚晓南
119	双排桩支护结构性状研究	史海莹	岩土工程	龚晓南
120	杭州承压水地基深基坑降压关键技术及环境效应	张杰	岩土工程	龚晓南
121	纳米 $CaCO_3$ 对水泥基材料的作用、机理及应用研究	钱匡亮	岩土工程	王立忠
122	层状自由场地固有频率的求解方法、特性及应用研究	邓亚虹	岩土工程	夏唐代
123	基于颗粒接触模型的砂土剪切波速研究	刘瑜	岩土工程	夏唐代
124	淤泥质土的固化及力学特性的研究	郭印	岩土工程	徐日庆
125	挡土墙主动土压力理论研究	章瑞文	岩土工程	徐日庆
126	模糊随机损伤力学及模糊随机损伤有限元在岩土工程中的应用	王亚军	岩土工程	张我华
127	岩土介质流—固耦合非线性损伤力学理论与数值分析	薛新华	岩土工程	张我华
128	挤扩支盘桩承载性状试验和数值模拟分析	高笑娟	岩土工程	朱向荣
129	沉桩挤土圆孔扩张理论研究和数值模拟分析	胡士兵	岩土工程	朱向荣
130	基于性能的空间网壳结构设计理论研究	杜文风	结构工程	高博青
131	索穹顶与单层网壳组合的新型空间结构理论分析与试验研究	王振华	结构工程	董石麟
132	受盾构隧道施工影响的砌体结构房屋性状研究	孙宇坤	结构工程	关富玲
133	薄膜平面阵天线的结构设计与分析	汪有伟	结构工程	关富玲
134	新型墙体抗裂抗渗性能工程应用研究	傅军	结构工程	金伟良
135	工程结构全寿命周期设计理论的核心指标研究	胡琦忠	结构工程	金伟良
136	复掺矿物掺合料混凝土性能及抗裂机理、微观特性研究	田野	结构工程	金贤玉
137	典型体型建筑双幕墙风荷载特性研究	张敏	结构工程	楼文娟
138	张拉整体结构的形态理论与控制方法研究	许贤	结构工程	罗尧治
139	大跨越输电塔钢管节点承载力的试验研究与理论分析	李卫青	结构工程	孙炳楠
140	大型双曲冷却塔的风荷载和风致响应理论分析与试验研究	鲍侃袁	结构工程	孙炳楠
141	楔形变截面工字钢梁腹板的抗剪承载力研究	金阳	结构工程	童根树
142	基于多目标平衡的商业综合体营建体系及实证研究	王超	建筑设计及其理论	王竹
143	中国近代避暑地的形成与发展及其建筑活动研究	李南	建筑设计及其理论	杨秉德
144	基于 SPAC 系统的土壤水动力学模型研究	杨德军	市政工程	张土乔
145	深圳市断层活动性和地震危险性研究	余成华	防灾减灾工程及防护工程	尚岳全
146	边坡工程中抗滑桩的效果评价与优化设计	申永江	防灾减灾工程及防护工程	尚岳全

序号	论文名称	作者	专业	导师
147	沿海平原水资源优化配置与河网水沙输移计算	夏珊珊	水工结构工程	孙志林
148	基于城市桥梁集群监测平台的系杆拱桥健康监测研究	李毅	桥梁与隧道工程	项贻强
149	空间至机制：基于乡村视角的村庄规划建设研究	葛丹东	建筑设计及其理论	华晨
150	基于汶川地震重建的农居建造范式及其策略研究	高峻	建筑设计及其理论	王竹
151	传统乡村聚落二维平面整体形态的量化方法研究	浦欣成	建筑设计及其理论	王竹
152	基于浙江地区的乡村景观营建的整体方法研究	孙炜玮	建筑设计及其理论	王竹
153	饱和地基上条形基础的摇摆振动特性分析	马晓华	岩土工程	蔡袁强
154	高电导率岩土介质介电常数及含水量 TDR 测试研究	陈赟	岩土工程	陈云敏
155	桩承式路堤地基固结性状的试验与理论与试验研究	徐正中	岩土工程	陈云敏
156	桩网复合地基承载机理及设计方法	连峰	岩土工程	龚晓南
157	土工问题的颗粒流数值模拟及应用研究	罗勇	岩土工程	龚晓南
158	现浇薄壁筒桩工作性状与应用研究	杨东	岩土工程	夏唐代
159	非饱和土一维固结理论的解析与数值研究	苏万鑫	岩土工程	谢康和
160	饱和土一维热固结解析理论研究	吴瑞潜	岩土工程	谢康和
161	饱和非均质土中桩土耦合扭转振动理论研究	张智卿	岩土工程	谢康和
162	盾构隧道的环境效应及结构性能研究	齐静静	岩土工程	徐日庆
163	宁波软土工程特性及其本构模型应用研究	刘用海	岩土工程	朱向荣
164	索穹顶结构耦合风振分析	孙旭峰	结构工程	董石麟
165	空间可展结构逆设计及装卡研究	寿建军	结构工程	关富玲
166	天线结构 homologous 变形设计与可展结构试验及间隙研究	占甫	结构工程	关富玲
167	圆钢管混凝土 T 型相贯节点动力性能试验和理论研究	陈娟	结构工程	金伟良
168	多重环境时间相似理论及其在混凝土结构耐久性中的应用	金立兵	结构工程	金伟良
169	氯离子在混凝土中的输运机理研究	张奕	结构工程	金伟良
170	X 型超高层建筑三维风荷载与风致响应研究	金虎	结构工程	楼文娟
171	高等级公路沥青稳定基层关键因素和设计应用研究	李小山	市政工程	张土乔
172	浙江海岸台风风暴潮漫堤风险评估研究	卢美	海洋建筑物与环境	孙志林
173	混凝土结构裂缝有限元模拟	余学芳	水工结构工程	刘国华
174	历史文化街区保护调查研究工作体系的中日比较研究	吴云	建筑设计及其理论	沈济黄
175	基于"目标系统"的浙江中小城市公共空间更新分析方法研究	张景礴	建筑设计及其理论	沈济黄
176	基于低碳目标的杭州既有城市住区改造策略与方法研究	田轶威	建筑设计及其理论	王竹
177	浙北乡村集聚化及其聚落空间演进模式研究	林涛	建筑设计及其理论	王竹

序号	论文名称	作者	专业	导师
178	基于气候条件的江南传统民居应变研究	王建华	建筑设计及其理论	王竹
179	广东开平城乡建设的现代化进程	于莉	建筑设计及其理论	杨秉德
180	以《中国建筑》与《建筑月刊》为资料源的中国建筑现代化进程研究	钱海平	建筑设计及其理论	杨秉德
181	抗战时期重庆与长春城市发展研究	张涛	建筑设计及其理论	杨秉德
182	复杂条件下软黏土地基多维固结分析	耿雪玉	岩土工程	蔡袁强
183	饱和土中非连续屏障对弹性波的隔离	丁光亚	岩土工程	蔡袁强
184	基于降解—渗流—压缩耦合模型的填埋场垃圾固液气相互作用分析及工程应用	徐晓兵	岩土工程	陈云敏
185	城市人行地道浅埋暗挖施工技术及其环境效应研究	王志达	岩土工程	龚晓南
186	离岸工程地基基础承载力研究	舒恒	岩土工程	王立忠
187	深基坑工程若干土力学问题研究	吴明	岩土工程	夏唐代
188	半透水复合地基固结解析解答研究	孙举	岩土工程	谢康和
189	软土浅埋隧道变形、渗流及固结性状研究	童磊	岩土工程	谢康和
190	岩体广义多层结构模型研究	彭从文	岩土工程	朱向荣
191	饱和软土复杂非线性大变形固结特性及应用研究	吴健	岩土工程	朱向荣
192	水平荷载作用下桥墩及桩基的静力与动力响应分析	常林越	岩土工程	谢新宇
193	非齐次弹性动力方程的回传射线分析及结构无损检测	蒋吉清	结构工程	鲍亦兴
194	回传射线矩阵法的理论及其应用	郭永强	结构工程	陈伟球
195	索、梁及其组合结构的线性及非线性动力分析	诸骏	结构工程	陈伟球
196	功能梯度材料平面问题的辛弹性力学解法	赵莉	结构工程	陈伟球
197	弦支穹顶结构的理论分析与试验研究	郭佳民	结构工程	董石麟
198	张拉索膜结构的理论研究及其在上海世博轴中的应用	向新岸	结构工程	董石麟
199	空间可展天线精度测量、热分析、可靠性分析及间隙影响研究	张惠峰	结构工程	关富玲
200	框架砌体填充墙干缩机理及裂缝控制研究	岳增国	结构工程	金伟良
201	基于全寿命理论的海工混凝土耐久性优化设计	薛文	结构工程	金伟良
202	体育场挑篷结构抗震性能及减震研究	王奇	结构工程	楼文娟
203	预应力空间钢结构索张拉控制算法及试验研究	曲晓宁	结构工程	罗尧治
204	动不定结构的平衡矩阵分析方法与理论研究	陆金钰	结构工程	罗尧治
205	基于有限质点法的空间钢结构连续倒塌破坏研究	喻莹	结构工程	罗尧治
206	交通荷载对道路工后沉降影响的研究	仇敏玉	市政工程	俞亚南

序号	论文名称	作者	专业	导师
207	承压式合流制溢流深井淤积及清淤技术研究	陈勇民	市政工程	张土乔
208	台风暴雨引发公路水毁特征与边坡水毁机理	李焕强	防灾减灾工程及防护工程	尚岳全
209	山岭隧道塌方机制及防灾方法	王迎超	防灾减灾工程及防护工程	尚岳全
210	预应力混凝土连续刚构桥结构性能退化预测评估研究	薛鹏飞	桥梁与隧道工程	项贻强
211	深水海底管道S型铺设设计理论与计算分析方法研究	党学博	海洋建筑物与环境	金伟良
212	城市气候研究在中德城市规划中的整合途径比较研究	刘姝宇	建筑设计及其理论	沈济黄
213	可持续雨水管理导向下住区设计程序与做法研究	宋代风	建筑设计及其理论	王竹
214	厦门城市与建筑的现代化进程（1840—1949年）	李苏豫	建筑设计及其理论	杨秉德
215	扩建垃圾填埋场中间衬垫变形与稳定性状及其工程控制措施	高登	岩土工程	陈云敏
216	污染液在地基土体中迁移及控制研究	陈如海	岩土工程	陈云敏
217	岩土介质渗流以及输运从孔隙尺度到达西尺度的研究	程冠初	岩土工程	唐晓武
218	土对重金属离子的吸附解吸特性及其迁移修复机制研究	李振泽	岩土工程	唐晓武
219	复杂非均质土中桩土竖向振动理论研究	杨冬英	岩土工程	王奎华
220	钱塘江冲海积粉土工程特性试验研究	杨迎晓	岩土工程	龚晓南
221	部分作用组合梁的若干动静力问题	沈旭栋	结构工程	陈伟球
222	横观各向同性功能梯度板弯曲问题的弹性力学解	杨博	结构工程	陈伟球
223	弦支穹顶结构施工控制理论分析与试验研究	张国发	结构工程	董石麟
224	桁架式展开结构设计、分析及试验	侯国勇	结构工程	关富玲
225	锈蚀钢筋混凝土构件力学性能研究	夏晋	结构工程	金伟良
226	自密实混凝土性能及混凝土多场耦合时变性分析研究	龚灵力	结构工程	金贤玉
227	外包GFRP板钢筋混凝土梁的力学性能研究	赵菲	结构工程	楼文娟
228	空间网格结构几何形态研究与实现	李娜	结构工程	罗尧治
229	考虑剪切变形影响的框架及巨型框架稳定理论	翁赟	结构工程	童根树
230	供水管网水质模型校正及水质监控研究	王鸿翔	市政工程	张土乔
231	降雨诱发滑坡机理研究及防治对策研究	吴红梅	防灾减灾工程及防护工程	尚岳全
232	面向可持续发展的黑河流域水资源合理配置及其评价研究	袁伟	水工结构工程	楼章华
233	基于GI理念的非赢利城市公共空间规划分析方法研究	赵宁	建筑设计及其理论	华晨
234	基于生态安全格局视角下的浙北乡村景观营建研究	朱怀	建筑设计及其理论	王竹
235	高速列车引起的饱和土地基振动机理及隔振研究	曹志刚	岩土工程	蔡袁强
236	地铁荷载作用下饱和土体衬砌隧道与轨道系统的动力响应	曾晨	岩土工程	蔡袁强
237	大面积深开挖对抗拔桩承载性状的影响研究	罗耀武	岩土工程	陈云敏

序号	论文名称	作者	专业	导师
238	长期竖向循环荷载作用下桩的变形特性试验及理论研究	任宇	岩土工程	陈云敏
239	厦门地区非饱和残积土土水特征及强度性状研究	陈东霞	岩土工程	龚晓南
240	竖井地基轴对称固结解析理论研究	郭彪	岩土工程	龚晓南
241	软黏土地基电渗固结试验和理论研究	李瑛	岩土工程	龚晓南
242	柔性基础下桩体复合地基性状与设计方法研究	吕文志	岩土工程	龚晓南
243	土工织物拉伸对反滤性能影响的研究	佘巍	岩土工程	唐晓武
244	埋地管—土相互作用及管涵结构横纵向受力特性研究	申文明	岩土工程	唐晓武
245	复杂条件下复合地基固结解析理论研究	卢萌盟	岩土工程	谢康和
246	考虑起始比降的软土地基一维固结理论研究	王坤	岩土工程	谢康和
247	软黏土地基大应变流变固结特性研究	李金柱	岩土工程	谢新宇
248	基于单源、复合源模糊数的建筑结构振动分析	杨英武	结构工程	陈伟球
249	刚性单层网壳结构找形与稳定研究	田伟	结构工程	董石麟
250	空间薄膜结构的展开动力学研究及热分析	肖潇	结构工程	关富玲
251	混凝土结构耐久性能的概率预测与模糊综合评估	王晓舟	结构工程	金伟良
252	混凝土结构耐久性环境区划与耐久性设计方法	武海荣	结构工程	金伟良
253	输电线路舞动分析及防舞技术研究	孙珍茂	结构工程	楼文娟
254	覆冰导线舞动风洞试验研究及输电塔线体系舞动模拟	王昕	结构工程	楼文娟
255	网格结构精细化有限元分析方法研究	刘海锋	结构工程	罗尧治
256	空间钢结构施工力学及其优化控制的研究	娄荣	结构工程	罗尧治
257	空间结构模态识别与实测方法研究	童若飞	结构工程	罗尧治
258	双周期标准化的弹塑性反应谱研究	蔡志恒	结构工程	童根树
259	钢支撑和框架的弹塑性抗侧性能及其协同工作	罗桂发	结构工程	童根树
260	框架几何非线性分析的若干问题	张年文	结构工程	童根树
261	土工袋装桩桩型复合地基受力变形特性研究	段园煜	市政工程	俞亚南
262	基于高放废物深地质处置的溶质运移研究	李寻	市政工程	张土乔
263	公路边坡信息综合管理与安全评判决策	徐兴华	防灾减灾工程及防护工程	尚岳全
264	已建软基桥梁桥头跳车的处治方法机理分析及试验研究	孙筠	桥梁与隧道工程	项贻强
265	山区高墩大跨连续刚构桥风环境及风荷载研究	叶征伟	桥梁与隧道工程	项贻强
266	乐清湾环境水力特性研究	李佳	海洋建筑物与环境	孙志林
267	丁坝周围马蹄涡系与局部冲刷深度	倪晓静	海洋建筑物与环境	孙志林
268	海湾健康理论构架与评价指标体系	周大成	海洋建筑物与环境	孙志林

序号	论文名称	作者	专业	导师
269	基于黏结裂缝模型的非均匀准脆性材料断裂模拟研究	苏项庭	水工结构工程	刘国华
270	黔南桂中坳陷水文地质地球化学与油气保存条件研究	李梅	水工结构工程	楼章华
271	城市生态社区规划理论与方法研究	黄杉	建筑设计及其理论	华晨
272	桩端后注浆浆液扩散机理及残余应力研究	邹健	岩土工程	张忠苗
273	沥青混凝土的细观力学模型及数值模拟	朱兴一	结构工程	陈伟球
274	氯离子在损伤及开裂混凝土内的输运机理及作用效应	延永东	结构工程	金伟良
275	风压激励下雨幕墙压力平衡研究	李焕龙	结构工程	楼文娟
276	多重抗侧力结构体系二阶效应及串并联模型	赵钦	结构工程	童根树
277	地源热泵 U 型埋管换热器的变周期模型研究	徐坚	市政工程	俞亚南
278	交通荷载作用下桥梁振动与噪声问题研究	张鹤	桥梁与隧道工程	谢旭
279	基于 MCMC 方法的概念性流域水文模型参数优选及不确定性研究	曹飞凤	水工结构工程	楼章华
280	基于空间句法方法的高速发展期杭州城市形态研究	李澍田	建筑设计及其理论	徐雷
281	中国博物馆建筑发展中文化属性的作用机制研究	刘鹏飞	建筑设计及其理论	程泰宁
282	地役权在城市规划中的影响与作用	陈勇	建筑设计及其理论	华晨
283	基于 GIA 设定城市增长边界的模型研究	李咏华	建筑设计及其理论	王竹
284	基于混合增长的"产住共同体"演进、机理与建构研究	朱晓青	建筑设计及其理论	王竹
285	温州浅埋暗挖过街地道软黏土静动力特性试验及施工环境效应研究	李校兵	岩土工程	蔡袁强
286	填埋场渗滤液产生、运移及水位壅高机理和控制	兰吉武	岩土工程	陈云敏
287	干砂和饱和砂性土中盾构开挖面稳定数值和离心试验研究	汤旅军	岩土工程	陈云敏
288	水平荷载作用下单桩性状研究	张磊	岩土工程	龚晓南
289	软土地基狭长型深基坑性状分析	张雪婵	岩土工程	龚晓南
290	砂土液化及其判别的微观机理研究	徐小敏	岩土工程	凌道盛
291	强震作用下圆形隧道响应及设计方法研究	韩超	岩土工程	凌道盛
292	黄土对典型重金属离子吸附解吸特性及机理研究	王艳	岩土工程	唐晓武
293	基于虚土桩法的桩土纵向耦合振动理论及应用研究	吴文兵	岩土工程	王奎华
294	吸力锚锚泊系统安装与服役性状研究	国振	岩土工程	王立忠
295	多排非连续屏障对弹性波的多重散射研究	孙苗苗	岩土工程	夏唐代
296	承压地下水开采井流模型及其渗流理论研究	王玉林	岩土工程	谢康和
297	考虑扰动影响的土体性状研究	朱剑锋	岩土工程	徐日庆
298	含生物气非饱和软土的固结理论研究	徐浩峰	岩土工程	谢康和

序号	论文名称	作者	专业	导师
299	Arlequin 构架下结构多尺度数值模拟	乔华	结构工程	陈伟球
300	多铁性结构简化分析体系及其应用	张春利	结构工程	陈伟球
301	一种单层折面网壳结构的理论分析和试验研究	邢栋	结构工程	董石麟
302	受荷索杆机构的运动分析	祖义祯	结构工程	邓华
303	双圈环桁架式可展天线结构设计与分析	吴新燕	结构工程	关富玲
304	钢筋混凝土受弯构件开裂性能及耐久性能研究	陆春华	结构工程	金伟良
305	深水浮式平台整体承载能力及可靠度分析方法研究	叶谦	结构工程	金伟良
306	基于无线传感系统的大跨度空间结构风效应实测研究	孙斌	结构工程	罗尧治
307	无站台柱张弦桁架雨棚结构性能分析与倒塌模拟研究	余佳亮	结构工程	罗尧治
308	刚性与弹性支承圆弧钢拱的平面内稳定性及设计方法研究	杨洋	结构工程	童根树
309	京杭运河杭州主城区段滨水景观研究	任树强	建筑设计及其理论	徐雷
310	移动荷载作用下梁形结构健康诊断方法研究	王步宇	市政工程	俞亚南
311	空间拱肋组合桥梁顶推施工技术研究	牛辉	市政工程	俞亚南
312	分布式光纤传感技术在边坡工程中的应用研究	刘永莉	防灾减灾工程及防护工程	尚岳全
313	降雨影响敏感型滑坡变形动态预测方法及排水洞效果研究	王智磊	防灾减灾工程及防护工程	尚岳全
314	缓倾滑坡中承压水作用机理研究	赵权利	防灾减灾工程及防护工程	尚岳全
315	基于全寿命设计的混凝土箱梁桥若干理论问题研究	唐国斌	桥梁与隧道工程	项贻强
316	钱塘江河口物质输移与能量数值研究	许丹	海洋建筑物与环境	潘德炉
317	公路水毁机理与决策系统研究	沈水进	海洋建筑物与环境	孙志林
318	大坝安全监测数据分析方法研究	李富强	水工结构工程	刘国华
319	自适应比例边界元法及其在弹性力学中的应用	章子华	水工结构工程	刘国华
320	基于物理概念的水文模型 InHM 机群并行计算研究	苏丹阳	水工结构工程	冉启华
321	基于数据挖掘的钱塘江河口水沙运动规律研究	曾剑	港口、海岸及近海工程	孙志林
322	短进水口流道水力优化试验与数值模拟	章军军	港口、海岸及近海工程	孙志林
323	城市污水污泥电动脱水机理试验研究及多场耦合作用理论分析	冯源	岩土工程	詹良通
324	土工织物管袋充填特性及计算理论研究	刘伟超	市政工程	俞亚南
325	城市排水系统地下水入渗及土壤侵蚀问题研究	郭帅	市政工程	张土乔
326	山区高速公路长大隧道群区域交通安全保障技术研究	詹伟	防灾减灾工程及防护工程	尚岳全
327	水下爆破荷载作用下层合板动力响应计算方法研究	梁旭	水工结构工程	刘国华
328	建构理论的矛盾性与复杂性	叶俊	建筑设计及其理论	程泰宁
329	消费社会的建筑神话	张希	建筑设计及其理论	徐雷

序号	论文名称	作者	专业	导师
330	基于可持续宜居城市发展的 TOD 城市空间设计策略研究	吴放	建筑设计及其理论	沈济黄
331	单元式集合住宅组团布局的数字设计方法	丁希莹	建筑设计及其理论	沈济黄
332	基于操作视角的城市空间色彩规划研究	王岳颐	建筑设计及其理论	王竹
333	基于浙北地区城郊乡村产业与空间一体化形态模式研究	陈潇玮	建筑设计及其理论	王竹
334	江南园林声景主观评价及设计策略	郭敏	建筑设计及其理论	吴硕贤
335	近代杭州、宁波城市建设的现代化进程及其比较研究（1840—1937 年）	饶晓晓	建筑设计及其理论	杨秉德
336	复杂应力路径下饱和软黏土静动力特性试验研究	郭林	岩土工程	蔡袁强
337	弹性波作用下饱和地基中圆形基础的振动特性分析	王鹏	岩土工程	蔡袁强
338	水平循环及偏心荷载作用下群桩性状模型试验研究	顾明	岩土工程	陈云敏
339	高速铁路板式轨道结构—路基动力相互作用及累积沉降研究	蒋红光	岩土工程	陈云敏
340	黏结材料桩复合地基固结沉降发展规律研究	田效军	岩土工程	龚晓南
341	格栅加筋土挡墙性状	王继成	岩土工程	龚晓南
342	增强有限元法及其在岩土工程非连续变形分析中的应用	卜令方	岩土工程	凌道盛
343	模拟月壤力学特性及软着陆足垫动力响应研究	钟世英	岩土工程	凌道盛
344	饱和成层土中盾构掘进面稳定理论性研究	刘维	岩土工程	唐晓武
345	复杂固结排水系统的研究	牛犇	岩土工程	唐晓武
346	改进的虚土桩法及其在非等截面桩纵向振动中的应用研究	王宁	岩土工程	王奎华
347	软土地层中盾构隧道结构沉降与变形机制分析	王湛	岩土工程	王立忠
348	深海管道铺设及在位稳定性分析	袁峰	岩土工程	王立忠
349	非饱和弹性多孔介质中体波与表面波的传播特性研究	陈炜昀	岩土工程	夏唐代
350	初始变形条件下桩—土动力增量理论	胡文韬	岩土工程	夏唐代
351	交通荷载作用下软土地基的动力响应和长期沉降研究	孙波	岩土工程	谢康和
352	基于非线性渗流定律的软土一维固结理论研究	李传勋	岩土工程	谢康和
353	基于双尺度的软土流变固结理论与试验研究	马伯宁	岩土工程	谢新宇
354	杭州海相软土的固化及其理论研究	李雪刚	岩土工程	徐日庆
355	基于物理性质的土体强度和变形特性研究	王兴陈	岩土工程	徐日庆
356	双圆盾构隧道施工扰动及对周边构筑物影响研究	洪杰	岩土工程	张我华
357	桩端后注浆过程中浆土相互作用及其对桩基性状影响研究	房凯	岩土工程	夏唐代
358	盾构掘进地面隆陷及潮汐作用江底盾构隧道性状研究	林存刚	岩土工程	夏唐代
359	静压开口混凝土管桩施工效应试验及理论研究	刘俊伟	岩土工程	张忠苗

序号	论文名称	作者	专业	导师
360	软土中盾构隧道的长期非线性固结变形研究	曹奕	岩土工程	谢康和
361	考虑桩—土相对位移的桩基沉降计算及桩基时效性研究	王忠瑾	岩土工程	谢新宇
362	多场耦合层合结构若干力学问题研究	刘东滢	结构工程	陈伟球
363	聚氨酯金属屋面板力学性能及其对屋盖结构风振影响研究	黄莉	结构工程	邓华
364	弦支叉筒网壳结构的理论分析与试验研究	朱明亮	结构工程	董石麟
365	向量式有限元薄壳单元的理论与应用	王震	结构工程	赵阳
366	空间网格结构的鲁棒性理论与试验研究	张成	结构工程	高博青
367	另外提交	周益君	结构工程	关富玲
368	基于耐久性的钢—混凝土组合梁力学性能研究	蒋遨宇	结构工程	金伟良
369	混凝土结构钢筋锈蚀电化学表征与相关检监测技术	许晨	结构工程	金伟良
370	混凝土结构全寿命设计指标体系研究	钟小平	结构工程	金伟良
371	混凝土中氯盐的传输机理及钢筋锈胀模型	付传清	结构工程	金贤玉
372	荷载和环境作用下锈蚀钢筋混凝土柱的力学性能	李强	结构工程	金贤玉
373	大型复杂建筑结构风致效应及等效静力风荷载研究	章李刚	结构工程	楼文娟
374	超高层建筑风重耦合效应及等效静力风荷载研究	钟振宇	结构工程	楼文娟
375	自适应张弦梁结构的控制理论与设计方法研究	程华强	结构工程	罗尧治
376	薄膜结构的有限质点法计算理论与应用研究	杨超	结构工程	罗尧治
377	高层结构体系弹性整体稳定性研究	苏健	结构工程	童根树
378	流域洪涝灾害的景观生态机理分析及量化调控模式研究	张世瑕	市政工程	王紫雯
379	基于余氯和 THMs 的管网水质服务水平模型研究	虞介泽	市政工程	张土乔
380	双排抗滑桩受力影响因素研究	于洋	防灾减灾工程及防护工程	尚岳全
381	悬浮隧道流固耦合动力响应分析及试验研究	晁春峰	桥梁与隧道工程	项贻强
382	混凝土空心板梁桥典型病害机理研究	王岗	桥梁与隧道工程	谢旭
383	基于性能的高拱坝地震易损性分析与抗震安全评估	姚霄雯	水工结构工程	蒋建群
384	拱坝优化时基础变模敏感性及坝肩传力洞增稳效应研究	吴党中	水工结构工程	刘国华
385	信息熵理论在混凝土结构损伤动力识别中的应用研究	谢中凯	水工结构工程	刘国华
386	气候变化对极端径流影响评估中的不确定性研究	田烨	水工结构工程	许月萍
387	海表皮肤层厚度模型与应用	张扬	港口、海岸及近海工程	孙志林
388	Liverpool 湾水沙输运及长期地形演变数值模拟	罗晶	港口、海岸及近海工程	孙志林
389	浮力摆式波浪能装置的水动力性能研究	赵海涛	港口、海岸及近海工程	孙志林
390	基于农业城市主义理论的规划思想与空间模式研究	高宁	建筑设计及其理论	华晨

序号	论文名称	作者	专业	导师
391	基于变围压应力路径的饱和软黏土动力特性试验研究	谷川	岩土工程	蔡袁强
392	动静荷载下挡土墙土压力计算及相关问题研究	马少俊	岩土工程	王奎华
393	软土地基桩基受力性状和沉降特性试验与理论研究	张乾青	岩土工程	张忠苗
394	压电材料和准晶材料的压痕分析	吴业飞	结构工程	陈伟球
395	分布式光纤传感技术在结构应变及开裂监测中的应用研究	毛江鸿	结构工程	金伟良
396	大运河"申遗"成功之后的文化治理与规划研究	张佳	建筑设计及其理论	华晨
397	村民主体认知视角下乡村聚落营建的策略与方法研究	王韬	建筑设计及其理论	王竹
398	舟山群岛人居单元营建理论与方法研究	张焕	建筑设计及其理论	王竹
399	饱和地基动力响应及高架高速铁路环境振动研究	史吏	岩土工程	蔡袁强
400	软黏土中轨道交通地下深开挖工程变形及稳定性研究	李忠超	岩土工程	陈仁朋
401	城市固废降解—固结—溶质迁移耦合行为及稳定化研究	刘海龙	岩土工程	陈云敏
402	月壤/模拟月壤力学特性颗粒流数值模拟研究	林呈祥	岩土工程	凌道盛
403	渐进展开理论在土中渗流及物质运移中的研究	孙祖峰	岩土工程	唐晓武
404	竖井淋洗修复污染地基的研究	王恒宇	岩土工程	唐晓武
405	黏土屏障重金属迁移离心模拟相似性及击穿时间评估方法	曾兴	岩土工程	詹良通
406	海底基础动力特性研究	贺瑞	岩土工程	王立忠
407	海底管道热屈曲及管土相互作用研究	施若苇	岩土工程	王立忠
408	圆柱形洞室在反平面冲击荷载作用下的动力响应研究	翟朝娇	岩土工程	夏唐代
409	盾构隧道掘进对邻近建筑物影响及变形预测研究	丁智	岩土工程	夏唐代
410	竖井地基固结解析理论与有限元分析	邓岳保	岩土工程	谢康和
411	水位变化引发的土层耦合固结变形理论研究	黄大中	岩土工程	谢康和
412	基于摩尔—库仑屈服准则的条形基础极限承载力分析	韩冬冬	岩土工程	谢新宇
413	强降雨条件下基于 Green-Ampt 入渗模型的浅层无限边坡稳定性研究	马世国	岩土工程	徐日庆
414	软黏土微观定量研究及其应用	邓祎文	岩土工程	徐日庆
415	海上风机桶形基础安装与支撑结构动力特性研究	余璐庆	岩土工程	王立忠
416	弦支穹顶的弹塑性抗震性能研究	王琼	结构工程	邓华
417	索杆张力结构的预张力偏差和刚度解析	夏巨伟	结构工程	邓华
418	具有内外环桁架的新型张弦网壳结构理论分析与试验研究	姚云龙	结构工程	董石麟
419	大型钢制储液罐在地震激励下的强度与稳定性研究	杨宏康	结构工程	高博青
420	双环可展开桁架式天线动力学分析与优化设计	戴璐	结构工程	关富玲
421	深水半潜式平台疲劳分析及校核节点的疲劳试验研究	崔磊	结构工程	金伟良

序号	论文名称	作者	专业	导师
422	水泥基压电复合材料的模拟与优化设计	王治	结构工程	金贤玉
423	开洞建筑风致内压响应的理论和试验研究	徐海巍	结构工程	楼文娟
424	覆冰输电线路舞动试验研究和非线性动力学分析	杨伦	结构工程	楼文娟
425	集成无线传感器—执行器网络的可动结构及其形状控制	杨鹏程	结构工程	罗尧治
426	索滑移分析的计算理论及其在索杆梁膜结构的应用研究	俞锋	结构工程	罗尧治
427	自由形态空间网格结构的网格设计方法 研究与实现	丁慧	结构工程	罗尧治
428	基于磁弹效应和磁电层合材料的在役钢结构应力监测研究	张茹	结构工程	赵阳
429	基于氧化还原电位的铁释放预测模型研究	蒋伟	市政工程	王紫雯
430	城市供水管网节点混合模型研究	沈承	市政工程	张土乔
431	给水管网的污染物入侵流量模型研究	杨艳	市政工程	张土乔
432	降雨诱发大型滑坡变形破坏机理研究—以下山村滑坡为例	支墨墨	防灾减灾工程及防护工程	尚岳全
433	钢筋混凝土箱梁复合受力特性的试验与理论研究	程坤	桥梁与隧道工程	项贻强
434	沿海地区在役钢筋混凝土桥梁性能退化及剩余使用寿命预测	郭冬梅	桥梁与隧道工程	项贻强
435	独柱式城市高架桥抗震分析与设计方法研究	罗晓峰	桥梁与隧道工程	项贻强
436	铁路减隔震桥梁地震反应分析及易损性研究	王炎	桥梁与隧道工程	谢旭
437	海湾相位差潮能研究	许雪峰	海洋建筑物与环境	孙志林
438	车—轨—路耦合条件下的高速铁路板式轨道—路基系统动力分析	程翀	水工结构工程	蒋建群
439	二维定床和动床洪水数值模型的研究和应用	吴钢锋	水工结构工程	刘国华
440	裂隙非饱和渗流及摩擦滑动特性研究	钟振	水工结构工程	刘国华
441	不同降雨特性对坡面产流产沙过程的影响	史致男	水工结构工程	冉启华
442	基于贝叶斯网络的水质风险分析	张庆庆	水工结构工程	许月萍
443	横观各向同性材料中的位错环	袁江宏	岩土工程	鲍亦兴
444	饱和与非饱和多孔介质一维问题精确解	单振东	岩土工程	凌道盛
445	基于水泥水化的水泥基材料热—湿—碳化耦合模型研究	李蓓	结构工程	金贤玉
446	薄壁不锈钢轴压构件的极限承载力	朱浩川	结构工程	姚谏
447	基于污染物运移的填埋场屏障系统服役性能评价方法研究	关驰	水工结构工程	楼章华
448	发达地区转型时期村庄生态化更新规划与策略研究	柴舟跃	建筑设计及其理论	李王鸣
449	非线性大应变固结理论与试验研究	黄杰卿	岩土工程	谢新宇
450	复杂条件下地震土压力及稳定问题的计算方法研究	黄睿	岩土工程	夏唐代
451	离心机振动台试验验证基于剪切波速的碎石桩抗液化技术	孙政波	岩土工程	陈云敏

序号	论文名称	作者	专业	导师
452	不同电极电渗过程比较及基于电导率电渗排水量计算方法	陶燕丽	岩土工程	龚晓南
453	覆冰输电导线舞动特性矩阵摄动法研究	姜雄	结构工程	楼文娟
454	薄壁圆钢管混凝土构件与节点力学性能研究	徐菲	结构工程	金伟良
455	结构精细化分析的有限质点法计算理论研究	郑延丰	结构工程	罗尧治
456	拱桥服役吊杆的力学性能退化及其索力识别研究	李晓章	桥梁与隧道工程	谢旭
457	椒江河口对围海工程的响应	郭聪	海洋建筑物与环境	孙志林
458	可延展电子器件中蛇形导线岛桥结构的力学分析及优化	付浩然	水工结构工程	蒋建群
459	产业化进程中浙江省公共体育场馆的建筑设计特征研究	金坤	建筑设计及其理论	程泰宁
460	弹性城市的规划理念与方法研究	刘丹	建筑设计及其理论	华晨
461	政策系统对杭州城市总体规划实施的影响研究	周金晶	建筑设计及其理论	李王鸣
462	基于文化人类学视角的乡村营建策略与方法研究	黄丽坤	建筑设计及其理论	王竹
463	"韶山试验"——乡村人居环境有机更新方法与实践	钱振澜	建筑设计及其理论	王竹
464	保障性多代住居体系营建研究	温芳	建筑设计及其理论	王竹
465	基于GIS的声景分析及声景图制作研究——以西湖柳浪闻莺景区为例	扈军	建筑设计及其理论	吴硕贤
466	复杂应力路径下饱和砂土动力特性试验研究	孙奇	岩土工程	蔡袁强
467	考虑应力主轴变化下各向异性砂土静动力特性试验研究	熊焕	岩土工程	蔡袁强
468	膨胀土边坡浅层失稳机理及土工格栅加固处理研究	丁金华	岩土工程	陈仁朋
469	近海风机超大直径单桩水平承载特性试验与数值分析	孙永鑫	岩土工程	陈仁朋
470	土—膨润土竖向隔离墙力学行为及其对防污性能影响	潘倩	岩土工程	陈云敏
471	单排高桩基础竖向振动理论及应用研究	吕述晖	岩土工程	王奎华
472	双相多孔介质中波传播特性及相关问题研究	刘志军	岩土工程	夏唐代
473	热流固作用下软土静动力学特性及应用	陶海冰	岩土工程	谢康和
474	西北黄土—碎石覆盖层水分存储—释放机理及防渗设计方法	焦卫国	岩土工程	詹良通
475	高厨余垃圾生化—水力—力学相互作用大型模型试验及应用	徐辉	岩土工程	詹良通
476	网格及弦支网格结构的鲁棒性理论与试验研究	单艳玲	结构工程	高博青
477	早龄期混凝土水化进程及宏观与细微观性能相关性研究	陈军	结构工程	金贤玉
478	板件延性系数和面向抗震设计的钢截面分类	付波	结构工程	童根树
479	椭圆钢管与椭圆钢管混凝土柱的力学性能与设计方法	吴静云	结构工程	赵阳
480	滑坡治理的充气截排水方法研究	杜丽丽	防灾减灾工程及防护工程	尚岳全

序号	论文名称	作者	专业	导师
481	岩爆预测方法与理论模型研究	贾义鹏	防灾减灾工程及防护工程	尚岳全
482	多梁式钢—混凝土组合小箱梁桥受力特性及试验研究	何余良	桥梁与隧道工程	项贻强
483	环境—荷载耦合作用下 RC 桥梁裂缝和极限承载力的模拟计算	吴强强	桥梁与隧道工程	项贻强
484	城市区域水情仿真和数据同化的理论研究与应用	陈一帆	水工结构工程	蒋建群
485	区域水资源合理配置及方案综合效益评价研究	屈国栋	水工结构工程	楼章华
486	基于目标识别和参数化技术的城市建筑群三维重建研究	吴宁	建筑设计及其理论	李王鸣
487	主应力连续旋转下软黏土非共轴变形特性试验和模型研究	严佳佳	岩土工程	龚晓南
487	岩土体灾变过程多尺度数值分析方法研究	涂福彬	岩土工程	凌道盛
489	自适应索杆张力结构的理论研究与试验	李莎	结构工程	董石麟
490	钢板剪力墙加劲肋有效刚度和组合梁楼板有效宽度研究	杨章	结构工程	童根树
491	大型钢储罐结构的风荷载和风致屈曲	林寅	结构工程	赵阳
492	丁坝群作用尺度理论及累积效应机理研究	曹晓萌	水工结构工程	冉启华
493	富水软弱地层浅埋暗挖隧道地层变形规律及预测研究	甘鹏路	岩土工程	唐晓武
494	软黏土地基单桩和复合桩基水平受荷性状	何奔	岩土工程	王立忠
495	纳米 SiO2 改性超高韧性水泥基复合材料试验研究	高翔	结构工程	徐世烺
496	基于界面参数的再生骨料混凝土性能劣化机理及工程应用	张鸿儒	结构工程	赵羽习
497	充气可展开薄膜反射面结构的型面分析与优化	黄河	结构工程	关富玲
498	钢储罐结构爆炸冲击荷载与动力响应的数值模拟研究	胡可	结构工程	赵阳
499	海洋平台结构与设备的可靠度与风险评估	闫会宾	结构工程	白勇
500	TRC 及其自保温三明治墙体的火灾灾变机理研究	沈玲华	结构工程	徐世烺
501	排水系统中跌水结构的气体卷吸和能量耗散问题研究	马一祎	市政工程	朱志伟
502	滑坡虹吸排水空气积累控制及其工程应用	蔡岳良	防灾减灾工程及防护工程	尚岳全
503	桥梁结构钢材滞回本构模型改进及其应用	王彤	桥梁与隧道工程	谢旭
504	基于立体视觉与 LSPIV 的河流水动力过程近距遥感测量系统	李蔚	水工结构工程	冉启华
505	医养理念导向下的城市社区适老化设施营建体系与策略	戴靓华	建筑设计及其理论	王竹
506	乡村社区空间形态低碳适应性营建方法与实践研究	吴盈颖	建筑设计及其理论	王竹
507	考虑应力路径影响的饱和软黏土静动力特性试验研究	孙磊	岩土工程	蔡袁强
508	饱和土地区地铁列车运行引起的环境振动影响研究	袁宗浩	岩土工程	蔡袁强
509	静钻根植竹节桩承载及沉降性能试验研究与有限元模拟	周佳锦	岩土工程	龚晓南
510	静钻根植桩承载性能的试验研究以及数值分析	钱铮	岩土工程	王奎华

序号	论文名称	作者	专业	导师
511	外界荷载作用下已建盾构隧道结构性状	孙廉威	岩土工程	王立忠
512	复杂条件下竖井地基固结解析理论研究	郭霄	岩土工程	谢康和
513	市政污泥的化学调理和真空预压联合作用固结机理及应用	占鑫杰	岩土工程	詹良通
514	软土盾构隧道掘进环境效应及其邻近开挖响应研究	梁荣柱	岩土工程	夏唐代
515	深水海底管道 S 型铺设动力计算理论与数值模拟研究	徐普	结构工程	龚顺风
516	平板型铝合金格栅结构板式节点的受力性能研究	陈伟刚	结构工程	邓华
517	多维随机荷载组合方法及风浪耦合荷载效应研究	涂志斌	结构工程	楼文娟
518	结构破坏行为的数值模拟计算方法研究	张鹏飞	结构工程	罗尧治
519	大型钢筒仓在储料荷载及风荷载作用下的稳定性能	曹庆帅	结构工程	赵阳
520	基于驾驶员行为的交通流建模	马晓龙	桥梁与隧道工程	王殿海
521	城市基本路段混合非机动车交通流特性研究	周旦	桥梁与隧道工程	王殿海
522	钢桥弹塑性地震反应计算方法及钢材地震损伤指标研究	唐站站	桥梁与隧道工程	谢旭
523	饱和砂土小应变动力特性试验研究	董全杨	岩土工程	蔡袁强
524	拉应变对土工织物孔径特征及反滤性能影响的研究	唐琳	岩土工程	唐晓武
525	软土地区支护墙平面及空间变形特性与开挖环境效应分析	刘念武	岩土工程	龚晓南
526	六杆四面体单元组成的新型装配式球面网壳理论与试验研究	白光波	结构工程	董石麟
527	基于相对信息多重环境时间相似理论及混凝土耐久性应用	李志远	结构工程	金伟良
528	考虑荷载随机性影响的桥梁振动及噪声环境研究	吴冬雁	桥梁与隧道工程	谢旭
529	考虑界面非连续变形的钢—混凝土组合梁桥数值模拟研究	林建平	桥梁与隧道工程	徐荣桥
530	半刚性节点及钢框架抗连续倒塌性能研究	张劲帆	水利工程	蒋建群
531	中国西部湿润山区小流域水文响应过程 ——以四川龙溪河流域为例	钱群	水利工程	冉启华
532	基于能带特性与变换介质的液体表面波调控研究	张沛	水利工程	张永强
533	宁波土的固化研究及微观定量研究	陆建阳	岩土工程	徐日庆
534	黄土/碎石覆盖层水气耦合运移规律及填埋气减排性能	邱清文	岩土工程	詹良通
535	弹塑性增强有限元法及其数值稳定性研究	顾永超	结构工程	陈伟球
536	肋环人字形索穹顶结构的理论分析与试验研究	梁昊庆	结构工程	董石麟
537	基于纳米材料的活性粉末混凝土及其基本力学性能研究	刘金涛	结构工程	徐世烺
538	基于沥青多组分燃烧特性的钙基纳米复合阻燃体系研究	朱凯	道路与交通工程	黄志义
539	气候变化下基于 SWAT 模型的钱塘江流域水文过程研究	张徐杰	水利工程	许月萍
540	降雨入渗—重分布下土质边坡稳定性研究	豆红强	岩土工程	龚晓南

序号	论文名称	作者	专业	导师
541	雷暴冲击风风场特性及其对输电线路的作用研究	王嘉伟	结构工程	楼文娟
542	耐火钢—钢管混凝土柱的防火研究	刘逸祥	结构工程	童根树
543	路面车致变形的压电俘能机理研究	陈奕声	道路与交通工程	吕朝锋
544	气候变化对浙江省典型流域水文水资源的影响研究	马冲	水利工程	许月萍
545	村落空间肌理的参数化解析与重构及其规划应用研究	童磊	城乡规划学	华晨
546	鸟巢型索穹顶结构的理论分析与试验研究	包红泽	结构工程	董石麟
547	大跨径悬索桥施工监控中若干问题的研究	何为	结构工程	项贻强
548	冶金腐蚀环境下混凝土的劣化机理和修补材料开发研究	孟涛	岩土工程	陈云敏
549	建筑风场任意六面体同位网格系统的数值模拟	杜王盖	结构工程	孙炳楠

附录18

研究生培养方案

2016 级 081401 岩土工程博士培养方案

所属学院	建筑工程学院	学位类别	学术学位	学制	3.5
最低总学分	12	公共学位课最低学分		4	
专业课最低学分	3	专业学位课最低学分		2	

培养目标：

　　具有杰出创新能力，具有坚实、宽厚理论基础和系统深入的专业知识，能够独立开展科学研究和解决工程技术问题，能胜任岩土工程领域科研、设计、教育和管理等方面的工作，并熟练掌握一门外语。

读书报告：

　　要求博士研究生在学期间做读书报告 6 次，其中至少公开在学科或学院的学术论坛做读书报告 1～2 次，累计完成 6 次计 2 学分。

开题报告：

　　在博士阶段提交开题报告一篇，开题报告最迟应在入学后第一学年结束之前完成。

中期考核：

　　考核时间：普通博士生在入学一年后进行考核，硕博连读研究生在转博一年后进行考核。符合考核条件的博士生每个年度均需参加考核，具体考核在每年 9 月进行。

　　考核方式：由博士生填写中期考核表，对本人读博期间的研究工作做出总结，并附科研成果。由导师为主的指导小组根据博士生研究能力、学习能力、研究成果、工作态度等方面做出综合考核，导师组考核结果为合格与不合格。

预答辩：

　　预答辩具体要求由本学科自行制定。

毕业要求：

　　修完规定学分、成绩合格，完成各个培养环节，通过学位论文答辩，符合学校规定的其他毕业要求。

其他：

　　要求每年出席学科组织的学术讲座或论坛 10 次以上。同等学力或跨学科专业的博士研究生，一般应在导师指导下确定 2～3 门本学科的硕士生主干课程作为补修课程，没有补修成绩或补修课程考试不合格者不得进入论文答辩。补修课程不计入最低总学分。

备注：

　　主要研究方向：01 软黏土工程学与地基处理　02 土动力学与土工抗震　03 环境土工与非饱和土力学　04 岩土力学与土工分析　05 基础工程学与桩基工程　06 地下工程　07 近海岩土工程

平台课程

必修/选修	课程性质	课程编号	课程名称	学分	总学时	开课学期	备注
选修	公共学位课	3310001	中国马克思主义与当代	2	32	春、夏、秋、冬	
选修	公共学位课	0500006	研究生英语水平测试	1	0	夏、冬	
选修	公共学位课	0500007	研究生英语交流能力	1	32	春、夏、秋、冬	

方向课程

必修/选修	课程性质	课程编号	课程名称	学分	总学时	开课学期	备注
必修	专业学位课	1212081	弹性力学变分原理和有限元法	2	32	秋	必选
选修	专业选修课	1213272	岩土材料本构方程	2	32	春	
选修	专业选修课	1213316	交通岩土工程	2	32	夏	
选修·	专业选修课	1213262	岩土工程灾变与防灾减灾	2	32	秋	
必修	专业选修课	1213139	专业外语（建工）	1	16	秋	必选
选修	专业选修课	1211118	高等土力学（Ⅱ）	2	32	夏	

2016 级 081401 岩土工程直博培养方案

所属学院	建筑工程学院	学位类别	学术学位	学制	5
最低总学分	34	公共学位课最低学分		7	
专业课最低学分	19	专业学位课最低学分		12	

培养目标：
　　具有杰出创新能力，具有坚实、宽厚理论基础和系统深入的专业知识，能够独立开展科学研究和解决工程技术问题，能胜任岩土工程领域科研、设计、教育和管理等方面的工作，并熟练掌握一门外语。

读书报告：
　　要求直接攻博研究生在学期间做读书报告 10 次，其中至少公开在学科或学院的学术论坛做读书报告 4次，累计完成 10 次计 4 学分。

开题报告：
　　在直接攻博阶段提交开题报告一篇，开题报告最迟应在入学后的一年半内完成。

中期考核：
　　考核时间：直接攻博研究生在入学两年后进行考核，硕博连读研究生在转博一年后进行考核。符合考核条件的博士生每个年度均需参加考核，具体考核在每年 9 月进行。
　　考核方式：由博士生填写中期考核表，对本人读博期间的研究工作做出总结，并附科研成果。由导师为主的指导小组根据博士生研究能力、学习能力、研究成果、工作态度等方面做出综合考核，导师组考核结果为合格与不合格。

预答辩：
　　预答辩具体要求由本学科自行制定。

毕业要求：
修完规定学分、成绩合格，完成各个培养环节，通过学位论文答辩，符合学校规定的其他毕业要求。

其他：
每年出席学科组织的学术讲座或论坛 10 次以上。

备注：
主要研究方向：01 软黏土工程学与地基处理　02 土动力学与土工抗震　03 环境土工与非饱和土力学　04 岩土力学与土工分析　05 基础工程学与桩基工程　06 地下工程　07 近海岩土工程

平台课程

必修/选修	课程性质	课程编号	课程名称	学分	总学时	开课学期	备注
选修	公共学位课	0500006	研究生英语水平测试	1	0	夏、冬	
选修	公共学位课	3310001	中国马克思主义与当代	2	32	春、夏、秋、冬	
选修	公共学位课	0420002	自然辩证法概论	1	24	春、夏、秋、冬	
选修	公共学位课	0500007	研究生英语交流能力	1	32	春、夏、秋、冬	
选修	公共学位课	3320001	中国特色社会主义理论与实践研究	2	32	春、夏、秋、冬	
必修	公共选修课	0000999	公共素质类课程至少 1 门（具体课程详见清单，个人学习计划制定时勿以具体课程替代）	1	16	春、夏、秋、冬	

方向课程

必修/选修	课程性质	课程编号	课程名称	学分	总学时	开课学期	备注
选修	专业学位课	1222027	工程试验测试技术	3	48	秋冬	
选修	专业学位课	1221029	高等土力学	2	32	秋	
选修	专业学位课	1221030	高等基础工程学	2	32	冬	
选修	专业学位课	1211118	高等土力学（Ⅱ）	2	32	夏	
选修	专业学位课	1222026	工程弹塑性力学	2	32	春	
选修	专业学位课	1222028	优化原理与方法	2	32	冬	
选修	专业学位课	1212081	弹性力学变分原理和有限元法	2	32	秋	
选修	专业选修课	1223040	隧道工程	2	32	冬	
选修	专业选修课	1213272	岩土材料本构方程	2	32	春	
选修	专业选修课	1223033	地基处理技术	2	32	春	
选修	专业选修课	1213316	交通岩土工程	2	32	夏	

必修/选修	课程性质	课程编号	课程名称	学分	总学时	开课学期	备注
选修	专业选修课	1223202	非饱和土力学及其工程应用	2	32	夏	
必修	专业选修课	1213139	专业外语（建工）	1	16	秋	必选
选修	专业选修课	1213262	岩土工程灾变与防灾减灾	2	32	秋	
选修	专业选修课	1223037	环境岩土工程	2	32	冬	
选修	专业选修课	1223038	土与结构相互作用	1	16	秋	
选修	专业选修课	1223032	计算土力学	2	32	春	
选修	专业选修课	1223031	土动力学	2	32	秋	
选修	专业选修课	1223034	高等岩石力学基础	2	32	冬	
选修	专业选修课	1223220	土工合成与再生材料	1	16	春	

2016 级 081401 岩土工程硕士培养方案

所属学院	建筑工程学院	学位类别	学术学位	学制	2.5
最低总学分	24	公共学位课最低学分		5	
专业课最低学分	15	专业学位课最低学分		10	

培养目标：
　　具有杰出创新能力，具有坚实、宽厚理论基础和系统深入的专业知识，能够独立开展科学研究和解决工程技术问题，能胜任岩土工程领域科研、设计、教育和管理等方面的工作，并熟练掌握一门外语。

读书报告：
　　要求硕士研究生在学期间须做读书报告 4 次，其中至少公开在学科或学院的学术论坛做读书报告 1 次，累计完成 4 次计 2 学分。

开题报告：
　　在硕士阶段提交开题报告一篇，开题报告最迟应在入学后的一年内完成。

中期考核：
　　无。

预答辩：
　　预答辩具体要求由本学科自行制定。

毕业要求：
　　修完规定学分、成绩合格，完成各个培养环节，通过学位论文答辩，符合学校规定的其他毕业要求。

其他：
　　每年出席学科组织的学术讲座或论坛 10 次以上。

备注：
　　主要研究方向：01 软黏土工程学与地基处理　02 土动力学与土工抗震　03 环境土工与非饱和土力学　04 岩土力学与土工分析　05 基础工程学与桩基工程　06 地下工程　07 近海岩土工程

平台课程

必修/选修	课程性质	课程编号	课程名称	学分	总学时	开课学期	备注
选修	公共学位课	0420002	自然辩证法概论	1	24	春、夏、秋、冬	0510001 课程
选修	公共学位课	0500006	研究生英语水平测试	1	0	夏、冬	
选修	公共学位课	3320001	中国特色社会主义理论与实践研究	2	32	春、夏、秋、冬	0520001 课程
选修	公共学位课	0500007	研究生英语交流能力	1	32	春、夏、秋、冬	
必修	公共选修课	0000999	公共素质类课程至少1门（具体课程详见清单，个人学习计划制定时勿以具体课程替代）	1	16	春、夏、秋、冬	

方向课程

必修/选修	课程性质	课程编号	课程名称	学分	总学时	开课学期	备注
选修	专业学位课	1222028	优化原理与方法	2	32	冬	
选修	专业学位课	1222027	工程试验测试技术	3	48	秋冬	
选修	专业学位课	1221030	高等基础工程学	2	32	冬	
选修	专业学位课	1221029	高等土力学	2	32	秋	
选修	专业学位课	1222026	工程弹塑性力学	2	32	春	
选修	专业选修课	1223202	非饱和土力学及其工程应用	2	32	夏	
选修	专业选修课	1223031	土动力学	2	32	秋	
选修	专业选修课	1223220	土工合成与再生材料	1	16	春	
选修	专业选修课	1223040	隧道工程	2	32	冬	
选修	专业选修课	1223032	计算土力学	2	32	春	
选修	专业选修课	1223317	海洋岩土工程	2	32	春	
选修	专业选修课	1223034	高等岩石力学基础	2	32	冬	
选修	专业选修课	1223037	环境岩土工程	2	32	冬	
选修	专业选修课	1213262	岩土工程灾变与防灾减灾	2	32	秋	
选修	专业选修课	1223038	土与结构相互作用	1	16	秋	
选修	专业选修课	1223033	地基处理技术	2	32	春	

2016 级 081402 结构工程博士培养方案

所属学院	建筑工程学院	学位类别	学术学位	学制	3.5
最低总学分	12	公共学位课最低学分		4	
专业课最低学分	3	专业学位课最低学分		2	

培养目标： 　　具有杰出创新能力，具有坚实、宽厚理论基础和系统深入的专业知识，能够独立开展科学研究和解决工程技术问题，能胜任结构工程领域科研、设计、教育和管理等方面的工作，并熟练掌握一门外语。
读书报告： 　　要求博士研究生在学期间做读书报告 6 次，其中至少公开在学科或学院的学术论坛做读书报告 1～2 次，累计完成 6 次计 2 学分。
开题报告： 　　在博士阶段提交开题报告一篇，开题报告最迟应在入学后第一学年结束之前完成。
中期考核： 　　考核时间：普通博士生在入学一年后进行考核，硕博连读研究生在转博一年后进行考核。符合考核条件的博士生每个年度均需参加考核，具体考核在每年 9 月进行。 　　考核方式：由博士生填写中期考核表，对本人读博期间的研究工作做出总结，并附科研成果。由导师为主的指导小组根据博士生研究能力、学习能力、研究成果、工作态度等方面做出综合考核，导师组考核结果为合格与不合格。
预答辩： 　　预答辩具体要求由本学科自行制定。
毕业要求： 　　修完规定学分、成绩合格，完成各个培养环节，通过学位论文答辩，符合学校规定的其他毕业要求。
其他： 　　每年出席学科组织的学术讲座或论坛 10 次以上。同等学力或跨学科专业的博士研究生，一般应在导师指导下确定 2～3 门本学科的硕士生主干课程作为补修课程，没有补修成绩或补修课程考试不合格者不得进入论文答辩。补修课程不计入最低总学分。
备注： 　　主要研究方向：01 空间结构　02 钢结构　03 新材料与新材料结构　04 混凝土结构断裂与破坏　05 结构仿真分析　06 结构风工程　07 钢筋混凝土结构　08 工程结构可靠度 　　课程提示：专业学位课中方向课须选 2 门。

平台课程

必修/选修	课程性质	课程编号	课程名称	学分	总学时	开课学期	备注
选修	公共学位课	3310001	中国马克思主义与当代	2	32	春、夏、秋、冬	
选修	公共学位课	0500007	研究生英语交流能力	1	32	春、夏、秋、冬	
选修	公共学位课	0500006	研究生英语水平测试	1	0	夏、冬	

方向课程

必修/选修	课程性质	课程编号	课程名称	学分	总学时	开课学期	备注
选修	专业学位课	1211053	结构非线性及稳定性分析	2	32	冬	方向课
选修	专业学位课	1212081	弹性力学变分原理和有限元法	2	32	秋	必选
选修	专业学位课	1211058	结构风工程	2	32	春	方向课
选修	专业学位课	1211050	非线性有限元理论和程序	2	32	夏	方向课

必修/选修	课程性质	课程编号	课程名称	学分	总学时	开课学期	备注
选修	专业学位课	1211057	工程荷载分析与应用	2	32	春	方向课
选修	专业学位课	1211283	混凝土断裂力学	2	32	秋	方向课
选修	专业选修课	1213253	向量式结构与固体力学	2	32	夏	
必修	专业选修课	1213139	专业外语（建工）	1	16	秋	必选
选修	专业选修课	1213284	海洋结构工程	2	32	春	
选修	专业选修课	0000998	选修相关学科课程	0	0	春、夏、秋、冬	至少1学分

2016 级 081402 结构工程直博培养方案

所属学院	建筑工程学院	学位类别	学术学位	学制	5
最低总学分	34	公共学位课最低学分		7	
专业课最低学分	19	专业学位课最低学分		12	

培养目标：
　　具有杰出创新能力，具有坚实、宽厚理论基础和系统深入的专业知识，能够独立开展科学研究和解决工程技术问题，能胜任结构工程领域科研、设计、教育和管理等方面的工作，并熟练掌握一门外语。

读书报告：
　　要求直接攻博研究生在学期间做读书报告10次，其中至少公开在学科或学院的学术论坛做读书报告4次，累计完成10次计4学分。

开题报告：
　　在直接攻博阶段提交开题报告一篇，开题报告最迟应在入学后的一年半内完成。

中期考核：
　　考核时间：直接攻博研究生在入学两年后进行考核，硕博连读研究生在转博一年后进行考核。符合考核条件的博士生每个年度均需参加考核，具体考核在每年9月进行。
　　考核方式：由博士生填写中期考核表，对本人读博期间的研究工作做出总结，并附科研成果。由导师为主的指导小组根据博士生研究能力、学习能力、研究成果、工作态度等方面做出综合考核，导师组考核结果为合格与不合格。

预答辩：
　　预答辩具体要求由本学科自行制定。

毕业要求：
　　修完规定学分、成绩合格，完成各个培养环节，通过学位论文答辩，符合学校规定的其他毕业要求。

其他：
　　每年出席学科组织的学术讲座或论坛10次以上。

备注：
　　主要研究方向：01 空间结构　02 钢结构　03 新材料与新材料结构　04 混凝土结构断裂与破坏　05 结构仿真分析　06 结构风工程　07 钢筋混凝土结构　08 工程结构可靠度
　　课程提示：专业学位课中方向课须选2门。

平台课程							
必修/选修	课程性质	课程编号	课程名称	学分	总学时	开课学期	备注
选修	公共学位课	0420002	自然辩证法概论	1	24	春、夏、秋、冬	
选修	公共学位课	0500006	研究生英语水平测试	1	0	夏、冬	
选修	公共学位课	0500007	研究生英语交流能力	1	32	春、夏、秋、冬	
选修	公共学位课	3320001	中国特色社会主义理论与实践研究	2	32	春、夏、秋、冬	
选修	公共学位课	3310001	中国马克思主义与当代	2	32	春、夏、秋、冬	
必修	公共选修课	0000999	公共素质类课程至少 1 门（具体课程详见清单，个人学习计划制定时勿以具体课程替代）	1	16	春、夏、秋、冬	学分数根据具体课程确定，可多选

方向课程							
必修/选修	课程性质	课程编号	课程名称	学分	总学时	开课学期	备注
选修	专业学位课	1211283	混凝土断裂力学	2	32	秋	方向课
选修	专业学位课	1221043	高等钢筋混凝土结构	2	32	冬	方向课
选修	专业学位课	1221042	高等结构动力学	2	32	秋	必选
选修	专业学位课	1221047	高等混凝土学	2	32	秋	方向课
选修	专业学位课	1221044	计算结构力学	2	32	冬	方向课
选修	专业学位课	1222028	优化原理与方法	2	32	冬	方向课
选修	专业学位课	1222027	工程试验测试技术	3	48	秋冬	必选
选修	专业学位课	1221046	结构稳定理论基础	2	32	冬	方向课
选修	专业学位课	1222026	工程弹塑性力学	2	32	春	必选
选修	专业学位课	1212081	弹性力学变分原理和有限元法	2	32	秋	必选
选修	专业学位课	1221048	结构可靠度理论及其应用	2	32	秋	方向课
选修	专业学位课	1221049	高等工程抗震	2	32	春	方向课
选修	专业学位课	1221045	网架与网壳结构	2	32	冬	方向课
选修	专业选修课	1211057	工程荷载分析与应用	2	32	春	
选修	专业选修课	1213253	向量式结构与固体力学	2	32	夏	
选修	专业选修课	1211053	结构非线性及稳定性分析	2	32	冬	
选修	专业选修课	1223054	张力结构	2	32	春	
选修	专业选修课	1211058	结构风工程	2	32	春	
选修	专业选修课	1223055	高等钢结构理论	2	32	夏	

必修/选修	课程性质	课程编号	课程名称	学分	总学时	开课学期	备注
选修	专业选修课	1223056	高层钢结构设计	2	32	夏	
选修	专业选修课	1223323	复合材料结构	2	32	春	
选修	专业选修课	1211050	非线性有限元理论和程序	2	32	夏	
选修	专业选修课	1223319	桥梁空气动力学	2	32	秋	
必修	专业选修课	1213139	专业外语（建工）	1	16	秋	必选
选修	专业选修课	1223072	结构与基础工程减振技术	2	32	春	
选修	专业选修课	1223321	腐蚀混凝土结构学	2	32	春	
选修	专业选修课	1213284	海洋结构工程	2	32	春	
选修	专业选修课	1223052	结构损伤诊断与识别	2	32	春	
选修	专业选修课	1223060	薄壁构件稳定	2	32	春	

2016 级 081403 市政工程博士培养方案

所属学院	建筑工程学院	学位类别	学术学位	学制	3.5
最低总学分	12	公共学位课最低学分		4	
专业课最低学分	3	专业学位课最低学分		2	

培养目标：
　　具有杰出创新能力，具有坚实、宽厚理论基础和系统深入的专业知识，能够独立开展科学研究和解决工程技术问题，能胜任市政工程领域科研、设计、教育和管理等方面的工作，并熟练掌握一门外语。

读书报告：
　　要求博士研究生在学期间须做读书报告 4 次，其中至少公开在学科或学院的学术论坛做读书报告 1 次，累计完成 4 次计 2 学分。

开题报告：
　　在博士阶段提交开题报告一篇，开题报告最迟应在入学后第一学年结束之前完成。

中期考核：
　　考核时间：普通博士生在入学一年后进行考核，硕博连读研究生在转博一年后进行考核。符合考核条件的博士生每个年度均需参加考核，具体考核在每年 9 月进行。
　　考核方式：由博士生填写中期考核表，对本人读博期间的研究工作做出总结，并附科研成果。由导师为主的指导小组根据博士生研究能力、学习能力、研究成果、工作态度等方面做出综合考核，导师组考核结果为合格与不合格。

预答辩：
　　预答辩具体要求由本学科自行制定。

毕业要求：
　　修完规定学分、成绩合格，完成各个培养环节，通过学位论文答辩，符合学校规定的其他毕业要求。

其他：
　　每年出席学科组织的学术讲座或论坛 10 次以上。同等学力或跨学科专业的博士研究生，一般应在导师指导下确定 2~3 门本学科的硕士生主干课程作为补修课程，没有补修成绩或补修课程考试不合格者不得进入论文答辩。补修课程不计入最低总学分。

续　表

备注:
　　主要研究方向: 01 给排水工程　02 市政结构分析与优化设计　03 城市环境工程与景观生态规划　04 市政工程检测技术与计算机仿真　05 市政基础工程　06 管道工程
　　课程提示: 专业学位课中方向课须选 1 门。

平台课程

必修/选修	课程性质	课程编号	课程名称	学分	总学时	开课学期	备注
选修	公共学位课	0500007	研究生英语交流能力	1	32	春、夏、秋、冬	
选修	公共学位课	0500006	研究生英语水平测试	1	0	夏、冬	
选修	公共学位课	3310001	中国马克思主义与当代	2	32	春、夏、秋、冬	

方向课程

必修/选修	课程性质	课程编号	课程名称	学分	总学时	开课学期	备注
选修	专业学位课	1212081	弹性力学变分原理和有限元法	2	32	秋	方向课
选修	专业学位课	1211050	非线性有限元理论和程序	2	32	夏	
选修	专业学位课	1211280	给水深度处理新技术及应用	2	32	冬	方向课
选修	专业学位课	1211289	环境流体力学	2	32	夏	
选修	专业选修课	0000998	选修相关学科课程	0	0	春、夏、秋、冬	至少 3 学分
必修	专业选修课	1213139	专业外语（建工）	1	16	秋	必选

2016 级 081403 市政工程直博培养方案

所属学院	建筑工程学院	学位类别	学术学位	学制	5
最低总学分	34	公共学位课最低学分		7	
专业课最低学分	19	专业学位课最低学分		12	

培养目标:
　　具有杰出创新能力,具有坚实、宽厚理论基础和系统深入的专业知识,能够独立开展科学研究和解决工程技术问题,能胜任市政工程领域科研、设计、教育和管理等方面的工作,并熟练掌握一门外语。

读书报告:
　　要求直接攻博研究生在学期间做读书报告 10 次,其中至少公开在学科或学院的学术论坛做读书报告 4 次,累计完成 10 次计 4 学分。

开题报告:
　　在直接攻博阶段提交开题报告一篇,开题报告最迟应在入学后的一年半内完成。

中期考核:
　　考核时间: 直接攻博研究生在入学两年后进行考核,硕博连读研究生在转博一年后进行考核。符合考核条件的博士生每个年度均需参加考核,具体考核在每年 9 月进行。
　　考核方式: 由博士生填写中期考核表,对本人读博期间的研究工作做出总结,并附科研成果。由导师为主的指导小组根据博士生研究能力、学习能力、研究成果、工作态度等方面做出综合考核,导师组考核结果为合格与不合格。

预答辩：
预答辩具体要求由本学科自行制定。
毕业要求：
修完规定学分、成绩合格，完成各个培养环节，通过学位论文答辩，符合学校规定的其他毕业要求。
其他：
每年出席学科组织的学术讲座或论坛 10 次以上。
备注：
主要研究方向：01 给排水工程　02 市政结构分析与优化设计　03 城市环境工程与景观生态规划　04 市政工程检测技术与计算机仿真　05 市政基础工程　06 管道工程 课程提示：专业学位课中方向课须选 1 门。

平台课程

必修/选修	课程性质	课程编号	课程名称	学分	总学时	开课学期	备注
选修	公共学位课	0500006	研究生英语水平测试	1	0	夏、冬	
选修	公共学位课	3320001	中国特色社会主义理论与实践研究	2	32	春、夏、秋、冬	
选修	公共学位课	3310001	中国马克思主义与当代	2	32	春、夏、秋、冬	0510001 课程
选修	公共学位课	0420002	自然辩证法概论	1	24	春、夏、秋、冬	0520001 课程
选修	公共学位课	0500007	研究生英语交流能力	1	32	春、夏、秋、冬	
必修	公共选修课	0000999	公共素质类课程至少 1 门（具体课程详见清单，个人学习计划制定时勿以具体课程替代）	1	16	春、夏、秋、冬	

方向课程

必修/选修	课程性质	课程编号	课程名称	学分	总学时	开课学期	备注
选修	专业学位课	1222061	高等工程流体力学	2	32	秋	必选
选修	专业学位课	1212081	弹性力学变分原理和有限元法	2	32	秋	方向课
选修	专业学位课	1222027	工程试验测试技术	3	48	秋冬	必选
选修	专业学位课	1221277	雨水管理与利用	2	32	秋	必选
选修	专业学位课	1211289	环境流体力学	2	32	夏	必选
选修	专业学位课	1222028	优化原理与方法	2	32	冬	必选
选修	专业学位课	1211050	非线性有限元理论和程序	2	32	夏	必选
选修	专业学位课	1211280	给水深度处理新技术及应用	2	32	冬	方向课
选修	专业选修课	1223279	给排水管网系统理论与分析	2	32	冬	
选修	专业选修课	1223316	饮用水深度处理技术	2	32	秋	
选修	专业选修课	1221067	计算流体力学	2	32	秋	

必修/选修	课程性质	课程编号	课程名称	学分	总学时	开课学期	备注
选修	专业选修课	1213139	专业外语（建工）	1	16	秋	必选
选修	专业选修课	1221063	智能算法导论	2	32	秋	
选修	专业选修课	1223294	水质监测分析技术	2	32	春	
选修	专业选修课	0000998	选修相关学科课程	0	0	春、夏、秋、冬	
选修	专业选修课	1221030	高等基础工程学	2	32	冬	

2016 级 081403 市政工程硕士培养方案

所属学院	建筑工程学院	学位类别	学术学位	学制	2.5
最低总学分	24	公共学位课最低学分		5	
专业课最低学分	15	专业学位课最低学分		10	

培养目标：
　　具有杰出创新能力，具有坚实、宽厚理论基础和系统深入的专业知识，能够独立开展科学研究和解决工程技术问题，能胜任市政工程领域科研、设计、教育和管理等方面的工作，并熟练掌握一门外语。

读书报告：
　　要求硕士研究生在学期间须做读书报告 4 次，其中至少公开在学科或学院的学术论坛做读书报告 1 次，累计完成 4 次计 2 学分。

开题报告：
　　在硕士阶段提交开题报告一篇，开题报告最迟应在入学后的一年内完成。

中期考核：
　　无。

预答辩：
　　预答辩具体要求由本学科自行制定。

毕业要求：
　　修完规定学分、成绩合格，完成各个培养环节，通过学位论文答辩，符合学校规定的其他毕业要求。

其他：
　　每年出席学科组织的学术讲座或论坛 10 次以上。

备注：
　　主要研究方向：01 给排水工程　02 市政结构分析与优化设计　03 城市环境工程与景观生态规划　04 市政工程检测技术与计算机仿真　05 市政基础工程　06 管道工程

平台课程

必修/选修	课程性质	课程编号	课程名称	学分	总学时	开课学期	备注
选修	公共学位课	0500006	研究生英语水平测试	1	0	夏、冬	
选修	公共学位课	0420002	自然辩证法概论	1	24	春、夏、秋、冬	2013 年及以后以 0500006、0500007 课程代替原 0500001

必修/选修	课程性质	课程编号	课程名称	学分	总学时	开课学期	备注
选修	公共学位课	0500007	研究生英语交流能力	1	32	春、夏、秋、冬	
选修	公共学位课	3320001	中国特色社会主义理论与实践研究	2	32	春、夏、秋、冬	
必修	公共选修课	0000999	公共素质类课程至少1门（具体课程详见清单，个人学习计划制定时勿以具体课程替代）	1	16	春、夏、秋、冬	0510001 课程

方向课程

必修/选修	课程性质	课程编号	课程名称	学分	总学时	开课学期	备注
选修	专业学位课	1222027	工程试验测试技术	3	48	秋冬	必选
选修	专业学位课	1221063	智能算法导论	2	32	秋	必选
选修	专业学位课	1222061	高等工程流体力学	2	32	秋	必选
选修	专业学位课	1222028	优化原理与方法	2	32	冬	必选
选修	专业学位课	1221277	雨水管理与利用	2	32	秋	必选
选修	专业选修课	1223294	水质监测分析技术	2	32	春	
选修	专业选修课	1221067	计算流体力学	2	32	秋	
选修	专业选修课	0000998	选修相关学科课程	0	0	春、夏、秋、冬	
选修	专业选修课	1223279	给排水管网系统理论与分析	2	32	冬	
选修	专业选修课	1221030	高等基础工程学	2	32	冬	
选修	专业选修课	1223316	饮用水深度处理技术	2	32	秋	

2016 级 081405 防灾减灾工程及防护工程博士培养方案

所属学院	建筑工程学院	学位类别	学术学位	学制	3.5
最低总学分	12	公共学位课最低学分		4	
专业课最低学分	3	专业学位课最低学分		2	

培养目标：
　　具有杰出创新能力，具有坚实、宽厚理论基础和系统深入的专业知识，能够独立开展科学研究和解决工程技术问题，能胜任防灾减灾工程及防护工程领域科研、设计、教育和管理等方面的工作，并熟练掌握一门外语。

读书报告：
　　要求博士研究生在学期间做读书报告 6 次，其中至少公开在学科或学院的学术论坛做读书报告 1～2 次，累计完成 6 次计 2 学分。

开题报告：
　　在博士阶段提交开题报告一篇，开题报告最迟应在入学后第一学年结束之前完成。

续　表

中期考核:
　　考核时间: 普通博士生在入学一年后进行考核, 硕博连读研究生在转博一年后进行考核。 符合考核条件的博士生每个年度均需参加考核, 具体考核在每年 9 月进行。
　　考核方式: 由博士生填写中期考核表, 对本人读博期间的研究工作做出总结, 并附科研成果。 由导师为主的指导小组根据博士生研究能力、学习能力、研究成果、工作态度等方面做出综合考核, 导师组考核结果为合格与不合格。

预答辩:
　　预答辩具体要求由本学科自行制定。

毕业要求:
　　修完规定学分、成绩合格, 完成各个培养环节, 通过学位论文答辩, 符合学校规定的其他毕业要求。

其他:
　　同等学力或跨学科专业的博士研究生, 一般应在导师指导下确定 2～3 门本学科的硕士生主干课程作为补修课程, 没有补修成绩或补修课程考试不合格者不得进入论文答辩。 补修课程不计入最低总学分。

备注:
　　主要研究方向: 01 工程地质灾害防治　02 岩土力学及工程应用　03 城镇综合防灾　04 工程防灾设计理论

平台课程

必修/选修	课程性质	课程编号	课程名称	学分	总学时	开课学期	备注
选修	公共学位课	3310001	中国马克思主义与当代	2	32	春、夏、秋、冬	
选修	公共学位课	0500006	研究生英语水平测试	1	0	夏、冬	
选修	公共学位课	0500007	研究生英语交流能力	1	32	春、夏、秋、冬	

方向课程

必修/选修	课程性质	课程编号	课程名称	学分	总学时	开课学期	备注
选修	专业学位课	1211119	工程防灾原理	2	32	春	
选修	专业学位课	1212081	弹性力学变分原理和有限元法	2	32	秋	
必修	专业选修课	1213139	专业外语 (建工)	1	16	秋	限选
选修	专业选修课	0000998	选修相关学科课程	0	0	春、夏、秋、冬	至少 3 学分

2016 级 081405 防灾减灾工程及防护工程直博培养方案

所属学院	建筑工程学院	学位类别	学术学位	学制	5
最低总学分	34	公共学位课最低学分		7	
专业课最低学分	19	专业学位课最低学分		12	

培养目标:
　　具有杰出创新能力, 具有坚实、宽厚理论基础和系统深入的专业知识, 能够独立开展科学研究和解决工程技术问题, 能胜任防灾减灾工程及防护工程领域科研、设计、教育和管理等方面的工作, 并熟练掌握一门外语。

读书报告：
要求直接攻博研究生在学期间做读书报告 10 次，其中至少公开在学科或学院的学术论坛做读书报告 4 次，累计完成 10 次计 4 学分。

开题报告：
在直接攻博阶段提交开题报告一篇，开题报告最迟应在入学后的一年半内完成。

中期考核：
考核时间：　直接攻博研究生在入学两年后进行考核，硕博连读研究生在转博一年后进行考核。 符合考核条件的博士生每个年度均需参加考核，具体考核在每年 9 月进行。 　　考核方式：　由博士生填写中期考核表，对本人读博期间的研究工作做出总结，并附科研成果。 由导师为主的指导小组根据博士生研究能力、学习能力、研究成果、工作态度等方面做出综合考核，导师组考核结果为合格与不合格。

预答辩：
预答辩具体要求由本学科自行制定。

毕业要求：
修完规定学分、成绩合格，完成各个培养环节，通过学位论文答辩，符合学校规定的其他毕业要求。

其他：
每年出席学科组织的学术讲座或论坛 10 次以上。

备注：
主要研究方向：　01 工程地质灾害防治　02 岩土力学及工程应用　03 城镇综合防灾　04 工程防灾设计理论

平台课程

必修/选修	课程性质	课程编号	课程名称	学分	总学时	开课学期	备注
选修	公共学位课	0500007	研究生英语交流能力	1	32	春、夏、秋、冬	
选修	公共学位课	0500006	研究生英语水平测试	1	0	夏、冬	
选修	公共学位课	3310001	中国马克思主义与当代	2	32	春、夏、秋、冬	
选修	公共学位课	0420002	自然辩证法概论	1	24	春、夏、秋、冬	
选修	公共学位课	3320001	中国特色社会主义理论与实践研究	2	32	春、夏、秋、冬	
必修	公共选修课	0000999	公共素质类课程至少 1 门（具体课程详见清单，个人学习计划制定时勿以具体课程替代）	1	16	春、夏、秋、冬	学分数根据具体课程确定，可多选

方向课程

必修/选修	课程性质	课程编号	课程名称	学分	总学时	开课学期	备注
选修	专业学位课	1222028	优化原理与方法	2	32	冬	
选修	专业学位课	1222027	工程试验测试技术	3	48	秋冬	
选修	专业学位课	1212081	弹性力学变分原理和有限元法	2	32	秋	

必修/选修	课程性质	课程编号	课程名称	学分	总学时	开课学期	备注
选修	专业学位课	1211119	工程防灾原理	2	32	春	
选修	专业学位课	1221203	防灾工程学导论	2	32	冬	
选修	专业学位课	1222026	工程弹塑性力学	2	32	春	
选修	专业学位课	1221068	工程地质灾害	2	32	秋	
选修	专业选修课	1223073	地下工程事故分析及处理	2	32	秋	
选修	专业选修课	1221030	高等基础工程学	2	32	冬	
选修	专业选修课	1223204	复杂介质数值分析方法	2	32	冬	
选修	专业选修课	1223034	高等岩石力学基础	2	32	冬	
选修	专业选修课	1221042	高等结构动力学	2	32	秋	
选修	专业选修课	1223033	地基处理技术	2	32	春	
必修	专业选修课	1213139	专业外语（建工）	1	16	秋	必选
选修	专业选修课	0000998	选修相关学科课程	0	0	春、夏、秋、冬	
选修	专业选修课	1221029	高等土力学	2	32	秋	
选修	专业选修课	1223051	新型建材研究技术	2	32	秋	
选修	专业选修课	1223282	边坡与基坑支护设计及实践	2	32	春	
选修	专业选修课	1223072	结构与基础工程减振技术	2	32	春	

2016 级 081405 防灾减灾工程及防护工程硕士培养方案

所属学院	建筑工程学院	学位类别	学术学位	学制	2.5
最低总学分	24	公共学位课最低学分		5	
专业课最低学分	15	专业学位课最低学分		10	

培养目标：
　　具有杰出创新能力，具有坚实、宽厚理论基础和系统深入的专业知识，能够独立开展科学研究和解决工程技术问题，能胜任防灾减灾工程及防护工程领域科研、设计、教育和管理等方面的工作，并熟练掌握一门外语。

读书报告：
　　要求硕士研究生在学期间须做读书报告 4 次，其中至少公开在学科或学院的学术论坛做读书报告 1 次，累计完成 4 次计 2 学分。

开题报告：
　　在硕士阶段提交开题报告一篇，开题报告最迟应在入学后的一年内完成。

中期考核：
　　无。

预答辩：
　　预答辩具体要求由本学科自行制定。

毕业要求：
　　修完规定学分、成绩合格，完成各个培养环节，通过学位论文答辩，符合学校规定的其他毕业要求。

备注：
　　主要研究方向：01 地下结构工程　02 工程地质灾害防治　03 工程结构鉴定与加固改造　04 地基处理　05 工程振动与振动控制　06 灾害预测、预警与应急系统　07 工程检测技术

平台课程

必修/选修	课程性质	课程编号	课程名称	学分	总学时	开课学期	备注
选修	公共学位课	0500006	研究生英语水平测试	1	0	夏、冬	
选修	公共学位课	0500007	研究生英语交流能力	1	32	春、夏、秋、冬	
选修	公共学位课	0420002	自然辩证法概论	1	24	春、夏、秋、冬	
选修	公共学位课	3320001	中国特色社会主义理论与实践研究	2	32	春、夏、秋、冬	
必修	公共选修课	0000999	公共素质类课程至少1门（具体课程详见清单，个人学习计划制定时勿以具体课程替代）	1	16	春、夏、秋、冬	学分数根据具体课程确定，可多选

方向课程

必修/选修	课程性质	课程编号	课程名称	学分	总学时	开课学期	备注
选修	专业学位课	1222027	工程试验测试技术	3	48	秋冬	
选修	专业学位课	1221203	防灾工程学导论	2	32	冬	
选修	专业学位课	1222026	工程弹塑性力学	2	32	春	
选修	专业学位课	1222028	优化原理与方法	2	32	冬	
选修	专业学位课	1221068	工程地质灾害	2	32	秋	
选修	专业选修课	1223073	地下工程事故分析及处理	2	32	秋	
选修	专业选修课	1221029	高等土力学	2	32	秋	
选修	专业选修课	1223051	新型建材研究技术	2	32	秋	
选修	专业选修课	1223204	复杂介质数值分析方法	2	32	冬	
选修	专业选修课	1223072	结构与基础工程减振技术	2	32	春	
选修	专业选修课	1223034	高等岩石力学基础	2	32	冬	
选修	专业选修课	1221030	高等基础工程学	2	32	冬	
选修	专业选修课	1223282	边坡与基坑支护设计及实践	2	32	春	
选修	专业选修课	1223033	地基处理技术	2	32	春	
选修	专业选修课	1221042	高等结构动力学	2	32	秋	

2016 级 081406 桥梁与隧道工程博士培养方案

所属学院	建筑工程学院	学位类别	学术学位	学制	3.5
最低总学分	12	公共学位课最低学分		4	
专业课最低学分	3	专业学位课最低学分		2	

培养目标：
　　具有杰出创新能力，具有坚实、宽厚理论基础和系统深入的专业知识，能够独立开展科学研究和解决工程技术问题，能胜任桥梁与隧道工程领域科研、设计、教育和管理等方面的工作，并熟练掌握一门外语。

读书报告：
　　要求博士研究生在学期间做读书报告 6 次，其中至少公开在学科或学院的学术论坛做读书报告 1～2 次，累计完成 6 次计 2 学分。

开题报告：
　　在博士阶段提交开题报告一篇，开题报告最迟应在入学后第一学年结束之前完成。

中期考核：
　　考核时间：普通博士生在入学一年后进行考核，硕博连读研究生在转博一年后进行考核。符合考核条件的博士生每个年度均需参加考核，具体考核在每年 9 月进行。
　　考核方式：由博士生填写中期考核表，对本人读博期间的研究工作做出总结，并附科研成果。由导师为主的指导小组根据博士生研究能力、学习能力、研究成果、工作态度等方面做出综合考核，导师组考核结果为合格与不合格。

预答辩：
　　预答辩具体要求由本学科自行制定。

毕业要求：
　　修完规定学分、成绩合格，完成各个培养环节，通过学位论文答辩，符合学校规定的其他毕业要求。

其他：
　　每年出席学科组织的学术讲座或论坛 10 次以上。同等学力或跨学科专业的博士研究生，一般应在导师指导下确定 2～3 门本学科的硕士生主干课程作为补修课程，没有补修成绩或补修课程考试不合格者不得进入论文答辩。补修课程不计入最低总学分。

备注：
　　主要研究方向：01 桥梁全寿命的设计理论、监测、诊断与控制，风险评估　02 桥梁的新结构、新理论、新材料、新技术研究　03 桥梁检测评价与加固、优化决策研究　04 桥梁的抗震、抗风研究　05 桥梁结构的耐久性、极限承载力及使用寿命预测　06 组合桥梁的力学性能和设计理论　07 桥梁美学与古桥的保护

平台课程

必修/选修	课程性质	课程编号	课程名称	学分	总学时	开课学期	备注
选修	公共学位课	0500007	研究生英语交流能力	1	32	春、夏、秋、冬	
选修	公共学位课	3310001	中国马克思主义与当代	2	32	春、夏、秋、冬	
选修	公共学位课	0500006	研究生英语水平测试	1	0	夏、冬	

方向课程

必修/选修	课程性质	课程编号	课程名称	学分	总学时	开课学期	备注
选修	专业学位课	1211206	大跨缆索结构桥	2	32	夏	
选修	专业学位课	1212081	弹性力学变分原理和有限元法	2	32	秋	

必修/选修	课程性质	课程编号	课程名称	学分	总学时	开课学期	备注
选修	专业学位课	1211209	桥梁的振动与稳定	2	32	春	
选修	专业学位课	1211050	非线性有限元理论和程序	2	32	夏	
选修	专业选修课	1211058	结构风工程	2	32	春	
必修	专业选修课	1213139	专业外语（建工）	1	16	秋	必选
选修	专业选修课	1213287	桥梁结构健康监测与控制	2	32	夏	
选修	专业选修课	1213210	桥梁结构抗震设计	2	32	春	
选修	专业选修课	1213253	向量式结构与固体力学	2	32	夏	
选修	专业选修课	1213286	桥梁结构概念设计	2	32	春	

2016 级 081406 桥梁与隧道工程直博培养方案

所属学院	建筑工程学院	学位类别	学术学位	学制	5
最低总学分	34	公共学位课最低学分		7	
专业课最低学分	19	专业学位课最低学分		12	

培养目标：
　　具有杰出创新能力，具有坚实、宽厚理论基础和系统深入的专业知识，能够独立开展科学研究和解决工程技术问题，能胜任桥梁与隧道工程领域科研、设计、教育和管理等方面的工作，并熟练掌握一门外语。

读书报告：
　　要求直接攻博研究生在学期间做读书报告 10 次，其中至少公开在学科或学院的学术论坛做读书报告 4 次，累计完成 10 次计 4 学分。

开题报告：
　　在直接攻博阶段提交开题报告一篇，开题报告最迟应在入学后的一年半内完成。

中期考核：
　　考核时间：直接攻博研究生在入学两年后进行考核，硕博连读研究生在转博一年后进行考核。符合考核条件的博士生每个年度均需参加考核，具体考核在每年 9 月进行。
　　考核方式：由博士生填写中期考核表，对本人读博期间的研究工作做出总结，并附科研成果。由导师为主的指导小组根据博士生研究能力、学习能力、研究成果、工作态度等方面做出综合考核，导师组考核结果为合格与不合格。

预答辩：
　　预答辩具体要求由本学科自行制定。

毕业要求：
　　修完规定学分、成绩合格，完成各个培养环节，通过学位论文答辩，符合学校规定的其他毕业要求。

其他：
　　每年出席学科组织的学术讲座或论坛 10 次以上。

备注：
　　主要研究方向：01 桥梁全寿命的设计理论、监测、诊断与控制，风险评估　02 桥梁的新结构、新理论、新材料、新技术研究　03 桥梁检测评价与加固、优化决策研究　04 桥梁的抗震、抗风研究　05 桥梁结构的耐久性、极限承载力及使用寿命预测　06 组合桥梁桥的力学性能和设计理论　07 桥梁美学与古桥的保护

平台课程						
必修/选修	课程性质	课程编号	课程名称	学分	总学时	开课学期	备注
选修	公共学位课	0500006	研究生英语水平测试	1	0	夏、冬	
选修	公共学位课	3320001	中国特色社会主义理论与实践研究	2	32	春、夏、秋、冬	
选修	公共学位课	0420002	自然辩证法概论	1	24	春、夏、秋、冬	
选修	公共学位课	0500007	研究生英语交流能力	1	32	春、夏、秋、冬	
选修	公共学位课	3310001	中国马克思主义与当代	2	32	春、夏、秋、冬	
必修	公共选修课	0000999	公共素质类课程至少 1 门（具体课程详见清单，个人学习计划制定时勿以具体课程替代）	1	16	春、夏、秋、冬	学分数根据具体课程确定，可多选

方向课程						
必修/选修	课程性质	课程编号	课程名称	学分	总学时	开课学期	备注
选修	专业学位课	1211209	桥梁的振动与稳定	2	32	春	
选修	专业学位课	1222026	工程弹塑性力学	2	32	春	
选修	专业学位课	1211206	大跨缆索结构桥	2	32	夏	
选修	专业学位课	1221059	桥梁高等设计理论	2	32	秋	
选修	专业学位课	1222028	优化原理与方法	2	32	冬	
选修	专业学位课	1221226	桥隧工程试验与测试技术	2	32	秋	
选修	专业学位课	1221075	结构分析的有限元法	2	32	冬	
选修	专业学位课	1212081	弹性力学变分原理和有限元法	2	32	秋	
选修	专业学位课	1211050	非线性有限元理论和程序	2	32	夏	
选修	专业选修课	1221076	桥隧工程专题	2	32	春	
选修	专业选修课	1211058	结构风工程	2	32	春	
选修	专业选修课	1213286	桥梁结构概念设计	2	32	春	
选修	专业选修课	1213210	桥梁结构抗震设计	2	32	春	
选修	专业选修课	1223319	桥梁空气动力学	2	32	秋	
选修	专业选修课	1213253	向量式结构与固体力学	2	32	夏	
选修	专业选修课	1223077	预应力混凝土设计理论	2	32	春	
选修	专业选修课	1223213	工程软件开发原理与应用	2	32	冬	
选修	专业选修课	1221048	结构可靠度理论及其应用	2	32	秋	
选修	专业选修课	1223207	钢与钢混组合结构桥	1	16	冬	
必修	专业选修课	1213139	专业外语（建工）	1	16	秋	必选
选修	专业选修课	1223083	地铁与轻轨	2	32	春	
选修	专业选修课	1213287	桥梁结构健康监测与控制	2	32	夏	

2016 级 081406 桥梁与隧道工程硕士培养方案

所属学院	建筑工程学院	学位类别	学术学位	学制	2.5
最低总学分	24	公共学位课最低学分		5	
专业课最低学分	15	专业学位课最低学分		10	

培养目标：
　　具有杰出创新能力，具有坚实、宽厚理论基础和系统深入的专业知识，能够独立开展科学研究和解决工程技术问题，能胜任桥梁与隧道工程领域科研、设计、教育和管理等方面的工作，并熟练掌握门外语。

读书报告：
　　要求硕士研究生在学期间须做读书报告 4 次，其中至少公开在学科或学院的学术论坛做读书报告 1 次，累计完成 4 次计 2 学分。

开题报告：
　　在硕士阶段提交开题报告一篇，开题报告最迟应在入学后的一年内完成。

中期考核：
　　无。

预答辩：
　　预答辩具体要求由本学科自行制定。

毕业要求：
　　修完规定学分、成绩合格，完成各个培养环节，通过学位论文答辩，符合学校规定的其他毕业要求。

备注：
　　主要研究方向：01 大跨度及复杂桥梁的分析理论、施工控制、健康监测及诊断评估　02 桥梁的新结构、新理论、新材料、新技术研究　03 桥梁的抗震、抗风研究　04 桥梁结构的耐久性、极限承载力及使用寿命预测　05 组合桥梁桥的力学性能和设计理论　06 桥梁美学

平台课程

必修/选修	课程性质	课程编号	课程名称	学分	总学时	开课学期	备注
选修	公共学位课	0500007	研究生英语交流能力	1	32	春、夏、秋、冬	
选修	公共学位课	3320001	中国特色社会主义理论与实践研究	2	32	春、夏、秋、冬	
选修	公共学位课	0500006	研究生英语水平测试	1	0	夏、冬	
选修	公共学位课	0420002	自然辩证法概论	1	24	春、夏、秋、冬	
必修	公共选修课	0000999	公共素质类课程至少1门（具体课程详见清单，个人学习计划制定时勿以具体课程替代）	1	16	春、夏、秋、冬	学分数根据具体课程确定，可多选

方向课程

必修/选修	课程性质	课程编号	课程名称	学分	总学时	开课学期	备注
选修	专业学位课	1222026	工程弹塑性力学	2	32	春	
选修	专业学位课	1221059	桥梁高等设计理论	2	32	秋	
选修	专业学位课	1221075	结构分析的有限元法	2	32	冬	

必修/选修	课程性质	课程编号	课程名称	学分	总学时	开课学期	备注
选修	专业学位课	1221226	桥隧工程试验与测试技术	2	32	秋	
选修	专业学位课	1222028	优化原理与方法	2	32	冬	
选修	专业选修课	1221048	结构可靠度理论及其应用	2	32	秋	
选修	专业选修课	1223207	钢与钢混组合结构桥	1	16	冬	
选修	专业选修课	1213210	桥梁结构抗震设计	2	32	春	
选修	专业选修课	1212081	弹性力学变分原理和有限元法	2	32	秋	
选修	专业选修课	1211206	大跨缆索结构桥	2	32	夏	
选修	专业选修课	1221076	桥隧工程专题	2	32	春	
选修	专业选修课	1213253	向量式结构与固体力学	2	32	夏	
选修	专业选修课	1211209	桥梁的振动与稳定	2	32	春	
选修	专业选修课	1223319	桥梁空气动力学	2	32	秋	
选修	专业选修课	1223213	工程软件开发原理与应用	2	32	冬	
选修	专业选修课	1223211	桥梁加固方法与设计	1	16	夏	
选修	专业选修课	1223083	地铁与轻轨	2	32	春	
选修	专业选修课	1223077	预应力混凝土设计理论	2	32	春	

2016 级 081500 水利工程博士培养方案

所属学院	建筑工程学院	学位类别	学术学位	学制	3.5
最低总学分	12	公共学位课最低学分		4	
专业课最低学分	3	专业学位课最低学分		2	

培养目标：
　　培养水利工程研究领域具有扎实的理论和专业知识基础、具备国际视野和研究前沿洞察力以及创新研发能力的综合型和工程应用型高级研究人才。

读书报告：
　　要求博士研究生在学期间做读书报告 6 次，其中至少公开在学科或学院的学术论坛做读书报告 1～2 次，累计完成 6 次计 2 学分。

开题报告：
　　在博士阶段提交开题报告一篇，开题报告最迟应在入学后第一学年结束之前完成。

中期考核：
　　考核时间：普通博士生在入学一年后进行考核，硕博连读研究生在转博一年后进行考核。符合考核条件的博士生每个年度均需参加考核，具体考核在每年 9 月进行。
　　考核方式：由博士生填写中期考核表，对本人读博期间的研究工作做出总结，并附科研成果。由导师为主的指导小组根据博士生研究能力、学习能力、研究成果、工作态度等方面做出综合考核，导师组考核结果为合格与不合格。

预答辩：
预答辩具体要求由本学科自行制定。

毕业要求：
修完规定学分、成绩合格，完成各个培养环节，通过学位论文答辩，符合学校规定的其他毕业要求。

其他：
同等学力或跨学科专业的博士研究生，一般应在导师指导下确定 2～3 门本学科的硕士生主干课程作为补修课程，没有补修成绩或补修课程考试不合格者不得进入论文答辩。　补修课程不计入最低总学分。

备注：
主要研究方向：01 水工结构仿真分析　02 水工结构病害识别与安全评估　03 水利系统分析与优化　04 河流动力学　05 水沙灾害预测及防治　06 水资源信息工程与水环境　07 水工地震工程　08 河口海岸动力环境及数值模拟　09 泥沙理论及港口航道治理　10 变化环境对水文水资源的影响　11 山洪灾害预报与治理　12 分布式水文模型研究　13 水资源综合管理　14 生态水文学　15 地下水水文与水资源 　　课程提示：3 门专业学位方向课中，至少修读其中 2 门。　专业选修课中至少修 5 学分，不含专业外语。

平台课程

必修/选修	课程性质	课程编号	课程名称	学分	总学时	开课学期	备注
选修	公共学位课	0500007	研究生英语交流能力	1	32	春、夏、秋、冬	
选修	公共学位课	3310001	中国马克思主义与当代	2	32	春、夏、秋、冬	
选修	公共学位课	0500006	研究生英语水平测试	1	0	夏、冬	

方向课程

必修/选修	课程性质	课程编号	课程名称	学分	总学时	开课学期	备注
选修	专业学位课	1212081	弹性力学变分原理和有限元法	2	32	秋	方向课
选修	专业学位课	1211291	高等水文学	2	32	冬	方向课
选修	专业学位课	1211121	固液二相流理论	2	32	冬	方向课
必修	专业选修课	1213139	专业外语（建工）	1	16	秋	
选修	专业选修课	1221067	计算流体力学	2	32	秋	
选修	专业选修课	0000998	选修相关学科课程	0	0	春、夏、秋、冬	
选修	专业选修课	1213122	结构非线性仿真分析	2	32	秋	
选修	专业选修课	1213293	水利工程系统分析	2	32	秋	

2016 级 081500 水利工程直博培养方案

所属学院	建筑工程学院	学位类别	学术学位	学制	5
最低总学分	34	公共学位课最低学分		7	
专业课最低学分	19	专业学位课最低学分		12	

培养目标：
培养水利工程研究领域具有扎实的理论和专业知识基础、具备国际视野和研究前沿洞察力以及创新研发能力的综合型和工程应用型高级研究人才。

读书报告：
要求直接攻博研究生在学期间做读书报告 10 次，其中至少公开在学科或学院的学术论坛做读书报告 4 次，累计完成 10 次计 4 学分。

开题报告：
在直接攻博阶段提交开题报告一篇，开题报告最迟应在入学后的一年半内完成。

中期考核：
考核时间：　直接攻博研究生在入学两年后进行考核，硕博连读研究生在转博一年后进行考核。 符合考核条件的博士生每个年度均需参加考核，具体考核在每年 9 月进行。 　　考核方式：　由博士生填写中期考核表，对本人读博期间的研究工作做出总结，并附科研成果。 由导师为主的指导小组根据博士生研究能力、学习能力、研究成果、工作态度等方面做出综合考核，导师组考核结果为合格与不合格。

预答辩：
预答辩具体要求由本学科自行制定。

备注：
主要研究方向：　01 水工结构仿真分析　02 水工结构病害识别与安全评估　03 水利系统分析与优化　04 河流动力学　05 水沙灾害预测及防治　06 水资源信息工程与水环境　07 水工地震工程　08 河口海岸动力环境及数值模拟　09 泥沙理论及港口航道治理　10 变化环境对水文水资源的影响　11 山洪灾害预报与治理　12 分布式水文模型研究　13 水资源综合管理　14 生态水文学　15 地下水水文与水资源 　　课程提示：　专业学位课 01 方向中，至少修读其中 2 门；02 方向中，至少修读其中 3 门。 专业选修课中至少修读 15 学分。

平台课程

必修/选修	课程性质	课程编号	课程名称	学分	总学时	开课学期	备注
选修	公共学位课	0500007	研究生英语交流能力	1	32	春、夏、秋、冬	
选修	公共学位课	0500006	研究生英语水平测试	1	0	夏、冬	
选修	公共学位课	3310001	中国马克思主义与当代	2	32	春、夏、秋、冬	
选修	公共学位课	3320001	中国特色社会主义理论与实践研究	2	32	春、夏、秋、冬	
选修	公共学位课	0420002	自然辩证法概论	1	24	春、夏、秋、冬	
必修	公共选修课	0000999	公共素质类课程至少 1 门（具体课程详见清单，个人学习计划制定时勿以具体课程替代）	1	16	春、夏、秋、冬	

方向课程

必修/选修	课程性质	课程编号	课程名称	学分	总学时	开课学期	备注
选修	专业学位课	1221112	水资源学进展	2	32	冬	02 方向
选修	专业学位课	0000997	根据研究需要确定学位课程	0	0	春、夏、秋、冬	至少 2 学分
选修	专业学位课	1212081	弹性力学变分原理和有限元法	2	32	秋	02 方向
选修	专业学位课	1211121	固液二相流理论	2	32	冬	02 方向

必修/选修	课程性质	课程编号	课程名称	学分	总学时	开课学期	备注
选修	专业学位课	1222026	工程弹塑性力学	2	32	春	01 方向
选修	专业学位课	1222028	优化原理与方法	2	32	冬	01 方向
选修	专业学位课	1211291	高等水文学	2	32	冬	01 方向
选修	专业学位课	1221106	高等水工结构分析	2	32	春	02 方向
选修	专业学位课	1222061	高等工程流体力学	2	32	秋	01 方向
选修	专业学位课	1221067	计算流体力学	2	32	秋	02 方向
选修	专业选修课	1223094	海岸数值计算与应用	2	32	秋	
选修	专业选修课	1213292	水环境与生态工程	2	32	秋	
选修	专业选修课	1221216	地表水文过程与地貌演变	2	32	春	
选修	专业选修课	0000998	选修相关学科课程	0	0	春、夏、秋、冬	
选修	专业选修课	1213122	结构非线性仿真分析	2	32	秋	
选修	专业选修课	1221111	高等河流动力学	2	32	冬	
选修	专业选修课	1223095	河口学	2	32	春	
必修	专业选修课	1213139	专业外语（建工）	1	16	秋	
选修	专业选修课	1223093	海岸环境学	2	32	无	
选修	专业选修课	1221049	高等工程抗震	2	32	春	
选修	专业选修课	1221029	高等土力学	2	32	秋	
选修	专业选修课	1222027	工程试验测试技术	3	48	秋冬	
选修	专业选修课	1213293	水利工程系统分析	2	32	秋	

2016 级 085214 水利工程硕士培养方案

所属学院	建筑工程学院	学位类别	专业学位	学制	2.5
最低总学分	24	公共学位课最低学分		5	
专业课最低学分	15	专业学位课最低学分		10	

培养目标：

水利工程工程硕士是与水利工程各领域任职资格相联系的专业学位，主要为水文学及水资源、水力学及河流动力学、水工结构工程、水利水电工程、港口海岸及近海工程领域培养具有综合职业技能和应用型、复合型知识结构的高层次人才。 具体要求为：

（一）应掌握中国特色社会主义理论；拥护党的基本路线、方针、政策；热爱祖国、遵纪守法，品德良好，艰苦奋斗，求是创新，积极为我国水利事业的建设与发展服务。

（二）应较好地掌握水利工程领域坚实的基础理论、系统的专业知识，以及相关的管理、人文和社会科学知识；具有较宽广的知识面，较强的专业技能，具有创新意识，能够独立从事较高层次的工程技术开发和设计工作。

（三）熟练掌握一门外语，能够阅读本领域的外文资料。

读书报告：
要求硕士研究生在学期间须做读书报告 4 次，其中至少公开在学科或学院的学术论坛做读书报告 1 次，累计完成 4 次计 2 学分。

开题报告：
在硕士阶段提交开题报告一篇，开题报告最迟应在入学后的一年内完成。

中期考核：
无。

预答辩：
预答辩具体要求由本学科自行制定。

毕业要求：
修完规定学分、成绩合格，完成各个培养环节，通过学位论文答辩，符合学校规定的其他毕业要求。

其他：
工程实践要求：结合研究课题在相关方向领域参加不少于 12 个月的训练和实践研究，采用集中实践与分段实践相结合的方式，结束后撰写实践报告，并由实践单位签署意见，由导师按百分制计分，作为"工程实践"课程成绩。

备注：
主要研究方向：01 水文学及水资源　02 水力学及河流动力学　03 水工结构工程　04 水利水电工程　05 港口海岸及近海工程
课程提示：专业学位课"地下水动力学"与"生态水文学"为二选一课程。

平台课程

必修/选修	课程性质	课程编号	课程名称	学分	总学时	开课学期	备注
选修	公共学位课	3320001	中国特色社会主义理论与实践研究	2	32	春、夏、秋、冬	
选修	公共学位课	0500007	研究生英语交流能力	1	32	春、夏、秋、冬	
选修	公共学位课	0500006	研究生英语水平测试	1	0	夏、冬	
选修	公共学位课	0420002	自然辩证法概论	1	24	春、夏、秋、冬	
必修	公共选修课	0000999	公共素质类课程至少 1 门（具体课程详见清单，个人学习计划制定时勿以具体课程替代）	1	16	春、夏、秋、冬	必选

方向课程

必修/选修	课程性质	课程编号	课程名称	学分	总学时	开课学期	备注
选修	专业学位课	0000997	根据研究需要确定学位课程	0	0	春、夏、秋、冬	02、03、04、05 方向，至少 2 学分
选修	专业学位课	1221218	综合水资源管理	2	32	春	01 方向
选修	专业学位课	1221216	地表水文过程与地貌演变	2	32	春	01 方向
选修	专业学位课	1221106	高等水工结构分析	2	32	春	03、04 方向
选修	专业学位课	1222061	高等工程流体力学	2	32	秋	02、04、05 方向

必修/选修	课程性质	课程编号	课程名称	学分	总学时	开课学期	备注
选修	专业学位课	1221297	生态水文学	2	32	秋	01 方向，二选一
选修	专业学位课	1221067	计算流体力学	2	32	秋	02、05 方向
选修	专业学位课	1221092	动力沉积学	2	32	无	05 方向
选修	专业学位课	1221112	水资源学进展	2	32	冬	01 方向
选修	专业学位课	1221314	工程实践	2	128	春夏、秋冬	01、02、03、04、05 方向
选修	专业学位课	1221296	地下水动力学	2	32	秋	01 方向，二选一
选修	专业学位课	1222026	工程弹塑性力学	2	32	春	03 方向
选修	专业学位课	1222028	优化原理与方法	2	32	冬	02、03、04 方向
选修	专业选修课	1223257	光学遥感原理及应用	2	32	夏	
选修	专业选修课	1223093	海岸环境学	2	32	无	
选修	专业选修课	1223298	水信息与系统工程	2	32	夏	
选修	专业选修课	3424004	边坡工程学	2	32	冬	
选修	专业选修课	1223095	河口学	2	32	春	
选修	专业选修课	1221049	高等工程抗震	2	32	春	
选修	专业选修课	1221111	高等河流动力学	2	32	冬	
选修	专业选修课	0000998	选修相关学科课程	0	0	春、夏、秋、冬	
选修	专业选修课	1221029	高等土力学	2	32	秋	
选修	专业选修课	1223094	海岸数值计算与应用	2	32	秋	
选修	专业选修课	1221089	地理信息系统	2	32	秋	
选修	专业选修课	1223114	水资源与水环境	2	32	春	
选修	专业选修课	1222027	工程试验测试技术	3	48	秋冬	

2016 级 081300 建筑学博士培养方案

所属学院	建筑工程学院	学位类别		学术学位	学制	3.5
最低总学分	12	公共学位课最低学分			4	
专业课最低学分	3	专业学位课最低学分			2	

培养目标：
　　把培养具有远大抱负和国际视野，知识、能力、素质协调发展，具有求是创新精神的高层次优秀人才放在突出的位置。面向社会、面向世界、面向未来，遵循科学、求是、创新的精神，培养热爱建筑事业、关怀人类生存环境与社会整体利益，具备扎实的理论知识和基本技能，注重实践和创新的综合素质与竞争力，具有良好职业道德与团队意识的高级建筑人才。

读书报告：
　　要求博士研究生在学期间做读书报告 6 次，其中至少公开在学科或学院的学术论坛做读书报告 1～2 次，累计完成 6 次计 2 学分。

开题报告:

　　在博士阶段提交开题报告一篇,开题报告最迟应在入学后两年内完成。

中期考核:

　　考核时间:　普通博士生在入学一年后进行考核,硕博连读研究生在转博一年后进行考核。　符合考核条件的博士生每个年度均需参加考核,具体考核在每年9月进行。

　　考核方式:　由博士生填写中期考核表,对本人读博期间的研究工作做出总结,并附科研成果。　由导师为主的指导小组根据博士生研究能力、学习能力、研究成果、工作态度等方面做出综合考核,导师组考核结果为合格与不合格。

预答辩:

　　预答辩具体要求由本学科自行制定。

毕业要求:

　　修完规定学分、成绩合格,完成各个培养环节,通过学位论文答辩,符合学校规定的其他毕业要求。

其他:

　　同等学力或跨学科的博士生,一般应在导师指导下确定2～3门本学科的硕士生主干课程作为补修课程,没有补修成绩或补修课程考试不合格者不得进入论文答辩。　补修成绩不计入最低总学分。

备注:

　　主要研究方向:　01 人居环境与绿色建筑　02 城市设计理论与方法　03 绿色建筑设计理论与方法　04 中国近现代建筑文化　05 绿色建筑与节能技术

平台课程

必修/选修	课程性质	课程编号	课程名称	学分	总学时	开课学期	备注
选修	公共学位课	0500007	研究生英语交流能力	1	32	春、夏、秋、冬	
选修	公共学位课	0500006	研究生英语水平测试	1	0	夏、冬	
选修	公共学位课	3310001	中国马克思主义与当代	2	32	春、夏、秋、冬	

方向课程

必修/选修	课程性质	课程编号	课程名称	学分	总学时	开课学期	备注
选修	专业学位课	1213123	人居环境研究前沿与方法	2	32	秋	01、02、03、04 方向(05方向选修)
选修	专业学位课	1211322	城市形态	2	32	冬	01、02、03、04 方向(05方向选修)
选修	专业学位课	1213125	现代建筑技术科学导引	2	32	春	05方向(01、02、03、04方向选修)
选修	专业选修课	0000998	选修相关学科课程	0	0	春、夏、秋、冬	跨专业选修一门
选修	专业选修课	1211124	城市环境与建筑形态设计	2	32	春	
必修	专业选修课	1213139	专业外语(建工)	1	16	秋	必选

2016 级 081300 建筑学直博培养方案

所属学院	建筑工程学院	学位类别	学术学位	学制	5
最低总学分	34	公共学位课最低学分		7	
专业课最低学分	19	专业学位课最低学分		12	

培养目标：
　　把培养具有远大抱负和国际视野，知识、能力、素质协调发展，具有求是创新精神的高层次优秀人才放在突出的位置。 面向社会、面向世界、面向未来，遵循科学、求是、创新的精神，培养热爱建筑事业、关怀人类生存环境与社会整体利益，具备扎实的理论知识和基本技能，注重实践和创新的综合素质与竞争力，具有良好职业道德与团队意识的高级建筑人才。

读书报告：
　　要求直接攻博研究生在学期间做读书报告 10 次，其中至少公开在学科或学院的学术论坛做读书报告 4 次，累计完成 10 次计 4 学分。

开题报告：
　　在直接攻博阶段提交开题报告一篇，开题报告最迟应在入学后两年内完成。

中期考核：
　　考核时间： 直接攻博研究生在入学两年后进行考核，硕博连读研究生在转博一年后进行考核。 符合考核条件的博士生每个年度均需参加考核，具体考核在每年 9 月进行。
　　考核方式： 由博士生填写中期考核表，对本人读博期间的研究工作做出总结，并附科研成果。 由导师为主的指导小组根据博士生研究能力、学习能力、研究成果、工作态度等方面做出综合考核，导师组考核结果为合格与不合格。

预答辩：
　　预答辩具体要求由本学科自行制定。

毕业要求：
　　修完规定学分、成绩合格，完成各个培养环节，通过学位论文答辩，符合学校规定的其他毕业要求。

其他：
　　同等学力或跨学科的直博生，一般应在导师指导下确定至少 3 门建筑学本科的专业主干课程作为补修课程，没有补修成绩或补修课程考试不合格者不得进入论文答辩。 补修成绩不计入最低总学分。

备注：
　　主要研究方向： 01 人居环境与绿色建筑　02 城市设计理论与方法　03 绿色建筑设计理论与方法　04 中国近现代建筑文化　05 绿色建筑与节能技术
　　重点提示： 每年出席学科组织的学术讲座或论坛 10 次以上。

平台课程

必修/选修	课程性质	课程编号	课程名称	学分	总学时	开课学期	备注
选修	公共学位课	3320001	中国特色社会主义理论与实践研究	2	32	春、夏、秋、冬	
选修	公共学位课	0500006	研究生英语水平测试	1	0	夏、冬	
选修	公共学位课	0500007	研究生英语交流能力	1	32	春、夏、秋、冬	
选修	公共学位课	3310001	中国马克思主义与当代	2	32	春、夏、秋、冬	
选修	公共学位课	0420002	自然辩证法概论	1	24	春、夏、秋、冬	

必修/选修	课程性质	课程编号	课程名称	学分	总学时	开课学期	备注
必修	公共选修课	0000999	公共素质类课程至少1门（具体课程详见清单，个人学习计划制定时勿以具体课程替代）	1	16	春、夏、秋、冬	

方向课程

必修/选修	课程性质	课程编号	课程名称	学分	总学时	开课学期	备注
选修	专业学位课	1221126	建筑环境物理学	2	32	秋	05 方向
选修	专业学位课	1221127	建筑物理实验	2	32	冬	05 方向
选修	专业学位课	1213125	现代建筑技术科学导引	2	32	春	05 方向（01、02、03、04 方向选修）
选修	专业学位课	1213123	人居环境研究前沿与方法	2	32	秋	01、02、03、04 方向（05 方向选修）
选修	专业学位课	1211322	城市形态	2	32	冬	01、02、03、04 方向（05 方向选修）
选修	专业学位课	1222002	现代建筑评论	2	32	冬	01、02、03、04 方向
选修	专业学位课	1221003	绿色建筑导引	2	32	秋	01、02、03、04、05 方向
选修	专业学位课	1221212	建筑技术概论	2	32	春	05 方向（01、02、03、04 方向选修）
选修	专业学位课	1221004	建筑设计（一）	2	32	秋	01、02、03、04 方向
选修	专业学位课	1222001	现代建筑引论	2	32	秋	01、02、03、04、05 方向
选修	专业学位课	1221328	城市设计原理与实践	2	32	冬	02 方向（01、03、04、05 方向选修）
选修	专业选修课	1223131	音质设计与噪声控制	2	32	春	
选修	专业选修课	1223264	室内环境装饰设计	2	32	夏	
选修	专业选修课	0000998	选修相关学科课程	0	0	春、夏、秋、冬	跨专业选修一门
选修	专业选修课	1213139	专业外语（建工）	1	16	秋	必选
选修	专业选修课	1223011	城市与住区更新	2	32	冬	

必修/选修	课程性质	课程编号	课程名称	学分	总学时	开课学期	备注
选修	专业选修课	1223324	建筑及区域能源概论	2	32	夏	
选修	专业选修课	1223130	声学原理	2	32	夏	
选修	专业选修课	1223132	建筑热工学	2	32	夏	
选修	专业选修课	1211124	城市环境与建筑形态设计	2	32	春	
选修	专业选修课	1223134	智能化建筑概论	2	32	春	
选修	专业选修课	1223263	室内装饰评论	2	32	春	

2016 级 085100 建筑学硕士培养方案

所属学院	建筑工程学院	学位类别	专业学位	学制	2.5
最低总学分	24	公共学位课最低学分		5	
专业课最低学分	15	专业学位课最低学分		10	

培养目标：
　　1. "建筑学硕士"专业学位获得者应掌握中国特色社会主义理论，拥护党的基本路线、方针、政策，热爱祖国、遵纪守法，品德良好，有求是创新的精神，能积极为我国的建筑设计事业服务，原则上必须具有"建筑学学士学位"或建筑学 5 年制本科专业毕业并获得相应的学士学位。
　　2. "建筑学硕士"专业学位获得者应掌握建筑学领域坚实的基础理论、系统的专业知识以及相关的管理、人文和社会科学知识，特别是在建筑设计的职业素养方面应具有宽广的知识面，扎实的专业技能，创新意识强，能够独立从事较高层次的建筑设计创作。

读书报告：
　　要求硕士研究生在学期间须做读书报告 4 次，其中至少公开在学科或学院的学术论坛做读书报告 1 次，累计完成 4 次计 2 学分。

开题报告：
　　在硕士阶段学制结束前一年必须完成学位论文的开题事宜，并提交开题报告一篇。

中期考核：
　　无。

预答辩：
　　预答辩具体要求由本学科自行制定。

毕业要求：
　　修完规定学分、成绩合格，完成各个培养环节，通过学位论文答辩，符合学校规定的其他毕业要求。

其他：
　　非建筑学本科专业的毕业生学制为 3 年，在学位论文开题前必须完成研究生课程，同时通过补修的方式完成一定学分的建筑学本科专业基础课和专业课，补修学分不得少于 10 学分。

备注：
　　主要研究方向：01 建筑设计及其理论　02 建筑历史与理论　03 建筑技术科学　04 城市规划与设计
　　工程实践要求：结合研究课题，在建筑设计相关业务机构参加不少于 12 个月的工程实践，采用集中与分段实践相结合的方式，结束后撰写实践报告，并由实践单位签署意见，由导师按百分制计分，作为"工程实践"课程成绩。

平台课程

必修/选修	课程性质	课程编号	课程名称	学分	总学时	开课学期	备注
选修	公共学位课	3320001	中国特色社会主义理论与实践研究	2	32	春、夏、秋、冬	
选修	公共学位课	0500006	研究生英语水平测试	1	0	夏、冬	
选修	公共学位课	0500007	研究生英语交流能力	1	32	春、夏、秋、冬	
选修	公共学位课	0420002	自然辩证法概论	1	24	春、夏、秋、冬	
必修	公共选修课	0000999	公共素质类课程至少1门（具体课程详见清单，个人学习计划制定时勿以具体课程替代）	1	16	春、夏、秋、冬	必选

方向课程

必修/选修	课程性质	课程编号	课程名称	学分	总学时	开课学期	备注
选修	专业学位课	1221127	建筑物理实验	2	32	冬	03方向
选修	专业学位课	1221022	中国古代木构技术与现代木构	2	32	秋	02方向（01、04方向选修）
选修	专业学位课	1221328	城市设计原理与实践	2	32	冬	01、02、03、04方向
选修	专业学位课	1221212	建筑技术概论	2	32	春	03方向（01、02、04方向选修）
选修	专业学位课	1221003	绿色建筑导引	2	32	秋	01、02、03、04方向
选修	专业学位课	1222002	现代建筑评论	2	32	冬	01方向（02、03、04方向选修）
选修	专业学位课	1221004	建筑设计（一）	2	32	秋	01方向
选修	专业学位课	1221005	建筑设计（二）	2	32	冬	01方向
选修	专业学位课	1221012	城市规划理论与方法	2	32	秋	04方向（01、02、03方向选修）
选修	专业学位课	1221024	历史及地域环境下的建筑设计（一）	2	32	冬	02方向
选修	专业学位课	1221013	城市规划评论	2	32	冬	04方向（01、02、03方向选修）

必修/选修	课程性质	课程编号	课程名称	学分	总学时	开课学期	备注
选修	专业学位课	1221126	建筑环境物理学	2	32	秋	03方向（01、02、04方向选修）
选修	专业学位课	1221302	城市规划与城市设计	2	32	春	04方向
选修	专业学位课	1221137	历史及地域环境下的建筑设计（二）	2	32	春	02方向
选修	专业学位课	1222001	现代建筑引论	2	32	秋	01、02、03、04方向
选修	专业学位课	1221314	工程实践	2	128	春夏、秋冬	01、02、03、04方向
选修	专业选修课	1223264	室内环境装饰设计	2	32	夏	
选修	专业选修课	1221023	古城与古建筑保护	2	32	春	
选修	专业选修课	1223263	室内装饰评论	2	32	春	
选修	专业选修课	1223300	区域规划与城市战略研究	2	32	秋	
选修	专业选修课	1223019	国内外城市发展研究	2	32	冬	
选修	专业选修课	1223228	城市规划专题研究	2	32	春	
选修	专业选修课	1223016	城市规划技术方法	2	32	春	
选修	专业选修课	1223324	建筑及区域能源概论	2	32	夏	
选修	专业选修课	1223130	声学原理	2	32	夏	
选修	专业选修课	1223201	城市与建筑整体设计导论	2	32	秋	
选修	专业选修课	1223134	智能化建筑概论	2	32	春	
选修	专业选修课	1221128	室内设计	2	32	冬	
选修	专业选修课	1223258	建筑环境模拟	2	32	夏	
选修	专业选修课	1223305	社区发展与住房建设	2	32	秋	
选修	专业选修课	1223132	建筑热工学	2	32	夏	
选修	专业选修课	1223297	景观规划设计	2	32	春	
选修	专业选修课	1223131	音质设计与噪声控制	2	32	春	
选修	专业选修课	1223303	城市与环境遥感新技术及其应用	2	32	冬	
选修	专业选修课	1223011	城市与住区更新	2	32	冬	

2016 级 083300 城乡规划学博士培养方案

所属学院	建筑工程学院	学位类别	学术学位	学制	3.5
最低总学分	12	公共学位课最低学分		4	
专业课最低学分	3	专业学位课最低学分		2	

培养目标：
　　把培养具有远大抱负和国际视野，知识、能力、素质协调发展，具有求是创新精神的高层次优秀人才放在突出的位置。　面向社会、面向世界、面向未来，遵循科学、求是、创新的精神，培养热爱城乡规划事业、关怀人类生存环境与社会整体利益，具备扎实的理论知识和基本技能，注重实践和创新的综合素质与竞争力，具有良好职业道德与团队意识的高级人才。

读书报告：
　　要求博士研究生在学期间做读书报告 6 次，其中至少公开在学科或学院的学术论坛做读书报告 1～2 次，累计完成 6 次计 2 学分。

开题报告：
　　在博士阶段提交开题报告一篇，开题报告最迟应在入学后的一年内完成。

中期考核：
　　考核时间：普通博士生在入学一年后进行考核，硕博连读研究生在转博一年后进行考核。　符合考核条件的博士生每个年度均需参加考核，具体考核在每年 9 月进行。
　　考核方式：由博士生填写中期考核表，对本人读博期间的研究工作做出总结，并附科研成果。　由导师为主的指导小组根据博士生研究能力、学习能力、研究成果、工作态度等方面做出综合考核，导师组考核结果为合格与不合格。

预答辩：
　　预答辩具体要求由本学科自行制定。

毕业要求：
　　修完规定学分、成绩合格，完成各个培养环节，通过学位论文答辩，符合学校规定的其他毕业要求。

其他：
　　同等学力或跨学科的博士生，一般应在导师指导下确定 2～3 门本学科的硕士生主干课程作为补修课程，没有补修成绩或补修课程考试不合格者不得进入论文答辩。　补修成绩不计入最低总学分。

备注：
　　主要研究方向：01 城市规划　02 乡村规划与设计　03 区域规划及城市战略　04 社区发展与住房建设规划　05 城乡规划管理

平台课程

必修/选修	课程性质	课程编号	课程名称	学分	总学时	开课学期	备注
选修	公共学位课	0500007	研究生英语交流能力	1	32	春、夏、秋、冬	
选修	公共学位课	0500006	研究生英语水平测试	1	0	夏、冬	
选修	公共学位课	3310001	中国马克思主义与当代	2	32	春、夏、秋、冬	

方向课程

必修/选修	课程性质	课程编号	课程名称	学分	总学时	开课学期	备注
选修	专业学位课	1211301	城乡规划理论与实践	2	32	春	
选修	专业学位课	1211298	城市环境与城市形态设计	2	32	春夏	
选修	专业选修课	1213125	现代建筑技术科学导引	2	32	春	
选修	专业选修课	1211322	城市形态	2	32	冬	
选修	专业选修课	1213123	人居环境研究前沿与方法	2	32	秋	

2016 级 083300 城乡规划学直博培养方案

所属学院	建筑工程学院	学位类别	学术学位	学制	5
最低总学分	34	公共学位课最低学分		7	
专业课最低学分	19	专业学位课最低学分		12	

培养目标：
　　把培养具有远大抱负和国际视野，知识、能力、素质协调发展，具有求是创新精神的高层次优秀人才放在突出的位置。 面向社会、面向世界、面向未来，遵循科学、求是、创新的精神，培养热爱城乡规划事业、关怀人类生存环境与社会整体利益，具备扎实的理论知识和基本技能，注重实践和创新的综合素质与竞争力，具有良好职业道德与团队意识的高级人才。

读书报告：
　　要求直接攻博研究生在学期间做读书报告 10 次，其中至少公开在学科或学院的学术论坛做读书报告 4 次，累计完成 10 次计 4 学分。

开题报告：
　　在直接攻博阶段提交开题报告一篇，开题报告最迟应在入学后的一年半内完成。

中期考核：
　　考核时间： 直接攻博研究生在入学两年后进行考核，硕博连读研究生在转博一年后进行考核。 符合考核条件的博士生每个年度均需参加考核，具体考核在每年 9 月进行。
　　考核方式： 由博士生填写中期考核表，对本人读博期间的研究工作做出总结，并附科研成果。 由导师为主的指导小组根据博士生研究能力、学习能力、研究成果、工作态度等方面做出综合考核，导师组考核结果为合格与不合格。

预答辩：
　　预答辩具体要求由本学科自行制定。

毕业要求：
　　修完规定学分、成绩合格，完成各个培养环节，通过学位论文答辩，符合学校规定的其他毕业要求。

备注：
　　主要研究方向： 01 城市规划　02 乡村规划与设计　03 区域规划及城市战略　04 社区发展与住房建设规划　05 城乡规划管理
　　重点提示： 每年出席学科组织的学术讲座或论坛 10 次以上。

平台课程

必修/选修	课程性质	课程编号	课程名称	学分	总学时	开课学期	备注
选修	公共学位课	0500006	研究生英语水平测试	1	0	夏、冬	
选修	公共学位课	0420002	自然辩证法概论	1	24	春、夏、秋、冬	
选修	公共学位课	3310001	中国马克思主义与当代	2	32	春、夏、秋、冬	
选修	公共学位课	0500007	研究生英语交流能力	1	32	春、夏、秋、冬	
选修	公共学位课	3320001	中国特色社会主义理论与实践研究	2	32	春、夏、秋、冬	
必修	公共选修课	0000999	公共素质类课程至少 1 门（具体课程详见清单，个人学习计划制定时勿以具体课程替代）	1	16	春、夏、秋、冬	必选

必修/选修	课程性质	课程编号	课程名称	学分	总学时	开课学期	备注
方向课程							
选修	专业学位课	1221302	城市规划与城市设计	2	32	春	
选修	专业学位课	1211301	城乡规划理论与实践	2	32	春	
选修	专业学位课	1221013	城市规划评论	2	32	冬	
选修	专业学位课	1222001	现代建筑引论	2	32	秋	
选修	专业学位课	1221012	城市规划理论与方法	2	32	秋	
选修	专业学位课	1222002	现代建筑评论	2	32	冬	
选修	专业选修课	1211322	城市形态	2	32	冬	
选修	专业选修课	1221328	城市设计原理与实践	2	32	冬	
必修	专业选修课	1213139	专业外语（建工）	1	16	秋	必选
选修	专业选修课	1223297	景观规划设计	2	32	春	
选修	专业选修课	1223228	城市规划专题研究	2	32	春	
选修	专业选修课	1213123	人居环境研究前沿与方法	2	32	秋	
选修	专业选修课	1223016	城市规划技术方法	2	32	春	
选修	专业选修课	1213125	现代建筑技术科学导引	2	32	春	
选修	专业选修课	1223019	国内外城市发展研究	2	32	冬	
选修	专业选修课	1223303	城市与环境遥感新技术及其应用	2	32	冬	
选修	专业选修课	1223305	社区发展与住房建设	2	32	秋	
选修	专业选修课	0000998	选修相关学科课程	0	0	春、夏、秋、冬	
选修	专业选修课	1223300	区域规划与城市战略研究	2	32	秋	

2016 级 085300 城市规划硕士培养方案

所属学院	建筑工程学院	学位类别	专业学位	学制	2.5
最低总学分	24	公共学位课最低学分		5	
专业课最低学分	15	专业学位课最低学分		10	

培养目标：

城市规划硕士专业学位是为毕业后获得"城市规划硕士"这一专业学位的研究生而设置的学位类型，重点培养未来的高端城市规划师。具体要求为：

1. "城市规划硕士"专业学位获得者应掌握中国特色社会主义理论，拥护党的基本路线、方针、政策，热爱祖国、遵纪守法，品德良好，有求是创新的精神，能积极为我国的城乡规划事业服务，原则上必须具有"城市（或城乡）规划学士学位"或城市规划 5 年制本科专业毕业并获得相应的学士学位。

2. 学生通过本学科专业培养，能够成为在城乡规划学方面的基础扎实、素质全面、实践能力强，面向企事业和管理部门服务的应用型、复合型高层次工程技术和管理人才。具备坚实的基础理论和较宽广的专业知识；了解本学科理论。

读书报告：
要求硕士研究生在学期间须做读书报告 4 次，其中至少公开在学科或学院的学术论坛做读书报告 1 次，累计完成 4 次计 2 学分。

开题报告：
在硕士阶段学制结束前一年必须完成学位论文的开题工作，并提交开题报告一篇。

中期考核：
无。

预答辩：
预答辩具体要求由本学科自行制定。

毕业要求：
修完规定学分、成绩合格，完成各个培养环节，通过学位论文答辩，符合学校规定的其他毕业要求。

其他：
专业实践要求：结合实际课题，在导师指导下或在具备从事规划设计及其相关业务的机构中参加不少于一年的专业教学实践，可采用集中实践与分段实践相结合的方式。由导师按百分制计分，作为"城乡规划与设计实践"课程成绩。研究生不参加专业实践或专业实践考核未通过，不得申请毕业和学位论文答辩。 　　专业外语要求：能够熟练阅读和翻译城乡规划学相关领域的外文文献资料。 　　发表学术论文要求：在获得专业硕士学位之前，必须在国内或国外学术刊物上发表（含录用）学术论文一篇。

备注：
采用全日制学习方式，学制 2.5 年（非"城市（或城乡）规划学士学位"或非城市规划 5 年制本科专业毕业并获得相应的学士学位者，学制为 3 年）。其中：①在学制时间内，课程学习环节一般为 1 年。②工程实践环节一般不低于 1 年。③论文工作时间为 0.5～1 年。 　　在攻读学位期间应修最低总学分为 26 学分，其中公共学位课 5 学分，专业学位课 12 学分（其中包含工程实践 2 学分），选修课至少 7 学分（其中包含人文素质课 1 学分），读书报告计 2 学分。

平台课程

必修/选修	课程性质	课程编号	课程名称	学分	总学时	开课学期	备注
必修	公共学位课	3320001	中国特色社会主义理论与实践研究	2	32	春、夏、秋、冬	
必修	公共学位课	0500007	研究生英语交流能力	1	32	春、夏、秋、冬	
必修	公共学位课	0500006	研究生英语水平测试	1	0	夏、冬	
必修	公共学位课	0420002	自然辩证法概论	1	24	春、夏、秋、冬	
必修	公共选修课	0000999	公共素质类课程至少 1 门（具体课程详见清单，个人学习计划制定时勿以具体课程替代）	1	16	春、夏、秋、冬	

方向课程

必修/选修	课程性质	课程编号	课程名称	学分	总学时	开课学期	备注
必修	专业学位课	1221013	城市规划评论	2	32	冬	
必修	专业学位课	1221302	城市规划与城市设计	2	32	春	

必修/选修	课程性质	课程编号	课程名称	学分	总学时	开课学期	备注
选修	专业学位课	1222001	现代建筑引论	2	32	秋	
必修	专业学位课	1221314	工程实践	2	128	春夏、秋冬	
选修	专业学位课	1221023	古城与古建筑保护	2	32	春	
必修	专业学位课	1221012	城市规划理论与方法	2	32	秋	
选修	专业学位课	1222002	现代建筑评论	2	32	冬	
选修	专业选修课	1223011	城市与住区更新	2	32	冬	
选修	专业选修课	1223305	社区发展与住房建设	2	32	秋	
选修	专业选修课	1223201	城市与建筑整体设计导论	2	32	秋	
必修	专业选修课	1223300	区域规划与城市战略研究	2	32	秋	
选修	专业选修课	1223297	景观规划设计	2	32	春	
选修	专业选修课	1223016	城市规划技术方法	2	32	春	
选修	专业选修课	1223228	城市规划专题研究	2	32	春	
选修	专业选修课	1223303	城市与环境遥感新技术及其应用	2	32	冬	
必修	专业选修课	1223019	国内外城市发展研究	2	32	冬	

2016 级 0814Z1 道路与交通工程博士培养方案

所属学院	建筑工程学院	学位类别	学术学位	学制	3.5
最低总学分	12	公共学位课最低学分		4	
专业课最低学分	3	专业学位课最低学分		2	

培养目标：
　　具有杰出创新能力，具有坚实与宽广理论基础和深入系统的专业知识，具备独立开展科学研究和解决工程技术问题能力，能胜任道路与交通工程领域科研、设计、教育及规划与管理等方面工作，并熟练掌握一门专业外语。

读书报告：
　　要求博士研究生在学期间做读书报告 6 次，其中至少公开在学科或学院的学术论坛做读书报告 1～2 次，累计完成 6 次计 2 学分。

开题报告：
　　在博士阶段提交开题报告一篇，开题报告最迟应在入学后第一学年结束之前完成。

中期考核：
　　考核时间：普通博士生在入学一年后进行考核，硕博连读研究生在转博一年后进行考核。符合考核条件的博士生每个年度均需参加考核，具体考核在每年 9 月进行。
　　考核方式：由博士生填写中期考核表，对本人读博期间的研究工作做出总结，并附科研成果。由导师为主的指导小组根据博士生研究能力、学习能力、研究成果、工作态度等方面做出综合考核，导师组考核结果为合格与不合格。

预答辩：
　　预答辩具体要求由本学科自行制定。

毕业要求：
修完规定学分、成绩合格，完成各个培养环节，通过学位论文答辩，符合学校规定的其他毕业要求。

其他：
同等学力或跨学科的博士生，一般应在导师指导下确定 2～3 门本学科的硕士生主干课程作为补修课程，没有补修成绩或补修课程考试不合格者不得进入论文答辩。 补修成绩不计入最低总学分。

备注：
主要研究方向：01 路面、路基、隧道与地下工程 02 交通规划 03 交通控制 课程提示：4 门专业学位方向课须选 2 门。

平台课程

必修/选修	课程性质	课程编号	课程名称	学分	总学时	开课学期	备注
选修	公共学位课	0500006	研究生英语水平测试	1	0	夏、冬	
选修	公共学位课	3310001	中国马克思主义与当代	2	32	春、夏、秋、冬	
选修	公共学位课	0500007	研究生英语交流能力	1	32	春、夏、秋、冬	

方向课程

必修/选修	课程性质	课程编号	课程名称	学分	总学时	开课学期	备注
选修	专业学位课	1212081	弹性力学变分原理和有限元法	2	32	秋	必选
选修	专业学位课	1211309	工程材料本构理论	2	32	秋	方向课
选修	专业学位课	1211269	交通流建模方法	2	32	春	方向课
选修	专业学位课	1211310	道路理论与方法	2	32	冬	方向课
选修	专业学位课	1211270	道路交通信号配时理论与方法	2	32	夏	方向课
选修	专业选修课	1221265	交通仿真技术	2	32	夏	
选修	专业选修课	1213316	交通岩土工程	2	32	夏	
选修	专业选修课	1221307	综合交通运输规划	2	32	夏	
选修	专业选修课	1213267	交通网络分析方法	2	32	夏	
必修	专业选修课	1213139	专业外语（建工）	1	16	秋	必选
选修	专业选修课	1211050	非线性有限元理论和程序	2	32	夏	
选修	专业选修课	0000998	选修相关学科课程	0	0	春、夏、秋、冬	
选修	专业选修课	1221221	新型沥青路面材料与性能	2	32	夏	
选修	专业选修课	1213266	交通优化智能算法	2	32	冬	
选修	专业选修课	1221308	细微观力学及应用	2	32	冬	

2016 级 0814Z1 道路与交通工程直博培养方案

所属学院	建筑工程学院	学位类别	学术学位	学制	5
最低总学分	34	公共学位课最低学分		7	
专业课最低学分	19	专业学位课最低学分		12	

培养目标：
　　具有杰出创新能力，具有坚实与宽广理论基础和深入系统的专业知识，具备独立开展科学研究和解决工程技术问题能力，能胜任道路与交通工程领域科研、设计、教育、规划与管理等方面工作，并熟练掌握一门专业外语。

读书报告：
　　要求直接攻博研究生在学期间做读书报告 10 次，其中至少公开在学科或学院的学术论坛做读书报告 4 次，累计完成 10 次计 4 学分。

开题报告：
　　在博士阶段提交开题报告 1 篇，开题报告最迟应在入学后第 1 学年结束之前完成。

中期考核：
　　考核时间：　直接攻博研究生在入学两年后进行考核，硕博连读研究生在转博一年后进行考核。 符合考核条件的博士生每个年度均需参加考核，具体考核在每年 9 月进行。
　　考核方式：　由博士生填写中期考核表，对本人读博期间的研究工作做出总结，并附科研成果。 由导师为主的指导小组根据博士生研究能力、学习能力、研究成果、工作态度等方面做出综合考核，导师组考核结果为合格与不合格。

预答辩：
　　预答辩具体要求由本学科自行制定。

毕业要求：
　　修完规定学分、成绩合格，完成各个培养环节，通过学位论文答辩，符合学校规定的其他毕业要求。

其他：
　　每年参加学科组织的学术讲座或论坛 10 次以上。

备注：
　　主要研究方向：01 路面工程、路基工程、隧道与地下工程　02 交通规划　03 交通控制

平台课程

必修/选修	课程性质	课程编号	课程名称	学分	总学时	开课学期	备注
选修	公共学位课	0500006	研究生英语水平测试	1	0	夏、冬	
选修	公共学位课	3320001	中国特色社会主义理论与实践研究	2	32	春、夏、秋、冬	
选修	公共学位课	0420002	自然辩证法概论	1	24	春、夏、秋、冬	
选修	公共学位课	0500007	研究生英语交流能力	1	32	春、夏、秋、冬	
选修	公共学位课	3310001	中国马克思主义与当代	2	32	春、夏、秋、冬	

方向课程

必修/选修	课程性质	课程编号	课程名称	学分	总学时	开课学期	备注
选修	专业学位课	1211270	道路交通信号配时理论与方法	2	32	夏	02、03 方向
选修	专业学位课	1212081	弹性力学变分原理和有限元法	2	32	秋	必选

必修/选修	课程性质	课程编号	课程名称	学分	总学时	开课学期	备注
选修	专业学位课	1221327	高速公路交通状态监视和控制	2	32	秋	02、03方向
选修	专业学位课	1211309	工程材料本构理论	2	32	秋	01方向
选修	专业学位课	1221084	路面结构与设计理论	2	32	秋	01方向
选修	专业学位课	1221308	细微观力学及应用	2	32	冬	01方向
选修	专业学位课	1221307	综合交通运输规划	2	32	夏	02、03方向
选修	专业学位课	1211310	道路理论与方法	2	32	冬	01方向
选修	专业学位课	1213266	交通优化智能算法	2	32	冬	02、03方向
选修	专业学位课	1221221	新型沥青路面材料与性能	2	32	夏	01方向
选修	专业学位课	1213267	交通网络分析方法	2	32	夏	02、03方向
选修	专业学位课	1221326	交通大数据分析	2	32	秋	02、03方向
选修	专业学位课	1211269	交通流建模方法	2	32	春	02、03方向
必修	专业选修课	0000999	公共素质类课程至少1门（具体课程详见清单，个人学习计划制定时勿以具体课程替代）	1	16	春、夏、秋、冬	必选
选修	专业选修课	0000998	选修相关学科课程	0	0	春、夏、秋、冬	
选修	专业选修课	1211050	非线性有限元理论和程序	2	32	夏	
选修	专业选修课	1213139	专业外语（建工）	1	16	秋	必选
选修	专业选修课	1223313	道路试验与养护新技术	2	32	秋	
选修	专业选修课	1221265	交通仿真技术	2	32	夏	
选修	专业选修课	1221012	城市规划理论与方法	2	32	秋	
选修	专业选修课	1221306	交通控制理论	2	32	春	
选修	专业选修课	1222026	工程弹塑性力学	2	32	春	
选修	专业选修课	1223086	工程建设项目经济评价与投资控制	2	32	春	
选修	专业选修课	1222028	优化原理与方法	2	32	冬	
选修	专业选修课	1223312	交通安全与防灾技术	2	32	夏	
选修	专业选修课	1223213	工程软件开发原理与应用	2	32	冬	
选修	专业选修课	1221268	交通流理论	2	32	春	
选修	专业选修课	1221075	结构分析的有限元法	2	32	冬	
选修	专业选修课	1223311	交通运输工程概论	2	32	秋	
选修	专业选修课	1221029	高等土力学	2	32	秋	
选修	专业选修课	1213316	交通岩土工程	2	32	夏	

2016 级 082301 道路与铁道工程硕士培养方案

所属学院	建筑工程学院	学位类别	学术学位	学制	2.5
最低总学分	24	公共学位课最低学分		5	
专业课最低学分	15	专业学位课最低学分		10	

培养目标：
　　培养德、智、体全面发展，适应社会主义市场经济需要的道路与铁道工程学科领域高层次专门人才。 具有健康的体魄和良好的心理素质，掌握道路与铁道工程发展趋势与方向，具有扎实的理论基础和分析问题和解决问题，以及独立开展科学研究的能力，可在高等学校、科研单位和生产及管理部门从事教学、科研研究和技术管理工作。

读书报告：
　　要求硕士研究生在学期间须做读书报告 4 次，其中至少公开在学科或学院的学术论坛做读书报告 1 次，累计完成 4 次计 2 学分。

开题报告：
　　在硕士阶段提交开题报告一篇，开题报告最迟应在入学后的一年内完成。

中期考核：
　　无。

预答辩：
　　预答辩具体要求由本学科自行制定。

毕业要求：
　　修完规定学分、成绩合格，完成各个培养环节，通过学位论文答辩，符合学校规定的其他毕业要求。

其他：
　　每年出席学科组织的学术讲座或论坛 10 次以上。

备注：
　　主要研究方向：01 路基与路面新结构　02 新材料和新技术　03 交通安全与防灾减灾新技术　04 隧道与地下结构工程

平台课程

必修/选修	课程性质	课程编号	课程名称	学分	总学时	开课学期	备注
选修	公共学位课	0420002	自然辩证法概论	1	24	春、夏、秋、冬	
选修	公共学位课	0500006	研究生英语水平测试	1	0	夏、冬	
选修	公共学位课	0500007	研究生英语交流能力	1	32	春、夏、秋、冬	
选修	公共学位课	3320001	中国特色社会主义理论与实践研究	2	32	春、夏、秋、冬	
必修	公共选修课	0000999	公共素质类课程至少 1 门（具体课程详见清单，个人学习计划制定时勿以具体课程替代）	1	16	春、夏、秋、冬	学分数根据具体课程确定，可多选

方向课程

必修/选修	课程性质	课程编号	课程名称	学分	总学时	开课学期	备注
选修	专业学位课	1221221	新型沥青路面材料与性能	2	32	夏	
选修	专业学位课	1221222	高等道路工程学	2	32	秋	

必修/选修	课程性质	课程编号	课程名称	学分	总学时	开课学期	备注
选修	专业学位课	1221084	路面结构与设计理论	2	32	秋	
选修	专业学位课	1221308	细微观力学及应用	2	32	冬	
选修	专业学位课	1222026	工程弹塑性力学	2	32	春	
选修	专业选修课	0000998	选修相关学科课程	0	0	春、夏、秋、冬	
选修	专业选修课	1223086	工程建设项目经济评价与投资控制	2	32	春	
选修	专业选修课	1223312	交通安全与防灾技术	2	32	夏	
选修	专业选修课	1223213	工程软件开发原理与应用	2	32	冬	面向土木类
选修	专业选修课	1223311	交通运输工程概论	2	32	秋	
选修	专业选修课	1223313	道路试验与养护新技术	2	32	秋	
选修	专业选修课	1223320	路面结构动力学	2	32	夏	

2016 级 082302 交通信息工程及控制硕士培养方案

所属学院	建筑工程学院	学位类别	学术学位	学制	2.5
最低总学分	24	公共学位课最低学分		5	
专业课最低学分	15	专业学位课最低学分		10	

培养目标：
　　培养德、智、体全面发展，适应社会主义市场经济需要的交通信息工程及控制学科领域高层次专门人才。具有健康的体魄和良好的心理素质，掌握交通信息工程及控制发展趋势与方向，具有扎实的理论基础和分析问题和解决问题，以及独立开展科学研究的能力，可在高等学校、科研单位和生产及管理部门从事教学、科研研究和技术管理工作。

读书报告：
　　要求硕士研究生在学期间须做读书报告 4 次，其中至少公开在学科或学院的学术论坛做读书报告 1 次，累计完成 4 次计 2 学分。

开题报告：
　　在硕士阶段提交开题报告一篇，开题报告最迟应在入学后的一年内完成。

中期考核：
　　无。

预答辩：
　　预答辩具体要求由本学科自行制定。

毕业要求：
　　修完规定学分、成绩合格，完成各个培养环节，通过学位论文答辩，符合学校规定的其他毕业要求。

其他：
　　每年出席学科组织的学术讲座或论坛 10 次以上。

备注：
　　主要研究方向：01 交通信息　02 交通控制

平台课程

必修/选修	课程性质	课程编号	课程名称	学分	总学时	开课学期	备注
选修	公共学位课	3320001	中国特色社会主义理论与实践研究	2	32	春、夏、秋、冬	
选修	公共学位课	0420002	自然辩证法概论	1	24	春、夏、秋、冬	
选修	公共学位课	0500007	研究生英语交流能力	1	32	春、夏、秋、冬	
选修	公共学位课	0500006	研究生英语水平测试	1	0	夏、冬	
必修	公共选修课	0000999	公共素质类课程至少1门（具体课程详见清单，个人学习计划制定时勿以具体课程替代）	1	16	春、夏、秋、冬	必选

方向课程

必修/选修	课程性质	课程编号	课程名称	学分	总学时	开课学期	备注
选修	专业学位课	1213266	交通优化智能算法	2	32	冬	
选修	专业学位课	1221327	高速公路交通状态监视和控制	2	32	秋	
选修	专业学位课	1221326	交通大数据分析	2	32	秋	
选修	专业学位课	1221268	交通流理论	2	32	春	
选修	专业学位课	1222028	优化原理与方法	2	32	冬	
选修	专业学位课	1221306	交通控制理论	2	32	春	
选修	专业学位课	1221265	交通仿真技术	2	32	夏	
选修	专业选修课	0000998	选修相关学科课程	0	0	春、夏、秋、冬	
选修	专业选修课	1221012	城市规划理论与方法	2	32	秋	
选修	专业选修课	1223311	交通运输工程概论	2	32	秋	
选修	专业选修课	1213267	交通网络分析方法	2	32	夏	
选修	专业选修课	1221307	综合交通运输规划	2	32	夏	

2016 级 082303 交通运输规划及管理硕士培养方案

所属学院	建筑工程学院	学位类别	学术学位	学制	2.5
最低总学分	24	公共学位课最低学分		5	
专业课最低学分	15	专业学位课最低学分		10	

培养目标：
　　培养德、智、体全面发展，适应社会主义市场经济需要的交通运输规划及管理领域高层次专门人才。具有健康的体魄和良好的心理素质，掌握交通运输规划及管理发展趋势与方向，具有扎实的理论基础和分析问题和解决问题，以及独立开展科学研究的能力，可在高等学校、科研单位和生产及管理部门从事教学、科研研究和技术管理工作。

读书报告：
　　要求硕士研究生在学期间须做读书报告 4 次，其中至少公开在学科或学院的学术论坛做读书报告 1 次，累计完成 4 次计 2 学分。

开题报告：
　　在硕士阶段提交开题报告一篇，开题报告最迟应在入学后的一年内完成。

中期考核：
　　无。

预答辩：
　　预答辩具体要求由本学科自行制定。

毕业要求：
　　修完规定学分、成绩合格，完成各个培养环节，通过学位论文答辩，符合学校规定的其他毕业要求。

其他：
　　每年出席学科组织的学术讲座或论坛 10 次以上。

备注：
　　主要研究方向： 01 交通信息　02 交通控制

平台课程

必修/选修	课程性质	课程编号	课程名称	学分	总学时	开课学期	备注
选修	公共学位课	3320001	中国特色社会主义理论与实践研究	2	32	春、夏、秋、冬	
选修	公共学位课	0420002	自然辩证法概论	1	24	春、夏、秋、冬	
选修	公共学位课	0500007	研究生英语交流能力	1	32	春、夏、秋、冬	
选修	公共学位课	0500006	研究生英语水平测试	1	0	夏、冬	
必修	公共选修课	0000999	公共素质类课程至少 1 门（具体课程详见清单，个人学习计划制定时勿以具体课程替代）	1	16	春、夏、秋、冬	必选

方向课程

必修/选修	课程性质	课程编号	课程名称	学分	总学时	开课学期	备注
选修	专业学位课	1213266	交通优化智能算法	2	32	冬	
选修	专业学位课	1221327	高速公路交通状态监视和控制	2	32	秋	
选修	专业学位课	1221326	交通大数据分析	2	32	秋	
选修	专业学位课	1221268	交通流理论	2	32	春	
选修	专业学位课	1222028	优化原理与方法	2	32	冬	
选修	专业学位课	1221306	交通控制理论	2	32	春	
选修	专业学位课	1221265	交通仿真技术	2	32	夏	

必修/选修	课程性质	课程编号	课程名称	学分	总学时	开课学期	备注
选修	专业选修课	0000998	选修相关学科课程	0	0	春、夏、秋、冬	
选修	专业选修课	1221012	城市规划理论与方法	2	32	秋	
选修	专业选修课	1223311	交通运输工程概论	2	32	秋	
选修	专业选修课	1213267	交通网络分析方法	2	32	夏	
选修	专业选修课	1221307	综合交通运输规划	2	32	夏	

2016 级 085222 交通运输工程硕士培养方案

所属学院	建筑工程学院	学位类别	专业学位	学制	2.5
最低总学分	24	公共学位课最低学分		5	
专业课最低学分	15	专业学位课最低学分		10	

培养目标：

　　交通运输工程工程硕士是与交通运输工程各领域任职资格相联系的专业学位，主要为铁路、公路、城市道路、航道工程、交通信息工程及控制工程等领域培养具有综合职业技能和应用型、复合型知识结构的高层次人才。具体要求为：

　　（一）交通运输工程专业学位获得者应掌握中国特色社会主义理论；拥护党的基本路线、方针、政策；热爱祖国、遵纪守法，品德良好，艰苦奋斗，求是创新，积极为我国交通运输工程的发展服务。

　　（二）交通运输工程专业学位获得者应较好地掌握交通运输工程领域坚实的基础理论、系统的专业知识，以及相关的管理、人文和社会科学知识；具有较宽广的知识面，较强的专业技能，具有创新意识，能够独立从事较高层次的工程技术设计、制造、施工、检测、应用、诊断及维修，交通运输系统的规划、经营与管理等工作。

　　（三）熟练掌握一门外语，能够阅读本领域的外文资料。

读书报告：

　　要求硕士研究生在学期间须做读书报告 4 次，其中至少公开在学科或学院的学术论坛做读书报告 1 次，累计完成 4 次计 2 学分。

开题报告：

　　在硕士阶段提交开题报告一篇，开题报告最迟应在入学后的一年内完成。

中期考核：

　　无。

预答辩：

　　预答辩具体要求由本学科自行制定。

毕业要求：

　　修完规定学分、成绩合格，完成各个培养环节，通过学位论文答辩，符合学校规定的其他毕业要求。

其他：

　　结合研究课题在相关方向领域参加不少于 12 个月的训练和实践研究，采用集中实践与分段实践相结合的方式，结束后撰写实践报告，并由实践单位签署意见，由导师按百分制计分，作为"工程实践"课程成绩。

备注：

　　主要研究方向：01 路面工程、路基工程、隧道与地下工程　02 交通规划　03 交通控制

平台课程							
必修/选修	课程性质	课程编号	课程名称	学分	总学时	开课学期	备注
选修	公共学位课	3320001	中国特色社会主义理论与实践研究	2	32	春、夏、秋、冬	
选修	公共学位课	0500006	研究生英语水平测试	1	0	夏、冬	
选修	公共学位课	0420002	自然辩证法概论	1	24	春、夏、秋、冬	
选修	公共学位课	0500007	研究生英语交流能力	1	32	春、夏、秋、冬	
必修	公共选修课	0000999	公共素质类课程至少1门（具体课程详见清单，个人学习计划制定时勿以具体课程替代）	1	16	春、夏、秋、冬	必选

方向课程							
必修/选修	课程性质	课程编号	课程名称	学分	总学时	开课学期	备注
选修	专业学位课	1213267	交通网络分析方法	2	32	夏	02、03方向
选修	专业学位课	1221265	交通仿真技术	2	32	夏	02、03方向
选修	专业学位课	1221222	高等道路工程学	2	32	秋	01方向
选修	专业学位课	1221308	细微观力学及应用	2	32	冬	01方向
选修	专业学位课	1221306	交通控制理论	2	32	春	02、03方向
选修	专业学位课	1221084	路面结构与设计理论	2	32	秋	01方向
选修	专业学位课	1221327	高速公路交通状态监视和控制	2	32	秋	02、03方向
选修	专业学位课	1221326	交通大数据分析	2	32	秋	02、03方向
选修	专业学位课	1221221	新型沥青路面材料与性能	2	32	夏	01方向
选修	专业学位课	1222026	工程弹塑性力学	2	32	春	01方向
选修	专业学位课	1221307	综合交通运输规划	2	32	夏	02、03方向
选修	专业学位课	1221314	工程实践	2	128	春夏、秋冬	01、02、03方向
选修	专业选修课	0000998	选修相关学科课程	0	0	春、夏、秋、冬	
选修	专业选修课	1213266	交通优化智能算法	2	32	冬	
选修	专业选修课	1223311	交通运输工程概论	2	32	秋	
选修	专业选修课	1223312	交通安全与防灾技术	2	32	夏	
选修	专业选修课	1221268	交通流理论	2	32	春	
选修	专业选修课	1223213	工程软件开发原理与应用	2	32	冬	
选修	专业选修课	1223313	道路试验与养护新技术	2	32	秋	
选修	专业选修课	1223086	工程建设项目经济评价与投资控制	2	32	春	

2016 级 120120 工程管理硕士培养方案

所属学院	建筑工程学院	学位类别	学术学位	学制	2.5
最低总学分	24	公共学位课最低学分		5	
专业课最低学分	15	专业学位课最低学分		10	

培养目标：
　　培养掌握马克思主义基本原理和中国特色社会主义理论，具备良好的政治素质和职业道德，掌握系统的工程管理理论，以及相关工程领域的基础理论和专门知识，具有较强的计划、组织、指挥、协调和决策能力，能够独立担负工程管理工作的高层次、应用型工程管理专门人才。

读书报告：
　　要求硕士研究生在学期间须做读书报告 4 次，其中至少公开在学科或学院的学术论坛做读书报告 1 次，累计完成 4 次计 2 学分。

开题报告：
　　在硕士阶段提交开题报告一篇，开题报告最迟应在入学后的一年内完成。

中期考核：
　　无。

预答辩：
　　预答辩具体要求由本学科自行制定。

毕业要求：
　　修完规定学分、成绩合格，完成各个培养环节，通过学位论文答辩，符合学校规定的其他毕业要求。

其他：
　　每年出席学科组织的学术讲座或论坛 10 次以上。

备注：
　　主要研究方向：01 工程项目管理　02 房地产管理　03 建筑经济

平台课程

必修/选修	课程性质	课程编号	课程名称	学分	总学时	开课学期	备注
选修	公共学位课	3320001	中国特色社会主义理论与实践研究	2	32	春、夏、秋、冬	
选修	公共学位课	0500006	研究生英语水平测试	1	0	夏、冬	
选修	公共学位课	0420002	自然辩证法概论	1	24	春、夏、秋、冬	
选修	公共学位课	0500007	研究生英语交流能力	1	32	春、夏、秋、冬	
必修	公共选修课	0000999	公共素质类课程至少 1 门（具体课程详见清单，个人学习计划制定时勿以具体课程替代）	1	16	春、夏、秋、冬	0520001 课程

方向课程

必修/选修	课程性质	课程编号	课程名称	学分	总学时	开课学期	备注
选修	专业学位课	1221098	国际工程管理	2	32	冬	
选修	专业学位课	1221096	建筑企业管理学	2	32	秋	
选修	专业学位课	1221100	管理统计学	2	32	冬	

必修/选修	课程性质	课程编号	课程名称	学分	总学时	开课学期	备注
选修	专业学位课	1221074	建筑经济学	2	32	秋	
选修	专业学位课	1221099	运筹学	2	32	冬	
选修	专业选修课	1223103	建设与房地产法规	1	16	夏	
选修	专业选修课	1223104	建筑企业财务管理	2	32	春	
选修	专业选修课	1223200	房地产经济学	2	32	冬	
选修	专业选修课	1223097	工程管理专题	1	16	春	
选修	专业选修课	1223101	建筑系统工程	2	32	冬	
选修	专业选修课	1223318	系统仿真与智能优化	2	32	秋	
选修	专业选修课	1223105	管理研究方法导论	1	16	秋	

2016 级 1201Z2 工程管理硕士培养方案

所属学院	建筑工程学院	学位类别	学术学位	学制	2.5
最低总学分	24	公共学位课最低学分		5	
专业课最低学分	15	专业学位课最低学分		10	

培养目标：
　　培养掌握马克思主义基本原理和中国特色社会主义理论，具备良好的政治素质和职业道德，掌握系统的工程管理理论，以及相关工程领域的基础理论和专门知识，具有较强的计划、组织、指挥、协调和决策能力，能够独立担负工程管理工作的高层次、应用型工程管理专门人才。

读书报告：
　　要求硕士研究生在学期间须做读书报告 4 次，其中至少公开在学科或学院的学术论坛做读书报告 1 次，累计完成 4 次计 2 学分。

开题报告：
　　在硕士阶段提交开题报告一篇，开题报告最迟应在入学后的一年内完成。

中期考核：
　　无。

预答辩：
　　预答辩具体要求由本学科自行制定。

毕业要求：
　　修完规定学分、成绩合格，完成各个培养环节，通过学位论文答辩，符合学校规定的其他毕业要求。

其他：
　　每年出席学科组织的学术讲座或论坛 10 次以上。

备注：
　　主要研究方向：01 工程项目管理　02 房地产管理　03 建筑经济

平台课程

必修/选修	课程性质	课程编号	课程名称	学分	总学时	开课学期	备注
选修	公共学位课	0500006	研究生英语水平测试	1	0	夏、冬	

必修/选修	课程性质	课程编号	课程名称	学分	总学时	开课学期	备注
选修	公共学位课	3320001	中国特色社会主义理论与实践研究	2	32	春、夏、秋、冬	
选修	公共学位课	0500007	研究生英语交流能力	1	32	春、夏、秋、冬	
选修	公共学位课	0420002	自然辩证法概论	1	24	春、夏、秋、冬	
必修	公共选修课	0000999	公共素质类课程至少1门（具体课程详见清单，个人学习计划制定时勿以具体课程替代）	1	16	春、夏、秋、冬	0520001课程

方向课程

必修/选修	课程性质	课程编号	课程名称	学分	总学时	开课学期	备注
选修	专业学位课	1221100	管理统计学	2	32	冬	
选修	专业学位课	1221099	运筹学	2	32	冬	
选修	专业学位课	1221074	建筑经济学	2	32	秋	
选修	专业学位课	1221098	国际工程管理	2	32	冬	
选修	专业学位课	1221096	建筑企业管理学	2	32	秋	
选修	专业选修课	1223097	工程管理专题	1	16	春	
选修	专业选修课	1223105	管理研究方法导论	1	16	秋	
选修	专业选修课	1223200	房地产经济学	2	32	冬	
选修	专业选修课	1223101	建筑系统工程	2	32	冬	
选修	专业选修课	1223104	建筑企业财务管理	2	32	春	
选修	专业选修课	1223103	建设与房地产法规	1	16	夏	
选修	专业选修课	1223318	系统仿真与智能优化	2	32	秋	

2016 级 085213 建筑与土木工程硕士培养方案

所属学院	建筑工程学院	学位类别	专业学位	学制	2.5
最低总学分	24	公共学位课最低学分		5	
专业课最低学分	15	专业学位课最低学分		10	

培养目标：

建筑与土木工程工程硕士是与土木工程各领域任职资格相联系的专业学位，主要为岩土工程、结构工程、市政工程、防灾减灾工程、桥梁与隧道工程和工程管理领域培养具有综合职业技能和应用型、复合型知识结构的高层次人才。具体要求为：

（一）建筑与土木工程专业学位获得者应较好地掌握中国特色社会主义理论；拥护党的基本路线、方针、政策；热爱祖国、遵纪守法，品德良好，艰苦奋斗，求是创新，积极为我国建筑与土木工程的发展服务。

（二）建筑与土木工程专业学位获得者应较好地掌握土木工程领域坚实的基础理论、系统的专业知识，以及相关的管理、人文和社会科学知识；具有较宽广的知识面，较强的专业技能，具有创新意识，能够独立从事较高层次的工程技术开发和设计工作。

（三）熟练掌握一门外语，能够阅读本领域的外文资料。

读书报告：
要求硕士研究生在学期间须做读书报告 4 次，其中至少公开在学科或学院的学术论坛做读书报告 1 次，累计完成 4 次计 2 学分。

开题报告：
在硕士阶段提交开题报告一篇，开题报告最迟应在入学后的一年内完成。

中期考核：
无。

预答辩：
预答辩具体要求由本学科自行制定。

毕业要求：
修完规定学分、成绩合格，完成各个培养环节，通过学位论文答辩，符合学校规定的其他毕业要求。

其他：
结合研究课题在相关领域参加不少于 12 个月的训练和实践研究，可采用集中、分段实践相结合方式，结束后撰写实践报告，并由实践单位签署意见，由导师按百分制计分，作为"工程实践"课程成绩。

备注：
主要研究方向：01 岩土工程　02 结构工程　03 市政工程　04 防灾减灾工程　05 桥梁与隧道工程　06 工程管理

平台课程

必修/选修	课程性质	课程编号	课程名称	学分	总学时	开课学期	备注
选修	公共学位课	0420002	自然辩证法概论	1	24	春、夏、秋、冬	
选修	公共学位课	3320001	中国特色社会主义理论与实践研究	2	32	春、夏、秋、冬	
选修	公共学位课	0500007	研究生英语交流能力	1	32	春、夏、秋、冬	
选修	公共学位课	0500006	研究生英语水平测试	1	0	夏、冬	

方向课程

必修/选修	课程性质	课程编号	课程名称	学分	总学时	开课学期	备注
选修	专业学位课	1221098	国际工程管理	2	32	冬	06 方向
选修	专业学位课	1222028	优化原理与方法	2	32	冬	01、02、03、04、05 方向
选修	专业学位课	1221046	结构稳定理论基础	2	32	冬	02 方向选修
选修	专业学位课	1221044	计算结构力学	2	32	冬	02 方向选修
选修	专业学位课	1221049	高等工程抗震	2	32	春	02 方向选修
选修	专业学位课	1221063	智能算法导论	2	32	秋	03 方向必选
选修	专业学位课	1222027	工程试验测试技术	3	48	秋冬	01、02、03、04 方向
选修	专业学位课	1221047	高等混凝土学	2	32	秋	02 方向选修

必修/选修	课程性质	课程编号	课程名称	学分	总学时	开课学期	备注
选修	专业学位课	1221029	高等土力学	2	32	秋	01 方向
选修	专业学位课	1221042	高等结构动力学	2	32	秋	02 方向
选修	专业学位课	1221277	雨水管理与利用	2	32	秋	03 方向必选
选修	专业学位课	1221043	高等钢筋混凝土结构	2	32	冬	02 方向选修
选修	专业学位课	1221100	管理统计学	2	32	冬	06 方向
选修	专业学位课	1221075	结构分析的有限元法	2	32	冬	05 方向
选修	专业学位课	1221030	高等基础工程学	2	32	冬	01 方向
选修	专业学位课	1221226	桥隧工程试验与测试技术	2	32	秋	05 方向
选修	专业学位课	1221068	工程地质灾害	2	32	秋	04 方向
选修	专业学位课	1222061	高等工程流体力学	2	32	秋	03 方向必选
选修	专业学位课	1221203	防灾工程学导论	2	32	冬	04 方向
选修	专业学位课	1221099	运筹学	2	32	冬	06 方向
选修	专业学位课	1221045	网架与网壳结构	2	32	冬	02 方向选修
选修	专业学位课	1221048	结构可靠度理论及其应用	2	32	秋	02 方向选修
选修	专业学位课	1221096	建筑企业管理学	2	32	秋	06 方向
选修	专业学位课	1221059	桥梁高等设计理论	2	32	秋	05 方向
选修	专业学位课	1221074	建筑经济学	2	32	秋	06 方向
选修	专业学位课	1221314	工程实践	2	128	春夏、秋冬	01、02、03、04、05、06 方向
选修	专业学位课	1222026	工程弹塑性力学	2	32	春	01、02、03、04、05 方向
选修	专业选修课	1223072	结构与基础工程减振技术	2	32	春	04 方向
选修	专业选修课	1223055	高等钢结构理论	2	32	夏	02 方向
选修	专业选修课	1212081	弹性力学变分原理和有限元法	2	32	秋	05 方向
选修	专业选修课	1211058	结构风工程	2	32	春	02 方向
选修	专业选修课	1223033	地基处理技术	2	32	春	01、04 方向
选修	专业选修课	1223060	薄壁构件稳定	2	32	春	02 方向
选修	专业选修课	1211050	非线性有限元理论和程序	2	32	夏	02 方向
选修	专业选修课	1223202	非饱和土力学及其工程应用	2	32	夏	01 方向
选修	专业选修课	1213286	桥梁结构概念设计	2	32	春	05 方向
选修	专业选修课	1211209	桥梁的振动与稳定	2	32	春	05 方向

必修/选修	课程性质	课程编号	课程名称	学分	总学时	开课学期	备注
选修	专业选修课	1223316	饮用水深度处理技术	2	32	秋	03 方向
选修	专业选修课	1223040	隧道工程	2	32	冬	01 方向
选修	专业选修课	1223105	管理研究方法导论	1	16	秋	06 方向
选修	专业选修课	1223038	土与结构相互作用	1	16	秋	01 方向
必修	专业选修课	0000999	公共素质类课程至少 1 门（具体课程详见清单，个人学习计划制定时勿以具体课程替代）	1	16	春、夏、秋、冬	必选
选修	专业选修课	1223294	水质监测分析技术	2	32	春	03 方向
选修	专业选修课	1223319	桥梁空气动力学	2	32	秋	02、05 方向
选修	专业选修课	1223200	房地产经济学	2	32	冬	06 方向
选修	专业选修课	1223207	钢与钢混组合结构桥	1	16	冬	05 方向
选修	专业选修课	1223204	复杂介质数值分析方法	2	32	冬	04 方向
选修	专业选修课	1223051	新型建材研究技术	2	32	秋	02 方向
选修	专业选修课	1223034	高等岩石力学基础	2	32	冬	01、04 方向
选修	专业选修课	1223083	地铁与轻轨	2	32	春	05 方向
选修	专业选修课	1211057	工程荷载分析与应用	2	32	春	02 方向
选修	专业选修课	1213210	桥梁结构抗震设计	2	32	春	05 方向
选修	专业选修课	1221067	计算流体力学	2	32	秋	03 方向
选修	专业选修课	1223054	张力结构	2	32	春	02 方向
选修	专业选修课	1223282	边坡与基坑支护设计及实践	2	32	春	04 方向
选修	专业选修课	1213287	桥梁结构健康监测与控制	2	32	夏	05 方向
选修	专业选修课	1223104	建筑企业财务管理	2	32	春	06 方向
选修	专业选修课	1223213	工程软件开发原理与应用	2	32	冬	05 方向
选修	专业选修课	1223317	海洋岩土工程	2	32	春	01 方向
选修	专业选修课	1223321	腐蚀混凝土结构学	2	32	春	02 方向
选修	专业选修课	1223037	环境岩土工程	2	32	冬	01 方向
选修	专业选修课	1223103	建设与房地产法规	1	16	夏	06 方向
选修	专业选修课	1223073	地下工程事故分析及处理	2	32	秋	04 方向
选修	专业选修课	1223032	计算土力学	2	32	春	01 方向
选修	专业选修课	1223052	结构损伤诊断与识别	2	32	春	02 方向
选修	专业选修课	1223273	混凝土结构耐久性	2	32	春	02 方向

必修/选修	课程性质	课程编号	课程名称	学分	总学时	开课学期	备注
选修	专业选修课	1223101	建筑系统工程	2	32	冬	06 方向
选修	专业选修课	1223031	土动力学	2	32	秋	01 方向
选修	专业选修课	1223097	工程管理专题	1	16	春	06 方向
选修	专业选修课	1211206	大跨缆索结构桥	2	32	夏	05 方向
选修	专业选修课	1223220	土工合成与再生材料	1	16	春	01 方向
选修	专业选修课	1221076	桥隧工程专题	2	32	春	05 方向
选修	专业选修课	1223077	预应力混凝土设计理论	2	32	春	05 方向
选修	专业选修课	1223056	高层钢结构设计	2	32	夏	02 方向
选修	专业选修课	1223279	给排水管网系统理论与分析	2	32	冬	03 方向
选修	专业选修课	1211053	结构非线性及稳定性分析	2	32	冬	02 方向

2016 级 081404 供热、供燃气、通风及空调工程硕士培养方案

所属学院	建筑工程学院	学位类别	学术学位	学制	2.5
最低总学分	24	公共学位课最低学分		5	
专业课最低学分	15	专业学位课最低学分		10	

培养目标：
　　1. 中央空调冷热源　2. 空调系统节能　3. 空气洁净技术　4. 人与热环境　5. 空调系统自动化

读书报告：
　　做读书报告 4 次，其中至少公开在学科或学院的学术论坛做读书报告 1 次。累计完成 4 次计 2 学分。

开题报告：
　　包括对论文选题意义、主要研究内容和研究方案等做出论证，经导师（组）审定通过后，开始撰写学位论文。在入学后第一学年末完成。

中期考核：
　　无。

预答辩：
　　预答辩具体要求由本学科自行制定。

毕业要求：
　　修完规定学分、成绩合格，完成各个培养环节，通过学位论文答辩，符合学校规定的其他毕业要求。

其他：
　　学分要求：应修最低总学分 24 学分，其中公共学位课 5 学分，专业学位课 10 学分，选修课 9 学分（本专业选修课至少 8 学分），读书报告 2 学分。

平台课程						
必修/选修	课程性质	课程编号	课程名称	学分	总学时	开课学期	备注
选修	公共学位课	0500006	研究生英语水平测试	1	0	夏、冬	
选修	公共学位课	0500007	研究生英语交流能力	1	32	春、夏、秋、冬	
选修	公共学位课	0420002	自然辩证法概论	1	24	春、夏、秋、冬	
选修	公共学位课	3320001	中国特色社会主义理论与实践研究	2	32	春、夏、秋、冬	
必修	公共选修课	0000999	公共素质类课程至少1门（具体课程详见清单，个人学习计划制定时勿以具体课程替代）	1	16	春、夏、秋、冬	学分数根据具体课程确定，可多选

方向课程						
必修/选修	课程性质	课程编号	课程名称	学分	总学时	开课学期	备注
选修	专业学位课	0821063	高等传热学	2	32	秋	
选修	专业学位课	0821084	制冷与低温系统计算机分析	2	32	春、冬	
选修	专业学位课	0000997	根据研究需要确定学位课程	0	0	春、夏、秋、冬	选择相关专业硕士生学科课程至少2学分
选修	专业学位课	0821083	专业前沿选论	2	32	秋	
选修	专业学位课	0821066	高等工程热力学	2	32	春、夏、秋	
选修	专业选修课	2723008	低品位热转换与利用	2	32	秋	
选修	专业选修课	2723010	输送现象建模	2	32	秋	
选修	专业选修课	0823090	室内空气品质及控制	2	32	春	
选修	专业选修课	0823085	传热过程的熵分析	2	32	冬	
选修	专业选修课	1213254	环境流体力学	2	32	夏	
选修	专业选修课	2723011	制冷空调新技术进展	2	32	秋	
选修	专业选修课	0823087	最新低温制冷技术	2	32	冬	
选修	专业选修课	2723009	流体热物性推算	2	32	秋	
选修	专业选修课	1223258	建筑环境模拟	2	32	夏	
选修	专业选修课	0823089	制冷低温试验技术	2	32	冬	
选修	专业选修课	1423026	现代环境分析技术	2	32	春	

2016 级 081501 水文学及水资源硕士培养方案

所属学院	建筑工程学院	学位类别	学术学位	学制	2.5
最低总学分	24	公共学位课最低学分		5	
专业课最低学分	15	专业学位课最低学分		10	

培养目标：
  培养具有综合职业技能和应用型、复合型知识结构的高层次人才。 具体要求为：
  （一）应掌握中国特色社会主义理论；拥护党的基本路线、方针、政策；热爱祖国、遵纪守法，品德良好，艰苦奋斗，求是创新，积极为我国水利事业的建设与发展服务。
  （二）应较好地掌握水利工程领域坚实的基础理论、系统的专业知识，以及相关的管理、人文和社会科学知识；具有较宽广的知识面，较强的专业技能，具有创新意识，能够独立从事较高层次的工程技术开发和设计工作。
  （三）熟练掌握一门外语，能够阅读本领域的外文资料。

读书报告：
  要求硕士研究生在学期间须做读书报告 4 次，其中至少公开在学科或学院的学术论坛做读书报告 1 次，累计完成 4 次计 2 学分。

开题报告：
  在硕士阶段提交开题报告一篇，开题报告最迟应在入学后的一年内完成。

中期考核：
  无。

预答辩：
  预答辩具体要求由本学科自行制定。

毕业要求：
  修完规定学分、成绩合格，完成各个培养环节，通过学位论文答辩，符合学校规定的其他毕业要求。

其他：
  每年出席学科组织的学术讲座或论坛 10 次以上。
  研究生在学习期间要参加项目的开发和研究工作，参加社会实践、公益劳动，参加文娱活动，坚持体育锻炼，增强体质。

备注：
  主要研究方向：01 水资源综合利用和管理　02 水资源信息工程　03 地表水文过程与地貌演变　04 水文水资源领域新技术的开发与应用　05 水文循环

平台课程

必修/选修	课程性质	课程编号	课程名称	学分	总学时	开课学期	备注
选修	公共学位课	3320001	中国特色社会主义理论与实践研究	2	32	春、夏、秋、冬	
选修	公共学位课	0420002	自然辩证法概论	1	24	春、夏、秋、冬	
选修	公共学位课	0500007	研究生英语交流能力	1	32	春、夏、秋、冬	
选修	公共学位课	0500006	研究生英语水平测试	1	0	夏、冬	
必修	公共选修课	0000999	公共素质类课程至少 1 门（具体课程详见清单，个人学习计划制定时勿以具体课程替代）	1	16	春、夏、秋、冬	学分数根据具体课程确定，可多选

方向课程							
必修/选修	课程性质	课程编号	课程名称	学分	总学时	开课学期	备注
选修	专业学位课	1221296	地下水动力学	2	32	秋	
选修	专业学位课	1221297	生态水文学	2	32	秋	
选修	专业学位课	1221216	地表水文过程与地貌演变	2	32	春	
选修	专业学位课	1221112	水资源学进展	2	32	冬	
选修	专业学位课	1221218	综合水资源管理	2	32	春	
选修	专业选修课	1223260	高等水力学	2	32	冬	
选修	专业选修课	1221089	地理信息系统	2	32	秋	
选修	专业选修课	1223257	光学遥感原理及应用	2	32	夏	
选修	专业选修课	0000998	选修相关学科课程	0	0	春、夏、秋、冬	至少1学分
选修	专业选修课	1222028	优化原理与方法	2	32	冬	
选修	专业选修课	1223114	水资源与水环境	2	32	春	
选修	专业选修课	1223298	水信息与系统工程	2	32	夏	

2016 级 081502 水力学及河流动力学硕士培养方案

所属学院	建筑工程学院	学位类别	学术学位	学制	2.5
最低总学分	24	公共学位课最低学分		5	
专业课最低学分	15	专业学位课最低学分		10	

培养目标：

　　培养具有综合职业技能和应用型、复合型知识结构的高层次人才。　具体要求为：

　　（一）应掌握中国特色社会主义理论；拥护党的基本路线、方针、政策；热爱祖国、遵纪守法，品德良好，艰苦奋斗，求是创新，积极为我国水利事业的建设与发展服务。

　　（二）应较好地掌握水利工程领域坚实的基础理论、系统的专业知识，以及相关的管理、人文和社会科学知识；具有较宽广的知识面，较强的专业技能，具有创新意识，能够独立从事较高层次的工程技术开发和设计工作。

　　（三）熟练掌握一门外语，能够阅读本领域的外文资料。

读书报告：

　　要求硕士研究生在学期间须做读书报告4次，其中至少公开在学科或学院的学术论坛做读书报告1次，累计完成4次计2学分。

开题报告：

　　在硕士阶段提交开题报告一篇，开题报告最迟应在入学后的一年内完成。

中期考核：

　　无。

预答辩：

　　预答辩具体要求由本学科自行制定。

毕业要求：
　　修完规定学分、成绩合格，完成各个培养环节，通过学位论文答辩，符合学校规定的其他毕业要求。

其他：
　　每年出席学科组织的学术讲座或论坛 10 次以上。

备注：
　　主要研究方向：01 水力数值模拟与优化分析　02 环境水力学　03 河流动力学　04 水灾害预报及防治　05 水力测试技术与模型试验　06 渗透水力学
　　重点提示：阅读文献不少于 30 篇，其中外文文献不少于 15 篇。

平台课程

必修/选修	课程性质	课程编号	课程名称	学分	总学时	开课学期	备注
选修	公共学位课	0500006	研究生英语水平测试	1	0	夏、冬	
选修	公共学位课	0500007	研究生英语交流能力	1	32	春、夏、秋、冬	
选修	公共学位课	3320001	中国特色社会主义理论与实践研究	2	32	春、夏、秋、冬	
选修	公共学位课	0420002	自然辩证法概论	1	24	春、夏、秋、冬	
必修	公共选修课	0000999	公共素质类课程至少 1 门（具体课程详见清单，个人学习计划制定时勿以具体课程替代）	1	16	春、夏、秋、冬	学分数根据具体课程确定，可多选

方向课程

必修/选修	课程性质	课程编号	课程名称	学分	总学时	开课学期	备注
选修	专业学位课	1222061	高等工程流体力学	2	32	秋	
选修	专业学位课	1222028	优化原理与方法	2	32	冬	
选修	专业学位课	0000997	根据研究需要确定学位课程	0	0	春、夏、秋、冬	至少 4 学分
选修	专业学位课	1221067	计算流体力学	2	32	秋	
选修	专业选修课	0000998	选修相关学科课程	0	0	春、夏、秋、冬	
选修	专业选修课	1222027	工程试验测试技术	3	48	秋冬	
选修	专业选修课	1221111	高等河流动力学	2	32	冬	
选修	专业选修课	1222026	工程弹塑性力学	2	32	春	
选修	专业选修课	1221106	高等水工结构分析	2	32	春	

2016 级 081503 水工结构工程硕士培养方案

所属学院	建筑工程学院	学位类别	学术学位	学制	2.5
最低总学分	24	公共学位课最低学分		5	
专业课最低学分	15	专业学位课最低学分		10	

培养目标：

　　培养具有综合职业技能和应用型、复合型知识结构的高层次人才。具体要求为：

　　（一）应掌握中国特色社会主义理论；拥护党的基本路线、方针、政策；热爱祖国、遵纪守法，品德良好，艰苦奋斗，求是创新，积极为我国水利事业的建设与发展服务。

　　（二）应较好地掌握水利工程领域坚实的基础理论、系统的专业知识，以及相关的管理、人文和社会科学知识；具有较宽广的知识面，较强的专业技能，具有创新意识，能够独立从事较高层次的工程技术开发和设计工作。

　　（三）熟练掌握一门外语，能够阅读本领域的外文资料。

读书报告：

　　要求硕士研究生在学期间须做读书报告4次，其中至少公开在学科或学院的学术论坛做读书报告1次，累计完成4次计2学分。

开题报告：

　　在硕士阶段提交开题报告一篇，开题报告最迟应在入学后的一年内完成。

中期考核：

　　无。

预答辩：

　　预答辩具体要求由本学科自行制定。

毕业要求：

　　修完规定学分、成绩合格，完成各个培养环节，通过学位论文答辩，符合学校规定的其他毕业要求。

其他：

　　每年出席学科组织的学术讲座或论坛10次以上。

备注：

　　主要研究方向：01 系统分析与优化　02 大坝安全与评估　03 水工结构破坏力学　04 渗透与稳定　05 地下结构分析　06 结构—地基—流体动力相互作用　07 水工地震工程　08 灾害机理及控制

　　重点提示：阅读文献不少于30篇，其中外文文献不少于15篇。

平台课程

必修/选修	课程性质	课程编号	课程名称	学分	总学时	开课学期	备注
选修	公共学位课	0420002	自然辩证法概论	1	24	春、夏、秋、冬	
选修	公共学位课	0500006	研究生英语水平测试	1	0	夏、冬	
选修	公共学位课	0500007	研究生英语交流能力	1	32	春、夏、秋、冬	
选修	公共学位课	3320001	中国特色社会主义理论与实践研究	2	32	春、夏、秋、冬	
必修	公共选修课	0000999	公共素质类课程至少1门（具体课程详见清单，个人学习计划制定时勿以具体课程替代）	1	16	春、夏、秋、冬	学分数根据具体课程确定，可多选

方向课程

必修/选修	课程性质	课程编号	课程名称	学分	总学时	开课学期	备注
选修	专业学位课	0000997	根据研究需要确定学位课程	0	0	春、夏、秋、冬	至少4学分
选修	专业学位课	1222026	工程弹塑性力学	2	32	春	

必修/选修	课程性质	课程编号	课程名称	学分	总学时	开课学期	备注
选修	专业学位课	1222028	优化原理与方法	2	32	冬	
选修	专业学位课	1221106	高等水工结构分析	2	32	春	
选修	专业选修课	1221029	高等土力学	2	32	秋	
选修	专业选修课	1222027	工程试验测试技术	3	48	秋冬	
选修	专业选修课	1221049	高等工程抗震	2	32	春	
选修	专业选修课	0000998	选修相关学科课程	0	0	春、夏、秋、冬	
选修	专业选修课	1222061	高等工程流体力学	2	32	秋	

2016 级 081504 水利水电工程硕士培养方案

所属学院	建筑工程学院	学位类别	学术学位	学制	2.5
最低总学分	24	公共学位课最低学分		5	
专业课最低学分	15	专业学位课最低学分		10	

培养目标：
　　培养具有综合职业技能和应用型、复合型知识结构的高层次人才。　具体要求为：
　　（一）应掌握中国特色社会主义理论；拥护党的基本路线、方针、政策；热爱祖国、遵纪守法，品德良好，艰苦奋斗，求是创新，积极为我国水利事业的建设与发展服务。
　　（二）应较好地掌握水利工程领域坚实的基础理论、系统的专业知识，以及相关的管理、人文和社会科学知识；具有较宽广的知识面，较强的专业技能，具有创新意识，能够独立从事较高层次的工程技术开发和设计工作。
　　（三）熟练掌握一门外语，能够阅读本领域的外文资料。

读书报告：
　　要求硕士研究生在学期间须做读书报告 4 次，其中至少公开在学科或学院的学术论坛做读书报告 1 次，累计完成 4 次计 2 学分。

开题报告：
　　在硕士阶段提交开题报告一篇，开题报告最迟应在入学后的一年内完成。

中期考核：
　　无。

预答辩：
　　预答辩具体要求由本学科自行制定。

毕业要求：
　　修完规定学分、成绩合格，完成各个培养环节，通过学位论文答辩，符合学校规定的其他毕业要求。

其他：
　　每年出席学科组织的学术讲座或论坛 10 次以上。

备注：
　　主要研究方向：01 水能资源配置与优化调度　02 环境振动及控制　03 洪水灾害评估及风险管理　04 大坝安全与监控
　　重点提示：阅读文献不少于 30 篇，其中外文文献不少于 15 篇。

平台课程							
必修/选修	课程性质	课程编号	课程名称	学分	总学时	开课学期	备注
选修	公共学位课	3320001	中国特色社会主义理论与实践研究	2	32	春、夏、秋、冬	
选修	公共学位课	0500006	研究生英语水平测试	1	0	夏、冬	
选修	公共学位课	0420002	自然辩证法概论	1	24	春、夏、秋、冬	
选修	公共学位课	0500007	研究生英语交流能力	1	32	春、夏、秋、冬	
必修	公共选修课	0000999	公共素质类课程至少1门（具体课程详见清单，个人学习计划制定时勿以具体课程替代）	1	16	春、夏、秋、冬	
方向课程							
必修/选修	课程性质	课程编号	课程名称	学分	总学时	开课学期	备注
选修	专业学位课	0000997	根据研究需要确定学位课程	0	0	春、夏、秋、冬	至少4学分
选修	专业学位课	1222061	高等工程流体力学	2	32	秋	
选修	专业学位课	1222028	优化原理与方法	2	32	冬	
选修	专业学位课	1221106	高等水工结构分析	2	32	春	
选修	专业选修课	1223107	系统分析	2	32	秋	
选修	专业选修课	1221089	地理信息系统	2	32	秋	
选修	专业选修课	1221029	高等土力学	2	32	秋	
选修	专业选修课	1221049	高等工程抗震	2	32	春	
选修	专业选修课	1222026	工程弹塑性力学	2	32	春	
选修	专业选修课	1221111	高等河流动力学	2	32	冬	
选修	专业选修课	1222027	工程试验测试技术	3	48	秋冬	
选修	专业选修课	0000998	选修相关学科课程	0	0	春、夏、秋、冬	

附录19

各类继续教育教学计划

"建筑与土木工程"领域城市规划方向 2012—2015 级工程硕士培养计划

课程类别	课程名称	学分	学时	备注
公共必修课	英语	3	64	5 学分
	自然辩证法	2	32	
公共选修课	科技论文写作	1	16	1 学分
	科学社会主义理论与实践	1	24	
	人文素质类讲座	1	16	
	知识产权基础	1	16	
专业学位课	城市规划理论与方法	2	32	12 学分
	中外城市发展比较	2	32	
	区域规划与城市研究	2	32	
	城市规划技术方法	2	32	
	现代建筑引论	2	32	
	城市规划评论	2	32	
专业选修课	城市社会学	2	32	限定选修 14 学分
	城市详细规划	2	32	
	城市设计	2	32	
	城市景观规划	2	32	
	人居环境与住宅发展	2	32	
	城市环境、城市空间分析	2	32	
	城市规划专题	2	32	
	现代土木施工	2	32	
合计		32	528	

注：应修最低总学分 32 学分，其中公共课 6 学分，专业学位课 12 学分，专业选修课不低于 14 学分。 公共课、专业学位课及限选选修课为必修课程，学员必须修完本专业培养方案所规定的必修课程，达到所规定的最低总学分 32 学分。

"建筑与土木工程"领域建筑经济与管理方向 2012—2015 级工程硕士培养计划

课程类别	课程名称	学分	学时	备注
公共必修课	英语	3	64	5 学分
	自然辩证法	2	32	
公共选修课	科技论文写作	1	16	1 学分
	科学社会主义理论与实践	1	24	
	人文素质类讲座	1	16	
	知识产权基础	1	16	
专业学位课	结构可靠度理论及其应用	2	32	12 学分
	基础工程	2	32	
	土木工程进展	2	32	
	企业管理学	2	32	
	工程经济学	2	32	
	运筹学	2	32	
专业选修课	工程项目管理	2	32	限定选修 14 学分
	管理研究方法	2	32	
	施工组织与进度管理	2	32	
	工程担保与保证	2	32	
	企业财务管理	2	32	
	房地产经营与管理	2	32	
	建设与房地产法规	2	32	
	工程造价确定与控制	2	32	
	现代土木施工	2	32	
	项目管理专题	2	32	
	绿色建筑导引	2	32	
合计		32	528	

注：应修最低总学分 32 学分，其中公共课 6 学分，专业学位课 12 学分，专业选修课不低于 14 学分。公共课、专业学位课及限选选修课为必修课程，学员必须修完本专业培养方案所规定的必修课程，达到所规定的最低总学分 32 学分。

"建筑与土木工程"领域建筑学方向 2012—2015 级工程硕士培养计划

课程类别	课程名称	学分	学时	备注
公共必修课	英语	3	64	5 学分
	自然辩证法	2	32	
公共选修课	科技论文写作	1	16	1 学分
	科学社会主义理论与实践	1	24	
	人文素质类讲座	1	16	
	知识产权基础	1	16	
专业学位课	现代建筑引论	2	32	12 学分
	现代建筑评论	2	32	
	绿色建筑导引	2	32	
	中国近现代建筑概论	2	32	
	建筑设计	2	32	
	建筑技术概论	2	32	
专业选修课	城市社会学	2	32	限定选修 14 学分
	古城与古建筑保护	2	32	
	城市规划评论	2	32	
	城市规划理论与方法	2	32	
	建筑物理环境控制	2	32	
	城市更新与改造	2	32	
	建筑与城市整体设计导论	2	32	
	城市景观规划	2	32	
	城市详细规划	2	32	
	城市设计	2	32	
	现代土木施工	2	32	
合计		32	528	

注：应修最低总学分 32 学分，其中公共课 6 学分，专业学位课 12 学分，专业选修课不低于 14 学分。 公共课、专业学位课及限选选修课为必修课程，学员必须修完本专业培养方案所规定的必修课程，达到所规定的最低总学分 32 学分。

"建筑与土木工程"领域土木工程方向 2012—2015 级工程硕士培养计划

课程类别	课程名称	学分	学时	备注
公共必修课	英语	3	64	5 学分
	自然辩证法	2	32	
公共选修课	科技论文写作	1	16	1 学分
	科学社会主义理论与实践	1	24	
	人文素质类讲座	1	16	
	知识产权基础	1	16	
专业学位课	数值计算方法	2	32	12 学分
	结构可靠度理论及其应用	2	32	
	工程弹塑性力学	2	32	
	工程试验测试技术	2	32	
	土木工程进展	2	32	
	基础工程	2	32	
	优化原理与方法	2	32	
专业选修课	建筑企业管理学	2	32	限定选修 14 学分
	建筑工程经济	2	32	
	高等土力学	2	32	
	高等结构动力学	2	32	
	城建环境管理学	2	32	
	现代土木施工	2	32	
	防灾工程学	2	32	
	高等道路工程学	2	32	
合计		32	528	

注：应修最低总学分 32 学分，其中公共课 6 学分，专业学位课 12 学分，专业选修课不低于 14 学分。公共课、专业学位课及限选选修课为必修课程，学员必须修完本专业培养方案所规定的必修课程，达到所规定的最低总学分 32 学分。

"交通运输工程"领域道路工程班 2012—2015 级工程硕士培养计划

课程类别	课程名称	学分	学时	备注
公共必修课	英语	3	64	5 学分
	自然辩证法	2	32	
公共选修课	科技论文写作	1	16	1 学分
	科学社会主义理论与实践	1	24	
	人文素质类讲座	1	16	
	知识产权基础	1	16	
专业学位课	高等道路工程学	2	32	12 学分
	新型沥青路面材料与性能	2	32	
	综合交通运输规划	2	32	
	交通运输工程概论	2	32	
	交通网络分析方法	2	32	
	交通控制理论	2	32	
	优化原理与方法	2	32	
专业选修课	路面结构与设计理论	2	32	限定选修 14 学分
	数值计算方法	2	32	
	结构可靠度理论及其应用	2	32	
	基础工程	2	32	
	工程造价确定与控制	2	32	
	交通安全与防灾技术	2	32	
	项目管理专题	2	32	
	建设工程经济评价	2	32	
	道路试验与养护技术	2	32	
	工程软件开发原理与应用	2	32	
	现代土木施工	2	32	
合计		32	528	

注：应修最低总学分 32 学分，其中公共课 6 学分，专业学位课 12 学分，专业选修课不低于 14 学分。公共课、专业学位课及限选选修课为必修课程，学员必须修完本专业培养方案所规定的必修课程，达到所规定的最低总学分 32 学分。

"交通运输工程"领域桥梁工程班 2012—2015 级工程硕士培养计划

课程类别	课程名称	学分	学时	备注
公共必修课	英语	3	64	5 学分
	自然辩证法	2	32	
公共选修课	科技论文写作	1	16	1 学分
	科学社会主义理论与实践	1	24	
	人文素质类讲座	1	16	
	知识产权基础	1	16	
专业学位课	数值计算方法	2	32	12 学分
	结构可靠度理论及其应用	2	32	
	工程弹塑性力学	2	32	
	道桥试验测试技术	2	32	
	土木工程进展	2	32	
	基础工程	2	32	
	优化原理与方法	2	32	
专业选修课	高等道路工程学	2	32	限定选修 14 学分
	路面结构与设计理论	2	32	
	桥梁维护与管理新技术	2	32	
	交通安全与防灾技术	2	32	
	建设工程经济评价	2	32	
	路面新材料与新技术	2	32	
	现代交通工程技术	2	32	
	现代土木施工	2	32	
合计		32	528	

注：应修最低总学分 32 学分，其中公共课 6 学分，专业学位课 12 学分，专业选修课不低于 14 学分。公共课、专业学位课及限选选修课为必修课程，学员必须修完本专业培养方案所规定的必修课程，达到所规定的最低总学分 32 学分。

"水利工程"领域 2012—2015 级工程硕士培养计划

课程类别	课程名称	学分	学时	备注
公共必修课	英语	3	64	5 学分
	自然辩证法	2	32	
公共选修课	科技论文写作	1	16	1 学分
	科学社会主义理论与实践	1	24	
	人文素质类讲座	1	16	
	知识产权基础	1	16	
专业学位课	数值计算方法	2	32	12 学分
	优化原理与方法	2	32	
	计算流体力学	2	32	
	水资源与水环境	2	32	
	高等水工结构分析	2	32	
	水利现代量测技术	2	32	
	动力沉积学	2	32	
专业选修课	环境水力学	2	32	限定选修 14 学分
	水资源系统规划	2	32	
	建筑企业管理学	2	32	
	现代水文学	2	32	
	地下水水文学	2	32	
	边坡工程学	2	32	
	海洋环境学	2	32	
	现代土木施工	2	32	
合计		32	528	

注：　应修最低总学分 32 学分，其中公共课 6 学分，专业学位课 12 学分，专业选修课不低于 14 学分。 公共课、专业学位课及限选选修课为必修课程，学员必须修完本专业培养方案所规定的必修课程，达到所规定的最低总学分 32 学分。

"项目管理（建设工程）"领域 2012—2015 级工程硕士培养计划

课程类别	课程名称	学分	学时	备注
公共必修课	英语	3	64	5 学分
	自然辩证法	2	32	
公共选修课	科技论文写作	1	16	1 学分
	科学社会主义理论与实践	1	24	
	人文素质类讲座	1	16	
	知识产权基础	1	16	
专业学位课	企业管理学	2	32	12 学分
	工程经济学	2	32	
	运筹学	2	32	
	工程项目管理	2	32	
	管理研究方法	2	32	
	现代土木施工	2	32	
专业选修课	工程担保与保证	2	32	限定选修 14 学分
	企业财务管理	2	32	
	房地产经营与管理	2	32	
	建设与房地产法规	2	32	
	工程造价确定与控制	2	32	
	项目管理专题	2	32	
	施工组织与进度管理	2	32	
	绿色建筑导引	2	32	
合计		32	528	

注：应修最低总学分 32 学分，其中公共课 6 学分，专业学位课 12 学分，专业选修课不低于 14 学分。 公共课、专业学位课及限选选修课为必修课程，学员必须修完本专业培养方案所规定的必修课程，达到所规定的最低总学分 32 学分。

附录20

科学研究成果名录

（一）重大科技项目*

重大科技项目

项目类别	合同号	项目名称	项目负责人	总经费/万元	任务下达单位	批准时间
863	/	GFJG-E30125	关富玲	8	/	2001 年
863	2001AA602022-1	管道分布式光纤传感技术	金伟良	56	中海石油研究中心	2003 年 1 月
863	2004AA602210-1	长距离海底管道分步式光纤传感技术	金伟良	120	中海石油研究中心	2005 年 6 月
863	2006AA04Z422	沿海重大混凝土桥梁耐久性试验方法与寿命评估技术	金伟良	100	科技部	2006 年 12 月 31 日
863	2006AA09A109-5	浮体固体结构的安全性评估技术	龚顺风	110	科技部	2007 年 1 月 1 日
863	2006AA09A105-1	深水海底管道铺设技术	金伟良	119	科技部	2007 年 2 月 8 日
863	2012AA050903-01	综合环境下大型土木工程基础设施耐久性试验技术	金南国	30	科技部	2007 年 4 月 13 日
863	2007AA04Z437	基于时变可靠度的重大砼桥梁全寿命维修优化决策技术	孙晓燕	80	科技部	2007 年 7 月 3 日
863	2007AA05Z427	近海风机吸力式桶形基础关键技术	陈水福	96	科技部	2007 年 12 月 1 日
863	2007AA04Z441	复杂环境下大跨度空间结构故障预警技术	罗尧治	234	科技部	2007 年 12 月 20 日
863	2007AA12Z232	基于多尺度遥感数据多维空间优化的城市热岛缓减关键技术与系统	王伟武	124	科技部	2007 年 12 月 27 日

---

* 包括国家重点研发计划项目、国家科技重大专项、973 计划项目、863 计划项目、支撑计划项目。

项目类别	合同号	项目名称	项目负责人	总经费/万元	任务下达单位	批准时间
863	2008AA030708	高速铁路无砟轨道用 CA 砂浆	钱晓倩	451	科技部	2008 年 1 月 1 日
863	2008AA030708	高速铁路无砟轨道用 CA 砂浆（省配套）	钱晓倩	40	科技部	2009 年 2 月 6 日
863	2009AA12Z121	面向高空间分辨率遥感影像的建筑物精确提取与类型识别技术	陈秋晓	59	科技部	2009 年 10 月 20 日
863	2009AA12Z148	影像特征基元高效分割与海岸带人工地物目标快速提取	陈秋晓	15	中国科学院遥感应用研究所	2009 年 12 月 10 日
863	2011AA110304	区域交通动态协同优化控制技术	王殿海	709	科技部	2011 年 9 月 1 日
863	2011AA11A102	高速铁路路基沉降变形特性研究	陈仁朋	61	科技部	2011 年 11 月 1 日
863	2012AA062608	供水系统安全保障与智能调控技术	朱志伟	702	科技部	2011 年 11 月 28 日
863	2011AA110302-02	区域动态 OD 获取技术研究	梅振宇	20	科技部	2012 年 1 月 1 日
863	2012AA062601	缺水地区地下水勘查技术	柯瀚	710	科技部	2012 年 1 月 1 日
863	2012AA050903	荷载与环境因素偶合作用下核电站关键混凝土结构可靠性保障技术研究	金南国	85	科技部	2012 年 4 月 28 日
863	2015AA03A502-4	高性能不锈钢钢筋产品及其混凝土构件耐蚀性能评价研究	王海龙	84	科技部	2015 年 4 月 1 日
973	2001CB209104	高效大气田的形成机理与分布研究	楼章华	50	中国石油集团科学技术研究院	2002 年 4 月
973	2005CB422107	地下水文地质地球化学与油气保存条件研究（参与）	金爱民	50	科技部	2006 年 5 月
973	2007CB714001	复杂地质掘进过程的界面行为（参与）	陈仁朋	180	科技部	2007 年 7 月 1 日
973	2007CB714203	城市工程的地震破坏与控制	凌道盛	160	科技部	2008 年 1 月 10 日
973	2007CB714103	土石坝溃决发展的数值模拟研究（参与）	冉启华	20	南京水利科学研究院	2008 年 6 月 30 日
973	2009CB623204	复杂环境中现代混凝土结构的服役寿命设计理论	金贤玉	630	科技部	2009 年 5 月 5 日
973	2011CB409901-01	地表水文动力过程与坡面流形成机理（参与）	冉启华	30	科技部	2011 年 2 月 18 日
973	2012CB719802	城市固体废弃物填埋孕育环境灾害与可持续防控的基础研究	詹良通	250	科技部	2011 年 8 月 23 日

项目类别	合同号	项目名称	项目负责人	总经费/万元	任务下达单位	批准时间
973	2012CB719806	城市固体废弃物填埋孕育环境灾害与可持续防控的基础研究	陈云敏	3243	科技部	2011 年 8 月 23 日
973	2012CB719801	城市固体废弃物填埋孕育环境灾害与可持续防控的基础研究	柯瀚	100	科技部	2011 年 11 月 1 日
973	2012CB719805	城市固体废弃物填埋孕育环境灾害与可持续防控的基础研究	凌道盛	179	科技部	2012 年 1 月 1 日
973	2012CB725402	公交主导型多方式交通网络的效能分析技术（参与）	王殿海	25	科技部	2012 年 7 月 16 日
973	2013CB035901	复杂环境下碾压混凝土材料性能演变细观机制	刘国华	680	科技部	2012 年 12 月 1 日
973	2014CB047005	机场高填方地震灾变和适航性研究	凌道盛	230	科技部	2014 年 2 月 8 日
973	2015CB057801	高水压渗流条件下盾构隧道水土荷载作用机理	徐长节	213	科技部	2015 年 1 月 1 日
973	2015CB655103	严酷环境下混凝土结构性能退化及可预期寿命设计	金贤玉	620	科技部	2015 年 3 月 2 日
支撑项目		南方中、古生界油气保存条件研究	楼章华	109	科技部（中国石化）	2004 年 1 月
支撑项目	2003BA808A08	小城镇住区规划设计导则与住宅建筑标准化研究	王士兰	6	中国建筑标准设计研究院	2004 年 6 月
支撑项目	2003BA808A09	小城镇规划及相关技术标准研究	王士兰	22	中国城市规划设计院	2004 年 9 月
支撑项目	2004BA904B02-1	国家游泳中心结构及室内环境关键技术研究	董石麟	110	北京市国有资产经营有限责任公司	2004 年 10 月
支撑项目	2006BAJ06B02	村镇建筑工程灾害防治技术研究与示范	詹良通	50	科技部	2007 年 1 月 1 日
支撑项目	2006BAJ03A04-03	既有建筑智能改造关键技术研究	金伟良	43	科技部	2007 年 4 月 1 日
支撑项目	2006BAJ01B07-04	改善建筑风环境品质的指导原则和技术措施研究	陈勇	20	建设部	2008 年 4 月 30 日
支撑项目	2006BAJ03A02-02	既有建筑适用性及其他性能检测与评定技术研究	王柏生	140	建设部	2008 年 5 月 20 日
支撑项目	2006BAJ03A03-03	既有大型公共建筑的结构加固及安全评估技术研究	邓华	30	建设部	2008 年 5 月 22 日

项目类别	合同号	项目名称	项目负责人	总经费/万元	任务下达单位	批准时间
支撑项目	2008BAK51B06-11	地震灾区农村住房设计与建造关键技术研究	华晨	15	科技部	2008年6月11日
支撑项目	2009BAG12A01-A03-2	高速列车与桥梁结构的动力学研究	鲍亦兴	99	科技部	2009年1月1日
支撑项目	2009BAG12A01-B12-3	高速线路不平顺谱的研究	蒋建群	249	科技部	2009年1月1日
支撑项目	2008BAJ08B14-01	村镇住宅抗震技术与防灾标准研究	陈水福	5	科技部	2009年3月31日
支撑项目	2006BAJ04A04-01	木材加工性能提升关键技术研究	钱晓倩	110	建设部	2009年4月13日
支撑项目		三维流固耦合力学效应与变形计算方法研究	应宏伟	50	科技部	2009年5月5日
支撑项目	2011BAJ03B11	建筑用能系统评价优化与自保温体系研究及示范	葛坚	569	科技部	2011年6月1日
支撑项目	2012BAJ13B04	钢结构建筑防火关键技术研究	徐世烺	45	科技部	2012年1月1日
支撑项目	2012BAJ13B03	高性能建筑用钢防腐蚀结构设计技术开发	李庆华	105	科技部	2012年1月1日
支撑项目	2011BAJ09B03	现代钢—混凝土组合结构技术应用研究	赵羽习	417	科技部	2012年2月17日
支撑项目	2012BAA10B01	夏热冬冷地区建筑围护结构节能体系及空调系统节能研究	钱晓倩	395	科技部	2012年5月7日
支撑项目	2012BAJ12B02	基于实际用能状况下的建筑节能模拟软件开发应用	钱匡亮	438	科技部	2012年5月15日
支撑项目	2012BAK10B06	降雨影响敏感型滑坡快速排水技术及专用装备开发	尚岳全	442	科技部	2012年5月31日
支撑项目	2012BAJ07B03	高层与大跨建筑结构特征传感及安全物联网监控技术	罗尧治	722	科技部	2012年6月1日
支撑项目	2011BAJ08B01-05	江南传统民居节能技术研究	葛坚	45	科技部	2012年6月18日
支撑项目	2012BAK14B04	古代建筑营造传统工艺科学化研究	张玉瑜	15	科技部	2012年9月20日
支撑项目	2012BAJ13B04	钢结构建筑防火关键技术研究	徐世烺	670	科技部	2012年9月25日

项目类别	合同号	项目名称	项目负责人	总经费/万元	任务下达单位	批准时间
支撑项目	2012BAJ01B04-3	城市地下空间开发应用技术集成与示范	徐日庆	185	同济大学	2013 年 4 月 19 日
支撑项目	2014BAL07B02	村镇旅游资源开发与生态化关键技术研究与示范	王竹	350	科技部	2014 年 1 月 1 日
支撑项目	2013BAL01B01-3	"降耗—蓄能"功能模块材料组合与技术选型	赖俊英	99	科技部	2014 年 2 月 25 日
支撑项目	2014BAG03B05-01	基于信息融合的城市交通智能管控与服务技术应用示范	金盛	70	科技部	2015 年 2 月 2 日
重大专项	2008ZX05026-002-02	深水浮式平台结构分析技术研究	金伟良	210	科技部	2008 年 1 月 1 日
重大专项	2008ZX07421-006	平原河网水源突发污染事故城市供水应急处置系统研究与工程示范	俞亭超	311	财政部	2008 年 9 月 1 日
重大专项	2008ZX07425-008	沿海岛屿饮用水安全保障适用技术研究与工程示范	邵卫云	1236	科技部	2008 年 9 月 1 日
重大专项	2008ZX07421-003	高氨氮和高有机物污染河网原水的组合处理技术集成与示范	张燕	1380	环保总局	2008 年 9 月 1 日
重大专项	2008ZX07317-001	特殊地质地貌城市高截污率雨污水管网建设改造和优化运行关键技术研究与示范	张仪萍	832	环保总局	2008 年 12 月 1 日
重大专项	2009ZX07423-004	实现安全供水的官网布局优化与改造诊断技术	俞亭超	205	建设部	2009 年 1 月 1 日
重大专项	2009ZX07421-005-01	城乡一体多级供水管网水质评价、控制及优化调度技术研究	柳景青	628	环保总局	2009 年 1 月 1 日
重大专项	2009ZX07424-004	山地丘陵城市饮用水安全保障共性技术研究与示范	胡云进	1024	建设部	2009 年 1 月 1 日
重大专项	2009CX07424	典型城市饮用水安全保障共性技术研究与示范	张土乔	18321	科技部	2009 年 4 月 14 日
重大专项		中西部重点盆地碎屑岩领域流体动力特征研究	冉启华	120	科技部	2009 年 11 月 1 日
重大专项	2008ZX05026-03	水下生产系统设计手册编制	白勇	180	科技部	2010 年 9 月 1 日
重大专项	2011ZX07301-004	污染末端截控技术与河网防洪包围圈内水体水质改善研究与示范	张仪萍	441	建设部	2012 年 7 月 2 日

项目类别	合同号	项目名称	项目负责人	总经费/万元	任务下达单位	批准时间
重大专项	2012ZX07408-002-003	供水管网监测网络及水力水质模型优化技术研究	俞亭超	270	建设部	2012年9月30日
重大专项	2012ZX07403-004	城乡统筹管网安全供水技术集成研究	俞亭超	80	建设部	2012年10月25日
重大专项	2012ZX07403-003	浙江太湖河网地区饮用水安全保障技术集成与示范	张燕	2826	建设部	2012年12月31日
重点研发计划项目	2016YFC0400600	城镇供水管网漏损监测与控制技术及应用	张土乔	2700	科技部	2016年7月21日
重点研发计划课题	2016YFC0701406	装配式混凝土结构的长期性能及全寿命设计理论	赵羽习	607	科技部	2016年7月4日
重点研发计划课题	2016YFC0800204	暴雨作用下城市重大基础设施渗流突变失效机制及控制技术	杨仲轩	310	科技部	2016年7月4日

（二）国家自然科学基金

国家杰出青年科学基金项目

序号	项目名称	项目负责人	批准号	总经费/万元	批准日期
1	垃圾填埋场变形、稳定和扩散耦合作用机理及应用研究	陈云敏	50425825	100	2004年1月1日
2	新材料的力学问题	陈伟球	10725210	200	2007年10月1日
3	大跨度空间结构	罗尧治	51025828	200	2010年10月1日
4	高速交通路堤地基长期力学行为	陈仁朋	51225804	200	2012年10月26日
5	岩土力学与岩土工程	王立忠	51325901	280	2013年12月25日
6	环境岩土工程	詹良通	5162500212	400	2016年9月1日

优秀青年科学基金项目

序号	项目名称	项目负责人	批准号	总经费/万元	批准日期
1	混凝土损伤与破坏力学	吴建营	51222811	100	2012年9月15日
2	土动力学与基础工程	边学成	51222803	100	2012年9月15日

序号	项目名称	项目负责人	批准号	总经费/万元	批准日期
3	非均匀材料结构力学	吕朝锋	11322216	100	2013 年 8 月 21 日
4	岩土与基础工程	杨仲轩	51322809	100	2013 年 8 月 21 日
5	结构振动控制	段元锋	51522811	150	2015 年 9 月 1 日
6	海工钢筋混凝土结构	闫东明	51522905	150	2015 年 9 月 1 日
7	新材料结构	李庆华	51622811	150	2016 年 9 月 1 日

重点项目

序号	项目名称	项目负责人	批准号	总经费/万元	批准日期
1	氯盐侵蚀环境的混凝土结构耐久性设计与评估基础理论研究	金伟良	50538070	200	2005 年 1 月 1 日
2	城市垃圾填埋场固、液、气相互作用及土力学机理	陈云敏	50538080	220	2005 年 1 月 1 日
3	新型张力空间结构体系的基础理论和共性技术研究	董石麟	50638050	200	2006 年 1 月 1 日
4	基于创新研究观念与创新研究方法的中国近代建筑史研究	杨秉德	50838007	170	2008 年 11 月 28 日
5	现代混凝土结构施工期性能的基础研究	金贤玉	50838008	200	2008 年 11 月 28 日
6	长江三角洲地区低碳乡村人居环境营建体系研究	王竹	51238011	260	2012 年 9 月 15 日
7	S 高速铁路无砟轨道路基长期动力稳定性及基于极限状态法的设计方法研究	陈仁朋	U1234204	270	2012 年 12 月 19 日
8	海底盾构隧道岩土工程设计理论与对策	龚晓南	51338009	300	2013 年 8 月 21 日
9	S 城市交通供需结构演化机理与调控方法	王殿海	51338008	300	2013 年 8 月 21 日
10	混凝土结构全寿命周期耐久性能提升与控制的基础理论研究	金伟良	51638013	300	2016 年 9 月 1 日
11	考虑河谷地形效应的土石坝坝坡地震稳定性研究	朱斌	4163000217（子课题）	100	2016 年 9 月 1 日

重大国际合作项目

序号	项目名称	项目负责人	批准号	总经费/万元	批准日期
1	基于全寿命的混凝土结构耐久性基础研究	金伟良	50920105806	100	2010 年 1 月 1 日
2	中亚干旱区生态系统模型集成及应用研究	陈秋晓	2010DFA92720-27	100	2010 年 1 月 1 日
3	城市垃圾填埋场水气产生、运移及系统化工程控制	陈云敏	51010008	200	2010 年 10 月 1 日
4	基于气候响应和建筑耦合的低碳城市供暖供冷方法与机理研究	葛坚	5151101134（子课题）	100	2015 年 9 月 1 日

仪器专项

序号	项目名称	项目负责人	批准号	总经费/万元	批准日期
1	极端气候和环境诱发岩土体灾变的超重力模拟机载装置研究	陈云敏	51127005	280	2012 年 1 月 1 日

面上、青年及其他项目

序号	项目名称	项目负责人	批准号	总经费/万元	批准日期
1	温台模式城市化研究（参与）	李王鸣	40435013	2	2006 年 9 月 1 日
2	高耸格构式塔桅结构风工程研究	孙炳楠	59678038	10	1995 年 1 月 1 日
3	面向对象、面向功能的道路几何 CAD 方法研究	王福建	59808002	11	1998 年 1 月 1 日
4	超载作用下海洋平台结构实变体系可靠度	金伟良	59779002	12	1998 年 1 月 1 日
5	压电弹性力学的若干问题	丁皓江	19872060	12	1998 年 1 月 1 日
6	固体垃圾填埋场的静力和动力稳定及防治方法	陈云敏	59878050	12	1998 年 1 月 1 日
7	交通荷载作用下地基表面波特性及其应用的研究	夏唐代	59808011	13	1998 年 1 月 1 日
8	预应力空间网格结构的形体、全局优化和抗震分析的研究	董石麟	59878049	13	1998 年 1 月 1 日
9	早龄期混凝土静力与动力损伤的研究	金贤玉	59878048	13	1998 年 1 月 1 日
10	薄壁钢曲梁的稳定极限承载力研究	童根树	59778037	14	1998 年 1 月 1 日
11	受施工扰动影响的土体环境稳定理论和控制方法	龚晓南	59738160	35	1998 年 1 月 1 日
12	复杂环境下海洋平台结构体系可靠度及寿命评估（参与）	金伟良		40	1998 年 1 月 1 日
13	考虑时空效应的土压力理论研究	徐日庆	59978045	12	1999 年 1 月 1 日
14	建筑风载及风环境的分层自适应数值模拟	陈水福	59908010	12	1999 年 1 月 1 日
15	柔性桩复合地基的动力特性及抗震应用	蔡袁强	59908012	13	1999 年 1 月 1 日
16	预应力钢管混凝土组合结构计算理论与应用研究	庄一舟	59908011	14	1999 年 1 月 1 日
17	空间轻型大口径光学望远镜可展构造技术研究	关富玲	69982009	14	1999 年 1 月 1 日
18	大跨度柔性屋盖结构的风荷载及风振响应研究	楼文娟	59978044	15	1999 年 1 月 1 日
19	河谷岩体深层破裂的形成机制与评价方法	尚岳全	49972091	17	1999 年 1 月 1 日
20	复杂条件下饱和土体的非线性固结特性研究	谢新宇	50049005	6	2000 年 1 月 1 日
21	复杂条件下饱和土体的非线性固结特性研究	谢新宇	50049005	6	2000 年 1 月 1 日
22	功能梯度材料板壳结构耦合问题的力学分析	陈伟球	10002016	15	2000 年 1 月 1 日
23	功能梯度材料板壳结构耦合问题的力学分析	陈伟球	10002016	15	2000 年 1 月 1 日
24	压电热弹性动力学其应用	丁皓江	10172075	18	2001 年 9 月 1 日

序号	项目名称	项目负责人	批准号	总经费/万元	批准日期
25	长江三角洲城镇基本住居单位可持续发展适宜性模式研究	王竹	50178062	18	2001 年 9 月 1 日
26	不同掺合料早龄期混凝土性能研究	金贤玉	50178063	20	2001 年 9 月 1 日
27	环形张力罩蓬结构的形体、成形技术和预应力优化研究	邓华	50108014	20	2001 年 9 月 1 日
28	水流中泥沙云团运动的大涡模拟	应新亚	50179033	21	2001 年 9 月 1 日
29	建筑的故事——中国近代建筑史话（科普基金）	杨秉德	50120801	5	2002 年 1 月 1 日
30	柱支承圆形钢筒仓结构的稳定性与强度的研究	赵阳	50208017	20	2002 年 1 月 1 日
31	基于振动舒适度的工程结构设计基础理论研究	金伟良	50278085	21	2002 年 1 月 1 日
32	考虑固结时成层地基中变阻抗桩振动特性与应用研究	王奎华	50279047	21	2002 年 1 月 1 日
33	新型预张力索杆的形体、抗振及施工成形	董石麟	50278086	22	2002 年 1 月 1 日
34	混凝土结构灾害演化的非线性动力学理论与仿真研究	刘国华	50279046	22	2002 年 1 月 1 日
35	转行时期民营经济组合创新与城市化关系研究	李王鸣	40271042	23	2002 年 1 月 1 日
36	交通荷载作用下软土地基中管道的力学性状研究	张土乔	50278088	25	2002 年 1 月 1 日
37	路堤下搅拌桩复合地基工后变形特性研究	俞亚南	50278089	25	2002 年 1 月 1 日
38	复杂环境耦合作用下土坡的灾变机理及 TDR 监测技术	陈云敏	50278087	25	2002 年 1 月 1 日
39	堤坝及岩基中裂隙渗流场与应力场耦合动力损伤灾变分析方法研究	张我华	50379046	7	2003 年 1 月 1 日
40	面向对象的城市用地智能化遥感分类方法研究	陈秋晓	40301030	22	2003 年 1 月 1 日
41	多场耦合问题的三维势理论方法及其应用	陈伟球	10372088	23	2003 年 1 月 1 日
42	大型空间结构施工技术研究及建造全过程分析模拟系统	罗尧治	50378083	24	2003 年 1 月 1 日
43	桩承式加筋路堤性状及在软基道路工程中的应用	陈仁朋	50308026	24	2003 年 1 月 1 日
44	考虑主应力方向旋转变化的软土循环特性研究	周建	50308025	24	2003 年 1 月 1 日
45	钢筋混凝土梁表层嵌贴 FRP 的加固性能研究	姚谏	50378084	24	2003 年 1 月 1 日
46	致风内压动力问题及其与柔性屋盖结构的共同作用	楼文娟	50378085	26	2003 年 1 月 1 日
47	边坡的解体变形破坏过程与防治对策研究	尚岳全	40372118	27	2003 年 1 月 1 日
48	波浪荷载下海底粉质土力学特性的试验研究及应用	陈云敏	10372089	28	2003 年 1 月 1 日
49	索杆张力结构中的荷载缓和体系研究	高博青	50478079	24	2004 年 1 月 1 日

序号	项目名称	项目负责人	批准号	总经费/万元	批准日期
50	蜻蜓翅膀结构仿生及新型有限单元法研究	李忠学	50408022	24	2004 年 1 月 1 日
51	索杆张力结构中的荷载缓和体系研究	高博青	50478079	24	2004 年 1 月 1 日
52	大直径长桩侧阻软化机理研究	张忠苗	50478080	25	2004 年 1 月 1 日
53	海底管线灾变机理及 TDR 监控研究	王立忠	50479045	25	2004 年 1 月 1 日
54	海底管线灾变机理及 TDR 监控研究	王立忠	50479045	25	2004 年 1 月 1 日
55	大直径长桩侧阻软化机理研究	张忠苗	50478080	25	2004 年 1 月 1 日
56	道路线形及路边环境引起的错觉分析及治理对策研究	王福建	50478082	25	2004 年 1 月 1 日
57	交通荷载作用下软土加筋路基的沉降特性研究	蔡袁强	50478081	26	2004 年 1 月 1 日
58	磁电体弹性力学及应用	丁皓江	10472102	26	2004 年 1 月 1 日
59	交通荷载作用下软土加筋路基的沉降特性研究	蔡袁强	50478081	26	2004 年 1 月 1 日
60	中国近代建筑文化史研究	杨秉德	50578145	20	2005 年 1 月 1 日
61	深埋长隧洞地质灾害超前预报及其广义反演理论研究	王振宇	50509021	23	2005 年 1 月 1 日
62	城市生活垃圾的物理和生物降解压缩及多场共同作用的填埋场沉降研	柯瀚	50508039	24	2005 年 1 月 1 日
63	功能梯度材料与结构的关键力学问题研究（重点参与）	陈伟球	10432030	25	2005 年 1 月 1 日
64	功能梯度材料与结构的关键力学问题研究（重点参与）	丁皓江	10432030	25	2005 年 1 月 1 日
65	功能梯度材料与结构的关键力学问题研究（重点参与）	陈伟球	10432030	25	2005 年 1 月 1 日
66	双层幕墙风荷载特性及风洞缩尺误差的系统研究	楼文娟	50578144	25	2005 年 1 月 1 日
67	非自应力大位移索杆机构系统的形态学研究	邓华	50578139	25	2005 年 1 月 1 日
68	长江三角洲地区湿地类型基本人居生态单元适宜性模式及其评价体系	贺勇	50508038	25	2005 年 1 月 1 日
69	早龄期混凝土的实时检测及抗裂机理研究	金贤玉	50578142	26	2005 年 1 月 1 日
70	多高层钢结构失稳模式判定准则及其稳定性计算	童根树	50578140	26	2005 年 1 月 1 日
71	考虑变质量效应的连续介质固结理论	龚晓南	50578143	26	2005 年 1 月 1 日
72	耐久性复合材料在大跨度斜拉桥中的应用以及设计法研究	谢旭	50578141	26	2005 年 1 月 1 日
73	含碎石黏性土边坡的地下水渗流特性研究	孙红月	40502026	28	2005 年 1 月 1 日
74	基于黏性离散裂隙模型的高拱坝开裂全过程模拟及安全评估	刘国华	50579081	30	2005 年 1 月 1 日

序号	项目名称	项目负责人	批准号	总经费/万元	批准日期
75	长江河口陆海相互作用的关键界面及其对重大工程的响应（重点参与）	孙志林	40231017	8	2005 年 6 月 1 日
76	漫话百年中国建筑	杨秉德	50620001	10	2006 年 1 月 1 日
77	河网糙率广义反演理论及计算技术的研究	程伟平	50609024	25	2006 年 1 月 1 日
78	桥墩撞击过程中的桩土双向耦合动力相互作用及防撞机理研究	朱斌	50608062	26	2006 年 1 月 1 日
79	复杂条件下竖向排水井地基固结理论研究	谢康和	50679074	26	2006 年 1 月 1 日
80	大型冷却塔的风荷载和风振特性相关问题研究	沈国辉	50608063	28	2006 年 1 月 1 日
81	有机质土的固化及物理力学性质研究	徐日庆	50678158	28	2006 年 1 月 1 日
82	预应力杂交空间结构施工的精确控制研究	卓新	50678157	29	2006 年 1 月 1 日
83	降雨诱发滑坡的实时监控与机理研究	尚岳全	40672185	38	2006 年 1 月 1 日
84	地基与基础工程	陈云敏	50629802	40	2006 年 1 月 1 日
85	城市轨道交通引起的环境振动及防治（重点参与）	蒋建群	50538010	50	2006 年 5 月 1 日
86	温台模式城市化研究（参与）	李王鸣	40435013	2	2006 年 9 月 1 日
87	高压输电塔—线体系抗震抗风基础研究（重点参与）	楼文娟	50638010	31	2007 年 3 月 26 日
88	分段自流压力输水模式的理论及其应用研究	万五一	50709029	20	2007 年 11 月 8 日
89	城市直下型强地震动下砂土应力应变关系及震后变形特性试验研究	黄博	50708095	20	2007 年 11 月 8 日
90	基于上下部共同作用的柔性基础下复合地基工作性状研究	俞建霖	50708093	20	2007 年 11 月 8 日
91	城市供水系统突发性污染源逆向追踪技术研究	俞亭超	50708091	20	2007 年 11 月 8 日
92	用于太阳能热气流发电技术的超高耸烟囱结构研究	袁行飞	50708092	20	2007 年 11 月 8 日
93	雷暴冲击风风场特性深入研究及其对大跨屋盖作用	陈勇	50708096	20	2007 年 11 月 8 日
94	软土地基上高速列车运行引起的马赫效应及控制研究	边学成	10702063	22	2007 年 11 月 8 日
95	多向功能梯度材料结构的多场耦合力学问题研究	吕朝锋	10702061	22	2007 年 11 月 8 日
96	深海中吸力锚的失效机理及对策	王立忠	50779061	28	2007 年 11 月 8 日
97	城市桥梁交通振动辐射低频噪声的机理和评估研究	谢旭	50778160	28	2007 年 11 月 8 日

序号	项目名称	项目负责人	批准号	总经费/万元	批准日期
98	微尺度海—气相互作用：海面粗糙度研究	孙志林	40776007	30	2007年11月8日
99	土质边坡失稳破坏的多尺度数值模拟及试验验证	凌道盛	50778163	32	2007年11月8日
100	复杂应力路径下黏土原生与次生各向异性相互作用的基础研究	周建	50778162	32	2007年11月8日
101	基于高频机电阻抗信号的结构健康监测的定量研究	蔡金标	50778161	32	2007年11月8日
102	金属薄壁圆柱壳在不均匀沉降下的稳定性能研究	赵阳	50778159	34	2007年11月8日
103	基于全寿命管理的混凝土结构耐久性设计理论（JSPS）	金伟良	50811140088	5	2008年1月15日
104	海洋混凝土结构寿命预测的相似方法	金伟良	50811130215	4.02	2008年9月1日
105	混凝土结构耐久性国际会议	金伟良	50810305066	4	2008年11月1日
106	基于住宅选择视角的城市居住空间分异微观机制研究	温海珍	40801057	17	2008年11月28日
107	非饱和状态下裂隙—岩块间水交换机理与交换项公式研究	胡云进	50809059	20	2008年11月28日
108	群桩基础的推扭荷载耦合效应及灾变过程研究	孔令刚	50809060	20	2008年11月28日
109	环境水影响下的混凝土损伤机理与破坏机制研究	王海龙	50809061	20	2008年11月28日
110	水文极限分析不确定性及对洪水风险评估的影响	许月萍	50809058	20	2008年11月28日
111	基于宏细观分析的砂土各向异性本构模拟	杨仲轩	50808159	20	2008年11月28日
112	大城市空间系统的中观组织结构优化研究	韦亚平	50808155	20	2008年11月28日
113	车辆超载作用下既有砼梁桥疲劳可靠度分析及剩余寿命预测	孙晓燕	50808158	20	2008年11月28日
114	混凝土结构锈裂过程中钢筋与混凝土的界面行为研究	赵羽习	50808157	22	2008年11月28日
115	降雨特性在坡面产流中的控制机理	冉启华	40801011	25	2008年11月28日
116	软黏土地基电渗加固机理及工程应用研究	龚晓南	50879076	30	2008年11月28日
117	基于逆向概率函数的污染源重构理论与计算技术研究	程伟平	50879075	30	2008年11月28日
118	功能梯度智能材料与结构的优化	徐荣桥	10872180	32	2008年11月28日
119	基于非达西渗流定律的软土固结理论研究	谢康和	50878191	32	2008年11月28日
120	虚土桩法及其在桩基础动、静特性分析中的应用研究	王奎华	50879077	32	2008年11月28日
121	湿润气候区土质覆盖层—大气水分传递机理及控制方法	詹良通	50878194	33	2008年11月28日

序号	项目名称	项目负责人	批准号	总经费/万元	批准日期
122	循环荷载下桩的累积变形及桩承式高铁路堤长期沉降控制研究	陈仁朋	50878193	33	2008 年 11 月 28 日
123	饱和土中非连续屏障振动隔离研究	徐长节	50878192	36	2008 年 11 月 28 日
124	通过研究 von Willebrand Factor 在剪切场中的运动规律和构象改变探索剪切场诱导血小板活化的奥秘	万占鸿	10802005（转入）	6	2009 年 1 月 3 日
125	基于心理场效应的驾驶行为模型研究	王殿海	70971053（转入）	28	2009 年 9 月 30 日
126	低矮建筑内部风压理论预测和实验模拟方法研究	余世策	50908208	20	2009 年 10 月 1 日
127	基于压磁效应的钢材疲劳寿命预测的方法研究	包胜	50901067	20	2009 年 10 月 1 日
128	新型免承重力抗震人字撑钢框架体系的性能和设计方法	张磊	50908203	20	2009 年 10 月 1 日
129	含黏粒砂土地震液化灾变定量评价的多尺度试验研究	周燕国	50908207	20	2009 年 10 月 1 日
130	基于决策优化的停车信息诱导关键理论与方法研究	梅振宇	50908205	20	2009 年 10 月 1 日
131	基于位移的钢筋砼框架结构地震易损性分析方法研究	苏亮	50908206	20	2009 年 10 月 1 日
132	基于水信息学的感潮河网水资源调控方法及其应用研究	顾正华	50909085	20	2009 年 10 月 1 日
133	高速列车受电弓的非线性随机动力学与最优主动控制研究	宦荣华	10902096	22	2009 年 10 月 1 日
134	在役空间钢结构的构件应力监测方法研究	段元锋	50908202	23	2009 年 10 月 1 日
135	生活垃圾卫生填埋场导排系统工作机理及渗滤液水头有效控制	柯瀚	50978229	32	2009 年 10 月 1 日
136	基于绿色基础设施评价的长三角地区中小城市增长边界研究	李咏华	50978225	32	2009 年 10 月 1 日
137	变几何自适应张力结构分析理论研究	肖南	50978228	32	2009 年 10 月 1 日
138	暴风雨环境下低矮建筑荷载作用的数值与试验研究	陈水福	50978230	33	2009 年 10 月 1 日
139	固体废弃物力学中生化相变效应及应用	陈云敏	10972195	33	2009 年 10 月 1 日
140	海上风电机组超大直径高桩水平循环累积变形特性研究	朱斌	50979097	34	2009 年 10 月 1 日
141	微纳米压电薄膜的非经典连续介质模型及其应用?	吕朝锋	10972193	34	2009 年 10 月 1 日

序号	项目名称	项目负责人	批准号	总经费/万元	批准日期
142	结构分析的回传射线矩阵法及其实验	叶贵如	10972196	34	2009 年 10 月 1 日
143	柔性预张力结构施工张拉分析的几何误差理论研究	邓华	50978226	34	2009 年 10 月 1 日
144	空间结构形态学基础理论与方法研究	罗尧治	50978227	34	2009 年 10 月 1 日
145	浅源近场地震下饱和软黏土地基动力响应试验研究	蔡袁强	50979096	38	2009 年 10 月 1 日
146	暴雨过程滑坡变形动态模型分析	孙红月	40972187	48	2009 年 10 月 1 日
147	基于向量式有限元的强地震动场作用下大跨度斜拉桥的倒塌模式与模式控制研究	段元锋	90915008	50	2009 年 10 月 1 日
148	环境岩土工程国际学术研讨会	陈云敏	50910305061	5	2009 年 12 月 1 日
149	第二届亚太地区结构青年专家研讨会	赵羽习	51010305008	3	2010 年 1 月 1 日
150	砂土中桩土剪切带颗粒破碎细观特性及其承载力时间效应研究	杨仲轩	51011130162	6.5	2010 年 3 月 15 日
151	基于离散事件系统仿真的绿色施工评估技术研究	张宏	71071099	27	2010 年 8 月 18 日
152	基于改进混合物理论的混凝土新型微平面模型	吴建营	51008130（转入）	19	2010 年 8 月 23 日
153	基于城市空间增长绩效分析与蔓延控制的开发区转型研究	张艳	51008268	20	2010 年 10 月 1 日
154	基于多智能体的水资源系统模拟与优化配置研究	刘德地	51009119	20	2010 年 10 月 1 日
155	复杂环境条件下混凝土开裂风险的多尺度仿真分析	田野	51008272	20	2010 年 10 月 1 日
156	复杂高层建筑的风致动力效应和时变可靠度研究	黄铭枫	51008275	20	2010 年 10 月 1 日
157	深海油气管道铺设的非线性屈曲及失稳机理研究	龚顺风	51009122	20	2010 年 10 月 1 日
158	垃圾填埋场复合衬垫在高应力和高水头作用下的防污性能研究	谢海建	51008274	20	2010 年 10 月 1 日
159	斜坡上复合衬垫系统剪力传递机理模型试验和数值模拟	林伟岸	51008273	20	2010 年 10 月 1 日
160	覆盖土层调控污染底泥重金属扩散的理论和试验研究	李育超	51009121	20	2010 年 10 月 1 日
161	建材涂料中 VOC 的散发机理研究	何国青	51008267	20	2010 年 10 月 1 日
162	超高韧性水泥基复合材料（UHTCC）疲劳性能的研究	李庆华	51008270	21	2010 年 10 月 1 日
163	城市公共开放空间声景观形态和评价及其规划设计方法研究——以杭州西湖风景区为案例	葛坚	51078325	32	2010 年 10 月 1 日

序号	项目名称	项目负责人	批准号	总经费/万元	批准日期
164	基于渲染方程的室内高频声场仿真算法的基础问题研究	张红虎	51078326	34	2010 年 10 月 1 日
165	多道支撑基坑破坏模式研究及风险分析	龚晓南	51078377	35	2010 年 10 月 1 日
166	基于拉剪耦合的沥青混合料黏聚开裂机理研究	王金昌	51078331	35	2010 年 10 月 1 日
167	基于向量式有限元的深海 S 型铺管三维性状研究	王立忠	51079128	37	2010 年 10 月 1 日
168	水下爆破作用下柔性复合气幕的减震机理及性能研究	王振宇	51079127	37	2010 年 10 月 1 日
169	考虑双尺度的软黏土地基再压缩理论研究	谢新宇	51079126	38	2010 年 10 月 1 日
170	长期循环荷载作用下桩承加筋土复合地基性状研究	蒋军	51078329	38	2010 年 10 月 1 日
171	桩端后注浆残余应力及破坏机理研究	夏唐代	51078330	38	2010 年 10 月 1 日
172	钢结构的延性和抗震设计理论	童根树	51078328	38	2010 年 10 月 1 日
173	基于张拉整体的智能结构研究	许贤	51008271	20	2010 年 11 月 22 日
174	高频振荡流中大温差各向异性回热器的描述方法及大功率热气机 CFD 仿真研究（参与）	吴珂	51106056	5	2011 年 9 月 5 日
175	社会资本及学习能力对转型外包中委托商价值创造的影响：新兴经济体企业的实证研究	杨英楠	71102083	22	2011 年 9 月 27 日
176	吸力式贯入板锚的沉贯机理及承载力特性研究	李玲玲	51109184	22	2011 年 9 月 27 日
177	基于遥感信息同化的大尺度水稻水分生产率模拟估算及时空变异研究	王福民	51109183	24	2011 年 9 月 27 日
178	混凝土冻融损伤的水热力三场耦合研究	段安	51108413	24	2011 年 9 月 27 日
179	基于瞬态声辐射理论的城市高架桥结构噪声发生机理与降噪对策研究	张鹤	51108412	25	2011 年 9 月 27 日
180	高铁桥梁 CAM 层劣化机理的试验研究和多尺度模拟	汪劲丰	51108411	25	2011 年 9 月 27 日
181	压弯作用下 FRP 约束混凝土的应力—应变关系及其应用	姜涛	51108410	25	2011 年 9 月 27 日
182	薄壁圆钢管混凝土相贯节点力学性能和工作机理研究	陈驹	51108409	25	2011 年 9 月 27 日
183	闽台两岸传统大木作营造技艺及其传承研究	张玉瑜	51108404	25	2011 年 9 月 27 日
184	纳米零价铁去除溴酸盐的效能及 ClO_3^-、NO_3^- 等氧化物对其作用机制的研究	张燕	51108407	25	2011 年 9 月 27 日
185	超顺磁性臭氧/光催化剂催化氧化去除水中羧酸类 PPCPs 的研究	叶苗苗	51108406	25	2011 年 9 月 27 日

序号	项目名称	项目负责人	批准号	总经费/万元	批准日期
186	交通荷载作用下超固结土地基长期沉降研究	孙宏磊	51108414	26	2011 年 9 月 27 日
187	高速交通荷载作用下软土地基的长期累积沉降特性分析	胡亚元	51178419	55	2011 年 9 月 27 日
188	部分作用组合结构的分析理论及多尺度模拟	徐荣桥	11172266	55	2011 年 9 月 27 日
189	近海吸力式桶形基础长期循环效应及控制	朱斌	51179169	57	2011 年 9 月 27 日
190	考虑非达西渗流的竖向排水井地基固结理论研究	谢康和	51179170	58	2011 年 9 月 27 日
191	降雨入渗条件下双层边坡的渐进破坏研究	韩同春	51178423	58	2011 年 9 月 27 日
192	在役混凝土箱梁桥时变承载力的分析理论及试验研究	项贻强	51178416	58	2011 年 9 月 27 日
193	柔性电子器件中超弹性材料复杂力学行为的预测及控制	吕朝锋	11172263	58	2011 年 9 月 27 日
194	暴风雨作用下大功率风力机的随机振动及倒塌机理研究	王振宇	51179171	59	2011 年 9 月 27 日
195	倾斜液化场地地下管线破坏机理和试验研究	黄博	51178427	60	2011 年 9 月 27 日
196	塑料排水板淋洗修复粉土地基重金属污染的研究	唐晓武	51179168	60	2011 年 9 月 27 日
197	长塔臂输电塔的三维风荷载特性及抗风设计方法研究	沈国辉	51178425	60	2011 年 9 月 27 日
198	基于智能磁流变阻尼器的千米级斜拉桥超长斜拉索振动控制研究	段元锋	51178426	60	2011 年 9 月 27 日
199	高速铁路路基累积沉陷的宏细观尺度研究	边学成	51178418	60	2011 年 9 月 27 日
200	考虑土非连续性的强度和变形理论研究	徐日庆	51178420	60	2011 年 9 月 27 日
201	主应力轴旋转下考虑软土各向异性的本构模拟及应用研究	周建	51178422	60	2011 年 9 月 27 日
202	考虑复杂力学行为下砂土中打入桩性状研究	杨仲轩	51178421	60	2011 年 9 月 27 日
203	大跨度弦支结构的鲁棒性理论及试验研究	高博青	51178414	60	2011 年 9 月 27 日
204	大型空间结构施工损伤监测与预警机制研究	沈雁彬	51178415	60	2011 年 9 月 27 日
205	基于村民主体视角下的江浙地区乡村建造模式研究	贺勇	51178410	60	2011 年 9 月 27 日
206	荷载作用下砼宏细观损伤演变对渗透性能劣化的影响机制	王海龙	51178417	62	2011 年 9 月 27 日
207	多场耦合条件下多相高孔隙率岩石局部化变形带研究	张永强	11172265	62	2011 年 9 月 27 日
208	输电塔线体系覆冰舞动现场实测与塔体破坏机理研究	楼文娟	51178424	65	2011 年 9 月 27 日

序号	项目名称	项目负责人	批准号	总经费/万元	批准日期
209	多场耦合作用下结构混凝土时变性能与服役性能关系研究	金南国	51178413	65	2011 年 9 月 27 日
210	基于界面微结构模型的 LED 高效散热机理研究及全热链多尺度模拟	吴珂	61154002	15	2011 年 12 月 6 日
211	滚石坡面碰撞的破裂机理及其对运动特征的影响研究	吕庆	41202216	24	2012 年 9 月 15 日
212	基于物理过程模型的降雨型浅层滑坡易发性研究	赵宇	51208461	25	2012 年 9 月 15 日
213	氯消毒衍生氯代苯甲醚类土霉味物质的生成与控制机制研究	张可佳	51208456	25	2012 年 9 月 15 日
214	基于管内智能探测球的长距离海底管线漏损检测技术研究	邵煜	51208457	25	2012 年 9 月 15 日
215	管网中 SHs 余氯化后典型副产物生成机理与迁移转化规律研究	李聪	51208455	25	2012 年 9 月 15 日
216	视觉角驾驶行为模型研究	金盛	51208462	25	2012 年 9 月 15 日
217	列车—高架桥—饱和土地基三维耦合振动研究	曹志刚	51208460	25	2012 年 9 月 15 日
218	海上风机筒型基础循环弱化与支撑结构长期振动特性研究	国振	51209183	25	2012 年 9 月 15 日
219	基于 BOTDA 监测的钢筋混凝土锈胀全过程动态预测模型理论研究	何勇	51208459	25	2012 年 9 月 15 日
220	黏弹性夹杂功能梯度层合板的水下吸声性能及其计算方法研究	梁旭	51209185	25	2012 年 9 月 15 日
221	海底嵌入式管道的管土相互作用机制与屈曲失稳理论	王立忠	51279176	72	2012 年 9 月 15 日
222	波浪和潮波作用下临海深基坑渗流特性研究	应宏伟	51278462	78	2012 年 9 月 15 日
223	灾害雪荷载作用下索杆张力结构的倒塌破坏分析与控制	袁行飞	51278461	80	2012 年 9 月 15 日
224	水流环境下悬浮隧道管体、锚索的耦合振动效应及试验研究	项贻强	51279178	80	2012 年 9 月 15 日
225	基于交通波理论和宏观基本图的同时考虑交叉口上下游排队的交通控制方法研究	王福建	51278455	80	2012 年 9 月 15 日
226	爆炸冲击荷载下纤维增强钢圆柱壳的界面力学行为与动力响应研究	王振宇	51279180	80	2012 年 9 月 15 日
227	断层错动引起地下隧道结构破坏的超重力离心试验与数值模拟研究	凌道盛	51278451	80	2012 年 9 月 15 日
228	复杂条件下软土地区地下水开采引起的地面沉降计算理论研究	谢康和	51278453	80	2012 年 9 月 15 日

序号	项目名称	项目负责人	批准号	总经费/万元	批准日期
229	交通荷载引起的软基低路堤高速公路长期沉降研究	徐长节	51278449	80	2012 年 9 月 15 日
230	混凝土结构锈裂、剥落机理及预测模型研究	赵羽习	51278460	80	2012 年 9 月 15 日
231	复合地基沉降发展规律研究	龚晓南	51278450	80	2012 年 9 月 15 日
232	S 垃圾填埋场覆盖屏障气体运移特性与长期服役性能评价方法	谢海建	51278452	81	2012 年 9 月 15 日
233	基于黏结裂缝模型的钢筋混凝土衬砌高压隧洞内水外渗耦合分析	胡云进	51279177	81	2012 年 9 月 15 日
234	长输水隧洞局部阻塞的瞬变响应机理及动态诊断理论研究	万五一	51279175	82	2012 年 9 月 15 日
235	时空资源配置导向的城市居民出行结构优化理论	王殿海	51278454	85	2012 年 9 月 15 日
236	基于压磁理论的钢筋混凝土结构疲劳损伤机理与寿命预测方法	金伟良	51278459	85	2012 年 9 月 15 日
237	高速交通岩土工程国际学术研讨会	边学成	51210305042	4	2012 年 9 月 30 日
238	国际材料与结构研究所和实验室联合会—"确定混凝土裂缝扩展双 K 准则的试验方法"技术委员会第二次全体会议	徐世烺	51310305028	5	2013 年 7 月 1 日
239	基于三维立体成像的山洪实地测量系统	冉启华	51328901	20	2013 年 8 月 21 日
240	基于视频信息的单点瓶颈控制策略与实现方法	马东方	61304191	23	2013 年 8 月 21 日
241	岩体中两种尺度不连续结构面对应力波传播规律影响的研究	范立峰	11302191	23	2013 年 8 月 21 日
242	基于长期动态应变监测数据的大跨钢桥时变疲劳可靠度评估	叶肖伟	51308493	25	2013 年 8 月 21 日
243	城市化平原河网圩区缓冲式雨水系统失效风险评估的理论与方法研究	周永潮	51308492	25	2013 年 8 月 21 日
244	底部锚固限制抗弯加固构件混凝土保护层剥离的理论与应用研究	张大伟	51308494	25	2013 年 8 月 21 日
245	城乡规划史学科性质研究：发展机理与研究框架	曹康	51308491	25	2013 年 8 月 21 日
246	基于家庭生命周期的城市住房购改租交通行为效果评价	孙轶琳	51308495	25	2013 年 8 月 21 日
247	基于质化与量化多准则评估法的邻避设施规划选址研究	郑卫	51378453	70	2013 年 8 月 21 日
248	基于阴阳叶分解光能利用率模型和云覆盖信息的全天候水稻遥感估产	王福民	41371393	75	2013 年 8 月 21 日
249	基于镶嵌几何学原理的建筑面层与结构形态设计研究	王晖	51378452	76	2013 年 8 月 21 日

序号	项目名称	项目负责人	批准号	总经费/万元	批准日期
250	基于鲁棒构型的自由曲面网壳结构形状、拓扑、网格一体化设计理论研究	高博青	51378457	78	2013 年 8 月 21 日
251	高速列车荷载下饱和土地基三维动力响应分析研究	蔡袁强	11372274	78	2013 年 8 月 21 日
252	荷载与氯离子耦合作用下活性瓷釉涂层钢筋混凝土力学性能劣化规律及破坏机理研究	闫东明	51379186	80	2013 年 8 月 21 日
253	环境与荷载耦合作用下钢筋混凝土结构的锈胀开裂过程与服役可靠性研究	田野	51378012	80	2013 年 8 月 21 日
254	基于信息熵的混凝土结构损伤动力识别与反演研究	刘国华	51379185	80	2013 年 8 月 21 日
255	基于 NUSAP 的区域频率计算不确定性评价研究	许月萍	51379183	80	2013 年 8 月 21 日
256	柔性基础下刚性桩复合地基的稳定分析与工程应用研究	俞建霖	51378467	80	2013 年 8 月 21 日
257	雷暴风及强风下输电线路风偏精细化分析与试验研究	楼文娟	51378468	80	2013 年 8 月 21 日
258	基于颗粒接触理论的砂土剪切波速研究	夏唐代	51378463	80	2013 年 8 月 21 日
259	HDPE 膜—膨润土复合防污帷幕服役性能的离心模型试验及评价方法	詹良通	51378466	80	2013 年 8 月 21 日
260	土—膨润土防污隔离墙墙体固结行为及对防渗性能影响研究	李育超	51378465	80	2013 年 8 月 21 日
261	高承台桩灾后无损检测及评估关键技术研究	王奎华	51378464	80	2013 年 8 月 21 日
262	混凝土脆性特征的断裂力学分析及裂缝起裂机理研究	徐世烺	51378461	80	2013 年 8 月 21 日
263	超高韧性水泥基复合材料中高掺量粉煤灰活性激化机理与性能提升研究	李庆华	51378462	80	2013 年 8 月 21 日
264	索杆张力结构形态控制中的路径规划问题研究	许贤	51378458	80	2013 年 8 月 21 日
265	基于向量式有限元的爆炸作用下大型钢储罐结构破坏分析	赵阳	51378459	80	2013 年 8 月 21 日
266	基于震后性能要求的复杂钢桥抗震设计方法研究	谢旭	51378460	80	2013 年 8 月 21 日
267	供水管道生物膜稳定性及其水动力学影响机理研究	柳景青	51378455	80	2013 年 8 月 21 日
268	S 环境—疲劳荷载耦合作用下钢筋混凝土损伤演化与疲劳耐久性	王海龙	51378456	80	2013 年 8 月 21 日
269	降雨移动方向对坡面水蚀过程的影响机理研究	冉启华	51379184	82	2013 年 8 月 21 日
270	滑坡抢险充气截排水方法研究	尚岳全	41372277	95	2013 年 8 月 21 日

序号	项目名称	项目负责人	批准号	总经费/万元	批准日期
271	基于时变可靠性分析的混凝土结构全寿命设计理论（参与）	金贤玉	51320105013	80	2013 年 12 月 23 日
272	考虑交通环境效应的动态次优拥挤收费研究	章立辉	71401025	22	2014 年 8 月 21 日
273	降解、压缩和干湿循环耦合作用下垃圾持水特性及填埋场液气导排控制研究	徐晓兵	41402249	23	2014 年 8 月 25 日
274	超深基坑承压水突涌破坏演化机理及控制	洪义	51408540	25	2014 年 8 月 25 日
275	火灾工况沥青热解燃烧特性及纳米黏土/金属氢氧化物复合阻燃体系研究	吴珂	51408542	25	2014 年 8 月 25 日
276	路网交通死锁形成机理研究	祁宏生	51408538	25	2014 年 8 月 25 日
277	包覆型络合态 Fe（II）控释强化 UV/过硫酸盐技术降解水中离子载体抗生素的效能与机理	刘小为	51408539	25	2014 年 8 月 25 日
278	基于细微观尺度的电化学过程混凝土内部多离子传输机制研究	夏晋	51408537	25	2014 年 8 月 25 日
279	中国本土近现代城市规划形成的研究——以清末民初地方城市建设与规划为主（1908—1926）	傅舒兰	51408533	25	2014 年 8 月 25 日
280	社区分异演变视域下的社区公共空间规划研究	蔚芳	51408535	25	2014 年 8 月 25 日
281	非饱和水泥基材料中多相相变的孔隙介质力学研究	曾强	51408536	25	2014 年 8 月 25 日
282	氯盐环境下混凝土中钢筋锈蚀发展全过程的极化动力学行为研究	许晨	51408534	25	2014 年 8 月 25 日
283	海底滑坡冲击诱发油气管道动力灾变机制	袁峰	51409228	26	2014 年 8 月 25 日
284	深海夹层管复合结构非线性屈曲传播机理与止屈控制研究	龚顺风	51479176	80	2014 年 8 月 25 日
285	高速公路可变限速控制的数学建模与控制技术分析	王亦兵	51478428	80	2014 年 8 月 25 日
286	微细钢纤维/PVA 纤维混杂超高韧性水泥基复合材料研究	李贺东	51478423	80	2014 年 8 月 25 日
287	瞬变流作用下供水管网外源污染物入侵机理及其传输模型研究	邵煜	51478417	80	2014 年 8 月 25 日
288	基于离子迁移的电渗机理研究及在疏浚淤泥中的应用	周建	51478425	82	2014 年 8 月 25 日
289	三种屋面系统的冷弯薄壁型钢檩条的稳定性及设计方法	童根树	51478421	82	2014 年 8 月 25 日
290	软黏土地基中多向水平循环荷载作用下单桩的承载力弱化和变形机理研究	孙宏磊	51478424	83	2014 年 8 月 25 日

序号	项目名称	项目负责人	批准号	总经费/万元	批准日期
291	六杆四面体单元组成的新型可装配球面网壳的理论与试验研究	董石麟	51478420	84	2014 年 8 月 25 日
292	有限激励下的声学辐射度模型反射声场衰变结构及其推广研究	张红虎	51478413	84	2014 年 8 月 25 日
293	基于向量式有限元的大跨高速铁路桥梁风—车—轨—桥互制机理与失效全过程研究	段元锋	51478429	85	2014 年 8 月 25 日
294	连续钢混组合梁桥的抗剪连接及弯扭特性的分析理论研究	徐荣桥	51478422	85	2014 年 8 月 25 日
295	多场耦合作用下垃圾填埋场多组分污染物击穿衬垫系统的机理与污染控制方法	谢海建	51478427	86	2014 年 8 月 25 日
296	填埋污泥的化学调理、热和真空联合作用固结机理研究及应用	林伟岸	51478426	88	2014 年 8 月 25 日
297	钢筋混凝土锈裂全过程多尺度分析与原位动态监测	金贤玉	51478419	90	2014 年 8 月 25 日
298	粗颗粒土双进气值土水特征曲线及强降雨条件下高铁路基水分运移规律	陈仁朋	41472244	90	2014 年 8 月 25 日
299	含缺陷海底管道非线性流固耦合振动的理论与实验研究	张鹤	11472244	95	2014 年 8 月 25 日
300	国际智能交通系统和交通流理论前沿与挑战学术研讨会	王殿海	51410305076	2	2014 年 12 月 30 日
301	颗粒形状和粒间摩擦对铁路道床中颗粒流动影响的研究	边学成	51561130159	43.17	2015 年 1 月 1 日
302	基于多源空间数据同化与风场影响参数量化模拟分析的城市风道规划	王伟武	51578482	73.2	2015 年 8 月 17 日
303	基于界面参数的普通与再生骨料混凝土结构构件时变性能差异及机理研究	赵羽习	51578489	74.2	2015 年 8 月 17 日
304	管网中磺胺类抗生素余氯化的消毒副产物生成与控制机理研究	李聪	51578487	74.4	2015 年 8 月 17 日
305	组合结构桥梁抗剪连接界面细观行为及结构劣化研究	汪劲丰	51578496	75.84	2015 年 8 月 17 日
306	2016 工程与可持续城市发展学术研讨会	陈仁朋	41681260289	4.2	2015 年 9 月 1 日
307	2016 工程与可持续城市发展学术研讨会	杨仲轩	51681260291	4.3	2015 年 9 月 1 日
308	双层幕墙脉动风荷载的理论及试验模拟方法研究	徐海巍	51508502	22.8	2015 年 9 月 1 日
309	复合反滤渗滤液抽排竖井渗透—淤堵机理与淤堵防治	兰吉武	41502276	22.88	2015 年 9 月 1 日
310	面向随机用能行为的区域建筑动态空调冷负荷预测模型研究—以高校校园为例	陈淑琴	51508500	23.236	2015 年 9 月 1 日
311	基于三维结构面网络的岩石边坡失稳概率的块体理论研究	郑俊	41502268	23.43	2015 年 9 月 1 日

序号	项目名称	项目负责人	批准号	总经费/万元	批准日期
312	面向城市交通通道仿真的交通流建模与组织优化	陈喜群	51508505	23.5	2015 年 9 月 1 日
313	各向异性岩体渗流应力耦合蠕变破坏演化模型	吴创周	51509219	23.66	2015 年 9 月 1 日
314	不同空间尺度下地形对流域水文滞留时间的影响	叶盛	51509218	23.86	2015 年 9 月 1 日
315	文化生态学视角下浙江省传统村落空间演化的动力机制及其动态模拟	刘翠	51508497	24	2015 年 9 月 1 日
316	非金属纤维编织网增强超高韧性水泥基复合材料抗剪加固研究	王冰	51508501	24	2015 年 9 月 1 日
317	我国城市固体废弃物填埋场中温度场分布及演化机理的研究	徐文杰	51508504	24	2015 年 9 月 1 日
318	基于综合多准则决策法（IMCDM）的历史文化名城保护规划实施评价研究	董文丽	51508499	24	2015 年 9 月 1 日
319	软土地基中大直径土压盾构掘进面局部失稳机理及支护压力研究	刘维	51508503	25.38	2015 年 9 月 1 日
320	岩体动态力学性能低温劣化及其对应力波传播的影响	范立峰	11572282	67.2	2015 年 9 月 1 日
321	高填方边坡地震失稳机制与稳定性研究	凌道盛	51578502	68.4	2015 年 9 月 1 日
322	交通循环荷载下路基填料长期动力特性与道路力学经验设计方法研究	曹志刚	51578500	71.2	2015 年 9 月 1 日
323	柔性预张力结构的刚度解析和评价理论研究	邓华	51578493	72.4	2015 年 9 月 1 日
324	基于分布各向异性的垃圾多重孔隙渗流及填埋场降水研究	柯瀚	51578503	72.6	2015 年 9 月 1 日
325	供水系统爆管监测网布局优化与实时监控关键技术研究	程伟平	51578486	72.6	2015 年 9 月 1 日
326	基于物联网平台的大型高铁站房全寿命结构健康监测系统定制技术	沈雁彬	51578491	73.2	2015 年 9 月 1 日
327	复杂荷载下近海风电大直径灌浆套管承载力性状研究	王振宇	51579221	74	2015 年 9 月 1 日
328	水平偏心冲击下群桩基础动力响应离心模拟与分析方法及灾变防控技术	孔令刚	51579218	74	2015 年 9 月 1 日
329	玄武岩纤维 TRC 增强砌体结构的抗震性能与设计理论研究	王激扬	51578495	74	2015 年 9 月 1 日
330	基于 GIA-LEAM 的长三角中小城市开发边界规划支持系统研究	李咏华	51578483	74.2	2015 年 9 月 1 日
331	静钻根植竹节桩振动特性与应用研究	王奎华	51579217	74.24	2015 年 9 月 1 日
332	带张拉整体环的自平衡索穹顶结构体系及其冗余特性研究	袁行飞	51578492	74.4	2015 年 9 月 1 日
333	黏性土中气泡形态及输移机理的实验研究	张仪萍	51579219	74.8	2015 年 9 月 1 日

序号	项目名称	项目负责人	批准号	总经费/万元	批准日期
334	台风作用下超高层建筑风效应的跨尺度模拟和不确定性研究	黄铭枫	51578504	75.5	2015 年 9 月 1 日
335	超高层建筑的适风设计方法及其关键技术研究	谢霁明	51578505	75.6	2015 年 9 月 1 日
336	耐蚀钢筋混凝土结构及其在海洋环境下的服役性能演变规律	王海龙	51579220	75.6	2015 年 9 月 1 日
337	丁坝群的作用尺度及对河流系统水沙输运的累积效应机理研究	顾正华	51579216	75.6	2015 年 9 月 1 日
338	基于非均匀锈蚀的钢筋—混凝土界面损伤演化与结构性能退化关系研究	金南国	51578497	75.66	2015 年 9 月 1 日
339	大跨度空间结构全精细化分析的计算理论与结构性能研究	罗尧治	51578494	76	2015 年 9 月 1 日
340	海洋环境下钢筋混凝土梁的双向电渗作用机理与耐久性能研究	金伟良	51578490	77	2015 年 9 月 1 日
341	静钻根植竹节桩承载性能与沉降特性研究	龚晓南	51578498	79.68	2015 年 9 月 1 日
342	地震历史对砂土抗液化强度剪切波速表征关系的影响规律研究	周燕国	51578501	83.008	2015 年 9 月 1 日
343	基于各向异性临界状态理论和考虑内部结构影响的土体本构模拟	杨仲轩	51578499	88.18	2015 年 11 月 4 日
344	钢—混组合双层薄壁箱型截面悬浮隧道冲击响应机理研究	项贻强	51541810	18	2015 年 11 月 16 日
345	气候与下垫面协同变化下的径流响应及其不确定性研究	许月萍	91547106	96.4	2016 年 1 月 9 日
346	基于软黏土微观结构的宏观力学机制研究	徐日庆	41672264	70	2016 年 8 月 17 日
347	自由曲面可控性网格划分理论及量化综合评价研究	高博青	51678521	62	2016 年 8 月 25 日
348	长三角农村转型下的社区养老设施空间量化模型与设计研究	裘知	51608472	20	2016 年 9 月 1 日
349	线谱与宽带噪声综合激励下智能结构非线性随机最优控制方法	胡荣春	11602216	20	2016 年 9 月 1 日
350	应力方向旋转对黏土小应变刚度特性影响的试验及本构模型研究	严佳佳	51608477	21	2016 年 9 月 1 日
351	平台生态系统的结构及协同演化机理研究	杨英楠	71673240	48	2016 年 9 月 1 日
352	蜻蜓扑翼飞行多体动力学仿生计算理论	李忠学	11672266	52	2016 年 9 月 1 日
353	城镇供水管网系统典型条件致病菌分布特征、关键影响因子及其风险控制措施研究	柳景青	51678520	62	2016 年 9 月 1 日
354	粒间结构变化时高速铁路散粒体道床劣化机理及控制研究	边学成	51678524	62	2016 年 9 月 1 日

序号	项目名称	项目负责人	批准号	总经费/万元	批准日期
355	动态承压水头作用下深基坑突涌演变和破坏机理	应宏伟	51678523	62	2016 年 9 月 1 日
356	壁面均匀受热的竖向矩形通道的自然通风研究	何国青	51678518	62	2016 年 9 月 1 日
357	超特高压输电线路覆冰舞动防治技术及其基础理论研究	楼文娟	51678525	62	2016 年 9 月 1 日
358	江浙平原地区乡村聚落形态的量化解析与有机营建研究	浦欣成	51678515	62	2016 年 9 月 1 日
359	西部山区暴雨山洪过程径流激增机理研究	冉启华	51679209	62	2016 年 9 月 1 日
360	规划思想与经验跨国传播机理研究	曹康	51678517	62	2016 年 9 月 1 日
361	风机棘轮致密化桩周海床在波浪作用下的液化机理与灾变防控	朱斌	51679211	63	2016 年 9 月 1 日
362	超高韧性水泥基复合材料冲击动力性能研究	徐世烺	51678522	65	2016 年 9 月 1 日
363	考虑植被影响时垃圾填埋场生物炭覆盖层水气耦合运移机理与污染调控方法	谢海建	41672288	66	2016 年 9 月 1 日
364	防污隔离墙—地基土界面效应及对服役性能影响研究	李育超	41672284	68	2016 年 9 月 1 日
365	复式真空预压法加固吹填淤泥淤堵机理及固结理论研究	孙宏磊	51620105008（子课题）	71	2016 年 9 月 1 日
366	海啸力学及其在南中国海的应用	刘海江	11632012（子课题）	80	2016 年 9 月 1 日
367	高温下超高性能纤维混凝土细观力学研究	张麒	51608476	20	2016 年 9 月 8 日
368	浙闽民间传统大木工程中的营——建一体化工作图件系统研究	张玉瑜	51678516	62	2016 年 10 月 13 日

（三）国家社会科学基金项目

国家社科基金项目

序号	项目名称	项目负责人	批准号	总经费/万元	批准日期
1	沿海人口密集地区产业聚散演变与城市化趋势研究	杨建军	01CJL010	4	2001 年 6 月 1 日
2	城市的景观文化与景观特制保护研究	王紫雯		7	2002 年 7 月 1 日
3	基于特征价格模型的城市住宅价格空间分异机制研究	温海珍	05CJY017	6	2005 年 6 月 13 日
4	保障性住房建设中空间区位分布问题及其对策研究	丁旭	09CJY033	8	2009 年 9 月 8 日
5	城市中心演变对住宅价格影响的时空效应研究	温海珍	14BJY214	18	2014 年 7 月 1 日

（四）出版著作

出版著作一览表

序号	著作名称	作者	著作类别	出版社	出版年份
1	岩土塑性力学基础	郑颖人、龚晓南	编著	中国建筑工业出版社	1989
2	结构稳定理论	夏志斌、潘有昌	编著	高等教育出版社	1989
3	地基处理手册	曾国熙、潘秋元、龚晓南	编著	中国建筑工业出版社	1990
4	土塑性力学	龚晓南	编著	浙江大学出版社	1990
5	计算土力学	龚晓南	编著	上海科学技术出版社	1990
6	组合网架结构与空腹网架结构	董石麟、马克俭、严慧	编著	浙江大学出版社	1992
7	复合地基	龚晓南	专著	浙江大学出版社	1992
8	土力学及基础工程实用名词词典	龚晓南、潘秋元、张季容	编著	浙江大学出版社	1993
9	钢结构设计例题集	姚谏	编著	中国建筑工业出版社	1994
10	工程材料本构方程	龚晓南、叶黔元、徐日庆	编著	中国建筑工业出版社	1995
11	桩基工程手册	曾国熙、龚晓南	编著	中国建筑工业出版社	1995
12	高等土力学	龚晓南	专著	浙江大学出版社	1996
13	钢筋混凝土结构（第一版）	舒士霖、邵永治、陈鸣	编著	浙江大学出版社	1996
14	岩石力学	曾国熙等	编著	浙江大学出版社	1996
15	钢结构	姚谏	编著	浙江大学出版社	1996
16	室内环境与设备	葛坚	编著	中国建筑工业出版社	1996
17	地基处理新技术	龚晓南	专著	陕西科学技术出版社	1997
18	深基坑工程设计施工手册	龚晓南、应宏伟、俞建霖、杨晓军	编著	中国建筑工业出版社	1998
19	土塑性力学（第二版）	龚晓南	编著	浙江大学出版社	1999
20	英汉汉英土木工程词汇	龚晓南	编著	浙江大学出版社	1999
21	工程建设监理案例分析	陈丽华	编著	杭州大学出版社	1999
22	地基处理工程实例	殷宗泽、龚晓南、王铁儒、朱向荣、卞守中、潘秋元、温晓贵等	编著	中国水利水电出版社	2000
23	地基处理手册（第二版）	龚晓南、潘秋元	编著	中国建筑工业出版社	2000
24	结构可靠度理论	赵国藩、金伟良、贡金鑫	编著	中国建筑工业出版社著作	2000
25	城镇绿地系统规划初探	张汛翰	专著	中国园林	2000
26	岩土力学	徐日庆	编著	中国水利水电出版社	2000
27	土工计算机分析	徐日庆	编著	中国建筑工业出版社	2000

序号	著作名称	作者	著作类别	出版社	出版年份
28	建筑声学设计原理	张三明	编著	中国建筑工业出版社	2000
29	*Three Dimensional Problem of Piezoelasticity*	丁皓江、陈伟球	编著	Novascience Publisher，Inc. Huntington，New York	2001
30	工程地质与土力学	王铁儒、陈云敏、张忠苗、胡敏云、王立忠	编著	武汉大学生出版社	2001
31	工程建设监理理论实务	周坚、陈召军	编著	西安地图出版社	2001
32	建筑材料自学指导（1）	钱晓倩、詹树林、金南国	编著	浙江科学技术出版社	2001
33	建筑材料自学指导（2）	钱晓倩、詹树林、金南国	编著	浙江科学技术出版社	2001
34	桥梁工程自学指导	蔡金标	编著	浙江科学技术出版社	2001
35	土动力学	吴世明、周健美、夏唐代、郑建国、高广元、干钢、黄茂松	编著	中国建筑工业出版社	2001
36	岩土工程的回顾与前瞻	龚晓南	编著	人民交通出版社	2001
37	浙江高等教育自学考试.建筑工程测量（1）	陈丽华	编著	浙江科技出版社	2001
38	浙江高等教育自学考试.建筑工程测量（2）	陈丽华	编著	浙江科技出版社	2001
39	中国土木建筑百科辞典.工程力学	唐锦春	编著	中国建筑工业出版社	2001
40	岩土工程新技术	张忠苗	编著	中国建筑工业出版社	2001
41	结构损伤检测与识别技术	王柏	编著	浙江大学出版社	2001
42	工程地质与土力学	尹娟	编著	浙江科学技术出版社	2001
43	钢筋混凝土结构设计（第一版）	舒士霖、邵永治、陈鸣	编著	浙江大学出版社	2001
44	环境规划、管理与控制	王紫雯	编著	浙江大学出版社	2001
45	水力学与桥涵水文自学指导	邵卫云	编著	浙江科学技术出版社	2001
46	软土地基大直径桩受力性状与桩底后注浆新技术	张忠苗	专著	浙江大学出版社	2001
47	建筑工程测量，建筑工程测量自学指导	陈丽华	编著	浙江科学技术出版社	2001
48	土力学题库及典型题解	徐日庆	编著	中国水利水电出版社	2001
49	复合地基理论及工程应用	龚晓南	编著	中国建筑工业出版社	2002
50	混凝土结构耐久性	金伟良、赵羽习	编著	科学出版社	2002
51	岩土塑性力学原理	郑颖人、沈珠江、龚晓南	编著	中国建筑工业出版社	2002
52	工程地质与土力学自学指导	尹娟	编著	浙江科学技术出版社	2002

序号	著作名称	作者	著作类别	出版社	出版年份
53	计算机技术在工程建设中的应用	唐锦春、孙炳楠、楼文娟	编著	中国建材工业出版社	2002
54	弹性力学及有限元法	杨骊先	编著	浙江大学出版社	2002
55	建筑工程定额与预算	王佳萍、许进军	编著	浙江科技出版社	2002
56	建筑施工同步练习册	卓新、温墉	编著	浙江科学技术出版社	2002
57	混凝土及砌体结构同步练习册	陈鸣、李海波、金贤玉	编著	浙江科学技术出版社	2002
58	测量实验与实习教材	陈丽华	编著	浙江大学出版社	2002
59	结构力学概念、方法及典型题析	陈水福、金建明	编著	浙江大学出版社	2002
60	土木工程测量	陈丽华	编著	浙江大学出版社	2002
61	路基路面工程自学指导	黄志义	编著	浙江科学技术出版社	2002
62	路基路面工程	黄志义	编著	浙江科学技术出版社	2002
63	工程建设监理案例分析（第二版）	陈丽华	专著	浙江大学出版社	2002
64	岩土工程有限元分析理论与应用	谢康和	专著	科学出版社	2002
65	土力学	徐日庆	编著	中国建筑工业出版社	2002
66	环境规划管理与控制	王紫雯	编著	浙江大学出版社	2002
67	建筑地基基础工程实践	林树校、龚晓南	编著	中国环境科学出版社	2003
68	弹性力学及有限元基础	张我华	编著	浙江大学	2003
69	工程网络计划的理论与实践	毛义华	编著	浙江大学出版社	2003
70	建筑经济学（第二版）	阮连法	编著	中国工业出版社	2003
71	钢筋混凝土结构设计（第二版）	舒士霖、邵永治、陈鸣	编著	浙江大学出版社	2003
72	空间结构	董石麟、裘涛、罗尧治、赵阳、高博青、肖志斌、肖南、卓新、邓华、袁行飞	编著	中国计划出版社	2003
73	土木工程材料	钱晓倩、詹树林、金南国、孟涛、钱匡亮	编著	浙江大学出版社	2003
74	建筑工程事故分析与处理（第二版）	江见鲸、龚晓南、王元清、崔京浩	编著	中国建筑出版社	2003
75	复合地基与地基处理设计，简明岩土工程勘察设计手册，下册，5	龚晓南、周建、汤亚琦	编著	中国建筑工业出版社	2003
76	钢筋混凝土结构（第二版）	舒士霖、邵永治、陈鸣	编著	浙江大学出版社	2003
77	*Environmental Vibration*	陈云敏	编著	人民交通出版社	2003
78	建筑地基基础设计规范	陈云敏	编著	建筑工业出版社	2003
79	复合地基设计和施工指南	龚晓南	编著	人民交通出版社	2003

序号	著作名称	作者	著作类别	出版社	出版年份
80	工程流体力学网络课程	毛根海	编著	高等教育出版社	2003
81	水力计算可视化	毛根海	编著	高等教育出版社	2003
82	地基处理技术发展与展望	龚晓南、潘秋元、俞建霖	编著	中国水利水电出版社	2004
83	地基处理理论与实践新进展	龚晓南、俞建霖	编著	合肥工业大学出版社	2004
84	公路隧道设计与施工新法	朱汉华、尚岳全	编著	人民交通出版社	2004
85	钢结构——原理与设计	夏志斌、姚谏	编著	中国建筑工业出版社	2004
86	川藏公路西藏境内典型病害防治技术	朱汉华、尚岳全、金仁祥	编著	人民交通出版社	2004
87	非线性有限元及程序	凌道盛、徐兴	专著	浙江大学出版社	2004
88	薄壁曲梁线性和非线性分析理论	童根树	专著	科学出版社	2004
89	道路工程三维建模技术	王福建	编著	人民交通出版社	2004
90	手感——硬笔建筑表现图说	陈帆	专著	浙江大学出版社	2004
91	钢结构—理论与设计	姚谏	编著	中国建筑工业出版社	2004
92	建筑企业管理学	阮连法	编著	浙江大学出版社	2004
93	地基处理	龚晓南	编著	中国建筑工业出版社	2005
94	局等级公路地基处理设计指南	龚晓南、周建	编著	人民交通出版社	2005
95	高速公路地基处理理论与实践	龚晓南	编著	人民交通出版社	2005
96	岩土工程勘察	王奎华	编著	中国建筑工业出版社	2005
97	建筑结构设计资料集	钱晓倩	编著	中国建筑工业出版社	2005
98	新型建筑材料教程	钱晓倩、詹树林、孟涛	编著	中国建材工业出版社	2005
99	建筑结构	赵羽习、宋志刚、张爱晖	编著	中国建筑工业出版社	2005
100	建筑结构与设备	赵羽习、宋志刚、张爱晖	编著	中国建筑工业出版社	2005
101	全国一、二级注册建筑师考试模拟题解 . 1（知识）	宋志刚	编著	中国建筑工业出版社	2005
102	建筑工程英语	夏唐代	编著	华中科技大学出版社	2005
103	钢结构设计——方法与例题	夏志斌、姚谏	编著	中国建筑工业出版社	2005
104	土工合成材料应用技术	徐日庆	编著	化学工业出版社	2005
105	饮用水强化处理技术及工程实	张燕	编著	化学工业出版社	2005
106	城市住宅的特征价格：理论分析与实证研究	温海珍	专著	经济科学出版社	2005
107	测量学	陈丽华	编著	化学工业出版社	2005
108	环境遥感	王伟武	编著	浙江大学出版社	2005

序号	著作名称	作者	著作类别	出版社	出版年份
109	钢结构设计—方法与例题	姚谏	编著	中国建筑工业出版社	2005
110	钢结构的平面内稳定	童根树	专著	中国建筑工业出版社	2005
111	高等级公路地基处理设计指南	龚晓南	编著	人民交通出版社	2005
112	地基工程实例1	龚晓南、俞建霖、应宏伟	编著	中国建筑工业出版社	2006
113	高等土力学	徐日庆	编著	机械工业出版社	2006
114	桥梁结构地震响应分析与抗震设计	谢旭	编著	人民交通出版社	2006
115	建筑结构	罗尧治	编著	中央广播电视大学出版社	2006
116	大规划——城市设计的魅惑和荒诞	饶传坤	编著	中国建筑工业出版社	2006
117	特种基础工程	谢新宇	编著	中国建筑工业出版社	2006
118	土木工程测量学	陈丽华	编著	浙江大学出版社	2006
119	*Elasticity of Transversely Isotropic Materials*	丁皓江	专著	Springer Netherland	2006
120	工程荷载组合理论与应用	金伟良	编著	机械工业出版社	2006
121	地质工程学	尚岳全	编著	清华大学出版社	2006
122	2005 第一届全国大学生结构设计竞赛作品选编	金伟良	编著	第一届全国大学生结构设计竞赛作品选编	2006
123	结构分析的有限元法与 MATLAB 程序设计	徐荣桥	编著	人民交通出版社出版	2006
124	建筑强省评价体系研究	阮连法	专著	浙江大学出版社	2006
125	室内绿化设计	张汛翰	编著	高等教育出版社	2006
126	建筑工程项目管理	毛义华	编著	中央广播电视大学出版社	2006
127	新型空间结构分析、设计与施工	董石麟	专著	人民交通出版社出版	2006
128	*Safety and Durability of Structure*	项贻强	编著	浙江大学出版社	2006
129	工程流体力学	邵卫云	专著	中国建筑工业出版社	2006
130	基坑工程实例1	龚晓南	编著	中国建筑工业出版社	2006
131	ABAQU 在土木工程中的应用	王金昌	编著	浙江大学出版社	2006
132	应用流体力学	毛根海	编著	高等教育出版社	2006
133	建筑结构与设备（第三版）	金伟良	编著	中国建筑工业出版社	2007
134	建筑结构（第三版）	金伟良	编著	中国建筑工业出版社	2007
135	钢结构的平面外稳定	童根树	专著	中国建筑工业出版社	2007
136	公路隧道围岩稳定与支护技术	孙红月	专著	科学出版社	2007

序号	著作名称	作者	著作类别	出版社	出版年份
137	高等钢筋混凝土结构理论	金伟良	编著	中国建筑工业出版社	2007
138	2007 年全国一、二级注册建筑师考试模拟题解．1.（知识）（第三版）	金伟良	编著	中国建筑工业出版社	2007
139	工程地质学	张忠苗	编著	中国建筑工业出版社	2007
140	城市停车设施规划方法与信息诱导技术	梅振宇	专著	东南大学出版社	2007
141	大跨度储煤结构设计与施工	罗尧治	专著	中国电力出版社	2007
142	磁流变阻尼器对斜拉索的振动控制	陈勇	专著	科学出版社	2007
143	高新技术与先进工艺应用文集——杭州大剧院	宋洁人	编著	中国建筑工业出版社	2007
144	刚柔性桩复合地基	徐日庆	专著	化学工业出版社	2007
145	管道工程技术	张燕	编著	中央广播电视大学出版社	2007
146	桥梁结构仿真分析理论及工程应用	汪劲丰	专著	浙江大学出版社	2007
147	结构试验与检测	王柏生	编著	浙江大学出版社	2007
148	复合地基理论及工程应用（第二版）	龚晓南	编著	中国建筑工业出版社	2007
149	桥梁结构分析方法及 LUA 软件实现	汪劲丰	编著	浙江大学出版社	2007
150	城市总体规划实施评价研究	李王鸣	专著	浙江大学出版社	2007
151	地基基础设计	徐长节	编著	机械工业出版社	2007
152	西班牙的水	邵卫云	专著	水利水电出版社	2007
153	*Piezoelectricity，Acoustic Waves and Device Applications*	陈伟球	编著	IEEE	2007
154	钢结构设计方法	童根树	专著	中国建筑工业出版社	2007
155	桩基工程	张忠苗	编著	中国建筑工业出版社	2007
156	图解西方近现代建筑史（图解建筑史系列丛书）	陈帆	专著	中国电力出版社	2008
157	区域分析与规划教程	曹康	编著	北京师范大学出版社	2008
158	应用流体力学实验	毛根海	编著	高等教育出版社	2008
159	地基处理手册（第三版）	龚晓南	编著	中国建筑工业出版社	2008

序号	著作名称	作者	著作类别	出版社	出版年份
160	中国古代建筑基址规模研究	王晖	专著	中国建筑工业出版社	2008
161	*Geosynthetics in Civil and Environmental Engineering*	陈云敏	编著	Springer Berlin Heidelberg	2008
162	基础工程	龚晓南	编著	中国建筑工业出版社	2008
163	FRP 加固混凝土受弯构件	张爱晖	专著	煤炭工业出版社	2008
164	结构动力实用数值分析	庞苗	编著	浙江大学出版社	2008
165	高危专项工程施工方案的设计方法与计算原理	卓新	专著	浙江大学出版社	2008
166	预支护原理与施工技术	朱汉华	编著	人民交通出版社	2008
167	基坑工程实例 2	龚晓南	编著	中国建筑工业出版社	2008
168	人居环境地域文化论——以重庆、武汉、南京地区为例	王纪武	专著	东南大学出版社	2008
169	建筑设计快题要义	陈帆	编著	中国电力出版社	2008
170	跨越：杭州改革开放 30 年	杨建军	编著	浙江人民出版社	2008
171	中国城市化格局·过程·机理	李王鸣	专著	科学出版社	2008
172	可持续建筑设计与技术：杭州与香港实例	王竹	编著	中国建筑工业出版社	2008
173	钢结构设计及工程应用	姚谏	编著	中国建筑工业出版社	2008
174	建筑结构与设备（建筑力学部分）	陈水福	编著	中国建筑工业出版社	2008
175	建筑结构（建筑力学部分）	陈水福	编著	中国建筑工业出版社	2008
176	遥感数字图像处理	戴企成	编著	浙江大学出版社	2008
177	城市住房价格波动差异与连锁反应研究	张凌	专著	经济科学出版社	2009
178	国家游泳中心水立方结构设计	赵阳	专著	中国建筑工业出版社	2009
179	奇妙的流体运动科学	毛根海	编著	浙江大学出版社	2009
180	高分辨率卫星遥感影像地学计算	陈秋晓	专著	科学出版社	2009
181	中国建筑史论汇刊	王晖	专著	清华大学出版社	2009
182	建筑工程材料	钱晓倩	编著	浙江大学出版社	2009
183	建筑材料（高校土木工程专业规划教材）	钱晓倩	编著	中国建筑工业出版社	2009
184	城市规划 CAD	陈秋晓	编著	浙江大学出版社	2009

序号	著作名称	作者	著作类别	出版社	出版年份
185	裂隙岩体非饱和渗流分析及其工程应用	胡云进	专著	浙江大学出版社	2009
186	中国现代剧场工艺例集	张三明	专著	华中科技大学出版社	2009
187	桥梁移动模架设计、施工与养护技术指南	项贻强	编著	人民交通出版社	2009
188	土木工程结构实验——理论、方法与实践	余世策	编著	浙江大学出版社	2009
189	各国水概况（美洲、大洋洲卷）	邵卫云	编著	中国水利水电出版社	2009
190	浙江省居住建筑节能成套技术研究与应用	张三明	专著	建筑工业出版社	2009
191	建筑物理	张三明	编著	华中科技大学出版社	2009
192	测量学	陈丽华	编著	浙江大学出版社	2009
193	灌注桩后注浆技术及工程应用	张忠苗	专著	中国建筑工业出版社	2009
194	城市设计过程保障体系	王卡	专著	浙江大学出版社	2009
195	复杂：城市规划的新观点	韩昊英	专著	建筑工业出版社	2009
196	结构仿生学与新型有限元计算理论	李忠学	专著	科学出版社	2009
197	建筑工程经济	毛义华	编著	浙江大学出版社	2009
198	建筑结构静力计算实用手册	姚谏	编著	中国建筑工业出版社	2009
199	塑造城市：历史·理论·城市设计	曹康	专著	中国建筑工业出版社	2010
200	城市设计（上）：理论与方法	丁旭、魏薇	编著	浙江大学出版社	2010
201	福建传统大木匠师技艺研究	张玉瑜	专著	东南大学出版社	2010
202	*Continuum Damage Mechanics and Numerical Applications*	张我华	专著	浙江大学出版社，Springer Berlin Heidelberg	2010
203	岩土工程有限元分析：应用	谢新宇	专著	科学出版社	2010
204	岩土工程有限元分析：理论	周建	专著	科学出版社	2010
205	建筑经济（第二版）	马纯杰	编著	中国建筑工业出版社	2010
206	紧凑城市的综合测度与调控研究——以杭州城市为例	祁巍锋	专著	浙江大学出版社	2010
207	混凝土箱梁桥开裂机理及控制	项贻强	专著	中国水利水电出版社	2010
208	边坡及基础工程数值分析新进展	谢新宇	专著	科学出版社	2010
209	建筑制图习题集（第二版）	金方	编著	中国建筑工业出版社	2010

序号	著作名称	作者	著作类别	出版社	出版年份
210	建筑制图（第二版）	金方	编著	中国建筑工业出版社	2010
211	西方现代城市规划简史	曹康	专著	东南大学出版社	2010
212	绿色中庭建筑的设计探索	王洁	专著	浙江大学出版社	2010
213	超高韧性水泥基复合材料在高性能建筑结构中的基本应用	徐世烺	专著	科学出版社	2010
214	西方现代城市规划简史	曹康	专著	东南大学出版社	2010
215	*High Strength Steel Columns at Elevated Temperatures*	陈驹	专著	Lap Lambert Academic Publishing	2010
216	建筑设计进阶教程—设计初步	陈帆	编著	中国电力出版社	2010
217	建筑钢结构制作工艺学	姚谏	编著	中国建筑工业出版社	2011
218	顶管工程技术	魏新江	专著	化学工业出版社	2011
219	生态型村庄规划理论与方法——以杭州市生态带区域为例	王纪武	编著	浙江大学出版社	2011
220	我们在世界名校	唐晓武	编著	浙江大学出版社	2011
221	钢结构—原理与设计（第二版）	姚谏	编著	中国建筑工业出版社	2011
222	城市增长边界设定的路径、技术、方法	李咏华	专著	中国建筑工业出版社	2011
223	*Subsea Engineering Handbook*	白勇	专著	Gulf Professional Publishing	2012
224	建筑企业管理学（第二版）	阮连法	专著	浙江大学出版社	2012
225	水下生产系统手册	白勇	专著	哈尔滨工程大学出版社	2012
226	基于住宅选择视角的城市居住空间分异微观机制研究	温海珍	专著	浙江大学出版社	2012
227	堆积层滑坡成因机理与防治	孙红月	专著	科学出版社	2012
228	地下工程平衡稳定理论与应用	赵宇	专著	人民交通出版社	2012
229	房地产开发与经营	温海珍	编著	浙江大学出版社	2012
230	从西湖到西溪——2012 八校联合毕业设计作品	裘知	编著	中国建筑工业出版社	2012
231	向量式结构力学	段元锋	专著	科学出版社	2012
232	海上风力发电	白勇	专著	海洋出版社	2012
233	汉风建筑的诠释与解构	王洁	专著	浙江大学出版社	2013
234	钢结构的平面外稳定增补版	童根树	专著	中国建筑工业出版社	2013
235	新版钢结构的平面外稳定	童根树	专著	中国建筑工业出版社	2013

序号	著作名称	作者	著作类别	出版社	出版年份
236	融入未来：预测、情境、规划和个案	韩昊英	译著	科学出版社	2013
237	沥青路面结构行为学	彭勇	专著	同济大学出版社	2013
238	房地产开发与经营	温海珍	专著	浙江大学出版社	2013
239	传统乡村聚落平面形态的量化方法研究	浦欣成	专著	东南大学出版社	2013
240	海底管道与立管	白勇	专著	石油工业出版社	2013
241	城市规划与城市竞争力	杨建军、曹康	编著	浙江大学出版社	2013
242	深基坑围护设计与实例解析	徐长节	编著	机械工业出版社	2014
243	桥梁健康监测	叶肖伟	专著	中国建筑工业出版社	2014
244	*Subsea Pipeline Integrity and Risk Management*	白勇	专著	Elsevier	2014
245	*Subsea Pipeline Design，Analysis and Installation*	白勇	专著	Elsevier	2014
246	海洋工程设计手册—海底管道分册	白勇	专著	上海交通大学出版社	2014
247	海洋立管设计	白勇	专著	哈尔滨工程大学出版社	2014
248	*Comparative Study on Public Housing Provision Model for Low Income Population in Metropolitan Areas between Japan and China*	裘知	专著	浙江大学出版社	2014
249	土力学	龚晓南	编著	中国建筑工业出版社	2014
250	基于公共选择视角的城市更新机制研究	顾哲	编著	浙江大学出版社	2014
251	*Regenerating Chinese Cities*	董文丽	专著	Lap Lambert Academic Publishing	2014
252	行为规划理论：城市规划的新逻辑	韩昊英	编著	中国建筑工业出版社	2014
253	*Urban Complexity and Planning：Theories and Computer Simulations*	韩昊英	编著	Ashgate	2014
254	城市增长边界的理论与应用	韩昊英	专著	中国建筑工业出版社	2014
255	基坑工程安全技术	徐日庆	专著	中国建筑工业出版社	2015
256	气候变化对水文过程的影响评估及其不确定性	许月萍	专著	科学出版社	2015

序号	著作名称	作者	著作类别	出版社	出版年份
257	低碳城市的空间规划策略研究	祁巍锋	专著	浙江大学出版社	2015
258	新版钢结构的平面内稳定	童根树	专著	中国建筑工业出版社	2015
259	土力学	徐长节、杨仲轩	编著	中南大学出版社	2015
260	城市交通结构性改变的探索——日本大阪居民乘用车出行行为分析	孙轶琳	专著	中国标准出版社	2015
261	*Fundamentals of Fluid Mechanics*	邵卫云	编著	中国建筑工业出版社	2015
262	土木工程试验与检测	王柏生	编著	中国建筑工业出版社	2015
263	建筑素描速写	傅东黎	编著	中国电力出版社	2015
264	城市交通信号控制	章立辉	编著	清华大学出版社	2015
265	*Marine Structural Design，Second Edition*	白勇	专著	Butterworth-Heinemann	2015
266	*A Comprehensive Database of Tests on Axially Loaded Piles Driven in Sand*	杨仲轩	专著	浙江大学出版社，Elsevier	2015
267	*Basic Principle of Concrete Structue*	金贤玉	编著	同济大学出版社	2015
268	杭州风景城市的形成史	傅舒兰	专著	东南大学出版社	2015
269	社会为何如此复杂：用新科学应用对二十一世纪的挑战	韩昊英	译著	科学出版社	2015
270	*Deformation and Failure Mechanism of Excavation in Clay Subjected to Hydraulic Uplift*	洪义	专著	Springer Berlin Heidelberg	2016
271	建筑色彩	傅东黎	编著	中国电力出版社	2016
272	斜坡虹吸排水理论与实践	孙红月	专著	科学出版社	2016
273	民居在野——西南少数民族民居堂室格局研究	王晖	专著	同济大学出版社	2016
274	城市地下综合体建设技术指南	徐日庆	编著	中国建筑工业出版社	2016
275	绿色商店建筑评价标准实施指南	葛坚	编著	中国建筑工业出版社	2016
276	混凝土材料动力性能及其工程应用	闫东明	专著	科学出版社	2016
277	长距离调水系统的瞬变流模拟与控制	万五一	专著	中国水利水电出版社	2016

（五）获奖科研成果

获奖科研成果一览表

序号	成果名称	获奖类别及等级	完成人	年份
1	软黏土地基砂井排水固结及旋喷法技术	国家教委科学技术进步奖二等奖	曾国熙等	
2	21—82甲FB030密封容器试验研究	其他部级科技奖二等奖	李翼祺、杨宜民、白士高、董浩然、卢松存、范明均、陈新法	1980
3	中型砌块建筑五层足尺模型抗震试验研究	浙江省科学技术奖二等奖		1981
4	型钢悬挂可调书架	浙江省科学技术奖四等奖		1982
5	WBD型机电百分表	浙江省科学技术奖四等奖	王百勤、何和生、朱国元、蒋成化	1984
6	钢梁整体稳定试验研究	浙江省科学技术奖三等奖	夏志斌、潘有昌、张显杰	1984
7	软土地砂井排水固结及旋喷法技术	教育部科学技术进步奖二等奖	曾国熙	1986
8	地下冷库热绝缘问题	浙江省科学技术奖二等奖	蒋鉴明、郑国荣、汪帆	1987
9	幕壳的静动力计算	浙江省科学技术奖三等奖	童竞昱、杨从清、李益为、卢松存、白士高	1988
10	重型厂房吊车竖直荷载空间分配	其他部级科技奖三等奖	童竞昱	1988
11	拱坝优化方法、程序与应用（合作）	国家科技进步奖二等奖	孙扬镳、吴宇飞	1988
12	浙江大学邵逸夫科技馆	其他奖一等奖	罗鸿强、吴文冰、裘涛、戴延年、王宁、王文、姚海涛、黄宇年、李先嘉	1989
13	粉煤灰加气混凝土砌块构性试验研究	浙江省科学技术奖三等奖	严家喜、潘有昌、全振庭、项勇、姚谏	1990
14	卫星通讯地面站高精度天线基础设计及其动力特性试验研	浙江省科学技术奖二等奖	吴晨薄、范明均、宋伯铨、王光煜、童竞昱	1990
15	多层大跨度建筑组合网架结构应用技术（合作）	国家科学技术进步奖三等奖	董石麟	1990
16	空间网格结构的稳定性、极限承载力和其合理形体的研究（合作）	国家教委科学技术进步奖一等奖	董石麟、严慧	1990
17	卫星通讯地面站高精度天线基础设计及其动力特性实验研究（合作）	浙江省科学技术奖二等奖	范明均、宋伯铨	1990
18	粉煤灰加气混凝土砌块性试验研究	浙江省科学技术奖三等奖	严家焴、潘有昌、全振庭、项勇、姚谏	1990

序号	成果名称	获奖类别及等级	完成人	年份
19	高拱坝型优化设计及通用程序	浙江省科学技术奖三等奖	娄常青、孙扬镳、王柏生、徐也平	1990
20	浙江省绍兴县红江村规划设计	其他奖二等奖		1991
21	软土地基补偿基础	浙江省科学技术奖四等奖	顾尧章、周鸿仪、袁雪成、余祖国	1991
22	浙江省标准《建筑软弱地基基础设计规范》	浙江省科学技术奖三等奖	潘秋元	1991
23	高拱坝合理体形的优化设计及通用程序	浙江省科学技术奖三等奖	娄常青、孙扬镳、娄绍撑、王柏生、徐也平	1991
24	炼油厂大型高压氢压缩机基础消振研究	浙江省科学技术奖二等奖	李翼祺、陈新法、郑礼义、朱吾龙、陆炳祥	1991
25	炼油厂（大型、高压）氢压缩机基础消振研究	教育部科学技术进步奖三等奖	李翼祺、陈新法、郑礼义、朱吾龙、陆炳祥、郦崇铭、何根富	1991
26	空间网格结构的稳定性、极限承载力和其合理形体的研究	教育部科学技术进步奖一等奖	沈祖炎、董石麟、胡学仁、严慧、赵惠麟、钱若军、陈学潮、俞嘉声、肖炽	1991
27	地基基床系数的现场测定及消振新方法	国家技术发明奖三等奖	李翼祺	1991
28	浙江省标准《建筑软弱地基基础设计规范	浙江省科学技术奖三等奖	潘秋元	1991
29	高层建筑软土地基大直径钻孔灌注桩应用技术研究（合作）	浙江省科学技术奖三等奖	潘秋元等	1991
30	螺栓球节点网架（合作）	浙江省科学技术奖三等奖	董石麟、严慧	1991
31	土工织物加筋垫层和排水固结联合作用处理油罐软基的设	其他部级科技奖三等奖	王铁儒、杨华民、陈恭轼、乐翠英	1992
32	光华科技基金（个人）奖	其他奖二等奖	李翼祺	1992
33	《钢结构设计规范》国家标准（GBJ 17—1988）	其他部级科技奖一等奖	夏志斌	1992
34	螺栓球节点网架	浙江省科学技术奖三等奖	郭明明、沈文龙、徐春祥、董石麟、严慧	1992
35	高层建筑软土地基大直径钻孔灌注桩应用技术研究	浙江省科学技术奖三等奖	鲜光清、潘秋元、卞守中	1992
36	袖珍式微机控制稳态振动法测桩系统及其应用	浙江省科学技术奖三等奖	何和生、包捷、朱国元、包光祥、王百勤	1992

序号	成果名称	获奖类别及等级	完成人	年份
37	振动法测桩原理及应用研究	浙江省科学技术奖三等奖	范明均、白士高、张黄福、李益为、杨从清	1992
38	高拱坝体型优化及结构设计的研究	其他部级科技奖一等奖	孙扬镳	1992
39	高拱坝体型优化及结构设计研究	能源部电力科学技术进步奖一等奖	孙杨镳等	1992
40	个人奖	光华科技基金二等奖	李翼祺	1992
41	《钢结构设计规范》国家标准（GBJ 17—1988）	冶金部科学技术进步奖一等奖	夏志斌	1992
42	建筑地基处理技术规范	国家科学技术进步奖三等奖	张永钧、平涌潮、罗宇生、叶书麟、潘秋元	1993
43	建筑地基处理技术规范（合作）	国家科学技术进步奖三等奖	潘秋元	1993
44	高层建筑结构空间内力分析及强度设计程序研究（合作）	浙江省科学技术奖优秀奖	唐锦春、郭鼎康、卢勉志	1993
45	高层建筑结构空间内力分析及强度设计程序研究	浙江省科学技术奖优秀奖	郑良知、曾宪纯、唐锦春、郭鼎康、卢勉志	1994
46	拱坝分析和优化方法及程序系统	浙江省科学技术奖二等奖	刘国华、汪树玉、张科锋	1994
47	地基中瑞利波传播特性及应用	浙江省教委科学技术进步奖一等奖	吴世明、陈云敏、夏唐代、蔡袁强、冯卫	1995
48	秦山核电二期工程核安全有关结构安全度的研究	其他部级科技奖三等奖	蔡绍怀、夏志斌、姚谦、许均陶、张国才、庄纪良、苟在文	1995
49	光华科技基金（个人）奖	其他奖三等奖	董石麟	1995
50	弹性地基上基础合理设计与桩土共同作用研究	浙江省科学技术奖三等奖	姚祖恩、益德清、张季容、李志飙、徐珍风	1995
51	水工混凝土建筑物裂缝危害性评估与治理	浙江省科学技术奖三等奖	汪树玉、郑立、杨延毅、刘国华、陈重喜	1995
52	空间网格结构微机设计软件 MSTCAD	浙江省科学技术奖三等奖	罗尧治、董石麟、严慧	1995
53	爆炸力学的研究应用及专著	浙江省科学技术奖二等奖	李翼祺、马素贞	1995
54	地基中的瑞利（Rayleigh）波传播特性及应用	浙江省科学技术奖一等奖	吴世明、陈云敏、夏唐代、蔡袁强、冯卫	1995
55	拱坝非线性全过程分析和体型优化	教育部科学技术进步奖三等奖	汪树玉、刘国华、杨延毅、郑立、张科锋、王建江、施新友、陈重喜	1995

序号	成果名称	获奖类别及等级	完成人	年份
56	新型空间结构的强度、稳定性和动力性能的研究	教育部科学技术进步奖二等奖	董石麟、沈祖炎、严慧、钱若军、赵惠麟、罗永峰、高博青、胡学仁、肖炽、夏绍华、关富玲、陈扬骥、马军、胥传熹、赵阳	1995
57	《钢结构设计规范》国家标准（GBJ 17—1988）	国家科学技术进步奖三等奖	夏志斌	1995
58	纲结构设计规范（合作）	国家科学技术进步奖三等奖	夏志斌	1995
59	新型空间结构强度的稳定性和动力性能的研究	国家教委科学技术进步奖二等奖	董石麟、严慧、高博青、赵阳、罗尧志	1995
60	拱坝非线性全过程分析	国家教委科学技术进步奖三等奖	汪树玉、刘国华、杨延毅、张科峰、郑立、王建江	1995
61	爆炸力学的研究及应用	浙江省科学技术奖二等奖	李翼祺、马素珍	1995
62	空间网格结构微机设计软件 CAD	浙江省科学技术奖三等奖	罗尧治、董石麟、严慧	1995
63	水工混凝土建筑物裂缝危害研究	浙江省科学技术奖三等奖	汪树玉、杨延毅、郑立、刘国华、张科峰	1995
64	空间网格结构的微机设计软件 CAD	浙江省教委科学技术进步奖一等奖	罗尧治、董石麟、严慧	1995
65		光华科技基金奖	董石麟	1995
66	秦山核电站二期工程核安全有关结构安全度的研究（合作）	核工业部科学技术进步奖三等奖	蔡绍怀、夏志斌、姚谏、许钧陶等	1995
67	无黏结预应力框架连续梁研究（合作）	杭州市科学技术进步奖三等奖	付国宏	1995
68	岩土工程博士生全面能力高效培养模式	浙江省教学成果奖一等奖	吴世明、曾国熙、陈云敏	1996
69	高层建筑软土地基大直径钻孔灌注桩应用技术研究（合作）	浙江省"八五"建设科学技术进步奖一等奖	鲜光松、潘秋元、卞守中、章恬履等	1996
70	高层建筑结构空间内力分析及设计程序研究（合作）	浙江省"八五"建设科学技术进步奖三等奖	郑良知、曾宪纯、唐锦春、郭鼎康等	1996
71	弹性地基上基础合理设计与桩土共同作用研究（合作）	浙江省"八五"建设科学技术进步奖一等奖	益德清、张季容、李志飙、蔡红等	1996
72	个人奖	第四届浙江省青年科技奖	陈龙珠	1996
73	个人奖	第五届中国青年科技奖	陈龙珠	1996
74	杭州市城市抗震防灾初步规划	浙江省科学技术奖优秀奖	陈继松、丁德恩、钱国桢、何炳根、汪承松、杨茂成、应联行、寇秉厚、王英葆、王柏生	1996

序号	成果名称	获奖类别及等级	完成人	年份
75	ZDS-100 智能型桩基动力试验分析系统	浙江省科学技术奖三等奖	陈龙珠、叶贵如、朱金颖、梁国钱、卢松存、王柏生、郑金中	1996
76	碎石桩加固粉砂土地基的机理研究及应用	浙江省科学技术奖二等奖	蔡袁强、吴世明、陈云敏、王立忠、吴为民、张忠苗、常雷	1996
77	软土地基上大型机场跑道工程建造技术	浙江省科学技术奖一等奖	潘秋元、吴世明、卞守中、朱向荣、谢康和、陈云敏、曾国熙	1996
78	新型空间结构的强度、稳定性和动力性能的研究	国家科学技术进步奖三等奖	董石麟、沈祖炎、严慧、钱若军、赵惠麟	1996
79	地基中瑞利波传播特性研究及工程应用	国家科学技术进步奖二等奖	吴世明、陈云敏、夏唐代、蔡袁强、冯卫	1996
80	声学虚边界原理及交通噪声预报理论	教育部科学技术进步奖三等奖	吴硕贤	1996
81	软土地基竖井超载预压和非理想排水固结理论及应用	教育部科学技术进步奖二等奖	朱向荣、谢康和、潘秋元、曾国熙	1996
82	土介质波传播理论及动力特性研究	教育部科学技术进步奖二等奖	吴世明、陈云敏、王立忠、夏唐代、陈龙珠	1996
83	燃料容器撞击下减震层试验和研究	其他部级科技奖三等奖	李翼祺、陈龙珠、卢松存、叶贵如、王柏生、江传方、刘应林	1996
84	光华科技基金（个人）奖	其他奖二等奖	吴世明	1996
85	ZD-100 智能型桩基动力试验分析系统	浙江省科学技术奖三等奖	陈龙珠、朱金颖、卢松存、王柏生等	1996
86	杭州市城市抗震防灾初步规划（合作）	浙江省科学技术奖优秀奖	王柏生	1996
87	个人奖	光华科技基金奖	吴世明	1996
88	个人奖	第四届浙江省青年科技奖	陈龙珠	1996
89	个人奖	第五届中国青年科技奖	陈龙珠	1996
90	软土地基大直径桩受力性状与提高桩承载力技术措施研究	浙江省科学技术奖二等奖	吴世明、张忠苗、陈云敏、汤展飞、夏唐代、蔡袁强	1997
91	燃料容器撞击下减震层试验和研究	浙江省科学技术奖二等奖	李翼祺、陈龙珠、卢松存、叶贵如、王柏生、江传方、刘应林	1997
92	软土地基上砂土模袋围堰技术及其应用	浙江省科学技术奖二等奖	吴世明、王立忠、陈云敏、邵志范、蔡袁强、张浙杭、胡斌	1997

序号	成果名称	获奖类别及等级	完成人	年份
93	砂石桩加固地基机理研究及质监系统研制	教育部科学技术进步奖三等奖	吴世明、蔡袁强、陈云敏、吴吉吉、王立忠、乐子炎、陈仁朋	1997
94	空间网格结构分析设计软件 MSTCAD	教育部科学技术进步奖一等奖	罗尧治、董石麟、严慧	1997
95	软土地基上大型机场跑道工程建造技术	国家科学技术进步奖三等奖	潘秋元、吴世明、卞守中、朱向荣、谢康和	1997
96	软土地基上砂土摸袋围堰技术及其应用	浙江省科学技术奖二等奖	吴世明、王立忠、陈云敏、蔡袁强	1997
97	空间网格结构分析设计软件 M TCAD	国家教委科学技术进步奖一等奖	罗尧治、董石麟、严慧	1997
98	燃料容器撞击下减震层试验研究	浙江省科学技术奖二等奖	李翼祺、陈龙珠、卢松存、叶贵如、王柏生	1997
99	《复合地基》	其他部级科技奖二等奖	龚晓南	1998
100	空间网格结构 CAD 系统的研制及其工程应用	国家科学技术进步奖三等奖	罗尧治、董石麟、严慧	1998
101	拱坝新型体型优化和全过程分析的研究与应用	国家科学技术进步奖三等奖	刘国华、汪树玉、张海南、王建江、李富强	1998
102	火力发电厂大跨度干煤棚折线形网状筒壳结构分析与设计	浙江省科学技术奖三等奖	童建国、董石麟、高博青、林善富、刘克萍	1998
103	复杂地质中浅埋大跨度隧道稳定监控与分析研究	浙江省科学技术奖二等奖	吴世明、王天堂、郑志远、陈云敏、王立忠	1998
104	杭州城市跨江发展研究	教育部科学技术进步奖（社科奖）三等奖	马裕祥	1998
105	拱坝新型体形优化和全过程分析的研究与应用	国家科学技术进步奖三等奖	刘国华	1998
106	空间网络结构 CAD 系统的研制及其工程应用	国家科学技术进步奖三等奖	罗尧治	1998
107	聚氨酯—岩棉复合夹心板	浙江省科学技术奖优秀奖	郭明明、周观根、屠建中、徐春祥、徐国引、严慧、罗尧治	1999
108	编制浙江省标准《基桩低应变动力检测技术规程》	浙江省科学技术奖优秀奖	益德清、陈龙珠、杨学林、赵竹占、陈达力	1999
109	软土地基深基坑开挖围护结构研究与应用	浙江省科学技术奖优秀奖	余子华、俞洪良、孙理达、祝勤、黄仁大	1999
110	杭州市天子岭废弃物处理总场垃圾堆体稳定性研究	浙江省科学技术奖三等奖	俞觊觎、冯广德、朱向荣、周启星、张瑞明	1999

序号	成果名称	获奖类别及等级	完成人	年份
111	深基坑支护设计计算研究（合作）	浙江省科学技术奖二等奖	施祖元、潘秋元、谢康和、刘兴旺、杨学林	1999
112	《复合地基》（1998年）	建设部科学技术进步奖二等奖	龚晓南	1999
113	深基坑支护设计计算研究（合作）	浙江省科学技术奖二等奖	施祖元、潘秋元、谢康和、刘兴旺、杨学林	1999
114	杭州市天子岭废弃物处理总场垃圾堆体稳定性研究（合作）	浙江省科学技术奖三等奖	俞规觎、冯广德、朱向荣、周启星、张瑞明	1999
115	软土地基深基坑开挖围护结构研究与应用（合作）	浙江省科学技术奖优秀奖	余子华、俞洪良、孙理达、祝勤、黄仁大	1999
116	聚氨酯—岩棉复合夹民板（合作）	浙江省科学技术奖优秀奖	郭明明、周观根、屠建中、徐春祥、徐国引、严慧、罗尧治	1999
117	编制浙江省标准《基桩低应变动力检测技术规程》（合作）	浙江省科学技术奖优秀奖	益德清、陈龙珠、杨学林、赵竹占、陈达力	1999
118	编制浙江省标准《建筑基坑工程技术规程》	浙江省科学技术奖三等奖	潘秋元、龚晓南	2000
119	桩的纵向振动理论与外插并口式检测系统（EPPD）	浙江省科学技术奖三等奖	王奎华、谢康和、余子华、谢新宇、应宏伟、曾国熙	2000
120	粉砂土地基堤坝地震液化及稳定分析研究	浙江省科学技术奖二等奖	蔡袁强、王南翔、王立忠、丁狄刚、凌道盛、宣伟丽、徐长节、吴世明	2000
121	南京长江第二大桥南汊桥斜拉索塔段足尺模型试验研究	浙江省科学技术奖三等奖	项贻强、易绍平、杜晓庆	2000
122	复杂河道桥址流态及冲刷分析研究	浙江省科学技术奖三等奖	俞亚南、张土乔、包志仁、张凌武、叶培伦	2000
123	深基坑工程辅助设计软件系统—"围护大全"	浙江省科学技术奖二等奖	龚晓南、徐日庆、肖专文、俞建霖、杨晓军、陈页开、左人宇	2000
124	社会监理机构监理服务的标准化体系研究	浙江省科学技术奖三等奖	张土乔、周坚、陈召军、倪炜、徐公芳、蓝柳和	2000
125	高耸格构式塔桅结构风工程研究	浙江省科学技术奖二等奖	孙炳楠、楼文娟、唐锦春、傅国宏、陈勇、陈志军、洪滔、陈水福	2000
126	粉砂土地基堤坝地震液化及稳定与分析研究	浙江省科学技术奖二等奖	蔡袁强、王南翔、王立忠、丁狄刚、凌道盛、宣伟丽、徐长节	2000
127	深基坑工程辅助设计软件系统"围护大全"	浙江省科学技术奖二等奖	龚晓南、徐日庆、肖专文、俞建霖、杨晓军、陈页开、左人宇	2000

序号	成果名称	获奖类别及等级	完成人	年份
128	南京二桥南汉桥斜拉索塔节段足尺模型试验研究	浙江省科学技术奖三等奖	项贻强、易绍平、杜晓庆	2000
129	桩的纵向振动理论与外插并口式检测系统	浙江省科学技术奖三等奖	王奎华、谢康和、余子华、谢新宇、应宏伟	2000
130	横观各向同性压电弹性力学	教育部科学技术奖奖二等奖	丁皓江、陈伟球、梁剑、王国庆、国凤林、徐荣桥、侯鹏飞、池毓蔚	2001
131	时变灰色模型及其在城镇用水量预测中的应用研究	浙江省科学技术奖二等奖	张土乔、柳景青、吕谋、邵卫云、张仪萍、程朴、俞亭超	2001
132	软弱地基上大型结构物桩筏基础设计分析方法、软件及工程应用	浙江省科学技术奖二等奖	陈云敏、陈仁朋、凌道盛、胡亚元、黄博、王立忠	2001
133	折板式网壳的形体、静动力性能、稳定性及其应用研究	浙江省科学技术奖二等奖	董石麟、高博青、朱忠义、杨晔、邓华、周家伟、周晓峰、肖南	2001
134	建筑施工企业经济效益综合评价系统	浙江省科学技术奖三等奖	阮连法、李月健、熊鹰、樊益堂、汪尤升、陆杰峰	2001
135	双插板互导切槽连续薄壁帷幕防渗墙研究	浙江省科学技术奖三等奖	徐晓原、乐子炎	2001
136	深埋重力——门架式围炉结构性状研究与应用	浙江省科学技术奖三等奖	龚晓南、温晓贵	2001
137	软弱地基上大型结构桩筏基础设计分析方法软件及工程应用	浙江省科学技术奖二等奖	陈云敏、陈仁朋、凌道盛、胡亚元、黄博、王立忠	2001
138	对变灰色模型及其在城镇用水量预测中的应用研究	浙江省科学技术奖二等奖	张土乔、柳景青、吕谋、邵卫云、张仪萍、程朴、俞亭超	2001
139	深埋重力门架式围护结构性状研究与应用（合作）	浙江省科学技术奖三等奖	余子华、龚晓南、柴汉峰、俞建霖、温晓贵	2001
140	双插板互导切槽连续薄壁帷幕防渗墙研究（合作）	浙江省科学技术奖三等奖	孔清华、徐晓原、张金汉、乐子炎、桂殷莉	2001
141	软土地基拱形围护结构设计计算理论研究	浙江省科学技术奖二等奖	张土乔、张仪萍、杜先、俞洪良、柳景青、沈炼、杨玉龙	2002
142	基于模糊方法的建设工程招标评标系统研究	浙江省科学技术奖三等奖	阮连法、温海珍、宋笔霖、熊鹰、应浩、施鑫华	2002
143	极端环境荷载作用下海洋平台结构可靠度及其安全性评估	浙江省科学技术奖二等奖	金伟良、邹道勤、李海波、牛世广、张兴才、员彩芬、张燕坤、赵羽习、张立	2002

序号	成果名称	获奖类别及等级	完成人	年份
144	基坑围护桩兼作工程桩与地下室墙挡土（一桩三用）的开发研究	浙江省科学技术奖三等奖	严平、余子华、龚晓南、李志安、徐和财、左人宇、骆立方	2002
145	扩散声场仿真计算及声扩散现象研究	其他省级科学技术奖二等奖	葛坚	2003
146	受施工扰动影响土体环境稳定理论及其变形控制方法研究（合作）	教育部科学技术进步奖一等奖	孙钧、周健、龚晓南、张弥、张庆贺、徐日庆、李兆平、胡向东、谢康和	2003
147	无黏结预应力混凝土技术研究与应用	浙江省科学技术奖三等奖	楼文娟、俞锐、陈勇、曹立勇、孙炳楠	2003
148	建设监理质量动态控制与运行机制研究	浙江省科学技术奖二等奖	张土乔、周坚、杜先、蔡戈鸣、包红泽、刘志祥、叶基福、张仪萍、俞洪良	2003
149	软土地基基坑工程环境影响和控制方法	浙江省科学技术奖二等奖	龚晓南、谢康和、徐日庆、应宏伟、俞建霖、王奎华、谢新宇、杨晓军	2003
150	跨度108m网壳结构工程及其"折叠展开式"施工新技术	浙江省科学技术奖三等奖	罗尧治、董石麟、胡宁、周观根、陈晓光、沈雁彬、严慧	2003
151	大型火电厂煤场软基堆煤自预压变形与稳定分析及其控制	浙江省科学技术奖三等奖	陈云敏、王立忠、吴承章、李玲玲、童建国、李社生、胡亚元	2003
152	钱塘江海塘粉砂土地基抗震分析研究	浙江省科学技术奖二等奖	徐长节、蔡袁强、潘晓东	2003
153	高强混凝土的收缩和裂缝控制研究	浙江省科学技术奖三等奖	詹树林、钱晓倩、钱匡亮	2003
154	建筑工程中应用地下连续墙的设计计算理论及施工技术研究	浙江省科学技术奖二等奖	吴世明	2003
155	饱和土动力学理论与应用研究	华夏科学技术进步奖一等奖	吴世明、陈云敏等	2003
156	高速公路软基处理试验研究	湖北省科学技术进步奖三等奖	姚海林、程平、楼慧钧、饶锡保、俞亚南、李一强、包伟力	2003
157	浙江省标准《建筑地基基础设计规范》	浙江省科学技术奖三等奖	益德清、施祖元、陈云敏、潘秋元、樊良本、刘兴旺、杨学林、李冰河、袁静、陈仁朋	2004
158	高边坡稳定可靠性与支护结构优化及其工程应用	浙江省科学技术奖二等奖	汪会帮、金伟良、阎震、邹道勤、叶楠、陆锡铭、尚岳全、翟三扣、喻军华、姜芝坤、叶剑峰、廖作才、付超、符文熹、李志峰	2004

序号	成果名称	获奖类别及等级	完成人	年份
159	混凝土小型空心砌块建筑裂缝控制技术及工程应用	浙江省科学技术奖二等奖	金伟良、范根初、沈惠臣、严家熹、吴承恩、张新国、郭鄮、方建伟、徐铨彪、余祖国、叶甲淳、徐晓红、潘金龙	2004
160	混凝土外加剂及防水材料行业现状、问题和对策研究	浙江省科学技术奖二等奖	钱晓倩、钱雪亚、余子华、顾梅英、韩灵华、詹树林、张务德、孟涛、钱匡亮	2004
161	广义复合地基理论研究及工程应用	浙江省科学技术奖二等奖	龚晓南、张土乔、俞建霖、杨晓军、温晓贵、吴慧明、周建、马克生、黄明聪、葛忻声、李海芳、褚航、王启铜、段继伟、洪昌华	2004
162	复杂地质地貌条件区高速公路主要岩土工程问题研究	浙江省科学技术奖三等奖	侯利国、尚岳全、张治中、孙红月、吴非熊、吕庆、汪银华、黄洪波、潘佳祥、王清、陈允法、张洁、李维新、朱晗迓、朱汉华	2004
162	人力资本水平比较研究	浙江省科学技术奖三等奖	钱雪亚、钱晓倩、冯军、刘庆、刘杰、金承涛	2005
164	破碎岩质边坡锚固技术研究	浙江省科学技术奖三等奖	陆锡铭、尚岳全、杨献文、孙红月、何峰、杨少华、黄怿民	2005
165	微型桩工作性状及用于杆塔基础的设计方法、施工技术和工程应用	浙江省科学技术奖三等奖	陈云敏、应建国、陈仁朋、宣歌平、王平、程光明、龚健、吕凡任、沈建国、杨建明、柯瀚	2005
166	桩基试验分析与侧阻软化及桩端后注浆研究	浙江省科学技术奖三等奖	张忠苗、陈云敏、辛公锋、张功奖、施茂飞、包风、吴庆勇、张广兴、秦义新	2005
167	温州市高速公路沥青路面材料特性与路用性能试验研究	浙江省科学技术奖三等奖	黄志义、周一勤、王晓铮、徐兴、姜杨剑、王福建、项贻强、潘伟兵、赵友亮、陆辉、姚文龙、汤昌悦、叶勇、汪江波、秦肖	2005
168	长距离顶管工艺及应用研究	浙江省科学技术奖三等奖	徐日庆、肖俊、龚晓南、邵剑明、徐旭炯、罗曼慧、魏纲、冯海宁、金自力、余文君、陈刚、胡卫、韩同春、宋金良、王景春、刘增永	2005
169	拉索预应力网格结构的结构机理、分析方法、受力性能、优化设计及	浙江省科学技术奖二等奖	董石麟、邓华、高博青、肖南、袁行飞、卓新、张明山、罗尧治	2005

序号	成果名称	获奖类别及等级	完成人	年份
170	拉索预应力网格结构机理、分析方法、受力性能、优化设计及其应用研究	浙江省科学技术奖二等奖	董石麟、邓华、高博青、肖南、袁行飞、卓新、张明山、罗尧治	2005
171	既有建筑结构检测评定理论与工程应用技术（合作）	高等学校科学技术奖二等奖	金贤玉、金南国	2006
172	浙江省标准《居住建筑节能设计标准》DB 33/1015—2003	浙江省科学技术奖三等奖	胡吉士、方子晋、顾骏强、王洪涛、张三明、徐一骐、杨毅	2006
173	大型跨江桥梁结构安全长期实时智能监测管理系统	浙江省科学技术奖三等奖	俞菊虎、陈阶亮、陈勇、孙炳楠、叶国荣、王博、楼文娟	2006
174	钱塘江流域防洪管理决策支持系统研究	浙江省科学技术奖三等奖	周毅、褚加福、王春来、包为民、钟平安、邵卫云、王云辉	2006
175	预应力空心板先简支后连续结构的试验研究	浙江省科学技术奖三等奖	黄志义、许人平、陈爱道、周一勤、陈显春、徐兴、潘志炎	2006
176	基坑降水的环境效应及防治方法研究	浙江省科学技术奖二等奖	龚晓南、俞建霖、祝哨晨、丁洲祥、裘秀群、金小荣	2006
177	沿海混凝土工程安全耐久性的关键技术与工程应用	浙江省科学技术奖二等奖	金伟良、赵羽习、宋志刚、江翎、潘仁泉、孙国强、陈方东、张苑竹、陈驹	2006
178	基于人工神经网络及时间序列分析的城市用水量预测模型及其应用研	浙江省科学技术奖二等奖	张土乔、吕谋、龚诚、俞亭超、孙国厚、柳景青、高建勤、邵卫云、周鑫潮	2006
179	既有建筑结构检测评定理论与工程应用技术（合作）	高等学校科学技术进步奖二等奖	金贤玉、金南国	2006
180	软土地基静压桩挤土效应环境影响对策及应用	浙江省科学技术奖三等奖	龚晓南、马明、王建良、鹿群、罗战友、许明辉、杨晓军	2007
181	西湖水环境综合保护工程效益评价及管理对策	浙江省科学技术奖三等奖	吴芝瑛、虞左明、胡云进、徐骏、韩轶才、毛根海、盛海燕	2007
182	构建建筑强省评价体系系统研究	浙江省科学技术奖三等奖	张奕、阮连法、柴林奎、高林、温海珍、秦中伏、胡庆红	2007
183	扣件式钢管支模承重脚手架施工风险分析与应用	浙江省科学技术奖三等奖	金伟良、陈天民、宋志刚、周关富、赵羽习、邵凯平、袁雪霞	2007
184	杭州地铁一号线钱塘江隧道河段最大冲刷深度研究	浙江省科学技术奖二等奖	孙志林、沈林冲、曾剑、张舒羽、李辉煌、黄赛花、裘志坚、杨元平、孙志锋	2007

序号	成果名称	获奖类别及等级	完成人	年份
185	浙江省玄武岩台地区地质灾害及防治对策研究	浙江省科学技术奖二等奖	尚岳全、唐小明、章晓东、孙红月、游省易、吕庆、俞伯汀、王永、姜久成	2007
186	钱塘江强涌潮区护岸桩式丁坝研究及应用	浙江省科学技术奖二等奖	宣伟丽、蔡袁强、林斌炎、林炳尧、徐长节、严盛、赵渭军、陈海军、金南兰	2007
187	高层建筑钢结构设计技术	浙江省科学技术奖二等奖	童根树、施祖元、李志飚、季渊、王金鹏	2007
188	预应力索杆结构理论分析和应用技术	高等学校科学技术进步奖一等奖	董石麟、钱若军、姚念亮、柯长华、袁行飞、杨联萍、朱忠义、邓华、高博青、周晓峰、甘明、赵阳、曹国峰、覃阳、林颖儒	2007
189	深厚结构性软土处理设计理论与沉降控制技术	高等学校科学技术进步奖一等奖	陈云敏、陈仁朋、凌道盛、唐晓武、边学成、黄博、詹良通、徐立新	2007
190	火电厂超大跨干煤棚设计与施工新技术及工程应用	社会力量奖二等奖	罗尧治、董石麟、沈雁彬、黄宝德、郑洪有、周观根、林勇、刘岐威、张勇、喻莹	2007
191	大吨位 70 米预应力混凝土箱梁整体预制和强潮海域海上运输架设技术	浙江省科学技术奖一等奖	吕忠达、赵剑发、谭国顺、黄燕庆、徐怀安、叶俊能、徐敬淼、王贵明、王仁贵、王发先、李永强、郑强、王毅	2008
192	软弱地基灾变评价方法、控制技术与工程应用	浙江省科学技术奖一等奖	陈云敏、陈仁朋、周燕国、朱斌、黄博、柯瀚、边学成、凌道盛、詹良通、唐晓武	2008
193	木质工程防护关键技术及系列产品研制与应用	浙江省科学技术奖三等奖	王卿芳、王韬华、黄菊丹、王元园、童琳、周福富、应礼斌	2008
194	带撑双排桩式围护结构的性状研究	浙江省科学技术奖三等奖	李冰河、应宏伟、刘兴旺、初振环、谢康和、施祖元、益德清	2008
195	刚—柔性桩复合地基特性研究	浙江省科学技术奖三等奖	朱奎、徐日庆、毛西平、吴冬虎、郭印、周鹏飞、叶长青	2008
196	非均匀沙输移的随机—力学理论研究	浙江省科学技术奖二等奖	孙志林、黄赛花、孙志锋、谢鉴衡、祝丽丽、夏珊珊、吴珂、毛根海、许丹	2008

序号	成果名称	获奖类别及等级	完成人	年份
197	海洋结构物可靠性理论及其工程应用	高等学校科学技术进步奖二等奖	金伟良、时忠民、龚顺风、何勇、栾湘东、李新仲、宋志刚、赵羽习、王海龙、陈驹、胡琦忠、沈照伟	2008
198	沿海地区高速公路软土路基处治成套技术开发及其应用研究	高等学校科学技术进步奖一等奖	蔡袁强	2008
199	沿海混凝土结构耐久性理论及应用技术	国家科学技术进步奖二等奖	金伟良、赵羽习、陈驹	2008
200	建筑结构全寿命维护中的检测评定理论与技术	其他省级科学技术奖一等奖	金南国、金贤玉	2009
201	高速公路边坡稳定评价与安全监控技术及工程示范	社会力量奖一等奖	卞钧霈、孙红月、洪秀敏、徐建伟、楼晓寅、尚岳全、朱汉华、郑东锋、徐兴华、刘立欣、韩斌、陈海君、杨少华	2009
202	山区小流域公路水毁防治技术	社会力量奖三等奖	侯利国、钱立高、尚岳全、沈水进、梁平安	2009
203	桥跨62.5cm预应力混凝土箱梁移动模架设计、制造与施工等关键技术研究	社会力量奖二等奖	项贻强、汪劲丰、赵阳、孙晓燕、徐荣桥、楼铁炯	2009
204	高速公路边坡稳定评价与安全监控技术及工程示范	社会力量奖一等奖	孙红月、尚岳全	2009
205	山区小流域公路水毁防治技术	社会力量奖三等奖	尚岳全	2009
206	现代钢结构稳定性关键技术研究与应用	国家科学技术进步奖二等奖	童根树	2009
207	结构性软弱土地基灾变控制关键技术与工程应用	国家科学技术进步奖二等奖	陈云敏、陈仁朋、凌道盛、朱瑞燕、周燕国、童建国、朱斌、柯瀚、詹良通、黄博	2009
208	以代码式办案为基础的城市管理"阳光执法"系统研究与应用	浙江省科学技术奖三等奖	齐同军、戴旭、张燕、王赟萃、平建军、周梁、李楠	2009
209	新型生态建材开发与文态景观集成及示范	浙江省科学技术奖二等奖	王卿芳、王韬华、黄菊丹、王元园、陈华文、雷玉林、廖新平、祝锦平、吴小青	2009
210	高性能混凝土复合掺合料的研制和应用	浙江省科学技术奖二等奖	詹树林、丁小富、钱晓倩、孟涛、钱匡亮、程占莲、赖俊英、朱耀台	2009

序号	成果名称	获奖类别及等级	完成人	年份
211	软土地基中管道的力学性状研究及工程应用	浙江省科学技术奖二等奖	张土乔、邵卫云、吴小刚、王直民、张仪萍、吴为义、周华飞、俞亭超、李大勇	2009
212	动荷载下饱和土耦合作用理论及灾变控制技术与工程应用	高等学校科学技术进步奖一等奖	蔡袁强、高玉峰、徐长节、孙宏磊、王军、宣伟丽、丁选明、潘晓东、张清华、严盛、马晓华、杨贵、陈刚	2009
213	夏热冬冷地区建筑节能新材料、新技术、新体系研究	浙江省科学技术奖二等奖	钱晓倩、孟涛、詹树林、夏青、裘愉尧、钱匡亮、赖俊英、朱耀台、方明晖	2010
214	挡潮泄洪双拱闸门关键技术与应用研究	浙江省科学技术奖一等奖	罗尧治、林军、刘旭辉、许贤、马晓明、谢丽华、朱世哲、周国卫、陈舟、沈雁彬	2010
215	软土地基超高层建筑超长桩基础试验分析与沉降控制研究	浙江省科学技术奖三等奖	张忠苗、施雪飞、张广兴、施茂飞、张功奖、张乾青、辛公锋	2010
216	大跨度复杂结构施工控制关键技术研究与工程应用	浙江省科学技术奖二等奖	卓新、李忠学、吴建挺、蒋金生、左权胜、蒋莹、冷新中、寿明灿、顾拥军	2010
217	中药提取浓缩干燥成套装备及自动化控制技术研究	浙江省科学技术奖三等奖	陈勇、夏英杰、孙昌榜、刘雪松、陶耀镔、陈成辉、王胜豪	2010
218	城市固体废弃物填埋场渗流、变形与稳定相互作用理论及应用技术	高等学校科学技术进步奖一等奖	陈云敏、詹良通、柯瀚、林伟岸、边学成、朱斌、凌道盛、陈仁朋、周燕国、李育超、唐晓武、兰吉武	2010
219	城市固体废弃物填埋场灾变控制与资源化关键技术及工程应用	浙江省科学技术奖一等奖	陈云敏、詹良通、朱斌、李育超、唐晓武、谢海建、孔令刚、兰吉武、林伟岸、柯瀚、凌道盛、陈仁朋、边学成	2011
220	地下工程平衡稳定理论与应用	浙江省科学技术奖三等奖	朱汉华、尚岳全、杨建辉、孙红月、赵宇、周智辉、文颖	2011
221	聚合物改性水泥基无机保温砂浆外墙外保温系统	浙江省科学技术奖三等奖	方明晖、严朗、张桂林、汤涛	2011
222	高速铁路无碴轨道用 CA 砂浆材料、装备与施工关键技术	浙江省科学技术奖二等奖	杨林江、钱晓倩、汤薇、吴文军、方明晖、祝伟根、杨芳儿、王万金、裘伯钢	2011
223	强夯法加固回填土地基关键技术研究及应用	浙江省科学技术奖二等奖	徐长节、潘晓东、丁光亚、孙宏磊、胡秀青、王军、蔡袁强、林刚、姚月林	2011

序号	成果名称	获奖类别及等级	完成人	年份
224	基坑工程水平基床比例系数 m 参数的反分析和流变分析	浙江省科学技术奖二等奖	杨学林、袁静、俞建霖、冯俊福、曹国强、周平槐	2011
225	近海高耸结构基础及防撞系统关键技术与工程应用	高等学校科学技术进步奖二等奖	陈仁朋、朱斌、孔令刚、陈水福、凌道盛、黄博、万晓丽、柯瀚、边学成、周燕国	2011
226	滨海软土性状与海洋岩土工程灾变控制技术	高等学校科学技术进步奖一等奖	王立忠、谢新宇、杨仲轩、李玲玲、徐日庆、张永强、王奎华、钱晓倩、王建江、吴珂、潘冬子、陈振华、吴蕾、陈岳林、唐颖栋	2011
227	混凝土桥梁服役性能与剩余寿命评估方法及应用	国家科学技术进步奖二等奖	金伟良、王海龙	2011
228	复杂钢结构施工过程时变分析及控制关键技术研究与工程应用	国家科学技术进步奖二等奖	郭彦林、周绪红、罗尧治、范峰、白国良、田广宇、陈国栋、关洁、辛克贵、王小安	2011
229	国家游泳中心（水立方）关键技术创新与实践	国家科学技术进步奖一等奖	董石麟、赵志雄、赵阳、袁行飞	2011
230	注浆扩孔土钉新技术及复合土钉墙工作机理研究	浙江省科学技术奖三等奖	龚晓南、崔新明、俞建霖、应建新、厉瑞祥、廖春波、陆振华	2012
231	土石坝除险加固关键技术研究与工程应用	浙江省科学技术奖二等奖	梁国钱、王振宇、郑敏生、刘国华、李富强、陆芳春、陈式华、马晓华、章晓桦	2012
232	新型组合结构桥梁建造的成套关键技术	浙江省科学技术奖二等奖	张磊、朱少杰、邵长宇、俞菊虎、杨波、熊永光、金伟良、程晓东、吴峻	2012
233	交通荷载作用下软土地基沉降、振动理论及控制技术	浙江省科学技术奖一等奖	蔡袁强、高玉峰、王军、郑建国、曹志刚、钱春宇、张清华、庄妍、陈永辉、尹敬泽、刘吉福、黄腾、刘增贤	2012
234	灌注桩后注浆技术及工程应用研究	浙江省科学技术奖三等奖	张忠苗、张功奖、邹健、张广兴、施茂飞、张乾青、施雪飞	2012
235	高空大跨连体结构建造关键技术研究与工程应用	浙江省科学技术奖二等奖	罗尧治、干钢、姜涛、林炎飞、葛玮、沈雁彬、夏铮、吴杰、田秀刚	2012
236	混凝土断裂损伤分析与性能提升的基础理论研究	浙江省科学技术奖一等奖	徐世烺、梁坚凝、陈伟球、李庆华、姚武、吴建营	2012

序号	成果名称	获奖类别及等级	完成人	年份
237	城市固体废弃物填埋场环境土力学机理与灾害防控关键技术及应用	国家科学技术进步奖二等奖	陈云敏、詹良通、柯瀚、朱斌、王琦、王艳明、李育超、林伟岸、兰吉武、刘淑玲	2012
238	准脆性水泥基材料控裂机理与高韧化制备理论及方法	高等学校自然科学奖一等奖	徐世烺、梁坚凝、李庚英、李庆华、王培铭、赵晓华	2012
239	建筑抗震设计规范 GB50011-2010	社会力量奖一等奖	黄世敏、戴国莹、傅学怡、徐建、罗开海、柯长华、郁银泉、杨林德、周福霖、周炳章、邓华、李小军、李惠、娄宇、葛学礼	2012
240	复杂河网水力调控关键技术及实践	其他省级科学技术奖一等奖	唐洪武、肖洋、顾正华、王玲玲、吕升奇、马腾飞、袁赛瑜、何华松、汪迎春、戚晓明	2013
241	董石麟	浙江省科学技术重大贡献奖	董石麟	2013
242	长期循环动载下饱和软弱土地基灾变控制技术及应用	国家科学技术进步奖二等奖	蔡袁强、高玉峰、王军、徐长节、刘吉福、孙宏磊、杨仲轩、郑建国、尹敬泽、黄腾	2013
243	供水管网水质安全保障关键技术研究与应用	浙江省科学技术奖一等奖	张土乔、俞亭超、张燕、柳景青、叶苗苗、王靖华、蒋建群、毛欣炜、张仪萍、邵卫云、程伟平、李聪、周永潮、胡云进、方磊	2013
244	杭州庆春路过江隧道建造关键技术研究和工程应用	浙江省科学技术奖一等奖	吴世明、徐长节、李宗梁、谢文斌、董天乐、刘冠水、张迪、林存刚、孙谋、王立忠、王承山、王博、何书壮	2013
245	水力诱发土质边坡失稳的物理模拟与控制技术及工程应用	高等学校科学技术进步奖二等奖	詹良通、孔令刚、凌道盛、蒋建良、林伟岸、李育超、王华俊、陈赟、陶灵法、张立勇、管仁秋、周燕国	2013
246	大体积混凝土结构裂缝性能量化测试与控制新技术	高等学校技术发明奖一等奖	徐世烺、周厚贵、李庆华、谭恺炎、黄博滔、陈志远	2014
247	复杂河网多目标水力调控关键技术与应用	国家科学技术进步奖二等奖	唐洪武、王船海、肖洋、何华松、郑金海、王玲玲、顾正华、虞邦义、张蔚、程绪水	2014
248	地下工程施工过程平衡稳定理论的建立与安全控制技术	浙江省科学技术奖二等奖	朱汉华、尚岳全、杨建辉、赵宇、孙红月、吴惠明、张迪、周智辉、吕庆	2014

序号	成果名称	获奖类别及等级	完成人	年份
249	高耐候木塑复合型材功能化关键技术及产业应用	浙江省科学技术奖二等奖	詹树林、王永虎、周箭、王玲娟、吴春春、宋利明、申乾宏、汪海风、施国林	2014
250	复杂应力条件下深厚软土地区深大基坑全过程控制技术及应用	浙江省科学技术奖一等奖	徐长节、应宏伟、周建、陈锦剑、占宏、谢旭忠、姜天鹤、曹志刚、俞亭超、郭鲁军、马晓华、徐芫蕾、郭跃	2014
251	薄壁钢管混凝土和组合梁结构体系的关键技术与工程应用	浙江省科学技术奖一等奖	金伟良、陈驹、盛晓红、俞菊虎、杨立伟、张大伟、夏晋、许晨、邢月龙、袁伟斌、傅军、赵羽习、王海龙	2014
252	混凝土结构裂缝扩展过程双 K 断裂理论及控裂性能提升基础研究	国家自然科学奖二等奖	徐世烺、梁坚凝、李庆华、吕朝锋、李庚英	2015
253	人防工程固化剂加固效果技术研究	其他部级科技奖三等奖	徐日庆、龚晓南、郭印、邵玉芳、刘增永、朱奎、韩同春	2015
254	多梁式钢—混凝土组合小箱梁桥受力特性及损伤识别研究	浙江省科学技术奖三等奖	陈涌彪、项贻强、柯鹤新、王渊、何余良、刘丽思、黄建华	2015
255	带支腿地下连续墙的设计、计算及应用研究	浙江省科学技术奖三等奖	袁静、刘兴旺、施祖元、胡安峰、姜天鹤、曹国强、饶航	2015
256	混凝土复杂非线性断裂模拟的计算方法	浙江省科学技术奖三等奖	杨贞军、刘国华、胡云进、章子华、苏项庭	2015
257	一种在旧建筑物下建造地下车库及人防、抗震设施的技术	浙江省科学技术奖三等奖	潘金龙、殷树芳、吴世明、徐长节、高国辉、杜晓飞	2015
258	砂土各向异性特性及其对桩土作用机理影响研究	高等学校自然科学奖一等奖	杨仲轩、杨峻、甄伟文	2016
259	海岛饮用水水质水量安全保障关键技术及其应用	浙江省科学技术奖一等奖	张土乔、邵卫云、周永潮、邵煜、周志军、毛欣炜、邹爽、闻信德、叶苗苗、刘小为、冯瑛、张可佳、张燕	2016
260	滑坡灾害监测预警与控灾结构安全评价	浙江省科学技术奖二等奖	尚岳全、孙红月、吕庆、赵宇、于洋、张洁、许建聪、沈佳轶、申永江、刘永莉、徐兴华、王智磊、李焕强	2016

（六）授权专利

授权专利一览表

序号	专利名称	类别	发明人	授权年份
1	紊动机理实验仪	实用新型专利	吴寿荣、毛根海、甘栽芷	1996
2	中桥桥梁用板梁	实用新型专利	项贻强	1996
3	紊动机理实验仪	发明专利	吴寿荣、毛根海、甘栽芷	1997
4	直通式截止阀	实用新型专利	吴寿荣、张土乔、甘栽芷	1997
5	汽轮机叶轮流态显示仪	实用新型专利	吴寿荣、张土乔、甘栽芷	1997
6	钻孔桩成孔孔径伞形测量器	实用新型技术专利	王奎华、胡昌斌、谢康和	2002
7	真空负压静力试桩装置	实用新型技术专利	王奎华、谢康和、阙仁波	2003
8	高阻尼螺旋弹簧	发明专利	王柏生、钱国桢	2004
9	伞形桩端、桩身扩大器	发明专利	王奎华、谢康和、孙昱	2004
10	工程流体力学实验教学辅助软件	计算机软件著作权	毛根海	2004
11	工程流体力学求解器软件	计算机软件著作权	毛根海	2004
12	工程流体力学（水力学）基于 Web 在线练习软件	计算机软件著作权	毛根海	2004
13	工程流体力学网络课程软件	计算机软件著作权	毛根海	2004
14	明渠水力学实验教学辅助软件	计算机软件著作权	毛根海	2004
15	工程流体力学（水力学）水利计算可视化软件	计算机软件著作权	毛根海	2004
16	流量检测与自动控制实验教学软件	计算机软件著作权	毛根海	2004
17	交互式高等计算电子练习平台？工程流体力学（水力学）电子练习软件	计算机软件著作权	毛根海	2004
18	工程流体力学（水力学）电子辞典软件	计算机软件著作权	毛根海	2004
19	水力学与工程流体力学实验数据处理软件	计算机软件著作权	毛根海	2004
20	三轴室内压电陶瓷弯曲元土样波速测试装置	实用新型专利	陈云敏、姮美秀、黄博、王立忠	2004
21	自循环达西定律实验仪	实用新型专利	毛根海、汪卓红、程新颖、陈少庆、胡卫红	2005
22	小型化的自循环空化机理实验仪	实用新型专利	毛根海、陈少庆、胡卫红、章军军、杨敏丽、胡云进	2005
23	自循环泵特性曲线实验仪	实用新型专利	毛根海、陈少庆、胡卫红、章军军、杨敏丽、和伟平	2005

序号	专利名称	类别	发明人	授权年份
24	自循伯努利方程实验仪	实用新型专利	毛根海、陈少庆、胡卫红、章军军、杨敏丽、胡云进	2005
25	叠梁式自循环明渠实验槽	实用新型专利	毛根海、陈少庆、胡卫红、章军军、杨敏丽、胡云进	2005
26	流量检测与自动控制实验仪	实用新型专利	毛根海、胡卫红、陈少庆、章军军、杨敏丽	2005
27	小型自循环恒压供水系统	实用新型专利	毛根海、陈少庆、胡卫红、章军军、杨敏丽、胡云进	2005
28	励磁式离心泵	外观设计专利	毛根海、陈少庆、胡卫红	2005
29	自动消色的自循环雷诺实验仪	发明专利	毛根海、章军军、杨敏丽	2006
30	流量检测与自动控制实验仪	发明专利	毛根海、章军军、杨敏丽	2006
31	低调式测压架	发明专利	毛根海、杨敏丽、章军军、胡云进	2006
32	设置连杆的开口薄壁型钢	实用新型专利	姚谏	2006
33	可快速安装拆卸的网架构件内力无损检测装置	实用新型专利	罗尧治	2006
34	一种深层饱和砂土孔隙比现场测试装置	实用新型专利	陈云敏、陈仁朋、张泉芳	2006
35	低调式测压架	实用新型专利	毛根海、杨敏、章军军、胡云进	2006
36	自动消色的自循环雷诺实验仪	实用新型专利	毛根海、章军军、杨敏丽	2006
37	闸板式水面曲线活动水槽	实用新型专利	毛根海、杨敏丽、章军军、胡云进	2006
38	带移动触头的孔口管嘴实验仪	实用新型专利	毛根海、章军军、杨敏丽	2006
39	在固结仪上安装压电陶瓷元土样波速测试装置	实用新型专利	陈云敏、陈颖平、黄博、姬美秀	2006
40	一种城市生活垃圾降解—压缩试验仪	实用新型专利	陈云敏、谢焰、唐晓武、詹良通、柯翰、张泉芳	2006
41	径向可开启圆形板式结构的制作方法	发明专利	罗尧治、毛德灿	2007
42	砂土剪切体积变形演示仪	发明专利	詹良通	2007
43	双拱结构闸门	发明专利	罗尧治、朱世哲、沈雁彬	2008
44	大坝安全监测与管理信息化系统软件	计算机软件著作权	王建江、屠毓敏	2008
45	土石坝安全监测管理信息系统	计算机软件著作权	王建江、宋洁人、李富强、程鹏、钱镜、林周峰	2008
46	一种土体主动和被动破坏演示仪	实用新型专利	陈云敏、詹良通、王顺玉、刘钊	2008

序号	专利名称	类别	发明人	授权年份
47	张弦环状挑棚结构	实用新型专利	王昌洪、高博青、付智强、马洪步、应金良	2008
48	具有缓和功能的葵花型索穹顶体系	实用新型专利	王昌洪、马洪步、高博青、付智强、应金良	2008
49	一种土拱效应演示仪	发明专利	詹良通、陈云敏、王顺玉	2009
50	四角锥球面网壳无脚手架施工安装方法及吊装机具	发明专利	卓新、张国发、楼道安、蒋金生、吴建挺、齐宇	2009
51	大、中跨度屋顶空腹保温、隔热结构及施工方法	发明专利	肖南	2009
52	一种饱和砂土振动液化演示仪	发明专利	詹良通、陈云敏、王顺玉	2009
53	砂类土静态休止角测定仪	发明专利	王顺玉、詹良通、陈云敏、刘钊	2009
54	异形构件的虚拟四面体顶点测量定位方法	发明专利	卓新、楼道安、蒋金生、吴建挺、齐宇	2009
55	滚动摩擦节点弦支穹顶结构及施工方法	发明专利	卓新、董石麟、张国发、楼道安、吴建挺、齐宇、周观根	2009
56	一种高强轻质混凝土砌块及其制造方法	发明专利	夏青、钱晓倩、成建耀、詹树林、郑治平	2009
57	一种地下工程中一桩三用的方法	发明专利	严平	2009
58	一种地下工程中一桩多用半逆作的方法	发明专利	严平	2009
59	原状空心圆柱试样顶盖定位器	发明专利	温晓贵、沈扬、周建、张金良、杰瑞·沙顿	2009
60	局部双层张弦球面网壳	发明专利	王昌洪、高博青、付智强、马洪步、应金良	2009
61	原状软黏土空心圆柱试样内芯切取器	发明专利	沈扬、周建、温晓贵、张金良、张泉芳、杰瑞·沙顿	2009
62	原状软黏土空心圆柱试样制样法	发明专利	周建、温晓贵、沈扬、张金良、张泉芳	2009
63	垃圾填埋场沉降和容量分析软件	计算机软件著作权	陈云敏、边学成、詹良通、柯瀚、王耀商	2009
64	构件弦支穹顶结构的滑动轴承构造式节点	实用新型专利	卓新、赵霄、楼道安、吴建挺、齐宇	2009
65	构件弦支穹顶结构嵌轴承滚动摩擦节点	实用新型专利	卓新、楼道安、赵霄、吴建挺、齐宇、周观根	2009
66	构件弦支穹顶结构的轴承构造式滚动摩擦节点	实用新型专利	卓新、张国发、楼道安、蒋金生、吴建挺、齐宇、马政纲	2009

序号	专利名称	类别	发明人	授权年份
67	一种葵花型索穹顶结构	实用新型专利	王昌洪、吕超力、马洪步、高博青、刘国光	2009
68	用于弦支穹顶结构的连接结构	实用新型专利	陈春雷、张瑞、汪毅俊、高博青	2009
69	设置横隔板的冷弯薄壁卷边槽钢	实用新型专利	姚谏	2009
70	连续型张弦梁结构	实用新型专利	陈春雷、汪毅俊、张瑞、高博青	2009
71	适用于张弦桁架撑杆与双索相连的碟形节点	实用新型专利	罗尧治、张彦、林炎飞	2009
72	基坑工程渗透破坏模型试验装置	实用新型专利	詹良通、陈云敏、胡琦、王顺玉	2009
73	等十五面体帐篷结构	实用新型专利	卓新、楼道安、吴建挺	2009
74	一种悬臂型张弦梁挑棚结构	实用新型专利	王昌洪、高博青、张瑞、汪毅俊	2009
75	正八边形连正方形与正六边形组合体帐篷结构	实用新型专利	卓新、楼道安、吴建挺	2009
76	正五边形与正六边形组合体帐篷结构	实用新型专利	卓新、楼道安、吴建挺	2009
77	正三角形与正五边形组合体帐篷结构	实用新型专利	卓新、楼道安、吴建挺	2009
78	正三角形与正方形组合体帐篷结构	实用新型专利	卓新、楼道安、吴建挺	2009
79	一种正方形平面肋环形索穹顶结构	实用新型专利	王昌洪、高博青、汪毅俊、张瑞	2009
80	一种正方形平面凯威特型索穹顶结构	实用新型专利	王昌洪、吴慧、高博青、汪毅俊、张瑞	2009
81	一种大抽空正放四角锥网架结构	实用新型专利	王昌洪、高博青、张瑞、汪毅俊	2009
82	直接与间接荷载下简支梁弯矩影响线演示仪	实用新型专利	陈水福、林炎飞	2009
83	基于制造误差的虚功原理实验装置	实用新型专利	陈水福、林炎飞	2009
84	土体渗透破坏现象演示及临界水力梯度测定仪	发明专利	詹良通、陈云敏、刘钊、王顺玉	2010
85	电磁波测试土体介电常数的测试方法和装置	发明专利	陈仁朋、许伟、陈云敏、陈伟	2010
86	一种网架结构的水平可调刚度支座	发明专利	罗尧治、张琳、林炎飞	2010
87	地基与边坡工程模型试验平台	发明专利	陈云敏、詹良通、王顺玉、凌道盛、蒋建群、贾官伟	2010
88	一种空心圆柱扭剪仪重塑样击实器	发明专利	张泉芳、赵宇、黄博、施明雄	2010
89	双库自调节潮汐能发电方法及其系统	发明专利	顾正华、徐锦才、殷蕾	2010
90	基于现场视觉差异的大型构件施工安全性监控方法	发明专利	程鹏、王建江、林炎飞、宋洁人	2010

序号	专利名称	类别	发明人	授权年份
91	一种适用于张弦桁架双索张拉的铸钢节点	发明专利	罗尧治、张琳、林炎飞	2010
92	纳米改性混凝土复合矿物掺合料的制备方法	发明专利	钱晓倩、孟涛、钱匡亮、詹树林、丁小富、程占莲	2010
93	一种用于大型变电构架的滑动支座	发明专利	陈驹、金伟良、盛晓红、丘文千、童建国、黄达余	2010
94	免承重力抗震钢支撑体系	发明专利	童根树、林炎飞	2010
95	模态测试与分析软件（MA）V1.0	计算机软件著作权	罗尧治、童若飞	2010
96	风速风压采集与分析软件（简称：Wmt）V1.0	计算机软件著作权	罗尧治、蔡朋程	2010
97	工程管理与决策信息化系统（简称：ConMI）V1.0	计算机软件著作权	王建江	2010
98	隧道裂缝图片获取系统（简称：CrackerGetery）V1.0	计算机软件著作权	吴珂、黄志义、杨智、刘康苗、梁璋	2010
99	隧道裂缝最大宽度自动检测系统（简称：MaxBorderDtery）V1.0	计算机软件著作权	吴珂、黄志义、杨智、刘康苗、梁璋	2010
100	城市街区热岛缓减分析系统 V6.6	计算机软件著作权	王伟武	2010
101	城市热岛缓减分析与优化系统 V1.0	计算机软件著作权	王伟武	2010
102	桥梁维修加固决策管理系统	计算机软件著作权	王海龙、孙晓燕	2010
103	固体废弃物堆场边坡稳定分析软件（简称：Landfilltab）V1.0	计算机软件著作权	陈云敏、凌道盛、柯瀚、李育超、沈磊	2010
104	大型近海风机荷载分析及基础设计软件（简称：OWTLFDeign）	计算机软件著作权	陈水福、朱斌	2010
105	一种顶轴式水力自控闸门	实用新型专利	顾正华、殷蕾	2010
106	一种基于现场数字视觉差异的工程施工安全预警装置	实用新型专利	王建江、林炎飞	2010
107	一种基于太阳能供电与传感器的钢结构建筑无线检测系统	实用新型专利	罗尧治、沈雁彬	2010
108	一种太阳能供电的空间结构建筑风速风压无线检测系统	实用新型专利	罗尧治、沈雁彬、孙斌	2010
109	表层嵌贴 FRP 板条或筋的混凝土构件	实用新型专利	姚谏、林炎飞、赵阳	2010
110	海上风电机组的空间桁架式多桶基础	实用新型专利	朱斌、朱瑞燕、陈仁朋、童建国、李琪、孔德琼、陈云敏、郭俊科	2010
111	混凝土内部预埋管定位及固定装置	实用新型专利	金伟良、何勇、毛江鸿	2010

序号	专利名称	类别	发明人	授权年份
112	一种嵌入模块式光伏体系	实用新型专利	罗尧治、吴成万、徐东升、叶幸超	2010
113	大、中跨度屋顶空腹保温隔热、防水防渗结构	实用新型专利	肖南、张仕丰、苗永志、何军林	2010
114	一种调节磁致伸缩检测纵向静态磁场的装置	实用新型专利	竺冉、吕福在、王飞、项贻强	2010
115	太阳能供电的钢结构无线自调零应变检测装置	发明专利	罗尧治、沈雁彬、童若飞	2011
116	便携式压电陶瓷弯曲元土体剪切波速测试装置	发明专利	陈云敏、周燕国、汪孔政、黄博、陈仁朋	2011
117	钢框架结构现浇混凝土楼板的模板支撑系统	发明专利	张成、吴慧、岑迪钦、陈强	2011
118	土体内部位移测量装置及其测量方法	发明专利	孔令刚、王顺玉、张革强、陈云敏	2011
119	一种垃圾填埋场渗滤液抽排小口径竖井结构及防淤堵方法	发明专利	詹良通、陈云敏、刘钊兰、吉武、王顺玉	2011
120	百叶窗式水力自控闸门	发明专利	顾正华、徐锦才、殷蕾	2011
121	逐层双环葵花型索穹顶结构与施工成形方法	发明专利	卓新、王苗夫、董石麟	2011
122	力矩平衡动量定律实验仪	发明专利	胡云进、毛欣炜、程伟平、万五一、毛根海	2011
123	一种大尺寸模型试验土体的制备方法	发明专利	孔令刚、张革强、王顺玉、詹良通、陈仁朋、陈云敏	2011
124	水中结构物柔性护墩桩式防撞系统	发明专利	朱斌、朱天浩、陈仁朋、张浙杭、杨涛、陈云敏、罗军、郭杰锋	2011
125	用于钻取连续原状低泥试样的活门式取样器	发明专利	詹良通、王顺玉、陈云敏	2011
126	安装钢屋盖设备管道脚手架的方法与刚性吊挂式脚手架	发明专利	卓新、杨帆、季亮、吴建挺、寿明灿	2011
127	一种用几何法安装肋环型索穹顶结构的方法	发明专利	厉名山、吴慧、王斌、高博青	2011
128	埋入式长距离光纤传感器的标定方法及装置	发明专利	金伟良、何勇、毛江鸿	2011
129	不同温度条件下垃圾填埋场排水层淤堵模拟试验装置	发明专利	柯瀚、顾高莉、王顺玉、陈云敏、詹良通、黄锦舒	2011

序号	专利名称	类别	发明人	授权年份
130	内压脉动机理研究的多功能试验装置	发明专利	余世策、俞海峰、胡志华、郑延丰、蒋建群	2011
131	钢框架结构箱型梁现浇混凝土楼板的模板支撑系统	发明专利	张成、吴慧、陈强岑、迪钦	2011
132	雷暴冲击风多功能试验模拟装置	发明专利	陈勇、余世策、徐挺、胡志华	2011
133	强震下增强抗倒塌能力和整体性的砌体结构及方法	发明专利	肖南、李莎、华晨、赵文争	2011
134	内置电极模拟混凝土中钢筋非均匀锈蚀的加速试验方法	发明专利	金伟良、夏晋、王海龙	2011
135	一种混凝土砌块的切割装置	发明专利	夏青、钱晓倩、成建耀、詹树林、郑治平	2011
136	用于城市污水污泥脱水的移动电极式电渗脱水装置	发明专利	詹良通、冯源、王顺玉、陈云敏	2011
137	逐层双环肋环型索穹顶结构与施工成形方法	发明专利	卓新、王苗夫、董石麟	2011
138	外置电极模拟混凝土中钢筋非均匀锈蚀的加速试验方法	发明专利	金伟良、夏晋、王海龙	2011
139	多跨梁多功能受力变形演示仪	发明专利	陈水福、杨骊先	2011
140	渐进累积破坏的模拟演示仪器	发明专利	林伟岸、詹良通、管铮、陈云敏、王顺玉、闫旭、樊苏璐、黄艳	2011
141	风洞边界层模拟的尖劈隔栅组合装置	发明专利	余世策、冀晓华、胡志华、蒋建群	2011
142	浙大管网水质智能模拟综合试验系统	计算机软件著作权	毛欣炜、李聪、陈涛、吕永杰	2011
143	海岛饮水决策支持系统	计算机软件著作权	毛欣炜、邵卫云、张雷、张利娟	2011
144	管网水质 WEB 远程监测试验共享平台软件	计算机软件著作权	毛欣炜、李聪、王利强、陈涛	2011
145	建筑物目标识别系统	计算机软件著作权	陈秋晓、吴宁	2011
146	供水管网供水水龄、混合区、污染影响分析软件	计算机软件著作权	程伟平、柳景青、俞亭超	2011
147	水源突发污染决策支持系统	计算机软件著作权	程伟平、俞亭超	2011
148	多向荷载高桩筏板基础设计分析软件（简称：HiFAP）V1.0	计算机软件著作权	陈仁朋、凌道盛、陈云敏、朱斌、孔令刚	2011
149	既有建筑结构混凝土中氯离子浓度分布计算软件 V1.0	计算机软件著作权	金伟良、延永东	2011

序号	专利名称	类别	发明人	授权年份
150	城市管网二次加氯联调联控系统软件（简称：加氯联调联控系统）	计算机软件著作权	武尚智、柳景青、黄佐之、陈玥	2011
151	二次加氯设备控制系统软件（简称：加氯控制系统）V1.0	计算机软件著作权	柳景青、黄佐之、武尚智、陈玥	2011
152	一种多跨静定梁和连续梁的多功能受力变形演示仪	实用新型专利	陈水福、杨骊先	2011
153	家用电热水器改装成的太阳能热水系统	实用新型专利	张三明、何海霞、陈志刚、王靖华、张磊	2011
154	家用净水处理装置	实用新型专利	周永潮、邵卫云、周志军、张土乔	2011
155	一种用于数字化建筑测绘的标线和摄影辅助工具	实用新型专利	杨晓龙、于莉、杨秉德	2011
156	一种砌体中的圈梁与构造柱的连接结构	实用新型专利	肖南、赵文争、华晨、李莎	2011
157	一种用于垃圾填埋场底部边坡的防渗衬垫	实用新型专利	林伟岸、詹良通、陈云敏、李育超	2011
158	一种多层衬垫系统逐级加载斜坡试验装置	实用新型专利	林伟岸、李育超、詹良通、陈云敏、王顺玉	2011
159	杆杆结构位移互等定理实验装置	实用新型专利	陈水福、林炎飞	2011
160	室内重塑软黏土真空抽细固结筒	实用新型专利	周建	2011
161	机械式建筑地面抗滑性能测定仪	实用新型专利	王柏生、张向辉	2011
162	一种三自由度平面加载装置	实用新型专利	朱斌、陈云敏、陈仁朋、孔令刚、熊根	2011
163	应用于深海海床特性测试的T型触探器	实用新型专利	王立忠、国振、周瑜	2011
164	一种环形刚性索穹顶结构	实用新型专利	高博青、岑迪钦、陈建波、唐培尧	2011
165	球形陆基充气天线	实用新型专利	关富玲、周益君、钱利锋	2011
166	集成雨水收集和自动供水的屋顶绿化系统	实用新型专利	葛坚金、武周瑜、陈建波、石永波、唐培尧	2011
167	一种鱼形钢管桩	实用新型专利	孔令刚、袁廉华、陈云敏、王顺玉、陈仁朋、樊继营	2011
168	一种水下爆破的柔性复合气幕减震防护装置	实用新型专利	王振宇、梁旭、刘国华、蒋建群、李富强	2011
169	一种干湿循环气候超重力模拟系统	实用新型专利	陈云敏、朱斌、杨春宝、孔令刚	2011
170	一种用于超重力场振动台试验的层状剪切箱装置	实用新型专利	周燕国、梁甜、凌道盛、陈云敏、孔令刚、蒋建群、黄锦舒	2011

序号	专利名称	类别	发明人	授权年份
171	冲浪式波浪发电装置	实用新型专利	顾正华、徐锦才、徐晓东、曹晓萌	2011
172	采用无线传感器网络技术的低功耗振弦式应变采集系统	发明专利	罗尧治、童若飞、王小波、梁宸宇	2012
173	分布式传感光纤隧道健康监测系统	发明专利	金伟良、何勇、毛江鸿	2012
174	碳化深度检测仪	发明专利	孙晓燕、王海龙	2012
175	一种目标地块地表温度的模拟与优化方法	发明专利	王伟武	2012
176	电磁波测试土体介电常数的测试装置	发明专利	陈仁朋、陈伟、陈赟、陈云敏	2012
177	一种免承重力内嵌小框架抗震结构	发明专利	童根树	2012
178	新型深海系泊基础的安装与复杂加载模型试验平台	发明专利	王立忠、国振、袁峰	2012
179	水泥基材料用纳米光催化外加剂的制备方法	发明专利	孟涛、余亚超、张津践、朱蓬莱、詹树林、钱晓倩、陈连禄	2012
180	用于数字化建筑测绘的激光标线仪定位控制架	发明专利	杨秉德、杨晓龙、于莉	2012
181	球面肋环型索穹顶结构一次张拉脊索成形安装方法	发明专利	高博青、苏亮、周瑜、蒋贤法、叶俊	2012
182	一种用于获得建筑立面测绘图的数字化建筑测绘方法	发明专利	杨秉德、杨晓龙、于莉	2012
183	建筑地面抗滑性能测定仪	发明专利	王柏生、尹毅颖	2012
184	高速铁路无砟轨道路基动力学模型试验系统	发明专利	陈云敏、边学成、蒋红光、蒋建群、陈仁朋、王作洲、卢文博、王顺玉	2012
185	深水型海底管道铺设过程中的收弃管工艺	发明专利	赵冬岩、金伟良、王琼、龚顺风、罗超、任翠青	2012
186	充气拂珠装置	发明专利	韩同春	2012
187	一种垃圾填埋场渗滤液导排系统反冲洗通道结构	发明专利	詹良通、罗小勇、兰吉武、陈云敏	2012
188	耐久性取粉深度控制与集粉装置	发明专利	王海龙、孙晓燕	2012
189	一种基于反射光谱小波变换的植被参数遥感反演方法	发明专利	王福民、黄敬峰	2012
190	填埋场渗滤液导排层水头测试装置及测试方法	发明专利	林伟岸、詹良通、陈云敏、罗小勇、李育超	2012
191	一种既有建筑改造外增式节能阳台结构体系	发明专利	张爱晖	2012

序号	专利名称	类别	发明人	授权年份
192	一种正方形刚性索穹顶结构	发明专利	李志安、高博青、岑迪钦	2012
193	桩柱水流作用力测量装置	发明专利	邵卫云、姜利杰	2012
194	薄壁圆柱壳结构试验中的不均匀沉降产生装置及方法	发明专利	赵阳、杨勇	2012
195	一种钢筋混凝土锈裂监测方法及传感器	发明专利	何勇、金伟良、毛江鸿	2012
196	一种基于三维场景图像获取地块节能量的方法	发明专利	王伟武	2012
197	一种无损墙体的高层建筑室外气候参数采集装置	发明专利	王伟武、张雍雍	2012
198	嵌入模块式光伏体系	发明专利	罗尧治、吴成万、徐东升、叶幸超	2012
199	自循环电测静水总压力实验仪	发明专利	毛欣炜、陈少庆、潘颖川、胡卫红、毛根海	2012
200	混凝土内部分布式传感光纤的铺设方法	发明专利	金伟良、何勇、毛江鸿	2012
201	薄壁圆柱壳结构试验中的边界模拟装置及方法	发明专利	赵阳、杨勇	2012
202	钢管装配剪力键大、中跨度屋顶空腹保温隔热结构及施工方法	发明专利	肖南、徐鹏如	2012
203	一种截流深井自虹吸水力清淤装置	发明专利	周永潮、张仪萍	2012
204	一种建筑体表面材质属性参数批量赋值及提取的方法	发明专利	王伟武、姜方鑫、王帆、金建伟	2012
205	一种带温度控制系统的循环管网水质综合模拟试验系统	发明专利	王靖华、张土乔、王宁、毛欣炜、王大伟	2012
206	带多通道流量切换校准的循环管网水质综合模拟试验系统	发明专利	蒋建群、周永潮、俞亭超、毛欣炜、张土乔	2012
207	一种带可置换管段的循环管网水质综合模拟试验系统	发明专利	张土乔、邵煜、邵卫云、毛欣炜、黄煜	2012
208	一种带静止水管段的循环管网水质综合模拟试验系统	发明专利	张土乔、李聪、杨玉龙、张燕、王靖华	2012
209	土工离心模型试验真空饱和装置	发明专利	凌道盛、郭恒、周燕国、孔令刚、陈云敏、黄博、黄根清	2012
210	用于模拟海洋潮汐环境的自动化试验装置	发明专利	金伟良、许晨	2012
211	一种带可视管段的循环管网水质综合模拟试验系统	发明专利	张土乔、方磊、张仪萍、王宁、王玲	2012

序号	专利名称	类别	发明人	授权年份
212	一种给水管道生物膜采样器	发明专利	王靖华、王宁、李聪、王大伟、方磊	2012
213	一种高铁酸钾固体的制备方法	发明专利	李聪	2012
214	沥青混凝土材料拉剪耦合特性测试仪	发明专利	王金昌、张其践、张雷	2012
215	三井循环抽灌地下水冷热源系统	发明专利	邵卫云、姜利杰、周慧平	2012
216	一种夏季余热可用于溶液除湿的太阳能热水系统	发明专利	张三明、何海霞、陈志刚、王靖华、张磊	2012
217	浙江省住宅生命周期二氧化碳排放评测软件 V1.0	计算机软件著作权	葛坚	2012
218	高速铁路桥梁二维动力仿真软件	计算机软件著作权	叶贵如、蒋吉青	2012
219	一种着陆器与土体相互作用冲击模型试验装置	实用新型专利	蒋祝金、凌道盛、吴晓君、钟世英、孔令刚、陈云敏	2012
220	一种自浮运输的海上风电机组桶形基础	实用新型专利	朱斌、郭俊科、孔德琼、陈云敏	2012
221	一种风洞测力天平多功能支撑装置	实用新型专利	余世策、冀晓华、胡志华、屠荣伟、林竣、蒋建群	2012
222	可测量体重的蹲便器	实用新型专利	陈帆、林振宇、孙欣、王念欧	2012
223	一种基于实时反馈的二次加氯系统	实用新型专利	柳景青、黄佐之、蒋伟	2012
224	一种吸力桶—桩复合式基础	实用新型专利	朱斌、郭俊科、邢月龙、熊根、陈仁朋、陈云敏	2012
225	新型塑料排水板长期工作性能研究模型试验平台	实用新型专利	王立忠、龙凡、国振、李玲玲	2012
226	基于冷却水余热多级利用的气动—内燃混合动力系统	实用新型专利	王雷、李道飞、俞小莉、徐焕祥、叶锦、李小飞	2012
227	一种双向预弯多梁式钢—混凝土小箱梁桥的结构	实用新型专利	项贻强、何余良、刘丽思、吴强强	2012
228	一种用于土体渗流冲刷特性研究的试验仪器	实用新型专利	王立忠、马丽丽、国振、李玲玲	2012
229	可安装风力机的屋顶阶梯型集风墙建筑	实用新型专利	袁行飞、张玉、陈冲	2012
230	一种离心机振动台试验层状剪切模型箱	实用新型专利	周燕国、梁甜、凌道盛、陈云敏、蒋建群、黄博、黄根清、王顺玉	2012
231	一种离心机机载三要素静力触探仪	实用新型专利	周燕国、陈云敏、梁甜、凌道盛、孔令刚、朱斌、黄锦舒	2012
232	压力前池式雨水发电系统	实用新型专利	顾正华、钟京华、刘国良、徐晓东、曹晓萌	2012

序号	专利名称	类别	发明人	授权年份
233	明槽式雨水发电系统	实用新型专利	顾正华、刘国良、曹晓萌、钟京华、徐晓东	2012
234	组线式全平衡垂直升船机	实用新型专利	顾正华、曹晓萌、刘国良、徐晓东	2012
235	一种基于无线传感网的建筑结构震害评估系统	实用新型专利	苏亮、熊前锦、任达千、张思建	2012
236	一种具有排水系统的平直线形公路隧道	实用新型专利	赵宇、尚岳全、贾义鹏、蔡岳良、朱汉华	2012
237	基于电磁场强度测试的灌注桩钢筋笼长度检测装置	实用新型专利	王奎华、黄博滔、张鹏、周宝民、彭俊杰、吴文兵	2012
238	一种悬浮隧道的可分离逃生装置	实用新型专利	项贻强、晁春峰	2012
239	用于输电杆塔张力变化研究的舞动试验机动力加载装置	实用新型专利	楼文娟、吕中宾、杨伦、杨威、彭鑫南、沈国辉、张少锋、阎东、陈勇、卢明	2012
240	由四边形平面六杆四面体单元连接组合的球面网壳	实用新型专利	董石麟、郑晓清、白光波	2012
241	一种用轴向十字插板对接钢管的对接件	实用新型专利	卓新、王建林、朱平淼、张成、汪炎胜、左权胜	2012
242	一种单层建筑风洞试验模型内部气承刚度模拟装置	实用新型专利	余世策、楼文娟、蒋建群、徐海巍	2012
243	一种地下管道震动模拟试验用组合式液压加载装置	实用新型专利	蒋建群、胡志华、刘承斌、余世策、冀晓华、曹建国	2012
244	一种大型臂式离心机试验舱的温度控制装置	实用新型专利	孔令刚、蒋建群、黄锦舒、陈云敏、刘国贵、王顺玉	2012
245	一种用于离心模型试验的土体弹性波速测试压电传感器	实用新型专利	周燕国、孙政波、陈云敏、凌道盛、黄博、李永刚、黄锦舒	2012
246	一种多功能钢模板	实用新型专利	庞苗、杨帅、张永强	2012
247	一种用于桩柱绕流试验的作用力测量装置	实用新型专利	邵卫云、姜利杰、王嘉伟、章园	2012
248	新型海底管土相互作用模型试验平台	实用新型专利	王立忠、袁峰、张举、国振、李玲玲	2012
249	一种用于建筑结构节点试验的球形全方位加载装置	实用新型专利	罗尧治、董石麟、肖南、苏亮、沈雁彬	2012
250	一种动态索力测量装置	发明专利	关富玲、周益君	2013
251	一种海上输油输气柔性立管管线	发明专利	张爱晖	2013
252	一种海上输油输气柔性立管管线	发明专利	张爱晖	2013

序号	专利名称	类别	发明人	授权年份
253	用于海底输油输气的软管管线	发明专利	张爱晖、张大地、张修	2013
254	一种偏心式曲线堰截流井	发明专利	陈勇民、张仪萍、周永潮、张土乔	2013
255	抗强风的可展索—塔型风力发电机	发明专利	刘国华、王振宇、章子华、蒋建群、李富强	2013
256	一种集成膜丝检测的一体化超滤膜水处理装置	发明专利	周永潮、邵卫云、周志军、张土乔	2013
257	一种能降解氮氧化物的碳纳米管负载型纳米光催化材料的制备方法	发明专利	孟涛、钱晓倩、江帆、余靖、吴侃、胡衍镓、朱蓬莱、张津践、徐庆磊	2013
258	土压平衡盾构渣土压力控制模型试验装置	发明专利	陈仁朋、林炎飞、汤旅军、李忠超、刘源、陈云敏、郑龙华	2013
259	基于统计局统计抽样调查地块实割实测数据的省级水稻单产遥感估算方法	发明专利	黄敬峰、彭代亮、王福民	2013
260	高速铁路列车运行荷载的模拟加载系统	发明专利	边学成、陈云敏、蒋红光、蒋建群、陈仁朋、卢文博、王作洲、王顺玉	2013
261	一种双水源供水循环管网水质综合模拟试验系统	发明专利	王靖华、王大伟、柳景青、李聪、张土乔	2013
262	一种准封闭循环管网水质综合模拟试验系统	发明专利	蒋建群、张土乔、胡云进、王靖华、毛根海	2013
263	明槽式雨水发电系统及方法	发明专利	顾正华、刘国良、曹晓萌、钟京华、徐晓东	2013
264	简易板料冲压机及其使用方法	发明专利	韩同春	2013
265	基于无线传感器网络的混凝土坝弹性波 CT 测试系统及方法	发明专利	王振宇	2013
266	一种循环管网水质综合模拟试验系统	发明专利	张土乔、程伟平、张燕、周永潮、李聪	2013
267	一种装有溶解氧探头的密封取样器	发明专利	毛欣炜、周永潮、张燕、方涛、陈锋	2013
268	新型塑料排水板长期工作性能研究模型试验平台	发明专利	王立忠、龙凡、国振、李玲玲	2013
269	一种加工轮辐型薄片齿轮的夹具及使用方法	发明专利	韩同春	2013
270	风洞测力天平多功能支撑装置	发明专利	余世策、冀晓华、胡志华、屠荣伟、林竣、蒋建群	2013

序号	专利名称	类别	发明人	授权年份
271	用于海上工作平台的抗浪装置	发明专利	张爱晖、张大地、张修	2013
272	一种基于门式水泥搅拌墙处理桥头跳车的方法	发明专利	唐晓武、申昊、姚远	2013
273	一种去除水中三价锑的廉价吸附剂及其制备方法与应用	发明专利	张可佳、李聪、张仪萍、俞亭超、毛敏敏	2013
274	沥青路面半刚性基层破损的快速修复工艺	发明专利	方辉、王福建、陈春雷	2013
275	着陆器与土体相互作用冲击模型试验装置	发明专利	蒋祝金、凌道盛、吴晓君、钟世英、孔令刚、陈云敏	2013
276	干湿循环气候超重力模拟系统	发明专利	陈云敏、朱斌、杨春宝、孔令刚	2013
277	一种互扣式可拼装防裂防渗永久性梁模板	发明专利	李庆华、黄博滔、徐世烺	2013
278	在隧道施工中实现早龄期混凝土衬砌减振防护的爆破方法	发明专利	王振宇、赵洋、蒋建群、刘国华	2013
279	一种提高多梁式组合小箱梁桥桥面结构横向整体性的方法	发明专利	项贻强、何余良、刘丽思、吴强强	2013
280	一种钢结构柱的加固方法	发明专利	龚顺风、程鹏、许峰、邱鹤、程江敏	2013
281	一种正弦循环荷载加载装置	发明专利	朱斌、陈云敏、陈仁朋、孔令刚、熊根	2013
282	组线式全平衡垂直升船机及其通航方法	发明专利	顾正华、曹晓萌、刘国良、徐晓东	2013
283	浮标式水下可持续自救呼吸器	发明专利	万五一、熊滔	2013
284	一种木材阻燃剂及其制备方法和处理工艺	发明专利	钱晓倩、赖俊英、詹树林、方明晖、钱匡亮、孟涛、叶箐箐、张津践	2013
285	裂隙—岩块间水交换试验装置	发明专利	胡云进、钟振、张新海、陈国龙	2013
286	压电极化装置及方法	发明专利	王治、诸骏、陈伟球	2013
287	带定点运动的类椭圆形开合结构的制作方法	发明专利	罗尧治、王戴薇	2013
288	定点旋转式圆形可开启结构的制作方法	发明专利	罗尧治、俞锋	2013
289	一种钢结构梁穿柱的施工方法	发明专利	龚顺风、程鹏、许峰、邱鹤、程江敏	2013
290	双向预弯多梁式钢梁与混凝土桥面板组合的小箱梁桥结构	发明专利	项贻强、何余良、刘丽思、吴强强	2013

序号	专利名称	类别	发明人	授权年份
291	地下管道震动模拟试验用组合式液压加载装置	发明专利	蒋建群、胡志华、刘承斌、余世策、冀晓华、曹建国	2013
292	用于桩柱绕流试验的作用力测量装置	发明专利	邵卫云、姜利杰、王嘉伟、章园	2013
293	离心机机载三要素静力触探仪	发明专利	周燕国、陈云敏、梁甜、凌道盛、孔令刚、朱斌、黄锦舒	2013
294	潮汐影响城市饮用水安全共性技术研究与示范系统	计算机软件著作权	孙志林	2013
295	多元数据协同服务的管理接口及工作流表单定义软件	计算机软件著作权	王建江	2013
296	基于云计算的信息安全软件	计算机软件著作权	王建江	2013
297	海底管道屈曲失稳分析软件	计算机软件著作权	龚顺风	2013
298	沥青混合料集料均匀性分析系统	计算机软件著作权	彭勇	2013
299	沥青混合料集料分布状态分析系统	计算机软件著作权	彭勇	2013
300	岩土工程监测分析软件	计算机软件著作权	谢康和、胡安峰、应宏伟、王奎华、谢新宇	2013
301	农村水电生态环境效应综合评价系统	计算机软件著作权	顾正华	2013
302	区域水资源智能配置系统	计算机软件著作权	顾正华	2013
303	一种双向龙骨嵌扣式可拼装防裂防渗永久性模板	实用新型专利	黄博滔、李庆华、徐世烺	2013
304	工字型梁整体失稳实验模拟装置	实用新型专利	金小群、缪光耀、张行强、姚谏	2013
305	楼宇绿色补充供水供电系统	实用新型专利	顾正华、刘国良、尚淑丽	2013
306	一种互扣式可拼装防裂防渗永久性模板	实用新型专利	李庆华、徐世烺、黄博滔	2013
307	一种应用于梁桥上的桥面连续装置	实用新型专利	王岗、申永刚、谢旭	2013
308	FRP管—混凝土—钢管组合柱	实用新型专利	姚谏、卢哲刚、金小群、盛黎、许平、张行强	2013
309	一种非承重式轻质薄壁减震隔墙	实用新型专利	王激扬、李庆华、沈玲华、徐世烺	2013
310	一种单向龙骨嵌扣式可拼装防裂防渗永久性模板	实用新型专利	李庆华、徐世烺、黄博滔	2013
311	一种螺栓连接式可拼装永久性梁模板	实用新型专利	李庆华、黄博滔、徐世烺	2013
312	一种风洞流场测试的排架装置	实用新型专利	余世策、冀晓华、屠荣伟、胡志华、林竣、蒋建群	2013
313	一种盾构开挖面主被动失稳教学演示仪	实用新型专利	孔令刚、陈仁朋、姚罡、王顺玉、陈云敏、韩连兵、李君	2013

序号	专利名称	类别	发明人	授权年份
314	一种软土中管道抗上浮的箱涵结构	实用新型专利	朱斌、倪伟杰、周建、陈仁朋、陈云敏	2013
315	一种具有曲面自适应吸附的磁轮式爬壁机器人	实用新型专利	苏亮、李国清、邓民胜、莫光轶	2013
316	一种钢筋混凝土梁冻融试验加载装置	实用新型专利	金伟良、李志远、段安、许晨	2013
317	一种同单元立方体空间桁架结构	实用新型专利	卓新、王建林、朱平淼、张成、汪炎胜	2013
318	一种正三角形组合面同单元空间桁架结构	实用新型专利	卓新、王建林、朱平淼、张成、汪炎胜	2013
319	一种便于拔桩的海上平台桩腿及安装有该桩腿的安装平台	实用新型专利	程鹏、白勇、宋洁人	2013
320	一种用于 NAPL 污染砂性土场地勘察的原位连续贯入触探探头	实用新型专利	詹良通、穆青翼、陈云敏、柯瀚	2013
321	一种碎石几何特征采集系统	实用新型专利	边学成、李公羽、李伟、蒋红光、陈云敏	2013
322	一种轨道交通列车整车移动荷载模拟加载装置	实用新型专利	边学成、程翀、蒋红光、徐翔、陈云敏、蒋建群、陈仁朋、金皖锋	2013
323	一种轨道交通轮轴移动荷载模拟加载装置	实用新型专利	边学成、蒋红光、徐翔、陈仁朋、陈云敏、蒋建群、程翀、金皖锋	2013
324	一种土工离心模拟技术试验演示与展示教学装置	实用新型专利	孔令刚、陈云敏、韩连兵、安玉鹏、邵康、姚罡、黄锦舒	2013
325	一种铁路公路基床级配碎石几何特征可视化采集系统	实用新型专利	边学成、李伟、李公羽、程翀、蒋红光、陈云敏	2013
326	雨水水质电化自净系统	实用新型专利	顾正华、王银堂、诸德熙、周继伟、姚剑锋、尚淑丽	2013
327	一种应用于粉土海床中提高吸力式桶形基础安装质量的新型反滤层装置	实用新型专利	王立忠、余璐庆、国振、何奔、李玲玲、沈侃敏	2013
328	兼顾民居山墙面遮阳防雨的防台风木结构体系	实用新型专利	葛坚、应丹华、陆敏艳	2013
329	一种适用于江南农村住宅的简易地面防潮层	实用新型专利	葛坚、应丹华、陆敏艳	2013
330	一种用于防现浇混凝土外墙面砖脱落的钢模板系统	实用新型专利	施建洋、高博青、单艳玲	2013
331	一种用于施工期地下室的排水抗浮系统	实用新型专利	施建洋、高博青、单艳玲	2013

序号	专利名称	类别	发明人	授权年份
332	一种双向龙骨嵌扣式可拼装防裂防渗永久性模板的制作模具	实用新型专利	李庆华、黄博滔、徐世烺	2013
333	一种非饱和粗颗粒土土水特征曲线和渗透系数的试验装置	实用新型专利	陈仁朋、吴进、尹鑫晟、王瀚霖	2013
334	一种土压平衡盾构开挖面稳定性控制模型试验装置	实用新型专利	陈仁朋、汤旅军、尹鑫晟	2013
335	一种泥水盾构泥膜形成过程的模拟试验装置	实用新型专利	陈仁朋、尹鑫晟、吴进、王瀚霖	2013
336	新型多滑动面抗震支座	实用新型专利	项贻强、李少骏	2013
337	一种双锯片切割机变距装置	实用新型专利	彭勇、王振	2013
338	楼宇绿色补充供水供电方法及系统	发明专利	顾正华、刘国良、尚淑丽	2014
339	雨水水质电化自净系统及其方法	发明专利	顾正华、王银堂、诸德熙、周继伟、姚剑锋、尚淑丽	2014
340	一种钢结构新老结构的连接方法	发明专利	龚顺风、程鹏、程江敏、许峰、邱鹤	2014
341	大型臂式离心机试验舱的温度控制装置及控制方法	发明专利	孔令刚、蒋建群、黄锦舒、陈云敏、刘国贵、王顺玉	2014
342	一种基于检测器的车辆排队检测方法	发明专利	祁宏生、王殿海、孙峰	2014
343	一种城市道路交通状态不均衡度检测方法	发明专利	金盛、付凤杰、王殿海、马东方、汤月华	2014
344	基于上游线圈检测器信息的路段排队上溯识别方法	发明专利	马东方、王殿海、马晓龙、金盛、祁宏生、孙锋	2014
345	一种基于双截面环形线圈检测器的道路交通事件检测方法	发明专利	王殿海、赵伟明、金盛、孙锋、祁宏生、马东方、徐天东、马晓龙、周旦、韦薇	2014
346	单层建筑风洞试验模型内部气承刚度模拟装置	发明专利	余世策、楼文娟、蒋建群、徐海巍	2014
347	基于无线传感网的建筑结构震害评估系统及方法	发明专利	苏亮、熊前锦、任达千、张思建	2014
348	降雨作用下流域滑坡时空预测方法	发明专利	冉启华、苏丹阳	2014
349	振动环境下建筑结构层间位移的无线检测系统及方法	发明专利	苏亮、熊前锦、任达千、张思建	2014
350	一种快速测定水样中微囊藻细胞数目的方法	发明专利	张可佳、李聪、张土乔、张仪萍	2014
351	铁路公路基床级配碎石几何特征可视化采集系统及方法	发明专利	边学成、李伟、李公羽、程翀、蒋红光、陈云敏	2014

序号	专利名称	类别	发明人	授权年份
352	盾构开挖面主被动失稳教学演示仪	发明专利	孔令刚、陈仁朋、姚罡、王顺玉、陈云敏、韩连兵、李君	2014
353	基于排队检测器信息瓶颈状态识别方法	发明专利	马东方、王殿海、韦薇、金盛、孙峰	2014
354	土工离心机试验舱的喷淋水幕式冷却装置	发明专利	刘国贵、孔令刚、蒋建群、陈云敏、黄锦舒、王顺玉	2014
355	土工离心模型试验模型桩的压桩装置	发明专利	孔令刚、姚罡、黄锦舒、陈云敏、韩连兵	2014
356	一种持续压力作用下混凝土耐久性多功能试验系统及方法	发明专利	王海龙、孙晓燕	2014
357	一种沟内水石分离虹吸排水防治泥石流方法	发明专利	孙红月、尚岳全、于洋、支墨墨、蔡岳良、朱汉华	2014
358	一种用于土体渗流冲刷特性研究的试验仪器	发明专利	王立忠、马丽丽、国振	2014
359	基于断面检测器的城市道路交通状态判别方法	发明专利	王殿海、马晓龙、金盛马、东方、孙锋、祁宏生、周旦、赵伟明、韦薇	2014
360	一种相邻交叉口协调控制相位差的优化方法	发明专利	王殿海、马晓龙、金盛、马东方、孙锋、祁宏生、周旦、赵伟明、韦薇	2014
361	磁弹磁电效应式应力监测装置	发明专利	段元锋、柯少荣、张茹、樊可清、赵阳	2014
362	填埋库污泥原位化学调理和真空预压减量方法及调理装置	发明专利	詹良通、占鑫杰、林伟岸、陈云敏	2014
363	碎石几何特征采集系统及采集方法	发明专利	边学成、李公羽、李伟、蒋红光、陈云敏	2014
364	轨道交通列车整车移动荷载模拟加载方法及装置	发明专利	边学成、程翀、蒋红光、徐翔、陈云敏、蒋建群、陈仁朋、金皖锋	2014
365	一种由四边形平面六杆四面体单元连接组合的球面网壳	发明专利	董石麟、郑晓清、白光波	2014
366	一种非承重式轻质薄壁减震隔墙	发明专利	王激扬、李庆华、沈玲华、徐世烺	2014
367	一种混凝土中钢筋锈蚀程度的电化学检测方法	发明专利	金伟良、许晨	2014
368	一种用于群体诱导信息下驾驶员响应行为的辨识方法	发明专利	徐天东、郝媛、邵明刚	2014

序号	专利名称	类别	发明人	授权年份
369	用于城市交通管理中的交通信号的控制方法	发明专利	祁宏生、王殿海、陈鹏	2014
370	一种模拟和监测混凝土膨胀开裂的装置和方法	发明专利	何勇、毛江鸿、姜帅、金伟良	2014
371	一种排水管道格栅装置	发明专利	周永潮、方磊、张仪萍、易文涛、张萍	2014
372	一种城市排水管道过流式格栅装置	发明专利	周永潮、张仪萍、易文涛、张萍、于博海	2014
373	一种确定铰接杆系机构运动奇异构型的方法	发明专利	袁行飞、周练	2014
374	一种确定铰接杆系机构奇异构型处相应自由节点运动方式的方法	发明专利	袁行飞、周练	2014
375	一种双向龙骨嵌扣式可拼装防裂渗永久性模板	发明专利	黄博滔、李庆华、徐世烺	2014
376	铁路路基大周次加速加载物理模型试验装置的制备方法	发明专利	边学成、蒋红光、陈云敏、李公羽、蒋建群、陈仁朋	2014
377	一种氯氧化铋光催化剂的制备方法及其颗粒	发明专利	叶苗苗、张土乔、张仪萍、邵煜	2014
378	土工离心机机载的渗流量和出流浓度实时监测装置及方法	发明专利	詹良通、曾兴、陈云敏、孔令刚、黄锦舒	2014
379	一种提高基坑双排支护桩整体性和侧向刚度的施工方法	发明专利	钱铮、王奎华	2014
380	一种防台风住宅的木结构	发明专利	应丹华、陆敏艳、葛坚	2014
381	一种减少软土地基沉降的处理方法	发明专利	尚岳全、吴敏捷、范立峰、孙红月	2014
382	一种基于单截面环形线圈检测器的道路交通事件检测方法	发明专利	王殿海、赵伟明、金盛、孙锋、祁宏生、马东方、徐天东、马晓龙、周旦、韦薇	2014
383	土工离心模拟试验水平加载装置	发明专利	孔令刚、姚罡、黄锦舒、韩连兵	2014
384	具有曲面自适应吸附的磁轮式爬壁机器人	发明专利	苏亮、李国清、邓民胜、莫光轶	2014
385	一种应用于梁桥上的桥面连续装置及桥面连续方法	发明专利	谢旭、申永刚、王岗	2014
386	一种饮用水中卤代含氮消毒副产物的去除方法	发明专利	刘小为、张土乔、张仪萍、叶苗苗	2014
387	水中加氯后余氯衰减的快反应需氯量的确定方法	发明专利	虞介泽、李聪、张土乔、张可佳、毛欣炜	2014

序号	专利名称	类别	发明人	授权年份
388	多功能钢模板及其应用	发明专利	杨帅、庞苗	2014
389	无探杆箱式动力触探仪及其触探方法	发明专利	王奎华、徐礼阁、陈鑫、吕述晖、张鹏、李振亚、庾焱秋	2014
390	一种分流制雨水排水系统悬浮物分离井	实用新型专利	张萍、周永潮、张仪萍	2014
391	一种分流制雨水排水系统末端雨水净化井	实用新型专利	周永潮、张萍、张仪萍、马妍	2014
392	一种烧结页岩多孔砌块自保温体系的办包柱热桥节点	实用新型专利	葛坚、罗晓予、贾殿鑫、王智、陆敏艳	2014
393	一种纤维编织网增强水泥基复合材料永久性梁模板	实用新型专利	李庆华、黄博滔、徐世烺	2014
394	新型海上风机上部结构—基础—土动力相互作用模型试验平台	实用新型专利	王立忠、余璐庆、国振、李玲玲	2014
395	一种纤维编织网增强水泥基复合材料预制管	实用新型专利	李庆华、黄博滔、徐世烺	2014
396	自由边界水电比拟装置	实用新型专利	章军军、祝丽丽	2014
397	一种无探杆自行式静力触探仪	实用新型专利	王奎华、李振亚、吕述晖、陈鑫	2014
398	一种软土地基盾构隧道沉降控制钢套管注浆加固装置	实用新型专利	陈仁朋、尹鑫晟、李忠超、孟凡衍、冯建波	2014
399	新型浮式海上多功能试验平台	实用新型专利	王立忠、白勇、沈侃敏、曹宇、钱淼华	2014
400	一种柱的滚轮式加载定位结构	实用新型专利	李强、金贤玉、童晶	2014
401	一种吊装大型薄壁安全壳和非能动水箱的分配器	实用新型专利	龚顺风、厉沛、程建棠、程鹏、楼军	2014
402	一种可调节水力条件的供水管道生物膜冲刷试验装置	实用新型专利	柳景青、刘轲、陈婷婷、胡宝兰、裘尚德、周晓燕、何晓芳	2014
403	一种内体可拆卸的管道生物膜反应器	实用新型专利	柳景青、罗志逢、黄佳佳、陈婷婷、胡宝兰、裘尚德、周晓燕	2014
404	一种汽车在水流中受到的作用力的测量装置	实用新型专利	姜利杰、邵卫云、孙志林、易文涛、郑和震	2014
405	一种有砟铁路轨枕路基体系变形失效实验装置	实用新型专利	边学成、李公羽、蒋建群、李伟、陈仁朋	2014
406	具有高韧性水泥基材料—非金属纤维筋的混凝土复合结构	实用新型专利	王海龙、孙晓燕、彭光宇、罗月静	2014
407	一种新型螺旋土钉	实用新型专利	李智宁、韩同春、豆红强、邱子义、谢灵翔、张杰	2014

序号	专利名称	类别	发明人	授权年份
408	一种悬浮隧道整体冲击响应试验装置	实用新型专利	项贻强、杨赢、陈伟强	2014
409	一种用于采取受到污染的粉砂原状样的取样器	实用新型专利	柯瀚、龚标、林伟岸	2014
410	利用沥青路面变形进行发电的道路发电装置	实用新型专利	吕朝锋	2014
411	一种利用交通载荷的发电装置	实用新型专利	陈奕声、吕朝锋	2014
412	一种简易的节能改造的空斗砖墙外保温结构	实用新型专利	葛坚、陆敏艳、罗晓予	2014
413	混凝土预制件与钢梁组合平台真空试桩装置	实用新型专利	王奎华、张鹏、吕述晖、徐礼阁、李振亚、庾焱秋	2014
414	一种用于监测混凝土中腐蚀介质侵蚀进程的装置	发明专利	金伟良、许晨、李志远	2015
415	双锯片切割机变距装置	发明专利	彭勇、王振	2015
416	用于 NAPL 污染砂性土场地勘察的原位连续贯入触探探头	发明专利	詹良通、穆青翼、陈云敏、柯瀚	2015
417	一种基于张拉整体原理的悬浮柱状发光体系	发明专利	王晖、许贤、罗尧治	2015
418	一种沥青混合料均匀性评价方法	发明专利	彭勇、王振	2015
419	一种正六棱柱形张拉整体结构	发明专利	许贤、蔡晖映、罗尧治	2015
420	一种互扣式可拼装防裂防渗永久性梁模板	发明专利	李庆华、黄博滔、徐世烺	2015
421	一种互扣式可拼装防裂防渗永久性模板	发明专利	李庆华、徐世烺、黄博滔	2015
422	一种免动力逆向压水的自恢复边坡高扬程虹吸排水系统及排水方法	发明专利	尚岳全、蔡岳良、孙红月	2015
423	一种松散非饱和土边坡浅层再压实结合植被覆盖防护方法	发明专利	詹良通、刘小川、邱清文、陈云敏	2015
424	一种 H 型实腹式梁与格构式钢柱的角钢连接方法	发明专利	龚顺风、任晓阁、程鹏、侯阳阳	2015
425	一种 H 型实体板梁与格构式钢柱的连接方法	发明专利	龚顺风、任晓阁、程鹏	2015
426	一种覆土波纹钢板—混凝土组合拱桥的加强方法	发明专利	项贻强、何晓阳	2015
427	泥水盾构泥膜形成过程的模拟试验装置	发明专利	陈仁朋、尹鑫晟、吴进、王瀚霖	2015
428	虚拟隔离单桩法检测既有结构物下高承台桩完整性的方法	发明专利	王奎华、吕述晖、李振亚、高柳、张鹏	2015

序号	专利名称	类别	发明人	授权年份
429	新型海上风机上部结构—基础—土动力相互作用模型试验平台	发明专利	王立忠、余璐庆、国振、李玲玲	2015
430	一种应用于简支梁桥的桥面连续装置及桥面连续方法	发明专利	王岗、申永刚、张鹤、谢旭	2015
431	路网中路段交通状态排序方法	发明专利	祁宏生、王殿海、许骏、金盛、马东方、叶盈、韦薇、蔡正义、郑正非	2015
432	道路网络交通高峰组团识别方法	发明专利	祁宏生、王殿海、许骏、叶盈、韦薇、郑正非、蔡正义	2015
433	数据缺失下时间序列相似性度量方法	发明专利	祁宏生、王殿海、许骏、叶盈、韦薇、郑正非、蔡正义	2015
434	基于 Google Map API 与 GI 的供水管网报修方法	发明专利	郑会、杨玉龙、侯迪波、张光新、黄平捷、魏冠雄、包莹	2015
435	一种 γ-Fe_2O_3/S_iO_2 纳米复合材料的制备方法及纳米复合材料颗粒	发明专利	叶苗苗、张土乔、张仪萍、刘小为、邵煜	2015
436	钢—混凝土界面剪力连接件抗剪承载力测试的试件及方法	发明专利	蒋遨宇、陈驹、金伟良	2015
437	泛频响函数法检测既有建构筑物下高承台桩完整性的方法	发明专利	王奎华、吕述晖、李振亚、高柳、张鹏	2015
438	水力倍比呼压测量装置	发明专利	万五一、潘锦豪、俞韵祺	2015
439	一种排水管道格栅装置	发明专利	周永潮、方磊、张萍、张仪萍、易文涛、白航、沈东杰、王钰丹	2015
440	一种沥青混合料集料分布状态评价方法	发明专利	彭勇、王振	2015
441	一种纤维编织网增强水泥基复合材料预制管的制作方法	发明专利	黄博滔、李庆华、徐世烺	2015
442	电渗联合气压劈裂装置及其工艺	发明专利	周建、胡平川、李一雯、龚晓南、陈宇翔	2015
443	一种分流制雨水排水系统悬浮物分离井	发明专利	张萍、周永潮、张仪萍、马妍	2015
444	一种斜缆加固简支箱梁桥的方法	发明专利	项贻强、李少骏、傅挺挺	2015
445	无探杆自行式静力触探仪	发明专利	王奎华、李振亚、吕述晖、陈鑫	2015
446	混凝土中钢筋电化学检测或修复用的预埋式装置	发明专利	金伟良、许晨、韩杰、王子立	2015
447	一种基于锚墩固定的海底输油输气软管管线	发明专利	张爱晖、张大地、张修	2015

续　表

序号	专利名称	类别	发明人	授权年份
448	内体可拆卸的管道生物膜反应器	发明专利	柳景青、罗志逢、黄佳佳、陈婷婷、胡宝兰、裘尚德、周晓燕	2015
449	一种基于二氧化碳自由基的含氧气体的除氧方法	发明专利	刘小为、张土乔、叶苗苗、张仪萍	2015
450	应用于粉土海床中辅助吸力式桶形基础安装的反滤层装置及吸力式桶形基础安装方法	发明专利	王立忠、余璐庆、国振、何奔、李玲玲、沈侃敏	2015
451	制作混凝土试件自然裂缝的装置	发明专利	田野、付传清、金南国、陈军、金贤玉	2015
452	制备快速固化海洋工程混凝土渗透型防护剂的方法	发明专利	徐强、杨辉、詹树林、申乾宏、吴春春、盛建松、王睿、张启龙	2015
453	五孔风速探针校准实验台	发明专利	余世策、林竣、胡志华、蒋建群	2015
454	一种相邻交叉口双向协调控制效益的快速评估方法	发明专利	马晓龙、王殿海、金盛、马东方、孙锋、祁宏生	2015
455	浅部增强型土—膨润土竖向防污隔离墙的方法	发明专利	柯瀚、李育超、詹良通、潘倩、陈云敏	2015
456	利用信号灯控制进入城市区域交通需求的方法	发明专利	祁宏生、王殿海、叶盈、韦薇、马东方、金盛、陈鹏	2015
457	基于降雨—径流—洪水演进计算的洪水预报方法	发明专利	冉启华、王振宇、贺治国	2015
458	一种单向龙骨嵌扣式可拼装防裂防渗永久性模板	发明专利	李庆华、徐世烺、黄博滔	2015
459	一种半刚性节点初始刚度的组件式获取方法	发明专利	王振宇、张劲帆、蒋建群、刘国华	2015
460	一种基于二氧化碳自由基的含氧液体的除氧方法	发明专利	刘小为、张土乔、邵煜、张仪萍	2015
461	软土中管道抗上浮的箱涵结构	发明专利	朱斌、倪伟杰、周建、陈仁朋、陈云敏	2015
462	土压平衡盾构开挖面稳定性控制模型试验装置	发明专利	陈仁朋、汤旅军、尹鑫晟	2015
463	吊装大型薄壁安全壳和非能动水箱的分配器及传力方法	发明专利	龚顺风、厉沛、程建棠、程鹏、楼军	2015
464	一种实腹式斜撑与格构式钢柱的连接方法	发明专利	龚顺风、任晓阁、程鹏、陈文华、邱鹤、程波	2015
465	一种纤维编织网增强水泥基复合材料永久性梁模板及其制作方法	发明专利	李庆华、徐世烺、黄博滔	2015

序号	专利名称	类别	发明人	授权年份
466	汽车在水流中受到的作用力的测量装置	发明专利	姜利杰、邵卫云、孙志林、易文涛、郑和震	2015
467	可调节水力条件的供水管道生物膜冲刷试验装置及方法	发明专利	柳景青、刘轲、陈婷婷、胡宝兰、裘尚德、周晓燕、何晓芳	2015
468	一种去除水中溴酸盐的材料及其制备方法和应用	发明专利	张燕、李鑫龙	2015
469	一种基于二阶段锈裂模型的观测钢筋混凝土锈裂的方法	发明专利	赵羽习、金伟良	2015
470	Flexible Pipeline for Oil and Gas Stransportation Stabilized on Seabed by Anchorage Pier	发明专利	张爱晖、Dadi Zhang、Xiu Zhang	2015
471	一种真空负压、正压及热联合加载固结仪	实用新型专利	林伟岸、李卓峰、谢胜达、洪涛、李丹明、詹良通、王顺玉、陈云敏、蒋建群	2015
472	一种立面改造的农居外墙通风隔热结构	实用新型专利	葛坚、罗晓予、陆敏艳	2015
473	结合屋面种植和夏季通风的保温隔热屋顶结构	实用新型专利	葛坚、罗晓予、刘华存	2015
474	一种江南地区绿色节能新农居结构	实用新型专利	葛坚、陆敏艳、何莉莎	2015
475	蒸压加气混凝土砌块自保温体系的全包柱热桥保温构造	实用新型专利	葛坚、陆敏艳、王智、刘华存	2015
476	一种冷却塔气弹模型风致位移测试装置	实用新型专利	余世策、沈国辉、蒋建群	2015
477	一种三维麦克风阵列张拉定位仪	实用新型专利	余世策、沈国辉、蒋建群	2015
478	多分裂覆冰导线三自由度舞动风洞试验装置	实用新型专利	楼文娟、余江、姜雄	2015
479	一种金属磁记忆钢轨焊缝检测装置	实用新型专利	包胜、张达、付美礼、顾益斌、胡盛楠	2015
480	装配非圆管三向网格单层网壳的调校装置	实用新型专利	卓新、俞成林、吴建挺、陆其荣	2015
481	一种振动式吸力式桶形基础调平装置	实用新型专利	朱斌、黄锦舒、邢月龙、郭勇	2015
482	一种超软土加固的具有加热型排水板的热真空预压装置	实用新型专利	林伟岸、李卓峰、詹良通、陈云敏、占鑫杰、谢胜达、洪涛、李丹明	2015
483	一种节流型双稳式沿程阻力实验仪	实用新型专利	毛欣炜、毛根海	2015
484	一种压力信号流量测量装置	实用新型专利	毛欣炜、毛根海	2015
485	一种双筒式高精度液体流速流量仪	实用新型专利	毛欣炜、毛根海	2015

序号	专利名称	类别	发明人	授权年份
486	一种能自动控制液位的液气转换型压力传递装置	实用新型专利	毛欣炜、毛根海	2015
487	一种具备教学效果流量数显的活塞式动量实验仪	实用新型专利	毛欣炜、毛根海	2015
488	一种基于作用水头的流量测量装置	实用新型专利	毛欣炜、毛根海	2015
489	具备教学效果流量数显的自循环明渠实验装置	实用新型专利	毛欣炜、毛根海	2015
490	一种带巡回电测数显的排式测压装置	实用新型专利	毛欣炜、毛根海	2015
491	一种自排气式多测压管测压计	实用新型专利	毛欣炜、毛根海	2015
492	一种水箱出流的流量测量装置	实用新型专利	毛欣炜、毛根海	2015
493	一种双孔板稳压型有色水电控供给式雷诺实验仪	实用新型专利	毛欣炜、毛根海	2015
494	一种高精度沙漏时钟	实用新型专利	林伟岸、蒋建群、王顺玉、潘腾华、张科迪、李占	2015
495	一种具备同步流量数显的文丘里流量计实验装置	实用新型专利	毛欣炜、毛根海	2015
496	一种带二维运动平台测量的水电比拟实验装置	实用新型专利	毛欣炜、毛根海	2015
497	液气转换测压装置和实验用带同步电测数显的测压装置	实用新型专利	毛欣炜、毛根海	2015
498	一种旁通型双稳式沿程阻力实验仪	实用新型专利	毛欣炜、毛根海	2015
499	一种节流式层流实验稳压器	实用新型专利	毛欣炜、毛根海	2015
500	一种雷诺实验专用有色水虹吸阀型电控供给器	实用新型专利	毛欣炜、毛根海	2015
501	一种实验教学用带测压管显示的数显流量计	实用新型专利	毛欣炜、毛根海、李聪	2015
502	具备教学效果流量数显的自循环伯努利实验装置	实用新型专利	毛欣炜、毛根海、李聪	2015
503	基于结构变形的桥梁超载预警装置	实用新型专利	吕朝锋、郑宏煜、姜硕、张昱轩、陈奕生	2015
504	钢桁架桥焊接节点在多轴荷载作用下的疲劳加载装置	实用新型专利	项贻强、郏亚坤、叶肖伟	2015
505	一种预应力混凝土板梁大挠度破坏试验装置	实用新型专利	项贻强、张翔、廖小辉、赵荐	2015
506	一种免动力逆向压水的自恢复边坡高扬程虹吸排水系统	实用新型专利	蔡岳良、尚岳全、孙红月	2015

序号	专利名称	类别	发明人	授权年份
507	浅埋暗挖隧道超前加固下的地层变形试验系统	实用新型专利	赵宇、李姣阳、邹金杰、潘乘浪、刘维、甘鹏路、李凤涛、吕庆	2015
508	一种基坑突涌演示仪	实用新型专利	孙宏磊、蔡袁强、杨逸敏	2015
509	一种新型的滚石冲击碰撞试验系统	实用新型专利	吕庆、周春锋、肖志鹏、范立峰、赵宇、沈佳轶、尚岳全	2015
510	一种扭簧驱动的小卫星星载可展开平面结构	实用新型专利	关富玲、朱术华、曹长明、吴明儿、张天昊、帖拓、马罡、张振昌	2015
511	轻型无冲击可重复利用的热刀式锁紧释放装置	实用新型专利	关富玲、曹长明、朱术华	2015
512	拉簧驱动的剪式铰可展开穹顶式结构	实用新型专利	陈超、刘振宇、杨旋、陈佳磊、罗尧治、韦娟芳	2015
513	用于混凝土表面初始开裂信息采集与识别的试验系统	实用新型专利	金南国、田野、金贤玉、童晶	2015
514	一种建筑室内热扰试验模拟装置	实用新型专利	阮方、钱晓倩、钱匡亮、詹树林、赖俊英、朱耀台	2015
515	一种混凝土喷射涂抹一体化隧道施工装置	实用新型专利	李庆华、朱谊、徐世烺、柯锦涛、梁铭耀、吴宇星、王聪诚、黄博滔	2015
516	一种适用于普通拉力试验机的纤维黏结性能测试装置	实用新型专利	徐世烺、李庆华、高翔	2015
517	一种用于桩柱结构物局部冲刷试验的实时监测装置	实用新型专利	王立忠、马丽丽、国振、秦肖、胡益铸、蔡邦国、马越峰、陈国兴、陈向阳	2015
518	一种砂土介质中嵌入式土压力盒简易标定装置	实用新型专利	应宏伟、张金红、章丽莎、王小刚、陈斌	2015
519	一种可移动箱式雨能发电助排系统	实用新型专利	顾正华、赵世凯、焦跃腾、潘海静	2015
520	一种连续电化学反应水处理试验装置	实用新型专利	顾正华、焦跃腾、尚淑丽、刘苏忠、钟京华	2015
521	超长超高差单跨式索道站房基础石方切割开挖施工工法	发明专利	沈安跃、毛义华、孙宏磊、吴焕东、孙飞、李洪宇、韩秉玺	2016
522	利用沥青路面变形进行发电的道路发电装置	发明专利	陈奕声、吕朝锋、杨骞	2016
523	一种利用交通载荷的发电装置	发明专利	陈奕声、吕朝锋、杨骞	2016

序号	专利名称	类别	发明人	授权年份
524	超重力条件下的基坑开挖模拟装置	发明专利	李连祥、朱斌、符庆宏、姚罡、张海平、董希祥、石增军	2016
525	新型浮式海上多功能试验平台	发明专利	王立忠、白勇、沈侃敏、曹宇、钱淼华	2016
526	转动式预应力管桩分段静载荷试验方法及装置	发明专利	王奎华、高柳、肖偲、吕述晖、李振亚	2016
527	淤泥质土复合固化剂及应用	发明专利	徐日庆、李雪刚、陆建阳、畅帅、俞元洪、荣雪宁、朱亦弘、徐丽阳、吴勇	2016
528	一种一维水平循环荷载加载装置及其实验方法	发明专利	孙宏磊、蔡袁强、杨逸敏	2016
529	能用于喷射的超高韧性水泥基复合材料及其喷射工艺	发明专利	徐世烺、李庆华、王激扬、周斌、黄博滔	2016
530	一种柱的滚轮式加载定位装置及加载定位方法	发明专利	李强、金贤玉、童晶	2016
531	一种高耐久性配筋式永久性模板、混凝土结构构件及设计、制造方法	发明专利	徐世烺、黄博滔、李庆华	2016
532	一种纳米改性自渗透水性修复材料及其制备方法	发明专利	孟涛、彭勇、杨潮军、李媛媛	2016
533	一种城市隧道通风试验装置及其制作方法	发明专利	吴珂、王立忠、章俊屾、张欣、李增珍	2016
534	悬浮隧道整体冲击响应试验装置	发明专利	项贻强、杨赢、陈伟强	2016
535	路段交通运行相似度度量方法	发明专利	祁宏生、王殿海、许骏、金盛、马东方、叶盈、韦薇、蔡正义、郑正非	2016
536	路网交通中常发瓶颈和偶发瓶颈的识别方法	发明专利	祁宏生、王殿海、陈鹏、许骏、金盛、马东方、蔡正义、郑正非	2016
537	一种准分布式结构位移光学测量方法	发明专利	叶肖伟、董传智、刘坦	2016
538	一种基于卡口数据的单点交叉口信号配时参数优化方法	发明专利	金盛、刘美岐、王殿海、付凤杰、马东方、祁宏生	2016
539	一种海上风机吊装控制方法和系统	发明专利	程鹏、白勇、宋洁人	2016
540	一种既有梁与缀条式格构钢柱相碰节点的补强方法	发明专利	龚顺风、程鹏、程波、任晓阁、楼志杰、邱鹤	2016
541	金属磁记忆钢轨温度应力检测装置	发明专利	包胜、林立、楼航飞	2016
542	一种配电杆	发明专利	陈驹、张大伟、赵深、林群、林洲游、陈婷、龚坚刚、高策、潘如海	2016

序号	专利名称	类别	发明人	授权年份
543	一种大跨桥梁结构风浪耦合设计荷载效应确定方法	发明专利	黄铭枫、涂志斌、楼文娟、宋建永	2016
544	一种分流制雨水排水系统末端雨水净化井	发明专利	周永潮、张萍、张仪萍、马妍	2016
545	一种城市排水管道过流式格栅装置	发明专利	周永潮、张仪萍、易文涛、张萍、于博海、白航、沈东杰、王钰丹	2016
546	一种流体实验水力定量加气装置	发明专利	万五一、俞韵祺、潘锦豪	2016
547	一种微幅液体表面波高实时测量装置及测量方法	发明专利	王振宇、聂晓飞、李富强	2016
548	半自动电动拖把	发明专利	丁元新、张若琦、戴嘉铭	2016
549	一种基于瞬时光合速率积分的"天"尺度初级生产力的估测方法	发明专利	王福民、周斌、黄敬峰、徐俊锋	2016
550	卡阻式明渠最低水位自记尺及其方法	发明专利	顾正华、赵世凯、钟京华	2016
551	磁吸式明渠最低水位自记尺及其方法	发明专利	顾正华、赵世凯、钟京华	2016
552	软土地基盾构隧道沉降控制钢套管注浆加固装置	发明专利	陈仁朋、尹鑫晟、李忠超、孟凡衍、冯建波	2016
553	振动式吸力式桶形基础调平装置	发明专利	朱斌、黄锦舒、邢月龙、郭勇	2016
554	粗颗粒土双进气值土水特征曲线的测试装置	发明专利	陈仁朋、吴进、杨国涛、亓帅、边学成	2016
555	有砟铁路轨枕路基体系变形失效实验装置	发明专利	边学成、李公羽、蒋建群、李伟、陈仁朋	2016
556	超重力条件下的边坡潮汐水位调控装置	发明专利	朱斌、李俊超、陈云敏、黄锦舒	2016
557	用于采取受到污染的粉砂原状样的取样器	发明专利	柯瀚、龚标、林伟岸	2016
558	土梁弯曲试验装置	发明专利	凌道盛、蔡武军、徐泽龙、卜令方、石吉森	2016
559	根据温度变化自动调节反应药剂用量比例的氯胺制备装置及其方法	发明专利	柳景青、申屠华斌、罗志逢、周晓燕、裘尚德、何晓芳、叶萍、胡宝兰、楼莉萍	2016
560	基于光电效应的可补偿的供水管道生物膜在线监测装置及方法	发明专利	柳景青、罗志逢、裘尚德、周晓燕、何晓芳、胡宝兰、邬建敏、楼莉萍	2016

（七）发表论文

建筑工程学院发表论文分类统计表

时间	SCI	SSCI	EI	其他论文
1996 年及以前	17		22	23
1997 年	10		2	11
1998 年	1		3	14
1999 年	19		13	11
2000 年	26		32	7
2001 年	22		17	26
2002 年	4		32	28
2003 年	24		96	49
2004 年	46		176	73
2005 年	48		244	553
2006 年	42	1	211	454
2007 年	80		254	224
2008 年	99		285	468
2009 年	88	1	272	335
2010 年	82	1	310	140
2011 年	105	2	347	100
2012 年	146	3	315	64
2013 年	157	3	296	36
2014 年	190	4	224	27
2015 年	202	3	165	20
2016 年	74	2	42	103
总计	1482	20	3358	2766

附录21

校友名册

（一）本、专科生

1927 级

陈允明	丁守常	段元谦	高顺德	胡鸣时	刘俊杰	茅绍文	孙轻楞
汤武钺	翁天麟	吴光汉	吴锦安	徐邦宁	颜寿曾	叶泽洁	

1928 级

蔡建冰	曹凤藻	陈廷耦	陈乙彝	董梦鳌	黄弟仑	季春桧	金学淇
李恒元	李兆槐	凌熙赓	潘碧年	钱元爵	任开钧	任彭翰	邵毓涵
宋梦渔	汤辰寿	王德光	王同熙	翁郁文	吴仁济	张德昌	张元纶
朱维根							

1929 级

曹秉声	陈允冲	戴敬庄	杜锁泉	洪西青	金培才	李宗纲	刘 楷
潘圭绥	邵本淳	邵 鹏	沈其湛	沈 衍	王文炜	王之厅	吴鹤安
夏守正	徐世齐	徐学嘉	许寿崧	许陶培	叶震东	恽新安	张殷祥
赵祖唐	郑侦植						

1930 级

陈德华	邓才名	葛洛儒	郭仲常	贺树梅	李清增	路荣华	吕 任
马梓南	缪炯豫	盛祖同	粟宗嵩	覃家彦	屠 达	王恩洽	魏绍禹
吴观铨	吴学逊	项景炯	谢滢安	徐洽时	徐仁铎	许志修	姚宝仁
袁则孟	张毓佟	张允明	赵 璞	周和卿			

1931 级

程松生	丁学祖	孔广贤	李　海	陆大益	罗华珍	骆　腾	毛有伦
钱振蓉	璩棣华	任以永	邵来茂	沈沛元	石家瑚	宋孤雁	苏世俊
孙怀慈	陶承杏	吴沈钇	谢仁德	杨　钦	杨尚溥	虞烈熙	袁桂官
张季和	赵秀孙	郑慎植	朱世璜	邹元辉			

1932 级

陈良勋	贺季恭	胡杰安	花瑞瑛	黄世铣	黄纬福	季　高	汪丙旭
蒋荫松	金鼎元	瞿懋宁	刘祖愈	陆钦侃	马军寿	马　乾	马淑闲
潘金洪	彭申甫	谭天锡	汪树祖	温钧衡	吴元猷	熊友松	徐士棨
杨国华	叶孝仁	虞升堂	周晓山	朱焕锡			

1933 级

陈公矩	陈隆昆	陈祖谋	龚千章	候焕昭	金鸿畴	李斯达	梁　涛
刘作霖	马家振	沈儒鸿	施汉章	谭天赐	汪丙旭	吴立卓	许成熔
许灼芬	杨筱栎	张毓静					

1933 级高工土木科

包焕伟	陈冠夏	陈载华	戴俊才	丁而昌	丁方坤	过国兴	韩廷藻
胡光虹	江成涛	李绍葵	柳克铸	楼敬贤	吕则义	施组铭	束锦吾
吴冠群	张宪清	张招泉	赵璧齐				

1934 级

蔡锡常	陈玉堃	龚树芬	姜　劭	金标庆	金　琛	金鸿畴	金亮方
路翁如	李　杰	李如南	凌熙鼎	陆筱丹	路翁如	吕友生	庞曾桂
钱克仁	严　望	严自强	俞大奎	俞惠申	张元正	周存国	周　冕
陈业清							

1934 级高工土木科

陈建和	范文河	冯嘉猷	华　志	黄关林	纪云炎	姜兰芳	路启蕃
骆锦奎	马维录	马祖寿	毛人贤	沈康裕	沈耀琳	王景铭	吴金才

| 吴廷存 | 徐鸿造 | 徐正源 | 张乃东 | 张世奇 | 赵人龙 | 郑　浩 | 周淮水 |
| 朱补年 | | | | | | | |

1935 级

| 陈季涵 | 陈叔陶 | 邓舒庆 | 丁西昌 | 董　通 | 顾仁康 | 吉上宾 | 刘达文 |
| 毛铨淦 | 钱　影 | 陶荣金 | 王仁铸 | 杨文彬 | 叶圣淳 | 张哲民 | |

1935 级高工土木科

董史良	郭耀松	杭趾祥	霍少成	金标庭	郦志良	刘德明	楼玉堂
邱观明	阮镜清	宋尤龙	汤信久	汪国瑞	王福润	吴　瑛	伍　沂
夏克铨	徐光道	颜泽霖	姚仲卿	余卓生	俞世法	张经谟	郑锡湘

1936 级

陈家谟	龚先芬	胡傅杨	金孝容	孙怀礼	王锡祚	吴廷标	吴廷存
谢　汶	徐伊伯	杨　章	赵人龙	周家骥	周竞之	周邻立	周宗汉
朱昭锷							

1937 级

毕慰曾	陈安夏	陈嘉猷	陈效琛	陈益昆	董维良	董钟渭	皋学炳
龚雨雷	管春萤	郭忠煊	过祖熙	韩辉宸	胡璞一	胡泰成	金万昌
蓝绍禹	梁德荫	刘昌汉	刘颂尧	卢世深	罗式琨	梅炳汉	宓伯简
求良槐	盛和二	孙祺荃	陶光业	王和生	王惠亭	王铠三	王全义
王玉堂	王宗维	吴汝棠	吴沈钊	徐品高	徐修治	薛世茂	杨傅尧
杨佩玖	姚源昆	张福范	周邦立	朱鹏程	朱寿恒		

1938 级

陈德珊	陈家振	陈裕良	董史良	董维宝	葛恭美	龚先芬	顾家荣
广世袭	郭以连	何福照	吉上宾	蒋立中	李锡培	李仲伦	李子器
刘世勋	刘同茂	罗慰严	罗元诰	欧阳清	彭世勋	孙桂巇	庹世袭
王国权	王衢亭	王维鑫	翁熙年	吴光铣	吴美淮	吴廷琛	吴学彬
项锦西	萧绍统	忻中信	熊大枚	熊修懿	徐允升	徐钟英	杨寿者

| 张汝仁 | 张锁庆 | 张元熙 | 周动生 | 周勤文 | 朱葆珊 | 朱耀根 | |

1939 级

陈葆真	陈　烈	陈妮兰	丁熙康	高义卿	谷长碌	洪元熙	胡德祥
胡汉章	胡亦狄	皇甫苹	黄　澍	李康诩	梁尚斌	林启敏	刘凤起
刘汉昌	刘同茂	毛兆云	欧宜生	钱鸿缙	任葆珊	沈紫峰	施学海
石家修	孙志远	唐继善	涂傅桂	王惠亭	王相枢	王志远	闻式陶
吴皋声	吴琅白	吴兆祥	夏庆杰	夏志斌	谢子朴	许纬功	严立民
杨达昌	叶伯陶	叶于岗	俞建英	袁钦贤	张明显	张阳生	张钟慧
赵祖钰	郑长基	周宏猷	周森康	周钟才	朱博鸿	祝健	

1940 级

鲍家骏	董史良	杜海清	冯正礼	傅永宁	高椿年	贺尧圃	黄凤梧
季馥声	蒋祖荫	李得心	李驾三	林敦荣	罗承瀚	马寿鹤	马毓昆
莫慰民	潘朝艳	邱家驹	沈彰文	施颂周	苏彪甲	唐化驯	田庆华
童子绮	汪治恒	王道于	王世爕	王寿镍	王郑德	韦惟杭	韦惟杭
吴用之	伍润生	奚为信	许绍俊	薛威武	杨达伟	姚芳宇	叶文培
叶政青	易禄星	尹春淮	张家补	张希恺	周　骏	朱家斡	朱兆祥
朱自明	庄宪成	左利时					

1941 级

蔡乃森	常大涤	陈永福	崔志雄	邓炳恩	丁　望	冯克润	葛维堪
郭敏发	何公佩	何维武	胡旭东	胡旭铟	胡耀先	黄蔚英	黄玉璧
黄震欧	蒋观复	蒋理钦	蒋增汜	匡达上	乐海祥	乐秀文	黎昌诚
黎振声	李良纯	李若熙	李自逢	利校襄	梁怀镇	林　申	林　昭
凌德祥	刘德宣	刘群庆	楼　谦	茅以智	彭石松	任雨吉	沈文彩
孙堇夫	谭国梁	王炳秋	王家楠	王泰翘	王维彬	王锡祉	吴家顺
吴育强	萧英俊	许益鹤	杨光华	叶秀文	余和直	於　槐	俞茂松
张绩谈	张靖谦	张　廉	张文彦	赵超普	朱家槐	朱如恒	朱玉宝

1942 级

| 陈同章 | 程紫明 | 崔兆丰 | 杜炳文 | 奉　强 | 胡训已 | 黄厚强 | 李国华 |

李培海	廖维智	刘道生	闵文官	欧阳子济	裘维珙	沈秉初	沈坩卿
施 畴	屠承载	王亲来	王习之	吴学彬	杨宝熙	叶德风	叶良玉
周容芬	周祖忽						

1943 级

蔡继缰	陈时垣	程义隆	丁树屏	高鹤江	葛维堡	龚 瑞	郭本淳
胡邦定	胡成俊	黄仁福	蒋协中	康翔高	赖宗穗	李龙矗	李儒璋
李夏初	梁有成	刘贞荣	罗勤生	马增禄	钱懋模	裘蔼稼	裘云龙
申屠琛	王华俭	王义钊	王振之	翁心梓	吴礼中	吴企民	吴元兴
许绍俊	严钟英	阳家有	杨 启	余纶扬	张德萱	张兆松	赵元洪
周善生	周震武						

1944 级

蔡耀宗	曹维恭	程邦芸	狄兆颐	丁祖泽	范培余	冯克润	傅乔寰
顾傅智	管麦初	韩有邦	何锡磐	胡国键	胡积琨	胡寿延	黄志强
金福生	金俊光	李伯钦	李祖麟	梁海祥	林承志	林印心	林泽柱
刘守贞	楼宗汉	陆超人	吕敬台	罗述作	马顺生	倪本完	倪佩夷
钱天祺	荣贵德	邵伯舟	沈钧高	汪洪方	汪洪芳	汪致远	王隆驹
王 平	王同忻	王希伯	吴家风	咸梦松	谢时和	忻去富	熊敏威
徐澄渠	徐国和	姚心照	叶咏炜	余启文	张荣甫	张遗训	张子俊
章家棋	章维杭	赵福燊	赵良才	郑国华	郑汉章	钟建安	周开封
周 倘	朱立培						

1945 级

蔡为武	陈金德	陈永时	陈宗敏	程纪修	程茂琨	程天垚	丁石森
丁雍年	古 巡	胡成俊	瞿伯熊	李和圭	李利庆	刘古籁	吕香虎
马上辰	梅巳诚	倪大增	欧阳占乾	彭兆熊	裘方锐	裘烈钧	裘荣安
任早彦	阮孟明	邵常坎	施鸣歧	孙经俶	汪景琦	王厚高	王鲁一
王树桐	温强为	项亨昱	谢廷谟	谢逸江	许有根	杨九声	杨 声
杨锡龄	叶树藩	张秉友	张 弧	张胜武	张雪宜	章 衡	章寿源
赵石庆	周启祥	朱 雷					

1946 级

陈大为	陈国才	陈鹤皋	陈生健	陈泽炎	丁士南	方　强	费庆澄
顾傅勃	韩哲天	何德杰	何荣穆	胡海昌	黄伯政	黄昌栋	黄庆澄
黄嵩声	江泽亮	蒋鑑明	刘拱挥	楼方钧	卢　禹	陆宗定	吕安民
潘家铮	潘思远	彭惠中	裘炽昌	茬兆炜	任卓彦	沈瑶章	汤汉美
汤宗庆	汪含芳	汪胡熙	汪祥鑫	王国干	王慎廉	王文忻	王霞飞
王云孝	温发金	吴蓉舫	吴　山	徐德衡	徐家宽	杨棣华	杨孟藩
尹　华	尤志方	虞家锡	张大伦	张孔修	张咸炉	赵熙元	郑国武
郑为乾	郑炜煜	卓朝圻					

1947 级

曹时中	查维濂	陈光瑗	陈国俊	陈慧远	陈洛熙	陈永岳	陈兆鲲
程纯修	程　山	杜琳生	方开泽	方鲁昌	傅作新	高水土	龚思礼
龚新民	胡鸿海	胡世德	胡文尧	胡毓秀	金成棣	金光炎	金其鼎
金永堂	金祖潮	雷　洪	李长霖	李成汉	李世昌	李世清	李树琳
林俊侠	刘岳琜	刘忠潮	陆思全	吕烈忱	罗邦富	罗福午	罗礼成
莫世耀	潘弥生	彭维藩	钱胤肃	裘允执	沈钧高	沈潜民	石善培
舒士霖	孙　琦	孙异梵	唐为根	童仲远	汪承武	汪木林	汪　燊
王文棠	王应瑞	王永清	王育庶	吴德裕	吴金虎	吴士澄	谢良德
谢年祥	谢培青	徐锦甫	严洪森	严文灏	叶大咸	叶公孟	余季安
俞东平	虞春帆	张迪民	郑孟祥	郑圣道	周邦杰	竺沅芷	

1948 级

包廷玉	鲍质荪	蔡麟笙	曹沂风	陈明辉	陈绍雍	陈镇平	程永年
丁惟坚	范绥之	高奇伯	高子曼	顾梦熊	顾墨琳	郭宝玉	过文华
胡才源	胡金熊	季直仓	贾　琳	江　涛	江维杨	江正荣	蒋兆祖
李海明	李寿统	林瑞铭	刘家龙	刘权授	娄绥南	鲁家声	陆大同
陆聚星	陆廷基	糜天英	闵维民	倪文钧	裴钟棠	浦中修	钱王聘
钱正民	沈宏勋	沈惕生	沈之介	盛敬白	施景裕	孙宝华	汤不凡
陶可澄	涂逢祥	万祥旺	王　璜	王季和	王坚白	王俊雄	王奎曾
王良玺	王耀成	王宗德	王祖熙	夏葵祖	徐国琨	徐松富	许耀铭
姚翼盒	应达之	应可俭	余荫源	俞嘉声	俞玉寅	虞承惠	张成焘

张大澜	张登善	张明祥	张永栩	张自平	章崇毅	章亦麟	赵超燮
郑乃柏	郑作定	周荣庭	周学礼	周钟文	朱百春	朱宝林	朱新之
祝源渭							

1949 级

陈光琼	陈荣锦	程祖球	杜时晋	番弥生	高子曼	葛善德	龚方雄
郭宝玉	胡昌新	居思愍	李寿统	李云发	李运生	刘权绥	鲁家声
闵维民	缪垂祖	钱王骋	沈鹏程	沈友如	施景裕	汤肇安	童仲达
王璜	王俊雄	王宗德	魏廉	夏明奎	谢培表	徐国琨	徐国庆
徐松富	俞萃富	张家骏	张自平	赵智大	郑乃柏	朱宝林	

1950 级

曹祖同	柴锡瑜	陈恭豪	陈绎之	陈永祥	陈幼璠	陈志群	陈周赉
单炳梓	丁涤新	方善镐	方宗清	冯一英	冯志英	傅敏谦	甘兰江
葛人寿	葛云峰	葛仲其	顾家龙	顾玉书	何恺	洪善桃	胡钧涛
胡林艺	华敬诚	华天瑞	黄锦游	姜义琪	金恺献	孔繁曦	利炯仁
刘汉铨	刘吉印	刘鑑屏	陆安定	陆重华	麦进华	茅彦	潘士劼
裴星树	邱登蟒	任汝述	沙莹石	沈家阴	石禄麟	孙震雷	谈德鸿
谭才深	唐锦春	唐绍元	童廷煜	汪秀萌	王德汉	王宏祖	王家钧
王义琪	干铧秀	魏益华	邬齐崐	吴立群	吴维恒	吴文葆	吴心光
奚文正	谢世愷	熊惠恩	颜玉书	杨锡琪	姚开红	殷佐林	余企南
袁煦光	张翰文	张焕昌	张连庆	张学志	章松林	章在墉	甄卫邦
郑有畛	支道宏	周行是	朱承基	朱国卿	庄辛初		

1951 级

蔡恩成	陈博华	陈衡周	陈景河	陈克伦	陈克强	陈律凯	陈强
陈清音	陈孝本	陈溢芬	陈幼潘	陈毓嘉	陈中枢	程治平	储培源
单克勤	丁朴荣	樊颐龄	冯懿咸	顾长江	顾嘉荣	关颐敬	郭文敏
胡家谋	胡武汉	胡卓民	黄存智	黄景春	黄晓村	黄心辉	黄逸超
黄张潼	蒋元方	蓝贵禄	李诚	李学桢	梁保盈	梁坦	梁宜纶
林炳南	林仰圣	林振英	刘德骢	卢君强	陆培强	陆学文	陆振寰
吕龙水	罗德林	马鸿驭	虔群强	钱焕宾	钱其骧	沈锦荣	沈庆境

孙德荫	孙敏森	孙曾珏	万锡林	汪鹤鸣	王国庆	王建威	王水撰
翁春辉	翁德源	邬启良	吴鹤鸣	吴鸿芳	吴铭可	萧开荣	徐炳浩
徐　定	徐相隆	徐　炎	叶杨晖	俞茂宏	曾纪华	曾　俊	曾里霞
张金水	张考能	张时早	张文勇	张锡鸿	张永梅	郑锦明	郑文荣
朱其昌							

1951 级建筑专科

包惠芬	鲍世中	蔡祖念	陈康铣	陈仁卿	丁辰祥	丁　凯	方寿生
方学仪	傅仪桥	高　睿	葛维钧	何培剑	黄宇平	金爱昭	凌昕哉
陆东尧	罗淑华	潘安德	庞孝慈	秦宝玖	尚信昌	沈　寓	唐人权
陶宏卿	叶国勋	易复乾	应树屏	张萼蕾	张振邦	章宪清	朱君烈
朱履声							

1952 级工民建

毕家竹	毕雪年	蔡彩凤	蔡如玉	陈朝鑫	陈亨铨	陈宏谋	陈惠玲
陈剑萍	陈品珍	陈　柔	陈世忠	陈叔荣	陈挺欧	陈祥璧	陈　星
陈仪鹏	陈远藩	陈忠山	戴一经	丁培炎	董福腾	董联璧	傅子周
高铭深	高照群	郭清莲	郭荣茂	郭志群	杭文森	何铨朝	洪伯潜
胡瑞林	胡生明	华雪年	黄福其	黄嘉敏	黄景松	黄龙生	黄琴坡
黄清河	黄文福	黄振军	黄至敏	蒋贻绅	金长禄	蒯世森	李　文
李永雄	李毓枢	梁建智	林登山	林文彬	林文利	林孝亮	林尧钦
林玉池	林智喜	林　中	刘伯文	刘俊生	刘　明	刘文斌	刘永颐
卢文聪	陆顺生	马善富	米　骈	倪石泉	潘鼎仁	潘心强	彭元培
虞秀侠	秦年华	邱东城	沈彩霞	沈逢稀	宋硕元	苏必快	苏　鹏
孙家瑞	汤保宁	汤旭东	王伯群	王国泰	王　吉	王敬修	王庆芳
王尚礼	王绍豪	王小琼	王毓嵘	王重珍	巫素娇	吴钧钧	吴启兴
吴学英	吴永芹	萧光先	谢丽英	谢瑞标	徐国梁	徐桐兴	徐幼绥
徐祯祥	严玛利	杨扶西	杨怀敏	杨金洪	杨世英	杨雨时	杨再佳
叶腓力	叶季平	詹可生	张毓秀	张毓英	章非菊	赵其泽	赵显曾
郑念中	郑贤仁	郑又虔	周昌富	周兴鸾	朱道杨	朱维益	

1952 级铁路建筑

陈炳揆	陈炳枢	陈晃厚	陈建华	陈梅芳	陈樵尧	陈守化	陈琇英
陈嫣兮	戴佑仁	丁则鸣	何铭一	黄玉琼	李兴仁	廖荣林	廖孝丽
刘振銮	吕紫岳	彭聿铎	石安康	宋英二	孙启俊	谭瑞祥	汤文华
唐克强	陶龙孙	田澄宇	屠丽南	汪建铭	王光辉	吴南星	吴耀华
向金仁	项静珍	徐以超	许中三	严衍隆	姚民强	益德清	郁炳生
张国才	张士英	张渭东	张孝林	张载瑜	张梓熙	郑振中	郑重远
朱景祁	朱昕如						

1952 级工程测量专科

敖立珊	包守仁	曹光岳	曹荃绿	陈冰泉	陈德穆	陈东升	陈光宗
陈邈	陈圣旭	陈奘盛	程德昌	董天放	樊伯顺	范新	方万傅
方文骏	方贻远	方振耕	高德明	高应南	郭志兴	黄嘉惠	黄秋生
金庚元	金力培	林炳坤	林大光	林桂灿	刘世畋	柳祖权	陆克明
吕崇林	倪诚	潘可群	彭宗彬	浦雄钟	乔永安	邱斌	萨本圭
邵厥燕	沈方	施淑	施振荣	陶志磊	王保坤	王长霖	王家栋
王知青	王中流	魏鸿超	吴邦才	吴伯贤	吴德仁	吴法成	吴汝芳
吴自述	孝必棠	忻元振	徐瑞祥	徐世万	徐云波	徐蕴璞	徐振德
徐宗杰	杨鸿庆	杨茅根	杨希虹	杨渊隆	尤基中	余乃圣	余天宝
张福松	张更钟	张临	张绍华	张圣诠	张正昌	赵人豪	钟禧棠
周秉公	周奇	周倘	朱瑞根	朱知根	朱卓如	庄灏	

1952 级铁路专科

鲍进逸	卞善义	曹福源	陈爱菊	陈恒麒	陈人园	陈绍生	程春生
程恒风	戴幼荪	丁汝元	冯祖椿	郭守远	郭锡珊	胡金龙	胡世昌
黄承元	黄君杰	黄履环	黄秀英	金庆焕	李代圣	李聚民	李美英
李其昌	李璋	梁允升	刘斐然	刘进基	柳永	卢碧辉	鲁葛臣
鲁国书	陆庭峰	蒙文强	潘秉芝	潘家壬	庞正华	钱孝融	钱月仙
阮林	沈荷卿	沈谨权	沈景坤	沈士杰	沈世铠	石乐生	汤连珍
陶谋洽	田嘉年	涂基我	汪衡	汪康	王从谦	王恭敏	王家圻
王振介	吴士笃	吴锡洛	吴兴祖	谢承栋	谢开礼	徐玉昆	宣宝茵
杨达敏	杨惜理	杨云林	杨忠	余承昭	俞从铮	俞福民	曾顺昌

詹兆堤	张秉和	张登远	张善根	张熙明	张耀仁	张子萍	赵永骅
赵振杰	郑成方	郑铭枢	郑寿椿	周保珊	周廷威	周贻锵	朱士良
朱树森	卓宝熙						

1952 建筑专科

曹伯远	曹祥麟	陈创亮	陈国翰	陈杭生	陈洪奇	陈鸿光	陈建端
陈晋琪	陈玖福	陈曼虹	陈明德	陈蕊仙	戴荣麟	戴自耀	丁婉英
董洁明	方亦刚	冯天华	傅家锐	傅雪怀	高志鸿	龚一鸣	顾以德
郭敬温	胡仁裕	黄海清	黄季文	黄　英	黄云玉	计鸿宾	季乐坡
姜阊珠	蒋心余	解梅容	金关尧	金能琛	金巧莲	康汉章	邝美娴
蓝墨哲	李静琳	李乐坡	李子文	梁清枝	林定斌	林瑞豪	林伟民
林宜能	刘炽豪	刘世星	陆鼎岗	陆耀荣	马惠然	马佩群	茅顺灶
蒙杏祥	潘步云	潘将麟	潘　伟	钱国华	钱振煜	乔荣芳	区瑞霞
区炎培	戎寿根	沈财利	盛如珍	施延平	宋金生	宋满生	苏銎祥
孙　巽	谭婉珍	陶毓琨	涂　健	王德昌	王锦成	王　烈	王文彬
王宜元	王　政	王志南	吴炳奎	吴海潮	吴学松	吴　彦	萧雪雯
萧泽芳	谢豫贤	戍寿根	徐明福	徐士锐	徐秩成	许淑华	杨汉寿
杨　陵	杨名顕	杨颂志	杨位清	杨锡虹	叶茂林	俞中杨	袁白光
袁　灿	曾德良	斿德寿	张国环	张辉琪	张景良	张　云	赵美云
郑霞珍	周丰林	周昆华	周明廉	朱明球	朱淑华	竺忠投	资时熙
邹晨光							

1953 级工民建

蔡金洪	曹懿勤	陈金亦	陈樑栋	陈品标	陈瑞荣	陈遐龄	陈仪鹏
陈　愈	陈正新	陈宗鼎	费　铭	冯辛能	傅荣然	高丽明	葛汝岳
顾德卿	顾国年	郭鹤龄	郭鸿荣	郭佩琼	韩　键	韩乃政	杭文森
何德渔	贺玉仙	洪建国	洪植华	胡　邦	花丙聪	黄爱平	黄良友
黄婉清	黄伟君	惠听宝	吉彭景	江熹生	姜荣贵	姜永彭	蒋邦馨
蒋汉阳	蒋瑞龙	焦彬如	金乾元	金雪忆	瞿根川	柯衡勋	赖仲光
李恭皓	李菊青	李翼祺	李壮城	廖学忠	林大正	林裔昌	林　樾
刘克武	刘妙葳	刘士荣	刘新勇	刘裕钦	楼云芳	卢盛澄	鲁德成

陆明英	陆淑兰	陆顺生	陆肇州	吕廷安	吕元麟	马坤贞	毛节敏
穆静	潘霖	庞振坚	浦建纲	秦寿松	裘妍兜	阙国勋	沈炳榕
沈逢稀	盛荣宾	施金霖	施明泽	施云丽	石祯祥	宋炳龙	宋振纲
孙秉路	汤宝宇	王慈忠	王恩瀚	王恭敏	王国光	王国华	王赫
王耆	王瑞成	王畹薰	王行新	王永声	王仲根	吴澄清	吴坤生
吴麟智	吴贤伟	吴振源	夏心安	夏自习	项文馀	徐国梁	徐孝舜
徐造琦	薛五权	严慧	严家熺	杨长根	杨怀敏	杨南屏	杨天麒
杨友菊	杨渊隆	姚开绥	姚乃先	姚荣生	叶可胜	殷仁民	余一纯
俞关福	张福松	张宏信	张俭	张培锦	张品赞	张廷福	张贤建
张永祥	张振怀	张祖良	张祖绵	章烈忠	郑定慧	郑会彬	郑振扬
郑宗凯	锤大仁	周全平	周松琳	周锡庚	周有遗	朱秉宏	朱长惠
朱虹霖	朱力行	朱翘	朱祥麟	朱雪宝	朱雨生	邹玉波	

1953 级工民建专科

鲍福淦	毕锦琦	毕俊安	陈怀博	陈凯地	陈隆芳	陈美容	陈文良
戴金珠	董闻型	范景宗	范立顺	高嵩豪	葛唐尧	顾瑾	顾明良
顾铨	郭石宝	过明歧	杭守文	胡春莲	胡海泉	胡蕊云	胡守纪
华俊安	黄丰祺	季肇柞	蒋根生	蒋汉仁	李长华	李成忠	李杜
李果	李瑾	李全金	李素琴	李微琴	李永德	李兆霖	廖福诠
林礼益	林志成	凌在才	刘有芳	刘忠义	娄荣生	陆耕草	陆克明
吕树锵	罗国钧	罗亨铣	孟宪勇	苗华民	潘左阳	濮永发	钱德规
邱大雄	阮圣舜	阮修治	沈家信	沈宜强	石璋五	苏荣进	孙文达
汤炼	唐永荷	田克勤	汪益基	王恭纬	王军伟	王乐明	王瑞华
王善庆	王寿祖	王维芳	王文龙	王文仙	王祥发	王源	王资华
王子骅	卫荣春	吴长东	吴敬裕	吴惟铭	吴秀洪	吴再权	夏淑英
谢理富	徐桂娟	徐全球	徐台梓	徐同骥	许振民	薛家麟	杨树德
杨志新	姚在为	易化森	游前	游知九	余明莹	俞腾蛟	郁勤耕
袁伯阳	曾杰文	曾凯庆	曾声晗	张朝义	张鸿敏	张家鑫	张树源
张逸华	张志昂	赵一兴	郑奎昌	周珩	周凯	周鑫斌	朱达桂
朱行之	朱志良	邹国梁	邹绍汀				

1954 级工民建

鲍玉仙	陈变锬	陈宏仕	陈亦锬	董宜君	端木松	方沙敏	傅远西
顾伯华	顾 梅	郭人泉	韩 键	韩肇镛	洪希倍	洪雅容	金汉俊
金 鹏	蒯乃祥	李成贤	李立潮	林鸣远	林至统	刘淑环	楼云芳
陆 新	陆宗敬	钱在兹	羌荣林	曲 雯	邵人俊	施殿荣	时鹤忠
汤耀恳	唐蕙芳	唐鸣雁	田鹤云	田梅槐	童德明	王富寅	王继鑫
王仁恕	吴铁明	奚永伟	谢介言	谢如柏	徐梅亭	徐美华	徐贤弼
姚曼莉	虞佐唐	郁乐寿	岳介眉	张宝葵	张待金	张俊晃	张茂铨
张有馀	张泽霖	张子亚	张自坚	赵春华	赵良华	赵培基	郑添筹
郑学燮	郑作樵	朱景煦	庄赦庆				

1954 级工民建专科

包文君	蔡荣瑞	蔡肇娟	曹永康	陈炳昆	陈 邈	陈绍焕	程志镐
崔恒义	狄志新	丁宗义	冯德人	高德星	高嵩豪	郭守玉	过明岐
杭谟履	何崇泮	洪礼平	洪霞辉	华士渭	黄克阳	黄 明	黄树椿
姜寅荣	蒋爱菊	蒋纬成	瞿国安	雷兢生	李国英	李廉隅	林 温
凌永奎	刘介元	刘秀卿	陆彤衡	陆性德	陆志淑	吕炳元	潘根发
潘校中	乔惜文	任昂若	沈乐珍	施兰如	孙佩玉	孙志宏	汤国柱
汤美烈	万宛中	王福林	王复旦	王恭纬	王克之	王培基	王顺兴
王忠恬	吴定京	吴后静	吴敬裕	吴佩琳	吴业地	夏福财	夏志康
徐秉中	徐德生	徐傅衡	徐根生	徐建平	徐 觉	徐铁棠	严长美
严志贵	杨耀德	叶兰芳	叶万康	尤基中	尤翘楚	俞立明	郁花莉
袁公权	张国强	张国权	张家良	张刘顺	张培心	张振榕	张植亭
章仕忠	章志达	赵一兴	郑文全	郑修慷	周福民	周贵玉	周 训
庄郝庆	庄寄藩	庄文楷	邹国梁				

1955 级工民建

蔡贤久	陈邦仁	陈国昌	陈苗荣	陈其仁	陈 顺	陈孙裔	陈晓霞
陈玉珍	陈源清	戴自卫	杜振岳	方沙敏	傅恒根	高亨莉	高勤明
龚知理	郭敬德	海定厚	何师贤	黄能法	黄骧漠	贾德演	金才雄
金梅新	金维善	柯美云	赖成华	李方翰	李海清	李文伯	李学周
林德利	林发登	林秀依	林尧谟	凌定宣	刘润桐	刘 宣	庐永川

陆克曜	陆英亮	陆志远	吕荣坤	马文华	马亦信	倪国豪	潘永亮
蒲呈魁	钱维闲	钱玉铿	阮召榕	沈集铧	沈锡卫	施屏南	史期锋
孙紧谋	孙其仁	孙去傲	孙学谟	孙 元	唐天成	汪启新	汪仁钧
王大贵	王金才	王久宪	王松泉	王学秉	巫立霖	吴辉林	吴孟元
吴天佑	吴为超	吴为其	谢序松	徐定民	许钧陶	许锡林	薛伯成
薛忠武	杨有义	伊 琦	余美英	余善之	俞全堃	喻思湘	曾文锦
张春康	张国英	张惠卿	张季容	张一萍	章星娟	郑葆祯	郑绥芳
郑文德	郑祖培						

1956 级工民建

贝兆临	蔡伯铭	蔡振东	曹其瑞	岑 滨	陈碧清	陈昌胜	陈根媛
陈建东	陈静华	陈君灏	陈培根	陈秋婵	陈文洪	陈文华	陈 因
陈瑜敏	陈裕成	丁介生	丁令仪	丁永新	丁有根	杜香春	杜恂川
方震旦	高 敏	高 珍	龚大畏	龚惠石	龚明志	顾葆崇	顾济良
顾剑花	顾聘潮	何丽丽	胡小瑜	黄绮华	黄秀慧	黄志飞	季雪垒
金敏枂	来士龙	雷震震	楞振欧	李福民	李公贤	李海青	李绍荣
李身刚	李永年	李玉积	梁本初	梁淇铮	梁如龙	梁煜麟	林光辉
林鹿光	林莫舜	刘 敏	刘心禹	陆匡时	陆莉玲	陆志康	陆祖锦
罗元恒	马兴富	苗仓田	潘根发	潘金华	潘秋元	祁俊荣	钱 撲
钱 筑	邱银生	任菊生	邵玲娟	邵庆云	邵友奋	沈国梁	沈济黄
沈克仁	沈鑫尧	施惠良	施理纲	史期峰	宋静娟	宋振钢	苏金芳
孙文孺	孙秀卿	谭梓青	汤乃亢	唐文傅	田正龙	童彩惠	屠复华
屠建国	万广南	汪一平	王伯焕	王长华	王德金	王家玉	王静娟
王克檐	王廷荣	王以进	王泽敏	王宗灵	吴菊芬	吴曼芝	吴小瑜
熊振沂	徐聚棣	徐力杭	徐连友	徐夏英	徐毓琴	许永鑫	薛启秀
杨爱霞	杨振欧	杨振莘	姚荣珍	叶自傧	殷傅纮	应昌其	俞 榜
俞良康	俞薇英	虞玲莺	虞永才	袁百玲	袁伯文	曾其瑞	张保康
张 蕙	张济发	张莉玲	张瑞云	张守福	张志康	郑汉英	郑庆云
郑祖新	钟祖瑀	周波平	周鼎一	周玲玲	周玲玉	朱金云	朱静娟
朱 敏	朱永清	朱玉薇	诸 鼎	竹志杨	竺 园	渚金华	邹如英

1956 级河川结构

白植崇	曹淞南	查国豪	陈光亚	陈京杰	陈瑞麟	陈忠金	方宝婷
冯世昌	顾尧章	何满生	何雅珠	贺孝先	胡鹤南	胡玉堂	黄菊英
黄玲才	乐翠英	李裕民	梁丽娟	刘玲俐	刘泰湖	罗露文	泮如龙
彭本惠	邱绣梅	沈爱文	沈丽卿	沈秀琴	是勋统	孙福官	孙汉章
唐文瑜	滕中健	屠　钧	王福章	王盛卿	王至善	吴锡田	吴炎曦
奚祖荣	显勋统	徐　钜	徐宛玉	徐耀先	徐勇华	严中杰	杨传贤
姚秀珍	余佩华	余淞润	袁怀莹	袁士善	张礼铨	赵善炎	郑礼义
郑显武	周善庆	朱林法	朱胜红	朱维德			

1957 级工民建

包世荣	卞　祥	蔡诗材	蔡　贞	曹厚舜	曹　硕	曹振文	查富源
陈炳添	陈鼎木	陈逢矩	陈加祥	陈能礼	陈同伶	陈文美	陈锡福
陈　熹	陈鑫昌	陈兴达	陈友土	陈玉华	陈章成	陈正祥	陈宗梁
笪　震	戴文豪	单阿玲	奠树森	丁帮满	丁公佩	窦南华	范明均
方金炫	房润来	傅文钊	傅哲生	高宗昌	葛春辉	古文豪	郭柏仁
郭添木	郭志贤	韩云魁	洪孙喔	洪维森	胡崇安	胡家明	胡精发
胡崇安	胡善元	胡先义	华禄喜	黄宏殷	黄　淼	黄其培	黄生财
黄希尧	黄肇文	黄镇国	季云祥	姜逢吉	姜廉明	金明礼	金文志
金小龙	金学银	柯金清	梁华甫	林光汉	林明高	林小春	林英舜
林永炎	林有祯	林玉明	林章宝	林作仁	刘福康	刘锦泉	刘尧训
刘汝淦	刘修和	刘毓芝	龙孝闻	吕良泰	吕世荣	吕毓丕	马宾苗
马维华	茅贵生	梅钧安	莫树森	潘鼎元	彭士国	钱国祯	钱锡圻
邱登清	沈斗镜	沈家骝	沈励操	沈石千	沈维勤	盛荣生	施长碧
施家治	石贤庆	舒振声	苏鸿宾	苏荣森	孙水森	孙田成	谭永夫
汤书棠	唐为玉	田伯良	童荣严	万春辉	汪肇宁	王甫成	王天钺
王迎之	王余乾	魏起探	翁葆忠	吴国林	夏超勋	谢定安	谢金盛
谢永康	熊惠国	熊锦棵	熊凯声	熊礼芳	熊利英	熊宜绞	徐家铭
徐仁义	徐少曼	许照田	严远星	杨国安	杨彭寿	杨升杰	杨思政
杨唐祥	杨宜民	姚祖恩	叶本林	叶乐民	叶巧生	应高飞	余　熹
俞文耀	袁云阁	张才果	张鼎洪	张惠国	张锦梁	张凯声	张礼芳

张瑞国	张庭俊	张永才	张振沂	章启新	赵照仪	赵宗梗	赵宗望
郑式乐	郑守成	郑秀如	钟云鹤	周恒仁	周惠宝	周士教	周兆密
朱飞熊	朱寿贝	朱正祥	庄庆明	宗仁民			

1957 级河川结构

蔡伯元	陈永年	陈漓生	陈瑞元	陈志明	房士新	冯大慧	高　昌
顾仁章	金友联	李树林	李思普	刘炳锡	刘士良	倪逢飞	钱启明
钱善扬	施景贤	唐玉全	汪恒强	王经权	王庆昇	吴春景	吴毓华
徐维翰	许清海	殷传纮	余祈文	詹云复	张景尧	章志棠	钟龙声
周以俭	朱德新	朱雪明	朱一帆	朱玉模			

1957 级土木工程

| 陈步成 | 陈秋蝉 | 陈庭俊 | 陈永年 | 黄志群 | 江金宝 | 金银生 | 李志武 |
| 林厚平 | 凌湖南 | 罗允富 | 应震威 | 应祖孔 | 俞佳镇 | | |

1958 级工民建

曹有容	曹忠直	陈才来	陈道化	陈海杨	陈绍严	陈雄飞	陈益群
陈迎宇	陈玉华	陈再英	陈哲承	程婉婴	樊建渊	高子英	龚景超
韩国方	洪光彧	候俊豪	胡玉清	胡仲其	黄炳华	纪夏翠	蒋根法
蒋淑仙	金德辉	金国保	金荆勤	金企正	金有纪	劳伯恩	李孟秋
李学良	李业臻	李祖宝	梁安丽	梁中青	林汉琴	林善富	林选青
刘蒙安	刘秋芳	刘杨生	卢宏康	卢之刚	陆雄飞	吕连珍	罗菊友
骆文杨	孟希惠	缪仙桂	倪自为	潘介民	潘启新	潘如龙	潘声考
平永泉	钱益伟	秦良甫	荣凤珠	荣卫华	阮绍福	邵佩云	申　理
沈济弘	施光跃	石贤庆	寿永柱	汤亮月	汤　同	田宝根	田正龙
万宝候	汪安国	汪震武	王彩霞	王昌涛	王达生	王拱长	王克谐
王善富	王顺法	王逸麒	王翼济	王瑛莉	魏普森	吴国华	吴乃朋
吴渭涛	吴孝成	吴跃中	吴志强	徐彩云	徐用民	徐庆廷	徐万源
徐砚清	许杏珍	杨配祺	杨彭寿	杨顺寅	杨锡贵	姚　敏	叶大椿
叶见贤	叶乐民	叶润明	叶玉凤	应纪松	余满昌	俞国兴	俞金海
俞祖彭	袁勤俭	张静观	张菊英	张文质	张月富	张忠志	章国强

| 章淑琴 | 赵伯叔 | 赵昭培 | 郑鹤川 | 郑秀如 | 周璧如 | 周孔言 | 周仁恩 |
| 周仁杰 | 周尚鑫 | 周杨帆 | | | | | |

1958 级河川结构

蔡丽珍	蔡至虎	曹德江	陈宝康	陈炳剑	陈春法	陈光中	陈金火
陈志明	储钟河	丁宝善	丁进南	范锡涛	顾孟晋	何连有	贺光宇
黄逢灿	黄万年	蒋荣根	蒋文泉	蒋益春	金能相	金友联	寇鑫中
李庚财	李世仪	李祥法	厉红玉	励鹤鸣	林柳如	林孝遂	林心辉
刘小云	楼仪芳	卢子珍	陆丁言	陆　军	陆行方	马自腾	毛水根
缪之丰	牛玉虎	潘守仪	秦志明	仁振华	仁祖淦	邵爱芸	沈家俊
沈兆琛	施仁忠	施允石	史祖跃	宋亚国	孙彬蔚	孙福宫	唐宝英
唐惠钧	唐寿锦	万红玉	王邦明	王经权	王仁信	王绍仪	王筱生
王以仁	王占祥	吴殿湖	吴东慈	吴梨玲	吴世进	吴致中	谢奎眕
徐琴华	徐万桢	徐永康	严邦华	言隽达	杨炳松	杨自远	殷之光
殷之光	应凤仙	俞文蝶	袁杜根	张连法	张森亮	赵明根	赵宗望
郑建吾	郑秧青	钟克勤	周国璋	周建中	周慎禄	周兆丽	周志宏
朱国恩	朱善镇	朱志贤	竹建戈	祝忠尧	邹志明		

1958 级土木工程

陈长松	陈瑞富	陈兴中	顾学海	何培林	胡爱云	胡琳琳	金汀松
居建中	篱允石	李庚才	林必豫	林明贤	陆宝昌	毛聪甫	潘根芸
潘荣生	秦良普	邵逸林	沈蕴玉	施振兴	苏万年	唐文传	王生达
王有生	吴秉慈	吴　晟	吴祖帅	谢舍耕	俞永福	张凤至	张子伦
郑碧湖	郑喜达	钟雄魁	朱鸿影				

1959 级工民建

蔡昌斌	陈彬华	陈慈英	陈冠诚	陈洪金	陈培初	陈文统	陈孝宗
陈秀英	陈与济	陈元泰	崔前伟	戴康德	单长月	丁家宜	丁可必
董祖铨	方光照	冯　廉	冯泽银	傅尚文	高子英	顾海樾	郭泉源
洪碧文	洪毓萍	胡安民	胡安耐	胡道一	胡国洲	胡济金	胡康立
华龙兴	黄贵温	黄丽雁	黄　珍	纪夏翠	姜汝富	蒋炳昌	金承恋
金守之	金维昂	金一心	金银生	金樟富	李万里	梁湘琦	林积昌

林　泉	林寿仁	林淑珍	林宗凡	刘桂喜	刘克洤	楼南琴	楼养玉
卢起衰	卢韵生	陆光闫	陆培初	吕光钜	吕养正	罗忠科	毛聪甫
倪武英	倪修增	任其龙	阮光裕	阮孟铃	阮生聪	邵惠芬	沈光炜
沈满火	沈忠伟	施诚信	施毓珍	宋伯铨	孙桂钜	唐美树	童逸闽
王功尧	王拱辰	王　慧	王建华	王晋锡	王文忠	王秀慧	王泽群
闻孝储	闻肇标	吴光宇	吴则晶	夏明丽	邢承澍	徐宝发	徐成昆
徐荣光	徐文海	徐仰吾	徐元功	许绍荣	杨良卿	杨仕松	姚逢胜
叶一凤	严必胜	应昌运	应震威	于介三	余守之	俞淡民	袁秀华
张桂垂	张国威	张世勋	张亚光	张元信	章维明	章维新	赵世泉
赵仲钧	周美华	周维丹	周亚男	朱　宾	朱恩林	朱景叔	庄瑞国
庄岳峰							

1959 级河川结构

安　湘	蔡昌其	蔡文钿	陈柏青	陈宝昌	陈经武	陈鹏清	陈翔云
陈学文	陈　夷	陈中安	丁仲六	范绍聪	范延恺	方志庆	高钦禄
胡荣泉	季进彬	姜仁豪	姜振銮	金德宦	金可及	金中央	康恒秀
劳若球	乐子炎	李赓才	李关水	李兰君	梁宏辉	林文杰	刘国颐
楼叔英	任苗兴	沈继成	孙申登	万祖梅	王大骥	王沪生	王天骥
王自强	吴秉慈	吴寿荣	奚素贞	肖作桐	徐根生	徐恭俭	徐卸根
徐招才	杨福康	杨新年	姚家良	叶福泉	叶小云	俞水福	虞中悦
张大鹏	张美华	张佩坤	张日光	郑圣教	钟祖荫	周鹤仙	周加林
周名缪	周永宪	周岳仙	朱敏菊	邹柏棠			

1960 级工民建

鲍福荣	曹之江	陈慧玖	陈家琪	陈　乐	陈义本	陈正良	程佳忠
仇天宝	董素秋	方礼瑜	顾荣绥	何杰雄	何金福	胡鹤芩	胡胜奎
胡允棒	黄珍珠	贾　珊	金贤生	乐俊旺	乐俊央	李家明	李静珠
李俊杰	李树雯	李宣弟	李益为	李宗才	林聪宇	林素莲	林振飞
毛一鸣	任昌松	邵月英	盛德星	王美琴	王银根	王自力	吴美骐
邢榆生	姚关玲	叶樟栋	袁孝伦	张金龙	张世琴	赵文洪	郑玉泉
周　华	周孟和	周庆维	周毓琴				

1960 级河川结构

蔡厚林	曹万里	曹祖植	陈鸿铨	陈加叶	陈美娣	陈孝顺	董慎之
范舜华	方柏葵	傅振湘	高傅芳	葛文德	龚善祥	顾炳霖	顾　声
顾以淼	何子卿	黄浣华	黄乃湛	黄兆清	黄祖恒	李富忠	李秋容
李志康	凌良富	楼星艳	楼星招	罗余荣	马显武	麦良宪	梅秋青
倪正钧	潘斌建	沈光梅	沈育良	史林鹤	水良军	唐祖植	王振声
王正松	吴昌恒	吴振农	鲜世仕	鲜英全	徐南波	徐思豪	杨美英
姚楚雄	姚顺英	姚雅琴	叶梅青	俞增民	张傅杰	张如成	张玉林
章佳春	赵鹏麟	赵生佛	郑经鸿	郑可敬	周华文	周连余	周月云
朱德凤							

1961 级工民建

蔡素莲	柴云福	陈加龙	陈模谦	陈奇进	陈益钦	陈音泉	陈允田
戴　恒	戴幼珍	戴在昆	方东礼	郭胃定	郭忠录	郭忠唐	何聿忠
贺瀛定	洪进华	胡鹤龄	黄祈球	蒋慧君	芁素莲	金君沂	金秋桂
金　岩	李宝定	李成贤	李秋蓉	李忠民	林武有	林永旺	林有琨
卢桂锡	卢献荣	鲁章炎	吕连坠	倪蕊蓉	秦华兴	三　心	邵加栋
沈森连	孙再菊	涂至艮	汪祝华	王丰安	王和心	王连堂	王文龙
王一和	王忠无	王宗敏	魏关耒	吴安林	吴汉康	吴美瑛	项铨壁
徐惠源	徐菊瑛	许　方	许守法	杨昌德	杨光讯	杨恒鑫	杨小林
杨友如	叶宗民	应后发	应溪皓	郁振祥	曾岩光	张金水	张允信
张章荣	张志坚	郑木成	朱　瑾	朱瑞忠	宗光德	邹嘉栋	

1961 级河川结构

柏禹卿	陈一平	胡锦城	胡志柔	江德山	江根海	李仙芬	林上松
马福林	倪宝英	钱陛墉	钱万瑜	任巧生	孙鹤年	万德川	汪成永
王文清	严忠大	俞国青	张东樵	张　勇	章正法	周祥有	朱翠宝
竺利君							

1963 级工民建

陈汝牛	陈竹霖	崔一帆	杜淑新	樊良本	冯子青	傅志园	洪　晟
黄定国	金德圣	金　雷	钱江涛	钱荣庆	秦剑青	邱益平	裘　涛

阮积庆	邵五权	邵永治	沈季元	沈　良	孙曹坤	孙忠涛	陶水煜
汪春森	王登发	王启寿	韦思柳	韦　韬	吴国鹏	吴世明	吴炎斌
项剑锋	项永珍	杨　照	叶　红	叶善逊	张显杰	郑洪汝	郑良生
郑　炜	朱国淼						

1963 级河川结构

傅云庆	高才林	何张根	洪承芳	季荣林	姜以恭	林国平	林型琬
麻官林	马行元	潘明德	裘愉真	邵德润	施芝仙	田竞德	汪水德
王岷元	王志昌	吴溶之	杨华德	杨仁爱	姚松林	叶幼芬	应海虹
郑先龙	周根海	周志平	朱妙贞	庄鹤卿			

1964 级工民建

陈　东	陈三弟	单梦良	单世位	刁金华	范诚植	高斌珍	高定康
华正芳	黄才荣	黄慰祖	黄　旭	黄玉梅	金　芳	金钦丁	耒国富
李桂祥	李建华	林祥霖	林雨生	刘登坦	陆荣照	罗家骏	梅霞林
潘澄祖	秦国澄	邱志良	邱竹岳	施永海	石观正	宋理纲	谈桂华
陶友淼	王国爱	吴玉珍	谢则齐	邢君永	徐文荣	严顺谟	杨岳山
叶少华	叶世汉	尤水龙	俞关和	虞德兴	袁雪成	曾三全	郑　锋
郑遂生	周关富	朱国元	庄旭东	庄炎琴			

1964 级河川结构

查长发	陈秀华	陈忠信	丁国裕	冯一峰	谷鸿溪	黄寿山	江玉明
蒋冠平	娄永波	陆义炳	潘寿根	邵胜达	施勇深	孙景祥	孙林楠
陶乃新	王龙福	王驯善	吴光汉	吴子坪	夏道沂	徐世庆	宣仲淼
杨清涛	占昭祥	张守志	张志良	赵成功			

1965 级工民建

曹才德	陈春雷	陈锡根	陈有通	董兴法	杜耀祥	方加群	冯兆顺
傅荣才	葛中柱	顾德渊	郭弥湖	黄锡瑜	黄燕昌	江鸿昌	蒋福祥
蒋跃生	金震寰	李福德	李永渊	刘金荣	刘书忠	刘　卫	刘有良
陆少连	陆文英	吕柏林	罗晓霞	麻时汉	沈根苗	沈润余	史文民

宋伯涛	孙克荣	孙玲玉	汤福桃	陶书留	汪瑞华	王宝根	王松樵
王伟堂	王跃新	王志江	翁亚平	吴美芸	吴培荣	吴寿星	向明华
谢元溪	徐又林	许　刚	许荣华	杨秋水	杨湧潮	姚光恒	叶肥山
叶贤庭	余少群	曾先龙	张孔治	张士信	张义远	赵银莲	周林森
周祖光	朱学钧						

1965 级河川结构

表明官	陈蓓莉	陈建兴	陈芜荪	丁利生	高国河	郭仲廉	黄东涛
蒋林曼	林周朱	刘克明	毛根海	沈培良	孙海良	陶德琴	田永清
王家富	吴元整	夏美君	肖惠中	严　绥	袁明观	詹巨平	张国良
张海良	张　腾	赵棠锡	郑惠忠	周金娣	朱必镛	朱昌椿	朱祖枢

1970 级工民建

沣显根	洪金良	姜国华	蒋　海	瞿胜康	李福长	林祖建	刘和通
潘显根	钱标灿	孙锡明	汪建荣	王井良	王宣福	王再宝	夏美华
徐德宁	徐海潮	徐林宝	徐志荣	许金妹	杨尧治	叶志光	俞亚平
张国庆	张俊华	张秀峰	张幼珍	张正吾	章文苗	钟阿发	周正良

1972 级水利水电

包根连	陈向东	丁富昌	范小金	范修其	沣永乐	胡杨柳	华孝娟
黄导民	蒋香罗	李全英	李小军	卢勉志	缪素娟	潘永乐	钱树根
钱文良	帅平均	宋晓方	汪守龙	王金荣	王紫雯	向　东	熊冬法
徐承祥	许世钦	张昌洪	张海南	郑伯西	周海芬	朱声庚	朱顺祥

1972 级矿产地质普查及勘探

鲍庆志	陈建华	陈妙新	陈忠忠	丁武宝	董淮新	董先贤	沣锡勇
沣心如	傅肃雷	何必高	贺伟友	胡向哲	雾　涛	雷本坚	李彐根
李小明	林爱华	林国富	林加田	林生福	卢四川	邱　隽	沈桂兴
王端忠	王良根	王志龙	吴军林	吴荣清	谢子民	杨树芳	杨再土
叶　勇	张洪棱	张文权	赵樟华	郑阿生			

1973 级水利水电

曹茂才	陈良堤	陈新华	单自聪	葛根荣	郭海良	胡金土	黄海珍
黄建中	黄溥泉	黄瑞英	黄运球	金承佑	金战锋	柯良国	赖家凤
梁文毅	卢柏安	吕金成	钱明祥	戎善安	王纯钢	王从纬	王金财
徐也平	徐治淮	许海民	叶华南	张信辉	周少杰		

1973 级工民建

蔡云法	陈昆林	陈新民	杜康生	高峻峰	郭锡森	韩成富	何如荣
宦齐福	黄纯钢	姜开道	解成富	李金娣	李甬江	李治国	柳立新
逯万立	罗昌林	钱久军	沈大生	沈兰松	孙桂铨	孙卢忠	汤娴萍
汪树中	王高裕	吴太普	徐良珠	徐松茂	严泗亮	于成芝	俞文德
詹笑颖	张林标	周海龙	周华义	朱克俭			

1973 级矿产地质普查及勘探

陈爱道	陈伯森	陈大桢	陈建宗	沣健民	沣水仁	沣维凯	沣修柱
戈东花	葛民府	洪永兵	厉荣法	林佳碧	娄寒梅	马茂生	钱鸿根
裘回明	茹福友	舒亢陆	王江成	王力荣	王掌林	夏 青	杨水根
叶建新	余金忠	周爱生					

1974 级水利水电

陈爱平	方孝仁	付玲玲	高双元	黄福桂	姜秀芝	李杏顺	厉兴荣
林斌炎	林小妹	吕志明	潘维贤	彭培相	裘夏年	沈满珠	宋 敏
王匡廷	王毅力	魏义君	吴保旗	夏素娟	谢东升	徐银仙	杨伟能
叶娟华	张维刚	张 勇	钟再相	周康毅	祝永华		

1974 级工民建

曹明生	陈柏文	陈光鹏	陈鸣刚	陈守海	陈思清	陈晓天	陈志先
丁北平	杜杏珍	关华海	关志国	郭云林	洪信建	胡秋根	黄达模
吉振海	耒顺林	李国辉	李明阳	李盛森	李耀亮	李永金	李跃其
刘庆祥	娄建民	驴水根	毛惠英	潘新立	彭治中	任金林	邵水根
施万方	宋爱今	孙藏变	唐瑞海	汪士援	王超俊	王宜川	魏承祖
魏瞿霖	吴华海	吴萍萍	夏继德	谢杰惠	徐和云	徐玲珍	杨 明

| 应时明 | 张宝洪 | 张藏变 | 张迪民 | 张桂荣 | 张乃大 | 张芹娟 | 张庆辉 |
| 张忠胜 | 章宪明 | 郑鸿喜 | 钟晓明 | 朱秋芳 | 朱瑞燕 | | |

1974 级矿产地质普查及勘探

蔡垦	陈良富	陈卫新	陈祥富	陈耘成	方幼荣	何必团	何庆龙
黄琛根	金国灿	金香桃	李长江	练性鹿	马妙福	毛江森	裘全顺
邵记瑞	孙锦田	王登富	王东良	王彐璋	邬智惠	吴大新	吴国权
徐秀英	严桂根	杨坚	曾华生	张毓喜	郑根金		

1974 级城市规划专科

柴月仙	陈利群	陈雪宝	方定生	方彝喆	黄雷宝	蒋国良	蒋毓鑫
李珍珠	林美珠	林扬鞭	刘鸿生	马更利	马水华	邵慧娟	邵央成
王富更	王勤诚	王云龙	韦均延	温彩霞	吴晓美	项力文	徐麟祥
俞苗正	钟汉静	钟华华	周凤娣	朱仲德	祝三		

1974 级海洋地质地貌

蔡宗爱	陈春仕	成惠国	黄月法	季耀	蒋凤珍	金彩杏	李建华
李文玉	吕友成	邱建立	施世宽	汪文彬	王安龙	王春祥	王坤
王苗汀	王维龙	魏贞伦	温令平	吴丽华	吴培军	吴同林	徐凤霞
徐金山	闫新兴	杨秉	杨长洪	张新琴	卓荣安		

1975 级水利水电

鲍士光	陈丁丁	陈天文	陈小龙	程善龙	单老虎	丁有根	胡金肖
蒋顺仙	金国兴	金有富	李行华	李增录	梁根虎	毛来昌	阮金荣
孙鑫钰	万贻鹏	王老九	王友方	吴建平	吴绍镇	肖小毛	谢丽华
杨梅玲	余松福	俞国兴	俞中元	曾金年	赵国胜		

1975 级工民建

陈炳初	陈玉跃	程向群	丁锦良	冯丽华	傅振球	高建青	韩申克
胡加林	胡元金	华生田	黄如华	纪素英	蒋忠法	蒋宗生	孔繁建
李长清	李凤英	李国良	李华暖	李继良	李廷祥	李相虎	林峰
吕敬建	马建华	潘灿根	沈荣成	施德大	施林祥	石陬苑	舒绍华

宿占铎	陶宝根	田兆荣	童三奶	屠忠尧	汪宝林	王炳法	王德能
王建林	王凌云	王树建	王向明	王月荣	闻荣土	吴柏泉	吴国强
徐培法	徐习学	杨再兴	袁新凯	曾元生	张福忠	张国林	张忠良
郑祥友	周立民	朱跃华	朱樟荣				

1976 级水利水电

陈柏荣	陈利兴	陈启良	方银田	费伟国	冯志良	顾赞勇	韩永庆
何必元	梁文平	刘亚萍	楼海芳	楼康德	罗一鸣	梅伟建	梅一民
硕赞勇	王相平	韦仙姣	魏义金	吴立跑	颜定华	杨　元	叶国平
叶建国	俞勤芳	张宝寿	赵胜利	赵忠林	周华生	周家骅	周见均
周林智	朱雪坤	朱跃星					

1976 级工民建

蔡士增	陈国平	陈继民	陈建平	陈星豹	陈志林	戴震华	单宗海
杜建华	樊益堂	高球生	戈海涛	顾火明	何荣土	胡一蓉	季美琴
江巧云	姜天鹤	蒋其彬	金楚燕	金庆平	李继红	李　炬	李水平
李水欣	李正舫	林志健	楼银根	卢爱平	路士淼	吕沈秋	吕新良
罗自强	毛志兴	阮连法	沈洪涛	沈忠祥	石巧英	顺甫明	硕火明
宋伟华	孙桂英	孙泓涛	孙小敏	孙振尧	汤国良	王关香	王新培
王镇国	干正义	吴汉生	夏秀根	谢毅创	许常学	许永祥	严言川
杨　光	杨建明	杨先贵	叶裕良	应解飞	余承勇	俞晓明	张杭生
张亚卡	张英三	赵青华	郑帮岩	郑济林	郑水强	郑小毅	郑新民
周润龙	周水森	周贤杏					

1977 级水利水电

边勇前	陈　革	何华法	贺志宏	胡成堆	胡建伟	黄　舫	李　雷
厉守德	林勤华	吕诚伟	吕建宁	罗　苑	马晓峰	潘士明	沈林冲
施新友	王南中	王慎跃	王绪源	吴建平	杨戌标	杨延毅	姚伟峰
姚兆虹	应庆德	张金如	张明光	张为民	张务德	郑建青	周家聪
朱来友	朱天健	朱旭伟					

1977 级工民建

鲍永涛	蔡正国	陈季明	陈明栋	陈佩蕾	方建新	冯俊	高德申
顾晓南	胡夏闽	胡益超	季亚平	蒋志勇	金志坚	李德星	李伟
李志安	梁军	林书明	刘克苹	刘庆安	刘志宏	刘自勉	吕航
马力	茅正国	闵健	倪海鹰	倪士坎	倪新田	潘时声	戚晓佩
钱群	任维	沈国蓉	沈梦钧	沈晓红	施祖元	宋剑华	童建国
汪雅君	王敏	王敏远	王伟	王亚杰	王跃伟	吴芳	吴平
伍维	夏学敏	谢康和	姚纪良	叶重农	益剑凯	余子华	郁忠信
元茂荣	张根成	张炼光	张曙军	张煜	张元平	章子源	赵基达
赵锦标	赵锦文	朱耀康	卓凯明				

1978 级结构工程

蔡宇飞	陈爱勉	陈刚	陈高鲁	陈红	陈京华	陈鸣	陈禹
陈跃熙	陈中苏	陈醉霜	戴长春	丁奉生	杜秀洋	段其禄	方岳明
方跃	郭昌生	郭云龙	何岳兴	何云	洪敬源	胡彩凤	胡亚珍
黄春伟	黄华	黄葭	黄杰台	黄雄	黄雄军	黄一华	姜贤放
金新阳	金忠理	经永新	李建新	李克非	李力于	李通坤	李镇华
李宗津	厉军	厉同昌	林柏	刘小强	卢新帆	卢章金	陆勤
陆尚洪	吕承北	毛春儿	毛桂平	孟新	聂向东	欧新新	欧阳瑜
邱成	邵剑波	邵军义	施国钧	施俊杰	施银茂	石启林	隋维民
孙洪法	孙茜	唐勇	陶勤俭	田再宁	王建新	王立俊	王薇
王晓	王再涵	韦国岐	魏彤岳	吴家平	吴钧	吴开成	吴英华
吾独龙	夏祥春	肖为民	忻立靖	徐崇峰	徐骥	徐鹏	徐平
徐少骏	徐雪仁	徐宜和	许秋华	严平	杨定明	杨文生	姚俭
姚谦	俞跃平	张建国	张杰	张松良	张小兰	张秀德	张学俭
张正浩	章华	章征	赵滇生	赵林	郑远	周飞达	周显毅
朱军	朱向荣	朱银山					

1978 级建筑学

方琳	关瑞明	何融	黄敏之	金洪	黎坚	林跃	刘红心
刘泽明	毛其智	沈青	苏宁	王小林	王茵	张鸣	周小宁

1978 级海洋建筑工程

包中校	曹银和	陈其海	陈少军	杜 佳	甘 峰	郭乐文	韩建强
胡 晓	黄 勇	蒋建群	康天科	赖志军	李久林	李 燕	励建书
梁少华	林 锋	林 苹	林拾庆	林学锋	林志红	刘国楠	刘 康
刘世明	刘 曦	楼世红	马纯杰	茅泽育	闵 坚	彭六平	宋洁人
孙国超	陶洪涛	吴允平	夏胜天	谢 放	徐毓青	颜元亮	杨本平
殷国元	于德龙	余红光	余望平	张洪海	张土乔	张秀丽	赵 航
赵日平	郑小鹰	周梁山	周民权	周鸣浩	周仲青	朱德铭	朱良义
朱仰曾							

1978 级城市规划

陈光辉	陈康鹰	戴 坚	单锦炎	丁夏君	冯雨峰	顾 群	韩 波
何枚林	何志平	胡 刚	花临岳	孔栋宝	李定邦	郦建章	马 民
马 奇	亓伟民	宋绍杭	孙兴辰	王跃明	吴建军	吴乃杰	吴伟年
吴效军	徐 坚	杨卫建	杨秀石	姚建华	袁 路	张和平	章建国

1978 级海洋地质地貌

包服业	陈 楠	陈武强	陈 勇	邓 岳	丁利克	高 军	郭玉华
黄建东	贾 鹏	蒋国俊	林用迪	楼越平	毛政辛	任 平	沈小雄
沈永康	孙美怡	汪小莉	王艳玲	夏雪龙	杨 鸣	袁忠浩	张士喜
赵炳忠	钟一明	周 海	周华君	周立勋	周 卫	朱世平	朱志夏

1979 级建筑结构工程

蔡春生	曹建荣	陈 宏	陈建伟	陈其石	陈新安	陈 莹	陈云敏
陈 峥	陈 忠	初晓辉	范可君	范展飞	冯建军	傅肃星	顾 予
郭锡忠	何永明	何宇翔	洪惠贤	胡 炜	胡一峰	黄炳生	黄崇明
黄 松	黄 伟	黄小许	江再明	瞿伟平	李 奋	李明远	李新洲
李影松	梁少雄	廖江陵	廖俊平	林何宇	凌培方	娄 洪	卢玉华
陆桂玖	马 达	马文科	马忠民	毛志忠	倪一清	潘友光	曲 毅
任 冰	任方明	沈 杰	沈永兴	寿为民	孙科林	孙文华	滕锦光
童根树	汪传金	王新鸣	魏 翔	吴光美	吴向元	夏绍华	项玉寅
徐建政	徐正安	许祥芳	许跃敏	薛径秋	颜志文	杨澄秋	杨 峰

杨　伟	姚海涛	叶炜平	尹英杰	余　伟	俞少林	张放鸣	张建浩
张锦屏	张明祥	张　谦	张玉琴	赵　军	赵梦梅	赵乾卓	周汉民

1979 级水工结构

包铁民	蔡振华	曹春江	陈景宪	陈利民	陈　玲	陈龙珠	高兴海
候昌瑞	胡　平	金启明	李　辉	李少青	李水明	励钧达	刘国华
娄绍撑	陆锡良	潘德范	孙晓霞	汪基伟	王柏生	吴向悦	吴宇飞
谢龙财	谢伟民	谢霄易	杨玉峰	章胜南	赵爱根	赵曰平	周　荣

1979 级建筑学

陈　华	陈　崴	方志达	胡晓鸣	黄志钢	柯一嵘	孔　勇	梁钦东
林劲松	吕子正	王　红	王英建	吴晓鸣	徐晓峰	余润生	朱卫国
邹　峰							

1979 级城市规划

陈桂秋	董　风	顾江平	胡智清	华元春	黄　瑚	黄晓帆	李安刚
李王鸣	龙　艺	卢若钢	陆海洲	陆宇星	马宏平	蒲东明	任清饶
邵坚宏	邵　乐	汤海孺	唐军苗	涂晓弦	王崇民	王益澄	翁海明
吴　彦	徐黎宏	徐伟金	姚海军	叶小青	俞彩萍	虞安生	朱善海
朱因加	朱允良						

1979 级海洋地质地貌

安其伟	蔡艳君	陈永生	陈远芳	符宁平	高　健	洪　水	胡　铭
黄放鸣	黄角兴	季玉良	李斌和	李国斌	李　莉	林　琳	林　蓉
卢启苗	毛一新	潘存鸿	潘碎多	孙子宇	王少华	王晓春	吴崇尧
夏凤兴	赵　俊	郑德衍	钟　映	朱承英			

1980 级建筑结构工程

蔡颖天	曹文彪	岑政平	陈建飞	陈　军	陈圻臣	陈青佳	陈绍荣
陈　莹	单德贵	董长水	杜丕谦	方华志	方家祥	方剑明	冯学森
何国梅	何国平	何晓玲	何晔平	胡玉明	黄继明	黄　琳	黄明岩
黄宇锋	黄忠东	贾　抒	蒋　毅	金岳享	郎　健	李　迟	李达明

李　光	李　江	李　伟	李新洲	李学安	李　迅	李宜崇	林丕谦
林英志	刘万明	楼文娟	陆晓东	马传喜	潘海亮	潘洪福	彭火猛
钱大伟	钱慧明	邱宙廷	全国平	任少波	邵建鑫	沈水平	史颖君
孙庆国	孙　予	汤伟民	童建波	王　帆	王建人	王娟娣	王世俊
王中华	魏升金	吴　飞	吴伟丰	席春华	夏力农	徐谷城	徐　霈
徐　平	徐　圣	徐益民	徐跃成	许国平	薛黎光	杨九龙	叶江浪
应　坚	余　钢	俞泽民	郁银泉	曾金祥	占佩跃	张　军	张永明
张宇涛	章　红	赵乃文	郑玉林	郑志灵	朱坊云	诸火生	

1980 级建筑学

曹宇红	丁晓宁	胡旭波	季苏苏	黎小清	李镇国	刘　辉	卢永毅
钱萃阳	汪联松	王　彤	王　辛	吴文冰	薛　巍	严云鹤	

1980 级水工结构

曹妙凤	陈　华	程鹏举	董勤俭	段应超	郭毅平	何中辉	胡建明
黄久林	黄晓辉	黄由玲	姜玉城	解继业	金　潜	李明志	李月建
梁国钱	林国裕	罗宗欣	苏世灼	汪荣勋	魏小婉	吴舜义	吴亚军
徐连民	徐敏秀	徐中林	张科锋	张宇明	赵国飞		

1980 级城市规划

岑　岭	陈迪儿	陈吉龙	陈　玮	陈逸令	褚义军	戴　岱	邓　竹
丁松庆	董玉良	范旭明	冯意刚	高云龙	何志贤	黄幼朴	江小军
刘锦惠	卢向东	宋　波	孙　良	孙　专	王海林	王　洵	魏也华
吴定周	吴汉良	夏良素	项存平	项晓明	杨铁生	杨玉祥	叶亚明
俞建芳	赵　鸣	周孟忠	朱昱骏				

1980 级城镇建设专科

陈国祥	陈金石	丁建荣	丁天孙	丁学刚	冯　军	冯宣国	傅和庆
郭铁方	黄光辉	姜正义	蒋常春	蒋国定	柯妙君	冷志祥	李洪广
李　鸿	李应明	林天顺	林文军	陆定来	陆金法	陆龙华	罗根林
莫　吉	潘如春	孙龙法	陶　洁	童相文	万瑞华	汪美琴	汪渭达
王国峰	王建强	王树坤	韦鸿飞	吴书健	谢传铭	徐安达	徐新魏

徐勋苗	徐有理	杨　升	叶德红	叶国松	余方德	余小江	俞樟森
张安源	张崇海	张卫明	张衍林	张荫柏	章秀藏	郑汝有	

1981 级建筑结构工程

鲍友仙	蔡建庚	陈　杰	陈　兰	陈伟炯	池　清	丁丰彦	董丹申
方巽科	付佛龙	傅国宏	干　钢	郜海波	龚维明	何　欣	华静如
黄宝德	黄茂松	黄启敏	姜集庆	蒋　立	蒋一良	焦　俭	金福灿
金仲阳	李雪琳	李　红	李　沛	李先俊	林华杰	林小伟	刘进明
卢成原	卢伟煌	吕　杰	潘林有	戚支全	钱长水	沙金铭	沈江红
史广喜	宋　扬	宋永乐	孙金月	孙新炜	陶一华	童玉明	涂　凌
王红林	王建义	王　清	王　水	吴必胜	吴国庆	吴　杰	吴　俊
吴　琳	吴正训	习盼会	邢鸿滨	徐根青	徐　武	徐永春	徐玉平
许锡庚	颜暖新	杨晋平	杨献华	杨晓波	杨晓明	杨志成	叶晓江
尤可坚	虞国伟	袁二明	张明明	张树群	张万伟	张文良	张永潮
张依远	赵成岗	赵永倩	郑荣进	钟　雁	周狄青	朱　洁	朱兴海
朱云夫	庄潮鹏	卓　新	左惠强	傅国宏	龚维明	华静如	黄启敏
许锡庚	金岳亨	李先俊	卢伟煌	沙　昕	史广喜	宋永乐	王　水
吴　俊	徐　武	杨志成	尤可坚	张万伟	张永潮	赵成岗	赵永倩
郑荣进	朱　洁	朱云夫	庄潮鹏				

1981 级建筑学

郭黎华	黄秀勇	李金荣	李瑞龙	亓　萌	邵亚军	王剑波	王　杰
徐　毅	许晓冬	许一帆	杨东明	姚　锐	曾繁柏	曾　筠	张觉先
赵　倩	邹亚军						

1981 级水工结构

陈利民	陈敏华	陈　璇	陈照阳	陈志慧	程碧山	丁建华	丁元新
杜敏华	方江淮	高　波	何文兴	胡　斌	黄正祥	江　影	蒋忠明
康辉平	卢永金	罗光位	潘　斌	钱菊生	沈贵华	沈金毛	孙富强
汪志杰	王大庆	王法章	王培良	王庆华	王善树	肖建宝	徐庆华
徐三友	杨　勇	叶柏金	詹彐梅	张春生	张　帆	周　颖	庄齐表

1981 级城市规划

鲍维科	龚松青	郭 敏	胡仲明	李 林	楼灿忠	楼赛令	卢明君
潘 杭	潘家俊	沈朝阳	沈志庭	施 乔	孙向东	孙跃远	吴清法
占 瑾	张一敏	周凤娟	朱一成				

1981 级海洋地质地貌

蔡 华	陈 章	陈智岳	程桂福	崔金瑞	高煜铭	江全焱	蒋文芳
李少平	李晓忠	廖炳炫	刘素琴	刘锡辉	陆剑豪	马翠颜	沈永兵
孙 烽	王仁强	王云成	吴明阳	夏小明	薛 冰	杨天祥	张康龙
张伟强	赵美英	郑 锋	周昌英	朱凤利	朱理伟		

1982 级建筑结构工程

蔡丽萍	蔡 敏	陈 彬	陈传水	陈国友	陈军军	陈利军	陈仁宁
陈召军	陈志民	戴巧其	丁从潮	丁汝楫	范正文	冯继泰	高博青
高鹏飞	葛立勇	顾敏驰	郭忠良	何春海	何 奇	胡志旺	黄昊明
黄钟喜	江传方	江 彤	金烈胜	李朝晖	李 达	李海波	李华杰
李克强	李四平	李应杰	林金明	刘佃学	刘冠荣	刘海青	刘 军
刘显明	卢昌岳	陆鏾松	陆国云	吕宝来	吕新民	毛建江	庞艳平
沈 军	沈 莉	宋 民	谭代海	王楚铭	王来祥	王 民	王 平
王汝良	王 伟	王兴法	王永铭	邬裕铭	吴春生	吴建华	吴绮蓉
吴永兵	夏祥道	肖 珉	邢德兴	徐晓波	徐宇国	徐志群	许俊林
严国龙	杨 丹	杨 军	姚加仑	易华志	应长云	尤永成	于跃进
余 挺	余祖国	俞品局	曾朱家	占联盟	张国庆	张锦生	张伟民
张小玲	张占文	周宏凯	周献祥	朱纪平	朱明路	祝羽丰	

1982 级建筑学

陈 帆	陈向阳	程 稷	崔昌禹	黄 海	黄少林	荆延武	赖建宇
李 槟	李文驹	林 楠	卢 建	汤泽荣	王 英	吴 放	吴 越
谢克明	薛 蓓	闫 平	叶为胜	殷 仅	张 峰	张 晶	张克明
赵淑艳	郑海浜	周 科	朱荷梯	朱雪梅			

1982 级水工结构

曹华先	曹正祥	陈国梁	陈良辉	陈文华	陈析宇	陈张林	陈　舟
崔用龙	范守伟	冯立孝	符海丽	龚应明	胡周全	胡遵福	华巧寿
姜冬良	姜山梅	姜忠见	蒋济同	瞿金敏	况春萍	兰杭生	李　领
刘汉龙	刘铭峰	刘学江	刘亚斌	刘玉年	马静光	马寿东	毛　前
齐家鑫	邵英豪	宋法宝	宋守平	唐宏涛	陶凤鸣	万晓波	王林素
王士宏	王戍平	王自法	严晓渝	杨　焯	姚立军	张根土	郑雄伟
周　坚	周金国	朱信顺	竺光达	竺杭生	左敦厚		

1982 级城市规划

卞一敏	柴贤龙	陈　洪	陈松加	方　冉	蒋迎春	郎卫国	雷　勇
李伟国	梁忆南	楼丁芗	楼松青	倪　亮	沈兵明	谭翠云	王丽萍
王　廉	王学锋	吴少雯	杨美仙	张建军	张　磊		

1983 级工民建委培专科(核工业部)

蔡法良	藏　林	陈唐奎	陈卫东	陈　英	陈勇泉	程玉华	程志斌
段君山	付建敏	葛献华	桂富生	何玲燕	何贤梓	何晓慧	何迎春
洪玉童	胡子勋	黄东秋	金承明	寇　燕	邝英明	李　静	李君贤
李旭明	李艳姿	李　游	梁新灵	林柏杨	林德丰	刘国辉	刘洪杰
刘日进	刘双平	刘西平	钱光强	秦学军	饶经国	汤小平	唐甫育
田书刚	王　程	王新国	王秀霞	王　宴	向跃进	谢钢军	徐　琼
徐伯其	严江明	阎景辉	阳　军	杨国安	杨建民	于德琼	张东德
张进荣	张修海	赵西妮	赵永健	郑连平	周向阳		

1983 级建筑结构工程

蔡国富	蔡继凯	蔡　军	曹晓中	陈洪水	丁大为	丁晓红	杜建新
方振武	甘　霖	葛建成	何玉林	胡新华	黄增荣	黄肇雷	李　琪
刘俊荣	刘振华	龙卫国	楼晓明	卢　观	栾何民	罗才兴	罗均良
罗力强	骆长安	孟宪武	苗　欣	潘建东	潘建康	潘　健	潘志荣
逄治宇	邱元品	阮晓璠	沈五九	盛伟平	石晓阳	史福光	水龙岗
汤小军	唐　洋	屠胜勇	王大力	王关祥	王金玉	王晓杰	王孝伟
王延辉	王永桓	王永坤	魏马龙	魏新江	温小英	翁岚八	邬涛九

伍伯基	夏　昌	夏晓红	项显洲	肖　南	徐　兵	杨静明	杨强跃
杨文学	易大忠	俞军羽	俞　琴	俞勤学	袁小树	袁子彬	曾爱民
张大海	张飞林	张　杰	张良平	张敏芬	张清华	张胜焰	张掌坤
章　勇	章跃军	赵国兴	赵　扬	赵志刚	郑岳文	仲崇民	周国伟
周科良	周天亮	周　煦	祝柏成				

1983 级建筑学

陈　军	陈　骏	杜　清	顾　原	李丽霞	潘德梅	史卫泉	孙建宝
孙文瑶	汪伟光	王宇虹	吴汝刚	吴伟东	夏春梅	夏小虎	肖　宇
谢　迎	徐　兵	徐　强	徐秀民	宣兴茂	姚茂举	叶建维	应黎灿
于天赤	余方涛	苑素娥	张英藩	赵　华	诸　晓		

1983 级水工结构

蔡袁强	符　合	洪成土	胡洪志	吉建兴	纪　辉	金志玉	郎小燕
李金龙	李　锐	李卫忠	罗金生	马　勇	潘曾发	阮长青	孙卫岳
屠毓敏	汪多吉	王士宏	王志林	徐为民	闫红菱	阳明旺	杨素华
张　宇	赵海霞	郑　坚	郑贞宝	周成明	周庆伟	朱　勇	

1983 级城市规划

包上京	陈伯辉	陈康亮	陈　英	陈　宇	杜德龙	郭　俊	郭少峰
何刚明	胡　刚	胡洪迈	黄泽和	金　军	刘贤斌	孟　锐	乔　森
石庆安	唐春媛	吴金旺	吴王楼	谢鸿禧	杨发青	应联行	曾建平
曾益领	张文辉	张永福	周晓峰	朱亚芳			

1984 级建筑结构工程

岑　坚	陈达锋	陈丹玲	陈　红	陈红星	陈杰文	陈伟平	陈学利
杜学东	方建平	方庆法	冯阿巧	傅红霞	郭冬初	何秋龙	胡国梁
胡青山	胡文清	胡　勇	华国林	黄必章	江成舟	姜丽红	姜文胜
蒋志华	金滨华	金来建	康保忠	孔林海	李　冰	李　骏	李立才
李贤林	林　捷	刘　刚	刘国民	刘沁溢	刘素珍	楼东文	罗　锋
罗尧治	骆康美	潘学明	屈源东	申民玉	石　瑛	孙德华	孙　跃
谈武林	童建富	万顺保	汪丽君	王　浩	王梅春	王　巍	王　玮

王小铭	王学红	王　钰	王月娟	王志坚	闻明芳	闻晓东	翁建忠
吴晓伟	夏红蕾	项炳泉	萧扬戈	谢加明	谢庭光	谢卫兵	熊　卫
徐方广	徐明福	徐　毅	徐珍凤	宣坚明	姚可为	叶卫军	叶新祥
俞　斌	俞人可	袁海军	袁文兴	袁　勋	曾丰根	张　冰	张剑方
张　军	张　谦	张先明	张新先	赵　江	郑永春	周亚平	朱建潮
朱建德	庄越明	邹　军					

1984 级建筑学

陈　伟	邓才德	方　逊	郭　丽	洪　羽	黄山农	李　冰	柳　青
陆　激	麻国华	马　跃	茅红年	倪晓梅	潘海州	邱伟锋	饶　戎
沈东舟	苏勋雨	陶向前	童启豪	万友吉	汪　松	吴叶来	吴永贤
熊　红	张武超	周群贤	朱　玮	纵卫忠			

1984 级水工结构

陈昌俊	陈吉敏	陈坚荣	陈小伟	陈新民	陈兴亮	陈秀良	葛跃萍
何土霭	胡参根	胡能永	胡晓强	胡永生	黄金安	贾跃俊	李海辉
李　辉	李志越	李仲英	梁志荣	林水珍	刘　卫	刘心岩	卢文胜
吕　军	罗平西	毛艳荣	倪建庆	彭明祥	齐　革	茹　文	石爱民
石国超	史荣庆	孙贵宝	孙鸣宇	唐献富	唐晓武	田凤超	汪　洪
王四新	王文中	王晓燕	夏唐代	项　建	徐德才	徐立新	徐清付
严彬彬	颜正荣	俞立群	袁　宁	张　成	张国权	张子冀	赵志强
郑文生	周红卫	朱少杰	朱永朴				

1984 级工民建委培专科 (核工业部)

艾　华	陈良柱	陈　龙	丛　青	董义光	范建伟	韩　翔	郝玉良
贺朝林	贾乐森	江　华	姜其春	康小平	刘润杰	刘永明	陆　军
吕海义	吕　平	吕世锋	吕增喜	孙春峰	谭金香	汪耿才	王　刚
王丽华	武光辉	徐　辉	徐文香	杨延军	杨振勋	于华春	于旭军
袁绍茂	张润清	张永宏	招建华	赵　伟	郑莉华	郑砚国	左爱民

1984 级水电建筑委培专科

陈　磊	冯伯强	高庆新	胡群革	华伟南	黄明华	蒋　敏	金　辉

金正平	柯斌梁	李晶晶	林基周	骆建新	骆晓明	潘大为	任典庭
沈少鸿	沈伟洪	沈益树	孙 杰	孙鸣宇	孙智宏	孙仲华	王林斌
王杏会	乌家军	吴云标	徐 焕	杨素君	姚水良	叶朝阳	叶妙荣
应小林	应云娟	张映辉	章见华	郑江发	郑旭明	周奇星	竺维佳

1984 级城市规划

蔡建忠	陈 健	陈立新	陈秋云	范金华	付丽华	高永兴	葛尘之
侯晓虹	胡望钦	江丽芳	江祖斌	康景忠	李永飚	林道友	林 强
林中林	刘益民	沈曙文	苏宗发	孙晓虹	王光铮	王 巍	王兆慧
辛治美	徐胜法	徐延安	应良波	张 东	张惠琼	郑莜华	周有忠

1984 城镇建设与管理专科

包晓章	曹振祥	陈必勒	陈光寿	陈桂娥	陈建庆	陈 剑	陈良谷
陈日春	陈志贵	方武贵	傅国富	管继好	何俊杰	黄金宣	黄贤楼
蒋明棋	金 钟	李华国	李宇华	吕桂富	倪金星	潘云峰	戚永祥
沈良根	沈挺生	沈岩松	沈张潮	施昌瑞	汤晓敏	童时杰	王光荣
王华国	王明荣	王式天	谢开根	徐东亮	徐福民	徐巧玲	杨富贵
尤夫君	尤建国	张传德	张林潮	张六元	张世荣	张世文	张 闻
张泄明	章华宋	章秋生	郑贤荣	朱 刚	朱利华	朱勇民	朱元康
朱宗虎	祝金国						

1985 级工民建

蔡艳璋	曹 欣	陈 斌	陈 方	陈杭忠	陈红兵	陈隽峰	陈 茹
陈伟洪	陈艳春	陈 元	陈知帮	丁 磊	斗 松	杜莽涛	杜向阳
方 铭	冯 卫	傅红霞	高 斐	高 玲	高志红	葛 为	龚津津
胡国富	胡仕林	黄汉森	贾润根	蒋海平	金 昶	瞿建安	赖国宾
兰 红	李爱东	李宝库	李大浪	梁 琼	林 翔	林 欣	林喻发
刘绍梅	刘小军	刘小薇	刘咏梅	楼建伟	楼林弟	吕贝拉	罗红漫
马颖军	茅雅琴	孟凡友	缪卫华	钱智进	秦玉梃	邱 凯	邱 岚
邱艳平	任炜炜	尚亨林	施书斌	宋昌永	唐振华	田 丹	涂 进
万昌荣	汪学军	汪雅冬	王朝晖	王 劲	王 岚	王莉薇	王平山
王树斌	王 妍	王忠凯	吴宝利	吴宏今	吴 群	吴顺泉	吴文算

吴　迅	奚寒晖	夏小强	向　彪	谢唯林	徐　进	徐新权	宣伟丽
薛　梅	阎广义	杨丽芳	叶建军	叶　松	余禾辉	余　戎	翟建安
张　航	张　红	张后仁	张健媛	张　俊	张彤洲	章　远	赵晓婷
郑东旭	郑向东	周红梅	周利敏	周连明	朱朝阳	朱红兵	朱　彤
朱　文							

1985 级建筑学

陈　舸	陈剑霄	陈　翔	丁坚红	范　贤	顾斗仁	胡　勇	华敏政
黄　俊	黄　卫	李庆东	李效军	梁　爽	梁　莹	刘燕柏	楼　硕
陆　红	路　枫	邵光华	沈　丹	唐　斌	王　彤	吴光辉	叶　凯
叶　青	玉　莹	张罗新	郑　平	郑　舟	朱　玓	邹文健	

1985 级水工结构

曹红梅	陈晨曦	陈光敏	陈海信	陈　临	陈　鸣	陈卫山	陈永明
程光华	董国强	范　昕	冯建江	宫全美	龚卫国	郭金根	郭忠钰
胡灵香	黄义德	季瑞文	金持西	金东秀	金　卫	李　宁	李　育
廖成红	刘金州	刘敬娟	刘　军	马洪祥	祁建平	全国富	沈丰丰
沈建强	施　鹰	斯敏浩	孙金荣	谭立新	唐　恒	王艳梅	王　煜
吴达贵	吴兴舜	夏佳铨	谢丰年	徐伟平	杨俊敏	杨祖强	姚国华
于　军	俞　帆	张　俊	张卫平	张　新	张战战	张志宏	章普标
赵　云	周金明	朱赛霞					

1985 级工民建委培专科(核工业部)

陈治国	董建利	方红君	关恩宝	韩建山	何宝利	霍丽萍	季剑涂
简志利	李从林	李　奎	李训东	李训峰	梁茂华	卢鹏里	吕增喜
钱　丽	钱庆一	孙京平	孙仁秋	唐月梅	王　冬	王　伟	夏　民
谢剑利	徐　峰	杨高勇	余建国	张建平	张　洁	周云贵	朱祥芬

1985 级城市规划

陈　军	陈为民	窦士革	方　勇	冯尚荣	傅　杰	高增棉	韩丽华
胡崇国	胡　勇	黄宇清	金晓莉	李建平	李猷滨	刘晓虹	鲁鉴良
骆　嵘	念朝华	邵　胜	苏志雄	王春良	王学民	夏奎旺	徐　萍

许　红　　姚维富　　金见映　　应文生　　郑伟元　　钟晓红　　周永广

1985 级城镇建设专科

陈　虹　　陈劲菊　　陈其明　　陈雪强　　程　强　　戴　健　　戴小平　　费叙元
龚海旗　　何江飞　　胡军平　　胡伟富　　黄清华　　姜小东　　金树平　　金　伟
李名权　　刘　海　　刘振海　　罗永联　　梅文斌　　倪琦根　　齐益明　　任建华
唐炜民　　汪振文　　王福定　　吴正豪　　谢兴长　　宣日锦　　叶东红　　尤恩贤
于　炜　　俞国华　　袁红伟　　张明凯　　张志林　　赵　康　　赵洋福　　朱建月

1985 级航道与海岸

蔡志锷　　方茂庆　　华允旭　　黄　瀚　　黄维民　　林　枫　　卢福海　　卢玉英
陆文良　　陆志红　　任根法　　宋正华　　王亚军　　韦　壮　　吴国君　　徐建成
姚永生　　叶婵萍　　俞　晖

1986 级工民建

包新荣　　边财松　　陈　钢　　陈海海　　陈　宏　　陈　敏　　陈善民　　陈少东
陈振强　　程水香　　崔文国　　戴惠俐　　方峥嵘　　付慧媛　　高　峰　　高　恺
高尚德　　顾列英　　韩小红　　何春刚　　何　烽　　何　文　　贺志军　　胡瑞中
黄华荣　　黄受华　　黄毅刚　　季　钧　　姜立明　　解　中　　匡仁铮　　雷世华
黎川纯　　李德元　　李宏熠　　李力群　　李胜强　　李树久　　李　挺　　李玉顺
李志飙　　林　娜　　刘作忠　　卢　景　　卢明德　　鲁晓晖　　马敏立　　潘卫群
彭　岚　　漆光宇　　沈　刚　　施淑群　　石卫东　　石　勇　　寿建国　　孙　清
汤　晔　　唐榕滨　　田　明　　童启瑛　　万治强　　汪　萍　　汪远方　　王　斌
王　锋　　王　钰　　魏　勇　　吴　刚　　吴建刚　　吴宗林　　肖志奇　　谢　榕
徐朝阳　　徐国明　　徐晓婷　　许见东　　严华峰　　严　蔚　　杨健中　　余　谷
张京大　　张晶利　　张　军　　张曙光　　张艳梅　　郑爱松　　钟傅红　　周　斌
周焕桥　　朱海波　　朱　泓　　朱森良　　朱志华

1986 级建筑学

崔培磊　　胡　兵　　胡慧峰　　金　缨　　李　宁　　刘刚蓉　　刘　欣　　楼宇红
陆晓鸣　　罗　彪　　骆圣武　　马粤宾　　莫争春　　倪　红　　任陬杭　　寿　东

陶　坚	王　群	魏　江	伍　霄	徐　岗	徐　来	杨　斌	杨钟浩
叶东雷	余健能	张东明	张红文	张杰斌	郑楚平	郑　捷	周　艳
朱宇枫							

1986 级水利水电工程建筑

包志仁	曹　阳	陈永进	陈永兴	成　雄	董　昕	范北昌	傅森彪
郭　梅	胡笑嫣	蒋斌辉	李志强	廖双明	林家斌	刘凯东	陆启浩
罗六强	罗　强	欧阳斌	彭　涛	沈定珍	宋新峰	孙伯永	孙晶辉
谭尚志	涂金明	屠　敏	王国进	王艳明	吴　晖	吴　军	夏勤松
谢　晶	徐建军	徐铁华	薛　宏	颜传华	杨　矗	杨钦华	张　滨
张民强	张维华	周善来	朱方庆	卓　荣			

1986 级工民建委培专科(核工业部)

陈清川	贾桂芝	姜风平	李　波	李承忠	李红侠	李　莉	刘吉青
刘建华	马　兰	孟凡君	牟正刚	钱玉山	邱建平	阮建红	宋承弼
田　波	汪　跃	王福敏	王国庆	王宏伟	王锡华	王　星	温　青
吴学健	肖正杰	徐翠霞	徐　革	张发扬	张福军	张国政	张汉平
张计川	张　伟	张永斌	赵朝龙	郑素珍	朱风刚		

1986 级城市规划

陈剑波	陈小明	陈怡平	冯　涛	高　华	郭风采	郝进税	洪　斌
胡江川	黄卫东	姜林奇	金　波	林　峰	卢　真	阮　方	邵　波
盛权军	史旭临	王　淳	王　栋	王文彬	吴国强	徐建宏	徐敏也
杨金杰	杨愉新	余国祥	周方全	周　辉	周清涛	朱文辉	

1987 级城镇建设本科

边成康	陈立新	丁　兴	郭咏梅	孔卫红	李　辉	李永汉	谭　杰
田智深	王　斌	王　箭	王　强	王卫明	王一鸣	徐晓煜	许进军
杨晓岚	姚　颖	宇文家胜	张晓鸣	张　欣	周　峰	周　海	周　炜

1987 级工民建

阿努梅代	蔡 锐	曹志滨	陈彩琴	陈春华	陈 敏	陈 倩	陈 琴
陈松根	陈峥嵘	戴山山	葛 炜	葛志光	顾炊意	顾国荣	郭 泓
哈菲兹	洪江浩	侯国荣	贾俊明	贾艳东	姜 峰	姜 维	蒋镇华
金雪娟	经孝明	赖一文	劳 文	李剑峰	李尊强	林 云	刘耿辉
刘 剑	刘佩锟	吕俊英	吕志珩	罗群波	梅 耶	那蒂吉耶姆翁巴	
乃苏尔丁哈菲兹		潘文洪	齐 阳	乔 星	裘红妹	阮晓青	沈东兵
沈卫军	沈 欣	施蓓蓓	孙 宁	唐榕榕	陶建武	王登科	王 峰
王 辉	王屹峰	伟小红	魏震霆	吴 强	吴小斌	夏保林	夏 焰
谢 杰	谢新宇	徐宏宇	徐 虹	徐 勇	徐志英	许大庆	杨晓清
叶 军	俞建国	俞 新	袁建锋	张芳军	张继军	张 捷	张立军
张 湘	张业巍	张 引	张孜平	章国敏	章小斌	赵见阳	赵瑞军
赵 阳	赵智捷	郑冬冬	郑 晖	郑志勇	钟 阳	周 辉	周 勇

1987 级水利水电

产正平	陈阶亮	陈 卿	程能才	何雷霆	胡骄阳	江正龙	姜天育
蒋明东	金伟清	金文胜	居文君	李 杰	刘竞秋	刘志标	罗 挺
马 炜	毛节程	欧善斌	沈春玲	沈新方	涂立龙	王立忠	王 群
王顺芝	尉高洋	吴 谧	严齐斌	严正平	应红星	詹 梅	张忠玉
章云富	周国平	朱东海	朱 晖	祝 群			

1987 级工民建委培专科(核工业部)

白智慧	陈 刚	陈 景	陈 燕	都建华	冯 灏	付维敏	高建国
古今明	谷祖海	顾志宏	韩 平	贾 伟	姜 敏	蒋红兵	瞿 斌
寇 杰	况刚文	林成龙	刘清明	芦士琴	陆艳平	慕玉梅	施青山
田维国	王 宏	王华斌	王雪梅	王永峰	肖爱平	徐礼平	杨淑奇
于 斌	张利蓉	张新喜	张永潮	赵丙龙	赵春燕	赵继军	朱祥义
祝 华							

1987 级建筑学

阿拉沙纳	包 靖	陈 凯	陈清驹	程 戈	冯 卫	付 强	顾敏思
郭越峰	何新宇	候海鹏	胡 矗	胡 齐	华 东	黄 键	贾友建

江　浩	金　方	来宇红	李　健	李自立	连　铭	廖小平	林　健
林　扬	刘吉红	刘　威	卢　忠	陆　璐	陆敏之	吕　巍	马　炯
钱　权	沈晓鸣	石　燕	寿　涛	舒沈阳	汤　伟	田　为	童晟瑛
汪水永	王　弢	王劫敏	王晓丹	王昕洁	王　欣	王　奕	王　英
乌马尔	吴　郴	吴乃军	许毅敏	杨　海	叶　强	张汤亚	张　彤
赵　伟	祝　庆	庄平江					

1987 级城市规划

陈建丰	陈胜军	陈小明	崔理纲	董维波	郭　波	韩　浩	李俊峰
廖　咏	林其辉	刘江平	骆驰骏	潘　悦	秦　芹	沈晓云	宋汉年
王慧芽	王　震	魏力晓	夏剑佩	姚昭晖	尹增发	应吉祺	应飒英
张其扬	张旭明	章华楷	赵伟东	郑　雁	邹炳泉		

1988 级城镇建设

贝晓洁	陈　巍	董天乐	杜　星	方　进	符小红	傅孙阳	高向宁
高　颖	黄继刚	黄庆帆	黄绍平	纪　平	赖绍雄	李小荣	林　啸
林　勇	钱莉莉	王　斌	王新山	王　星	王以东	徐　敏	徐文锋
杨军辉	应剑彪	余　洁	张东波	张　俊	张伟强	周　林	

1988 级工民建

曹　勇	陈伯忠	陈宏彪	陈华章	陈　晖	陈　卫	陈志涛	褚根水
代　钏	单天舒	冯德平	甘　洁	高艳彩	龚崇斌	郭　强	郭　殊
郭晓雄	胡　斐	胡　军	黄德群	黄　何	黄志雄	江　东	姜忠良
金　飞	金伟强	金依军	康　晖	黎觉行	李　春	李向阳	李　逊
梁三友	林泽辉	凌　飞	刘冠芳	刘建彬	刘金华	刘兴旺	刘延兴
刘颜君	刘　阳	楼　统	鲁凡实	陆　江	陆志军	马家斌	马茂义
梅显荣	姆翁巴	潘友生	裴欲晓	彭　晓	朴松涛	秦希青	沈曼虹
沈　跃	舒　宁	宋　征	孙朝红	汪　伟	王建栋	王绛瑜	王贤杰
王永焕	王　勇	魏华军	吴可冰	谢　阳	徐克利	杨　峻	杨　眉
姚　宇	叶海峰	应向阳	郁静红	郁利明	郁向盛	岳丽芳	张　安
张庆林	张　渝	张　昱	赵荣欣	郑　凯	钟振宇	周　泓	周家伟
周　蓉	周声杰	周　勇	周　展	朱金颖	朱　汶		

1988 级水利水电工程

陈崇潮	陈德恩	戴谦训	黄斌伟	贾春晓	江 辉	蒋颖康	李国建
李庆艺	李孝振	刘大卫	刘 忠	搂贵舜	罗烈刚	邱春晖	孙 涌
王 斌	王 晖	王京标	王 炜	王雄昌	夏朝晖	徐伟东	杨卫军
杨雪峰	张付奎	张运雄	张昭雄	周德智	周星辉	周宇环	朱传祥

1988 级工民建委培专科(核工业部)

藏仁革	陈海琦	程大立	董玉华	付宜新	胡全民	黄 琳	蒋志宏
刘 晖	刘 敏	刘庆红	刘 涛	申菲菲	孙宏伟	谭旭丽	王 燕
肖 谦	徐绿军	徐 文	扬 蓉	姚 文	叶 芄	于华秋	曾庆臣
赵淑红	周香阁	周小龙	周正征	朱根宪			

1988 级建筑学

陈德军	陈海文	陈立群	陈 瑜	陈枕弋	邓汉勇	丁振仰	董 菁
宦 新	季怡群	金晓波	劳 畅	李丛笑	林 华	林尉然	刘傲霜
刘 滨	刘 峰	刘晓文	刘 莹	刘志军	陆 峰	罗 泓	罗烈刚
马 俊	闵 亮	潘 越	钱涛儿	任 皓	任嘉利	阮 航	阮勇军
邵海涛	寿宇红	宋 涛	汤学东	唐 锴	涂 舸	王 岚	王 伟
王笑梦	翁 晨	翁树东	吴震宇	熊佳琪	熊劲松	徐 佳	叶 铮
殷 茵	于奕欣	张 劲	张 骏	张水泉	张 伟	张 肖	张 云
赵欣蕾	郑 缪	郑 袤	朱宇恒				

1988 级城市规划

陈国骏	陈学新	陈玉娟	陈仲才	丁勇方	范文国	洪 武	黄克平
金利军	孔跃卿	林 海	刘 君	毛必晟	缪备战	倪 刚	孙敏杰
汪江其	王向民	余向阳	俞 军	张 驰	张慧清	张 延	朱 炯

1989 级工民建

鲍伟健	毕 成	宾诺特	陈剑洲	陈江涛	陈捷于	陈 凯	陈舒真
陈 勇	丁 璐	丁 屹	杜志强	范毅雄	费金祖	封进华	冯 勇
付 强	顾 冰	顾国华	顾俏蓉	顾益明	韩朋萍	韩 翔	韩晓枫
何善光	怀淑媛	惠林波	金 坚	金志军	兰招武	雷文军	李海静

李　黎	李文涛	李　霞	李亦斌	李志方	梁云波	林　晨	林利敏
刘辉明	刘惠莎	刘　军	刘明学	刘月姣	鲁勇志	吕　林	马江涛
马尼施	毛伟中	孟庆吉	缪凌峰	倪宏演	倪　忠	潘安平	潘昌强
彭敏文	钱　寒	邱卓敏	任东光	任洪峰	邵伟良	沈翔电	施　海
宋志峰	汤　峻	陶　勇	田　慧	王列波	王　伟	王卫忠	王先华
卫　飚	吴志刚	谢狄敏	谢燕生	徐海洋	徐　磊	徐沁阳	徐　韬
徐　伟	徐　杨	徐　影	许宏炜	杨　波	杨国虎	杨军龙	杨　琳
杨孟云	姚纪庆	叶冰海	叶　强	叶晓棣	于孟波	余海国	俞敏毅
詹吉安	战少林	张　波	张　波	张根祥	张　凌	张武杰	张　希
张燕祥	张怡冰	仇　忠	周才敏	周晓静	朱尼尔	朱　先	朱晓东
庄利华	邹勇毅						

1989 级城镇建设

安春秀	曹　勇	柴世雄	陈　唏	封永祥	黄秋来	黄湘武	景　亮
李　强	梁　栋	彭华明	钱　伟	乔克昌	盛晓红	施　展	宋英芳
万　里	翁小讳	吴尔东	吴　平	吴旭东	杨红显	杨许清	应宏伟
郑　冰							

1989 级土建结构

陈明中	管亦超	黄超迎	金　琳	赖连洲	李文胜	刘立风	马以超
王庆国	王文豪	王　晔	辛亚平	徐水平	杨忠诚	叶锦荣	应建新
余忠祥	俞建灵	周成辉	周卫东				

1989 级工民建委培专科(核工业部)

董自博	付韶东	付晓铭	候献民	霍川生	李红娣	李建丽	刘本荣
刘文考	卢　伟	齐艳丽	司善林	屠涪琦	王春雷	王培川	武　忠
武忠东	羊红兵	杨胜利	张　帆	张　健			

1989 级建筑学

包俊卿	陈庆泉	陈　越	戴　宏	丁东荣	丁向东	丁振仰	丁梓文
杜蔚明	高　源	顾立明	何　静	何　中	胡伟民	黄　絮	黄卓昂
蒋　骥	金　坤	李逢省	李建荣	李　林	李　凌	刘傲霜	刘　珂

刘卫平	刘永飞	刘 哲	卢 英	鲁 艺	潘黎芳	彭晓宇	秦洛峰
裘 磊	沈陆巍	施 英	孙 蓉	王大威	王 健	王敏霞	王小红
王 欣	王彦之	王 奕	肖 军	肖 珉	谢 军	徐咪咪	徐 鑫
杨书林	杨易栋	杨懿舟	游京樊	余 鹏	原 哲	张景秋	张 力
张 强	张勇民	赵勇伟	周建玲	周 莲	周旭梁	朱红军	

1989 级城市规划

陈 港	陈 勇	陈正宇	顾潇菲	顾 哲	韩舜尧	何江燕	候成哲
黄桂芝	金胜昔	劳杰文	李 军	林鹏飞	刘 楚	罗曼慧	桑轶菲
舒 渊	王汉祥	王 伟	徐宇波	杨培峰	杨胜利	杨毅栋	詹 敏
张 佳							

1989 级水资源与环境

陈定中	方 军	韩大军	罗 斌	沈 俊	盛大明	王亚红	王亦景
翁月阳	严晓焰	于 京	章始红	赵益松	赵专科	周爱军	周 琛
周大成	周冠鑫	祝成锐	祝志胜				

1990 级土木工程

蔡正浩	常贺强	陈汉敏	陈建明	陈建武	陈丽英	陈 明	陈 鹏
陈 霜	陈卫兵	陈 勇	陈之晞	储艳春	代海农	丁 欣	董怡彦
方 晨	方立平	傅夏冰	高 度	高 峰	高 巍	高 欣	顾安钦
郭延伟	过 伟	韩 杰	韩若为	何秋萍	洪 斌	洪孔于	胡 涛
胡秀娟	胡迎军	胡 煜	黄定义	黄厚华	黄小应	黄 晔	黄银莹
黄昱挺	黄贞恒	江 韩	姜成林	姜 锋	焦仲华	金春国	康 乐
雷青芳	雷 鑫	黎贺明	李冬梅	李 甫	李富强	李建荣	李 宁
李伟锋	李晓帆	李 莹	梁君平	林 灿	林 凡	林 琥	林晓宁
刘建彪	刘建强	刘 未	刘子彦	卢记璠	陆 闹	陆培康	吕建波
罗文龙	马 军	马 平	马志军	孟 军	牟 铭	裘洪明	任 滨
任 琦	邵柏铭	盛晗澍	盛瑞友	施 杰	石毓平	史焱永	寿鸿鹄
宋冬劲	苏广春	粟建武	孙琳虹	孙 锐	孙益华	孙永刚	孙子明
汤展飞	唐宏进	陶 涛	田若谷	童静娜	王广义	王怀瑞	王慧敏
王罗进	王 强	王 文	王旭峰	王宇光	王震浩	温晓贵	文 健

巫文成	吴　晖	吴　峻	吴小蕾	吴玉华	吴忠华	夏　鹏	谢子孟
徐长节	徐　辉	徐　橘	徐欣花	徐忠梁	薛　琛	杨　笛	杨红显
杨建武	杨茂华	杨宇明	叶成军	叶　山	应　超	余勇军	余洲亮
张继祥	张立军	张　涛	张　炜	张　蔚	张文体	张勋俊	张奕薇
张意群	章　帆	章维成	赵　琛	赵国超	郑奇浩	周才敏	周海军

1990 级工民建委培专科(核工业部)

常水华	付文化	寇继胜	刘　华	刘　洁	马军霞	孟相东	齐建川
桑桂芳	邵翠霞	时华安	屠英绛	薛小阳	叶　东	张国华	张海旺
张现军	郑松华						

1990 级建筑学

曹震宇	陈德雄	陈　辉	戴　露	戴　涛	方　峰	方　立	冯　松
葛小刚	韩　冬	洪　斌	黄立松	计　川	蒋　愈	孔继军	赖平平
乐　映	李洛川	李　娜	李馨曦	郦佳旻	凌君敏	刘　冰	刘国新
刘　澎	马庆瑞	潘文辉	彭绍波	钱　晨	邱伟汉	沈立众	史红岩
殳　旻	孙忠智	王伯华	王　蔚	王　毅	王宇飞	韦良明	吴昱恒
萧庆勇	徐春彦	严志贤	杨卫海	姚静碧	姚文韬	曾福勇	张　磊
张　涛	张天乐	张小丽	赵敏霞	朱　俊	朱晓昭	庄跃杰	

1990 级城市规划

包倍春	陈　勇	董洁霜	管军辉	韩良和	何荣华	金根卫	刘颖绮
卢小强	孟志军	祁巍锋	沈志勤	施伟华	宋炳坚	孙克锋	孙　明
汪根富	王聿丽	詹艳青	朱藕琴				

1990 级城建与管理专科

蔡建翔	陈　剑	陈勇智	丁美君	冯江川	龚洪晓	李　钧	李沧粟
李江平	林巾巾	潘　建	潘胜新	戚益朵	陶咏兴	王鸿飚	徐春鹰
徐　良	徐益明	姚　玮	虞有英	张筱苑	朱建权		

1990 级航道与海岸

陈国卫	陈丽聪	崔　峥	洪　镭	季　岚	黎青松	刘少深	彭建光

钱志明	邱廷模	史坦晶	田　林	汪晓燕	王　坚	吴建芳	肖　瑞
姚春江	赵瑞军	周　超	朱海就				

1991 级土木工程

车延飞	陈池新	陈慈评	陈飞宇	陈红玲	陈家华	陈克旺	陈立新
陈　丽	陈生发	陈胜立	陈炜锋	陈文波	陈秀泉	陈　旭	陈　颖
成会斌	褚世友	崔　嵬	崔亚涛	邓建新	丁　勇	董祥智	方　铭
冯军红	高　浪	顾安钦	郭丽红	郭　强	韩振林	何粉叶	贺海浩
贺海洪	洪云斌	胡彬一	胡狄春	胡明大	黄　博	黄鸿生	黄练纲
黄小鹏	黄永春	黄　勇	黄云峰	黄哲辉	黄　峥	黄志斌	吉　强
姜劲枫	姜　琦	金长青	金路军	金　炜	金延新	李冰河	李广宇
李国杰	李红军	李可军	李茂青	李　萍	李天富	励　坚	廖年春
刘洪新	刘劲松	刘　萍	刘　哲	刘志强	卢爱丽	卢晓斌	芦均辉
陆　锋	陆　欣	吕文晓	罗爱平	罗　信	马烟毅	毛世亢	毛幼达
莫绍冰	潘春玲	潘　泉	齐　勇	钱仕敏	钱　昀	丘国雄	裘　滨
申　蓉	沈　蓓	沈　娆	沈荣飞	盛　妮	施卫东	石志辉	寿汉平
苏友权	孙军华	孙秀平	孙远方	陶芙蓉	陶红煜	万洪芳	万学晟
汪思满	王大威	王惠芳	王明波	王　潜	王世君	王卫华	王文明
王占良	吴朝晖	吴　晓	吴影彤	吴　悦	吴中青	肖常勇	谢旭忠
谢宜鹏	谢宇锋	徐爱民	徐飞京	徐晓红	徐艳辉	杨　超	杨　冬
杨　昊	杨　毅	杨　智	叶坚垒	应建平	余孟听	虞　蕾	袁坚敏
袁荣华	张　嘉	张丽云	张其亮	张　武	张　焱	张宇彤	赵国毅
赵剑宇	赵立民	赵　楠	赵　彦	周丽军	周　翔	朱锦龙	朱灵勇
朱卫如	朱新超	祝远驰	庄　源	邹继荣			

1991 级建筑学

陈昌荣	陈　晨	陈莉亚	陈　林	陈　琳	陈祎凝	陈忆秋	陈原韬
崔光亚	单玉国	方　辉	冯　静	何光华	胡　昕	黄绍枢	黄叙芳
姜　维	金　劲	柯杨志	李建源	李晋川	李　秦	刘小玫	刘子昂
吕申婴	罗英姿	钮炳华	钱　晔	任牮时	宋吉晓	宿国锋	孙　亮
童莹澈	汪均如	汪　炆	王耕云	王湖明	王建国	王　卡	王　强
王　新	魏　薇	温　勇	吴　健	吴正群	谢宜鹏	杨海奇	杨　燕

杨一凡	杨宇斌	姚焕荣	叶长青	叶　南	叶起瑾	叶晓茗	易　博
俞颖彤	张红虎	张　沁	张　镇	赵　荦	郑　伟	周永云	朱云峰

1991 级城市规划

陈　波	陈善方	傅晓华	胡永武	金海荣	林普友	鲁　劼	罗建建
庞乾奎	苏忠琳	汤　周	陶咏椿	王　斌	王爱玲	王灿阳	王方伟
王江泳	王淑敏	王微波	王伟武	夏丽旻	羊悦平	杨介榜	杨文抡
俞鸣瑛							

1991 级城建与管理专科

陈含芳	陈前虎	陈文贤	陈贤国	何伟坚	胡　升	李晓娉	刘　莹
吕　瑛	马天峰	潘锋明	王虎浩	王夏祥	王　欣	吴　峥	徐　健
许志平	俞灵岚	虞　晓	郑向东	周文滢			

1991 级航道与海岸

Steven	曹　颖	曹玉泉	陈鸿杜	陈建新	陈　潜	陈　倩	丁家元
郭建新	胡天奇	罗章亮	米刘芳	秦　磊	沈绍梅	王迎松	吴亚云
姚成平	张　强	张旭东	朱晓君	朱新建			

1992 级工民建

包　风	蔡智良	曹　琛	曹　锐	车松岩	陈　超	陈洪刚	陈凯宇
陈绍锒	陈宇恩	陈志丹	陈治斌	陈钟山	成　如	程　懿	丁　力
方　舟	傅晓良	高　勇	韩　波	贺志宏	胡安杰	黄　川	黄建国
黄守常	简　轶	蒋宇泓	李海垣	李　胜	李哲辉	廖宇飚	刘　波
刘海强	刘俐玮	刘铁蓉	刘伟国	刘祥武	刘云霞	鲁俊华	陆宏敏
陆　亮	路梦波	吕尧良	罗洪光	马海威	毛国栋	毛靳周	毛培明
毛永强	闵军平	倪志军	潘东平	潘凌捷	庞　旭	濮　钧	乔兵强
尚国强	邵　挺	沈　文	施海球	施文剑	施振海	宋林所	孙国峰
孙红枫	谭翠颜	汤丙南	唐冠一	唐俊杰	唐志山	童伟峰	王　飞
王　恒	王　宏	王　宽	王维刚	王　炜	王秀峰	王永胜	温　川
翁义梅	巫志凌	吴东川	吴　宏	吴慧群	吴　锵	吴森阳	夏伟平
夏　晔	夏宇峰	邢国然	熊志敏	徐　斌	徐锦辉	徐灵鹏	徐向速

许灿钢	许　强	严中铂	阎彤野	杨得垦	杨　东	杨浩淼	杨　芄
叶志浩	易　雁	应江远	余　雷	俞　峰	虞　健	臧军强	张基策
张　杰	张进忠	张利明	张　勤	张世民	张　怡	张　樱	张煜恒
张云峰	赵长明	郑中坚	周竞华	周　琼	周珊华	周晓夫	朱永权
卓建华							

1992 级水利水电工程

毕焕昱	蔡　亮	杜云峰	甘　晶	郭聿耘	何双成	胡小琴	黄　丰
黄光彬	黄　烯	李　波	李明福	利　健	林　敏	刘永光	卢　宁
罗　斌	彭斗光	沈道东	史维佳	孙红明	孙　坚	田　彤	王海鸣
王　辉	王佳飞	王晋川	王直民	向　桢	许丰伟	薛国华	杨青山
杨贞军	尹秀颖	张　潮	张　平	张卫红	张正发	章群志	赵海春
赵　建	郑宜坤	周自明					

1992 级工民建委培专科(核工业部)

陈清明	何锡斌	李美凤	李永生	刘新贵	马　明	毛玉萍	门世敏
牛嘉铭	任明正	唐　勇	王　红	王　军	王宁乐	王　琼	王少峰
王书波	王文改	王晓民	王兴彩	王银娥	武　卫	夏萍丽	闫　群
余　平	禹国军	张俊强	张　燕	赵保忠	钟　翔		

1992 级建筑学

蔡林伟	曹成皓	柴丛林	陈大明	陈　钢	陈　广	陈健康	陈清西
陈渊韬	陈芝蓉	冯歌斐	冯　伟	付　蔚	傅　涵	傅明磊	高　峻
洪海波	黄　波	黄文辉	黄志刚	金　飞	李　冰	李　多	李　洪
李晋川	李　权	李晓蕾	李勇刚	林　蓉	林　涛	刘康宏	刘子乐
卢宇馨	陆　茸	吕秀敏	罗　奇	马　原	倪　剑	倪浙华	牛丽江
浦欣成	钱　桎	秦　敏	任广宇	石建辉	孙海鹏	田　钰	王力平
王连顺	王　莹	吴为民	吴雅萍	谢文华	徐　亮	许　多	杨鲁宁
杨亦萍	姚红磊	俞　牮	张永青	郑　伟	郑竹晴	周克敔	卓　昱
纵华峰							

1992 级城市规划

曹　晖	陈东红	陈嗣栋	陈　镇	丁　芳	高利忠	郭　隽	贺海容
贺　渊	金闻多	厉华笑	刘海峰	刘　宏	罗建建	邵文鸿	王凤春
王李艳	王良约	叶信岳	袁志群	张　弛			

1992 级城建与管理专科

陈立圣	金月赛	林　瑾	刘庆成	戚高瞻	任明强	邵　江	石　坚
王芙蓉	王远照	韦朝霞	吴海敏	夏丽玫	项慧明	徐利群	徐　萌
杨　奕	叶　理	俞启兵	张建强	赵君资	周招兵		

1992 级航道与海岸

鲍凌梅	曹树涛	陈　刚	陈永平	方晓航	冯宝仓	郭文东	洪作政
胡钟巍	黄桂华	蒋开元	李　曼	梁晓东	陆晓蓉	戚善佳	谢遵哲
杨　杰	曾龙辉	张春颖	章世斌				

1992 级水资源与环境

曹丽君	陈　安	陈高明	陈　欣	冯　帅	傅维军	胡晓红	黄耀文
卢立平	毛玉龙	潘祖洪	孙　晓	王立红	王培文	杨立志	俞琼能
曾　剑	张　杰	赵江英	周则凯				

1993 级工民建

敖　鹏	包宇清	陈广军	陈海江	陈秋雁	陈蓉蓉	陈少云	陈晓天
崔　蕾	崔晓强	戴晓东	戴新国	邓永恒	段红波	冯晔晨	冯永玉
符宇理	付　鹏	傅小东	高　伟	葛　锐	谷　伟	郭芸花	何　川
贺志宏	胡　觉	胡俊浩	华少中	黄超前	黄崇伟	黄　勇	霍莉芳
贾文华	金　哲	柯　瀚	匡祯斌	兰柳和	黎宏业	李　刚	李　荣
李　峥	林　升	林晓斌	刘　激	刘意奴	刘　震	龙莉波	吕　刚
罗　昕	毛海军	钱　磊	钱　倩	沈立波	沈伟国	沈亦豪	施金平
宋恩亮	宋良彤	孙亦军	谭亚林	万　东	汪宜成	王德存	王殿吉
王海鹏	王径雨	王　军	王仕传	王义全	王振阳	魏志甫	肖志文
谢剑彬	邢海安	邢　艳	徐　斌	徐海泉	徐姐获	徐松南	徐宇光
徐　正	徐志杰	许　梁	宣军海	薛坤荣	严　锐	颜　江	杨　程

杨 慧	姚仁江	叶郁文	尹凯波	尹振宇	余 洋	袁海明	曾 进
占 宏	张 讳	张 嘉	张科峰	张炜伟	章峻怡	赵秋立	赵 勇
郑立中	郑勇凯	钟 阳	周 轲	周敏峰	周其武	周淑玲	朱 坚
朱一峰	朱宇彤						

1993 级水利水电工程

蔡智勇	陈 峙	戴 涛	丁兴良	董卫青	方结平	付日超	高 伟
郭东利	何青峰	洪志勇	胡胜泉	黄定朋	黄 萌	姜太平	金雄杰
景 杰	匡亚萍	李 明	李 茜	李志彬	廖兴强	刘 鲲	刘 臻
卢孔焙	罗 剑	钱时华	戎剑杰	王安定	王厚福	王丽颖	王满林
吴贤文	伍献忠	辛同全	袁明林	章 兰	钟 鹏	朱 湘	

1993 级工民建自费专科

曹海腾	车剑剑	陈 鸣	陈月军	陈浙田	程良军	何永虎	何 勇
胡华康	黄海航	黄鹏飞	黄晓君	黄耀冬	黄永定	黄 章	蒋征毅
金伟伟	李 晨	李海辉	李 健	李雅平	刘 彬	吕 鑫	缪云鹏
倪宏良	庞利民	任彭芳	史训伟	宋 漓	苏义新	孙 幸	田玉华
汪永新	王国芳	王 莉	魏 东	翁榴芳	徐 莉	徐 奇	徐益立
许剑荣	应子明	俞肖峰	张 放	张 亮	张永钢	郑欢明	周 丹
周 琦	朱 捷	朱振宁	诸葛伟	祝浩炳			

1993 级建筑学

蔡卓宁	曹 勇	柴丛林	陈 栋	陈靖华	陈璐璐	陈永建	程世鹏
戴叶子	戴怡明	丁 珊	杜越西	葛凌岩	耿 颢	耿旻黎	胡世勇
胡肖扬	华 绚	华 颖	黄 丰	黄金玉	金 晓	阚忠彦	李金莹
李新胜	李志彬	李志龙	梁赛男	廖 蓉	林 泳	刘 冰	卢 宁
陆红权	罗长海	马进军	马小勇	缪思云	宁远军	潘政纲	盛淼良
施 海	孙炜玮	孙亚瑾	王 坚	王 洁	王力平	王庆宇	王 琰
吴 昂	吴震陵	肖 明	徐碧霞	徐 隆	徐 松	杨春瑜	杨小迪
张朝铭	张 昊	张 慧	张 扬	赵 锋	赵秀敏	周晓明	周雪权

1993 级城市规划

陈　琼	陈荣世	戴晓玲	郭闻仲	韩朝光	江宏晖	金建成	黎兴强
梁　薇	缪华栋	裘　江	芮淑华	王纯彬	谢　芳	徐晨辉	徐国良
许统惠	应宏磊	张恒芝	郑　焕	朱　磊			

1993 级城建与管理专科

陈　刚	陈　刚	陈　刚	陈小宝	陈　耀	陈永新	陈　勇	陈　煜
陈　越	丁利坚	董文板	范淑瑗	洪友强	胡月珍	黄　坚	黄灵恩
黄　胜	金晓海	金　炫	郎红波	李军洪	励　聪	毛亚平	钱　斌
羌　璐	沈　芳	孙启广	王　波	王　峰	王慧瑛	王巧勇	王晓盛
王　杨	王　寅	吴培熙	谢发明	杨育军	叶　迅	应剑宇	应巧艳
于健健	袁利萍	章圣仑	赵斌祥	郑清清	钟明荣	朱群娟	

1993 级房地产专科

卜　铬	蔡统宝	陈莉莉	华　丹	黄　耿	黄　健	立　里	邵广军
汪　勇	魏柯峰	谢　旦	徐　欢	徐锦旋	徐　瑶	徐裕巧	徐召儿
许　萍	叶胜海	张　剑	赵　璋	郑天乐	朱　虹		

1994 级建筑工程

蔡　岳	曹永庆	岑仰润	柴　山	陈　宏	陈　华	陈伟波	陈宇威
程　刚	戴小松	邓逸群	丁　飞	丁　莉	范运输	方　亮	冯　傲
付敬辉	傅　诚	高　岩	龚　伟	顾宏达	关永春	郭宏飞	郭　昕
韩振国	何　斌	何光耀	和雪峰	贺韵琴	胡澄宇	胡　宁	黄林伟
黄文亭	贾庆扉	蒋　浩	蒋建春	蒋　莉	金　峤	金　晶	金黎军
金振奋	景　浩	柯　砾	柯志强	邰国雄	郎　婷	李海洲	李　林
李　琦	李卫红	李志德	梁　旭	廖　娟	廖志刚	林海茜	林　庆
林　挺	林　郁	刘　斌	刘　峰	刘海亮	刘天英	刘小珊	刘　义
刘毅峰	刘运平	龙燮华	罗春泳	罗卓茂	梅建龙	倪晓栋	彭明斌
钱　岚	申永刚	申豫斌	沈国强	沈晓栋	沈耀球	盛　丰	盛　辉
施红兵	苏　键	孙　玮	孙晓军	孙晓玲	孙　烨	孙正春	唐锦福
唐　平	唐先成	陶　波	汪彬红	汪学军	王　斌	王凯栋	王　蕾
王　路	王　琪	王世凡	王　翔	王晓波	王新非	王　徇	王　媛

王 臻	卫海亮	温海珍	邬天明	吴树梅	吴 涛	吴 媛	夏佳南
夏永亮	肖海华	肖启佳	肖忠来	徐 成	徐 丰	徐庆华	徐拥建
徐 悦	徐铸镔	许航科	许 涛	严立斌	颜少杰	杨光耀	杨雪珍
杨 晔	杨志威	杨仲轩	姚固平	叶培伦	殷明娟	俞济棠	俞 坚
虞 刚	虞文莉	原 洲	袁 俊	翟明海	张百成	张京京	张 猛
张善国	张仕捷	张天辅	张卫东	张晓红	张 勇	赵春欣	赵恩环
赵红梅	赵华强	郑 静	周成恩	周承涛	周孟恺	周鹏洋	周 巍
周新颜	周 尧	朱继胜	朱 霞	祝 海	宗 磊	邹新宇	

1994 级工民建自费专科

包坚刚	蔡敏建	蔡有余	陈靓斌	陈秀梅	陈中举	董永萍	方 鸣
郭朝福	胡方剑	黄江斌	黄胜峰	蒋旭竞	金晓华	李 暴	凌小波
娄晓春	卢红波	陆建杰	骆 晓	孙龙君	屠勋华	王学柱	魏子丹
徐佳飞	严 君	严小清	杨旭萍	杨珍荣	叶伟军	俞先锋	张 伟
张小军	张小兴	章文铖	郑建元	郑 奇	郑云磊	周哲炯	诸捷凯
竹伟江							

1994 级建筑学

半中朋	曹 成	陈青华	陈晓颖	陈宇威	崔 艳	丁 珊	范须壮
范 瑛	方 磊	方 敏	封 涛	甘 来	高艳霞	郭 炯	郭一丁
洪 江	胡 勃	胡宏平	胡 燕	华 芳	黄 斐	黄宇奘	黄 照
梁卓敏	刘 冰	刘 波	刘 刚	吕涤寒	骆高俊	马 川	马建安
马 翔	潘赤坤	钱锡栋	曲 炜	任 宏	石坚韧	石 磊	舒印超
宋 萍	孙 航	孙胜洛	腾 波	滕 波	汪彬红	王城和	王 驰
王海平	王 雷	王世凡	王 歆	王 雁	王哲轩	吴 昂	吴 元
吴章杰	向海波	谢蔚然	于海涛	余佩瑜	余巧珏	张柳燕	张 泉
张晓晓	张 迅	郑 健	郑 烨	郑智强	钟雨龙	周淑玲	朱林涛

1994 级城市规划

陈建波	樊 莉	范益锋	傅晓菁	郭立成	胡仁杰	蒋鲁芳	李 韧
李英豪	李作钦	施周翔	汪自强	王 菁	俞 旸	张杰民	周伟力
朱 军	朱磊峰						

1994 级城建与管理专科

柏　杰	曹立军	陈方票	陈国春	陈舒静	陈思仁	陈　巍	陈　伟
陈智炳	陈忠理	戴海东	丁维君	杜洪威	樊春苗	高雪皎	高震宇
龚谦谨	何　斌	何晓华	何永锦	黄　晨	黄　琤	黄建清	黄卫真
金国庆	金航程	金　鑫	金叶苗	李仕鸳	厉君峰	林　苗	林小春
刘　静	刘湘萍	卢建军	毛达敏	倪立波	任典补	任　立	邵伟群
沈蕾鸣	孙晓煌	汪忠义	王　冰	王华达	王　奕	项新贤	谢小亮
徐　洁	徐　铭	徐　琦	徐伟军	严永灿	杨伟江	杨永金	杨志钢
尹财兴	俞红军	张　鸣	张佑哲	张　羽	郑　孟	周正达	朱许德
祝志强							

1994 级港航

蔡俊波	曹梅珠	车立红	陈丰贤	郝雁鸣	霍彩云	刘　杰	陆家启
邱宇澄	阮　伟	苏威清	王才林	王强忠	吴华钦	吴　可	伍登峰
肖　乾	许俊潮	杨增泉	叶清华	张爱刚	张广发	章自宏	

1995 级建筑工程

曹　磊	曹立岭	曹　震	柴　华	柴铁骑	陈安祥	陈　斌	陈　波
陈春来	陈怀宁	陈加宝	陈界峰	陈锦浩	闫　野	程慧萍	戴仁杰
戴荣清	戴文辉	丁　春	丁　臻	董善君	杜彦超	付仲良	高雪瞻
高之耀	耿　彬	顾建斌	关山海	管满宇	郭俊科	郭　勇	韩守兵
韩伟国	何闰峰	胡　斌	胡珊珊	胡尉彬	华志晖	黄岱午	黄　浚
黄　凯	黄立林	黄胜兵	黄　翔	黄小顺	黄雁青	季　昆	贾　贺
姜昌伟	蒋　伟	金巧黎	雷　辉	李　彬	李　兵	李崇密	李　晶
李　亮	李玲玲	李汝生	李贤锋	李晓波	李　政	梁志刚	廖　理
林　青	林胜良	林　泰	林燕枝	林　政	刘冠宇	刘开富	刘晓星
刘学斌	刘育民	卢国平	路　涛	吕巧云	罗　斌	罗元正	马　捷
马　轶	毛　丹	冒岩松	梅　松	缪克旭	莫　非	牛伟星	潘金龙
潘晓东	潘笑农	潘贻建	邱　伟	任　超	戎　伟	邵　冰	邵基鹏
沈　滨	沈国辉	沈雁彬	施海燕	施　健	石春雷	苏　斌	谭　倩
唐朝文	唐　明	陶　瑛	童来富	万　凯	汪仕松	王　超	王　飞
王丰华	王　华	王　佳	王金鹏	王军平	王　磊	王利民	王炜华

王 也	王 颖	王正光	王志华	王子国	吴宏雷	吴 双	吴小刚
吴总路	奚洪波	夏 循	肖 钢	辛宇翔	邢佳佳	邢月龙	徐剑锋
徐 炜	徐旭东	严辛垚	杨 克	杨 洛	杨什生	杨晓强	杨益洪
叶春欣	叶海昀	雨 田	郁文杰	喻 嘉	曾 斐	张怀阳	张 琪
张晓龙	张雪飞	张雪莹	张 哲	张治成	张治宇	张作为	章海斌
章 科	赵 敏	郑锋利	郑 辉	钟 雯	周 锋	周海兵	周含川
周华平	周 俊	周 嵘	周湘龙	周永銮	周 洲	朱 斌	庄千山

1995 级建筑学

陈丙恒	陈 宏	陈怀宁	陈莱迪	董 鹏	都 畅	方 庆	傅雪奇
黄 涛	李 剑	李 康	李 雯	李 焱	廖希瑜	林 挺	刘 和
刘敏捷	刘 伟	刘竹君	鲁 颖	陆生云	陆 叶	倪 海	潘 兴
钱 晨	邱 枫	沈米钢	沈小明	盛 城	舒捷华	孙 航	孙宁远
谭 强	汪 颖	王 川	王凤玲	王立峰	王 旺	翁加茜	吴乐平
徐立安	徐 炜	徐 晔	徐 颖	颜少杰	杨 超	杨 骥	杨琳琳
姚冬晖	叶东疆	叶 欣	于 海	袁 源	张 琦	张溯天	张 雯
张 翔	张 渊	张智敏	郑镔镛	周 颖			

1995 级城市规划

陈爱华	陈小东	成立衡	单新华	韩 颖	黄 伟	黄铁平	金海江
李 洁	李人杰	林 隽	刘 兵	楼秀华	罗利峰	潘路杰	钱思宇
沈海峰	施 广	徐定雄	俞 村	詹 强	张加运	郑尚敏	周晓燕
周 涌	朱 华	朱丽丹	朱轶芳	祝辉斌			

1995 级城建与管理专科

查翟峰	陈林波	陈伟红	杜 鹃	范 勇	高 岚	葛 魁	郭涤寰
何 永	胡绍军	胡伟斌	金 刚	金耀武	李仕锦	林秀巧	林云龙
楼驾星	卢承志	吕中坚	骆杭芳	潘春红	邱俊雄	沙 鸥	王东升
王宏伟	王静婷	王文霞	吴福尚	吴鸽平	吴伟建	吴旭华	吴远东
夏文君	许 磊	杨 霞	殷页果	郁海英	张亦初	周连军	周文彪
朱 哲							

1996 级建筑工程

边大可	边俊波	边祖光	陈大宾	陈飞波	陈 峰	陈 锋	陈衡治
陈 驹	陈联盟	陈世宏	陈书蔚	陈 婷	陈贤川	陈晓光	陈 玉
程 柯	邓廷虎	杜 舜	樊启广	方 恺	房 辉	冯恩涛	符 刚
高 戈	公晓鸢	郭福元	郭和钦	郭树锋	韩冰翰	郝雁涛	何万钢
贺 分	侯昕刚	胡 淳	胡 醇	黄 浩	黄鹤萍	黄洪波	黄 江
黄 雷	黄秦波	黄燕运	黄云勇	黄展鹏	贾 忱	江 雯	江治宇
蒋双议	蒋 伟	金燕龙	来建平	黎汉君	李保忠	李春长	李 东
李 杰	李 杰	李 坤	李 平	李 强	李 涛	李屹立	林德添
林 楠	林奇云	刘 蓓	刘 乐	刘 洛	刘巧玲	刘文明	刘西军
刘云波	卢秋波	陆 晖	吕一平	马超勇	马 辉	马俊峰	马树江
毛 峻	毛邕军	宁哲思	潘芳璋	潘金琼	彭小斌	漆敏琦	钱季骏
钱健仁	钱 晶	区华威	任光勇	任 涛	邵 罡	沈伟志	施旭锋
石 剑	宋 剑	宋连锋	宋朋金	宋仁乾	宋世锐	宋文杰	苏 凡
苏 强	孙宝权	孙 宏	孙 洁	孙 昱	汤 晟	汤祖熹	唐 超
陶舍辉	田森源	田迎辉	童远长	汪存谊	王常晶	王恩超	王 珩
王吉勇	王 乐	王利明	王世村	王 韬	王心宇	王亚君	王 英
韦宗应	魏京阳	魏义进	翁文勇	沃海燕	邬 翔	吴彩霞	吴美良
吴明辉	吴小光	吴育佐	吴元元	伍连敏	肖锋华	肖 委	肖 文
谢 鑫	邢福权	熊华靖	徐韶锋	徐卫东	徐晓滨	徐志坚	许 峰
许 涌	严育林	杨 策	杨海云	杨武剑	杨向东	杨云艳	叶 健
俞 翔	虞志文	喻雪松	袁 珀	曾标林	占 甫	张 磊	张 利
张 宁	张向荣	张有连	章宏东	章 坚	赵 刚	赵 晖	赵 荐
郑从立	钟勇发	周国勇	周 梁	朱海彬	朱 骏	朱俞江	祝波恩
祝 峻	邹 锐	邹永敏					

1996 级建筑学

蔡大风	柴 迎	常 飞	陈斌鑫	陈 波	陈 玢	陈 健	崔 赫
崔 可	冯 鑫	顾皓波	郭 慧	何洪杭	何 山	黄 坚	黄 翔
蒋嘉菲	李长龙	李 明	李纬宁	凌 宇	刘铭芳	刘启荣	龙 姝
洛 祎	孟 平	戚 琪	秦同军	宋代风	孙 昊	孙科峰	唐 实
田轶威	王丙辰	王晓夏	王轩远	王颖波	尉彤华	吴 弘	夏 艳

谢　诚	谢　冕	徐海鹏	徐　雄	叶　琳	叶晓辉	于学锋	张建中
张　静	张韧杰	张晓华	赵　斌	周　欣	周永军	朱　炜	朱　燕
朱亦文	祝东海						

1996 级城市规划

陈建军	陈　恳	陈明华	陈中平	戴　洁	丁　建	董　欣	杜凯华
方　华	冯建华	干维杰	顾宇飞	林　锋	林国治	刘波明	刘　纲
毛桂龙	潘　蓉	庞　俊	戚少波	石运通	宋　强	孙　琰	王　莉
王灵芝	魏光洲	虞儒斌	张　凌	张颖敏	周　浩	周武夫	

1996 级城建与管理专科

蔡彬彬	陈蓝燕	杜建萍	方　圆	付　焱	傅祝天	戈建业	胡俊卿
黄品辉	金红波	金　焰	孔令散	李萍萍	梁海江	林秋奇	刘　伟
木鑫泽	泮秋月	庞慧华	沈　丹	王　芳	王　飞	王　晟	王　雍
韦肖春	吴　丰	谢中海	徐　辉	杨雪丹	袁宁铭	袁泽平	郑剑峰
周青萍	朱春起	朱　达	朱晓飞				

1996 级港航

| 吕　娜 | 孙毛明 | 唐子文 | 姚飞英 | 袁丽珺 | 曾彦鹏 | | |

1997 级建筑工程

包元峰	鲍科峰	蔡戈鸣	蔡艳明	曹　历	曹向华	陈海啸	陈　诺
陈兴刚	陈　耀	陈　展	程　立	程　煜	崔红星	戴　林	单德跃
邓继明	丁飞鹏	董春婷	杜鸿科	杜炜锋	端木庆	段　然	樊启广
方　明	费忠君	龚　程	龚海军	龚　健	龚锐生	谷增辉	关国荣
郭　磊	郭晓鹏	郭勇伟	哈世铮	韩　冰	何　江	何　林	侯颖滔
胡　斌	胡贯宇	胡　觉	胡　琦	黄　芳	黄海丹	黄海生	黄　华
黄樟友	吉文华	江　波	姜群峰	蒋国甫	金向平	李本悦	李　彬
李　铭	李时伟	李　洵	李焰平	李　勇	李云川	林小兵	林毅华
刘　斌	刘　琛	刘　辰	刘　芳	刘　锋	刘光宗	刘海涛	刘　军
刘书江	卢　旦	鲁　征	吕　波	吕朝锋	吕　江	吕科奇	吕　庆
罗泽兵	马春惠	马晓勤	孟　楷	缪建锋	年有增	偶昌宝	潘伟兵

齐瑜均	秦卫永	裘晓莲	屈小艾	商利刚	邵剑文	沈恺伦	沈　毅
沈洲捷	施鑫华	史锋涛	宋容光	覃辉鹃	谭志青	童　心	童芸芸
汪　磊	汪　炜	王安超	王　冰	王春健	王海峰	王　骅	王季宁
王剑伟	王　立	王茂荣	王　强	王　伟	王　伟	王晓臣	王　欣
王兴云	王　轶	王远祥	温斌焘	翁沙羚	翁文勇	吴党中	吴琦琪
吴　强	吴毅峰	吴钰骅	夏锋林	夏正林	肖正直	谢何铭	谢乐龙
谢立琼	徐海博	杨　波	杨春晖	杨伟俊	杨　毅	杨　治	叶建忠
叶　亮	游万彪	于世英	于　霆	余世策	余　涛	余永辉	余玉龙
袁笑文	曾　骏	张　冰	张　剑	张　健	张景耀	张丽萍	张　敏
张　楠	张韶明	张钛镭	张伟才	张仙莱	张志刚	章建伟	赵　凯
甄庆华	钟　栋	钟演材	周　俊	周　鑫	周延阳	周燕国	周耀彬
朱国方	朱　健	朱　熙	朱晓星	诸水峰	邹　伟	邹旭海	

1997 级建筑学

陈　瑜	邓书汉	高建林	高远勤	胡小丽	黄　洁	黄　森	黄宇亮
揭鸣浩	李瀚文	李　骏	李　伟	林　曦	吕　峰	莫洲瑾	牟永锋
齐　腾	沈建钰	宋　琳	苏　昶	汤国松	陶士骏	王海浩	王　佶
王泠红	王晓明	王　洋	王颖颖	王　钥	王泽乐	王祖锋	温正瑶
吴超凡	吴力军	吴　轩	吴一飞	徐海默	徐　舟	薛　鹏	杨　铖
应小宇	张春梅	张清华	张韶明	张　峙	章　扬	郑　洁	周　锋
周　宇	朱　伟	朱晓飞	朱晓青	邹道明			

1997 级城市规划

陈　威	陈叶亮	陈　弋	陈志粮	丁迪辉	董锋频	冯　宁	高　翔
葛丹东	韩　圣	江凯达	李疏贝	林乃一	刘小禄	龙依妮	陆高峰
潘　帆	潘忠斌	庞　俊	钱　俭	沈　锋	沈　珏	沈曙光	沈正一
石　译	宋维尔	王　娟	王云峰	吴德刚	吴小飞	武彦华	邢建卓
应婵莉	尤依妮	袁　长	张　超	张静莹	张　庆	张野平	张姿艳
周　骏	朱　彩	朱新华					

1997 级城建与管理专科

| 蔡　芸 | 陈国勤 | 池晓锋 | 戴世续 | 丁　坚 | 丁康乐 | 丁伟达 | 董作欢 |

樊　芸	顾昶辉	韩光伟	何寒风	洪双勇	胡耀洁	黄圣相	黄新伟
郎益军	李肃策	缪江胜	钱丹虹	全渊骅	阮文君	邵　迪	沈　锴
石　茵	孙　霞	汪克田	王世昌	吴景海	项雪梅	肖方共	徐海勇
徐卓黎	余吉鑫	朱建平	朱圣浩				

1997 级城镇建设专科（义乌分校）

蔡传浙	曹仁艇	陈　强	陈　鑫	陈　莹	戴其武	丁水娟	董晓婷
方武超	何文荣	黄建永	金海军	金献章	李　义	李政一	楼琴
骆肖鹏	吕军荣	莫卫森	钱　芳	裘丽伟	任国兴	孙志国	王丽
王　强	王伟兵	王　炜	吴立瞰	吴振杰	徐　锟	徐新阳	杨德洋
叶　金	尤迎霞	俞洪波	章　梁	郑道源	郑宇军	周春敏	周　莉
周玉霞	朱　铭	朱婷婷	宗旭英				

1997 级港航

蔡洪滨	曹　鸣	查德盛	陈学技	陈艺兰	丁　涛	高　晶	郭小光
洪优仕	胡亦铭	黄轶华	李成炜	李茂儒	李伟光	李亚娟	李增辉
刘宪鹏	王恒志	王　君	王科锋	吴小羊	吴兴隆	徐　靓	俞　雷
袁　笛	展福兴	张永福	赵洪波	赵玉田			

1997 级水文与水资源

包宁军	陈宇强	丁　骏	董　栋	董黎光	冯　伟	过小燕	何忠魁
黄赛花	蒋　敏	楼辉荣	孟琳娜	潘江华	钱国梁	沈淑美	孙春奇
孙　单	孙江静	孙科峰	汪红波	王亦武	吴　勋	许李儿	张榜鑫
张飞珍	章国翁	赵向阳	周蓓锋	周　洁	诸　滢		

1998 级建筑工程

彪仿俊	蔡　春	蔡　渊	曹　峰	曹　刚	曹今朝	车继友	陈坚宏
陈建文	陈科明	陈　雷	陈　敏	陈佩杭	陈　秋	陈　霆	陈屹巍
程　斌	程　健	程　骏	初振环	崔　明	邓　辉	邓云霄	丁博涵
杜晓轩	方宝民	冯　雁	富　毅	高金玉	高尚锋	韩　峰	韩松明
何金生	何　亮	何松旭	何　勇	洪婷婷	华　俊	黄　群	黄素清
黄　维	霍永锋	江　璞	姜　涛	金晓波	荆龙江	康强文	来方勇

李保成	李　丹	李　恒	李　幻	李健斌	李　俐	李　鹏	李庆金
李　松	李伟凡	李　欣	李志伟	梁汉华	梁　佶	梁晓东	梁　柱
林　辰	林初杰	林晓帆	刘红岩	刘　洪	刘金星	刘明木	刘若斐
刘　鑫	刘　旭	刘　阳	刘　志	娄红霞	芦　森	鲁　慧	麻永锋
马　磊	马铁成	马燕红	孟壮志	明暄晖	莫海生	莫志刚	倪进华
彭永能	齐　宁	钱泉峰	钱晓斌	乔仲发	邱卫永	曲春慧	任娅莉
施建明	史　磊	孙　斌	孙　栋	唐　彬	唐　冰	唐海军	唐志强
田　野	童吉健	屠剑峰	汪　玲	王春霞	王　斐	王浩达	王　劲
王连青	王　璐	王　盛	王伟锋	王欣周	王星宇	王旋东	危　伟
温介邦	温锁林	翁恩豪	吴金秋	武　波	夏　雷	夏顺燕	徐国富
徐　琎	徐　炜	徐　肖	徐叶琴	杨春晖	杨大友	杨敏彦	杨　明
杨　威	姚懿伦	叶　彬	殷云飞	余鹏程	余卫江	袁　静	袁泉水
曾广丰	曾进忠	曾　敏	翟　东	翟振锋	张　锋	张国亮	张　浩
张红星	张　洁	张开莹	张　磊	张圣海	张贤明	张晓强	张　鑫
张　轶	张毅彬	张志德	赵　丹	郑翔鸣	郑小鹏	郑　懿	郑灶锋
周开茂	周铁桥	周万欢	周　云	朱　昊	朱鸿鹄	朱渠艳	朱　益
朱振华	卓　敏	左迎辉					

1998 级建筑学

蔡梦雷	陈　凯	陈　宁	陈卓如	池从文	方　珉	方炜淼	冯　路
高媚琼	韩中强	侯　青	华　桦	黄　彬	黄　瑛	黄　昱	蒋一琦
蒋正容	雷　亮	李　超	李　华	李　鹏	李　园	陆治平	马明练
潘观爱	沈　英	孙晓晖	孙啸野	王华敏	王林忠	王　蓉	王艳丽
王子平	吴　云	徐　进	徐　瑞	徐　赟	颜晓强	杨　敏	游　佳
岳彩云	翟燕娜	张　蕾	张世文	张正辉	赵子杰	周　博	朱静怡
朱　卿							

1998 级城市规划

陈　飞	陈旭东	储勤军	丁彩丽	董海军	董旭峰	高　颖	顾　倩
何跃强	姜玮康	蒋鸿碧	李小莉	连　城	林　珠	龙　晖	沈　阳
沈　浙	沈忠伟	施艳林	汤　燕	万志美	王灵舒	王　洋	翁　莉
吴朝宇	吴　晔	徐利祥	许建波	叶国兴	叶树清	叶永良	叶玉玺

| 余碧波 | 俞晓松 | 赵 蕾 | 郑 颖 | 周金晶 | 周勤欣 | 朱克勤 | 朱 珊 |

1998 级城建与管理专科

蔡冬冬	蔡姝称	陈吉君	陈 琪	陈 启	陈 强	陈巧君	陈世杰
陈文婷	陈银宇	邓 侃	冯 伟	高 扬	葛佳翌	郭朝新	黄瑞闯
黄小琼	来 源	李剑元	李 良	李勇江	利 锋	林 方	林 旸
马小芸	倪建美	施 恩	宋赳锋	孙福静	王 琛	王建军	王 磊
王 锐	魏征迪	翁晓媛	吴挺杰	项 彬	徐 明	徐 宁	徐 震
许 丹	宣 列	叶芳娜	余鸣莉	张崇正	张伟林	张 曦	赵智君
郑 路	郑志宁	周焊峰	朱 骏	竺义伟			

1998 级水文与水资源

陈 栋	陈培雄	陈祥锦	丁 勇	龚佳财	胡立锋	胡正方	李文辉
刘静华	楼志钢	鲁平泉	毛乾良	倪 骏	潘悦宾	沈亦勇	谭 平
王浩军	王小辉	吴 珂	武小勇	叶方红	应晓冬	余 君	张华军
张建平	郑江波	周宏杰	周 慧	朱 骊	朱云海		

1999 级土木工程

蔡文琦	曹祥仁	曹志毅	陈才明	陈岱杰	陈杭滨	陈 豪	陈加亮
陈 力	陈 琦	陈晓东	陈晓敏	陈 勇	程 媛	戴宏伟	单土良
但又波	董 文	董艳红	杜润宁	方 晗	高 宇	高志跃	葛家树
关笑楠	郭 彬	郭 兵	郭宏峰	郭 佳	郭景阳	郭 洋	郭之蒙
韩厚正	韩松明	何荣山	洪 琦	侯国勇	华文成	黄凤涛	黄红俭
黄锦波	黄书敏	黄新良	黄 颖	季俊杰	季伟捷	江 海	姜 波
蒋吉清	金伟峰	金 炜	孔 伟	匡伟光	李慧婕	李 磊	李 男
李 强	李 强	李小霞	梁 意	林 强	林伟岸	刘国光	刘烈恒
刘 铭	刘 尧	刘 轶	刘 远	柳 岳	娄 军	陆金钰	陆 裕
吕曙亮	马 佳	毛德灿	孟庆富	明 亮	倪晶衡	宁光磊	潘 峰
潘 兴	彭丽红	戚 静	齐 添	钱 磊	冉 霞	任 奎	阮春平
阮陆宇	邵雪旋	邵 煜	宋碧宏	孙宏磊	万宗祥	汪 波	王丁丁
王开太	王 磊	王 良	王 龙	王土生	王 伟	王显斌	王 迅

王益群	王忠秋	魏　迪	魏　涛	魏有龙	翁雁麟	吴华勇	吴敏洁
吴庆勇	吴水来	吴志敏	伍晓顺	夏　波	夏　骏	肖　恒	肖全东
谢艳花	谢　熠	徐　辉	徐　彦	徐正中	许　冠	许雷挺	许志龙
扬　帆	杨　畅	杨　谷	杨　晖	杨　青	杨万里	姚晓平	叶　青
叶盛华	易新生	尹　晔	应　振	尤晓波	于　飞	于幼菡	余　颂
余族华	曾　焱	翟洪刚	张　帆	张　帆	张　峰	张海飞	张宏奥
张宏彬	张　琦	张晓军	张晓明	张燕华	张　勇	张瑜梅	张正雨
章　伟	赵耀普	赵永峰	郑　聪	郑高照	郑　宁	郑喜亮	郑迅杰
钟伟斌	仲立松	周曹轶	周春芳	周　吉	周志强	朱　捷	朱利侠
朱自强	诸　骏	庄　苗					

1999 级建筑学

安立松	陈光照	陈俊君	陈天麟	陈燕新	崔　兵	邓琳爽	冯晓成
何晓旦	侯冬临	胡　靓	黄星火	姜云娇	姜芸芸	蒋晨亮	蒋加启
金　晶	李　洁	李思扬	梁沛江	林跃峰	刘大可	刘　航	刘姝宇
马　佳	倪晶衡	全新晴	汤　宏	唐　忠	王　波	王　华	王　磊
王　妍	王　轨	王　卓	吴寿清	徐晓玲	薛少燕	杨　宏	杨　华
杨　欢	杨　洋	叶琪卿	叶　青	易　萍	尹敏杰	应　振	张　帆
张　良	张永刚	周璟璟	周文宁	周　育	朱鹄飞	朱莹峰	

1999 级城市规划

蔡承超	蔡吉鸿	陈　澄	陈添明	陈玮玮	陈作挺	范海宁	方　晶
费　潇	顾加琦	洪　苗	洪小燕	侯　松	胡馨文	江　篪	李　荔
林　虹	柳天旸	楼　皓	楼　舒	吕　钊	裴　春	钱银龙	沈张军
石　华	殳天明	屠　威	王　珏	王　鑫	王一波	吴安定	吴可人
吴　渊	谢荣杰	徐建祥	杨荣喜	杨章焜	杨紫燕	俞　越	张浣泽
张　敏	张一帆	赵　觅	周海强	周惠峰	周　洁	周宇波	朱翠萍
朱华良	朱毅德						

1999 级水文与水资源

蔡甫款	丁飞跃	傅利辉	黄跃林	金君良	李晓燕	闵惠学	莫明辉

孙平锋	王文广	许继良	杨 邦	余鸿慧	俞 琨	张沈阳	章宏伟
赵 瑛	诸葛亦斯	祝 俊	祝丽丽				

2000 级土木工程

白 晶	鲍侃袁	蔡 胜	蔡振山	陈方平	陈 府	陈海滨	陈佳琨
陈嘉毅	陈建光	陈 亮	陈 凌	陈孟杰	陈 森	陈 帅	陈 涛
陈 伟	陈 曦	陈宇峰	程 宽	初少凤	丁 轲	董 文	杜 戈
樊 烽	范克宇	范伟霞	方 继	方美平	方 伟	丰振华	冯 磊
付 军	高 琦	耿文学	顾承杰	顾晓强	管 瑜	郭 航	郭伦波
郭 跃	何成华	何国亮	何立宏	何奇宝	贺里尧	洪祥松	侯晓霞
胡铖锐	胡春杨	胡 丹	胡琦忠	胡申生	胡小辉	胡忠邓	黄 刚
黄 进	贾官伟	江传俊	蒋 琪	金居高	雷转运	李少华	李田平
李 洋	李 毅	李 振	梁建平	林耿荣	林 活	林 杰	林 泉
刘 斌	刘炽光	刘加进	刘 庆	刘雄军	刘 勇	刘 瑜	刘子卫
鲁玲玲	鲁幸民	陆 健	吕 洁	马洪亮	梅 俏	倪海锋	齐陈念
钱志平	邱晓磊	任 涛	商王林	沈奎峰	沈 明	沈霄云	沈旭栋
沈 毅	沈忠明	施颖涛	史海莹	宋靖伟	宋涛炜	孙海亮	孙 灵
汤菁华	唐 翔	汪有伟	王柏峰	王春坚	王光会	王 浩	王金海
王静薇	王 俊	王 凯	王 良	王 璐	王素俭	王 轶	王 毅
王永海	王于愚	王振华	王郑之	王宗正	魏 鹏	魏 涛	翁 赟
吴成华	吴琴水	吴水来	吴伟河	武 芳	武立波	夏 晋	夏 俊
项益辉	信华伟	熊晓明	徐登快	徐国军	徐 康	徐伟栋	徐文东
徐晓文	徐子路	许国忠	许 贤	严海明	严 馨	杨昌胜	杨光明
杨海燕	杨俊涛	杨 抗	杨忠良	姚鹏磊	叶立飞	叶 玮	尤祖飞
游贤伦	于 飞	于 晟	于源城	于宗志	余明智	俞高良	张冠荣
张贵祥	张国栋	张 寒	张 杰	张洁洋	张 磊	张 强	张西厢
张 夏	张 义	张展铭	章 慧	赵红坡	郑大伟	郑 鸿	郑 秋
周焕星	周 君	周俊其	周 玮	周 喜	朱敏杰	朱启俊	朱志铭
庄 磊	庄亮亮						

2000 级建筑学

鲍 然	蔡英伟	曹利明	陈 晨	陈 吉	陈 鹏	陈 瑞	陈 炜

陈益龙	陈永乐	方　舟	冯志荣	管　亮	郭振荣	韩际平	何军华
何儒迪	何伟骥	胡　博	解　磊	金　峰	金　鑫	康　健	兰　俊
李澍田	李峥峥	郦航宇	林媛媛	刘　佳	刘晶晶	刘　宓	刘鹏飞
龙　宇	楼翰箐	骆　云	麻　田	马　赫	马　桢	彭荣斌	钱焱辉
邵连成	宋庆伟	苏　佳	唐　君	童佳旎	王晓帆	王心乐	王　媛
吴朝辉	吴桥兵	吴晓菁	夏国藩	徐　婷	杨铭杰	杨　爽	易　豫
应　璐	于慧芳	张景礴	朱　磊	钱振澜			

2000 级城市规划

曹宏利	陈　波	陈峰义	陈　雷	陈　亮	陈鹏展	陈　松	戴　珣
丁　睐	丁珊胭	范海宁	范文军	范　哲	贺俏毅	孔宗亮	李　斌
李　利	马婕婷	施国芳	汤坚立	徐　斌	徐　伟	许　静	杨晓峰
应云仙	喻孙坤	张　弢	张　星	赵　瑾	赵　觅	郑志锋	

2000 级水文与水资源

陈焕宝	胡　林	胡琳琳	胡煜彬	华　旦	黄　城	黄泽升	李红仙
李　振	申屠小琴	宋　波	孙新民	唐科培	王　冰	王　辉	王　俊
王　涛	夏　令	夏姗姗	俞柏炎	张继宗	张　霞	赵　敏	郑　柯
郑婷婷	郑　伟	周鸿权	朱　辞				

2001 级土木工程

鲍利发	蔡翔宇	曹成鹏	曹戴红	常林越	常汝鸿	陈　刚	陈宏森
陈　骥	陈　静	陈　磊	陈力波	陈梦麟	陈台礼	陈廷君	陈小伟
陈烨桦	陈中涛	程华鹏	程新颖	程佑东	褚万昌	但堂波	丁观荣
董麟飞	豆苏强	范穗兴	傅张华	高龙飞	高天佑	宫　蕾	郭　君
郭巧锋	郝华庚	何春木	何东岳	何俏江	何峥炜	洪一红	胡　吉
胡晓明	胡　源	黄　超	黄　丹	黄建羽	黄　伟	吉乔伟	贾月玲
江　源	姜洪进	姜晓彬	金　朋	金　畏	金运道	金忠伟	瞿　锋
雷飞龙	李焕龙	李吉雄	李　伟	李文中	李小彬	李小飞	李艳峰
李勇泉	李振中	廉　旭	梁　旭	林　寒	林璐斌	凌振杰	刘　磊
刘　翔	刘　羽	柳　卓	陆　俊	陆阳华	吕铁墩	罗文元	罗云标
骆　宁	毛旭栩	孟祥韬	孟戌捷	莫伟刚	倪顺兵	彭吉五	邱　爽

任　峰	沈建锋	沈　恺	盛　超	师　元	宋志云	粟　缤	孙寒星
汤玉武	童　枫	童　磊	屠煜朗	宛　平	汪晓君	汪卓红	王必刚
王　彬	王春磊	王建乐	王　科	王利慧	王龙海	王　奇	王荣海
王玮君	王文涛	王晓飞	王业飞	闻　锦	吴　东	吴维敏	吴志军
吴众华	夏芳芳	夏少华	向新岸	项震炜	项志敏	肖琼冠	谢　坤
徐　洁	徐　伟	徐晓兵	徐　旭	宣伟慧	薛　文	杨　波	杨灵江
杨权国	姚学峰	姚　毅	叶更强	叶海波	叶柳军	叶　舟	尹立奇
游宇斌	俞桂军	俞演名	俞一弓	喻　君	张策萍	张国锋	张　鹤
张宏伟	张惠峰	张　鹏	张松平	张文俊	张侠森	张阳明	张　羽
章忠华	赵超超	赵　钦	钟桂棠	钟业飞	周公旦	周建慧	周　磊
周锡燕	周　翔	朱芳良	朱敏勤	朱一凡	邹　健		

2001 级建筑学

艾　强	高生皓	郭　明	斯托平	俞宛萍	本亚里	蔡　弋	陈　聪
陈佳燕	陈黎薇	陈　娴	陈　钰	程　鹏	冯　昱	高　蔚	洪宇峰
胡冀现	胡润芝	黄贤喆	霍　飞	纪芃芃	蒋志丹	金丽丽	李杰勇
李　凌	李瑞珠	李醉吟	梁　斌	刘　曌	罗晓予	罗　昱	孟　骐
綦敏达	钱钦锋	权公恕	沈舟静	寿泽峰	斯春霖	宋佳丽	宋　莹
孙艳阳	陶宇辉	王　欢	王立明	王　欣	王英妮	王　莹	王　宇
王志成	魏　刚	邢明泉	徐赟学	许峻菲	余金旺	余小燕	张　吉
郑　萍	郑一行	周　峰	朱　峰	朱　航	朱　怀	朱培栋	

2001 级城市规划

陈　豪	戴侃敏	董　辉	郭登峰	胡　荣	蒋国超	梁影君	陆　皓
马亚丹	钱　颖	史鑫健	王巧力	王正海	吴立军	吴颖婕	熊　乐
杨泽霖	叶琴英	余　刚	虞海丰	张　丹	张云锋	赵　宁	赵晓磊
郑德福	郑　懿	周聪荫	周宁宁	朱佳音			

2002 级土木工程

包　乐	鲍金波	蔡志恒	曹建逵	曹　义	陈国恩	陈　华	陈嘉熹
陈珏凌	陈利权	陈　涛	陈　曦	陈小邦	陈小平	陈　璇	程　俊
程　雄	崔泽光	邓　斌	邓　鹏	丁建峰	丁剡铭	丁烨敏	董雷鸣

董　磊　　董诗忆　　董子凌　　段一峰　　段园煜　　范理扬　　方靖炼　　冯　超

冯临生　　冯　源　　付元波　　傅　强　　富春伟　　葛伟兰　　韩方明　　韩飞腾

韩青儿　　杭英杰　　何　佳　　何远圆　　洪　渊　　侯海芳　　胡立科　　胡卫法

胡晓霞　　胡新颖　　华爱娅　　华　针　　黄成家　　黄卉丹　　黄锦鑫　　黄吕强

黄取龙　　黄天璨　　黄晓燕　　蹇　科　　江　昊　　姜　敏　　金春锋　　金明彦

金　朋　　金殷伟　　琚琳丽　　孔祥雄　　来月飞　　黎　伟　　李金柱　　李礼叶

李立飞　　李　巍　　李维达　　李　想　　李　一　　李　莺　　李玉刚　　李　振

梁振庭　　林丹峰　　刘春晓　　刘建华　　刘锦涛　　刘　倩　　刘天阳　　刘　潇

楼　正　　卢定邦　　陆阳华　　吕　翼　　罗　斌　　罗桂发　　罗　雪　　罗扬飞

马　威　　马知瑶　　毛孟波　　苗　笛　　缪庆华　　倪佳女　　倪立威　　聂乾坤

潘炳成　　潘莉莉　　任　磊　　施建勋　　施　进　　施明雄　　石　磊　　史魁杰

史鹏程　　帅春霞　　宋前程　　苏项庭　　粟弼国　　孙剑锋　　汤铁建　　唐　华

滕高峰　　田　伟　　童若飞　　涂志刚　　万晓丽　　汪光满　　王　冰　　王丹晖

王　峰　　王　瀚　　王　虹　　王　晋　　王京凯　　王　俊　　王　坤　　王　蕾

王立权　　王令侠　　王龙海　　王明月　　王庶睿　　王伟鉴　　王　昕　　王雪溪

王赟悦　　王仲伟　　温瑞杰　　文　竹　　邬家宁　　吴　飞　　吴　威　　吴晓峰

吴育佐　　伍什雄　　武海荣　　夏雄响　　徐常青　　徐栋卿　　徐　晗　　徐洪权

许正隆　　宣浙丹　　鄢　镜　　杨　灏　　杨华君　　杨　璐　　姚敏杰　　姚秋实

姚智慧　　叶启明　　伊晓华　　殷建光　　殷新明　　尹海峰　　余碧玉　　余关鹏

余　强　　俞冬良　　喻桂林　　臧超波　　曾　晨　　詹前进　　张　帆　　张华锋

张　俊　　张　磊　　张　琳　　张鹏发　　张　荣　　张　彦　　张一鸣　　张　翼

张玉林　　章利军　　赵磊亮　　赵文妤　　赵　霄　　郑汉城　　郑建灿　　郑小路

郑知斌　　钟剑锋　　周锋波　　周海坚　　周　华　　周清长　　周荣刚　　周思超

周　彧　　周志勇　　朱炳强　　朱　峰　　竺　松　　宗文斌　　邹胜维

2002 级建筑学

陈　博　　陈　强　　陈　湛　　单广宇　　单晓宇　　邓　飞　　董韦佳　　方　婷

高庶三　　龚　鸽　　韩羽翔　　何海霞　　胡臻杭　　黄　俊　　季　科　　蒋　翎

金　玲　　金妙炎　　金　鑫　　金星辉　　金永伟　　孔溢勤　　孔　媛　　来　青

赖　寒　　李佳芸　　李享莲　　林萍英　　刘　杰　　刘　庆　　娄经宇　　楼是厦

楼颖楠　　卢　挺　　骆靖巍　　骆　茜　　毛联平　　彭婷婷　　秦　浩　　裘　熹

沈烨晖　　孙乐童　　王　冰　　王军帅　　王雪如　　吴文竹　　邢昌江　　徐承捷

徐 羲	徐紫珊	许建波	杨力维	应 瑛	余丹阳	余 涵	俞 婧
俞润敏	俞婉萍	俞 音	张奇莺	张小晨	张 妍	章勤一	周迪峰
周 瑞	周 文	朱文婧					

2002 级城市规划

边鹏飞	陈婵婵	陈 丽	陈 莹	淡 恒	方海锋	方亦卿	洪 粤
侯建辉	江佳遥	林晓东	刘 威	刘越男	倪晶晶	钱逸卿	任 艳
阮琼贤	沈婷婷	沈颖溢	沈月婷	司徒东莹	孙 宁	万民永	王芳婷
王若楠	吴剑平	吴正辉	许 焱	杨小燕	叶鸿志	俞夏榛	袁达锋
张集远	张 锟	张炜娣	张 燕	郑 赫	周 舟	朱宝樑	

2002 级水文与水资源工程

陈 涛	胡航靖	黄小志	苏丹阳	童杨斌	颜效凡	张翀超	张若旻
章筱玮	郑金胜	诸建宏					

2002 级水资源与海洋工程

林 林	谢 骏

2002 级港口航道与海岸工程

鲍 玲	曹 琼	陈张伟	丁 琦	丁晓勇	郭冬冬	金石磊	孔春华
林 晨	楼俊晖	倪晓静	潘红燕	宋 华	田利勇	吴 逸	谢华伟
姚文伟	张萍萍	张阳东	张 晖	章佳伟	郑 静	朱 晓	

2003 级土木工程

鲍亮亮	卜 翀	曹白露	曹新红	柴翔翔	陈 博	陈 超	陈芳秦
陈富明	陈 辉	陈科锋	陈 龙	陈仕坤	陈伟星	成明华	程 权
程沙平	崔江南	杜陇川	杜人杰	杜 增	樊 鑫	范昊?	范佳炜
范廷桢	方文浩	符 斌	甘滔滔	高晨曦	高庆飞	高 杨	高 杨
高志广	辜威威	郭 谱	韩 晗	韩小芳	何嘉仁	胡海青	胡 云
胡自然	花 放	花文明	黄陈华	黄 聪	黄俊程	黄连芳	黄燕军
黄毅方	计建兵	季 亮	贾 军	江锦华	姜 民	蒋夏旻	金 天
康维捷	雷湘闽	冷铁成	李东山	李富滨	李国伟	李洪锐	李纪中

李季隆	李　捷	李　梦	李明强	梁　健	梁英娜	梁　云	廖志勇
林德建	刘国亮	刘宏展	刘兴璐	刘　志	楼超超	楼增辉	陆宇光
吕尚雷	罗　澎	马迪辉	马家耀	马　磊	马晓峰	缪　超	倪佳丽
牛　辉	彭莘译	戚钦杰	邱仙荣	任海洋	撒世一	佘植镔	沈　承
沈　翼	盛　鸿	石利云	舒丹凤	宋炼军	孙海滨	孙焕其	覃　宇
汤旅军	汤勤峰	唐　舸	田春凌	屠　炜	汪小杭	王高赞	王宏喜
王建华	王俊磊	王晓航	王晓路	王　歆	王　鑫	王　彦	王　洋
王浙亮	王智磊	吴鑫彪	项国通	谢道清	熊　娜	徐海源	徐　豪
徐立凯	徐良君	徐　挺	杨爱良	杨　帆	杨静妤	杨　伦	杨　洋
杨　佐	姚　远	叶冬明	叶飞剑	叶青会	尤吉义	于　亮	于　洋
余佳亮	余　坤	於　江	俞越申	袁　林	曾　彬	詹伟良	张　帆
张飞霞	张革强	张海峰	张　立	张　瑞	张　翔	张　翔	张幸锵
张雪婵	章子华	赵海奇	赵俊亮	赵一青	赵宇宁	赵哲侃	赵子龙
郑陆波	郑孟奇	周　帆	周可可	周璐翡	周星舟	周子超	朱　磊
朱荣磊	邹世文	祖义祯					

2003 级建筑学

贝俊珺	陈桂森	程　成	邓　超	杜　鹃	段　威	方　濂	高玲玲
公贤彦	郭　嘉	郭　敏	郭维莎	贺一烽	黄沛荣	嵇陈敏	季静凝
金兑容	兰　岚	李　航	李　洪	李思迪	李文渊	李　晔	廖书芳
廖　源	林　璐	林　庆	林润杰	刘伯宇	刘　蕾	刘　瞻	陆惠婷
罗一南	马菁菁	彭远芳	钱　扬	孙建翔	孙佩文	孙　翌	孙振夏
唐　琦	陶　俊	童　潇	王　荻	王俊锋	王小鹏	王昱天	王卓佳
吴东樑	吴　霞	吴　越	夏远平	杨望川	叶菁菁	叶　俊	俞俏焱
张安琪	张　聃	张黎源	张　弢	赵　刚	朱寿先	祝马丽	

2003 级城市规划

Han Boram	陈　文	胡　艳	胡　杨	华之欣	江　勇	柯　敏	李金霖
李　君	李蔷蔷	刘吉平	刘　丽	吕剑峰	马　倩	毛亦国	牟筱琛
潘　骁	阮宇霞	宋秋华	王秋利	王丝楠	王筱丹	吴　恒	吴　宁
吴　颖	夏　冰	杨华岚	杨耀阳	姚　争	叶剑敏	叶盛丰	叶　欣
袁飞龙	张玉洁	郑嘉乐	郑　天	周轶男	朱俊逸		

2003 级水资源与海洋工程

陈铿	陈少杰	陈银鲁	戴林伟	董茜	傅金辉	郭天亮	何夏莹
胡启帆	胡一凡	黄一超	柯飑	乐雯	林芳宇	林瑞溪	林燕
浦天熠	桑毅佳	邵卿	沈水进	石磊	孙帅帅	田媛	童光宏
王秉斌	王焜	魏芳	闻利强	吴易	谢骏	徐迪	许彪
杨城	杨晓宁	应杰	余小燕	俞超锋	张佳	张树彬	张伟
章永乐	郑浩	周妹贞	周元				

2004 级土木工程

Robert Hu	Sabatova Tereza		白云	蔡洁宇	蔡淑静	晁春峰	陈帆
陈海浪	陈嘉健	陈丽婷	陈强	陈容	陈伟	陈熹首	陈贤钊
陈晓曦	陈扬琴	陈永吉	陈育峰	陈源	程慕华	崔碧琪	邓欢
邓炯	邓君剑	邓伟豪	董宜森	范真	房志辉	傅航	傅良
高特	高翔	高扬	高阳	龚建锋	龚正炉	管军辉	郭峻
何水涛	何文韬	贺秀琴	胡进震	胡景仰	胡蒙	胡英勇	华林
黄伟鑫	黄欣	黄旭乐	黄征	霍宁宁	季群迪	姜力波	蒋遨宇
蒋红光	蒋蓬鹏	蒋益峰	金晓敏	孔令博	赖寒	李炳强	李灏
李华波	李坚卿	李建平	李肯	李磊	李亭	李晓芳	梁宸宇
林文彪	林永奇	刘斌	刘波	刘洪昌	刘杰	刘敏	刘世建
刘思远	刘啸	刘映晶	娄谦之	陆文广	陆雄	吕通	马明
马千里	莫观琦	穆凯	南小微	聂鑫	牛犇	潘东	潘宏
潘建芳	钱文	乔全	邱鹤	裘松立	饶平	任景峰	任翔
邵斌磊	申屠洋锋	沈浮	沈磊	沈亮达	施强	石峰	舒友韬
宋欢平	宋嘉文	宋智杰	孙波	唐益明	陶健	陶立为	屠征宇
汪小娣	汪云龙	王城丹	王凤利	王欢	王建峰	王琅	王磊
王宁博	王鹏	王书行	王涛	王瑶	王月波	王湛	王钊
魏莉鸣	邬米加	邬强	吴剑波	吴金鑫	校曙东	谢精斌	谢禄杰
谢谊	徐程钢	徐建国	徐筠	徐凯	徐明君	徐少白	徐伟
徐耀文	徐正红	许国杰	宣泽俊	杨超	杨军磊	杨俊涛	杨孟锋
杨庆卫	杨章	杨中豪	殷晨	于洋	俞顿	俞周锋	虞介泽
喻春林	袁江宏	战国会	张光年	张光寅	张江宏	张科	张琳
张念卿	张伟	张翔	张议	张迎	张增峰	张子荣	章李刚

赵炳煜	赵晨	郑贝贝	郑存怀	郑鹏	钟润辉	周尔旦	周康
周凌华	周明	周顺	周一帆	周智超	朱当	朱浩川	朱嘉熙
朱俊豪	朱志刚	朱子乔	邹庆				

2004 级建筑学

包淑婉	邝冬阳	陈冰	陈晨	陈珺	陈遥	陈振华	陈镇宇
程蕾	戴维涛	邓振华	邓置宇	丁香	杜佩君	方怡	高林
顾月明	郭牧之	何庆	洪芃	黄巍巍	金成	柯凌琦	李季
李思聪	李潇	李寅	厉矾	刘梦雨	刘声	刘万兴	刘小六
毛科轶	门阁	齐帆	钱芳静	裘靖俏	阮静娴	沈珺	宋佳
苏易平	王立锋	翁姝磊	吴帅	忻超斌	杨少华	杨薇	姚敏
叶思浓	俞洁	展圣洁	张传新	张文青	张香梅	张鑫锋	章圆圆
赵甜甜	赵薇	郑宇	周志伟	朱凌	祝丹红		

2004 级城市规划

陈梦燊	陈婷	陈哲源	高光蕾	胡思琪	贾文跃	蒋芳草	金苹苹
赖嘉玮	林伟	楼芸含	穆吟	秦思敏	沈斌	石光哲	宋凌曦
宋鑫迪	孙颖	谭硕	汤晓冬	王昊铿	王凯	王权	王炜
王颖芳	夏雷	谢韡一	熊广量	杨新军	杨雅琴	叶思漾	张国胜
张含	张彦芝	张颖媖	朱旷野				

2004 级水资源与海洋工程

陈徐	陈一帆	陈苑雯	陈志强	戴博雅	邓国梁	甘佳宁	黄兰芳
金淼	康爽	李光辉	李健韩	李小龙	林奇	刘人杰	罗晶
梅霞东	潘根孝	滕世敏	汪蔚超	温正大	吴桢	吴志根	谢中凯
徐耿	徐建红	杨超	叶上扬	张兵	张春晓	张力	张小辉
赵捷	朱朝阳	朱方剑					

2005 级土木工程

艾绪飞	卞河拔	蔡中贤	柴俊磊	陈超	陈海兴	陈杰	陈军
陈凯	陈凌涛	陈留富	陈培均	陈庆	陈伟峰	陈文勇	陈肖玲
陈岳	仇仁志	褚少强	戴东宸	戴洪凯	董超	段受起	方学静

高春霖	宫思懿	龚奇鹤	谷金健	郭玉梅	郭子建	何佳霖	何景愈
胡 狄	胡佳奇	胡曼曼	黄长青	黄 河	黄杰熙	黄 璟	黄 优
黄佐之	姬若鹏	贾俊俊	蒋 奇	蒋 莹	蒋振宇	金 波	金俊武
康庭豪	孔 劼	劳红锋	李 斌	李 昊	李浩川	李洪洋	李丽仪
李铭浩	李青青	梁 为	廖 丽	林 观	林 巍	林 瑶	刘海龙
刘晖洛	刘建锋	刘剑波	刘瑞琦	刘树仁	刘小明	刘学亮	刘 宇
卢 梭	卢哲刚	陆明海	吕海明	罗堂松	罗小丰	罗 展	马建勇
马小飞	马 源	梅俊超	牛文栋	潘 攀	庞 海	齐长雨	齐立志
秦 娟	裘琼洁	任 凯	盛建康	师 情	史致男	舒开波	苏 鹏
孙华建	孙拳砣	孙陶苑正	孙祖峰	陶玉辉	仝东篱	童成飞	万丽红
汪孝力	王 方	王 佳	王 健	王铭越	王一峰	王益平	王银良
王智杰	王子阳	王作洲	吴冰镠	吴冬雁	吴 昊	吴 虑	吴玉龙
吴 震	夏冯慧	夏华盛	项 杰	肖 阳	徐 春	徐伽南	徐 钢
徐汉英	徐 鹏	许京梦	闫天华	严 巍	颜示硼	杨 斌	杨成占
杨芳军	杨 伦	杨鹏程	杨逸君	杨妤丽	姚利勇	叶佩旭	尹太燮
俞 锋	虞建平	袁建平	袁健晨	袁 佩	袁 洋	张秉廉	张 波
张建安	张建波	张 雷	张 亮	张 鹏	张世琦	张 洋	张友巧
张祖杰	章浙彬	赵 越	郑 琛	郑林昊	郑 祺	郑忠文	钟舟能
周 江	周 杰	周淼强	周 平	周永锋	周永杰	朱红飞	朱荣湖
祝 愿							

2005 级建筑学

鲍涵思	陈琼露	陈少华	陈树嘉	陈 艳	陈燕男	陈治宇	程 骁
冯 枫	冯肖岚	高 凡	郝津辉	何小舟	何 杨	洪晖亮	胡 卿
黄东翔	贾安娜	蒋兰兰	郎大志	乐俊成	李灿坤	李 迪	李 晅
李永强	林 琳	林再国	刘 宇	刘 韵	卢承刚	马 楠	毛羽凌波
欧阳见秋	彭 璐	沈鹏飞	沈 琦	沈子建	盛 锴	施家鸣	史国雷
汤祎隆	王晶儿	王 茜	王则超	魏 莉	翁佳颖	吴 袅	徐冬薇
徐 哲	宣 蕊	宣万里	严 聪	严 寅	杨 奕	姚 治	叶海波
尹 瑛	应丹华	应时雨	俞文俊	张京贤	张木子	张睿杰	张盈盈
张莹冰	张智勇	郑巨信	周 超	周 均	周 威	周益琳	周 煜
周紫薇	朱 彬	朱石磊					

2005 级城市规划

曹美华	柴舟跃	陈华杰	方　欢	关　婷	何琼华	洪祎丹	胡　桑
蒋　婧	蒋　燕	金　一	李颖婷	刘　欣	罗双双	罗文靓	钱　澄
任　浩	沈一览	石婷婷	孙　斌	唐　望	童　心	童　心	童　星
温瑞明	吴　迪	肖作鹏	谢　莹	徐　晖	徐一舟	姚　琼	臧文琼
张　斌	张国伟	郑　岭	郑旭龙	周宇瑛	朱敏莹	邹　韵	

2005 级水资源与海洋工程

鲍　鑫	曹建国	陈　琳	陈　琴	陈文龙	程　健	冯沈科	冯　威
胡　彬	胡　晨	黄　左	廖锡健	林　勋	刘维杰	卢雅倩	陆益挺
毛云波	苗云鹤	倪智慧	孙　啸	王碧水	王秉冰	王明光	吴钢锋
谢长飞	姚张单	叶晓宇	余佩峰	袁金雄	张　亮	张小龙	赵　洋
郑秀倩							

2006 级土木工程

艾　雷	白光波	包闻韵	蔡如伟	蔡淑钊	陈　飞	陈国梁	陈　翰
陈　杰	陈钧华	陈奕声	陈志辉	程林栋	崔晓波	邓川宁	邓启全
邓思思	董　超	冯建峰	冯　涛	符鸣晓	高玖蔡	高　翔	关士杰
郭　聪	韩晓宇	韩沂洋	何嘉伟	何　谦	何勇兴	贺鹏飞	贺　嵩
贺一周	侯松生	胡　皓	胡　笛	胡力友	胡欣科	黄超勇	黄　海
黄杰卿	黄　睿	黄仙正	黄　翔	黄　鑫	季绍凯	季智伟	姜　雄
蒋弘毅	蒋　政	金　鑫	勘志豪	李公羽	李金贞	李晓章	李彦明
李一雯	李志军	梁　荣	刘安品	刘长冰	刘江云	刘　龙	刘约珥
柳华杰	楼　鹏	毛　渊	梅宇佳	孟仕贵	莫一奇	牛　奔	潘　宁
彭琪雯	平　萍	裘慧岚	任　凯	阮白一	商春新	沈　定	沈　淼
沈文军	慎　超	石大为	石胜亚	石新超	舒江鹏	宋明明	苏玫妮
孙文江	孙政波	唐宏雄	陶燕丽	田　野	汪立军	汪　昱	王　东
王皓昉	王嘉伟	王　江	王　昆	王　宁	王诺思	王　伟	王晓辉
王　琇	吴　京	吴　麟	吴瑛瑶	夏乔网	冼哲轲	萧　侃	徐　帆
徐　菲	徐　旷	徐项栋	徐旭耀	徐咏咏	许初辉	许坚峰	许腾安
闫南南	杨　光	杨　光	杨　淼	杨　明	杨　帅	杨天鸿	杨　洋
杨伊丽	叶施茵	叶　赟	殷　平	应洪波	于　淼	余盛珂	余思伟

余　忠	俞秋佳	俞勇芳	郁钧晖	袁　江	张宝路	张发耀	张　力
张鹏飞	张溥洋	张倩瑜	张斯豪	张太极	张翔杰	张炘锐	张迤达
张智拓	赵　原	郑晓玲	郑延丰	郑志龙	钟瀚涛	钟　剑	钟丽娜
周丹丹	周力沛	周鹏飞	周　维	周文辉	周　煜	朱朝阳	朱铁城
朱晓波	祝佳宏					

2006 级建筑学

蔡　勉	曹璐馨	曹睿芝	陈多俐	陈剑峰	戴飞宇	范业麟	冯　彩
符春江	付婧媛	葛　杉	管　理	何　柳	胡　菲	胡如杨	黄长静
黄一民	吉　喆	贾　茜	贾　音	江丽华	江易安	金杰科	金绮樱
雷婧宜	李晨成	李　婧	李盛昱	李贤峻	林青峰	凌青鑫	刘　憬
刘翔华	刘正达	龙存信	卢嘉伟	吕　坤	吕　妍	毛志远	孟佳慧
闵　捷	欧阳会祥	齐　欢	秦　玲	秦　鸣	沙　吟	沈少杰	沈思靖
沈屹伟	盛　天	汤怀瑾	汤　焱	陶　阳	万　军	汪日丽	汪　妤
王　聪	王浩宇	王何忆	王佳欣	王凯君	王文哲	吴佳慧	吴绐彦
辛仲培	许笑笛	薛光杰	薛　芃	杨方铱	杨红茜	姚丛琦	于　璐
于晓春	余雪婧	俞　乔	袁　涛	袁天琪	袁　源	袁　越	张佳宁
张　婕	张荣杰	张容熏	张　伟	张玉龙	章　昕	章一帆	赵　聪
赵　奕	郑　幻	郑昕宇	周　欣	周姚熠	朱　恺	朱可乐	朱梁斌
朱新苗	祝　容					

2006 级城市规划

段　彬	冯思恒	高　涵	高沂琛	顾雍容	胡　倩	胡　昀	李　丹
刘　洋	刘逸帆	潘高锋	彭健航	沈红丽	汪怡斐	王　颖	徐呈程
杨东广	杨知声	姚凤君	叶昕欣	余琪琪	曾　鲁	张　奔	张　灏
张添羽	张闻闻	钟　昕	周　莹	朱璟璐			

2006 级水资源与海洋工程

陈荣枝	陈晓燕	陈　鎏	付浩然	胡世祥	黄　健	郎梦龙	陆夏晔
罗　翔	毛淼华	上官宗盼	孙浙英	童雄俊	汪琼莉	王　奔	王勇伟
王志伟	吴佳莉	姚能彬	叶居东	岳　竹	张曦彦	张徐杰	赵百阳
周龙杰						

2007 级土木工程

白力克	蔡岳良	蔡振伟	陈　超	陈　诚	陈　隽	陈茹茹	陈卫伟
陈伍莹	陈翔宇	陈　枭	传光红	狄　一	丁　菲	丁舒康	丁文升
樊苏璐	冯铋丰	甘鹏路	高聪炜	高　翔	葛　斌	顾炯宇	顾一础
管　铮	郭菁楠	郭开乾	郭魏芬	郭显南	韩秉玺	韩　斐	韩天书
何　奔	何　勤	何　曦	何志佳	侯陈伟	侯阳阳	呼木吉乐	胡德龙
胡　可	胡孙鹏	胡　祎	黄　博	黄狄波	黄　河	黄　楠	黄鹏飞
黄松阳	黄　艳	黄钰涵	黄哲凯	姜　帅	姜云峰	蒋华娟	蒋　翔
金羽丰	黎　靖	李阿龙	李　翀	李菲菲	李国清	李洪宇	李俊超
李　力	李　翔	李小林	梁远顺	林汝汝	林　昭	刘家宁	刘晶晶
刘仕龙	刘永波	楼春晖	卢浩天	卢志刚	陆　兵	陆梦婕	吕　江
罗　罡	马洁烽	马　清	马一祎	毛国原	毛雯婷	孟敏煜	孟睿覃
宓杭炯	苗　毅	潘　宁	潘　涛	钱　敏	钱武杰	谯文宇	任　远
阮　浩	商育同	邵诚彪	邵雪峰	申京灵	沈嘉嘉	沈玲华	沈平平
石　龙	宋　翔	宋　旭	孙殿宇	孙　飞	孙　泓	孙　佳	孙筱粲
孙义轩	唐　浩	陶　翀	陶　莎	童冠雨	王　彪	王　陈	王方舸
王瀚霖	王浩名	王建金	王金辉	王金龙	王宽君	王灵浦	王仁杰
王树超	王　彤	王炜龙	魏　巍	吴柏新	吴佳龙	吴启铭	吴　托
吴卫强	吴翔强	吴　晓	吴欣锐	伍　景	伍祎晨	夏小青	肖　练
徐庆龙	徐邱宇	徐　婷	徐　婷	徐正豪	闫会宾	闫　旭	严　佳
阳　熹	杨　超	杨　栋	杨　峰	姚　旦	姚　煌	姚　凯	叶　健
尹鑫晟	俞海峰	曾虹智	曾焕州	张　豪	张　浩	张鸿儒	张　坚
张健晖	张姣龙	张利锋	张路通	张晓波	张彦忠	张　一	张　瑛
张智成	章森军	章　园	赵　明	赵　炜	赵　晔	赵一凡	郑余佳
郑　宇	周嘉琦	周　炯	周　扬	周祖岳	朱陈超	朱骏健	朱　奇

2007 级建筑学

包望韬	蔡　腾	陈　曦	陈雨蛟	仇允盛	丁佳佳	丁思璐	董正蒙
樊亦陈	冯　昕	傅君倚	何剑桥	何彦杰	贺陈依	胡雅琳	贾　梦
金江植	金壮俦	黎　丹	李彬淼	李　冰	李　丽	李晓蕾	李　卓
梁天驰	林嘉伟	刘天宇	刘旭昀	陆礼龙	罗　锋	苗梦娜	潘佳梦
饶　峥	任　绍	沈俊强	沈明琪	沈鹏强	苏仁毅	孙　璐	王斌杰

王墨竹	王　宇	王岳锋	魏园园	吴海文	吴绮文	吴滕腾	吴玉燕
吴　铮	肖　瑶	肖志彦	辛　晨	徐根洪	徐　唯	严嘉伟	杨丁亮
杨　都	杨建冰	杨宇政	杨　越	杨云滇	叶优优	易　希	殷舒怡
余海晏	俞左平	喻　乐	袁　聪	张昊楠	张旻昊	张沂川	朱　娴
邹　维							

2007 级城市规划

陈豪益	陈灵怡	陈　巍	陈　欣	董　媛	冯　真	龚珂立	韩　冰
何安娜	胡文佳	花汝飞	黄向勇	黄哲霏	黄之倩	刘嘉瑶	闵一洋
潘嘉虹	潜莎娅	邵艺超	施　俏	施燕娜	童　心	王　瑒	王　瑶
王一伊	韦　薇	吴凤婷	徐晓芸	杨朔南	姚　虹	郁璐霞	张嘉彦
赵文忠	赵　怡	郑碧云	朱　金	朱　良	朱晓峰		

2007 级水资源与海洋工程

包恒毅	陈　强	邓　杰	董　毅	高　运	黄森军	姜聪宇	蒋佩诗
金　剑	荆刚远	李佳瑞	李　蔚	李正东	林耿耿	彭俊锋	钱淼华
王孙龙	徐康锋	徐旭东	杨益斌	叶昌鹏	章林涛	赵丹丹	朱鑫阳

2008 级土木工程

包连杰	包振楠	蔡海强	陈　迪	陈　芳	陈杰锋	陈金苗	陈柯星
陈若水	陈骁浙	陈　轩	陈　瑶	陈怡甸	陈越时	程　晨	程梁民
崔斌逴	崔朝赟	戴小云	邓小龙	丁　超	丁杭杰	丁　强	丁　锐
董森杰	段志勇	范凌峰	方新宇	傅娉婷	高　阳	戈轶峰	葛世杭
龚旭峰	顾梦莲	管青福	郭　睿	郭少鹏	郭望波	韩　硕	郝庆超
何乔正	衡慈文	侯文婷	胡瑾希	胡衍镓	胡振业	黄博滔	黄慧雄
黄　凯	黄兴星	江　帆	蒋　冲	焦正治	瞿春霞	孔　挺	库　达
赖媛媛	黎德华	李晨迪	李　根	李　骏	李　凯	李　荣	李　垚
李泽成	李　舟	栗占涛	连宗祝	梁伟锋	刘东昕	刘梦浩	刘　图
刘小龙	刘　校	卢　欢	陆森斌	陆文龙	陆钰天	吕华斌	吕　瑶
吕易璠	罗蒋皓	罗　卡	骆少平	马　啸	苗　闯	莫嘉轩	倪莹莹
潘传银	潘建军	潘骁宇	彭俊杰	彭一伟	乔驭洲	任孝武	阮伟东
邵　潘	申屠凌杰	沈江南	沈凯文	沈侃敏	沈　涛	沈银龙	沈志鹏

施梦迪	施倩红	宋丹枫	宋佳苑	宋卫杰	宋晓晨	孙冬冬	孙佳魏
田 正	汪宇航	汪子豪	王 灏	王剑虎	王理军	王鹿平	王梦华
王 玮	王小强	王煜成	位帅鹏	魏 骁	吴 斌	吴 迪	吴 侃
吴凌岳	吴松贝	吴钟伟	武仔鹏	谢俊乔	邢灏喆	徐 成	徐家臣
徐军泽	徐 俊	徐泸泸	徐攀峰	徐山山	徐欣然	徐 艳	许博风
薛 湄	杨承琥	杨 洪	杨嘉胤	杨沛然	杨生兴	杨向伟	杨 轩
杨忆南	尹晶萍	应靖斌	应盼盼	于贞波	余 靖	余秀丽	郁成罕
袁新哲	曾 强	曾旭亮	张金涛	张靖辉	张 磊	张 磊	张鹏祥
张 萍	张晴雪	张 权	张瑞甫	张仰康	张 尹	张泽宇	章 超
章丽莎	章梦杰	赵 昕	甄 斌	郑 晨	郑洪能	郑清林	郑 勇
钟伽文	周宝民	周 斌	周 聪	周 健	周 攀	周水平	周肖贝
朱嘉昊	朱科辉	朱盛奇	朱 希	朱 希			

2008 级建筑学

白 鹤	蔡孙凯	蔡 琰	常 兰	陈居西	陈蒙蒙	丹 尼	单雨歌
邓延龙	丁 超	杜丽婷	樊 迪	范庄媛	高杰锋	高 宇	勾斯唯
关伟超	郭艳冰	何 文	胡仙梅	黄河开	黄璟璐	黄思爽	贾洪羽
贾 若	江黎萌	蒋 钰	蒋 之	焦研秦	金敏智	雷 磊	李亚恬
李镇潇	林 哲	刘依明	栾沛君	罗 军	马广川	潘越帅	邵俊燕
石 玥	史捷斌	宋 丽	苏晓辰	唐 赛	陶 轲	王 豪	王晶晶
王梦潇	王明充	王夏妮	王晓帆	王依宁	王雨非	吴杏春	夏黄靖
谢 晶	徐崭青	薛茗文	杨瑾婷	杨 晋	杨梁君	杨月美	姚立夫
叶立平	尹逊之	袁子茗	翟骋骋	张子琪	赵金梅	赵 瑶	赵晓青
郑嘉禧	周佳萍	周姗姗	朱宁欢	邹方蕙			

2008 级城市规划

陈 信	丁兰馨	方骏华	龚嘉佳	何圣迁	黄晓青	金文欣	梁标荣
林颢然	刘 顼	陆 媛	倪 彬	孙飞扬	魏柳玥	吴怡霏	杨 攀
叶梦瑶	殷雪莹	虞静艳	张九龄	章明宇	赵杨眉	赵 逸	郑 莉
周俊涛							

2008 级水资源与海洋工程

陈锴	陈牧原	范铖佳	韩新刚	胡小婷	黄毓钦	李良	李阳
卢霖	罗力	马嘉	邵凯君	王银良	杨凡	杨霁	姚柱华
叶甜	张树德	甄宏博					

2009 级土木工程

蔡剑飞	陈博闻	陈聪	陈浩	陈军其	陈其志	陈庆烈	陈中柱
程凯	单文尊	丁胜来	丁致波	董建锋	董忆夏	杜杰波	方建龙
方振国	冯鹤	冯旭光	高杰	高翔	高向向	葛明辉	谷竞超
郭仁冠	郭志标	韩宏强	何彦君	贺景峰	洪钦	胡成	胡浩然
胡伟东	黄嘉琪	黄璐	黄琬馨	黄晓龙	黄琰	黄扬湛	蒋淑慧
蒋晔鑫	瞿登科	康恒一	赖俊龙	赖毓林	劳谞展	李典	李嘉宁
李宁	李铁瑞	李潇筠	李欣戈	李竹箐	厉沛	梁友清	刘畅
刘康华	刘珂	刘琪	刘巍	刘文斌	刘亦民	刘奕	楼杭辉
卢立群	陆佳栋	陆建杰	陆杨杰	吕君锋	吕末	栾圣智	马晨伊
马瑞阳	马忠灿	毛迪龙	穆富江	农良励	潘成蹊	潘孟君	潘向前
裘源	冉杨	饶奕邦	任晓阁	阮天恒	邵超逸	沈力	盛伟
石良城	史卓然	宋方远	孙佳林	汤雄飞	唐资仪	王鸿涛	王慧
王健	王清	王新涛	王旭亮	王竹君	翁昌杰	吴航通	吴佳明
吴坚荣	吴茂铭	吴佩苇	吴涛	吴亚波	肖继强	肖文兴	谢辽
谢晓凯	谢宇	徐楚	徐渊函	徐泽彬	徐铿	许浙杭	杨锋磊
杨子颉	叶倩	游思增	于海超	于嘉伟	余灿	余江	余秋池
俞旭亮	原泉	张翠庭	张华洲	张霍普	张佳敏	张静杰	张明刚
张扬	张伊利	张禹笋	张元锴	张云腾	章瑶	赵逸帆	郑晨彬
郑继开	郑祥隆	郑宇	钟九富	周未	周小楠	周雨润	周卓冰
朱亦弘	俎相杰						

2009 级土木工程（卓越班）

安赓	冯一笑	高神骏	黄杰	姜栋	李铭	李鹏飞	李强
李天昊	李天翔	刘琛	刘婕	丘奕奇	沈域	汤建冬	唐敏哲
王吉吉	谢恩献	谢鹏飞	谢晓光	姚宁波	应建坤	张攀	张婷婷
赵张峰	周默	周泽生					

2009 级建筑学

爱 努	包吕勇	陈方健	楚 超	邓奥博	董箫欢	杜浩渊	杜信池
范嘉荧	冯 超	甘骏骄	高浩然	何晨迪	何川南	何昕怡	洪日环
胡越冀	黄楚阳	黄奕楠	黄雨晨	黄征南	贾煜琨	姜雪竹	蒋婧龄
金楚豪	孔令媚	李佳培	李 馨	林雅楠	刘 湃	刘 薇	刘卓然
楼 涛	鲁 哲	陆圣城	罗 桃	马一腾	钱维捷	沙 磊	沙冥冥
沈 骢	田雪竹	汪晨晖	王 多	王笑蕊	王一川	王一楠	王运兹
王卓然	魏 然	邬佳婧	吴晶晶	吴琳琳	吴心怡	吴雪琪	吴远骋
夏维捷	熊斌斌	徐黛然	徐丹华	徐东源	徐 磊	徐天钧	徐 挺
杨建祥	余伊可	袁伯阳	曾智峰	张映哲	张昊天	张 蒙	张穆弘
郑少骏	郑云柯	周楚远	周 康	周璐瑶	周易人	周轶轩	朱晨昊
宗 韬							

2009 级城市规划

陈博远	陈洁琳	陈 林	陈梦婷	程 荃	邓明敏	刁晶晶	范 旅
方梦翌	方思宇	方 园	郭子叶	韩烨子	何思宁	黄蕴翼	贾菡璐
贾姝敏	姜何威	李求栋	李骁玮	李梓宁	刘鹏波	鲁南芳	
马合帕尔·国迈		马 榕	马艺婧	缪巍巍	庞灵惠	乔艺波	舒智勇
斯 琪	谭佳琪	唐 昊	王 珊	王伟松	夏拓将	许 飞	杨淑丽
易琪勋	俞泽君	袁超君	袁野丰琳	再同古丽·牙生		张凌鸿	张曼艳
郑浩宇	钟作林	周 滨	朱冰驰	朱林骁力			

2009 级水资源与海洋工程

蔡宠照	陈 骏	金 昌	李 波	马 东	乔 筱	全力威	施兴建
孙骏怡	汪 礼	汪孟尧	王春斌	魏 威	许 将	宣伟栋	余 斌
鱼子渊	曾田力	张成财	张丽红	张馨月	张 弋	张 毅	朱森俊

2010 级土木工程

安玉鹏	白明星	包嘉涛	蔡晖映	蔡骏男	曹 越	陈昌恒	陈超敏
陈 聪	陈 涵	陈浩天	陈翔宇	陈 远	程 肯	仇浩淼	戴伟杰
丁 源	杜 旭	杜 巽	段振宇	方劼文	傅 新	顾荣琦	顾益斌

关垚	韩非	郝伟栋	何振强	贺森	胡盛楠	黄锦林	黄嵩
黄玉佩	蒋佳卿	金广晋	金嘉杰	赖艳芳	李超宇	李臣飞	李鹏
李世杰	李腾	李伟翔	李雅楠	李占	连金龙	林潮铮	林鸿炜
林靖凯	刘栋	刘飞龙	刘嘉涵	刘萌萌	刘双伟	刘硕	刘心
刘新阳	马家源	马丽娜	宁华宏	潘腾华	濮唯铭	钱栋	钱忠
任庆亮	阮一涛	邵怡然	申平	沈言	施可南	宋炳辰	苏园园
孙恺祺	孙亮	孙颖	唐迪未	唐旭超	陶海灵	童梦者	王路洋
王炜	王晓翔	王振宇	王郑成	王宗杰	翁聪叶	吴冰洋	吴奉蔚
吴学臻	吴赢洲	夏益凯	向畅	谢萌	徐松杰	薛冀桥	杨柏瀚
杨娜	杨晟	杨文霖	姚剑锋	尤熙俊	俞韬	袁林波	张百仲
张城峰	张建强	张健	张靓	张开炜	张科迪	张科迪	张雷
张磊	张强	张帅	张逸风	张召旋	张正朋	赵若然	郑俊
郑巧	郑叶峰	郑永生	周风雷	周继伟	朱纲	朱亚鹏	诸德熙
邹嘉冰							

2010 级土木工程（卓越班）

蔡承晟	付鹏	傅了一	胡鑫	金跃东	李小刚	梁洪超	林善炜
刘磊	马帜	邵康	王民强	王奇胜	王申昊	王帅	伍玉鑫
项珺剑	肖偲	熊松波	徐卿	徐彦帆	许振东	张婉越	张郑超
赵奇聪	朱成伟	朱谢联					

2010 级建筑学

白宗佑	鲍张丰	蔡正凯	曹力扬	陈秋韵	陈小雨	陈欣	陈秀灵
陈艺佳	陈矗	杜梦颖	方亮	方潇洋	冯小清	高广辉	顾淑姮
贺鹏飞	胡松	胡雨辰	黄道旋	黄珂	黄杨	贾彦琪	姜浩
金主永	赖惠生	雷洁	李宏捷	李睿泠	李深道	刘佳澳	刘佳宁
刘茵	刘振宇	罗静霏	骆昕	马竞	毛影竹	潘博闻	潘雯婷
彭俣	秦阗怡	秋教珉	赛米尔	宋夏君	谭舒蓓	唐烁	唐瑶
田歌川	王焯瑶	王丹	王惠	王佳怡	王敏郦	王秋实	王逸轩
王志中	韦兴利	夏沁	许雷力	许潇文	杨帆	杨佳音	杨铮
姚绮菁	叶姝文	余力谨	张翩翩	张曦晓	张艺	张远	张泽科

| 赵浩向 | 周家骁 | 周 静 | 周馨怡 | 周一晗 | 朱佳敏 | 朱力涵 | 邹 焘 |

2010 级城市规划

查舒婷	柴子娇	陈 峰	陈宏伟	董剑利	顾 彧	李恩增	李一昉
林永添	刘汉晨	刘贺然	刘静文	刘妮娜	刘 琪	刘秦榕	刘 山
刘智睿	鲁哲宇	马澍颢	马 韬	茅路飞	闵 锐	南星宇	潘教正
邱 梦	盛 磊	唐 帆	唐菁华	王 聪	王 骥	王 近	谢 慧
谢泽星	徐慧文	徐 杰	徐 熳	徐 威	徐翔宇	杨一凡	杨岳峰
虞 睿	张文煜	章 怡	赵宪峰	朱 韬			

2010 级水资源与海洋工程

蔡骋宇	蔡振宇	陈 烨	段 翔	方 晗	方 昱	顾海挺	韩奇渊
金成伟	刘 莉	马瑞奇	倪舒倩	戚文杰	邵映豪	韦五堰	吴振宇
杨 柳	余俊飞	余晓岑	张 洪	张 琪	张 旭	张宇超	赵心宇
郑 健	朱淑英						

2011 级土木工程

蔡冰垚	常若愚	陈家荣	陈 隆	陈敏超	陈 强	陈 勤	陈 旭
陈义龙	陈有幸	程冬筱	道日那	邓宜峰	邓 昀	杜佳阳	樊鹏玄
范婧娴	方 力	冯苏阳	冯 莹	高 轶	高 逸	龚长俊	郭炯杰
郭 阳	韩 琛	韩鹏翔	韩沄杉	何海健	何进旋	贺桂山	胡立军
胡展源	黄安琪	黄长发	黄 虎	黄 未	黄彦鑫	黄 左	蒋 捷
蒋乾阳	解 健	雷燕云	黎福海	李 航	李 军	李乐乐	李 论
李 潇	梁 凯	梁禄钜	林春平	林 磊	林 蒙	林 鹏	刘博伦
楼煌杰	楼 姣	罗 岚	孟山远	牟 淼	戚昱薇	钱 程	钱 澄
钱松杰	乔慧男	任 谦	沈 斌	沈东杰	盛 健	施 扬	舒 可
宋一雄	孙 梵	孙 明	孙桐海	孙轩涛	太熙明	汤昱薇	唐 皓
唐亚军	童彦伟	万 磊	王 栋	王 昊	王 晖	王 鹏	王斯宇
王 威	王 勇	王 跃	王云飞	王哲楠	魏 轩	吴斌杰	吴弘宇
吴君涛	吴龙汉	谢梦超	忻俊杰	徐佳乐	徐嘉澍	徐蒋韬	徐 杰
徐霄雁	徐泽杰	许斯宁	许泽宁	许照宇	杨 帆	杨 康	杨星宇
姚珺詠	姚文政	叶俊杰	叶宇康	叶云磊	于恩恩	于 悦	于志超

余兵聪	余方程	余路加	俞东伟	喻锦程	张炳飞	张 辰	张冬华
张 津	张 立	张乔海	张幸煜	张 杨	章 来	章 玲	章书原
赵宗豹	支 颖	周克宇	周洌铖	周 洋	周 哲	周智颖	邹诗卉
左晨刚						

2011 级土木工程（卓越班）

白 航	陈 超	陈佳磊	陈 苑	方 平	葛荟斌	焦听雷	李雪垠
练其安	凌佳燕	刘松华	彭春银	钱晨辉	戎子涵	阮可心	沈晓东
施海锋	孙永宁	王 婕	王 坤	王莉娜	王 祎	杨 旋	姚 杰
曾维来	张沈斌	赵文芳	郑经纬			

2011 级建筑学

卞志文	常 欢	常润泽	陈 汉	陈积琪	陈俊坤	陈 梦	陈睿昕
陈禹男	丁慧超	杜婧凌	杜 颖	冯颖洁	高梦格	龚 昀	巩智利
郭迈叕	郝舒虹	何婧雯	胡 凌	黄小非	姜梦然	蒋梦杰	焦思远
孔 梓	李天歌	李伟格	李相宜	李越鹏	李则慧	练方杰	梁 婷
林 拓	凌俐云	楼丹阳	吕 悠	罗茂文	罗雅云	莫梓豪	欧晓琳
任美子	盛希晨	施 远	舒 婷	孙琪欣	汤梦哲	滕青扬	万洁平
汪 泽	王芳霄	王芳莹	王露露	王 玥	王 展	吴彬彬	吴宜谦
吴雨丝	武向阳	夏 凡	夏 馨	肖 莎	徐欣妍	严了君	杨含悦
杨企航	杨 宇	杨宇豪	姚翔宇	殷冠乔	尹 琴	张方宁	张玲婧
张琦伟	张轶尘	赵晨璐	赵柳琳	周 立	周雪吟	朱广吉	

2011 级城市规划

崔岩磊	段国雯	葛笑玫	顾明杰	顾竹韵	韩天成	郝秀娟	侯馨珂
胡振宇	黄余凯	李琪琰	李晓澜	刘 宇	马家俊	桑雨婷	石宇琪
宋 欢	宋江舟	宋燕婷	孙鼎文	孙多佳	谭慧宇	唐剑锋	万馨予
汪杭新	王林静	王 伟	王耀国	乌斯哈拉	谢浩奇	游奕辉	张 凯
张凌恺	张舒怡	张唯一	朱哲威	祖力胡马·玉山		

2011 级水资源与海洋工程

白直旭	曹 剑	陈 果	陈可越	戴一博	高登奇	韩大庆	解檬恩

林　珠　　卢文彬　　毛胜润　　潘雯娜　　潘益闯　　斯　磊　　吴晓南　　杨文文
周碧云　　周凯凯　　朱运升

2011 级工科实验班(工学)
金容辉

2012 级土木工程
白　震　　柏树壮　　包彦欣　　蔡其增　　陈安康　　陈柏锟　　陈昌昌　　陈　诚
陈汉烽　　陈劲锋　　陈　威　　陈伟强　　陈旭升　　陈　页　　陈煜哲　　褚丞一
但　浩　　邓嘉华　　邓燕羚　　杜　睿　　范晓真　　冯　彬　　付　蕾　　傅子谦
高尤毅　　葛昌嘉　　过　颢　　韩　磊　　韩培华　　何　彤　　贺　帅　　洪　涛
洪云淼　　胡超凡　　胡凌致　　胡鹏飞　　胡逸凡　　黄　程　　黄海威　　黄海舟
黄铁汉　　黄　鑫　　贾武鹏　　江　浅　　江舟童　　姜　硕　　蒋凯恩　　蒋佺芯
蒋亦庞　　金　钗　　金文东　　黎一鸣　　李丹明　　李　凯　　李流祥　　李思尧
李天之　　李天纵　　李　鑫　　李衍赫　　李　翼　　梁育玮　　廖宝亮　　林天帆
林阳波　　林洋杰　　刘明宇　　刘斯杰　　刘伟锋　　刘亦楠　　刘志坚　　柳江南
卢　懿　　鲁建焕　　陆海天　　罗天成　　南博文　　彭佳明　　钱浙明　　秦龙飞
秦玮峰　　邱颖亮　　沈晨瑶　　沈华伟　　沈鸣洲　　孙金成　　孙宇晨　　谭礼林
汤治洲　　唐舜英　　田卒士　　童魏烽　　屠良衡　　汪启寒　　王苍茂　　王熔晓
王舒哲　　王伟地　　王悦洋　　魏　晨　　翁文涛　　吴柯娴　　吴晴辉　　吴　桐
吴子怡　　肖牧遥　　肖　洒　　谢振康　　谢镇荣　　辛　琦　　徐　斌　　徐　斌
徐矜群　　徐　亮　　徐　逸　　许　鹏　　许玉旸　　薛　童　　严　刚　　严俊毅
杨策丞　　杨　怀　　杨　涛　　叶纯欣　　叶何凯　　余　睿　　余松霖　　袁　帅
张柏岩　　张泓泓　　张　建　　张可达　　张鹏飞　　张清皓　　张昱轩　　章立早
章　铭　　赵晨羲　　赵林涛　　赵宇飞　　郑达川　　郑宏煜　　郑俊鹏　　郑　伟
郑一星　　周航凯　　周和乐　　周剑涛　　周禹杉　　周玉冰　　朱　健　　竺　盛
邹　铎

2012 级土木工程(卓越班)
陈　璀　　戴伟顺　　丁　磊　　董小洋　　龚　越　　胡浩瑶　　黄浩航　　黄思翀
黄腾腾　　柯锦涛　　李思黎　　梁铭耀　　刘　青　　刘菀迪　　刘振宇　　强烨佳

汪儒灏	魏智锴	温作鹏	吴宇星	谢胜达	许纯泰	严　凡	张　超
张丽君	张倩婧	张潇文	朱　谊			

2012 级建筑学

白柔嘉	曹馨月	陈函遥	陈　瀑	陈　苣	陈瑞峰	陈睿鑫	陈桑桑
陈梓威	狄晓偶	丁培宇	范梨雨	干可雨	高佳妮	高梦禧	郭璐炜
洪逸帆	胡丁予	胡梦萦	胡晓燕	胡一捷	黄　珂	焦昕宇	李　睿
李　沿	梁　俊	林　肯	刘涵一	刘　梦	龙敏孜	卢百浩	鲁文建
陆仟仟	罗　琪	马　聪	马鈊尔	马若萌	玛拉特	戚　越	上官福豪
邵　鸣	申　正	施行健	舒凯琅	苏思玮	孙蓓蓓	孙继超	汤舒雅
唐意盈	汪　晗	王君霞	王乔偲	王思佳	王小齐	王译羚	王泽洲
王　朕	武　威	夏明杰	谢丹妮	谢腾魁	谢晓瑶	徐　沛	徐樱子
许灵杰	杨珂钰	杨淑涵	杨昱星	杨紫荃	姚依虹	叶在乔	郁彦宸
张　凡	张梦芸	赵颖瑜	赵紫蔷	郑　烨	钟汝晴	周婷杰	周昕怡
周轶凡	朱旺达	朱银杰	诸梦杰	邹宇航		

2012 级城市规划

阿尔曼江·吐尔洪	柏　明	陈奕璇	崔　莹	方云翔	河依拉特·卡拉太依
姜　妍	蒋伊颖	蒋羽晨	黎小龙	李楠丁	林通达	鲁再锟	马　涛
潘　数	庞佳燕	任豪斌	王　晨	王　頔	王婳婳	王　巍	王　鑫
文　清	行　鸣	许　佳	于　佳	余发谷	张方方	张潭潭	张文悦
赵赫男	赵虹博	赵慕萍	周芙蓉	周　颖		

2012 级水资源与海洋工程

蔡敏丹	傅　爽	李彦男	林葵庚	娄晓烽	吕　君	骆晓天	王楷尧
王　岩	谢涵聪	余之航	张博然	张博文	赵　晨	朱崇耀

2013 级土木工程

包玉南	陈晨曦	陈　纯	陈佳慧	陈建璋	陈敏伟	陈宇超	陈振国
程劲松	崔　翔	戴隆祥	丁　通	董家豪	范铭杰	方　睿	方　翔
冯梁铭	冯璋曜	傅杭宇	傅文炜	高　渊	郭超勇	郭经纬	韩熠宗

何振峰	洪　昊	洪子锐	侯奕呈	侯禹州	胡晋豪	胡万波	黄赐荣
黄　晟	黄文雨	黄颖豪	蒋昌哲	金　辰	金林立	金鹏飞	邝恒锋
黎海林	李　丹	李浩然	李　晶	李科呈	李明星	李思仪	李　希
李小杰	李岩咏	李仲策	励天启	练松松	梁家馨	梁嘉俊	刘畅航
刘　丞	刘甫晟	刘　健	刘杰伦	刘　军	刘一芃	刘子明	柳松延
娄豪鹏	楼晨浩	卢富华	陆飞云	陆韬羽	马　超	马伊莉	毛　涛
毛温柔	茅天啸	宓志刚	那森呼	欧泽挺	潘林轩	潘一泽	钱　洁
钱瑞源	任鑫健	阮识翰	沈大利	沈宇天	石　轩	孙岸炜	覃云春
汤晗青	汤旭峰	唐嵩皓	陶　文	涂明浩	汪裕洲	王　旦	王昊阳
王嘉西	王坤寿	王沛东	王少枫	王圣锋	王　鑫	韦飞扬	吴列阳
吴易知	吴作中	谢　辉	谢志禹	徐　波	徐　宁	徐云飞	闫阳阳
杨建峰	杨文涛	杨肖悦	杨泽宁	杨泽群	姚溅昆	叶　韫	应吉吉
余红明	俞鼎伦	俞嘉辉	俞　怡	曾怡婷	张晨辉	张帼一	张浩辰
张佳鑫	张凯文	张　梁	张　挺	赵剑儒	赵政烨	郑嘉东	钟冠毅
周柯宇	周伟伟	朱　铖	朱宇杰	朱芷瑜			

2013 级土木工程（卓越班）

陈李翔	陈泽建	方漪卉	冯　驰	高　顺	顾凌竹	胡锦涛	贾月怡
李长有	李　珂	沈　凯	沈辛夷	施凯辉	孙闻聪	王　琛	王鉴可
王　硕	王再兴	魏璐璐	杨颂清	俞焱曦	曾　彧	詹兴斌	张天航
张一丹	赵夏双	周凌霄	庄延盛				

2013 级建筑学

Tumurbaatr Tuguldur	储宇鑫	丁　一	丁一帆	董舒畅	杜　煜	方晗茜
付江文	付润馨	付鑫玥	郭　蕾	郭若梅	韩昊城	郝雨晨	何　韬
胡晓南	皇甫晓菲	蒋楚篁	李丹阳	李佳檬	李嘉毅	李胤赜	李　泽
郦家骥	梁露露	梁莹莹	林佳栋	林文轩	林歆怡	刘　策	刘　翀
娄颖颖	吕嘉姝	罗力阳	罗玉婷	骆馨燕	马康伟	毛金统	毛宇青
秦士耀	任一凯	孙超哲	汤朱妙	唐玉田	王家成	王嘉慧	王乔玮
王毅超	温皓悦	翁惟繁	吴陈羡	吴佩颖	吴韵诗	吴铮然	伍一峰
徐君豪	徐子帆	严心瞳	杨婉娴	杨晓宇	杨兆轩	姚嘉伟	叶　皓
叶　萌	张晨丹	张颢阳	张克越	张少琪	张玮婷	张　昀	赵　爽

赵文凝	郑俊超	郑南轩	郑盛远	郑诗吟	郑雅馨	郑 直	周宇嘉

2013 级城市规划

陈嘉濠	段 辉

2013 级城乡规划

白玛拉姆	常家齐	陈弘睿	丁 钒	何一开	和震霆	黄启洋	金盼盼
刘 爽	陆孟祁	马 蕾	毛志成	石 磊	覃逸伦	王卓远	吴佳一
吴 轩	吴云莹	吾希洪	武 悦	辛姿卓	徐宁馨	依力米努尔·买买提	
殷雨阳	尤诗韵	詹小稳	张露予	周一帆	朱书颉		

2013 级水利水电工程

关 迪	郭承昊	潘嘉宁	潜凌宇	沈荣华	陶伊平	张家培	钟 健
竺尚阳							

2014 级土木工程

敖 爽	蔡楚瑜	蔡咏池	曹 震	陈昶宇	陈 川	陈华伟	陈佳伟
陈剑语	陈俊兆	陈 铿	陈晓彬	陈晓蔺	陈 新	陈子昊	陈子威
成 功	程鹏允	戴昊锋	丁思远	丁 羽	董学涛	范晨程	方 言
费振霄	高佳豪	高梓淞	耿博文	龚 涛	韩宝来	郝亚磊	何 珊
何振翔	胡 剑	黄文彤	贾皓然	蒋雨豪	金斌荣	金群浩	康亚辉
兰盛泽	雷洪倩	李彬文	李榕凯	李贤康	李占鹏	厉晨阳	梁航通
梁 森	林佳慧	林贤宏	林学智	林 臻	刘 丹	刘荣成	刘世奥
刘 昕	刘 鑫	刘 莹	刘雨佳	刘雨松	柳柯焱	卢 砚	卢哲颖
陆龙尊	吕文鑫	吕宵林	栾明学	马书臣	马学超	满佳娉	莫 栋
欧阳笛帆	彭馨仪	乔冠铭	秦 格	秦卓璠	邱海鸥	邱 昱	沈 健
沈 力	盛高强	石江鹏	宋宸枢	孙黎莎	孙垚枫	谭 婕	汤光锴
汤泽勋	唐俊修	唐俞楠	唐雨浓	田季阳	王朝勇	王甘雨	王 磊
王柳茜	王 睿	王永俊	王雨晨	韦 鹏	卫子相	魏 越	吴凯杰
徐冰冰	徐 刚	徐乾乾	徐文祥	徐张渴	许恒磊	许家祯	许 缘
薛潮帆	晏 琛	晏合利	杨溟钦	杨鹏程	杨奕维	叶霄翔	叶 昕
殷铭简	尹 航	尹 力	应侃君	应萧远	余 奥	余 杰	俞文恺

俞一欣	虞展望	岳文泽	曾韦钧	张搏锐	张高峰	张鹤舰	张劲尧
张晋	张景泉	张鹏	张旗旗	张石宸	张维聪	张翔宇	张阳
张懿敏	赵李阳	赵珊毓	赵志强	郑晖	郑荣	钟芬达	周家鑫
周捷	周沛	周煜辉	周志优	周子策	朱从博	朱佳慧	诸锜
邹阳	俎朝阳						

2014 级土木工程（卓越班）

蔡元	曹家栋	陈佳络	陈鹏宇	陈缘	单旷怡	董冠森	胡浩强
黄家晟	康祺祯	李保珩	刘国星	刘教坤	聂绍凯	寿振宇	孙义舟
王圣	徐坤城	杨斌	姚富根	姚士元	尹崇岱	游雨晴	袁精蔚
曾佳棋	章家炜	赵俞成	周炳	周伊婷			

2014 级建筑学

阿斯康	鲍蕾	曹博	柴恩力	陈书涵	陈悦	杜天豪	方菲
伏彦羲	郭画儿	郭相宁	杭希	胡宇欣	黄海伦	黄翰仪	冀旺旺
李含笑	梁晨	梁懿修	林俊挺	蔺壹	刘昊	刘慧琳	刘伟琦
刘雅茜	陆巧云	马誉凌	毛乙人	倪珩茸	欧阳煜宽	齐安	任梦玉
施宇航	石爽	史韵白	孙少奇	孙玙	谭建良	童珈慧	童心
图布信额尔登		王驰迪	王学林	吴婧一	吴雅冰	吴炎阳	伍爱梅
相瑗瑗	肖晓溪	徐珑珲	徐爽	徐洋奕	许家瑀	颜阳洋	杨慧
杨若菡	杨文韵	杨咏梅	叶盛捷	叶顺安	尹泰俊	尤书剑	余之洋
臧特	曾思铭	詹文轩	张丹锋	张德武	张国力	张含	张婧媛
张思远	张亦凯	张玙璠	张钰祺	张赵嫣斓	张哲欢	张紫娆	赵黄哲
郑宇钧	钟佳滨	周起瑜	朱宏瑞	朱晓逸	庄逸帆		

2014 级城市规划

傅亿	张倩倩

2014 级城乡规划

蔡鑫羽	陈金囡	程明骏	德吉央宗	地力亚尔江·阿布都热依木		费禹涵	
韩泽旭	何建桥	黄柏淋	金旻	李辉	李嘉励	李窈瑶	林钢健
刘皓昀	刘玺杨	刘逸成	陆雪枫	马翊萌	孙颖	谭笑	童诚宇

王　澍　　吴凤雅　　于　洋　　扎西边巴　张柯炜　　章金晶

2014 级水利水电工程

曹薹兮　　樊林浩　　李　睿　　刘一鸣　　路新亮　　潘海龙　　盘文兵　　彭茂林
沈　洁　　万禹廷　　王海鹏　　王　莉　　魏华廷　　张宇宣

（二）硕士研究生

1961 级（未实行学位制）

钢筋混凝土结构　　　　钱在兹

土力学　　　　　　　　陈根媛　　潘秋元

1962 级（未实行学位制）

钢筋混凝土结构　　　　潘鼎元

1964 级（未实行学位制）

钢筋混凝土结构　　　　陆光闾　　宋伯铨

1978 级

钢结构　　　　　　　　芦献荣　　张显杰

钢筋混凝土　　　　　　曾宪纯

软土地基　　　　　　　龚晓南　　王伟堂　　吴世明

拱坝应力　　　　　　　卞凤生　　付方明

结构动力学　　　　　　裘涛　　　郑良知

1979 级

钢筋混凝土结构　　　　周茂新

钢结构　　　　　　　　李士英

1980 级

计算结构力学　　　　　钱根兴

1981 级

岩土工程	施祖元	吴建平			
结构工程	梁 军	罗家永	潘时声	倪海鹰	
水工结构工程	陈 革	杨延毅			

1982 级

岩土工程	杜秀洋	刘世明	谢康和		
结构工程	陈爱勉	陈 红	欧阳瑜	黄一华	许永林	杨晓峰
	赵滇生	朱 军			

1983 级

岩土工程	陈龙珠	胡一峰	章胜南		
结构工程	陈其石	陈云敏	金力敏	蒋志勇	倪一清	滕锦光
水工结构工程	李 辉	王柏生	吴宇飞		
建筑技术科学	郑国荣				

1984 级

岩土工程	陈希有	倪士坎	徐跃民	王建人	
结构工程	陈伯明	陈建飞	胡彩凤	陈 鸣	金国平	楼文娟
	项玉寅	薛黎光	赵乃文		
水工结构工程	蒋建群	张科峰	张秀丽	张土乔	
建筑技术科学	季苏苏	周小宁			

1985 级

结构工程	黄 葭	厉同昌	钱晓清	卢炜煌	史广喜	宋永乐
	陶一华	吴 琳	肖 斌	杨献华	姚 谏	于 钢
	虞国伟	朱云夫			
岩土工程	陈列峰	黄茂松	杨 炯	钱菊生	粘精斌	朱向荣
水工结构	高 波	刘国华	王珞良	娄绍撑	王庆华	
建筑技术科学	胡晓鸣	郎红阳	李双燕	朱卫国	

1986 级

结构工程	蔡丽萍	陈荣荣	邓丽琼	甘德勇	高博青	焦建平
	金晓华	李志安	刘泽纲	楼晓东	邱建仁	王来祥
	吴金奎	肖志斌	徐宇国	杨 军	姚海涛	詹联盟
岩土工程	陈文华	胡 坚	林 琼	杨 丹	余祖国	
建筑技术科学	郭 骅	李雪琳	杨仕超	苑中显	曾 勤	
水工结构工程	陈张林	沈 毅	杨 焯	张衍福	周小宝	

1987 级

结构工程	甘 霖	金福灿	潘金炎	石晓阳	童利华	邬 涛
	吴 飞	姚 坚	尤可坚			
岩土工程	蔡 驰	蔡袁强	曹晓中	陈礼刚	丁万尊	高世宝
	胡 炜	李 光	刘江南	钱慧明	苏世灼	汪尤升
水工结构	金志玉	刘好林	娄常青	鲁玉龙	郑贞宝	

1988 级

结构工程	傅国宏	胡文清	姜贤放	刘佃学	刘贵全	罗尧治
	童建富	王 禹	吴志平	杨 谦	周献祥	
岩土工程	梁国钱	刘洪林	刘小玲	刘一林	唐晓武	王维江
	夏唐代	徐立新				
水工结构	蒋济同	毛艳荣	彭明祥	齐长鑫		
建筑技术科学	亓 萌	沈西平	吴晓春	夏春梅		

1989 级

结构工程	陈永福	洪 滔	金南国	金士俊	林 翔	刘 崟
	任铭宇	施建白	唐曹明	杨学林	周 梁	
岩土工程	杜莽涛	冯 卫	金 波	吴为民	俞 帆	张 航
	张龙海					
水工结构	宫全美	王 煜	吴保旗	谢扬军	闫红菱	
建筑技术科学	沈 杰	施文波	宋江海	吴 璟		

1990 级

结构工程	蔡　红	陈力进	崔昌禹	顾文政	胡继军	胡文清
	金建明	金贤玉	李志飙	刘宏洲	陆杰峰	潘　泓
	任茶仙	王　玮	熊　卫	徐珍凤	张　起	周强
岩土工程	李　挺	刘绪普	施淑群	徐　萍	许见东	曾小强
	张曙光	张忠苗	周焕桥			
水工结构	包志仁					
建筑技术科学	陈　翔	李劲鹏	叶　青			
建筑设计及其理论	李包厢	宋绍杭				
城市规划与设计	徐延安					

1991 级

结构工程	顾　磊	李云松	茆　诚	潘曾发	裴永忠	盛　磊
	王佳萍	王小臣	王玉鹏	吴　剑	吴顺泉	许大庆
	许进军	杨荣华	章　勇	赵　阳		
岩土工程	蔡金标	李本平	刘竞秋	吕志珩	王化天	王戍平
	夏建中	张绍立	张永强			
水工结构	陈重喜	林宝新	苏　娟			
建筑设计及其理论	龚松青	李江南	楼东文	楼宇红	潘　强	吴　景
	周　艳					
城市规划与设计	邵　波					

1992 级

结构工程	陈宏彪	陈新良	黄庆丰	姜　涛	李光范	刘大卫
	刘彦君	孙绍东	王建辉	王平山	郁静红	朱德胜
	朱中义					
岩土工程	郎庆善	李　春	李春赞	刘兴旺	潘林有	尚享林
	汤翔宇	王　星	周新华			
水工结构	江　辉	施新友	谢春文			
建筑技术科学	陈　凯	李效军	马　炯	王　欣		
城市规划与设计	马　俊	彭公进	王益澄			

1993 级

结构工程	包红泽	邓　华	金伟清	李　杰	李　黎	梅　耶
	邱晓忠	沈翔电	谭小梅	吴　慧	吴　平	徐凌峰
	严细水	张明山	赵春华	郑　宏		

岩土工程	陈锦霞	蒋　军	蒋云峰	刘吉福	缪凌峰	史美东
	曾文俊	张效俭	郑保华			

水工结构	柳景青					

建筑技术科学	陈　瑜	黄文柳	来宇红	李丛笑	凌　建	刘平平
	汤学东	张　伟	张　云			

建筑设计及其理论	金晓波	陆　激				

城市规划与设计	周　敏	张　佳				

1994 级

结构工程	陈　劲	陈　勇	陈振强	何海波	黄秋菊	江　韩
	解学营	李冬梅	李向宁	吴　彬	夏　鹏	钟振宇
	卓　新					

岩土工程	陈仁朋	侯永峰	胡庆红	黄昱挺	姜正晖	毛　前
	梅其岳	裴欲晓	汤展飞	袁　静		

水工结构	康会宾	李富强	刘立军	寿鸿鹄	俞洪良	

建筑技术科学	李文驹					

建筑设计及其理论	何　静	何　中	刘　珂	孙　蓉	王晓丹	杨书林
	周　航					

城市规划与设计	饶传坤	宋炳坚				

1995 级

结构工程	单鲁阳	丁　屹	胡达敏	胡辛恺	胡　勇	姜劲枫
	卢爱丽	陆　锋	沈　娆	王巍琳	徐晓红	徐　晖
	赵林茂					

岩土工程	高　浪	郭东杰	楼晓东	王　晖	王　欣	肖　溟
	周宏玮	朱赞凌	邹　冰			

水工结构	黄志斌	李大勇	林伶利	杨雪梅	朱东海	

建筑技术科学	李青梅	张　涛				

建筑设计及其理论	曹震宇	陈　辉	胡慧峰	计　川	雷　鹏	钱　晨
	邱　枫	王宇飞	姚　欣	张　莉		
城市规划与设计	王福定	王伟武	杨培峰			

1996 级

结构工程	安永锋	杜晓庆	纪　平	李宏锋	陆　鑫	潘加富
	夏宇峰	杨玉龙	于玲玲	张　亮	张顺亮	周家伟
	周仙通	朱孝勇				
岩土工程	包　风	陈　磊	陈明中	李绍宏	李文涛	陆　江
	项可祥	俞　峰				
水工结构	杜王盖	林　晨	孙　坚	俞申凯		
建筑技术科学	何光华					
建筑设计及其理论	崔光亚	顾　哲	金　方	汪均如	王　卡	叶长青
	朱宇恒					
城市规划与设计	董洁霜	厉华笑	叶信岳	周晓伟		

1997 级

结构工程	陈海江	陈　侃	陈宇恩	崔晓强	傅　军	梁向伟
	马政纲	庞　苗	亓兴军	沈　湧	田世民	王　锐
	王　勇	吴玉华	肖志荣	闫　明		
岩土工程	冯军洪	冯永正	顾正维	李红军	钱　磊	温振统
	杨　慧	袁海明	张振营			
水工结构工程	陈昌军	洪　源	罗　剑			
建筑经济与管理	匡亚萍	魏成勇	张　凌			
市政工程	葛　娟	吴为义	奚　健			
建筑技术科学	何丹羽					
建筑设计及其理论	陈　广	黄　倩	刘康宏	浦欣成	吴雅萍	张永青
城市规划与设计	陈　钢	连　铭	祁巍锋	徐国良		

1998 级

| 结构工程 | 郭立湘 | 黄伟志 | 郎　婷 | 李小武 | 梁雪冰 | 廖　娟 |
| | 刘　峰 | 刘　玮 | 罗　宏 | 彭文川 | 钱匡亮 | 石旭光 |

	杨　晔	虞　敏	张　猛	赵恩环	朱俊民
岩土工程	常旭辉	金振奋	李　浩	柳崇敏	杨仲轩	余丁一
	俞济棠	张天宝	张耀东	周承涛
水工结构工程	和雪峰	孙宇坤	俞亭超
建筑经济与管理	贺韵琴	陶　琦	温海珍	郑叔民
市政工程	程伟平	叶培伦
港口海岸及近海工程	金爱民	周大成
建筑技术科学	华　颖
建筑设计及其理论	陈小军	葛凌岩	龚　敏	林　涛	马进军	彭建勋
	孙炜炜	徐　鑫	赵秀敏	郑　伟
城市规划与设计	陈前虎	陈玉娟	高　峻	华　绚	李英豪	石　坚
	赵　锋

1999 级

结构工程	布占宇	曹立岭	陈春来	陈光勇	陈维健	范玉辰
	方　颖	高雪瞻	何闰峰	黄大治	黄　翔	李卓东
	梁艳香	廖作才	林南昌	刘冠宇	路　涛	罗才毅
	马永前	倪　炜	潘金龙	庞振钱	乔　冰	曲昌春
	沈雁彬	石路也	王经雨	王立才	温　墉	徐旭东
	杨　克	杨　睿	於其之	郁文杰	曾尚红	张奕薇
	钟才敏
岩土工程	陈　锋	陈　然	关山海	黄　凯	李　彬	李玲玲
	李云飞	刘育民	陆宏敏	罗　昕	任　超	唐朝文
	屠　玮	王丰华	王　恒	吴昌灿	吴晨旭	杨军龙
	张京京	赵志川	周迪永	朱　斌
市政工程	陈　磊	高文明	贺治国	穆加宇	涂银霞	王　霆
港口海岸及近海工程	刘　瑶	田　林	王大志
土木工程	陈弈伟
建筑设计及其理论	陈晓颖	崔　艳	胡　燕	梁卓敏	马　翔	任　震
	肖建波	谢祥辉	杨晓敏	于海涛	张晓晓	张　迅
建筑历史与理论	陈　惟	任牟时	王　雷
建筑技术科学	扈　军	欧阳金龙	石坚韧

城市规划与设计	郭　炯	洪　江	胡永玲	刘中元	曲　炜	王微波
	钟　勇					

2000 级

岩土工程	陈　赟	方　晔	江　雯	李　刚	李　坤
	刘开富	吕一平	任光勇	沈伟志	石中明
	宋仁乾	孙　昱	魏　纲	吴彩霞	辛公锋
	徐浩峰	杨红坡	杨什生	赵志远	周　梁
	祝波恩				
结构工程	陈建军	陈　驹	陈　强	陈　婷	陈晓光
	程慧萍	戴益文	符　刚	高　戈	何国波
	华少中	黄秦波	赖达东	李志峰	廖　理
	林德添	刘　蓓	刘承斌	刘加湾	刘中华
	卢群鑫	裘毅冲	阮积敏	石卫华	孙军华
	孙　容	汤树勇	田森源	王　珩	吴　朋
	杨富涌	姚建锋	于　弋	余剑英	余振翼
	张年文	张　琴	张　松	章　程	章小珍
	赵　勇	郑志均	钟建海	朱俞江	祝　海
水工结构工程	宋连锋	张　潮			
桥梁与隧道工程	程　波	胡峰强	黄竹也	刘巧玲	朱卫国
市政工程	曹国强	陈彦琢	冯世挺	高庆丰	何勇兵
	李小山	王大伟	张　利	张向荣	
防灾减灾工程及防护工程	黄洪波	宋朋金			
港口海岸及近海工程	孙毛明	唐子文	于传见		
建筑设计及其理论	陈冀峻	方　庆	李　南	林　挺	刘　和
	刘　莹	刘竹君	钱　晨	秦　敏	邱　枫
	沈米钢	宋之云	王　驰	王立峰	徐淑宁
	姚冬晖	于　海	余佩瑜	袁　源	朱丽平
建筑历史与理论	孙　航	王　琪	王小春	肖　民	
建筑技术科学	李　波	毛万红	张　雯	郑文晖	朱冰冰
城市规划与设计	林　瑾	刘立耘	罗长海	孟　欣	潘　蓉
	徐　颖	叶东疆	赵国裕	朱红波	邹卓君

2001 级

岩土工程	陈 洪	陈仁伟	董宏波	董亚钦	冯俊福
	冯永冰	龚 健	胡虹宇	黄海丹	金小荣
	李 磊	李沛豪	刘海涛	刘恒新	吕 江
	孟 楷	钦祥伟	阙仁波	孙 智	王 玎
	王 立	吴琦琪	吴钰骅	许 峰	叶陈江
	叶 茂	余功栓	占 宏	张世民	朱世哲
结构工程	鲍科峰	曹国辉	陈海啸	陈武贞	陈兴刚
	陈瑶艳	杜文风	方 韬	付 勇	公晓鸢
	桂海清	郭剑飞	胡 斌	胡向敏	黄海生
	姜群峰	匡祯斌	李本悦	李贵炳	李红梅
	李骏嵘	李 勇	李 政	李志磊	林 郁
	刘继生	刘书江	吕科奇	马晓勤	毛海军
	毛 赞	年有增	沈 毅	施鑫华	舒小乐
	舒晓华	宋容光	苏 斌	田相合	王广浩
	王金鹏	王 荣	王志钊	蔚杨毅	吴金海
	吴晓鹏	吴玄成	吴映栋	伍连敏	夏锋林
	夏 循	谢铁华	严剑松	严 蔚	严文遽
	杨 毅	叶 亮	于 浩	余永辉	张建农
	张 剑	张 楠	张伟才	章 莉	章庆军
	章增当	周 瑾	朱 健	朱群红	
水工结构工程	蔡戈鸣	范庆来	申 玮	王 军	杨伟俊
桥梁与隧道工程	程莉莎	刘 斌	潘伟兵	翁沙羚	严圣友
	姚永丁				
市政工程	邓继明	季广丰	李 洵	刘 珍	卢国光
	秦卫永	宋建锋	王海峰	王生光	王 欣
	王 媛	肖海波	张雪松		
防灾减灾工程及防护工程	胡 琦	马美玲	夏 江		
港口海岸及近海工程	袁 笛				
水力学及河流动力学	袁杜帆	朱晓星			
建筑设计及其理论	陈斌鑫	陈 健	陈 劼	胡 珺	黄 坚
	黄 翔	李 晖	李 雯	李 震	刘新建

	戚　琪	裘晓莲	宋代风	孙科峰	孙　莹
	唐　实	田轶威	王　歆	王轩远	吴　放
	叶　琳	张　召	赵　斌	朱　江	朱　炜
建筑历史与理论	冯　静	邱　明	石增礼	王　川	王小波
建筑技术科学	蔡大风	陈　峰	冯　伟	李振翔	谢小萍
	严育林	张　毅			
城市规划与设计	鲍培培	陈斌鑫	陈　健	陈　劼	丁　旭
	范须壮	冯　静	何洪杭	胡　珺	黄　坚
	黄　翔	李　晖	李　健	李　雯	李　震
	刘新建	戚　琪	钱　俭	钱　伟	邱　明
	裘晓莲	石增礼	宋代风	孙科峰	孙　莹
	唐　实	田轶威	王　川	王纯彬	王　娟
	王小波	王　歆	王轩远	王　忡	吴德刚
	吴　放	叶　琳	张　超	张建中	张　静
	张静莹	张　磊	张　庆	张　召	赵　斌
	郑　卫	周　骏	朱　江	朱　炜	

2002 级

结构工程	彪仿俊	曹　峰	曹庆帅	陈华辉	陈建锋
	程　柯	丁博涵	方　兴	傅　群	郭　磊
	郭文刚	贺海挺	贺业飞	侯敬会	胡凯山
	黄大文	黄　群	姜　涛	姜　涛	焦燏烽
	金　锋	金　虎	康强文	乐进发	李常虹
	李　俐	李　鹏	梁　佶	林　辰	林胜良
	刘涛涛	刘　鑫	刘　阳	刘　义	楼　卓
	鲁　慧	鲁　征	吕朝坤	马燕红	倪志军
	彭伟贤	钱晓斌	孙旭光	唐海军	王　佳
	王建华	王　盛	王　韬	王　轶	翁恩豪
	吴金秋	谢　丰	谢忠良	徐国宏	颜潇潇
	杨大彬	杨钦普	杨英武	杨　铮	杨　治
	杨忠宝	易建龙	余卫江	俞　激	袁　静
	翟　东	翟振锋	张　浩	张怀阳	张贤明

	张　奕	张　轶	张兆宇	赵　琛	赵雅丽
	周平槐	周延阳	周　云	朱耀台	祝金标
	邹　锐				
岩土工程	曹秀娟	段　冰	方仲将	耿雪玉	龚　慈
	龚迪快	郭　平	何耀辉	江　璞	李庆金
	梁晓东	刘红岩	刘增永	娄红霞	芦　森
	陆文哲	秦义新	冉　龙	史成江	孙亚琦
	陶　瑛	王远祥	谢　成	谢　锋	许德胜
	薛　威	杨晓刚	叶肖伟	张国亮	郑灶锋
	周洪峰	周　瑾	周　淼	周铁桥	周万欢
	朱　益	左迎辉			
市政工程	蔡　春	陈菊香	程国强	程　健	邓迎晓
	符燕国	傅世平	胡立锋	金钢锋	刘金星
	楼　玉	偶昌宝	王　飞	王士金	杨益洪
	张世瑕	卓　敏			
防灾减灾工程及防护工程	林旭武	孙小三	夏森炜	徐　琎	叶　彬
	张　洁				
桥梁与隧道工程	陈向阳	丰　硕	梁　柱	林初杰	陆　晖
	陶舍辉	王　刚	王建江	王　林	曾进忠
水力学与河流动力学	鲁平泉	章军军			
水工结构工程	梁汉华	卢慈荣	王浩军	姚懿伦	
港口海岸及近海工程	李　佳	沈益锋	周宏杰		
建筑设计及其理论	陈书蔚	方　华	郭海明	郭　妮	何礼平
	黄宇亮	李锦霞	林冬庞	吕迪华	莫洲瑾
	沈建钰	王　佶	王　洋	王　玥	王志杰
	吴　轩	吴一飞	谢弘颖	徐若峰	薛泰琳
	应小宇	张海燕	张　峥	张祖耀	朱　伟
	朱晓青				
建筑历史与理论	胡秀梅	刘顺为	王松仪	杨晓莉	张春梅
	章瑜云				
建筑技术科学	谭　倩	谭艳平	王跃强	武　茜	
城市规划与设计	陈永强	崔　赫	丁良川	高　颖	黄　娜

李　骏	李疏贝	李小云	连　城	凌海军
刘　丹	骆　祎	孙雪锋	汤　燕	翁　莉
徐　强	杨　扬	应四爱	余碧波	赵　蕾
周金晶	朱　珊			

2003 级

结构工程	艾　威	蔡文琦	曹志毅	曹　磊	陈军毅
	陈小萍	程学昌	程　媛	池远东	冯　进
	傅　翼	高　宇	顾建飞	何大海	何　亮
	何宗成	胡进秀	黄　华	黄樟友	季伟捷
	贾庆扉	李　恒	林宝龙	刘　芳	刘福祺
	刘晶晶	刘若斐	刘　轶	吕少琳	骆咏华
	毛海军	倪国荣	邱　鹏	曲春慧	曲　蒙
	任七华	孙　斌	王显斌	王小丽	王正光
	翁晓博	翁雁麟	吴春雷	伍晓顺	夏　波
	夏　骏	谢艳花	杨利亚	姚晓平	叶　谦
	叶小刚	于　飞	袁霓绯	张　冰	张　兴
	张学安	张佚伦	张正雨	郑　薇	周春芳
	周登峰	朱晓旭			
岩土工程	陈　超	陈海军	高海江	初振环	郭　玮
	何淳健	黄　斌	黄传兵	李鸿波	林廷松
	刘岸军	刘卫未	吕学金	沈青松	施尚伟
	孙　举	危　伟	魏鉴栋	魏有龙	吴庆勇
	徐云剑	杨子松	叶盛华	张广兴	周开茂
市政工程	陈　伟	仇敏玉	卢国光	潘军校	王　伟
	王战国	吴志敏	徐　翘	叶　青	张永华
防灾减灾工程及防护工程	王君鹏	应志民	朱自强		
桥梁与隧道工程	陈　龙	关笑楠	刘　尧	王　晖	伍华成
	余　泉	周志强			
水力学与河流动力学	蔡甫款	孙平锋			
水工结构工程	刘　远	徐　辉	仲立松		
港口海岸及近海工程	李晓燕	章宏伟	祝丽丽		

建筑设计及其理论	邓书汉	方　晔	郭　牧	韩中强	黄　昱
	刘　新	陆倩茜	倪新锋	钱明一	钱　涛
	史永麟	孙啸野	王　杉	王子平	颜晓强
	杨　玲	张　蕾	张艳来	朱珊炯	
建筑历史与理论	黄黎明	王林忠	王灵芝	吴超凡	
建筑技术科学	牛　原	王艳丽			
城市规划与设计	曹　静	陈　飞	丁康乐	段　丽	葛蔓蔓
	蒋正容	孔德智	李　玮	刘兆文	马丽丽
	王　蓉	王艳玲	徐瑞萍	杨　静	杨　敏
	钟惠华				

2004 级

岩土工程	陈再谦	单　君	丁金雷	付小平	郭　跃
	韩　颖	何金凡	黄　进	李　振	廖克武
	娄　荣	宋　洋	唐　翔	王立国	王　众
	吴晓明	夏　令	熊　凯	杨忠良	应　丰
	张　寒	张金菊	张　钧	郑　伟	
结构工程	岑培超	陈孟杰	陈　帅	陈文烈	陈　曦
	程　达	董　杰	樊　烽	方　朋	冯春鹏
	冯立芳	付刊林	富　毅	甘海军	管　瑜
	郭小玲	韩舟轮	何　亮	何运祥	胡小辉
	黄　刚	姜吉坤	兰　磊	刘毛方	刘永淼
	刘　勇	吕延超	倪伟健	彭张立	商王林
	沈　伟	沈志名	苏　健	田嘉萌	万罗为
	王　宏	王静薇	王　俊	王素俭	王　婷
	王　伟	吴　兵	吴会鹏	吴启敏	吴伟河
	武　芳	谢晓霞	熊　平	徐登快	徐国军
	徐　磊	杨　竣	杨晓通	叶　玮	叶雨清
	游贤伦	于　晟	喻雪淞	袁泉水	袁　野
	曾春燕	张　程	张洁洋	张朋来	张　平
	章　慧	赵秋立	郑　鸿	周富荣	周慧君
	周　君				

市政工程	卜　鑫	蔡　钦	范伟霞	方适明	李　琼
	潘翠霞	王贞琴	徐　栋	许峰炜	杨俊涛
	余新建	赵　洋	钟力云		
防灾减灾工程及防护工程	刘　庆	张　超	张玉洁		
桥梁与隧道工程	陈海滨	陈欢欢	陈嘉毅	陈建伟	黄志鹏
	林　泉	魏　迪			
水力学及河流动力学	沈　明	俞柏炎	张展铭		
水工结构工程	刘加进	占　毅	张雪垠		
水文学及水资源	李红仙				
港口海岸及近海工程	华　旦	姜大荣			
建筑设计及其理论	陈立峰	范　婕	姜士煜	金　晶	李　洁
	倪晶衡	时敬明	吴江雄	徐晓玲	杨　欢
	杨　洋	张正辉	周璟璟	朱鹄飞	朱莹峰
建筑历史与理论	刘　航	马　佳	薛少燕		
建筑技术科学	卢玫珺	杨仲华	郑迅杰		
城市规划与设计	陈添明	陈玮玮	费　潇	洪小燕	胡蕴光
	姜芸芸	连德宏	石　华	王建辉	王　珏
	翁芳玲	吴可人	周　洁		

2005 级

岩土工程	蔡奇鹏	陈合龙	程围峰	丁　智	方　俊
	韩冬冬	何俏江	胡　婷	黄洪超	李　征
	柳　伟	吕铁墩	罗春波	梅长益	米君楠
	缪成章	彭吉五	隋来才	童　军	王进学
	王　涛	姚　宁	姚云龙	喻　君	张金良
	张文龙	张仙义	赵　宇		
结构工程	鲍林春	陈　建	陈　磊	陈　平	但堂波
	董建军	董香婷	杜攀峰	郭仁杰	韩晓飞
	何　键	洪一红	黄建羽	黄　伟	黄晓峰
	豁国锋	冀苗苗	李加奎	李　建	李金成
	李　桃	李志强	刘福生	刘深华	卢振永
	毛荣一	莫伟刚	邱　勇	饶　力	沈　建

	沈旭凯	宋 晓	孙 列	汤玉武	汪卓红
	王必刚	王 彬	王东耀	王 广	王海娜
	王敏怡	位翠霞	吴宝申	吴必龙	吴祖咸
	肖琼冠	熊晓明	徐 静	徐仲杰	严淑敏
	杨灵江	姚昌建	姚学峰	叶 锋	叶武强
	叶晓东	伊俊丽	俞一弓	袁 赓	曾 祺
	张达明	张 戈	张 鑫	张艳芳	赵宝军
	赵超超	赵 颀	赵军宝	赵平均	郑喜亮
	周 佳	周 礼	周 雪	周志钢	
市政工程	程 群	蒋承杰	蒋建龙	刘红林	楼华锋
	毛瑜芳	潘耀辉	张策萍	张航基	
防灾减灾工程及防护工程	王 峰	吴志军	杨 抗	朱向东	
桥梁与隧道工程	龚世康	王立超	王业飞	徐业飞	朱小辉
	朱越峰				
道路与铁道工程	苏 生				
水力学及河流动力学	陈中涛	吉乔伟	谢 坤		
水工结构工程	蔡翔宇	柳 卓	吴 桐		
水文学及水资源	韩巧欠				
港口海岸及近海工程	戚德强	王高阳			
船舶与海洋结构物设计制造	张 威				
海洋建筑物与环境	叶 桢				
建筑设计及其理论	包 健	陈 吉	陈 璐	樊 行	范殷雷
	何伟骥	金 峰	康 健	李澍田	李峥峥
	彭荣斌	饶晓晓	汤剑阳	唐 君	王婧芳
	魏京阳	许 光	杨丽华	杨 梅	章臻颖
建筑历史与理论	王丹丹	吴朝辉			
建筑技术科学	李 程	王美燕	杨正涛	张 宇	
城市规划与设计	陈嫦娥	陈锋义	丁珊胭	金登杨	金 鑫
	李雯莉	林媛媛	秦 杨	汤坚立	王建正
	王 琳	吴一洲	杨红芳	应云仙	喻孙坤
	张荣华	郑志锋			

2006 级

岩土工程	陈　锋	陈嘉熹	代恒军	邓志秋	丁晓勇
	郭　雷	柯海熬	刘　超	刘　洋	刘　振
	罗　军	邵允铖	施明雄	万晓丽	王沙燚
	吴剑锋	徐　妍	许军平	许　伟	杨立伟
	杨相如	杨宗奇	曾二贤	竺　松	
结构工程	鲍立华	岑　伟	常景国	常志巍	程燕红
	邓　斌	董诗忆	范　博	付智强	高祥杰
	顾强强	韩克良	胡卫法	胡晓霞	江亦海
	蒋本卫	金明彦	孔德娟	李正琪	梁振庭
	廖志刚	林华峰	林湘祁	刘国光	刘磊磊
	刘启刚	刘永方	刘樟森	楼俊晖	鲁玲玲
	吕超力	吕　军	吕　翼	马春来	马洪步
	马知瑶	孟凡丽	牛婷婷	彭志伟	容　里
	申玉忠	孙　觅	唐　华	唐　亮	陶　亮
	汪光满	王纲彬	王继涛	王伟鉴	王振峰
	吴炜伟	吴小平	肖　新	徐　波	徐建全
	徐　晋	杨超辉	杨代恒	杨　璐	姚秋实
	尹子君	喻桂林	曾　辉	张陈胜	张　欢
	张　磊	张　琳	张琦进	张　欣	张　彦
	张痒足	赵　霄	赵晓旭	郑　灿	郑建灿
	周佳毅	周　俊	周雨斌	周　彧	周运朱
	朱一凡				
市政工程	郭少贤	李　莉	王　蕾	谢家华	张华锋
	赵　黎				
防灾减灾工程及防护工程	韩青儿	胡立科			
桥梁与隧道工程	柏华军	曹明明	顾森华	林晓威	史鹏程
	徐洪权	章利军	周　畅	朱鹏志	
道路与铁道工程	华爱娅	李　想	粟弼国		
水力学及河流动力学	刘志贤	潘炳成			
水工结构工程	李立飞	徐轶慷	周荣刚		
水文学及水资源	童杨斌	张若旻			

港口海岸及近海工程	丁　琦	张齐焰	朱　晓		
海洋建筑物与环境	孙新民				
建筑设计及其理论	曹　洋	陈　娴	陈　怡	冯　昱	高　蔚
	胡冀现	权公恕	王　欢	王立明	魏　刚
	翁智伟	肖　吟	邢明泉	于慧芳	朱　峰
	朱培栋				
建筑历史与理论	谷增辉	张　吉			
建筑技术科学	陈　钰	苟中华	李　佳	罗晓予	徐力立
城市规划与设计	陈伟峰	陈玉龙	梁影君	柳上晓	柳天旸
	彭　琼	钱　颖	孙昌盛	王　帆	王瑞林
	吴颖婕	薛　瑾	薛友谊	杨泽霖	叶琴英
	叶　艇	郑　懿	周宁宁		

2007 级

岩土工程	陈　晨	陈成振	陈永伟	单振东	丁　浩
	龚　瑜	管林波	管仁秋	郭杰锋	郭志威
	何　萌	贺静漪	胡建荣	胡学科	黄　东
	黄福明	姜　民	焦　丹	荆子菁	李剑强
	李　君	李　涛	李昕睿	林　刚	刘骏龙
	刘　钊	任　涛	寿　旋	宋　华	汪胜忠
	王华强	王耀商	吴勇华	伍云利	余　坤
	张飞霞	张革强	张　勋	朱　季	
结构工程	陈　敏	陈为飞	成　盛	程　婕	程　军
	程　亮	杜　健	黄　山	黄玉香	季　亮
	蒋梅玲	李　超	李进晓	刘　亮	楼超超
	鲁元兵	吕晓东	罗　澎	罗扬飞	毛土明
	苗永志	潘振达	庞　礴	彭　智	任　斌
	任海洋	邵　峰	宋　峰	陶　然	汪毅俊
	王传坤	王小波	翁小平	吴成万	谢道清
	徐龙坤	徐婷婷	徐　挺	徐小巍	杨　帆
	杨　鸿	叶青会	尹毅颖	余关鹏	俞冬良
	袁光辉	袁　林	张海义	张　瑞	张　翔

	张幸锵	赵　忻	周　南	周　伟	朱升波
市政工程	刘润生	莫伟丽	饶勤波	沈　承	王　洋
	吴赛男	喻志洁	张　巍	周　胤	
防灾减灾工程及防护工程	高　杰	季朝将	蒋红光	焦栋梁	林德建
	刘晓煜	姚远涛	祝　末		
工程管理	卜　翀	何　佳	花　放	姜　敏	彭鲁凤
	王　媛	项　闯	余小燕	张跃威	
桥梁与隧道工程	陈　勇	何建胜	李春辉	李季隆	孙良凤
	吴孙尧	徐　欣	张婷婷	张志伟	周青松
	周玉龙	朱　磊			
道路与铁道工程	魏晓冬	叶冬明	于伟达		
水力学及河流动力学	池云飞	傅理文	柯　勰	章永乐	
水工结构工程	陈银鲁	褚贵庆	杨　斌	赵　静	
水文学及水资源	富　强	屈国栋	俞超锋	张庆庆	
港口海岸及近海工程	戎斌斌	邵　凯	王　斌	杨晓东	张翀超
	周姝贞				
建筑设计及其理论	陈　俊	陈　科	程　俊	程　琼	方　婷
	高晓昧	黄东丰	金　祎	孔溢勤	李笑言
	林萍英	楼　杰	彭　俊	钱逸卿	钱振澜
	秦　浩	孙　凌	吴　锐	应　瑛	俞　音
	周　洁				
建筑历史与理论	陈华珺	吕守娜	郑　堃		
建筑技术科学	蔡强新	陈　湛	何海霞	沈婷婷	张　洁
城市规划与设计	傅盈盈	龚　鸽	胡适人	黄　盛	江佳遥
	金建伟	李国梁	李　利	倪晶晶	沈颖溢
	孙　宁	王玉英	张　婧	张康建	张　锟
	张野平	周　文			

2008 级

岩土工程	陈博浪	陈　伟	陈伟军	邓林恒	邓以亮
	房志辉	冯伟强	顾高莉	江　涛	孔德琼
	寇乃羽	李碧青	李　鹤	李坚卿	刘　凯

	刘 伟	牟 儒	沈 磊	史海栋	宋 广
	宋欢平	孙 安	唐 强	陶立为	王佳琦
	王 龙	王 梅	王书行	王 玉	王志凯
	吴晓君	谢志专	余 银	袁江宏	张 俊
	赵玉勃	郑贝贝	郑鸿镔	郑俊清	钟润辉
	周志刚	朱幸科			
结构工程	艾文超	蔡朋程	岑迪钦	陈 强	陈 强
	陈 源	崔碧琪	邓 欢	董宜森	杜 钢
	龚 盈	龚正炉	郭 峻	胡秉偃	胡乐生
	胡 亮	黄旭乐	江定宇	雷 翔	李 蓓
	李兰香	李 哲	梁宸宇	刘传佳	蒲 凡
	钱利锋	任传尧	宋嘉文	宋荣敏	谭 卓
	陶 健	汪小娣	王俊杰	王宁博	王洽亲
	王 旭	王 毅	武军录	夏 谦	夏 天
	徐 佳	徐建国	徐 亮	徐晓斌	许国杰
	杨俊涛	杨 青	杨 勇	殷 晨	余 江
	苑佳谦	曾 凯	张向辉	张小连	张阳阳
	张 玉	赵文争	朱浩川		
市政工程	陈心凤	郭诗文	刘思远	严 露	战国会
	张利娟	张念卿			
防灾减灾工程及防护工程	蔡淑静	郭佳鹏	姜 新	李小菊	史生志
	孙凤玲	唐文成	伍琪琳	徐正红	周路军
工程管理	曹白露	邓 炯	邓 韬	黄伟鑫	孔春华
	李庆成	刘 悦	吕雪梦	奚兵兵	徐 骋
	张 荣	朱子乔			
桥梁与隧道工程	陈海浪	胡 蒙	黄海燕	姜平安	李秋萍
	刘 承	潘 宏	邵斌磊	沈利栋	吴金鑫
	徐 冲	徐建武	张科乾		
道路与铁道工程	杜倩倩	李永永	王新飞	张其践	
水力学及河流动力学	蔡武林	陈一帆	方镜平		
水工结构工程	吴志根	杨 超	张 彪	朱方剑	
水文学及水资源	关 驰	林盛吉	刘 旺	尚长健	

港口海岸及近海工程	黄锦真	黄兰芳	吴松华	吴 桢	朱斌
海洋建筑与环境	吕国儿				
建筑设计及其理论	陈益龙	陈宗炎	崔 赫	贾 晶	姜云娇
	廖 源	林 静	彭远芳	亓 倩	孙 翌
	王 锋	王俊锋	王启宇	王雪如	王卓佳
	吴 越	薛欣欣	闫立惠	杨 淼	郑 斐
建筑历史与理论	李 洪	刘 瞻	王 挺		
建筑技术科学	李世元	毛 伟	燕 艳	朱晓伟	
城市规划与设计	李思迪	刘吉平	刘 彦	楼 铱	罗一南
	马 佳	马 倩	潘聪林	阮丽芬	沈 奕
	石晓风	汤婧婕	肖卫星	杨 威	叶鸿志
	叶 欣	张雍雍	郑 芳	周轶男	

2009 级

岩土工程	安 然	常 超	董全杨	甘 涛	郭 恒
	何景愈	侯 键	胡俊清	姜丽红	姜英伟
	孔祥冰	李 俊	李晓珍	李兆超	连宝琴
	梁孟根	刘 斌	刘新峰	卢文博	罗小勇
	罗志元	彭永飞	齐立志	钱天平	饶 航
	沈建生	沈 伟	斯丽莎	唐 琳	陶 冶
	涂福彬	汪清静	王文芳	王文涛	王智杰
	王作洲	吴有霞	武登辉	严佳佳	杨永文
	杨永垚	张庆贺	周 洋		
结构工程	陈 超	陈 军	陈 凯	陈 震	程江敏
	戴 虹	董延骏	高军虎	高术森	郭春伶
	郝维平	何江飞	洪天从	胡 狄	黄 芳
	黄苗周	黄俏俏	蒋 莹	李 刚	李利民
	李志远	林 巍	林 寅	刘河江	刘宏创
	刘 盼	柳国光	卢哲刚	倪闻昊	彭国之
	彭 涛	邵景华	沈 翀	沈 晖	盛建康
	时吉涛	宋智杰	孙金阳	孙陶苑正	王戴薇
	魏昊岩	吴冰镠	吴 亢	吴 强	夏美梦

	徐春晓	徐伽南	许京梦	杨 涛	叶箐箐
	张海钧	张民锐	张兆龙	章思颖	赵荣伟
	郑永鑫	钟晓俊	钟舟能	周 练	朱华伟
	祝顺来				
市政工程	黄佐之	姜利杰	金俊武	李 剑	刘 阳
	王晓卉	王子阳	周慧平		
防灾减灾工程及防护工程	董 超	方华建	秦 敏	铁富忠	王翔翔
	杨 萤	叶贺炯	张建安	张 鹏	卓 宁
工程管理	陈富明	陈佳玲	陈 一	方洪伟	何青峰
	李 智	裘琼洁	颜 博	杨国华	张之礼
	钟金来				
桥梁与隧道工程	陈德权	董可丽	董伟伟	冯 倩	韩 晗
	胡开建	匡勇江	廖小伟	林建平	刘成熹
	王冠楠	吴冬雁	吴 涛	袁 佩	
道路与铁道工程	刘 卓	王夕鹏	徐小剑	张 雷	
水力学及河流动力学	廖锡健	刘 斌			
水工结构工程	鲍 鑫	曹晓萌	陆益挺	张劲帆	赵 洋
水文学及水资源	梁小俊	钱 群	徐 晓	杨文参	
港口海岸及近海工程	陈 琴	冯沈科	胡 晨	卢雅倩	谢长飞
	袁金雄	钟 杰			
海洋建筑与环境	金晓明				
建筑设计及其理论	陈世钊	杜佩君	黄 吉	贾秀颖	金沐晨
	金紫崧	柯凌琦	李 季	马灵燕	王立锋
	吴 琼	徐 赞	许益盛	杨露露	叶怀仁
	于欣淼	余琳骅	张 昕	朱 凌	朱 献
建筑历史与理论	程 蕾				
建筑技术科学	金 武	王 曼	岳 淼	展圣洁	周 晓
城市规划与设计	董翊明	韩卫敏	黄 江	江 勇	姜方鑫
	钱国栋	邵宇翎	孙天钘	王 炜	王颖芳
	吴雅娇	张 晨	张彦芝	周 雯	朱焕彬
建筑与土木工程(专业学位)	陈玉龙	郝海鹏	洪江波	胡明杰	李 涛
	陆慧敏	上官果果	时红斌	田钟维	王孝红

| | 王一帆 | 岳　平 | 曾令福 | 郑蕾董 | 周坚毅 |
| | 朱　敬 | | | | |

2010 级

岩土工程	曹　洋	陈光仔	陈晓哲	陈　卓	成守泽
	豆红强	樊继营	葛国宝	蒋弘毅	蒋祝金
	金皖锋	李　玲	李一雯	梁　甜	廖　斌
	刘安远	刘洪凯	刘念武	刘　续	刘　源
	罗永健	马　攀	马小飞	聂文峰	戚顺超
	申　昊	寿明鑫	王　筠	谢永贵	熊　根
	杨春宝	杨　淼	袁　万	张光建	张宏伟
	郑　中	钟孝乐	周　煜		
结构工程	白光波	蔡思思	曹冬辉	陈　璨	程震宇
	杜慧琳	郭　柱	胡　波	胡鹏飞	黄　涛
	李　金	李　勰	刘　钝	刘亮亮	梅宇佳
	倪秋斌	倪星月	庞岩峰	彭琪雯	孙　斌
	唐婷婷	陶文登	屠海滨	王　宸	王　东
	王　海	王　磊	王诺思	王　祥	王雪松
	王　毅	吴　麟	吴瑛瑶	夏　亮	项国通
	谢雅琪	熊前锦	徐　帆	徐庆磊	徐　羿
	徐媛杰	许　平	叶海隆	叶　俊	叶　赟
	于　淼	余彬彬	余俊伟	俞秋佳	张　力
	张小勇	甄胜涛	郑　超	郑　阳	朱铁城
市政工程	褚铅波	邓思思	高玖藜	郭书魁	孙嘉宁
	王嘉伟	王　淼	徐咏咏	曾　超	
防灾减灾工程及防护工程	高　原	纪晓佳	聂贻哲	吴　俊	徐嘉迟
	杨　帅	杨勇勇	张　蕾	赵　帆	
工程管理	包洪洁	曹功立	顾昌全	李旭宁	舒友韬
	吴文竞	许　拓	杨　尚	郑晓玲	
桥梁与隧道工程	邓川宁	何　科	蒋　勇	李剑锃	李忠良
	刘丽思	孙文江	邢　骋	杨　静	姚晨纯
	殷　平	郁钧晖	朱建科		

道路与铁道工程	陈奕声	孙丽娟	谭　真	王方中	曾志远
水力学及河流动力学	张新海				
水工结构工程	刘　波	谢　翔			
水文学及水资源	梁　宁	王翠柏	徐晓东	张发耀	赵　悦
海洋建筑与环境	安　妮				
建筑设计及其理论	蔡　颖	陈　欣	陈治宇	古振强	何　陵
	晋　晶	林　睿	毛科轶	倪书雯	盛　锴
	宋瑞琪	孙啸宇	陶伊奇	王　丽	王　旭
	杨海英	詹笑冬	张睿杰	郑颖生	
建筑历史与理论	蒋　璐				
建筑技术科学	郭晓娟	贾殿鑫	应丹华	张惠敏	张　钰
城市规划与设计	郭敏燕	洪祎丹	蒋　婧	金　一	罗双双
	罗文靓	钱　澄	桑万琛	万　丽	闫　辉
	杨华杰	张　晨	郑　岭	周　玲	
建筑与土木工程（专业学位）	鲍华峰	鲍涵思	蔡淑钏	曹龙呈	陈钧华
	陈　涛	成俊凯	冯肖岚	顾观东	关士杰
	胡频飞	胡欣科	黄　磊	焦海峰	郎大志
	鲁志华	钱华君	钱　涛	沈鹏飞	史国雷
	舒丽芳	索　靖	唐丽丽	陶　伟	王皓昉
	吴佳莉	吴中华	谢　荥	姚　琼	张文龙
	赵百阳	赵东强	钟丽娜	周　超	周文丝
	周逸骏	周　煜	周煜杰		

2011 级

岩土工程	蔡武军	畅　帅	陈　鑫	郭　城	贺鹏飞
	李菲菲	李　男	李永刚	蔺　港	刘晶晶
	刘婧雯	刘正义	龙　凡	穆青翼	倪伟杰
	沈斯亮	苏佳兴	孙中菊	王　杰	王　磊
	王誉泽	吴　渐	伍程杰	徐芫蕾	许忠源
	杨彦豪	杨益彪	张甲林	张　杰	张　举
	张　涛	张晓冬	赵　星	朱　伟	
结构工程	程　睿	付　晔	葛梦娇	侯阳阳	黄　楠

	黄启军	黄瑞璞	黄　婷	江　生	蒋旭东
	金　砺	李国清	李　昕	李　跃	林红威
	刘逸祥	楼航飞	潘　磊	潘小涛	彭光宇
	邵寿磊	申士军	沈嘉嘉	宋　靖	唐雪梅
	万　洁	汪　昱	王宇纬	吴敏莉	向　宇
	邢界泉	徐梦雅	徐振楠	杨　晶	杨小草
	姚　旦	于　磊	喻　田	詹海雷	张传杰
	张功义	张　坚	张　金	张　亮	张文超
	张相悦	张行强	赵兴忠		

市政工程	巴依尔明达		黄　标	黄佳佳	李　亮
	李　强	李鑫龙	刘青青	毛敏敏	莫祖澜
	王　磊	王璐文	王子龙	周慧慧	

防灾减灾工程及防护工程	戴筱潇	何婷婷	邱　丽	任姗姗	田武成
	银　鸽	张　茹	张玮光		

工程管理	卜晓庆	马艳婷	申龙江	孙楠楠	王　萍

桥梁与隧道工程	陈双聪	方　远	林天然	潘剑超	苏俊杰
	陶　翀	王建金	王龙威	王晓峰	温　敏
	张黎昌	张燕青	赵福利		

道路与铁道工程	范亮平	胡　蓉	罗圆月	秦　勃	韦　薇
	赵朝发	赵伟明			

水力学及河流动力学	白　皓	陈国龙			

水工结构工程	曹建国	高希超	王　川	武维毓	赵丹丹

水文学及水资源	李　飞	刘国良	马　冲	吴秀山	周孝鑫

建筑设计及其理论	蒋心辰	吕　妍	马志良	毛志远	裘　昉
	宿　也	屠芳奇	王文哲	吴佳慧	吴洁琼
	吴晓萍	谢　冰	胥　琳	袁　涛	袁　越
	钟青静	周姚熠	朱　博	祝　容	

建筑历史与理论	江　珊				

建筑技术科学	崔振华	方　祁	胡轩昂	王方明	

城市规划与设计	陈美芳	陈　濛	李　铣	庞国彧	彭健航
	邵雨莲	施　索	童　磊	吴　霜	徐呈程
	徐　峰	张　斌	朱炜钦	朱　霞	

建筑与土木工程（专业学位）	崔　鑫	甘伟昌	何源源	黄　艳	姜　帅
	姜哲远	李锐康	楼瑛浩	吕　江	马　妍
	毛雨桥	孟睿覃	欧加加	潘　郁	钱淼华
	裘慧杰	宋广远	孙　飞	汤　焱	王国华
	王何忆	王璐璐	吴　晓	熊傲雪	徐　翔
	许笑笛	俞海峰	俞　炜	张晨旭	张　灏
	张利锋	张　瑛	章　园	周　扬	朱　理

2012 级

岩土工程	白　彬	陈柯星	陈鹏飞	陈星耀	邓　鹏
	冯　彬	冯　香	龚　标	胡平川	贾玉帅
	江　朋	李公羽	李宏伟	李　涛	李　伟
	刘　峰	宁孝梁	曲　哲	苏勤卫	孙　威
	童　星	汪焱卫	吴　浩	徐礼阁	徐丽阳
	徐泽龙	杨秋华	叶　剑	庾焱秋	张玮鹏
	张旭俊	赵　晴	郑　健		
结构工程	白　娜	陈才生	陈　迪	陈　建	杜明月
	樊勇伟	方庆伟	方　廷	胡　勋	江　存
	李锋波	李路苹	李骁然	李　杨	刘齐霞
	罗蒋皓	马　腾	闵　丽	施梦迪	宋明亮
	孙　铭	童　晶	王梦华	谢俊乔	徐李杰
	徐亦斌	许卫平	杨　琴	杨　悦	余秀丽
	张晓龙	张　尹	郑力翀	郑　涛	周　斌
	周倩南	朱术华	左　佑		
市政工程	陈思嘉	郭东进	景　帅	李　淞	王城泉
	王思照	易文涛	赵桃桃		
防灾减灾工程及防护工程	高　明	刘方梅	钱　鹏	魏振磊	吴敏捷
	肖志鹏	张轶群			
工程管理	韩秉玺	李汉飞	李洪宇	邵　进	陶云龙
	严　伟	尹晶萍	张孟博	张明涛	
桥梁与隧道工程	鲍光建	常　晖	陈一日	李　频	李少骏
	刘　漳	楼旦丰	潘骁宇	王　旋	张　翔

	张永平	郑晨曦	钟婧如		
道路与铁道工程	葛倩如	林 骋	王 振	吴 越	武 斌
	张 欣				
供热、供燃气、通风及空调工程	潘洁晨	郑 芸			
水力学及河流动力学	俞韵祺				
水工结构工程	陈牧原	娄亚东	叶 甜	张 宁	
水文学及水资源	蒋元生	泮苏莉	尚淑丽	童 建	
城乡规划学	陈 巍	范 琪	洪冬晨	刘 昭	童 心
	王 虹	王 也	杨 冰	赵文忠	郑碧云
	周子懿	朱 良	朱婷媛		
交通信息工程及控制	叶 盈				
交通运输规划与管理	戴美伟				
建筑与土木工程(专业学位)	陈士堃	陈 轩	邓小龙	丁海军	丁杭杰
	丁 锐	冯梦萍	傅挺挺	高 阳	高智博
	郭 婧	韩 俊	何凯军	李 钢	李海龙
	李志飞	李智宁	廖乾健	林高峰	林 立
	吕易璠	倪莹莹	裴 超	孙凤明	孙丽丽
	陶 良	王剑虎	王金艳	吴承卉	吴 进
	夏 霄				
水利工程(专业学位)	陈 锴	王银良	周柳萍		
建筑学(专业学位)	陈 晨	陈多俐	方 怡	冯 真	傅君倚
	何莉莎	何雅俊	黄长静	李 冰	李 妍
	郦文曦	楼璐蓓	卢文华	马云飞	潘佳梦
	潜莎娅	秦 玲	曲 劼	饶 峥	史晓琳
	汤真真	王 静	王 智	魏园园	徐光耀
	严嘉伟	杨 玥	张 亮	张昱昊	张艳颖
	张 韵	赵 怡	朱明海	朱益飞	
交通运输工程(专业学位)	胡晓宇	汤月华	杨 骞		

2013 级

岩土工程	陈进美	郭淇钢	郭小青	郝 鑫	李凤涛
	刘 辉	孟凡衍	邱子义	孙志翔	谭晓明

	汪轶群	王传伟	王伊丽	吴 勇	夏长青
	姚宏波	殷 铭	张 凡	张金红	张孟雅
	张如如	朱 旻	宗露丹		
结构工程	陈 腾	陈哲武	戴 维	董 凯	冯 鹤
	杭世选	何方祥	胡 枫	雷明玮	李宾宾
	李正昊	梁小雨	刘康华	鲁 浩	吕君锋
	潘 炜	彭 军	孙凤先	王 飞	王 珏
	王 军	武 丹	熊海超	徐渊函	杨潮军
	杨咏妍	章圣冶	周峥栋	朱 东	朱吉吉
	朱耀鑫	邹 丁			
市政工程	陈冬强	黄 宁	金汉峰	李训超	罗志逢
	于搏海	余 浪	赵敬国		
防灾减灾工程及防护工程	程 博	彭家坤	邱庆莉	童凯凯	郑 浩
工程管理	雷小龙	任芳敏	魏献荣	杨 冰	张 燕
桥梁与隧道工程	董传智	管羽飞	何超超	李鹏昊	刘兴喜
	潘民浩	唐 晶			
道路与铁道工程	陈艳妮	梅朔华	苏世定	万 蕾	游思增
	张 驰	朱 静			
水力学及河流动力学	刘恩华	潘锦豪	尧 锋		
水工结构工程	陈泳妍	关超尘	李 强	王 凯	
水文学及水资源	汤 斌	张春华	张建全	赵世凯	
城乡规划学	蔡异翔	傅 晓	顾怡川	何智锋	侯 焱
	唐彩飞	陶一超	万锐俊	汪 琴	王金金
	王梦璐	杨剑雄	张念思	张圣武	
交通信息工程及控制	楼齐峰	孙凌涛			
交通运输规划与管理	蔡正义				
建筑与土木工程(专业学位)	蔡 露	曹长明	陈佳芸	陈 微	贺景峰
	黄 利	贾瑞雨	姜 栋	蒋小明	金立乔
	李嘉杰	李 良	李鹏飞	李天昊	李 尧
	刘 婕	刘 炜	马晨伊	钱文见	冉 杨
	任 伟	史卓然	孙碧虹	孙世烨	孙 挺
	汤建冬	王佳圆	王 磊	王先锋	王雪燕

	王永安	吴小雯	谢恩献	谢灵翔	邢建见
	徐　锃	徐祯耀	许建丰	杨丽红	杨　平
	杨勤锋	姚宁波	叶灵鹏	应建坤	余永富
	张　闯	张　达	张鲲鹏	张婷婷	赵　云
	郑继开	钟佳恩	钟　杰	周晓亮	周泽生
水利工程(专业学位)	高　超	戎丹雅	张丽红	朱森俊	
建筑学(专业学位)	安秉君	邓延龙	干　露	季群珊	蒋迪刚
	金　通	刘　飞	刘华存	刘　杰	刘俊竹
	牟林森	倪　彬	苏　军	王惠颖	王　培
	王蓉蓉	王斯熠	王晓帆	温茜玥	吴杭冬
	吴　俊	吴杏春	徐崭青	许梦媛	闫　嘉
	曾伊凡	翟　健	赵金梅	赵晓青	郑嘉禧
	郑　媛	周　珊	周晓雯	朱笔峰	朱单靖
	邹靖宇	左　芸			

2014 级

岩土工程	蔡　聪	陈冠年	董　鼎	冯　忠	李姣阳
	李琪群	李卓峰	李卓明	龙　岩	彭　赵
	王小刚	王一楠	王云龙	叶跃鸿	余启致
	张宏志	张子浩	章吟秋	赵　莉	祝周杰
结构工程	陈　聪	陈　远	段佳君	房久鑫	冯斌斌
	桂龙辉	郝传忠	黄　嵩	李臣飞	李妍瑶
	李媛媛	李　忠	梁健宇	刘佳敏	刘思含
	马卫强	毛荷月	宁　楠	任记波	汪建伟
	王　君	王雅峰	吴宏康	向　畅	杨　帆
	姚　科	姚　勇	余　蔚	张生伟	赵凯龙
	周　易	朱亚鹏	祝玉麒	邹　斌	
市政工程	陈新波	陈怡凝	方　乐	李玲丹	罗　璋
	裘洪莺	申屠华斌	施晓帆	易立达	
防灾减灾工程及防护工程	黄　赠	李郑梁	沈　扬	王翔宇	翁　昕
	周春锋				
工程管理	江艳飞	金逸兰	李婧平	尚艺舒	王　荷

	徐忠洋	余岷燚	郑荣贝	
桥梁与隧道工程	郭树海	何栋梁	郑亚坤	刘　坦	吕鹏飞
	王　炜	袁　栋	张　良	
道路与铁道工程	包健西	肖继强	谢亦红	虞萍萍
供热、供燃气、通风及空调工程	刘天际			
水力学及河流动力学	闫　涛	张　洪		
水工结构工程	刘建超	王　鹏	周　威	周雪梅
水文学及水资源	焦跃腾	刘　燕	赵智超	
城乡规划学	董　越	韩烨子	马合帕尔·国迈	马淇蔚
	施筱雯	陶舒晨	童　济	王彦春	辛文平
	徐　丹	郑浩宇	朱云辰	祝立雄
交通信息工程及控制	熊满初			
交通运输规划与管理	陈欣垚	龚成宇	刘美岐	庞钰琪
建筑与土木工程（专业学位）	蔡知进	付雅文	高静连	谷立芹	胡军华
	胡盛楠	黄玉佩	兰　璐	李存谊	李　腾
	林善炜	刘金杰	刘　磊	刘力侨	刘萌萌
	吕华斌	罗　肖	马利超	孟利清	莫凯程
	钱　栋	钱　未	沈　言	沈炎娣	孙冬冬
	孙恺祺	万　璋	王宝峰	王申昊	王　霄
	王旭伟	王志琰	文一多	吴哲健	项凯潇
	谢　超	熊松波	徐　林	徐松杰	徐彦帆
	许振东	晏凌晗	杨逸敏	杨　毅	于凤荣
	袁飞飞	张洛栋	张　扬	张郑超	赵奇聪
	郑国昌			
水利工程（专业学位）	李晨煜	李楠楠	刘尧兵	徐诚侃	严华祥
	杨　柳	张东尼		
建筑学（专业学位）	陈林冰	陈亚月	邓奥博	董箫欢	杜浩渊
	杜信池	方梦翌	郝伟栋	何川南	何其乐
	纪　敏	金楚豪	李秋莹	刘　斌	罗　瑾
	马叶馨	马一腾	潘阳阳	戚骁锋	孙姣姣
	孙玄烨	王　珊	王越盈	王运兹	吴晶晶
	夏维捷	徐　潇	叶蕾婷	曾雨婷	周璐瑶

	周　越			
交通运输工程(专业学位)	李春花	郑文超		

2015 级

岩土工程	陈华晗	陈　捷	郭海超	何　露	解　才
	李俊圆	梁文鹏	刘浩晨	刘晓成	刘弈辰
	刘增伟	罗　华	罗　岚	邵佳函	王诚杰
	王　旭	谢嘉祺	许嘉伟	杨佳林	杨晓秋
	余良贵	张　佩	张　振	左欣茹	
结构工程	陈　超	陈敏超	陈　勤	高　逸	何海健
	黄彦鑫	金世杰	练其安	凌佳燕	刘松华
	楼煌杰	钱　程	任　谦	舒　可	孙桐海
	孙轩涛	汤昱薇	唐亚军	童彦伟	万成霖
	王　坤	王莉娜	王　鹏	王一江	王云飞
	王志强	徐孟豪	杨　光	于　悦	俞韬
	张　辰	张沈斌	张　影	周露泉	
市政工程	陈安超	陈超宇	陈　蓉	戴夏怡	党晨凯
	董飞龙	罗　珊	张逸夫		
防灾减灾工程及防护工程	江海华	李国民	吕俊俊	徐闻达	章　来
工程管理	常　欣	陈飞宇	褚露虹	李佳益	庞雅军
	乔文珊	秦　敏	魏　巍	章瑶瑶	
桥梁与隧道工程	陈旭芳	雷燕云	邱　政	陶俊杰	王敏权
	王斯宇	奚培森			
道路与铁道工程	陈雅雯	杜洋坤	毛中川	王婉娇	文雨轩
	吴　双	许婷婷			
供热、供燃气、通风及空调工程	李至远				
水力学及河流动力学	顾欣欣				
水工结构工程	解檬恩	李春阳	潘雯娜	吴思芸	
水文学及水资源	林　锐	汪孟尧	王　巧	赵海明	
城乡规划学	柴子娇	丁　浪	董剑利	范雪怡	赖奕多
	李恩增	李琴诗	闵　锐	阮一晨	徐　杰
	徐　威	徐逸程	赵宪峰		

交通信息工程及控制	刘永洋	张帅超		
交通运输规划与管理	龚　越	阮树斌		
建筑与土木工程（专业学位）	蔡云惠	陈俊南	陈礼杰	陈　强	程光明
	楚士鹏	崔　军	邓宜峰	董晓宇	冯　莹
	葛　唯	郭崇波	何　锐	黄　琛	江进华
	焦明远	荆伟恩	孔航挺	黎　超	李　航
	李中培	梁禄钜	廖凯龙	廖燕华	刘艳晓
	鲁通顺	陆世杰	孟　猛	潘亮来	庞　杰
	彭文浩	戎子涵	宋宥整	孙　思	孙　哲
	王凡勇	王　锐	王文浩	王晓萌	魏　冬
	吴诚斌	伍茜西	肖卫强	谢凌君	徐韩强
	徐　帅	徐霄雁	宣家棋	杨　帆	杨润芳
	叶　恬	俞东伟	詹芳蕾	张吉晗	张逸风
	章刘洋	种法澄	周清晖	周雪菲	周云峰
	竹昱宾				

水利工程（专业学位）	陈梅君	刘彬彬	潘海静	谭　敏	谢京凯
	徐　航				

建筑学（专业学位）	蔡立行	陈凯业	陈　耀	戴　琴	董一帆
	杜梦颖	方　亮	靳雨思	娄弯弯	南星宇
	潘雯婷	秦阗怡	宋思远	谭舒蓓	王　丹
	徐　佳	徐　勤	许雷力	杨　帆	杨佳音
	杨美慧	叶潇涵	张宏旺	张　恺	张翩翩
	张巧滢	张喜勇	张　远	章　鸿	章艺青

交通运输工程（专业学位）	沈莉潇	章　伟		

（三）博士研究生

1981 级

岩土工程　　　　　　　　龚晓南

1984 级

岩土工程　　　　　　　　施祖元　　谢康和　　周　健

1985 级

岩土工程　　　　　　陈龙珠　　刘世明

1986 级

岩土工程　　　　　　陈云敏　　胡一峰　　李跃明　　郑　耀

1988 级

岩土工程　　　　　　黄茂松　　王启铜　　张土乔　　赵　航　　朱向荣

1989 级

岩土工程　　　　　　段继伟　　汪尤升　　吴伟强

结构工程　　　　　　贺拴海

桥梁　　　　　　　　叶贵如

1990 级

岩土工程　　　　　　梁国钱

结构工程　　　　　　姚　坚

1991 级

岩土工程　　　　　　干　钢　　罗　晓　　唐晓武　　夏唐代　　谢永利　　徐日庆
　　　　　　　　　　余绍群

结构工程　　　　　　肖志斌

固体力学　　　　　　江爱民　　梁　剑

1992 级

岩土工程　　　　　　宫全美　　郭海燕　　杨学林

结构工程　　　　　　陈水福　　金　波　　娄常青　　楼文娟

固体力学　　　　　　鲍荣浩　　应祖光

1993 级

岩土工程　　　　　　蒋镇华　　潘　泓　　王立忠　　谢新宇　　徐丁良　　严　平

结构工程　　　　　　李志飙

1994 级

岩土工程	夏建中	杨 峻	应宏伟	俞建霖	赵荣欣	朱金颖
结构工程	罗尧治	张朝阳	周 岱			

1995 级

岩土工程	蔡袁强	高广运	胡亚元	金南国	李庆来	鲁祖统
	王奎华	魏新江	温晓贵	杨晓军	郑建国	
结构工程	陈务军	邓 华	葛 坚	金贤玉	彭 卫	王平山
	王 星	郑建岚				

1996 级

岩土工程	高玉峰	蒋 军	李冰河	刘兴旺	谭昌明	王朝晖
	王林玉	徐长节	颜志平	张忠苗	周 建	
结构工程	陈 东	陈胜立	陈向阳	程志军	黄广龙	林旭健
	罗嗣海	汪至刚	夏开全	肖 南	薛 雷	鄢 飞
	俞亚南	袁行飞	张继萍	赵越喆		
固体力学	国凤林	王柏生	徐荣桥			

1997 级

岩土工程	陈福全	陈汉良	陈明中	陈张林	程永锋	高 翔
	顾 磊	何 建	洪昌华	侯永峰	黄昱挺	黄跃进
	李 景	李 挺	李月健	刘国华	刘耀东	马克生
	梅其岳	王佳萍	王戍平	吴慧明	肖 建	熊传祥
	许进军	俞炯奇	张冬霁	张仪萍	郑俊杰	
结构工程	蔡金标	邓宗才	付国宏	黄坤耀	季 韬	李 芳
	刘腾喜	徐 雷	袁新明	赵春华	赵滇生	朱忠义
	卓 新					
固体力学	侯鹏飞					

1998 级

岩土工程	卜发东	陈仁朋	陈页开	高 浪	高 萍	何开明
	胡安峰	黄 博	柯 瀚	李大勇	李海晓	李仁平

	施凤英	施晓春	王宏志	杨　慧	袁海明	袁　静
	曾庆军	左人宇				
结构工程	陈　勇	高博青	贺拥军	胡其彪	黄弘读	李仁平
	刘巨保	陆　锋	陆　激	欧阳煜	庞　苗	孙宗光
	王宏志	王吉民	韦娟芳	杨贞军	应晓阳	岳建如
	张京街	张淑杰	赵羽习	郑　罡	郑忠双	周晓峰

1999 级

岩土工程	边学成	郝玉龙	贺武斌	姜　珂	林　政	王国光
	王　军	张超杰	张继发	张旭辉	郑　辉	
结构工程	包红泽	岑仰润	陈江瑛	陈水生	杜王盖	段元锋
	何　为	黄春娥	蒋东旗	兰柳和	李小勇	梁　旭
	孟　涛	曲　晨	施笃铮	汪劲丰	王国才	王惠明
	王瑞春	王　腾	徐铨彪	许　强	张志宏	张治宇
	赵长军					

2000 级

岩土工程	陈志军	程泽海	褚　航	丁　利	方鹏飞
	冯海宁	葛忻声	胡昌斌	姬美秀	李保忠
	李保忠	李西斌	吕凡任	罗春泳	宋金良
	孙　伟	王常晶	王金昌	王立峰	温世游
	徐立新	杨　伟	叶俊能	余云燕	张振营
	赵　晖				
结构工程	陈贤川	崔　军	冯庆兴	龚顺风	顾正维
	胡　宁	黄　江	季　渊	李　东	沈照伟
	宋　剑	宋志刚	王世村	邬喆华	叶甲淳
	喻军华	张明山	张　延	张苑竹	
市政工程	包志仁	李守德			
防灾减灾工程及防护工程	邵卫云	王振宇	严细水		
桥梁与隧道工程	陈　强	干　湧	宋　雨	王振阳	鲜正洪

2001 级

岩土工程	陈颖平	胡洪志	贾　宁	靳建明	李海芳
	李　强	梁仕华	梁志刚	楼晓东	罗战友
	梅英宝	潘晓东	邱战洪	邵玉芳	王文军
	吴长富	徐立新	徐　洋	袁中夏	周燕国
	朱建才				
结构工程	程　鹏	郭　健	贺明卫	贺　勇	黄金桥
	李包相	李　刚	刘劲松	刘庆林	马政纲
	毛国栋	邵剑文	沈国辉	王　辉	王　卡
	吴小平	颜桂云	燕　辉	杨玉龙	于文波
	余世策	余　涛	詹伟东	张恩勇	
市政工程	阿列克斯	柳景青	王直民	吴小刚	俞亭超
防灾减灾工程及防护工程	程伟平	付　兵	金爱民	梅　松	钱镜林
港口、海岸及近海工程	金爱民				
桥梁与隧道工程	程晓东	廖　娟	张治成		
建筑设计及其理论	贺　勇	李包相	王　卡	于文波	

2002 级

岩土工程	丁洲祥	杜秦文	冯世进	蒋　波	来向华
	李玉岐	李育超	刘干斌	任廷鸿	沈　扬
	孙红月	汪孔政	汪鹏程	王景春	王　哲
	温介邦	吴大志	谢海建	谢　焰	颜可珍
	张玉国	朱益军	庄迎春		
结构工程	边祖光	曹永康	曹云中	陈联盟	陈志华
	何　勇	李　骞	李玉荣	蔺　军	刘德华
	任　涛	王卫标	魏　秦	夏劲松	肖志荣
	邢国然	徐旭东	叶　军	袁伟斌	张　磊
	赵孟良	周家伟			
市政工程	陈　磊	胡庆红	黄亚东	吴为义	尹则高
	周华飞				
水工结构工程	陈　斌	刘西军	朱　嵩		
防灾减灾工程及防护工程	陈　斌	刘西军	牛少风	吴　珂	朱晗迓

	朱　蓉	朱　嵩			
桥梁与隧道工程	布占宇	陈衡治	贺治国	黄志义	荆龙江
	李式亮	吴光宇			
环境科学	牛少凤	朱　蓉			
建筑设计及其理论	曹永康	魏　秦			

2003 级

岩土工程	曹卫平	陈　刚	但汉波	梁　风	林伟岸
	刘飞禹	刘开富	齐　添	沈恺伦	孙宏磊
	孙林娜	王秋生	魏　纲	魏海云	辛公锋
	邢皓枫	徐　平	杨红坡	张文杰	章胜南
	周新民	朱　磊	朱明双		
结构工程	池丛文	方　荣	郭　勇	韩明清	李　宁
	李庆祥	卢　旦	吕朝锋	吕清芳	毛德灿
	潘　峰	沈雁彬	苏　国	孙军华	田森源
	吴玉华	邢　丽	徐晓龙	徐　彦	袁雪霞
	赵　伟	赵秀敏	赵永峰	郑君华	
市政工程	李　涛	马　健	邵　煜	许　刚	张　潮
防灾减灾工程及防护工程	黄赛花	吕　庆	许建聪	俞伯汀	
桥梁与隧道工程	申永刚	徐爱敏	杨万里		
建筑设计及其理论	池丛文	韩明清	李　宁	赵秀敏	
环境科学	程军蕊				

2004 级

岩土工程	陈国红	陈敏虞	邓亚虹	高笑娟	郭　印
	胡　琦	胡士兵	胡秀青	贾官伟	金小荣
	李玲玲	刘　瑜	陆　强	鹿　群	潘冬子
	钱匡亮	史海莹	汪明元	王　军	王亚军
	薛新华	张　杰	章瑞文	朱　奎	
结构工程	鲍侃袁	杜文风	傅　军	干伟忠	胡琦忠
	金　阳	李贵炳	李卫青	李翔宇	米旭峰
	孙宇坤	唐纯喜	田　野	汪有伟	王振华

	吴德飞	吴钰骅	许 贤	严 蔚	张 敏
	朱世哲				
市政工程	杨德军				
防灾减灾工程及防护工程	申永江	余成华			
桥梁与隧道工程	李 毅				
水工结构工程	夏珊珊				
固体力学	黄德进				
建筑设计及其理论	李 南	王 超	徐 宁	朱 炜	

2005 级

岩土工程	常林越	陈 赟	丁光亚	耿雪玉	连 峰
	刘用海	罗 勇	马晓华	彭从文	齐静静
	舒 恒	苏万鑫	童 磊	王志达	吴 健
	吴 明	吴瑞潜	徐晓兵	徐正中	杨 东
	杨晓刚	张智卿			
结构工程	陈 娟	郭佳民	郭永强	蒋吉清	金 虎
	金立兵	陆金钰	曲晓宁	寿建军	孙旭峰
	王 奇	向新岸	薛 文	喻 莹	岳增国
	占 甫	张惠峰	张 奕	赵 莉	诸 骏
市政工程	陈勇民	仇敏玉	李小山	吴众华	
防灾减灾工程及防护工程	李焕强	王迎超			
桥梁与隧道工程	薛鹏飞				
水工结构工程	余学芳				
海洋建筑物与环境	陈冬云	党学博	卢 美		
建筑设计及其理论	蔡 萌	高 峻	葛丹东	林 涛	浦欣成
	钱海平	孙炜玮	田轶威	王建华	吴 云
	于 莉	张景礴	张 涛	郑 伟	

2006 级

岩土工程	曹志刚	陈东霞	陈如海	程冠初	高 登
	郭 彪	李金柱	李 瑛	李振泽	卢萌盟
	吕文志	罗耀武	任 宇	佘 巍	申文明

	王 坤	杨冬英	杨迎晓	曾 晨	
结构工程	蔡志恒	龚灵力	侯国勇	李 娜	刘海锋
	娄 荣	罗桂发	沈旭栋	孙珍茂	田 伟
	童若飞	王晓舟	王 昕	翁 赟	武海荣
	夏 晋	肖 潇	杨 博	杨英武	伊晓华
	张国发	张年文	赵 菲		
市政工程	段园煜	李 寻	王鸿翔		
防灾减灾工程及防护工程	吴红梅	徐兴华			
桥梁与隧道工程	孙 筠	叶征伟			
水工结构工程	李 梅	苏项庭	袁 伟		
海洋建筑物与环境	李 佳	倪晓静	周大成		
建筑设计及其理论	曹震宇	李苏豫	刘姝宇	楼宇红	宋代风
	吴 璟	赵 宁	朱 怀		

2007 级

岩土工程	陈若曦	国 振	韩 超	兰吉武	李校兵
	孙苗苗	汤旅军	王 艳	王玉林	吴文兵
	徐浩峰	徐小敏	张 磊	张雪婵	郑求才
	朱剑锋	邹 健			
结构工程	李焕龙	刘国亮	陆春华	乔 华	孙 斌
	吴新燕	邢 栋	徐真剑	延永东	杨 洋
	叶 谦	余佳亮	张春利	赵 钦	朱兴一
	祖义祯				
市政工程	牛 辉	宋瑞平	王步宇	徐 坚	
防灾减灾工程及防护工程	刘永莉	王智磊	赵权利		
桥梁与隧道工程	唐国斌	张 鹤	赵俊亮	赵 阳	
水工结构工程	曹飞凤	李富强	苏丹阳	章子华	
海洋建筑物与环境	沈水进	许 丹			
港口、海岸及近海工程	曾 剑	张 佳	章军军		
建筑设计及其理论	陈 勇	单晓宇	黄 杉	金 方	李澍田
	李咏华	连 铭	刘鹏飞	任树强	张汛翰
	朱晓青				

2008 级

岩土工程	卜令方	曹奕	陈冉	陈炜昀	房凯
	冯源	顾明	郭林	洪杰	胡文韬
	蒋红光	李传勋	李雪刚	林存刚	刘俊伟
	刘维	马伯宁	牛犇	孙波	田效军
	王继成	王宁	王鹏	王兴陈	王湛
	王忠瑾	袁峰	钟世英	朱凯	
结构工程	程华强	付传清	黄莉	蒋遨宇	李强
	李莎	刘东滢	苏健	王震	许晨
	宣泽俊	杨超	杨章	张成	章李刚
	钟小平	钟振宇	周益君	朱明亮	
市政工程	郭帅	刘伟超	王国庆	虞介泽	张世瑕
防灾减灾工程及防护工程	于洋	詹伟			
桥梁与隧道工程	晁春峰	王岗			
水工结构工程	梁旭	宋建锋	田烨	吴党中	谢中凯
	姚霄雯				
海洋建筑物与环境	李光辉				
港口、海岸及近海工程	罗晶	张扬	赵海涛		
建筑设计及其理论	陈潇玮	丁希莹	范理扬	郭敏	饶晓晓
	孙佩文	王岭	王岳颐	吴放	吴宁
	吴宁	吴晓春	叶俊	张希	

2009 级

岩土工程	陈锦波	邓祎文	邓岳保	丁智	谷川
	韩冬冬	贺瑞	黄大中	黄伟明	李晶
	李忠超	林呈祥	刘海龙	马少俊	马世国
	荣雪宁	施若苇	史吏	孙祖峰	王恒宇
	余璐庆	袁廉华	曾兴	翟朝娇	张乾青
结构工程	陈忠购	崔磊	戴璐	丁慧	方少文
	毛江鸿	万文海	王琼	王治	吴业飞
	夏巨伟	徐海巍	杨宏康	杨伦	杨鹏程
	姚云龙	俞锋	张茹	郑晓清	

市政工程	蒋　伟	沈　承	杨　艳		
防灾减灾工程及防护工程	支墨墨				
桥梁与隧道工程	程　坤	郭冬梅	林　观	罗晓峰	王　炎
水工结构工程	程　翀	史致男	吴钢锋	张庆庆	钟　振
海洋建筑物与环境	陈文龙	许雪峰			
港口、海岸及近海工程	杨恩尚				
建筑设计及其理论	方　怡	高　宁	洪　艳	王　韬	张　焕
	张　佳				

2010 级

岩土工程	陈　涛	单振东	丁金华	黄杰卿	黄　睿
	焦卫国	李俊虎	刘志军	吕述晖	马丽丽
	潘　倩	孙　奇	孙永鑫	孙政波	陶海冰
	陶燕丽	熊　焕	徐　辉	袁江宏	张　鹏
	周力沛	周平槐			
结构工程	陈　冲	陈　军	陈瑞生	单艳玲	付　波
	姜　雄	李　蓓	吴静云	吴　瑶	徐　菲
	赵望安	郑延丰	朱浩川		
市政工程	何勇兴				
防灾减灾工程及防护工程	杜丽丽	贾义鹏			
桥梁与隧道工程	何余良	李晓章	吴强强		
水工结构工程	陈一帆	程围峰	付浩然	关　驰	刘　波
	屈国栋	谢　翔	叶居东	张　沛	
海洋建筑物与环境	郭　聪				
水文学及水资源	张徐杰				
建筑设计及其理论	柴舟跃	韩　奕	扈　军	黄丽坤	金　坤
	李　晅	刘　丹	钱振澜	温　芳	张　睿
	张笑笑	周金晶			

2011 级

| 岩土工程 | 甘鹏路 | 郭汝阳 | 郭　霄 | 何　奔 | 黄　博 |
| | 李俊超 | 梁荣柱 | 刘小川 | 楼春晖 | 钱　铮 |

	孙 磊	孙廉威	涂福彬	王瀚霖	王宽君
	严佳佳	尹鑫晟	袁宗浩	占鑫杰	周佳锦
结构工程	曹庆帅	陈伟刚	高 翔	胡 可	黄 河
	蒋 翔	李阿龙	李 莎	梁昊庆	林 寅
	刘宏创	罗 罡	钱婷婷	乔霭潼	乔红东
	全 冠	沈玲华	涂志斌	徐 普	闫会宾
	杨 章	张鸿儒	张 军	张鹏飞	
市政工程	马一祎				
防灾减灾工程及防护工程	蔡岳良				
桥梁与隧道工程	陈 斌	马晓龙	唐站站	王 彤	周 旦
水工结构工程	曹晓萌	李 蔚	李远明	叶昌鹏	赵 艳
海洋建筑物与环境	李光辉				
水文学及水资源	王 君				
建筑设计及其理论	戴靓华	高沂琛	孙佩文	吴盈颖	宣建华
	朱 燕				

2012 级

岩土工程	陈 成	陈金苗	陈 瑶	董全杨	高 武
	李 鹤	李 凯	李振亚	刘念武	陆建阳
	邱清文	沈侃敏	唐 琳	应盼盼	张琼方
	章丽莎				
结构工程	白光波	丁 超	段志勇	顾永超	黄博滔
	李 根	李志远	梁昊庆	梁笑天	刘大辉
	刘金涛	陆钰天	吕 瑶	苗 闯	阮 方
	阮伟东	汪子豪	王 玮	王煜成	原 帅
	张泽宇	赵 昕			
土木工程	彭俊杰				
市政工程	丁 强	何桂琳	李 建	谭培影	
防灾减灾工程及防护工程	潘 攀				
桥梁与隧道工程	郭望波	何晓阳	林建平	吴冬雁	杨 赢
道路与交通工程	付凤杰	朱 凯	朱文韬		
水利工程	黄宇劼	钱 群	王 丰	叶居东	张劲帆

		张　沛	张徐杰	赵　艳	朱　仟	
建筑学		陆敏艳	罗晓予	沈　昊	项　越	俞左平

2013 级

岩土工程	陈靖宇	陈其志	单华峰	豆红强	高　飞	高　柳
	高神骏	何海杰	胡　静	李怡君	刘亦民	孟　迪
	亓　帅	任　杰	石吉森	吴　涛	俞　悦	赵　云
	郑凌逯	郑晴晴	朱亦弘			
结构工程	董建锋	杜德静	冯一笑	付美礼	蒋淑慧	李　强
	李天翔	李铁瑞	厉　沛	刘　婷	刘　奕	刘逸祥
	苗　峰	穆富江	任晓阁	沈　域	唐敬哲	王嘉伟
	王新涛	王竹君	吴航通	伍晓顺	谢晓凯	余　江
	张　慧	张　攀				
市政工程	杨浩铭	赵迎迎	郑和震			
桥梁与隧道工程	栾圣智	宋方远	王素梅	郑祥隆		
道路与交通工程	陈奕声	阚宇衡	潘　坤	熊　磊	张雅婷	郑正非
水利工程	唐鸿磊	宣伟栋	鱼子渊	张　毅		
海洋建筑物与环境	陈　伟					
建筑学	孟静亭	王　瑞	张　雁	张子琪		
城乡规划学	陈　信	杜　佳	龚嘉佳	章明宇		

2014 级

岩土工程		程　威	仇浩淼	代加林	冯凌云	付　鹏
		傅了一	胡成宝	黄志杰	李光耀	李　伟
		刘洪铭	刘婧雯	刘元昆	沈斯亮	童　星
		王　欢	伍婷玉	肖　偲	肖电坤	朱成伟
		邹圣锋				
结构工程		蔡晖映	傅　新	顾益斌	金跃东	李小刚
		李　洋	梁洪超	林红威	刘嘉涵	马　帜
		尚照辉	宋明亮	王凌波	王奇胜	夏俞超
		徐　卿	许友武	姚剑锋	朱谢联	诸德熙
市政工程		谷天峰	孔令仲	彭宏熙		

防灾减灾工程及防护工程	魏振磊	谢　威			
工程管理	徐贞渊				
桥梁与隧道工程	陈政阳	蒋佳卿	孟　浩		
道路与交通工程	胡　正	康　诚	罗小芹	殷成龙	张阳阳
水利工程	陈国龙	段　翔	方　昱	郝偌楠	刘　莉
	马　冲	郑　健			
能源与环保	滕　起				
建筑学	傅嘉言	李　乘	邬佳婧	项星玮	徐丹华
	张辰卓	郑少骏			
城乡规划学	方　园	庞国彧	童　磊		

2015 级

岩土工程	冯苏阳	巩师林	顾秋生	胡　杰	孔勃文
	刘　峰	马鹏程	彭春银	孙　梵	万小旗
	吴弘宇	吴君涛	吴小锋	徐山琳	臧俊超
	赵文芳				
结构工程	白　航	陈士堃	葛荟斌	李　潇	刘声浩
	刘　玄	马　烁	申屠倩芸	施海锋	孙超杰
	唐旭东	涂　源	王　军	王义凡	魏　轩
	吴登国	许照宇	曾维来	张　涛	章　玲
	左　佑				
市政工程	胡孟娴	陆梦恬	齐哲娴	王城泉	周昕彦
防灾减灾工程及防护工程	汪　磊	肖志鹏			
工程管理	肖　月	颜旭众			
桥梁与隧道工程	林　亨	苏有华	张永平	诸葛翰卿	
道路与交通工程	陈梦微	姜明冬	张江涛	张　伟	张　欣
	赵明明				
水利工程	白直旭	洪艳艳	卢文彬	泮苏莉	沈永鑫
	王韶伊				
建筑学	陈继锟	王焯瑶	王　珂	王丝申	翁建涛
	邬轶群	杨　玥	张　蕾	张　艺	
城乡规划学	刘妮娜	茅路飞	吴小静	周璟璟	

（四）非学历研究生

（1）进修班

1996 级土木工程专业研究生进修班

蔡笑雷	陈森盛	陈圣雷	程　功	程向云	丁翠红	方明乐	干伟忠
高　峰	何相礼	洪良富	侯　靖	胡　军	贾正洪	江　东	金　坚
李长宏	林　奕	吕　坚	马家双	孟　华	苗志春	全　军	赏星云
史美生	童孙宝	王金溪	王娟娣	王文豪	王心健	邬静彦	吴　群
吴锡华	徐谷城	徐为民	徐文卫	许国平	严凌云	严秀生	杨云峰
叶兴永	叶志军	应建新	应伟海	余晓华	张　红	张柯钧	张文戈
张学形	张正浩	章洪俊	章亚娣	周卫东	周旭光	周　奕	朱红兵
朱六三	朱兴海	朱银杏	祝昌礅				

1996 级城市规划专业研究生进修班

敖　侃	曹达逯	曹建新	曹　洁	陈春霞	陈丁合	陈　凡	邓　宏
邓居龙	冯飞宇	顾群辉	韩　健	何　望	胡　帆	黄　清	黎　敏
李　斌	李　兵	李　凡	李　刚	李　洁	李　军	李新农	李兆宇
林　鸿	刘建新	刘金凤	刘网荣	卢章良	马　卿	欧培彬	彭中天
钱卫红	饶立新	史言信	帅　慧	宋永玲	孙爱琳	汤自勤	万仁如
王　斌	魏平秀	翁晓奇	吴志江	徐　晨	徐　昊	徐若知	徐　惟
徐小平	姚林香	易小刚	尹晓民	应　焱	余　磊	俞宙非	张　虹
张先云	张湘赣	赵　刚	郑春明	郑　涛	钟东红	周法兴	周　曦

1996 级建筑技术科学专业研究生进修班

陈　迪	陈　琦	陈　惟	陈　瑶	单锦炎	樊　春	方　浚	郭纪鸿
花临岳	李成福	马　奇	沈朝阳	陶勤俭	吴王楼	徐哲民	杨美仙
叶纪松	余建忠	张传雄	张克者	张晓斌	赵　华	赵平健	真　菁

1997 级春季土木工程专业研究生进修班

曹　宁	陈春雷	陈海海	陈洪波	陈森美	樊金海	高月虹	葛　军
葛晓刚	何新民	黄志义	金咸清	李红卫	李志明	刘　剑	龙　艺
吕文晓	罗　苑	马国雄	倪建庆	倪天海	裘秀群	沈松炎	王迪海

王秋明	王士忠	王　毅	王英达	王云岗	文长富	闻卫东	吴伟如
萧奇珍	徐达万	徐先华	许建林	宣伟丽	姚　政	尹宗学	应立峰
余忠祥	张国光	张茂柱	郑　放	郑天明	郑用全	周孟平	周群建

1997 级秋季土木工程专业研究生进修班

包柳青	陈宏伟	陈继芳	陈名贤	陈向远	陈晓红	陈震宇	丁元新
方如勇	方伟国	方　颖	房晓明	房雪峰	郭健跳	韩小宁	孔伟波
李克强	李　毅	梁坚强	刘立范	刘银来	刘　瑛	楼颂平	陆耀忠
莫建华	潘坚力	潘康容	潘尚选	钱长光	沈建力	沈松澄	沈贤旭
王长华	王激扬	王仕方	王　文	王文明	王　勇	吴富林	吴应进
吴宇亮	肖　锋	徐新跃	许云龙	薛巍松	薛嵬松	严小龙	杨澄秋
杨文鸽	姚　宁	叶　海	叶　钧	于群力	余连根	张慧敏	张文华
赵国超	赵弘亮	赵建华	赵　楠	周克杰	周连明	周素芳	周　渭
周锡波	周永元	朱慧芳	朱奚冰				

1997 级道桥专业研究生进修班

包必震	曹一中	陈国兴	陈立异	崔卫平	单光炎	方志浩	费伟全
高初明	顾　军	郭顺富	何斌芳	洪发生	洪一民	胡启芳	胡铁权
胡旭铭	胡跃苏	黄承良	黄国岳	姜明才	蒋慧健	蒋金松	金　乐
金群纲	林大雪	林文体	刘汝华	楼茂森	卢丁强	吕庆雷	吕　勇
梅金华	孟海清	钮　宏	潘建龙	沈建荣	苏荣跃	孙　灏	童跃帜
王江平	王延敏	翁　洋	徐建伟	徐作兼	薛维梅	杨吴礼	叶树兵
叶伟健	俞明耀	张朝晖	张仙春	张玉明	张志明	郑求才	周一勤
诸葛温君							

1997 级建筑技术科学专业研究生进修班

包一杰	陈　勇	甘　峰	龚一红	郭黎华	郭丽红	贺存康	胡一平
姜传拱	蒋朝晖	李银秀	林　海	邱　凌	邱晓迥	汪继起	王国钰
王　奕	吴　娟	徐　虹	叶吉林	张克明			

1998 级土木工程专业研究生进修班

陈传联	陈　捷	陈　军	陈伟强	陈养源	陈岳林	陈正光	邓　林

丁文杰	段剑秋	傅章循	郭金华	郭 平	洪文霞	胡加林	胡龙伟
胡晓阳	华 威	黄国庆	黄雄鹤	黄学标	金宝忠	瞿武文	李朝晖
李崇铃	李信仕	李学峰	梁 波	林 琥	林勤民	林秋田	刘占军
罗光宇	毛小聪	孟宪洪	钱少华	钱仕敏	阮凌云	邵军义	施建龄
宋巧娟	苏晓樟	孙建强	孙茂廉	唐海林	唐俊杰	王保东	王长华
王成钢	王洪群	王建才	王晓忠	翁建忠	邬曙光	吴林岳	吴明珠
吴蓉蓉	夏宪成	项大伟	薛 琛	荀志远	闫 涛	杨剑翔	杨 衍
叶 帆	叶国平	叶坚垒	叶 强	叶炜平	叶锡国	于英乐	俞松宽
俞益平	张爱光	张德华	张立新	张 牧	张清华	张仪召	张中东
赵 嵘	郑晓中	周朝阳	周盛世	朱建忠	朱清统	朱 珊	诸跃进

1998 级春季土木工程专业研究生进修班

蔡建卫	陈 刚	陈 钢	陈携芝	程俊杰	单金良	方文心	高兴海
管亦超	何承春	何元才	胡志定	黄正平	江 影	蒋秉华	蒋 莹
金 波	李 刚	励钧达	梁艳香	林建峰	林利敏	林晓玲	楼越平
卢 江	骆晓明	马必利	马 晓	马以超	莫江永	潘雄辉	任 维
孙伯永	汤 骏	王丽滨	吴承章	吴建华	项学先	徐德明	杨迎晓
于本江	张 璐	张民强	章香雅	赵小松	郑 瑾	郑卫斌	周永国
周志君	卓建华						

1998 级秋季土木工程专业研究生进修班

边成康	陈 江	陈秀良	陈增开	方美财	何承春	何 莲	洪伟荣
胡葵阳	黄明辉	金兴平	赖绍雄	李昌耀	李立群	卢洪源	骆晓明
马必利	马式地	王 奕	王银根	吴 宏	吴建良	吴信民	徐德明
徐国引	徐旭炯	叶 军	于本江	余晓青	张海鹏	张敏方	张明林
张伟明	赵在立	周宏凯	周沪光	周 毅			

1998 级道桥专业研究生进修班

陈宝才	陈国骏	陈其豹	程 东	董清福	杜丙金	杜友仙	冯顺剑
侯 英	胡飞玲	金秀丽	柯建平	李寿伟	廖乾旭	林士旭	路 辉
彭巍岗	邵 宏	魏水平	吴春宾	吴礼广	张慧昕	周和进	周华寅
朱宏斌	朱润忠						

1998 级建筑技术科学专业研究生进修班

陈　钢	邓云兰	丁　峰	杜晓帆	方重图	官会兴	何　卫	何小惠
洪　冰	胡其岳	季伟绮	雷　洪	李春梅	李　辉	李　佳	梁冰峰
刘永新	马建军	倪　琪	邱　恒	邱晓红	沈　昶	沈　丁	寿哲人
孙哲君	陶　坚	陶永兴	王潮泓	王桂琴	王煜明	吴必龙	吴　然
吴　屹	徐　岗	许从伟	许　锋	薛　浩	杨　健	杨铁珊	杨晓岚
应放天	余　飚	袁　怡					

1998 级人文地理专业研究生进修班

包立奎	陈颖萍	程庆国	樊　荣	洪松法	蒋宗明	金海荣	李名权
李　新	饶太水	苏忠琳	童美霞	王　斌	王方伟	吴建平	徐敏也
扬立新	朱　江						

1999 级建筑技术科学专业研究生进修班

白　静	陈宏刚	陈胜平	陈志武	陈智云	戴志昌	冯　植	高俊杰
高　翔	高永兴	顾立群	管　轶	何　雷	侯宇红	胡　颖	黄　斌
黄　炜	黄　絮	李　剑	李求轶	林　松	林玉瑜	刘丰君	刘明书
刘晓天	陆琦飚	罗金茂	马益苗	潘凡帆	潘海滨	潘海洲	齐同军
舒　力	宋鸣东	孙　峻	孙　于	汤伟民	王　任	王书评	王　朔
王晓东	王雪然	王　雁	王义林	韦　飙	魏　峰	吴　枫	夏旭锦
项亚量	徐曙光	徐向安	徐志权	薛嵬松	严跃华	杨二民	杨方华
杨小茹	姚　勇	姚玉鳞	叶　良	余维洪	张　静	张　珏	张良光
张　擎	张善碧	赵　明	郑　耀	郑永枢	周　鸣	周作旺	朱　坚
朱景清	朱里帛	朱远航					

1999 级人文地理专业研究生进修班

方　俭	章朝钟	叶　飞	毛金明	赵卫中	张　涌	陈小兵	郑荣军
张建宇	包尚利	费叙元	丁少卫	徐林生	陈钢炎	洪　斌	丁渐荣
金经人	葛云祥	戴志光	赵清平	张杏林	薛　海	张天晴	陈雪强
李建华	吴方志	周兴华	吴德胜	李灵智			

1999 级春季土木工程专业研究生进修班

鲍明哲	蔡永庆	曹玉新	陈宝荣	陈海丰	陈海丰	邓　超	董志平
葛　岭	顾列英	何良军	荷海洪	胡新华	胡永辉	胡正军	胡正军
金　晖	李　群	楼永良	鲁志军	陆宁齐	马海金	马志强	潘安平
汤旭明	唐鸣发	王　斌	王成标	王红梅	王建华	王　磊	王伟力
王章夫	王志刚	吴　荣	吴叶莹	吴　忠	奚晓明	徐　杰	颜安平
叶惠飞	余学芳	虞建华	张国强	张剑芳	郑立邦	郑小平	周成灯
周光辉	周劲军	朱明敏	竹才勇				

1999 级秋季土木工程专业研究生进修班

蔡永庆	陈伟波	陈　勇	程　刚	丁　豪	方崎琦	贺志军	洪永根
胡允楚	黄锡刚	黄　峥	李志明	厉维军	倪金铿	邱彦税	邵　峰
汤亚琦	陶建武	汪会帮	汪　坚	王建民	王树斌	邢　艳	徐　杰
徐　骏	徐杞韬	许建灵	余伯增	曾国海	张剑坤	张　宁	赵国恩
郑　刚	周　杰	朱俊臣	朱　奎	朱　镭	朱文荣	祝银祥	

2000 级地矿专业研究生进修班

鲍其云	蔡伟忠	曹松元	付正园	顾宏伟	何蒙奎	黄德祥	姜贤斌
蒋建良	金旭东	李红华	刘光新	刘锦文	楼新涛	陆家齐	陆云祥
潘德来	潘海潮	钱树根	裘志坚	沈松林	史平扬	宋良军	唐兴虎
吴光明	严卫能	袁彤彤	张根红	章几启	赵国法		

2000 级土木工程专业研究生进修班

包海虎	陈熙礼	杜一鸣	冯桂月	付正健	龚国良	龚　涛	龚　瑜
关也彤	何贵塘	华　澄	黄　礼	黄　胜	黄　政	季致建	贾奎有
蒋力俭	蒋　燕	陆云瑜	罗建晖	马珏伟	马同宜	毛应斌	欧阳剑
乔　慧	沈　晔	斯子根	王广平	王国潮	王　育	卫　东	魏国平
翁　伟	邬亦俊	吴璀和	徐国锋	徐　激	徐　俊	徐　琳	徐　震
颜玲香	杨　帆	杨米佳	杨忠民	姚　洁	叶洪兴	袁海东	詹亦军
詹祝军	张　辰	张　毅	赵桂兴	周质炎	朱根华	朱继武	朱剑峰
朱　胜							

2000 级春季土木工程专业研究生进修班

包启明	戴文勇	樊建南	冯　敏	高　翔	郜海波	葛　勇	洪自力
胡敏萍	黄建平	姜贤斌	金文航	来丽芳	李飞泉	李　明	李　强
李　群	楼益康	陆芳春	马　嵘	邱佩璜	袤新谷	沈　毅	宋　翔
童建国	涂相友	王　春	王建斌	王文双	王晓红	王雅茹	王勇胜
魏　东	吴国宏	吴力平	吴锁荣	吴雪迪	徐敏达	杨钦华	杨秋和
姚昱晨	叶惠飞	叶祥荣	叶寅霄	曾卫平	张　冰	张建法	张建伟
张学江	周　航	周文东	周小丹	祝卫东			

2000 级春季建筑科学技术专业研究生进修班

陈明兴	陈　弢	陈　玮	陈　宇	程家兴	程世鹏	丁　凡	丁继军
杜国标	高春平	耿　铃	杭祖力	何国建	胡兴华	胡　铮	黄　虹
黄金玉	李凤芳	李瑞荣	廖巍华	林朝晖	刘　辉	刘　蔚	陆　怡
罗明霞	马少军	钮炳华	全　缨	施志清	苏尔军	孙晓鹏	陶　伦
田　斌	王爱玲	吴荣欣	吴　涛	徐建三	徐文辉	徐永康	徐　勇
杨晓晖	杨昭宇	姚安海	余　健	张芳儿	周　丹	朱怀泳	

2000 级春季城市规划专业研究生进修班

陈行上	崔英伟	范金华	付丽华	郭　清	林以佳	林益良	马海明
邱松海	沈　军	宋建勇	陶秀国	徐惠珍	徐利群	严晓富	应吉祺
游路宏	余国祥	余锦然	周建荣				

2000 级秋季土木工程专业研究生进修班

顾武杰	韩伟林	贾跃俊	姜伟东	金　晖	金伟忠	金志刚	李海军
李建华	李剑峰	李小平	刘胜华	吕　峥	骆立方	马利彪	庞淑哲
彭乐宇	孙激光	孙文智	童起宏	王文双	王作民	吴国铭	吴　蕾
杨丽君	虞伟冬	张学江	朱冠天	祝卫东			

2000 级秋季岩土工程专业研究生进修班

林　洁	秦　敏

2000 级秋季结构工程专业研究生进修班

金善民　　张　丹

2000 级秋季建筑学专业研究生进修班

何小林	胡　彬	胡若彦	金杭杭	林丽英	柳　浒	麻国华	沈红莲
汤静波	吴永贤	谢敏静	徐敏达	徐宇波	杨红霓	周永云	

2000 级秋季建筑经济管理专业研究生进修班

何向彤

2000 级秋季城市规划专业研究生进修班

付丽华	郭　清	胡一平	黄卫东	马海明	邱松海	沈　军	陶秀国
王虎浩	王水中	谢洪林	徐利群	严晓富	游路宏	余国祥	余镜然
张晓文	周有忠						

2001 级春季土木工程专业研究生进修班

肖　俊	蔡慧平	曹　获	曹军民	车铁军	陈爱国	陈国华	陈建林
陈建威	陈剑锋	陈尚新	陈向明	陈玉香	陈元锋	程团结	程显凤
褚彬潜	方安明	冯建勇	冯康言	甘宏军	郭旭华	韩振国	何春刚
胡建平	黄昌锦	黄子觇	金　浩	金少华	乐文荣	李　函	卢希良
宁增根	潘赛军	邱　涛	茹　文	沈慧勇	寿明灿	苏　全	孙惠民
孙金荣	陶云来	王红伟	王剑琳	王永芬	吴高新	徐宏伟	徐　坚
许小杰	许志云	鄢　磊	杨　芳	杨惠忠	俞华锋	张卫民	张雪丽
郑建东	郑越华	周　宏	周水招	朱兵见	吴华君		

2001 级秋季土木工程专业研究生进修班

陈冬瑞	陈国建	陈宏钧	陈琦明	陈荣法	陈水荣	丁春梅	董剑锋
杜红东	杜士勇	范　腾	黄　毅	黄　峥	蒋庆华	金　坚	金小群
刘　江	刘俊英	吕秀杰	毛水木	牛小飞	戚玉丽	沈　坚	沈俊青
沈　欣	田龙泉	童颖辉	吴　昉	吴婉玲	徐　蔚	许　峰	姚晓斌
叶寅宵	周建平	周静南	朱建东	朱连根			

2001级秋季建筑学专业研究生进修班

鲍仕光	蔡小沪	陈立毅	陈敏闯	陈 炜	陈增开	董敏华	方　向
何丛芊	贺　渊	洪　艳	侯成哲	金胜昔	柯翔郎	雷　勇	黎　唯
李　杰	罗云鹏	钱丰峰	钱　倩	阮志毅	邵永清	沈　丹	沈　凡
孙明胜	汤　周	王爱萍	王　巍	王　伟	魏力晓	吴国松	吴敏贵
徐　屹	徐　颖	徐舟跃	许文强	杨　洁	杨毅栋	姚茂举	张　驰
张　伟	赵敏霞	郑育春	郑仲华	郑　舟	朱荣姊		

2001级秋季城市规划专业研究生进修班

陈仲才	丁　芳	傅永泉	胡晓红	胡永武	金爱民	金海洋	金闻多
雷彩虹	林　菲	林建军	马兴南	邵　文	沈海峰	盛维华	施伟华
宋建勇	王　芳	王良约	吴建华	奚富强	徐志勇	许冬生	许　红
严跃华	杨卫东	杨　英	俞柏春	袁顺生	张恒芝	张　鹏	章华宋
周志校							

2002级土木工程专业研究生进修班

蔡临申	陈　曦	崔华东	戴　葵	何文彪	黄利荣	江　辉	刘云琪
罗雪萍	马晓晖	茅新华	邱洪量	邵为军	肖　磊	徐马林	许辉兵
杨伟国	叶海江	张丹红					

2002级春季土木工程专业研究生进修班

白海滨	步海宾	蔡永钢	曹德洪	陈迪庆	陈立新	杜红阳	傅建国
干岳良	龚　明	顾若飞	顾　吟	胡　瑜	黄晓伟	黄爕明	刘保拴
楼明清	楼晓林	马祖桥	钱　寒	阮顺良	盛晓红	宋卫国	陶　静
汪忠土	王东升	王国纯	王红华	吴建军	吴　伟	徐建平	徐志良
杨继春	杨建宏	叶　震	俞康麒	曾　嵘	张雪丽	张瑛颖	赵铁永
朱　斌	朱凤艳						

2002级秋季土木工程专业研究生进修班

曹君平	曹敏怡	曹仪民	陈建民	陈文波	陈叶青	戴凤微	丁　勇
方从镯	方　铭	顾建斌	胡建福	纪定峰	姜　锋	金　浩	金　健

金小玲	李文胜	李志武	刘鸿雁	刘秀宏	鲁奕良	马惠彪	倪建华
潘俊武	邵晓蓉	沈益源	沈元军	史小炎	舒协年	孙　频	孙向阳
陶　莉	汪长洪	王文中	王锡通	吴大江	吴　彦	许江南	叶海峰
张　敏	张　曾	赵肖春	赵宇宏	周　驰	周新丰		

2002 级秋季水利与海洋工程专业研究生进修班

| 曹玉泉 | 董建源 | 傅晓明 | 苟诤慷 | 韩海骞 | 姜　伟 | 莫连华 | 王遵黎 |
| 徐　伟 | 张俊彪 | 赵渭军 | | | | | |

2002 级秋季建筑学专业研究生进修班

蔡志山	陈剑锋	陈洁群	陈月祥	傅国庆	郭　莉	胡锡平	江祖斌
李永康	刘承恩	刘　江	楼　骏	楼林钱	马春梅	毛丽敏	钮炳华
齐海元	宋吉晓	宿国锋	陶雷平	万　凌	王　伟	吴建良	邢　滢
徐方镇	徐敬红	许权峰	薛朝晖	杨　敏	姚国建	姚　帅	虞红梅
袁文薇	张　蕙	张顺利	张武斌	章　鸣	郑朝灿	郑　烨	朱成堡

2002 级秋季城市规划专业研究生进修班

陈忠海	崔理纲	戴　健	戴乐云	董　中	范展鸿	高元考	管仲龙
何荣华	金秀芳	罗景华	芮惠斌	邵剑明	宋青林	谭翠云	吴建荣
吴　伟	吴　震	徐宏新	羊悦平	俞国兆	张惠清	张继刚	郑兴建
祝建荣	祝时伟						

2003 级建筑学专业研究生进修班

陈建成	陈明军	陈瑞祥	董友庆	葛鑫钦	过　政	何天华	何宇彬
洪志祥	柯海江	李　坚	郦少宇	梁法强	刘　宏	刘伟挺	刘　莹
鲁鑑良	罗川龙	罗宗德	毛节程	毛桥旺	戚盈峰	钱　钧	任建华
沈青华	石海忠	孙炳红	汤　周	王海江	王奇灵	吴国强	邢建汀
徐珏燕	宣　锋	杨建根	杨玉祥	叶小群	俞　军	张爱军	张建良
张位军	张晓光	章　瀚	章晓明	章志良	郑法根	钟炜颖	周凤娟
周钦淼	邹锡钢						

2003 级春季土木工程专业研究生进修班

安春秀	边 江	车铁成	陈妙初	陈武兴	戴晓栋	但唐义	樊林海
樊 葳	范 华	方 军	高 峰	顾 飞	韩书芝	胡笑嫣	季珍林
姜 健	李继明	吕伟东	毛景洲	盛 昌	盛初根	史焱永	汤武华
王丹颖	王赛赛	王周庆	温军燕	肖先波	熊卫兵	徐庆锋	杨朝辉
杨洁琼	杨兴明	叶 飞	印 静	章普标	赵海江	祝悦佳	邹善荣

2003 级秋季土木工程专业研究生进修班

陈宝春	崔耀军	单 岗	冯宗朝	傅懋良	黄晓君	蒋建忠	来 迪
裘 滨	沈 磊	施振鸿	孙宏良	王 锦	王 敏	王明波	王亚君
王 毅	王 越	吴向堂	吴旭敏	熊国斌	徐肖华	杨 健	余建民
张卫东	赵 强	周松国	朱宝宏	祝 峻			

2003 级秋季水利与海洋工程专业研究生进修班

吴党中	吴飞进	张 帆

2003 级秋季建筑学专业研究生进修班

鲍朝辉	柴页新	陈一民	方云青	冯凌英	付 蔚	何东捷	贺 波
贺茭囡	洪 瑛	胡 菲	胡红兵	姜 锋	姜 芒	金 蕾	金 挺
李 军	廖继斐	林 静	刘 虹	柳 华	楼秀华	南鸯静	潘玲玲
潘 铭	裘联炯	任 彝	盛 昌	陶月皓	吴恒志	邢明华	许美旗
于国庆	张 燕	章来军	诸亚珺	竺 越			

2003 级秋季城市规划专业研究生进修班

蔡建华	陈宏伟	陈 剑	陈朗廷	陈叶亮	程 进	管锦饶	蒋良喜
金玉霞	金正平	李 松	李文贞	梁 薇	凌桢宏	刘艳丽	鲁 丹
鲁哲锋	孙海兰	王 珏	温作东	乌炳林	吴上华	徐 华	徐婷俊
许建伟	杨国华	应明焕	余旭日	曾 斌	张野平	张芝霞	章 磊
赵 勇	郑 焕	周建瑛					

2003 级秋季建筑经济管理专业研究生进修班

包 军	鲍国强	蔡建明	蔡修鹏	陈 亮	陈小俊	储直明	戴显荣

杜　力	段　晴	韩　灿	韩　晖	贾　佳	蒋志红	金永灿	金智勇
李光华	李旺根	刘林俐	娄建永	楼启雄	陆锦法	苗月季	沙士军
邵福彪	施喆鑫	施振海	宋颖民	唐　丹	汪向东	王　越	邢正宁
徐张蔚	杨文学	俞文伟	张　建	张友昌	周均超	周松国	朱　虹
祝昌团							

2004 级水利工程专业研究生进修班

陈　虹	陈维俭	程玉来	丁　健	胡殿才	华凤妹	黄东海	黄铁华
蒋凯军	陆仁军	罗志宏	全东梅	孙　鹏	陶诚忠	陶润礼	田维新
王建岳	王　勇	徐　元	杨　志	张　原	周玲玲	朱　治	

2004 级水文学及水资源专业研究生进修班

曹红蕾	陈国伟	陈晓健	陈筱飞	陈　欣	陈烨兴	陈永明	陈志扬
程华华	丁伯良	干　钢	韩　冰	贺春雷	胡尧文	黄小燕	季健康
李　锐	廖承彬	刘艳伟	鲁海燕	吕　乐	马哲敏	梅　放	潘桂娥
邱　超	邱　雁	邵利萍	沈贵华	汤海宇	王淑芳	王小卫	王兴云
王宇东	王云南	邬越民	吴海翔	吴　辉	吴云鑫	夏益杰	徐庆南
严　盛	严晓焰	叶　勇	俞婷婷	郁孟龙	张泽辉	赵　鑫	朱法君

2004 级春季土木工程专业研究生进修班

柴世雄	陈尧三	崔　峻	方　亮	封永祥	冯仁祥	付　强	高晓东
何秋恩	蒋金梁	廉　俊	卢红霞	陆伟国	骆伟明	倪宏演	钱雪华
邵雪军	石金阳	童方毅	王新甫	吴育萍	谢咸颂	徐　庶	严明煜
叶成军	张颖红	赵向前	周爱其				

2004 级秋季土木工程专业研究生进修班

陈　倩	董明敏	范　激	傅森彪	高宇红	何粉叶	刘发齐	吕志松
王　星	杨晓晴	袁春树					

2004 级秋季城市规划专业研究生进修班

鲍　力	曹驰峰	陈爱文	陈安华	陈丙恒	陈　成	戴　洁	端木文静
范　凡	方　磊	顾力天	桂伯珍	韩金法	胡　宁	怀根强	黄　磊

黄伟宇	黄晓帆	姜永柱	金方勇	金荣根	金自力	孔张艳	雷树荣
黎兴强	李 安	李 娜	李全根	林国平	林 慧	马宏平	毛伟华
闵庆耀	缪华东	邱东红	沈国华	石运通	汤 欢	汪根富	汪克田
王 峰	王锦川	王 迅	王 雁	王轶磊	王玉靖	王云竹	吴国良
吴茜雯	肖 翼	肖 翼	肖仲伟	谢晓波	徐钟鸣	宣佳宁	鄢凌峰
杨剑波	杨文敏	叶苏旺	俞 洁	张贵辉	张国平	张俊杰	张连举
张 屏	章佳毅	赵兢晔	赵怡本	周 浩	周建立	周巨满	周先平
周小芳	朱学敏						

2005 级秋季土木工程专业研究生进修班

陈慈评	陈 新	陈 忠	褚锡星	崔 旸	方梅英	胡群英	金忠苗
雷清华	林海军	林晓兵	楼东浩	罗位萍	彭庆卫	钱树波	阙家奇
沈瑞宏	涂成杰	王文冬	吴英姿	吴运清	夏仁宝	徐小珊	应冬柏
余永顺	张保会	张烈鑫	赵红霞				

2005 级秋季建筑学专业研究生进修班

刘 斌	宣兴茂	王 彤	李大伟	李 焱	邹红斌	严 正	蓝显锋
边 挺	吴 恺	仇 侃	韩 锋	楼笑平	黄会明	金剑波	张 岩

2005 级秋季城市规划专业研究生进修班

柏晓芳	陈东山	陈冠杰	陈旭娟	陈柱平	冯贤良	傅正方	葛 岭
韩烨飞	楼笑平	鲁 岩	马楚军	沈西红	孙向阳	王 风	王合文
王建力	王 丽	王蔚忻	王永华	吴建平	吴霄坚	杨 贞	叶国兴
尹伟国	张 歆	诸魏芬					

2006 级秋季土木工程专业研究生进修班

陈耀勇	刘勇兵	沈雄君	许 涌	张建泽	张忠飞

2006 级秋季水利工程专业研究生进修班

王玉强

2006 级秋季建筑学专业研究生进修班

陈彤彤	丁　武	孔爱散	李　林	林鑫乔	刘松健	莫劲松	莫曙滨
潘　军	孙　勇	王春宁	徐	徐建栋	张　芮	张　洋	周德锋
周　锋							

2006 级秋季城市规划专业研究生进修班

曹　伟	傅　伟	花　蕾	金　桦	李逢庆	刘淑元	田国标	屠乐勇
应朝栋	张　春	周鸣镝	周　勇				

（2）高等学校教师在职攻读硕士学位

2003 级土木工程

白文辉	梁　吉	张叶田

2004 级建筑设计及其理论

邵　文	苏　伟	赵衡宇	赵　明

（3）工程硕士

1999 级工程硕士（青岛 1999）

陈传联	杜文刚	段家盛	郭继山	郭建峰	郭　平	洪文霞	候　涛
胡龙伟	金宝忠	李兵宽	李信仕	李永胜	刘德华	刘建民	刘龙海
刘占军	吕大晓	马建军	孟宪洪	牛　越	邵军义	孙承浩	孙茂廉
唐海林	王保东	吴　刚	夏宪成	许　藤	薛仁龙	荀志远	于英乐
余　川	张　宾	张　路	张　晓	赵　雷	郑少瑛	周盛世	朱广军
朱　珊							

2000 级工程硕士（郑州班）

曹洪波	冯　波	高　峰	黄　波	蒋　进	雷　杰	李志红	林宏达
刘　辉	任晔平	唐纯喜	田林钢	汪伦焰	王发廷	王学军	徐艳秋
许　洁	杨凤灵	张　伟	章志锋	赵庚辰	赵海虎	赵建世	赵建武
赵树军	朱文廷						

2002 级工程硕士（青岛 2002）

黄伊明	焦春贤	王良忠	于明言	张学礼	赵金先

2003 级水利工程

曹 颖	陈振华	葛永明	顾中青	陆保敏	梅志能	彭志刚	邱吉文
邵 辉	孙卫平	王珉球	王瑞海	严之菲	杨仲毅	尹家春	余 竞
俞为伟

2003 级建筑与土木工程

曹 亮	陈 宇	代 荣	范宣锴	侯成哲	黄成盖	黄堂松	江 辉
姜叶翔	姜英波	蒋挺辉	蒋 玮	蒋宇峰	李海洲	林 多	刘群娣
鲁剑锋	马 帆	沈华骏	施慧烽	孙大程	汪 洋	肖 磊	谢洪波
徐伟良	薛 原	严辛垚	杨 俊	俞 洋	张 弛	张建伟	张士平
张小军	张正权	章敏波	赵立国	郑建平	周联英	周志峰

2003 秋季城市规划

蔡国强	曹晓清	陈显秀	韩云旦	姚建强	叶建锋	朱锦渭	庄 磊

2004 级建筑与土木工程

曹伟红	陈爱华	陈繁荣	陈阶亮	陈卫杰	陈学技	方旭慧	冯永红
傅建舟	胡志杰	黄 隆	姜旭东	李本智	李传江	李 海	李军洪
李文萍	刘松平	楼 巍	吕永金	茅晓华	缪志军	潘忠斌	任凌云
沈西华	孙建伟	孙 烨	王涛利	王 文	王院生	翁菁菁	巫振江
吴明喜	吴 朴	吴宗皓	徐诚瑞	杨 卫	叶 良	叶晓韵	张蓓英
郑锐锋	朱怡巧

2004 级水利工程

陈春雷	胡殿才	纪计坡	蒋凯军	楼 骏	陆仁军	落全富	全东梅
施练东	孙 鹏	陶润礼	王吉勇	王 颖	王 勇	杨 志	张 晔
郑 君	朱 治

2004 级项目管理

石燕青

2005 级建筑与土木工程

蔡 隽	陈康俊	陈乙文	陈 弓	陈宇翔	程 涛	丁任盛	方 锐
高 峻	顾 倩	关建强	郭 吟	何亚红	贺祖爱	胡德宝	胡 洋
胡永富	花亚平	黄 廷	季高峰	李 静	李彦军	李志伟	林宏剑
林 隽	林茂盛	刘带娣	刘红梅	莫 非	乔仲发	荣国城	施黎敏
施铭铭	汤海舟	万荣华	王凤春	王 巍	王蔚忻	王修水	王勇军
吴刚兵	向和萍	徐安成	叶幸超	于 敬	余 甦	袁先学	曾贵元
张海忠	张后禅	赵 敏	郑 捷	郑军华	郑 琦	朱海晨	朱 乾
朱迎红							

2005 级水利工程

曹欣荣　　范逸峰　　刘慧敏

2005 级项目管理

蔡志雄	陈 豫	成 凯	程政学	戴仁杰	董黎光	钭锦周	封华明
傅维先	郭树锋	洪 亮	黄晓园	姜庆泉	蒋征波	李钟群	罗 巍
麻永锋	毛校君	钱建文	童 军	王 路	邬建红	叶剑锋	张之洪

2006 级建筑与土木工程

包连陈	蔡凤生	曹强凤	陈 伟	陈焰明	丁金雯	丁 宁	方伟定
冯 豪	傅隐鸿	甘桂兵	葛 鑫	顾列英	郭俊科	韩小峰	何军伟
何丽华	洪 琦	胡兴华	黄建武	黄有闯	姬耀斌	蒋 敏	金一磊
金颖平	李大鸣	李 海	李骏峰	李树一	李向东	李潇云	李勇刚
李元武	林经康	林 曦	刘烈雄	刘显群	罗 斌	罗引可	马 量
潘一品	祁建华	钱 倩	屈宇琦	邵 骅	沈 浙	沈镇伟	沈祖锋
盛旭平	史建洪	宋浩君	唐春益	唐纯能	陶 涛	陶 涌	王 昆
王 起	卫 乾	卫 霞	吴叶莹	邢月龙	宣军海	应松枝	应文武
张恒芝	张建泽	张 杰	张万伟	张 曦	张小松	张晓红	张学文
张宇虹	章安华	郑朝灿	郑 孟	周建瑛	周凯龙	周晓龙	朱向忠

祝　建　　卓琼琼　　邹　云

2006 级水利工程

丁　骏　　冯仕能　　傅春江　　蒋　维　　刘叶军　　许继良　　虞国华　　翟振华
张静丹　　朱友聪

2006 级项目管理

陈超毅　　陈　哲　　程　义　　单双波　　邓劲松　　邓　敏　　方　剑　　葛家树
胡一鸣　　金　靖　　阚晓玲　　来方勇　　李亦斌　　厉　兴　　卢大庆　　吕俊平
罗桂新　　马　骥　　马良金　　毛　加　　乔晓刚　　石　巍　　王东涛　　王　栋
王维佳　　温正双　　吴　丹　　吴亚杰　　徐浩菁　　杨振华　　翟保峰　　张科盛
赵志有　　郑为武　　钟承志

2007 级建筑与土木工程

陈建荣　　陈君祥　　陈少波　　陈先平　　陈晓丹　　董　轶　　董志斌　　窦　争
杜述德　　冯　炳　　高卫平　　何培相　　洪义兵　　胡绍军　　黄海峰　　黄　晖
贾桂莲　　姜云娇　　金海虹　　李　博　　李相启　　李云川　　梁　龙　　梁　伟
林　晨　　刘亚梅　　卢　轶　　陆　璐　　陆鹏飞　　梅狄克　　莫文烈　　庞崇安
饶　猛　　沈　丹　　沈　锋　　沈孔成　　施　舒　　舒　渊　　宋海英　　孙冬海
孙　毅　　唐绍明　　汪　璐　　王　波　　王丁丁　　王光华　　王建武　　王进波
王　君　　王　睿　　王　胜　　王　鑫　　卫小龙　　尉彤华　　魏建萍　　魏可欣
吴道尧　　吴建平　　吴　琳　　吴珊珊　　吴震陵　　肖　飞　　谢　芳　　谢秀帆
邢小丽　　徐东晓　　徐克明　　严红燕　　杨熙捷　　杨勇超　　杨志勇　　姚昕亮
叶　军　　叶树清　　应　振　　余丽燕　　袁宝军　　张　翀　　张津践　　张　靖
张　飘　　张贤荣　　张延军　　赵瑞存　　赵　伟　　赵　宇　　郑斌全　　周九琴
周润翔　　朱翠萍　　朱学仁　　朱宜琳

2007 级水利工程

池龙哲　　丁飞跃　　何震洲　　胡琳琳　　胡煜彬　　罗　帷　　汤德意　　王英英

2007 级项目管理

杨　霖　　沈曹循　　沈　意　　周利霞　　金旭勇　　宓　群　　王　涛　　戴林海

吴琴水	张　文	黄　燕	陈纯纯	梁建平	徐江华	王永胜	徐玉明
杨小明	李　霖	李　婕	宣海力	孙保金	唐登斌	林汉兵	左　峰
喻　锋	郝洪志	俞　瑜	周　斌	陆中皓	陈方平	黄贵强	王　筠
黄志挺	王云爱	相　楠	阮　鹏	谢育彩			

2008 级建筑与土木工程

卜明华	陈合德	陈佩能	陈苏琳	陈新主	陈　艳	丁海洋	董倍琛
董志国	董舟涛	樊健军	方国贤	高恩全	龚中平	顾　靖	郭洪雨
郭艳斐	韩景玮	韩　蕾	韩　圣	何　达	贺俊威	胡钢亮	胡同舟
黄崇凯	黄贵强	黄　亮	黄　曼	黄佩佩	黄　嵩	黄文贵	黄跃林
江晓晶	姜晓彬	柯　磊	孔华娟	兰　天	黎汇敏	李春玲	李国华
李华锋	李建储	李　俊	李文俊	李莹雪	李　勇	廖建平	廖学强
刘　弢	刘　平	刘　薇	刘霄珺	刘烨辉	龙彦妤	罗　炜	马海丽
马志雪	毛华荣	潘　瑾	潘瑞燕	钱　磊	秦　静	邱国阳	阮映辉
邵一鸣	沈国通	沈市荣	沈维健	沈　炜	沈一军	盛　超	盛　亮
施国芳	宋　峻	宋维尔	孙晓鹏	孙燕锋	汤晓烽	唐　林	陶　坚
滕　骅	王　波	王春坚	王　健	王　磊	王丽萍	王卫国	王学攀
王　莹	王永成	韦国坚	隗　收	吴朝峰	吴宏炜	吴佳璠	吴　江
吴科可	谢　丰	熊　玮	熊卫兵	徐　冉	徐小孩	姚伟锋	叶志锋
尹晓玲	应　磊	于　蕾	俞剑龙	张爱珍	张　帆	张龙伟	张　敏
张艳琼	张玉杰	张元光	张　震	章　涛	赵　梅	赵一鸣	郑建华
郑可卿	郑志丰	周大伟	周　枫	周　枫	周　燕	周　阳	周　源
周　舟	朱纪原	朱　杰	朱　洁	朱志铭			

2008 级水利工程

杜运领	黄　煜	刘杰寅	楼晓蕾	任占杰	汤冠华	王东锋	王　晶
王晓红	吴挺松	余玉龙					

2008 级项目管理

李东方	马列淦	娄晓东	程玲玲	金崇旻	林虎文	冯　磊	赵汛舟
杨智华	焦明鹏	张占军	张　冲	黄建英			

2009 级建筑与土木工程

蔡 睿	蔡学峰	曹燕君	陈广厅	陈建文	陈侃杰	陈 琼	陈 松
陈 萱	陈永建	陈 悦	程 莉	丁飞鹏	丁 磊	丁巧力	丁至屏
方 敏	方宇明	傅詹轶	傅钟萍	富春伟	高 泓	郭丽春	何佳鸣
何 礼	洪赞赞	侯 磊	胡徐辉	胡云飞	黄高林	黄新良	黄叶绿
冀 昀	江凯达	姜 浩	姜云姝	蒋 颖	金文泽	金永洪	巨小虎
孔 嘉	雷 震	李慎霄	李卫平	李小波	李芸芸	廖建军	林 晨
林 峰	林加伟	林 路	刘 挺	刘向红	刘旭伟	龙照华	陆 俊
吕 莉	罗 弼	罗亨斌	罗 洁	骆歆怡	马宏成	马 辉	马令令
马 敏	马融融	马 锐	孟戍捷	潘欧东	潘一宋	秦凯锋	邱文晓
邱秀兰	邵凯鸿	佘培松	沈 科	施 进	施俊雅	石 磊	宋吟霞
苏 展	汤 欢	童 昀	汪子华	王赟悦	王晗伦	王 琦	王淑红
王思霁	王众磊	王周凯	尉 巍	吴安定	吴荣本	吴晓翔	吴 鑫
吴耀星	吴争春	项方和	项胜楠	项志峰	徐 迪	徐 帆	徐莎莎
徐颖琦	许雷挺	许 燕	杨 波	杨成峰	杨 诚	杨 帆	杨 琼
杨荣喜	杨晓强	杨晓巧	杨晓涛	姚佳杰	叶恒俊	郁一帆	曾小平
翟 清	张 瑾	张军波	张 君	张琳娜	张 玲	张 松	张 伟
张小花	张永刚	赵 涵	赵丽军	郑 冠	郑文明	郑现军	周安定
周 华	周明华	周 韬	朱建国	朱克勤	朱 雁	诸迪锋	竺 晶

2009 级水利工程

刘秀霞	潘剑云	章国翁

2009 级项目管理

陈文渊	陈永红	陈兆领	韩 璐	黄享清	李 银	米 孟	宁 愿
沈小庆	田 甜	王之野	吴 彦	徐 旭	许印光	张文辉	张钰靓
赵另起	朱志媛	邹其发					

2010 级建筑与土木工程

艾 伟	包 乐	蔡承超	曹贵进	曹洁如	曹今朝	曹志成	柴 迎
陈帮鹏	陈可泽	陈 雷	陈 楠	陈旭东	陈 烨	褚玲敏	党延嵩

董贵平	范侃侃	范旭朴	高水军	葛思闲	葛亚婷	管蕾英	郭　超
何欣鑫	胡伟民	黄明华	黄其锋	黄媛瑜	蒋　菁	赖水源	劳叶华
雷　崇	李林强	李　宁	李　潇	李　鑫	林美凤	林　苗	刘函玫
刘　挺	楼　甲	卢　璐	吕　颖	骆东华	毛媛霞	毛贞美	聂志刚
牛晓东	钱丁丁	桑毅佳	尚玲丽	尚　柳	邵　鼎	邵晓豪	沈佳成
沈　杰	沈　敏	沈炜彬	施国华	孙　涛	唐志勇	田春凌	万治义
汪敏媛	汪　洋	汪勇军	王　韡	王金平	王　磊	王　磊	王路君
王尚侃	王雪峰	王志虹	吴凯平	吴聿哲	徐　波	徐胜祥	徐　伟
许永博	颜晓翔	杨　杨	叶　康	叶向前	虞启迪	臧维乔	张海兵
张　敏	张　明	张树英	张万斌	张弦波	张　智	赵健冬	赵　觅
赵永洪	赵瑜菊	郑小云	钟　荣	周莉苹			

2010 级交通运输工程

曹瀚翔	曹佩红	江志剑	林　峰	王　臻	谢丽民	徐　伟	徐杨帆
张佰良							

2010 级水利工程

陈　刚	韩小燕	王瑞锋

2010 级项目管理

梁灵鹏	宋靖伟	胡亮亮	赵志军	梁　斌	张正云	杨锦辉	陈　涛
全首琲	蒋　理	徐传立	罗　伟	金　晖	林高涵	林思桦	楼思宇
吴文阳	陈小文	张宏斌	张冀豪	赵　俊	金见青	丁静君	吴正辉
周旻灏	王炎如	杨锦跃	吴　凯				

2011 级建筑与土木工程

包仁华	卜杭斌	岑杰科	陈海威	陈　建	陈　莉	陈立毅	陈　文
仇　涛	戴佳清	单卓琳	丁俊成	房云峰	费　腾	郭　晔	洪伟东
胡承钰	黄银金	纪　丰	冀晓华	姜　平	蒋秀智	蒋　瑛	金　畏
李迎迎	李哲纬	李　铮	林　琳	林荣荣	林　涛	凌　杰	刘　健
柳从建	陆海军	陆　敏	陆千苗	吕向金	马　立	马文涛	欧阳永安

钱焱辉	秦卫锋	邵晶	沈继良	沈苗	沈雪琴	斯东	宋俊
孙赟	孙冲宇	陶天宁	滕飞	王冬羽	王纪军	王晋	王静泓
王炯巍	王雪劼	王舟	魏云峰	温琦	吴剑平	奚淳	肖鸿斌
谢荣杰	徐光勇	徐建龙	徐宁国	徐荃	徐玉凤	许黎虹	许校
闫路	闫鑫	严晓建	杨连凤	杨倩倩	叶剑敏	叶茂林	叶平洋
尹伟	尤调伟	于晴如	袁海培	岳增龙	曾建	曾乾纲	张国栋
张俊	张伟	张欣然	赵晶晶	赵伟	郑赫	郑利江	郑天
钟丁磊	钟楠	钟晟	钟卫华	周辉晖	周雪峰	朱蓬莱	朱荣州
朱哲	祝玮	卓春笑					

2011 级交通运输工程

鲍先勇	陈阳	高超	何飞军	洪成泼	冒宏军	钱文	沈鲤庭
施玲	石康嗣	隋博怡	王颖	吴楼	徐俊	赵列远	郑翔

2011 级水利工程

戴林伟	郭舒临	胡珉	马陈	裘杰	汪国英	王兰兰	姚杰
张宝昆	赵宇洋						

2011 级项目管理

陈琳	陈山林	丁浙鸣	董万伟	范华春	傅凯涛	傅强	胡晓宇
胡银锋	黄国华	金成栋	梁华祥	卢苇	孟祥韬	童昕	王丹晖
王剑堂	王克侠	王青	王瑞苒	王仲谋	魏琴	吴彬	吴维敏
谢怡阳	叶祥伟	应翔	张萍萍	章正锋	周俊伟	卓俊	

2012 级建筑与土木工程

鲍巨良	陈传剑	陈峰	陈俊	陈明学	陈茗	陈啸	陈云龙
邓伟豪	董杰斌	董梦茜	范洪杰	符斌	傅国庆	高升	顾弘丰
郭超	郭俊杰	韩航波	洪渊	胡佳奇	胡颖	黄聪	黄绯
黄鑫	贾俊伟	江胜	姜建俭	姜艳艳	蒋枫	解勋	金帆
金海江	金佳	孔阳	李光辉	李国华	李炯	李俊	李庆
李鑫迪	厉勋	梁正峰	刘熠	刘子严	柳涛	陆国庆	路忠诚
吕丹	马述刚	毛坤磊	毛黎俊	莫晓佳	倪海锋	聂纯珍	彭川

戚华军	齐 明	邱晓华	裘华锋	任 艳	沈何刚	沈永良	沈钰明
沈月婷	谭超群	谭 剑	汤 赟	陶 力	万 铭	王 佳	王敏锋
王 涛	王 威	王兴煜	魏泽斌	吴曹雯	吴 崇	吴 畏	吴 益
夏 东	向祥林	徐 晨	徐进飞	徐 科	严 巍	杨丽丽	杨 文
姚 杰	姚立群	叶 昕	叶 欣	叶卓赟	易 萍	余国平	俞 瑛
张冰峰	张 杰	张 锐	张少勇	张旭钰	张振强	郑剑伟	郑婷婷
钟增光	周 斌	周 波	周 圆	朱 薇	朱小明	朱一凡	

2012 级交通运输工程

丁 适	郭昊亮	胡婷婷	刘兵伟	潘晟赟	王春雷	王杜均	吴鹏飞
伍金赟	邢 亮	杨 迅	张清琪	章 科	章 琪	周 赟	

2012 级水利工程

韩云峰	黄 燕	卢明波	沈水丽	王林林	闫世康

2012 级项目管理

陈 旻	陈永志	陈 阵	程 军	傅 豫	康 成	李雄坤	林 海
刘崇宇	陆林凤	毛振海	孟琪莉	潘 银	沈 陶	石维鹏	孙大鹏
孙会雨	孙乐宁	谭聆言	童 枫	汪晓波	王光培	王晓阳	肖 力
徐 亮	徐 勇	薛婷婷	占 涛	赵 琦	周 宏	周晓宇	

2013 级建筑与土木工程

白凯元	毕何睿	蔡钢伟	蔡文博	陈 辰	陈建华	陈 楠	陈 锐
陈孙洁	陈 砚	程家琦	程 涛	程振坤	丛福祥	崔连忠	戴美勇
戴晟杰	杜 威	杜兴星	方 毅	费 晟	封 帆	冯林振	甘晓丽
高 娣	葛海丰	谷祖祥	顾 远	韩寅聪	何琼华	何 宇	侯国松
忽永锋	胡静雅	胡思阳	胡新莺	胡忠全	黄金桥	黄 明	黄 越
江 萍	蒋 健	金瀚博	康同继	冷令翎	李青俊	李天飞	李 翔
李筱曼	林 洁	刘玲华	楼 骞	卢永进	陆光灿	罗海珑	罗 捷
马宝军	马奇丰	毛筱眉	毛勇华	潘 俊	潘 希	潘益斌	潘泽民
山小庆	邵明盈	沈 超	史素珍	舒建红	孙 科	孙勇健	汤高峻
万志美	王 凡	王高浩	王 杰	王连文	王露虹	王梦佳	王 宁

王 鹏	王琼琼	王 昕	韦柯筠	沃海涛	邬臻青	吴登国	吴念儒
吴 鹏	吴小芳	吴 燕	肖 玮	谢宏观	徐 丹	徐雷雷	徐黎斌
许 彪	薛青林	杨伊丽	姚 敏	姚 婷	雍小龙	余俊伟	俞菲洁
俞英英	袁明程	张昌桔	张冬玲	张海静	张建伟	张丽娟	张 宇
章 冰	赵乐飞	郑祥特	郑晓琴	郑冶静	周 丹	周美丽	周 琼
周舒灵	朱新华	朱 艳	朱一林	庄 俊			

2013 级交通运输工程

郭皆焕	蒋 波	李 川	史大为	汪伟涛	徐家明	徐贤挺

2013 级水利工程

陈蓓蕾	陈 聘	陈希豪	刘若星	刘韶春	倪金杰	王灵敏	谢永峰
周慧娜							

2013 级项目管理

陈利祥	陈唐华	陈 涛	褚颖捷	方清平	冯丽娟	葛建军	何剑雄
李 康	李晓杰	刘 丰	刘 森	罗佩丽	邱佩璜	沈飞雪	宋铭敏
王邦勤	翁大伟	吴丽燕	吴 亮	徐 斌	徐腾飞	许营淼	杨明轩
姚肖欢	袁建平	张洁芬	张为兵	赵 阳	郑财云	钟 毅	周进之
朱 琦							

2014 级建筑与土木工程

包震乾	陈晶晶	陈 亮	陈 胜	陈小桔	陈 杨	程心乐	仇东东
戴若愚	丁子文	董露露	段 磊	范 畴	方兴华	傅 荔	高凯羽
葛 魁	耿翠华	何俊韬	侯俊峰	胡德龙	黄佳富	蒋旭钢	金 贝
金 平	李慧敏	李 霁	李 凯	郦鸣亚	梁 芳	廖静宇	林 炀
刘 明	刘水鑫	刘 耀	刘 瑜	刘 羽	刘智慧	卢春红	陆 叶
路 康	吕绕英	罗 野	钱 菁	钱 烈	钱云斌	任凌奇	邵漪珺
宋坚达	宋金健	孙经纬	孙奎柱	孙欣楠	汤圣忠	唐 登	王立民
王 扬	王杨杰	韦智操	魏 锋	吴金锋	吴克家	吴乃荣	伍 景
肖 恩	谢雪明	徐成勇	徐 凯	杨 建	杨 砚	叶 磊	易 英
俞 莹	俞丹丹	俞 柳	俞 阳	虞建平	袁凌燕	曾志强	詹晓波

张　帆	张　潋	章剑波	章　昕	赵文邦	赵溢波	郑旭龙	郑　悦
周长龙	周　凯	周　锐	周晓明	周　啸	朱徐斌		

2014 级交通运输工程

程飞浩	黄崇信	殷　甲	应　臻	赵文刚

2014 级水利工程

陈　曦	金　海	康　鹏	周　勇

2014 级项目管理

陈　府	陈　阳	高寅凯	顾欧阳	郭　一	胡立峰	黄利利	金　尔
李　昊	李勇俊	厉锦辉	林桂通	彭之辰	乔隽珠	田志勇	童丽芬
王向昉	徐天一	叶顺波	应骁捷	袁克雄	张　清	赵　军	朱赟铭

（五）成人与继续教育校友

1990 届夜大工民建

白云晖	包照赏	卜佩文	曹力巨	陈风雷	陈少东	陈祝安	韩国英
何薛平	黄桂其	计　琳	林　武	林忠元	刘浙明	楼顺满	卢剑华
陆　骏	麻晓虹	潘建梁	戚国莹	羌吉晓	沈光福	沈　骅	史薇薇
孙洪飞	唐鸣韶	王建人	王　琦	王如南	吴　健	吴正俭	肖　玮
徐建月	张　建	张苏琴	张　宣	赵教仁	赵金龙	赵之纤	郑　鸣
周建强	周　玲	周旭光	周　逸				

1990 届建筑学函授

蔡俊华	陈安德	陈晓华	范德法	范旭光	胡黎明	黄　淑	金淼星
刘晓天	卢叶子	马　力	倪定华	施志清	孙　云	王飞麟	徐　力
徐学林	张建浩	张树祝	张　颖	郑　远	郑忠安	钟晓明	周敬贤
周学银							

1991 届夜大工民建

鲍伟民	柴爱芳	陈　勤	陈雅凤	程学舜	储鑫根	崔雪莱	单业隆

董丸	杜金明	杜晓林	符康强	干晓雯	高雏雁	龚希	洪炜
胡建伟	胡利单	黄炳才	黄寿田	黄舒明	蒋龙德	蒋晓法	蒋秀秀
蒋屹峻	金怀恩	李国荣	李国祥	李杰	李林贤	李露	李仲尧
厉海霞	林才明	林骅	刘俊	刘萍	楼岱军	吕人伟	吕援
罗明霞	马辛尧	钱红	钱升华	阙正非	任春	尚玉富	沈华方
沈仁原	沈淑雯	沈兴达	石磊	石磊明	宋兰芳	宋茂彬	宋羽
孙从类	孙三群	谭啸林	仝红文	汪波	汪津	王建尧	王琦
王启平	王旋	魏力	魏力	温晓明	吴红阳	吴平	吴星春
吴冶中	吴之红	席军	夏兆钢	谢绍强	熊伯良	许美平	杨崇俭
杨毅	叶武	俞沧子	俞列	虞浙安	张红	张劲	张旭东
章国飞	章养军	赵志刚	郑晓波	郑永安	朱宏波	朱力伟	朱征
诸亚园							

1992 届夜大工民建

陈伟东	陈英姿	程必强	丁忠平	杜荣标	方敏强	顾耀龙	洪争
胡清炼	胡晓虹	姜伟文	孔亚虹	李志松	林滨滨	林豪铸	林章荣
陆金娥	吕纯洁	任小明	邵振涛	舒伟毅	孙海英	唐劲松	翁盛荣
谢涛	余健敏	章海斌	章晔	赵航	郑缨	郑珍梅	周光齐
周彤	朱佩明	朱志航					

1992 届函授工民建

蔡敏伟	柴贤明	柴小英	陈大庆	陈福敏	陈洁静	陈培芳	陈俞龙
戴华虎	戴军萍	单红妹	丁仟祥	丁青田	丁云秀	丁志强	董向富
范晓勇	费子明	顾文彦	何斌	洪利军	胡炜	胡选洪	怀根强
姜凤	姜翰照	姜月华	李国基	李平	李萍	林立平	林森元
林英豪	刘厚权	吕忠标	罗顺亮	马绍军	潘春青	潘中铨	任国宏
沈宏明	沈美虹	宋立彪	陶佰成	王斌	王朝良	王红霞	王人保
王先明	王志刚	吴菁	吴文根	吴岳明	谢万里	徐坚伟	徐向阳
许志达	杨桦	杨正华	叶勇	叶玉宝	叶子良	余建明	余立雄
俞炳明	张晓阳	赵建忠	赵行跃	郑建青	郑喜堂	周凤群	周子爱
朱文平	庄灿军						

1992 届函授建筑学专科

陈庆峰	陈晓红	陈易	陈湛	董梅	段晓东	方建坤	韩俊
华玮	黄伟萍	金文蔚	李琦	李霄	李治	刘元	楼肖艳
潘兵	沈晖	沈菁	沈丽萍	沈晓安	施炯	王凯	王凭
王晓滨	王旭阳	项宇	杨晓晖	余轶男	张稷	张勇波	朱东秧

1993 届夜大工民建

陈佩良	陈思聪	陈英姿	方敏强	郭越航	何善	胡淑贞	黄佩媛
李欢金	李小飞	林以亨	宓群	闵宛儿	戚卫东	齐踊跃	申屠作义
沈小滨	沈燕萍	沈月坤	舒伟毅	翁盛荣	项侃	徐辉军	徐勇军
叶关治	俞捷	张伟民	赵云岳	周国苗	周彤	朱建华	

1993 届函授工民建

鲍静波	陈金双	陈乐平	陈统宽	董育新	方旭慧	冯卫良	贺惠君
胡建洪	胡炜	黄金宝	黄丽君	江小捷	金邦才	金新亮	劳卫星
李国庆	林立平	刘宽能	刘旭寅	刘子雄	楼朝晖	马虹	马同宜
毛燕波	梅相仁	莫云清	潘根东	潘叶芳	邵芳华	邵明	史梁
孙立辉	唐烨	王小强	邬显敏	吴菁	吴笑元	吴忠信	肖洁
徐德仔	徐文聪	许国强	许自武	杨桂豫	杨月芳	姚新强	叶建峰
叶照旺	余建明	俞炳明	张光惠	张洁	张岚	张跃军	章礼军
章耀明	郑晖	郑建春	周向锋	周永盛	朱中联		

1994 届夜大工民建

蔡军	戴雨莽	丁卫东	董建华	冯维伟	金杨	孔庆强	刘江卫
沈百明	盛晓红	王晓芳	肖洪	谢燕燕	徐卫	杨建祥	杨铁飞
杨伟民	叶基福	张伟民					

1994 届函授工民建

陈邦玉	陈国林	陈继红	陈金荣	陈明根	陈沁	陈志杰	褚群如
丁晓科	樊开飞	范书明	方朝晖	高小红	高学雷	洪信春	黄玲彬
黄秀平	江淑梅	姜宝生	姜一五	姜志清	金方明	金军	郎寿昌
李华颖	李孟江	梁宏伟	梁旭恒	林文军	刘武	刘银涛	柳美瑛

楼道安	楼 方	楼文毅	陆小军	陆义民	陆在新	吕秋玲	罗文力
马敬华	毛梅萍	毛文胜	毛志中	潘忠良	邱松海	邱文安	申菲菲
沈松根	施淦平	孙春艳	孙纪苗	汤 华	童丽忠	童三虎	屠圣浩
汪佳佳	王东杰	王湖南	王欢良	王坚刚	王建平	王艳芳	王毅军
魏锡乔	吴建春	吴杰敏	吴亦岳	夏立成	谢中华	邢金祥	徐春成
徐旺清	徐肖瑜	许凌云	杨宏芳	杨克全	杨云峰	姚建中	姚永琴
叶 青	叶世慎	应望柏	余路峰	俞国忠	俞俊良	俞林忠	占红良
张宝军	张国军	张 健	张 力	张鑫林	赵仁浏	赵旭刚	郑 兵
郑铭岭	周定明	周 晖	周建忠	朱国良	朱水荣	朱希冬	朱小强
朱雨良							

1995 届夜大工民建

陈 革	陈 谦	丁红斌	方 晓	郭 群	洪 玮	蒋 力	蒋晓红
雷志新	楼晓敏	吕宜媛	毛玉红	潘俊武	邱晓迥	沈 伟	沈炜雍
石忠国	宋庆伟	孙理达	孙琳武	王淡善	王 政	吴子敏	徐立栋
薛 萍	余悦锋	张东路	郑再新	仲小红	朱叔恒	朱永斌	祝 勤

1995 届函授工民建

鲍志法	蔡建荣	陈福江	陈国强	陈 华	陈 辉	陈丽华	陈培均
陈沛锋	陈时东	陈天昊	陈 武	陈 武	陈一升	陈泳芳	程志军
戴红翔	戴泽胜	丁继武	丁 力	丁胜科	董献民	方 浩	方君安
冯 磊	高国忠	高尧林	葛赞龙	管汉石	桂士荣	韩香明	胡伟荣
胡忠海	黄惠良	黄江文	黄林生	贾奎有	姜基达	蒋永雅	金燕飞
金祖洪	经 纬	李金根	李金国	厉国跃	梁伯军	梁永仙	林华斌
林 辉	刘 翔	楼彦俊	卢根跃	陆彩风	陆 怡	马钢锋	梅千秋
倪华英	倪明武	泮永勇	彭 巨	钱法荣	钱国伟	钱剑明	钱民强
钱绍燕	阮新龙	沈建国	沈建国	沈立强	施立标	施明军	施尧根
舒乃畅	宋建勇	苏 健	孙海芳	孙利强	孙小明	童静玲	屠玲娟
汪孟伦	王 诚	王红珠	王宏伟	王家飞	王 钧	王 莉	王灵洁
王玲瑛	王青来	王仁友	王 伟	王伟光	温惜昌	邬银飞	吴成双
吴丽萍	吴丽永	吴绍建	吴维平	吴 文	吴勇志	吴振星	邢燕君
徐剑屏	徐林海	徐松定	徐维蓉	徐再健	许建军	许 玮	许遗欧

严渭泉	杨建明	杨荣杰	杨永年	姚岩良	叶岱松	叶法明	余永平
曾大庆	曾起昌	张国荣	张　辉	张江平	张巨帆	张颂伟	张小龙
张逊春	张　勇	张友苓	章小玲	章雪鸣	赵纯东	赵美钗	郑　立
郑胜春	郑志军	钟　樑	周健人	周　俊	周伟刚	朱会平	朱文迁
祝秀生	邹建悦	左志荣					

1995 届脱产工民建

曹振钢	岑　彦	车文飞	陈　冰	陈春蕾	陈国良	陈　黎	陈鹏飞
陈绍施	陈宋象	陈铁坚	丁哲峰	董兴土	杜其林	樊金标	方必胜
冯丁力	冯　明	冯万成	傅海蛟	傅敏耀	干海清	葛海强	葛振凯
黄云碧	蒋立峰	蒋世军	李柏青	李　斌	李洪源	李骏航	李　强
李笑蓉	李新桥	郦　江	梁海荣	梁锡裕	林顺康	刘　斌	鲁海涛
吕立峰	吕为民	马　良	马伟青	宓建明	倪江波	潘国梁	泮江峰
钱　海	钱晓峰	任洪伟	桑军林	沈济芳	沈苗千	沈文昌	沈项程
沈永江	施永江	宋建江	宋锡祥	苏景航	孙高华	孙国军	孙炜调
王　狄	王　海	王华平	王建新	王立刚	王晓玲	王昕馨	王则军
魏建设	魏铁峰	魏岳辉	吴　皓	吴　剑	项建飞	谢鉴潮	谢　靖
谢伟军	谢浙峰	徐俊杰	徐良亮	徐列军	徐永刚	严晓烈	阎国华
杨加森	叶　春	叶继开	叶　坚	叶　军	余　虹	余立钢	俞　斌
俞　峰	俞高峰	俞海栋	俞友江	袁立军	张海平	张建军	张益铭
张云飞	章国军	章祝标	赵国军	赵　敏	赵悦心	郑法标	郑茂炯
郑伟良	朱海刚	朱军江	朱伸伟	竺炜江	祝高峰		

1995 届夜大工民建专升本

陈　革	陈　谦	丁红斌	方　晓	郭　群	洪　玮	蒋　力	蒋晓红
雷志新	楼晓敏	吕宜媛	毛玉红	潘俊武	邱晓迥	沈　伟	沈炜雍
石忠国	宋庆伟	孙理达	孙琳武	王淡善	王　政	吴子敏	徐立栋
薛　萍	余悦锋	张东路	郑再新	仲小红	朱叔恒	朱永斌	祝　勤

1996 届夜大工民建

陈宏伟	陈利中	高　宁	高伟兴	郭振波	何立波	何震健	胡国锋

黄德祥	蒋英明	林财法	林永胜	楼东晓	卢满勇	陆勇勤	马　剑
马新福	倪勇龙	钱兰成	钱　镛	钱永建	施建强	宋炜炜	宋竹书
孙晓科	孙再亮	汤菊英	陶　炜	王伯明	王葛军	王　凯	王其同
王哲颖	翁三江	邬海群	吴国庆	夏　斌	谢俊峰	谢卫红	徐建飞
徐军烽	徐　荣	颜钊勇	杨培君	杨悠红	叶红雷	尹　超	张　坚
张勤奋	赵红官	郑世杰	周　鑫	朱建胜	朱立波	朱列刚	庄明鑫
庄瑞兴						

1996 届函授工民建

陈达峰	陈建华	陈　军	崔屹忠	戴忠伟	丁品强	方宝英	方　明
费国强	顾建明	郭有福	胡　健	胡天喜	黄立厚	黄淑湘	黄晓军
季春根	姜茂星	姜小军	金　进	金里平	蓝　箭	李慧敏	李银英
林益平	刘　军	刘南山	楼峻峰	吕国来	骆利民	马盈红	毛冬玉
潘旭明	彭德明	濮忠铭	钱　铮	乔　韦	邵水生	邵炜征	沈建红
沈　钧	沈群松	沈泰来	盛端舟	盛新红	孙学成	谭刚强	唐红卫
滕　军	汪卡林	汪顺忠	王大丰	王莉敏	王瑞福	王伟强	王　晓
王仲华	翁群力	吴彩彬	吴大勇	吴健华	吴淼东	吴庆明	吴锡忠
夏建平	夏利根	项建平	项素林	肖建明	徐　峰	徐红兵	徐旭飞
许振中	严亦枫	杨　骅	杨韶辉	杨文彬	杨新民	杨永武	姚建讯
姚　舜	叶李华	余建松	张建军	张世颖	章红顺	章雄飞	章忠灿
赵　兵	郑传伟	郑伟昌	郑霞俊	钟肖珉	周国诚	周　宏	周顺超
周贤宾	周小梧	朱城东	朱建慧	祝孝华		

1996 届专升本工民建

陈　军	陈　权	陈　曦	陈　瑶	戴莉莉	丁忠平	范　嵘	顾晓东
胡航峰	姜建军	蒋　勇	李　苊	厉　翔	林滨滨	林　蓉	马　跃
裘朝晖	阮路峭	盛学庆	施凯健	斯海瑜	王　磊	王　玮	项建国
忻　蕾	邢晓峰	杨　琦	杨一江	姚国荣	姚　晶	余险峰	余浙媛
恽　波	郑　瑾	竺　磊				

1997 届函授工民建

包彦根	蔡红伟	曹立峻	曹政智	陈　春	陈杭林	陈建勇	陈　梁
陈　龙	陈　勤	陈　跃	程西云	崔如秋	戴　炯	单天鹏	董　江
杜立新	费晓卫	冯　琦	高根琴	龚建强	顾海宇	郭　强	何　健
何信南	何宣武	洪庆群	胡灵活	胡　嵩	胡跃良	胡越琛	胡忠杰
江东明	姜方建	姜晓东	姜　真	蒋国平	蒋建洪	蒋建龙	蒋小连
金　芳	金加益	金永财	经锋锋	孔成兴	来立明	黎春鸢	李柏森
李　斌	李海仁	李铭强	李　强	郦　伟	连晓穗	刘辉明	刘永长
楼洪庆	鲁茂涛	陆建忠	陆荣明	陆振达	吕健伟	骆伟康	麻浩良
马惠玲	马卫东	毛　峰	毛文波	倪建水	倪丽华	潘丹文	潘　力
潘雅君	潘益民	庞春强	钱　浩	钦志强	邱利军	阮海校	邵　冰
沈景伟	沈震宇	史立胤	殳召锋	舒　船	舒　恺	孙国飞	孙明达
孙松岗	孙忠东	谈舒芳	陶　晶	滕顺寅	童和平	童金法	万丽斌
汪新江	王存明	王光华	王俊明	王兰英	王林华	王如仁	王世德
魏　溶	吴长法	吴恩明	吴刚兵	吴剑敏	吴丽娟	吴小弟	谢钦文
徐保萍	徐根荣	徐建良	徐利民	徐申雨	徐永祥	徐泽建	徐志辉
许苗健	杨炳泉	杨国红	杨秀根	姚水军	姚　伟	叶　龙	叶锐清
叶　莘	叶元斌	应晓铃	俞国荣	俞　江	郁哲文	张存章	张丹红
张洪清	张加强	张建国	张利忠	张勇涛	赵建华	赵水平	赵　伟
赵玉玲	郑金荣	郑旭军	郑　煜	郑正友	钟玉良	周鸿宇	周　健
周力炯	周　平	周天岫	周田元	朱荷英	朱红标	朱建辉	朱金湖
朱丽萍	朱　强	朱土增	朱卫新	祝天驰	邹远怀		

1997 届脱产专科工民建

包锡强	陈国宏	陈　浩	陈军荣	陈　淼	陈　卫	陈志龙	成文静
丁大英	高坚波	葛向晖	胡筱翔	胡兴国	黄　何	黄俊华	黄叶华
贾健勇	蒋成翰	金博文	李建松	李伟良	李怡克	陆振艇	马晓剑
缪茂锋	欧　良	阮如伟	盛宇翔	施学锋	斯晓峰	孙旺盛	夏　海
徐国栋	徐舒爽	徐哲飞	徐智敬	许晓明	杨　旭	叶国成	张宏伟
赵　飚	赵　玮	郑宝国	郑　剑	郑严风	钟勤芳	周晨阳	周佳临
周　全	朱敏利						

1998届函授工民建

包新芳	蔡昌惠	蔡虎鸣	蔡　珂	蔡明亮	蔡兴杰	蔡修鹏	蔡志雄
陈昌福	陈国亮	陈海军	陈惠达	陈吉力	陈建军	陈建莉	陈美华
陈庆华	陈沈惠	陈式谊	陈雪峰	程伟华	崔建德	戴尚勇	戴彤武
戴　悦	丁国雄	丁琦伟	丁吴杰	丁元祥	董夫宰	董直寿	方茂红
方中华	冯冰蕾	冯恩义	傅宾乾	高海内	顾少华	顾志华	郭仲杰
韩旭霞	郝佳如	何　鹏	洪建平	胡健晖	胡瑞定	胡新权	胡学斌
胡焱兵	黄昌健	黄万青	黄有木	黄忠华	季根录	季珍林	蒋鑑明
蒋兴标	蒋学峰	金海龙	金梅珍	金小惠	孔家斌	来杭峰	来利平
赖建勋	郎凌嘉	劳建达	李红梅	李　华	李　军	李君国	李苏平
林厚超	林慧东	林　炼	林群峰	林宜荣	林征帆	刘国权	柳志强
陆永健	吕雯筠	马国华	钱建民	秦　健	裘国富	任永中	阮海游
邵军良	沈建宏	沈建虎	沈建平	沈勤学	沈亦琴	盛建荣	盛小华
施　宏	施振鸿	石　挺	孙雄武	谭前明	童志标	汪少华	汪　兴
王　翔	王亚珠	王勇国	韦世雄	吴春晖	吴根才	吴国顺	吴鸿斌
吴焕新	吴立克	吴文忠	吴迎春	吴甬春	夏　宏	夏　军	夏志川
项义虎	谢国双	徐　晨	徐越翰	颜小章	颜智勇	杨莲珍	姚　伟
叶海峰	叶　红	叶哲华	尤文郁	余建荣	余思美	余　松	俞建祥
俞文高	俞　昕	虞建波	张根学	张　晖	张剑彬	张丽亚	张能刚
张巧燕	张少云	张曙辉	张旭东	张　迅	张议忠	章玉成	赵　滨
赵建峰	赵建尧	赵　岚	赵世清	郑建伟	郑庆汉	郑善刚	郑士潮
周　斌	周成尧	周恒飞	周建华	周锡刚	周　勇	周增明	朱建忠
朱剑飞	朱利忠	朱玲丽	朱明忠	朱熠平	朱忠义	卓峰达	

1998届专升本建筑工程

陈　波	陈　宏	陈　洪	陈佩良	池　强	董志远	封　泳	葛凡询
郭　臻	韩　菁	何　伟	胡丽萍	蒋蓓蓓	金敏燕	李　刚	李　杰
梁　群	楼道安	鲁　电	骆继龙	骆晓明	莫雨青	潘胜新	钱仁川
邵政燕	施顺友	苏淑君	田东明	屠　平	万鸣华	汪裕仁	王建华
王　剑	王　澜	王美萍	王晓峰	吴　亮	吴一航	徐光辉	徐益群
杨建祥	杨明伟	杨迎晓	叶建峰	张蓓英	张　明		

1999 届函授工民建

柏萍萍	蔡　彤	陈春玲	陈　雄	董学真	范伟忠	傅恭贵	季永真
蒋华金	蒋吉荪	金　柯	李计涛	李祖明	刘鲁民	卢玲玲	陆学敏
毛雪冬	戚晓栋	沈天华	盛华锋	斯钦虹	宋学勤	田雪华	万荣林
王建民	王明英	向建福	谢丽亚	熊　焱	徐红祥	徐忠民	严伟良
姚焓奉	余锦斌	俞行行	袁胜彪	张　帆	张国强	张健儿	张全亮
张晓宏	张　勇	郑龙青	周忠华	庄健生			

1999 届专升本工民建

蔡新伟	陈　彧	陈　冰	陈杭旭	陈贤荣	陈　樱	陈　哲	何英彦
胡伟龙	黄　浩	蒋晓颖	瞿　焱	蓝张颖	李　罡	刘德强	娄　倩
潘　翔	裘叶明	任　晔	任月钢	邵继红	邵晓蓉	沈　川	屠国海
屠晓明	王　文	王　毅	温榭槟	翁荣祥	吴静霖	吴　蓁	余关良
俞黎明	曾国海	曾思明	张方晖	张　群	张　勇	章　华	郑　勇
周　聪	周丹承	周银堂	朱坚鹏	朱　奎	朱立新	朱卫平	祝黛玉

2000 届函授工民建

包必银	包广伟	蔡立峰	曹　勤	岑　霞	陈　辉	陈慧琴	陈菊明
陈松央	程广田	程建军	程再明	戴宇通	单建忠	董三友	方水龙
方忠明	高　健	高　翔	龚兴祥	郭俏凌	胡运进	华敏杰	黄定西
黄作青	姜建铭	姜理敏	雷　鸣	李江时	梁申涵	林　东	刘广胜
刘慧渊	鲁国锋	陆　斌	陆仿英	陆林初	陆生发	吕江江	吕　炬
麻永良	毛国尧	毛伟华	茅方才	倪金焕	潘清华	裘小平	阙一帆
沈建忠	沈林宝	沈明华	施　军	施俊辉	孙国良	王北城	王大领
王德富	王　栋	王　静	王森淼	王　炜	王旭光	王学锋	吴高都
吴国潮	吴雄军	夏德春	谢磊明	谢雨舟	徐国建	徐列航	徐嫩宜
徐文钧	徐晓东	徐晓乐	徐英姿	薛　敏	严　川	颜安广	杨春丹
杨道喜	杨素娟	姚伟富	叶继富	叶盛辉	叶晓娟	余　平	余伟明
余正阳	俞帼红	俞　烈	虞锦华	占江华	张静波	张玉茹	郑建光
郑伟长	郑志伟	衷　越	周　栋	周健珍	周　强	周益忠	朱杰为
祝晓东							

2000 届专升本工民建

包晓敏	毕安静	曹晓宇	陈伏黎	陈俊	陈丽丽	陈永明	褚鹏飞
郭郁福	韩忠伟	何瑾	何泳	候旸	黄甫	黄琰波	黄煜红
黄志斌	纪生花	季慧	季洋	蒋伟达	金海钟	郎红波	李钟群
厉益淼	林挺	倪英弋	裴建川	戚海峰	沈伟荣	寿依群	舒乃畅
舒宁	斯旷野	苏义新	孙贤平	屠一波	王国贵	王莉	王灵洁
王品海	王晴临	王勇刚	王勇军	韦建华	夏文平	夏小然	谢明化
谢小刚	徐向芳	徐烨	许大威	许会军	许敏军	叶健	叶菁
叶启军	叶以科	叶震	余跃	俞肖群	虞晓辉	曾洪波	曾建梁
张芳	张建伟	张正云	章樱	朱小萍			

2001 届函授工民建

曹益军	陈洪平	陈建国	陈健龙	陈卫平	陈尉	陈懿莉	董宏炳
董晓军	段道莲	樊理彬	方东	方根祥	费玉澄	丰文献	龚敦红
龚许浩	管军	郭小青	何建华	何新生	何新文	何雪雄	洪强
胡升阳	黄先挺	黄鑫	黄娅秋	蒋海军	蒋人伟	金秋英	金文斌
金效	金震	孔祥斌	赖圣场	李强	李新风	林丙嘉	林海滨
林祥波	凌峰	刘建华	刘明华	刘伟强	娄涛	卢灵英	吕振西
罗晓伟	骆华周	马进兵	马宪军	毛子林	潘军海	潘尚上	庞根茂
钱永强	饶卫祥	邵浩	寿月萍	宋战英	苏超英	孙定约	孙惠祥
陶颖	屠海兵	汪国良	王炳振	王继明	王建红	王江	王荣林
王水娟	韦健	吴斌海	吴剑虹	吴民权	吴骁	吴晓明	吴新碧
吴义	吴振华	徐金良	徐立	徐沛欣	徐志钢	许创建	许国锋
严伎	杨国良	杨仁	杨顺	杨勇	杨云华	姚建锋	叶国强
叶勤松	叶维班	叶向荣	叶艳丽	叶怡如	尹先阳	应培红	俞来
袁合伟	张洪基	张梁	张琼	张群帅	张晓宏	赵利强	郑景仲
郑荣	郑伟荣	郑向军	郑祖华	周腮德	周世荣	周旭	周亚光
周云军	周志宏	朱炳兴	朱涤清	祝湛毅			

2001 届函授建筑工程

曹霞	陈红火	陈继芳	陈健平	陈静亚	陈伟	陈晓东	陈雪飞
池雷毅	杜江英	方万军	冯松青	付家善	谷丰	谷钧平	顾利坤

何信南	胡红叶	胡　昕	蒋炅旻	蒋伟明	金　亮	金晓光	李光辉
李　嘉	李晓峰	林　挺	楼永革	卢少平	骆法泉	马彩君	任彰芳
邵竹宏	沈　莉	沈影影	孙　剑	王　诚	王东耀	王海燕	魏项成
翁榴芳	吴刚兵	吴杭英	项　成	徐　立	徐林凯	徐　萍	严黎艳
严小建	颜春波	杨兴宇	杨秀根	叶　健	叶志军	余连根	张华伟
张立进	赵金燕	赵　平	郑笑芳	钟胜辉	周　斌	周朝阳	周萌萌
周晓琴	朱建璋	诸向军					

2001 届函授工程管理

卜　铭	陈文贤	陈　越	董文板	高　翔	龚洪晓	何苏明	何永红
黄　峥	计立红	金一磊	金月赛	李辰飞	李晓娉	刘　艳	刘　莹
任明强	王　波	王虎浩	邬亚芳	巫振江	吴春萍	吴　峥	项新贤
应剑宇	应巧艳	曾浦成	张江榕				

2001 届脱产工民建

陈　骏	陈澎锋	陈　琼	陈永平	郭建荣	胡德春	胡少岩	胡树盛
黄昌仁	金　琳	李殿晟	李江锋	厉如华	刘星星	潘利浩	潘　明
潘肖嫦	宋丽尔	孙冬梅	孙　军	屠凌航	王陆生	王敏俊	吴　艳
徐　福	徐　瑜	杨锦辉	杨　迈	余敬来	袁永业	张国兴	张　其
张帅锋	张　胤	张　正	赵　辉	郑国群	郑　鹏	周　练	周小斐
周　泽	朱　炳	朱　毅	朱勇波	庄　凡			

2002 届函授工民建

鲍伟民	柴爱芳	陈　勤	陈雅凤	程学舜	储鑫根	崔雪莱	单业隆
董　丸	杜金明	杜晓林	符康强	干晓雯	高雏雁	龚　希	洪　炜
胡建伟	胡利单	黄炳才	黄寿田	黄舒明	蒋龙德	蒋晓法	蒋秀秀
蒋屹峻	金怀恩	李国荣	李国祥	李　杰	李林贤	李　露	李仲尧
厉海霞	林才明	林　骅	刘　俊	刘　萍	楼岱军	吕人伟	吕　援
罗明霞	马辛尧	钱　红	钱升华	阙正非	任　春	尚玉富	沈华方
沈仁原	沈淑雯	沈兴达	石　磊	石磊明	宋兰芳	宋茂彬	宋　羽
孙从类	孙三群	谭啸林	仝红文	汪　波	汪　津	王建尧	王　琦
王启平	王　旋	魏　力	魏　力	温晓明	吴红阳	吴　平	吴星春

吴冶中	吴之红	席　军	夏兆钢	谢绍强	熊伯良	许美平	杨崇俭
杨　毅	叶　武	俞沧子	俞　列	虞浙安	张　红	张　劲	张旭东
章国飞	章养军	赵志刚	郑晓波	郑永安	朱宏波	朱力伟	朱　征
诸亚园							

2002 届函授工程管理

蔡慧静	曹　祥	陈丽萍	陈　煜	陈志刚	池晓斌	丁维君	杜　鹃
葛　魁	耿赛红	胡绍军	黄海荣	黄灵恩	黄卫真	纪元明	蒋尚卫
金剑波	金嗣红	金　鑫	金　炫	李孜孜	刘　静	刘军武	刘　茂
毛黎伟	邱丽婷	沙　鸥	施晓东	苏少锋	孙嘉港	孙启广	王越琴
吴培熙	吴一先	谢卫清	徐　敏	徐水良	许　磊	叶树新	叶献阳
叶燕军	殷　苗	郁海英	张宏生	张凌华	张炜蔚	张　岩	张哲斌
章　峰	赵　璋	钟承霁	周毅胤	周　舟	邹　江	邹业清	

2002 届专升本土木工程

蔡伟忠	蔡新密	陈少庆	陈永骐	陈振华	董　辉	杜红波	杜述德
傅丰均	傅梅生	龚　萍	郭朝福	胡　江	黄　海	黄　浩	黄　建
季珍林	姜　真	蒋卫权	蒋征毅	蒋志刚	金可华	金圣怡	郎舜婷
李淑芳	李先君	李旭东	林　洁	林协懂	刘　洋	陆　瑞	陆文达
陆燕波	马健俊	梅振秉	钱俊辉	邵　鹏	沈菲白	沈　磊	沈阳云
盛忆寒	施健龄	孙　娴	汤贵芹	田　勇	童慧群	汪永新	王春华
王恩清	王　峰	王捷敏	王金法	王齐辉	王香玲	王晓雁	温利军
邬玉伟	谢忠辉	徐浩亮	徐伟利	许金明	许金平	许志良	杨彦辉
姚炳祥	姚正兵	叶洪良	叶　靖	应向华	余勇华	袁　凌	张红鹃
张慧敏	张中顺	赵建忠	郑士发	周俊晓	朱国丽	朱金湖	朱清统
朱永茅	朱　勇	祝崇策					

2002 届成教专科脱产室内艺术设计

包观星	包连敏	陈　芬	陈焕强	陈　剑	陈　恺	陈娅红	陈英姿
单卫田	杜巧红	方　钧	冯　洁	冯秀琴	傅淑君	谷　维	韩珏王景
何　歆	胡安新	黄　威	金乐曼	金　雷	李　丹	李　丹	李海芬
林海静	刘佳奇	刘　馨	马　伟	毛晶晶	毛晓玲	倪雁斌	潘　虹

钱　敏	邵宇晓	孙威君	童艳艳	汪精武	王顺姣	王伟飞	王晓平
王　毅	翁礼国	吴　超	夏洁凤	谢　霁	谢　赞	徐　伟	徐忠意
颜忠华	杨惠强	姚优美	俞　波	张灵初	张伟琳	张晓南	张勇桢
章海维	赵江深	赵晓玲	郑丹丹	郑光标	周　捷	朱超松	朱　宏
朱鹏伟	朱千菊	朱渊明	朱　珠				

2003 届函授工民建

蔡丹君	陈　刚	陈家翘	陈　骏	陈秋炳	陈雪萍	戴　翔	丁继财
范宋明	何国平	何军明	洪建挺	胡　俊	黄崇友	金敏君	李　港
李米进	李永刚	林建钧	刘晓钟	马方炜	沈　娟	沈罗婧	沈奕冰
孙淑赟	汤慧锋	童建锋	童新华	王　珂	王荣富	王育伟	吴凯宏
吴丽红	吴守伟	吴向荣	吴宇建	夏佩君	徐　勇	杨国萍	叶日华
俞会毅	张国土	张　剑	赵海春	郑　莹	周海强	周　可	周　琪
周天养	朱珩琰						

2003 届函授工程管理

曹立君	陈达周	陈蓝燕	陈永明	成宇飞	范丽敏	方学东	傅相如
顾　澎	胡婷婷	华雪杰	黄建清	金　澜	金立枢	来　彬	李　莉
林　滨	林　亮	林　山	林小春	刘维团	吕　峰	吕　瑛	马晓剑
木鑫泽	倪伶俐	彭　琼	邱小刚	裘建青	阮雷虹	沈建红	沈建虎
盛宇静	寿文荣	王　杨	王　奕	王政文	王　洲	吴建平	徐　波
徐　辉	徐　君	徐伟军	严中芳	杨红霞	姚　敏	姚宇翔	殷页果
俞清云	喻荣胜	袁泽平	张　剑	张　玮	章王耿	赵　芳	周鑫潮
周正达	朱曙峰	朱婷婷	诸葛浩	祝建平	邹　翔		

2003 届专升本土木工程

敖　扬	包纯风	包兆建	鲍巨良	蔡彩萍	蔡海江	蔡敏建	陈绯帆
陈金龙	陈卡拉	陈良耀	陈林涛	陈丕侠	陈胜楚	陈　卫	陈旭东
陈　勇	程　雷	崔俊涛	戴小霞	丁任盛	方凌云	方旭慧	傅军生
龚建明	何清渊	洪慧华	候鹏鸣	胡汇达	胡建勇	华　峰	黄海翔
黄银盛	纪计坡	蒋挺辉	蒋　炜	金韩彪	金伟伟	金文高	金文民

金耀	瞿建霞	雷世红	李洪军	李建储	李有毅	梁照君	林成达
林多	林华	林慧	林胜利	林威	娄欣	卢翀翔	卢克华
卢兰珍	陆勇	吕晓萍	马必利	马大杰	马骥	毛晓斌	梅方兴
莫彦	潘荣联	彭杨军	蒲小林	濮忠铭	钱春洪	乔爱军	秦英庆
芮勇敢	邵海祥	沈丹	沈东强	沈景	沈旭东	孙蕾蕾	童志勇
涂圣勇	王斌	王广纲	王留德	王强	王强	王鑫华	王永进
王跃进	吴立	项吴亮	谢尚权	徐艳枝	徐志成	许国民	颜安平
颜峰	杨国良	杨利平	杨晓涌	姚水军	叶长青	叶程华	叶江
叶卫文	尤建忠	余子洁	俞铮	曾利民	曾学良	张赓	张海波
张家骏	张建	张立峰	张茂智	张萍	张挺	张昔	张永钢
张哲明	章一群	赵林喜	郑金国	周飞舟	周宏良	周宁	周小芳
周旭	周永跃	朱苏成	朱伟强	朱卫新	朱勇		

2003 届专升本水利水电工程

| 戴淑君 | 蒋津萍 | 林杰文 | 万超明 | 邢燕 | 徐佳法 | 徐志武 | 郑秀娟 |
| 周雄 | | | | | | | |

2003 届专升本建筑学

陈根秋	陈丽	陈晓红	冯晓琴	葛建新	郭亭力	何卫	胡丽娟
黄忠	蒋建星	瞿哲峰	李红	李俊	李亚	李瑶琴	厉迪
廖坤毅	林军	林路雯	林则立	刘健	楼海星	罗刚强	马惠玲
孟红	倪建水	钱海燕	邵海红	施剑卫	史卫	宋怡昉	孙虹
唐潇	王剑刚	王颖	吴康	吴联栋	吴旭华	夏海鸽	徐冬晖
杨立新	杨爽	姚晓敏	叶妙灵	叶青丽	叶知妙	袁宁铭	张翔
张燕飞	章凌燕	赵晨	郑向东	周敏玉	周锡平		

2004 届函授城市规划专升本

陈翀	陈冠廷	陈光星	陈国春	樊芸	葛中华	胡立静	胡月珍
黄崇凯	黄坚	黄品辉	蒋春苗	金晓海	李菲	李海燕	李政一
林安杰	林巿巿	林苗	林元勋	林赟	刘烈雄	柳方鹤	吕美红
吕中坚	马天峰	马骁	孟华	潘秋月	庞慧华	全渊骅	邵迪
邵晓萍	沈宏	沈啸	施明朗	石茵	孙昊	王鸿飚	王剑

王　炜	王　欣	韦朝霞	吴鸽平	吴木发	吴少华	吴　胜	项海勇
项雪梅	谢中海	徐　洁	徐利群	徐新阳	姚国辉	姚虞伟	余　飙
俞　文	虞　晓	虞有英	张　强	章青文	赵俏春	郑加平	朱建平
朱荣胜							

2004 届函授专科工民建

包超人	蔡伟良	陈靖江	陈龙云	陈维良	戴春娟	方人伟	费宝江
高树强	顾中华	韩伟诚	何才考	黄亦锋	姜永义	蒋佩君	金晓鸥
孔益奇	李国华	李建红	李晓勇	李兴江	林朝发	凌云志	梅其龙
莫志峰	钱健康	邱世晖	邵肖康	沈　达	沈国胜	沈伟敏	宋　松
孙　波	孙达骏	汤泽源	田　鸿	万淑俏	汪宏兵	汪伟军	翁艳斐
翁志敏	吴国友	谢晓腾	徐美凤	徐锡峰	徐雄伟	许　峰	余　彬
於华滨	俞骏敏	张新尧	张雪峰	赵富英	郑　刚	郑林涛	郑名良
郑英希	郑元伟	钟建国	周航空	周克勤	周一鑫	周育财	周泽平
朱观锦							

2004 届专升本土木工程

鲍永恒	鲍永宏	蔡良煜	蔡伟珍	曹新华	车　炯	陈慧琴	陈小波
程　丹	丁　弘	董献民	冯荣明	葛　岭	龚　琴	顾建明	郭建伟
郭　靓	韩红军	郝身彪	何培新	贺　峰	胡国锋	胡小芳	胡奕庆
黄　何	季茂松	季文来	贾新志	蒋乐斌	蒋先均	金　彬	金　斌
柯明中	李海仁	李　杭	李　进	李小明	梁必琦	廖建军	廖丽俊
林　彦	刘　兵	刘　胜	柳志新	楼　云	卢治国	陆祖斌	马明亮
倪金焕	倪金康	丘　谨	屈忠省	任永图	邵彩军	沈连春	盛毅琼
史文杰	寿国军	宋永彬	孙立新	孙联伟	孙威灏	谭永峰	汤中一
田雪华	屠森祥	王　飞	王俊杰	王绍力	王时鸣	王伟明	王学柱
王宇锋	尉　倩	邬谷丰	吴　斌	吴晓杭	吴学锋	夏　侃	夏若琪
辛方勇	徐　立	薛凌云	杨光琪	余　威	余新康	曾勇军	张海波
张洪清	张军达	张立刚	张权平	张永凯	章佳迎	赵　枫	赵海锋
赵海佳	赵纳新	郑海峰	郑　理	郑　远	钟德祥	钟南海	周庆伟
周荣祥	周永国	朱金标	朱　强	朱浙军	卓承军		

2004 届专升本水利水电工程

陈峰吼	陈明晖	陈士亮	陈伟	程礼庭	郭云海	胡斌	金迪珩
钮桂香	沈水丽	苏孝敏	王其心	谢新钧	徐建立	杨孝钢	曾建伟
郑礼夏	周文妍	朱丽燕					

2004 届专升本建筑学

柴成林	陈加东	陈桔芬	陈奇敏	陈秀奇	仇乐民	崔海啸	单越丽
丁琦伟	丁晴	董梅	方丽莉	傅勇	傅悦	高明亮	葛丽萍
郭蓓	郭伟	韩璐	何邦选	何桢	贺雪光	胡炜	黄荣
黄炜	蒋杰	金焰	孔开红	李晖	连苹	廖洁	林华
林莉蓉	凌琴	陆昊	潘可可	施红清	寿平丰	孙捷	王红艳
王坚	王俭	王建国	王静	王岚	王珉	王明国	王贤军
王颖	卫华芳	翁英曙	邬京虹	伍伟民	项可斌	谢宏观	徐璘
徐奇立	徐欣	许健平	宣芳	严建土	杨化国	叶红燕	叶芸芸
俞波	虞璟	袁雷	张德宇	张浩静	张荣庆	张亦初	郑必富
郑雷雷	郑晓冬	周向辉	周益娟				

2005 届函授工民建

陈朝武	陈国飞	陈亮	陈荣林	陈寿华	陈孙	陈勰	陈旭辉
陈永建	戴福其	丁世龙	付欣学	傅利红	何林平	胡超	胡钢辉
胡跃明	黄剑	季工澜	姜胜	兰疆	郎涛	乐剑波	雷张涛
李岗	李国波	林仲其	鲁伟梁	陆杨	马常兴	马恩广	梅骏勇
欧海平	钱晓丽	邱新峰	申屠军峰	沈海滨	沈海飞	孙锋	孙晖
汤少春	王光明	王玲英	王永强	王振华	吴能全	吴用	夏吉峰
谢水土	谢元炯	徐斌	徐高登	徐建军	徐玲婉	徐乃召	杨帆
杨芳芳	杨勇	杨占群	应俊	余成龙	余志平	余志平	俞联锋
俞庆峰	俞伟	袁文芳	张明	张晓军	赵建华	郑伟明	郑志荣
周凤娟	周旭东	朱富华	朱海洪	朱绿叶	庄任华	邹一洪	

2005 届函授城市规划

蔡钦波	陈国勤	陈吉君	陈武	陈乙文	陈智勇	陈宗鑫	戴慧乐
戴益利	戴于龙	杜春平	胡红根	胡伟斌	黄圣相	黄素芳	金国平

金 远	黎 恩	李沧粟	李 良	李其武	李树林	李勇江	练 玲
林蔚然	阮春锋	沈 芳	沈娟群	宋雁鸿	孙福静	童琴娥	王慧瑛
王 勇	徐惠珍	徐 震	徐卓黎	许从伟	严 钦	杨 芬	杨建兴
杨伟江	叶 军	应文婷	余文舟	张保康	张长永	张 军	张凌云
张伟林	章彬虎	章铁民	章 嫣	郑建虎	郑 孟	周连军	周青萍
周文委	朱 哲	祝赛莲					

2005 届专升本土木工程

白炳锋	鲍丽敏	陈丽锋	陈明族	陈 攀	陈章文	程树华	戴彩云
范逸峰	方 勇	管海峰	郭寿锋	韩金明	胡静雅	胡 萍	黄弘飞
江连平	蒋利萍	蒋银光	蒋智威	李 剑	李 亚	刘叶军	楼 蓉
卢银敏	陆国鑫	马锦芳	潘 力	裴红飞	裘立锋	阮金伟	沈火林
沈 钧	沈怡佳	沈元龙	施玉梅	孙海军	孙丽萍	谭 松	王翠英
王秀文	吴海泉	吴向堂	夏慧锋	项剑波	肖 军	徐国荣	徐红健
杨东升	杨宏飚	杨嘉锋	杨卫军	杨晓彤	余敬来	曾常春	张存章
张 明	张帅锋	张帅华	张永芳	张忠星	章 纯	章晓锋	赵国庆
赵 琳	赵永洪	周选中	周 峥	朱 虹	朱 炜		

2005 届专升本工程管理

陈国昕	陈建军	陈 巍	程 昊	邓为明	董永其	杜燕芳	方 剑
冯 林	高 懿	顾志华	何 隽	胡丽娟	黄 茜	黄 文	季美珍
江秀珍	姜建新	蒋 辉	金泽奇	来利平	李慧敏	李 黎	李 绮
李稚鸿	梁建锋	林乃幸	刘为民	陆 勇	陆志军	孟新宇	潘善伟
彭 亮	邱玮玮	沈 坚	沈 雯	施宏飞	孙其军	屠玲娟	王巨峰
王 军	王乐斌	王晓霞	王玉洁	温作铄	邬瑞林	吴高都	吴选民
吴轶超	邢正凯	徐红专	杨伦光	叶勤松	应钰晖	曾益明	张 超
张传国	张 缅	张小秀	张 瑛	章磊明	赵飞军	赵敬法	赵琦峰
赵彦坤	郑琴儿	郑筱慧	周峰华	周慧兰	周武松	周小斐	朱大成
朱涤清							

2005 届专升本建筑学

陈敏华	陈珊珊	陈晓宏	程艳娜	褚玲敏	丁 喆	方福平	费一鸣

封素芬	郭亚军	胡奇楠	胡徐辉	华开颜	黄惠丹	黄　山	贾云辉
金　樱	金志学	琚国庆	郎凌嘉	李人杰	李素珠	林兴利	楼映霞
毛晓媚	莫晓东	戚小利	钱　芳	邵越雷	申小锋	沈　晖	施　恩
孙冬梅	涂惠慧	屠　立	汪海彦	王春秋	王惠仙	王　琴	王香宜
王燕梅	吴　彬	吴洪刚	吴　玮	吴　蔚	吴　艳	忻高艳	叶　峰
尤迎霞	俞桂枝	张　红	张　瑾	章圣伦	郑　捷	郑曙光	郑　悦
周建军	朱炳兴	朱光耀	朱善国	诸葛凡			

2006 届函授专科工民建

柴海燕	陈俊维	陈荣飞	陈赛宽	丁　洁	段剑锋	方秋生	冯永坚
高　锋	葛维麒	龚　杰	郭　剑	何东旭	胡镇考	黄董芬	黄小乐
黄浙军	江岳斌	蒋　莉	金华英	金建良	柯惠敏	来碧君	雷准会
李　颖	刘　晖	陆国良	罗　京	麻旭丽	孟雪芳	莫惠华	钱泳根
邱彬彬	阮建锋	阮孟昌	赏荣彬	邵　星	沈晓安	沈晓红	施剑伟
孙顺南	汤　锋	王海平	王红胜	王夏雨	王以卫	魏纯华	吴国华
吴浩良	吴家锋	吴建忠	吴伟达	肖　剑	谢伟强	徐建斌	徐建昌
徐建阳	许茂祥	许　霞	杨春梅	杨　辉	姚　新	余军波	俞小锋
虞燕妮	张航明	张陆萍	张誉峰	赵小芬	周朝阳	周方明	周金森
朱观锦	庄　燕						

2007 届函授城市规划

蔡春华	蔡智勇	曹胜君	陈　波	陈孟林	陈佩能	陈　琪	陈如意
陈　伟	陈银宇	崔　涛	戴世续	董伟刚	范海滨	范伟荣	冯建中
傅阳春	郭涤寰	洪友强	胡海钟	胡明哲	胡文斌	胡文质	黄存伟
黄国民	黄　孟	金　松	黎汇敏	李乐华	梁燕飞	梁增敏	刘继文
刘晓远	卢　轶	骆杭芳	倪建美	盛　毅	孙叶萍	汤伟峰	童　岚
屠　樱	汪玲玲	王爱娇	王光华	王海曼	王敏力	王　炜	王学辉
项　彬	谢荣辉	徐　华	徐　健	徐　锟	徐　宁	徐志君	薛　飞
杨建娟	杨文敏	余宝昌	余卫东	袁雁飞	张立安	张铁军	张文选
张　晓	张咏梅	章淑莉	章卫芬	章子娟	郑世山	郑晓桢	周贤宾
朱　静							

2007 届专升本土木工程

蔡肖娴	曹 俊	陈丹凤	陈东良	陈国华	陈乐荣	陈 鹏	陈 强
程国卿	程红育	程建荣	程卫星	丁香兰	杜海军	樊 欢	方建祥
方小飞	方正龙	方仲华	傅明波	高淑芳	葛 跃	郭魏峰	郭小生
胡梁平	胡益平	胡永刚	贾利英	姜利华	蒋健胜	蒋江文	蒋 挺
雷 雨	李 峰	李怀兵	李鸾艳	郦武君	林卫鑫	林 晓	刘节培
刘 靖	刘卫华	吕 平	罗 致	莫卫民	潘李芳	潘林飞	邱 波
裘月萍	阮靖峰	沈罗婧	沈 陶	施晓枫	孙金森	孙小锋	屠高锋
汪长群	汪 洁	王斌辉	王波东	王慧琼	王 炬	王军伟	王丽芳
王丽忠	王莲娣	王灵锋	王燕儿	魏 岚	吴国新	吴年春	吴跃伟
夏少亮	向祥林	项忠海	谢 靖	徐学武	徐永志	许荷素	许晓波
闫朝涛	杨春燕	杨七斤	伊道勇	应玲飞	俞晶晶	詹新峰	张利春
张培军	张仁照	张 翔	张喆瑜	章思尧	赵 兵	赵海春	赵 勇
郑 馥	郑军荣	郑天明	郑 育	钟浩鸣	周成尧	周 辉	周菊平
朱斌峰	朱 治						

2007 届专升本工程管理

包海一	曹政柏	曹智明	昌禄柱	陈 斌	陈家翘	陈建兵	陈丽琴
陈 琪	陈旭昱	陈亚峰	陈玉梅	陈 月	陈哲浩	陈忠毅	鉏益民
褚 虹	戴朝锦	单高强	董晨阳	樊旭强	方小萍	高 芳	龚姗姗
郭晗峰	郭君杨	郭启申	国燕靖	何一鸣	胡冬霞	胡玲慧	胡巧华
胡 燕	黄孝智	黄 晔	蒋建栋	解祥根	郎凌嘉	李 琰	李志园
栗丽琴	林桂通	林慧东	林信议	刘 钊	楼汉荣	卢春红	卢 星
吕广阳	马超群	茆庆流	孟黎佳	倪国强	倪宏良	潘亚飞	庞晓华
齐 琦	钱 江	邵 锦	申屠祖伟	沈国建	汤笑鹏	万文明	王超虹
王丁芬	王鼎持	王国荣	王丽君	王晓红	王智勇	韦江川	韦先林
闻华强	吴 亮	吴向荣	项献领	徐苗华	徐向涛	杨 春	杨 琳
姚国建	姚剑飞	姚英杰	叶黎黎	张 翀	张 磊	张 萍	张奇峰
张仁汉	张若男	张伟丽	赵金良	赵永江	郑建委	郑 钦	郑 娴
郑晓琴	钟可庆	钟 良	周柄兵	周旭大	朱崇伟	朱海群	朱圣宝
祝玉萍	祝仲明						

2007 届专升本建筑学

柴 凌	陈 晖	陈 坚	陈军立	陈 丽	陈妙莉	陈太平	陈铁城
陈晓峰	陈兴祥	陈志英	单晓玲	邓建佩	方莲华	冯显炎	傅琳琳
何巧娟	胡丽娜	胡雄丽	胡旭津	华 昆	黄宝满	黄 珍	季雅芬
蒋平舒	蒋银飞	金雅萍	李小岛	梁 斌	梁振享	刘 炎	刘 燕
柳朝晖	卢伟琴	马海波	潘凡帆	裘丽伟	沙一岚	沈 芳	慎秋瑜
汤庆其	童利军	汪 瑾	王 科	王仙红	王 亚	王益恩	王祖满
吴剑宏	项 琼	徐 峰	许仍立	薛长保	姚哲慧	应东海	俞亦录
虞巧燕	臧观光	曾晨迪	张 丽	张 玲	张清乐	章 冬	赵海刚
赵 敏	郑璜琼	郑书勤	周环丽	周 敏	朱贤宝		

（六）培训

1989 届专业证书（萧山班）

陈国荣	陈仲威	丁光辉	丁 洁	杜有龙	方利民	方水龙	傅楼荣
傅妙西	高 峰	高利芬	高志刚	葛镇炜	郭建平	郭文祥	韩承标
韩国庆	韩建华	韩水明	韩亚男	韩云灿	何建龙	华灿峰	华玉珍
黄国民	蒋朝晖	金建耀	金 轶	来林方	李建光	李 萍	李荣法
李 涛	凌美华	柳立新	柳林顺	陆百祥	罗传焕	马汉忠	莫和平
倪伟强	潘 革	潘建平	潘 力	钱 建	钱建元	钱明扬	裘建林
邵圆娟	沈大相	沈大中	沈国江	沈继勇	沈 捷	沈金良	沈张华
施建仁	孙华列	孙建夫	唐 烨	王国英	王汉江	王 凯	王立祥
王晴川	王生宏	王雪峰	韦 霞	吴超伦	吴小勇	夏妙水	项建敏
徐伯尧	徐国良	徐子洪	姚早军	姚天清	余剑飞	俞建江	俞伟荣
虞修海	虞修袍	张必成	张国庆	张 浩	张丽文	张利民	张琪平
张文标	张指弟	赵海军	郑国平	郑济华	钟震宇	周宝龙	周大玖
朱肖枫	朱新江	朱燕峰					

1990 届专业证书（国家教委班）

包大川	陈柏荣	陈建国	陈劲涛	陈庆忠	程少林	高定海	葛汉定
贡觉多吉	郭晓华	韩书云	何德洪	胡晓衡	蒋新武	居文杰	李朝娟
林昌栋	刘学敏	宋颖民	孙继伟	王 怡	席林生	谢长寿	许祝胜
杨洪康	姚海鸣	叶亨标	余文忠	俞汤敏	虞方儿	曾志奋	张 弼

张国民　　章建森　　章招挺　　朱国峰　　朱永康

1990 届专业证书（萧山班）

陈红根　　桂冠兆　　洪春焕　　黄江平　　黄青龙　　黄勇刚　　黄忠伟　　蒋鑫龙
金国军　　来恩华　　李国海　　李金林　　李　军　　李跃兵　　郦　挺　　刘云岳
楼迪光　　楼振川　　卢春祥　　孟顺鸿　　彭加宝　　任秋冬　　沈天福　　沈永淼
寿旭江　　滕智雄　　王传法　　王香源　　王晓庆　　王朱祥　　韦俊杜　　徐　斌
徐国引　　许立新　　英勇敏　　赵建军　　赵剑飞　　赵文水　　周建新　　周志明
朱建桥　　朱　勇

1990 届专业证书班（上虞班）

曹国平　　陈宏斌　　陈立刚　　陈　敏　　陈　宁　　陈　雄　　陈秧芝　　陈忠炜
董伟江　　樊建立　　冯峥嵘　　付　敏　　葛　胤　　顾宝琴　　顾惠娣　　顾俊毅
顾岳中　　韩月珍　　何建表　　何永兴　　黄光军　　金烈火　　金伟健　　金杏芬
李爱月　　李　江　　李伟平　　娄其明　　卢志勇　　茅惠娟　　倪黎明　　潘枚枚
钱建军　　钱利军　　秦秋荣　　阮关根　　阮素华　　阮忠良　　宋如海　　宋祥和
宋政伟　　王海林　　王建四　　王佩娟　　王伟根　　王小平　　夏树灿　　项桂陆
徐豪栋　　许国明　　许焕萍　　严国富　　严军标　　杨伟忠　　姚　军　　叶国群
叶伟峰　　叶永泉　　尹帼英　　俞光伟　　俞新华　　袁金法　　张桂卿　　章梅娟
郑永立　　钟志军　　周立华

1992 级城建与管理大专专业证书

陈春雷　　陈国祥　　陈　敏　　陈顺旺　　戴飞舟　　丁仁友　　董友梅　　顾洪强
胡友明　　黄见广　　季敬清　　蒋建荣　　李文忠　　李玉生　　卢美迪　　陆建平
潘高荣　　潘敏河　　邱财达　　沈征宇　　施建清　　孙荣伟　　孙文平　　孙永琴
汤兴军　　王春祥　　王高生　　王汉华　　王合国　　王利民　　王志标　　吴海林
吴益龙　　徐　欢　　徐贤余　　杨晓根　　杨有义　　叶信国　　张爱民　　张　威
章启福　　章志健　　赵赤民　　周宇宏　　朱建强　　朱康德　　竺来根

1993 级城建与管理大专专业证书

顾为民　　胡理根　　黄建萍　　瞿恂源　　柯建平　　李　利　　林福江　　林　坚
林　君　　娄小平　　倪柏新　　倪金星　　沈凤兴　　王江群　　卫英娟　　魏华甬

吴新民	吴跃胜	徐娟英	徐松鹤	严伟强	杨伯卫	叶定生	应有权
俞红卫	虞鹏莺	张定波	张　清	周鲁宁	周旭东	周永明	朱生法

1994 级城建与管理大专专业证书

包雪利	曹志根	柴国平	陈孟东	陈晓鸣	仇慧莉	崔桂明	戴玲明
杜立群	方国跃	方　铭	方勇军	傅永泉	胡喜祥	黄东辉	黄国栋
蒋良喜	金　健	李云峰	林志跃	钱惠其	阮洪明	孙柏雄	汪土春
王建松	王瑾敏	王淑蓉	王相照	吴国祥	吴世便	谢孝增	徐　凯
徐志良	姚　伟	余　鸣	余晓兵	俞建宏	张　锋	张华娟	张仲兴
周东升	周小弟	朱学忠	朱振琪	竺黎霞			

1994 届专业证书班

卜金宝	蔡史容	蔡晓明	蔡增荣	陈朝挺	陈桂仙	陈国卿	陈金木
陈骏华	陈其广	陈汝鸽	陈文斌	陈新帆	陈永田	陈有光	陈志伟
程继雄	程丽佳	程明杰	戴进荣	邓学培	杜加勤	范秋月	方　诚
方传扬	方红日	冯存近	傅坚明	高洪亮	高慧晓	葛小弟	顾丽娅
顾喜根	郭云德	韩康强	韩伟旺	何柏林	胡建明	胡　明	华如霞
黄德顺	黄启门	黄徐宠	黄毅明	黄志明	贾银兰	贾　雨	江泓波
姜建明	姜益宇	蒋建良	蒋永伟	来荣梅	李崇林	李建群	李　进
李　丽	李　欣	李跃根	梁临平	林　安	林长根	林维岳	林卫元
林杨宗	凌　风	凌　富	刘桂喜	楼基介	陆关坤	陆关林	骆关根
马建国	毛高航	缪维此	缪维绥	倪伟军	倪小薇	钱海云	强令文
秦振军	裘慧娟	任立端	桑效基	邵　斌	邵崇平	邵洪林	邵叔敏
沈庆堡	寿尔齐	宋程梅	孙灵卓	孙以权	唐金泉	陶松虎	屠晓春
汪其泉	汪绍森	王彻丰	王洪明	王加祥	王建法	王建行	王　琳
王梦才	王乃广	王庆福	王志行	王忠兴	翁立初	吴宝忠	吴尔泽
吴光峰	吴金豪	吴震邦	肖莉洁	谢安文	谢美霞	谢作人	徐德余
徐茂荪	徐仕敏	许可纳	许云龙	严　明	杨立能	杨永良	杨玉鑫
杨志美	姚岳良	叶朝华	叶定国	叶国强	叶华中	叶建山	叶明哲
叶权良	应建玉	曾桂林	占木根	张成领	张达飞	张国水	张梅梅
张　晓	张鑫一	张学林	张兆刚	张振鸿	章成锡	章迪礼	章林茂
郑俊生	郑　明	郑　明	郑荣樟	钟晓慧	周利平	周秋华	周晓强

朱国钜　　朱继光　　朱　雷　　朱迎选　　祝昌国　　祝福庆

1995 届专业证书班

鲍　静	曹金松	曹益军	厂伟平	陈彩娟	陈春晓	陈达富	陈桂松
陈国军	陈康靠	陈克军	陈绿柒	陈美宝	陈庆林	陈荣根	陈圣松
陈维荣	陈旭明	陈　业	陈泽炯	陈志超	陈自孝	单岳娟	范跃祥
范贞君	干贤仁	高芳芳	高洪武	高　期	高远眺	高舟山	高舟山
葛立根	关台云	郭森华	郭杏莲	过明海	韩海明	韩云章	何　红
何建明	何利平	何英杰	何英杰	洪初光	洪烈峰	洪卫民	洪　雁
胡锦法	胡宗福	胡宗福	华伟新	黄长顺	黄　虎	黄建国	黄校其
黄旭东	姬汉民	姜玉钗	蒋国亦	蒋有财	蒋志刚	蒋志清	金传勇
金国良	津跃中	李宝忠	李春华	李高华	李高华	李国良	李海炜
李建国	李丽美	李敏娟	李伟平	李晓燕	李新林	李雪军	李雪君
李允忠	林根宽	林　晔	刘兴国	柳立新	楼龙生	楼美芳	陆朝干
陆建明	陆军文	吕慧兵	骆献民	毛　生	梅银富	梅有才	木文成
倪建余	倪天海	倪跃华	潘心心	泮剑敏	庞虎其	庞忠良	钱海平
秦　尧	裘少春	饶伍一	任信达	阮金姚	桑云龙	沈宏毅	沈金土
盛智杰	施贤宏	施祥国	施祥国	宋丽敏	宋明强	孙淼龙	孙映云
谭东升	谭毅萍	汤启平	田　明	汪　灏	汪敏华	王桂芬	王国兴
王　涵	王家红	王　仅	王　强	王　强	王淑萍	王亚华	王智良
温积斌	温正华	吴道忠	吴红娜	吴建华	吴力平	吴培华	吴士良
吴顺明	吴文虎	吴晓亮	吴银标	夏旭波	项建平	肖伟勤	谢承汉
谢春艳	谢维忠	徐百武	徐国强	徐鸿梁	徐　键	徐　军	徐为进
徐笑曼	徐耀坤	徐忠伟	许方敏	许益成	薛　怀	薛建平	严建明
杨黎明	杨绍万	杨玉斌	杨支英	杨祖进	叶洪献	叶慧明	叶家丽
叶售根	叶旭明	印　静	应大奇	应汉贵	应宣方	应永东	余连荣
余　敏	张笃光	张国培	张理宇	张　萍	张　奇	张　琦	张　强
张　武	张　暹	张晓海	章凌云	赵国良	赵　鸣	郑元兴	周东来
周国纲	周国纲	周荷飞	周黎均	周莲娟	周土正	周新华	朱爱云
朱萌强	朱　潜	朱人毅	朱秀龙	诸永明	妆旭宇	邹　鸣	

1996 届专业证书班

鲍春水	鲍水红	蔡 巨	陈海林	陈 立	陈 萍	陈思念	陈 伟
陈小军	陈 勇	陈有生	陈早静	程 澄	戴朝晖	戴秀杰	淡 玉
丁德法	董蟠根	董小华	范德荣	范剑秋	冯天刚	冯宣国	符 坚
龚伟卫	韩文英	韩 新	何映东	胡建民	胡 丕	胡晓媛	黄 伟
黄小民	黄镇锭	蒋立新	蒋妙方	蒋正剑	金 飙	金卫东	金永康
金友国	瞿纪海	来银海	劳建生	李剑虹	李军发	李束强	李晓嵘
李 煜	林天明	林献英	林元斌	刘 俊	刘亚南	刘 颖	刘志祥
柳瑞梅	娄采龄	楼 华	楼建平	楼雪鸣	卢条英	陆望定	骆光熙
骆少平	骆元平	毛国荣	梅表明	宓忠强	苗文武	潘文林	潘小红
潘新增	潘忠雄	庞国强	戚孟强	钱 名	邱章浩	申屠培英	沈 军
沈佩蓓	沈雄伟	沈 鱼	施建杨	施友明	施悦泉	史红莉	宋项琦
孙跃强	汪 立	汪鑫华	汪智强	王 帆	王国儿	王惠华	王加潘
王建城	王建华	王建阳	王 璐	王荣喜	王世雄	王 伟	韦龙华
翁海平	翁建平	吴朝煜	吴国华	吴松涛	吴晓东	夏经续	谢金开
谢作松	徐达安	徐红彦	徐惠良	徐建忠	徐坤生	徐圣亮	徐文冶
徐 衍	杨国强	杨军燕	杨 康	姚国海	余建平	俞海鹰	虞慧芸
曾仁毅	张 弘	张建国	张杰勋	张金庭	张 敏	张土斌	张孝良
张燮巍	张学慧	张 芸	张振耀	章建强	赵国华	赵惠英	赵剑杰
赵金良	赵晓云	郑林根	周法根	周君华	周敏华	周庆定	周仁刀
周寿忠	周伟忠	朱 刚	朱慧明	朱建峰	朱 平	朱秀君	朱章平

1997 级城建与管理大专专业证书

蔡小龙	涔桂富	陈海东	陈辉平	陈继刚	陈来洪	陈明雄	陈文君
陈文俊	戴衍军	冯云泉	龚耀华	郭铁芳	韩加群	何世盛	洪 辉
金 涛	柯步旺	李文德	李秀红	李玉华	李云土	林少玲	林松琦
林雪飞	林 友	刘要楠	卢力强	陆广松	马建成	毛红涛	梅亚斌
宁万强	潘其斌	潘照海	任坚刚	沈国飞	苏建新	孙登福	孙中平
唐 欣	唐益民	万晓平	汪芳德	汪美琴	王发兴	王肖健	王跃新
王战敏	王志军	夏家明	谢东升	徐会川	徐建林	徐学峰	杨洪斌
姚国谓	姚宏田	叶国松	叶吉法	俞宝平	俞来成	张炳星	张咏梅
章一平	周 建	朱昌星	朱冬兰	朱建伟	朱建忠	朱祥华	朱玉桑

郑高州　　　梅章能

1998 级浙江省成人高等教育专业证书班市政工程（城管）

陈春盛	陈德利	陈琪	陈学群	陈跃康	丁晓红	郭信国	贺召成
胡国安	胡海科	胡静	胡明跃	胡伟伦	蒋贤安	金燕	乐韩伟
李斌	李海波	李宏伟	刘明江	柳贤弼	卢佩明	陆平	马恩广
沈宗元	史卫恩	史永华	孙海儿	汤海波	唐飞国	唐万明	王惠君
王进军	王立军	王苗军	王琪辉	王舟跃	忻满海	徐瑞国	徐武
杨峰	杨宏军	应功海	俞军跃	虞海风	袁国义	袁伟斌	张富存
张坚平	张健康	张友军	周定军	周康曙	周贤杰	周英骏	周咏芬
庄大国							

1998 级浙江省成人高等教育专业证书班工民建专业

鲍红英	岑烈君	陈百如	陈宝祥	陈彩娇	陈刚	陈光辉	陈国委
陈继祥	陈建东	陈江华	陈明光	陈如秋	陈伟江	陈卫祥	陈小峰
陈一鸣	成建	程高强	程建美	戴国刚	丁国安	丁黎丽	丁旭红
方国盈	方小寒	费建良	冯国方	冯龙	傅宝剑	傅恭刚	傅肃杰
傅先桥	傅壮华	高文贤	顾柏华	顾为民	顾叶挺	郭绍良	何美华
何涛	洪建江	洪亚华	洪月明	胡聪	胡繁强	胡红春	胡金万
胡胜波	黄建军	黄丽华	黄良华	黄庆仁	黄绍龙	黄渝泉	金标
金海虹	金丽萍	金沛霖	金荣森	金三君	孔卫东	来彩儿	来平桥
来小荣	兰江	郎志江	乐盛晟	李方统	李钦华	李顺孝	李伟
李卫祥	李贤斌	李校坚	李尧森	李永潮	李永杰	林峰	林晓峰
刘明	柳林仁	楼春葵	楼卫忠	楼秀姑	陆关祥	陆巨明	陆明
陆熠	吕俊明	吕勇卫	罗百成	罗传焕	马益民	马育林	梅章利
苗伟海	潘成国	彭立超	钱建明	钱明洋	钱天君	任海洋	沈伟军
沈雅芬	沈亚红	沈张华	沈志江	施春林	施国山	施海	施茂飞
施晓燕	施一钧	施逸可	寿丽红	孙法云	孙国平	孙红燕	孙华
孙仁君	孙顺南	孙永妙	孙志明	孙志乔	王德恩	王光辉	王坚
王建荣	王平	王柴霖	王尚军	王淑芳	王挺军	王文卫	王祥来
王一鸣	王育兵	王跃君	王正辉	翁晓华	吴成江	吴坚平	吴能全
吴强华	吴圣惠	吴顺良	吴玉筱	伍昌元	项国勋	谢可人	谢宣伟

徐大荣	徐冬香	徐根龙	徐建华	徐 江	徐康达	徐文革	许巧珠
许伟良	许旭平	许益忠	宣张燕	杨宁东	杨向东	姚 华	叶忠良
余荣宁	俞成伟	俞世校	俞伟荣	俞文东	俞阀隆	俞中华	虞旭亮
詹忠武	张国庆	张海松	张建军	张建强	张介泉	张立惠	张明建
张歧政	张远兵	张祝伟	章国胜	赵国民	赵妙龙	赵晓明	郑佰来
钟卫良	周铭锋	周张浩	朱春斌	朱剑峰	朱淑贞	朱堂旭	朱仙秋
朱贤能	朱晓平	朱旭坚	朱永芳	朱志锋			

2000 级浙江省成人高等教育专业证书班工民建专业

蔡健群	陈光荣	陈开坚	范国兴	付高俊	高华荣	顾七发	洪子庆
蒋振华	金胜祥	金世荣	李立科	李作铭	廖永庭	林传辉	刘朝晖
卢红斌	吕铁江	吕 伟	马希洪	倪立军	潘 洁	潘统业	钱少华
邱焕明	沈伟良	沈文兰	沈永钿	石丽水	睦 俊	谭 军	王 磊
王明江	王喜时	吴伟钢	徐国权	徐经纬	徐水根	许 俐	应红萍
余传荣	张才明	张陈泓	张锡忠	章 敏	章尧良	郑卫兴	支养伟
周 兵	周 南	周文婷	周晓宏	朱良红	朱伟忠		

第一期施工员培训班

蔡小龙	常胜利	陈金星	崔书胜	管小平	韩相臣	韩 莹	何代晟
金跃众	瞿启豪	李金增	李 鹏	李 锐	林鹭川	刘盛平	刘 毅
陆根明	罗武雄	孟少兴	彭恒军	齐伟华	钱志新	潜玉虎	曲志茂
沈立勇	史 梁	苏春生	孙卫卫	孙小媛	孙振兰	唐伟文	王汉兴
王建刚	王 军	王玲娥	王修鹏	王一星	王永安	夏如银	徐经伟
徐智强	徐宗民	阎明杰	杨国宁	杨惠珍	张敬明	张立克	张普盈
赵 刚	赵金生	周承能	周 程	周公冕	周化清	周建华	周菊民
周伟忠	朱晓欣	朱振源					

第二期施工员培训班

陈春富	陈琼民	陈惠惠	陈锦翔	陈荆济	陈美法	陈士余	陈素芬
陈文华	陈玉玲	陈云军	方德海	方中梁	付剑彪	付锦耀	付清理
郭朝晖	胡长浩	胡松法	黄利刚	黄仙娟	姜享文	金光辉	金文辉
郎炳潮	郎君民	李华荣	李学清	林惠平	林志芳	楼益财	楼迎春

卢立米	罗华财	罗建宏	孟建光	潘继红	阙光国	阙建伟	阮新杰
沈忠根	孙雨舜	孙忠尧	童　鸿	王荣华	王永明	吴黎明	吴　铭
吴伟明	夏建民	徐洪亮	徐建良	徐世练	徐维波	许福定	许国恩
颜玲清	叶才坚	应国富	俞如常	虞晓龙	虞兴盛	袁　伟	张杭益
张肖建	赵贵潭	赵学彬	郑庆兵	郑永清	周希明	朱晓华	朱信善
诸鼎立	庄启宇					

第三期施工员培训班

蔡纪坤	蔡晓明	曹水根	陈德宏	陈狄生	陈方玉	陈礼寿	陈林华
陈美清	陈齐华	陈　强	陈荣华	陈天强	陈先平	程泽民	单贰荣
方　坚	冯小忠	付阿新	龚昌球	顾金祥	顾利军	顾明灿	顾同军
顾永兴	顾岳清	顾中清	郭福高	郭炼钢	郭跃生	韩丽坤	何加良
何庆祥	何水标	何伟江	何雪明	何正荣	候世华	胡建国	胡敬东
华仁松	黄晋龙	黄　群	黄为坤	季小贤	江丽芬	蒋汝根	金国华
金　浩	居龙里	来德翔	赖华安	李宝寿	李华明	李开明	李荣新
李晓东	李雪堂	李增江	李只涡	梁奎新	刘根兴	陆增三	吕土法
吕为强	罗海波	罗雪灿	骆加明	倪建明	倪孝丰	潘志刚	钱有良
阮吉芳	阮忠良	桑杨林	邵家年	邵江军	沈红军	沈华军	沈军江
沈永青	盛航新	施宝明	施仁荣	施世第	寿光满	孙雪洪	孙永华
孙云初	陶祖铭	童红学	土文彪	汪国庆	王保华	王炳耀	王德高
王德奖	王国芳	王洪波	王明乔	王普顺	王伟忠	王文波	王玉祥
王兆祥	王征帆	魏荣林	吴坚强	吴建林	夏小明	夏新民	夏钟表
项兆近	谢荧健	徐建成	徐联军	徐敏川	徐培法	徐维亭	杨进考
杨先足	杨小康	杨云玲	姚林富	叶海生	应周杨	俞国庆	俞全荣
袁铭强	张为军	张　伟	张伟彪	张云根	张章森	张忠表	章佰义
章才华	章汉尧	章利红	章烈峰	章梅芳	章晓富	章尧龙	章永明
赵朝梁	赵旭朝	赵章成	郑根土	郑　立	郑明初	钟信成	周建国
周金根	周晓云	朱大根	朱定尧	朱汉平	朱金表	朱末江	朱伟炎
朱希辉	朱希辉	邹银其				

第四期施工员培训班

鲍仲久	柴庆祝	陈柏洪	陈军其	陈立明	陈世华	陈文枝	陈晓初

陈秀根	褚士涛	范松彪	方善益	方智华	傅岳康	高伟芳	葛伟兵
葛选区	谷建明	顾明强	顾兴明	韩文军	胡才官	胡长弟	胡华秋
胡良云	胡青邦	胡卫军	胡志升	黄德定	黄国成	江武国	姜行定
金 龙	金松苗	励滞章	林继军	林建军	刘银龙	卢松财	罗仁定
毛志明	倪常国	欧必永	潘剑波	潘秀真	潘永青	任建银	沈杏尧
沈祖敏	施孝登	史银岳	宋福康	宋建明	田龙根	童章玖	童真飞
汪永坤	王文军	王云岳	王智涛	邬兆平	吴潮来	吴佳根	吴荣富
吴裕仁	吴志云	项国方	徐根陆	徐京华	徐余录	许 静	杨良元
叶明富	虞先佳	袁伟勤	张伟林	张云芳	章必林	章吉明	章仁新
章志成	赵建树	郑金道	周成福	周丁其	周金国	周康平	周连忠
周仁根	周祥法	朱邦真	朱伯坪	紫俄灵	紫文龙	宗祁干	

后　记

　　《浙江大学建筑工程学院院志（1927—2017）》的编写，是基于 2007 年编写的《浙江大学土木工程学系系志》完成的。 系志自 2004 年建筑工程学院院务会议开始酝酿，由郭鼎康、郭文刚等人执笔，于 2006 年开始编写。 编写人员做了广泛的调研，收集了大量历史资料，于 2007 年完成系志的编写，为此次院志的编写提供了宝贵的依据。

　　为庆祝浙江大学建校 120 周年盛典和浙江大学建筑工程学院成立 90 周年，重温浙江大学建筑工程学院的发展历史，宣传建筑工程学院的改革发展成就，进一步推进建筑工程学院各方面工作的开展，学院于 2016 年 6 月决定在已有资料的基础上进行修改和扩充，编写建筑工程学院院志。 同年 9 月，院志编写筹备小组讨论院志编写的提纲和内容，校（院）庆办公室开始收集相关资料。 10 月，院志编写筹备小组确认编写大纲和内容，在进一步调研、收集资料过程中开始撰写。 11 月底，院志编委会和编写组正式成立。 2017 年 1 月底，编写组形成较为完整的院志文稿，不断校对文字和名册，进一步完善内容。 2017 年 2 月底，编写组正式提交院志初稿；编委会对初稿进行讨论，并提出了修改意见；编写组修改初稿后提交编委会审定。

　　院志共分四篇。 历史篇中，"沿革"和"组织机构与人员"由校（院）庆办公室收集资料，并经编写组讨论后补充完善。 教育篇中，姜秀英执笔"本科生教育"，路琳琳执笔"研究生教育"，王佳萍执笔"成人与继续教育"，徐洁和赵华执笔"学生工作"，黄乐执笔"教育基金"，蒋建群、何国青、杜丽华和赵红弟执笔"教学科研设施"。 科研篇由叶惠飞执笔。 风采篇中，"人物"和"校友风采"由郭鹏越收集整理。 大事记经编写组会议讨论后由校（院）庆办公室整理汇总。 附录资料由各执笔者提供。 各名册由校友联络办公室和相关执笔者提供，编写组比对校档案馆资料后，进行整理排序。 院志中的老照片由校友提供或从校档案馆收集。 最后文稿由校（院）庆办公室统稿，编委会审定。

　　院志自编写以来，受到校档案馆、宣传部、学院党政管理办公室、组织人事科、本科生教育科、研究生教育科、科研与开发科、学生工作办公室、继续教育中心、资料室等单位的大力支持。 许多杰出校友都提供过宝贵的资料和照片。 葛坚、蒋建群、何国青、徐雷、赵阳、李王鸣、张仪萍、段元锋、郭鼎康等老师对编写组给予了热情帮助。 另外还要感谢浙江大学出版社的大力支持!

由于编写者水平有限，对浙江大学建筑工程学院的历史掌握不够全面，校档案馆内早期的历史资料不全，且部分较早期手写资料文字模糊，本志难免挂一漏万，存在错误和不足之处。 希望各位校友批评、补充、指正，以便今后修改和订正。

《浙江大学建筑工程学院院志(1927—2017)》编写组

2017 年 3 月

图书在版编目(CIP)数据

浙江大学建筑工程学院院志：1927—2017 / 浙江大学建筑工程学院编. —杭州：浙江大学出版社，2017.5

ISBN 978-7-308-16848-9

Ⅰ.①浙… Ⅱ.①浙… Ⅲ.①浙江大学建筑工程学院—校史—1927-2017 Ⅳ.①G649.285.51

中国版本图书馆 CIP 数据核字（2017）第 080582 号

浙江大学建筑工程学院院志(1927—2017)

浙江大学建筑工程学院　编

策　　划	许佳颖	
责任编辑	金佩雯	
责任校对	许佳颖　候鉴峰	
封面设计	续设计	
出版发行	浙江大学出版社	
	（杭州市天目山路 148 号　邮政编码 310007）	
	（网址：http://www.zjupress.com）	
排　　版	杭州林智广告有限公司	
印　　刷	浙江印刷集团有限公司	
开　　本	889mm×1094mm　1/16	
印　　张	38.75	
插　　页	9	
字　　数	833 千	
版 印 次	2017 年 5 月第 1 版　2017 年 5 月第 1 次印刷	
书　　号	ISBN 978-7-308-16848-9	
定　　价	120.00 元	